# 数の漢字の起源辞典

加納喜光［著］

東京堂出版

# 数の漢字の起源辞典

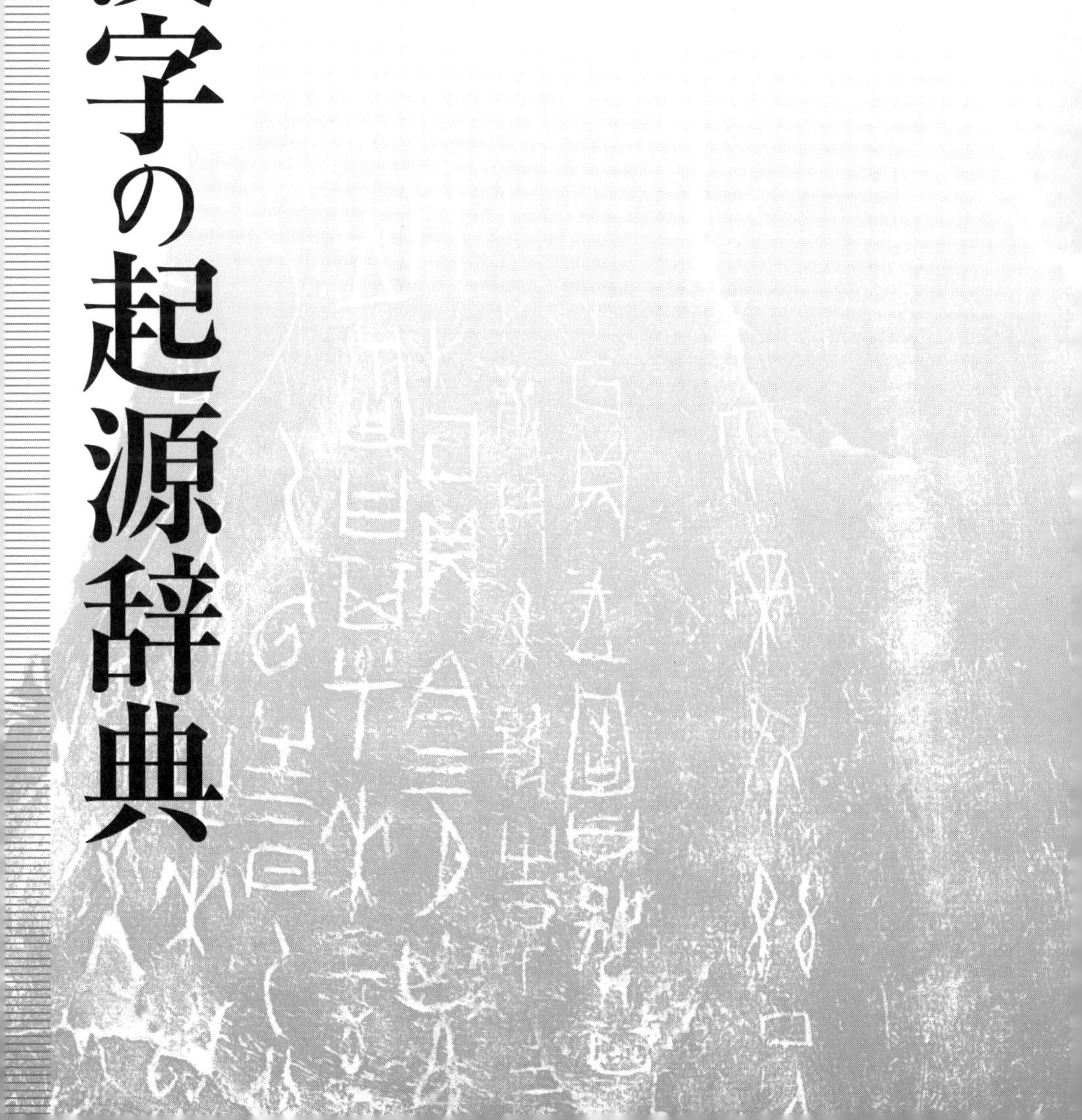

# はじめに

「数の漢字」と言えば漢数字を思い浮かべがちだが、漢数字だけが「数の漢字」ではない。筆者は数と関連のあるすべての漢字を「数関連の漢字」、簡単に言えば「数漢字」と称している。漢数字も「数漢字」の一種である。

「数漢字」は漢数字が基本であることは言うまでもないが、世間では漢数字は数字の一種だという誤解がある。数字とは1、2、3のようなアラビア数字が一般的である。しかし漢数字はこれと同列ではない。漢数字は実は漢数詞の漢字表記であって、一、二、三は「ひとつ」「ふたつ」「みっつ」やone、two、threeと同列である。つまり漢数字というのは漢字の一種であって、数字の一種ではない。ここを押さえておかないと数を含む語の表記に大混乱が起こる（表記法の問題は本書では扱わない）。

本書は漢数字の起源から出発し（第一章）、「数漢字」という広大な領域の漢字の起源を論じる。漢数字は数量を数える数詞（その漢字表記）であるが、順番も数えるという性質がある。要するに序数詞を兼ねる。ところが特別な序数詞もある。これが十干と十二支である。第二章では序数漢字（十干と十二支）の起源を扱う。なぜそれらが順序を表すことができるのかを解明する。

一方、数や「数える」という観念を含む漢字がある。「数」「計」「算」という漢字はまさにこれである。これらの起源を調べると古人の数に対する観念も明らかになるだろう。ほかに数学用語となっている加・減・乗・除、正・負、奇・偶、比・率、倍数、約数、分数、整数、素数、因数などもある。また、数の多さ・少なさ（複数、単数など）を表す漢字もある。これらをひっくるめて「数漢字」と呼び、これらの由来を第三章で扱う。

物事の数量を数えるのに添える語が助数詞である。文字通り数えるのを助ける働きがある。数詞につける補助的な漢字を助数漢字と呼ぶ。もっとも物事を表す漢字に直接数詞をつけることもある。古典漢語では「一匹の馬」を初めは「一馬」と数えた。これは「直接法」である。数えられる物事自体が助数漢字の役割を果たしている。これを「みなし助数漢字」あるいは「擬似助数漢字」と称することもできる。第四章ではこのような助数漢字も取り上げる。助数漢字をイメージ別に分類したのも本書の特徴の一つである。

長さや重さなどは補助漢字なしでは数えられない。伝統的には度量衡というが、本書では単位漢字と呼ぶ。尺貫法が廃止されたため、なじみのない漢字が多いが、万歩計の歩などは現役である。ところが「歩」は古典の使用法と違っている。今の一万歩は実は五千歩であった。第五章で長さ、重さ、容積、面積などの単位漢字の起源を扱う。

序数漢字は特別に創作された漢字であるが、普通の漢字を順序を表すために転用することがある。長男、次男の長や次、亜流の亜、準優勝の準などがある。上中下や左右の方位漢字も順位を表すのに転用される。これらをひっくるめて順位漢字と呼び、その起源を第六章で述べる。

時間は線条的に流れるというイメージだが、それを切り取って数えることができる。年・月・日などは切り取られた特定の単位である。また、時間の長さは空間的イメージに転換させて、数量を計り、数えことができる。時間は数量の観念を含んでいる。今や昔という名詞だけではなく、暫〈しばらく〉・頻〈しきりに〉・嘗〈かつて〉という副詞、速・永・久という形容詞、過・去、経・歴という動詞も時間の観念を含む。これらを時間漢字と呼び、その起源を第七章で論じる。

以上が本書のおおまかな内容であるが、漢字の起源を論じるので、勝手な解釈や思いつきでないことを示すために、従来の学説にも言及しないわけにはいかない。漢数字と序数漢字の起源では古来の中国・日本の字源説を網羅し、最も妥当と思われる私案を提示した。第三章以後は日本の代表的な次の学説を掲げ、批判的に検討し、筆者の見解を示した。

①加藤常賢『漢字の起源』（一九八二年六月、十四版、角川書店）

②白川静『常用字解』（二〇〇四年一月、初版三刷、平凡社）

③藤堂明保『学研漢和大字典』（一九八八年二月、初版十二刷、学研）

本書でも明らかにしたように①と②は漢字の形から意味を導くという誤った方法で、図形的解釈と意味の混同が顕著である。これは音と意味が何であるかの本質的見解がないことから来る必然的結果である。結局「漢字とは何か」という根本問題に帰着する。本書はこの問題に関する論点を序章でまとめた。「漢字の見方の基本の基」が現在最も肝要なことである。読者は序章を読み飛ばしてもよいが、できれば小学生でも分かる漢字論を一瞥してほしい。これによって小学生に教え、小学生でも漢字が分かるようになることを切に願う。

# 数の漢字の起源辞典

【目次】

## 第二章　序数漢字の起源



## 第三章　数漢字の起源

## 第四章　助数漢字の起源

## 第五章　単位漢字の起源



## 第六章　順位漢字の起源

## 第七章　時間漢字の起源

章扉の甲骨文字拓本＝台東区立書道博物館収蔵品
表紙文字＝太田白玲（書家）
装丁・誌面設計＝田地靖高（株式会社 アズワン）
組版＝株式会社 アズワン

## 【凡例】

〈本書における用語と記号について〉

**図形的意匠**　漢字の構成要素（形・音・義）の一つである「形」を図形と呼ぶ。図形の組み立て方を意匠という。図形的意匠は意味と同じではない。意味を暗示させるだけである。

**コアイメージ**　語の深層におけるイメージ。深層構造が表層に現れたのが意味である。意味とはコアイメージが具体的文脈において実現されたものと言い換えてよい。

**音・イメージ記号**　漢字を解析する用語。記号素の音声部分と意味部分（意味のイメージ）を同時に暗示させる記号。例えば語の「吾」という記号。

**限定符号**　漢字を解析する用語。意味領域がどんな範疇に属するか（あるいは、どんな意味領域と関わるか）を示す場合（例えば鯉の「魚」、語の「言」）と、図形的意匠を造形する際にどんな場面、状況、情景を設定するかを示す場合（例えば「家」の「宀」）がある。後者には比喩的限定符号（例えば猛の「犬」）も含まれる。

**聴覚記号・視覚記号**　漢字によって代替される語は聴覚記号、漢字そのものは視覚記号である。例えば**nien**（「ひと」の意味）は聴覚記号、それを図形化した「人」は視覚記号と呼ぶ。

**記号素**　言語学の用語で、意味をもつ最小単位。右の**nien**（「ひと」の意味）は記号素の一つ。一音節の漢語（漢字一字で表記）はたいてい一つの記号素である。

**意味素**　意味論の用語で、意味に含まれる要素。清の場合、「澄み切っている」は意味素であるが、「水」は必ずしも意味素ではない。

**古典漢語**　周代（BC11～BC4世紀）の古典に使われた漢語。音韻論では漢代以前の漢語を上古漢語と呼ぶ。本書では藤堂明保による再構音（推定音）を利用した。

**古代文字**

**（甲）**　甲骨文字の略称。殷代、亀甲などに刻まれた文字（漢字の書体の一種）。漢字の祖であるが、原始的ではなく、高度の造形法が含まれている。ただし占卜の目的があるため、基礎語彙（日常語）が少ない。

**（金）**　金文の略称。殷・周の頃、青銅器などに記された漢字の書体。功績など記念すべき事柄を記録するのに用いられた。

**（籀）**　籀文の略称。周から戦国時代にかけて、周の地方で行われたという書体。

**（古）**　古文の略称。戦国時代に存在したといわれる書体。

**（篆）**　篆文（篆書）の略称。秦（BC3世紀）の李斯が創ったという漢字の書体。始皇帝が戦国を統一した時、それまで異なった時代と地域で行われた文字（籀文や古文など）を統一するために制定された。

# 数の漢字の起源辞典

〔序章〕

# 漢字の正体

## ——あるいは漢字の根本問題について

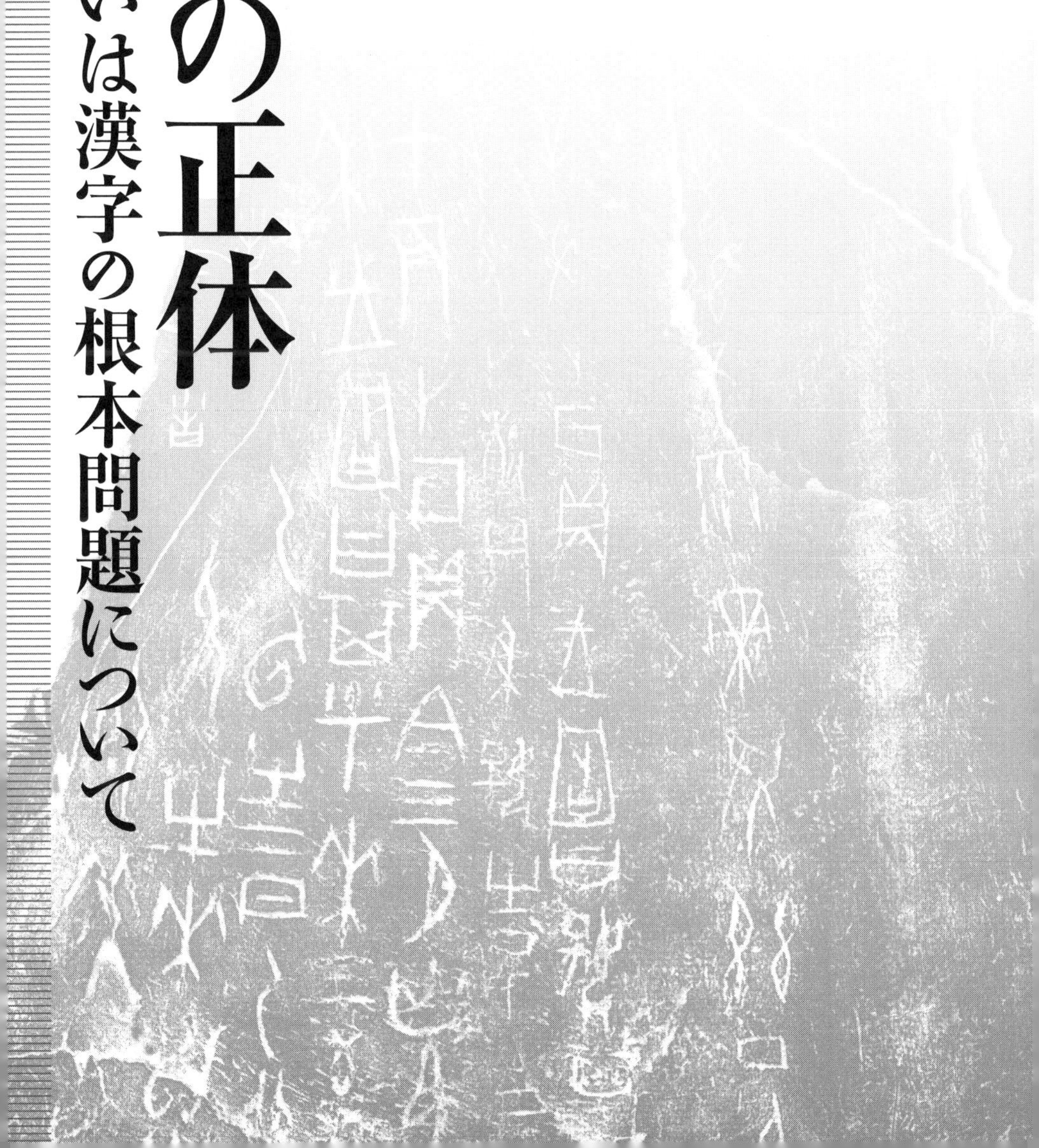

# 1 漢字は魔物か——妖しい字源説の横行

巷に漢字という妖怪（字源説）が徘徊している。百人いると百通りの字源説が現れる。漢字が妖怪なのではなく、それを操作する人が怪しいのである。操作の仕方が怪しいのである。

「民」という漢字は目玉をくり抜かれた人を描いた象形文字だから、「目をつぶされた奴隷」という意味を表している、と誰かが説いた。

「家」という漢字は宀（屋根）と豕（ぶた）を合わせた会意文字だから、「豚小屋」の意味である、と誰かが説いた。いやそうではなく、古くは豕ではなく犬だったので、「犬を犠牲にして祭る建物」という意味を表す、と別の人は説いた。

これが妖怪でなくて何であろう。昔あるヨーロッパ人は「漢字はモンスターだ」と言ったそうである。漢字に魔力があるのではなく、人が漢字に魔力を与えるのである。

いったい文字に意味があるとはどういうことか。仮名のアに意味を見ようとする人はいない。アルファベットのBに意味を見ようとする人はいない。しかし漢字には意味を見ようとする。仮名やアルファベットは表音文字であり、漢字は表意文字だから、それは当たり前ではないかと、人は言うかもしれない。しかし「漢字は表意文字である」は正しいだろうか。「漢字は形が意味を表す」は正しいだろうか。「意味を表す」とはどういうことか。

ここで根源的な問いが問われなければならない。

「意味はどこにあるのか」

字義という用語があるように、漢字に意味があると考えられている。これは本当だろうか。

言語学から言えば、意味とは言葉の意味であることは疑いのないことである。

言葉の本性を解明したのはスイスの言語学者ソシュールである。ソシュールによれば言葉（言語学用語では記号素）は聴覚心像と概念・イメージの結合体である。前者が音、後者が意味に当たる。意味というのは音波という物理的実体に乗っかった精神現象の一つと言ってよいだろう。

意味は音と切り離されて独立に存在するわけではない。意味はあくまで言葉の意味である。「人生の意味」とか「権力の意味」など、何々の意味という使い方は比喩に過ぎない。意味を使う際には常に「言葉の意味」が根底にある。

「漢字の意味」というのも同じである。漢字は図形である。図形に意味があるのではなく、それが代替（再現）する言葉に意味があるのである。

ちょっと余談。宗教画などは図形に意味があると考えられ、イコノロジーという学問がある。この場合の意味は「言葉の意味による解釈」というべきであろう。

「漢字に意味がある」という錯覚はどうして起こったのか。「漢字には音もある、だから意味もあって不思議はない」と考えそうだが、これも錯覚である。

それは文字の発明史にさかのぼれば明らかになるだろう。

字義とか、「漢字の意味」というのはあくまで便宜的な言い方である。言語学的に言えば、「漢字によって代替される漢語」の意味である。つまり漢字の裏には漢語における一つの言葉（記号素）が隠されているのである。これをあいまいにすると漢字の理解が阻害される。妖怪（怪しげな字源説）の発生の原因の一つもここにある。

漢字が意味を表すという錯覚はどうして起こったか。

文字の発生史を見てみよう。普通、漢字の歴史というと甲骨文字を思い浮かべがちだが、理論的な成立（原理の発生）を考えるのが先であろう。甲骨文字といえども言語記号と無縁ではなく、言語記号であるかぎり科学的に追究できるからである。

言葉の本性を解明したのはソシュールであるが、文字の本性も同時に解明した。ソシュールによれば文字は二種類しかないという。言葉（記号素）の「意味するもの」（聴覚心像、音声部分）に着目したのが表音文字、「意味されるもの」（概念・イメージ）に着目したのが表意文字となる。

歴史的に見れば表意文字（ヒエログリフ、漢字など）が先に発生し、表音文字（アルファベット、仮名、ハングルなど）は遅れて現れる。これには理由がある。音のレベルは技術的に難しかったからである（言葉の分析という高度の知識が必要だった）。これに対し意味のレベルは「言葉の意味」を図形化すればよかったので、造形の才能を持った人には比較的容易だった。

ちょっと余談。漢字を発明したのは伝説的人物である倉頡《そうけつ》といわれる。彼は鳥の足跡をヒントに漢字を発明したという。鳥によって足跡が違うので、図形（一種の記号）によって言葉を互いに区別できると考えた。倉頡はアルタミラの絵描きに比肩するイラストレーターだったに違いない。

「言葉の意味」を表すのが表意文字だから、漢字に意味があるのは当然ではないか。誰しもこう考える。ちょっと待ってほしい。「意味を表す」とはどういうことか。また「表す」とはどういうことか。表音文字は phonogram（音文字）、表意文字は ideogram（意文字）の訳語であるが、原語にない「表」が両者で微妙に違うのである。何が違うのか。

表意文字は意味を表す文字か。これが第一の根本問題。だいたい「意味を表す」とはどういうことか。表音文字の場合の「表す」を先に考えてみよう。

言葉（記号素）は聴覚記号である。これは音波であり、目に見えない。これを目に見える記号（視覚記号）に変換し、目に見えるようにする。こうして生まれた記号が文字である。言葉の音のレベルに着目した場合、どういう技術が必要か。それは言葉を分析する技術だ。言葉を分析して、音声レベルの最も小さい単位を取り出す。そしてそれを組み合わせる。こうすれば言葉が再現される。その小さな単位に対応する文字が表音文字である。

ヒトを意味する英語の記号素（単語）は**man**である。これはm、a、nの三つの単位（音素）からできている。発音順に**man**と綴る。順序を変えるわけにはいかない。順序を変えると意味をなさないし、あるいは別語になってしまう。

表音文字の「表す」とは、発音の順序に従って線条的に綴ることによって、言葉を発音通りに忠実に再現させるということだ。

では表意文字の「表す」とはどういうことか。

言葉の意味のレベルに着目したのが表意文字である。これにはどんな技術が必要か。それは意味の正確な理解とイラストの才能である。目に見えないのは音と同じだが、意味は物理的に捉えることはできない。ただ精神的に認識するしかない。しかしイラストの天才は意味を図形化する方法を思いついた。前述のように倉頡は鳥の足跡をヒントに、言葉を意味上互いに識別できる図形を工夫する道を開いた。これが漢字である。ここに漢字の原理が読み取れる。漢字の原理とは「意味のイメージの図形化」なのである。

では「意味を表す」の「表す」とはどういうことか。意味は観念であり、順序などというものはない。しかし観念といっても具体的なものを抽象化した場合もある。これは物の名の場合である。言葉が物の名と対応するなら、物を図形化できる。これは象形文字といわれる。物が一つあれば言葉が一つあり、文字も一つ生まれる。この場合の「言葉の意味を表す」とは図形として描くことによって、言葉を再現させることだと言ってよい。

ヒトを意味する漢語の記号素は**nien**（上古漢語の推定音、以下同じ）であった。この語の意味を理解した倉頡は人間を描いた図形「人」を考案して**nien**を表記した（「人」の古代文字については、「人と名の起源――助数漢字（2）」の項参照）。

「表す」の理想型は表音文字の場合は忠実に発音通りに綴ることであるが、表意文字の場合は忠実に再現させることは困難である。誰でも再現できるようにするためには、絵ではなく図形化（符号化）する必要がある。漢字は象形文字とはいえ絵ではなく最初から抽象的記号となっている。「日」は何となく太陽らしく見えるが、「人」は完全に抽象的である。

そうすると「表す」というのは写実的に描くというよりは、イメージを暗示すると言ったほうがよい。

「漢字は象形文字だから形に意味がある」というのは全くの神話である。象形文字が意味を表さない例はいくらでもあるが、一つだけ例を挙げよう。

「大」は両手両足を広げた人の形である。これも象形文字であるが、そんな意味を表さない。「おおきい」「おおきさ」という抽象的な意味を表す。この場合は具象的な物の図形を借りて抽象的な意味を暗示させるのである。

一般的に言えば「意味を表す」の「表す」とは、言葉(記号素)を意味のレベルで、意味のイメージを図形化することによって、意味を暗示させるということである。意味は音とは違って単位への分析ができないので、図形が全面的に意味を表すことはまれである。図形にはどうしても情報不足や情報過多などがつきもので、意味にずれが生じる。したがって図形の解釈と意味を同一視することはできない。

漢字の形の解釈と語の意味が一致するのは、物と一対一対応する象形文字の一部だけであり、圧倒的多数は一致しないのである。したがって漢字の形の解釈をもって意味とする学説はとんでもない意味を作り出す可能性がある。妖怪(怪しげな字源説)の発生の要因の一つはここにもある。

音は漢字の読み方か。これが第二の根本問題。

「意味はどこにあるか」——その答えは「意味は漢語(の記号素)にある」。これについては右に述べた通りである。

漢字の根本問題は音にもある。「音は漢字の音か」という問いが問われなければならない。その答えは「音は漢字の読み方ではない」。こんなことを言えば非常識も甚だしいと思うのが普通であろう。

日本人の漢字の見方には非常識が多いのだ。

いや音に関しては、一般の中国人も「音は漢字の読み方だ」と思っている人が多いかもしれない。

国語学の本を見ると、字音、漢字音という用語が使われている。国語学者も音は漢字の音であることを疑っていないように見える。

文字の音とはいったい何か。仮名のアは「あ」と読む。ハングルの ㄱ はキヨクと読む。アルファベットのaはエー(エイ)と読む。ギリシア文字のαはアルファと読む。これは文字につけられた符牒であり、文字の呼び方、名称である。名称は互いに異ならないといけない。同じ呼び方では都合が悪い。ところが漢字では気・期・機・器・記…など同音が多い。要するに漢字の音は仮名のア、ハングルの ㄱ、英語のa、ギリシア文字のαなどとは性質が全く違うのである。

「人」の音であるニンは「人」の呼び方ではない。記号素ニン（nien）の読み方である。我々が漢字の音と思っているのは本当は漢語（の記号素）の読み方なのである。

漢字は音を忠実に再現させることはできない。何しろ音の小さい要素（音素）に分析していないからだ。ではどのようにして漢字を読ませるのか。「音を表す」ことができないから、「音を代替させる」ことしかできない。漢字の表音のからくりは、漢語の記号素の読み方を表記するのではなく、代替させるのである。そこにあるのは約束である。

日本語のヒトはヒとトを連続的につなげて「ひと」と読めるが、漢字の「人」はnienと読む必然性がなく、ただそう読むと約束するだけである。

以上で、「漢字の意味」といっているのは実はその裏に漢語（記号素）の意味があり、「漢字の音」といっているのはその裏に漢語（記号素）の読み方があるというのが明らかになった。

これが漢字の根本問題であるわけは、「漢字の形」に意味があるという錯覚から解放するためである。ここに妖怪退治のキモがある。漢字の形の勝手な解釈が妖怪を生み出すから、意味は漢字にあるのではなく漢語（記号素）にあるという事実を突きつけることで、見事に妖怪を退治できる（はずである）。

## 2 妖怪退治の武器——漢字の正体を読み解く公式

桃太郎の鬼退治の強力な助っ人は何か。犬、猿、雉はもちろんだが、キビダンゴも力をつけてくれる強力な武器だろう。漢字の妖怪を退治する助っ人は何か。それは漢字の正しい理論以外にない。理論こそキビダンゴなのである。

今までの議論をまとめると、漢字の理論が見えてくる。これだけでも強力な助っ人になる。漢字の根本問題に焦点を当てれば、これが理論になる。

漢字の理論は文字学ではなく、言語学から出てくる。文字学は下手をすると妖怪を作り出すだけだが、言語学は神秘性や非合理性を排除する力がある。要するに科学的なのである。漢字の公理こそ妖怪退治の前提である。

数学で最初に学ぶのは公理である。これがなくては数学はできない。漢字の理論も同じこと。「漢字の公理」が必要である。それは次の三つである。

公理1　漢字は漢語の一つの記号素（意味をもつ最小単位）を表記する文字である

公理2　記号素の意味のレベルで、意味のイメージを図形化したのが漢字である

公理3　（漢字の）音とは漢字につけられた符牒ではなく、

記号素の音のレベルで、その読み方を代替するものである

公理から派生する次の公準も念頭に置けばさらによい。
公準1　(漢字の)形は意味を表すのではなく、意味のイメージを暗示させるだけである
公準2　(漢字の)義は形にあるのではなく、漢語(記号素)にある
公準3　記号素の意味はそれの使われる文脈にある(文脈における語の使い方が意味である)

これですべてである。「記号素の意味のイメージの図形化」が漢字の原理である。実に簡単であり、単純である。漢字の原理を複雑に考えると妖怪が発生する。妖怪を作り出さないためには常に公理1〜3に立ち返らないといけない。

これで妖怪退治の準備は整った。

桃太郎はキビダンゴで犬、猿、雉を結びつけ、見事に鬼を退治した。キビダンゴは鬼退治のキモだった。

妖怪退治の武器は何だろう。右の公理は妖怪退治のキモではあるが、戦いの場面では使えない。武器は別に必要だ。武器というのは要するに漢字を正しく解剖するテクニックである。

ここで気をつけたいことがある。漢字を理解する道は字源だけでは半端だということだ。語源がないといびつになる。というより妖怪を導きやすい。まず語源を考え、次に字源に進むのが正道である。

繰り返しになるが、「意味のイメージの図形化」が漢字の原理である。意味はどうして分かるのか。意味は漢字の形にあるのではなく語(記号素)にある。語の意味はどのようにして知るのか。文脈から知るしかない。文脈とは古典の文章である。古典漢文である。この中に漢語(記号素)の意味がある。それを正しく把握するために語源研究がある。漢語を表記する漢字はすでに解読された文字であり、未知の文字ではない。誰も知らない文字を解読して意味を知るというものではない(ここがヒエログリフなどとは違う)。古典の解釈は二〇〇〇年の歴史がある。ただ意味の把握の仕方が人によって時代によって異なる場合もあるので、新たな語源研究が必要になる。以上、意味を語源的に正しく把握した後で初めて字源の俎上に上るのである。意味がどのように形に表現されているかを解剖するのである。これが字源研究である。

漢字の解剖術はどんなものか。漢字を分析するための装置(作業概念)を披露しよう。

中国の伝統文字学では、漢字は象形、指事、会意、形声の四種類があるとする。私は漢字の原理は「意味のイメージの

図形化」のただ一つあるのみと考える。その原理を実現させるために象形的方法と、会意的方法、そして形声的方法の三つがある。しかし伝統用語を用いる必要はない。次の公式だけでよい。

「A（音・イメージ記号）＋B（限定符号）」

このように一つの漢字を分析する。これが解剖術の公式である。

清は「青《セイ》（音・イメージ記号）＋水（限定符号）」①
家は「豕（イメージ記号）＋宀（限定符号）」②
人は「人（音・イメージ記号）＋0（ゼロ符号、限定符号なし）」③

①は形声的方法、②は会意的方法である。③は象形的方法だが、必ずしも象形でない場合もある。例えば一は象徴的符号である。

音・イメージ記号とは何か。限定符号とは何か。これらが重要な操作概念である。

漢字のいちばん大切なことは何であろうか。

何度も繰り返すが、漢語の一記号素を意味のレベルで、意味のイメージを図形化したのが漢字である。したがって漢字のいちばん大切なことはイメージである。イメージとは語の根幹をなすもので、コアイメージとも呼ばれる。

ちょっと余談。筆者はかつて田中茂範氏のNHK英語講座を視聴したことがある。英語の単語にはコアイメージがあり、これを把握すれば、意味が、つまり使い方が、スムーズに理解できるという英語学習法である。例えばonは「うえ」という意味に取るのではなく、「接触」というコアイメージで捉えれば、壁の側面なのになぜ「on the wall」というのかよく分かる。

この講座を聴いて、私は目を洗われる思いがした。コアイメージは藤堂明保のいう「基本義」（『漢字語源辞典』）、大野晋のいう「原義」（『岩波古語辞典』）と全く同じではないかと気づいた。基本義や原義は義という語を用いているが、決して意味ではなく、イメージなのである。コアイメージという用語を使えば、英語、漢語、日本語を統一的に理解する手法となりうる。言語における普遍性の根拠にもなりうる。かくて筆者はコアイメージという用語を英語だけの専用ではなく、漢字でも取り入れ、意味論の根底に据えようと考えたのである。

もう一度、漢字の解剖術（分析法）の公式を挙げよう。

X＝A（音・イメージ記号）＋B（限定符号）

Aが語の根幹をなす部分である。ここに語のコアイメージが反映される。Aはコアイメージを図形として表すとともに、語（記号素）の音声部分を暗示させる。だから「音・イメージ記号」という。例を示そう。

清＝青《イセ》（音・イメージ記号）＋水（限定符号）

青（ts'eng）は「汚れがなく澄み切っている」というコアイメージを表すとともに、ts'ieng という音（記号素の音声部分）を暗示させる。「暗示」であって、必ずしも「音写」や「表記」ではない。青を音符ということもあるが発音符号ではない。アルファベットでは語を音素に分析して線条的に語を綴るが、漢字では記号素を分析せずに全体を図形で代替させるだけである。だから青は ts'eng、清は ts'ieng と読ませるが、その詳しい中身（音素）は当時の人は多分知らなかったと思われる（ローマ字の発音符号による表記は後の学者による推定である）。

青はなぜそのようなコアイメージを表すのか。これは青を音・イメージ記号とするグループ（清・晴・精・静・靖…）を比較研究することによって把握される。これらは同源語といえる。このコアイメージはうまく図形に表現できたのか。青を分析してみる。

生《イセ》（音・イメージ記号）＋丼（イメージ補助記号）

さらに生は「屮（草の芽の形）＋土」と分析できるが、全体が草の芽が生え出る情景と考えてもよい。この図形によって「（生命体が）生じる、生まれる、生える」という意味をもつ記号素 sïeng を代替させる。これが青においては音・イメージ記号として働く。ストレートに「生まれる」や「生える」ではなく、その根底におけるイメージを用いるのである。生命体が初めて発生すると、生まれたばかりの生命体は新鮮でいかなる汚れもなくすがすがしいものであろう。このようなイメージがコアイメージとなりうるのは容易に分かる。

次に丼。日本の「どんぶり」とは違う。もともと井戸の井と同じ。井戸の中に水のある図形である。これも「汚れがなくきよらか」というイメージを表現できる。

生と丼を組み合わせて青とし、「汚れがなく澄み切っている」というコアイメージを表す記号とした（「天・幼・稚・青の起源——時間漢字（35）」の項参照）。生は sïeng、青 ts'eng で微妙に違うが、同源語であるため、音が近い。したがって生は青の音を暗示させるに十分である。

以上が音・イメージ記号のあらましである。漢字はこれを根幹として造形されるが、もう一つ限定符号が加わる。

漢字のいちばん大切なものは音・イメージ記号だと右に述べた。では限定符号とはどんなものか。

限定符号は部首と同じではないかと気づいた人は漢字が分かる人である。しかし一般常識に災いされて、部首がいちばん大切なものだと誤解している人が多い。

限定符号は部首と同じではない。部首は漢字を整理分類するための作業概念である。例えば京・亭・亮などは亠を共通に含むので、亠の部を設けてこれらを同じ部類に分類する。亠が部のトップになるので部首と呼ぶ。このような漢字分類法を始めたのは『説文解字』(2世紀)で、五百の部首があったが、後世に二百あまりに減らされて現在に及んでいる。

限定符号は分類概念ではなく、漢字の造形に関わる概念である。漢字は記号素の意味のイメージを図形化したものである。図形は意味を暗示させる機能をもつ。意味を容易に、はっきりと、すばやく暗示させるためには、音・イメージ記号だけではなく、語の意味がどんな分野に属しているかを示す符号を追加すればよい。これが限定符号である。限定符号とは意味の領域を限定する符号である。

限定符号と部首は一致するものも多い。氵(水)、木、日、辶など。

しかし一致しないものもある。先の亠はいかなる意味領域とも関わらないので、限定符号ではない。甥は生が部首になっているが、男が限定符号である。旗は方の部首に入っているが、方角の方とは全く関係がない。

旗＝其(音・イメージ記号)＋㫃(限定符号)

と解剖する。㫃は見慣れぬ字だが、これが限定符号(はたの意味領域と関わることを示す)である。

漢字を正しく理解するには部首ではなく、限定符号という用語を使う必要がある。

漢字クイズで部首当てクイズがあるが、漢字の理解に役立たない。「密の部首は何でしょう」は宀の部を期待しているが、山の限定符号でないと、密の構造を正しく理解できない。密林のイメージを図形化したのが密である。

密＝宓(音・イメージ記号)＋山(限定符号)

と解剖する。必は「(両側を)びっしり詰める、締め付ける」というのがコアイメージ。「宓」も「(両側、四方を)びっしり締めてふさぐ」というイメージ。したがって「木がびっしり詰まって四方がふさがれた山」が密の図形的意匠である。これは密林のイメージである。しかし注意すべきは、密が密林という意味を表すのではないということだ。「密」という図形的意匠を作ることによって、mietという語の意味「周囲をびっしりふさいで中が分からない」という意味を暗示させるのである。要するに図形的解釈と語の意味は必ずしもぴったり一致しないのである。

図形的解釈をストレートに意味とすると妖怪が発生する。妖怪に惑わされてはいけない。今まで述べた公理と公式を武器にすれば妖怪は退治できるのである。

いざ　鬼ヶ島へ！　その前に、鬼退治の武器を再点検しておこう。

漢字は数学的に、合理的に、非神秘的に、探求しないといけない。ユークリッドに倣って、最も基本的な、単純な、自明な公理を立ち上げる。

もう一度三つの公理と公式を挙げよう。

●漢字の三つの公理

公理1　漢字は漢語の一つの記号素（意味をもつ最小単位）を表記する文字である

公理2　記号素の意味のレベルで、意味のイメージを図形化したのが漢字である

公理3　音とは漢字につけられた符牒ではなく、記号素の音のレベルで、その読み方を代替するものである

●漢字の解析学の公式

X＝A（音・イメージ記号）＋B（限定符号）

すべての漢字がこの公式、またはその変異形（応用式）で解析できる。公式は字源を解析するものだが、前提として語源研究の成果が含まれている。両者を統合して、初めて記号素の意味がどのように図形化されたかを知ることができる。

漢字研究の手順は「意味→図形」であるべきで、その逆ではない。もし「形→意味」の方向に進めれば妖怪が発生する。語源がすっぽり抜け落ちるからである。これがなければ、形は何とでも解釈できるからである。

図形的解釈と意味を同一視する、言い換えれば図形的解釈をもって意味にすりかえる、ここに妖怪発生の一因がある。

上記の公理と公式は妖怪を発生させないための強力な武器になる。

## 3 音をめぐる俗説

かなり昔の話だが、国語審議会で新しい漢字表を制定するに当たり、「表音派」と「表意派」が侃々諤々の論争をしたという。表音派の代表が藤堂明保と考えられるが、表意派の代表については記憶がない。作家ではなかったか。一般的に漢字は表意文字とされているから、藤堂以外のたいていの文字学者が「表意派」と目されていたと思われる。

メディアでは「字形派」「字音派」という色分けもあった。漢字の学説を、形から意味を説く派と、音から意味を説く派に、分類してみせたわけだ。俗説による分類だが、本書でも「字形派」「字音派」の語を括弧付きで利用することにする。

藤堂氏は漢字制限論者だったため、さんざん叩かれた。氏の制限論は一つは氏の学説から来ているが、それより学説外の理由が大きいと思われる。というのは「漢字は数が多く、

複雑であり、一部の知識人の独占物であり、民衆を抑圧する道具であった」というような政治思想が根底にあったからだ。

ここでちょっと余談。「根の深い木」という韓流ドラマがある。ハングルを創作する世宗と、漢字擁護派の官僚との熾烈な闘争が描かれている。漢字の民衆抑圧的機能がはっきり指摘されているのは、韓国の映画人の質の高さがうかがえる。もう一つ余談をすると、日本以上に漢字語の多い韓国で漢字を廃止したため、概念語などの理解が衰えてきているという呉善花さんの指摘がある（『漢字廃止で韓国に何が起きたか』）。日本語を全部仮名書きにする事態を想定すれば、その指摘は納得できよう。

ＩＴ革命の時代を迎えた今、漢字制限論、廃止論は論外の沙汰である。漢字語が健在であるかぎり、伝統的表記法をやめることは百害あって一利もない。下手なナショナリズムに毒されてはならない。漢字は東アジアの古典を源流とし、中国・韓国・日本は、源流から全く等距離にあるからである。漢字は東アジアの古典語（それを表記した視覚記号）なのである。これは英語などヨーロッパ諸語がギリシア語、ラテン語を多く語源とするのとほとんど同じである（祖語はみな共通だが）。

話は変わるが、藤堂明保の漢字説は「音義説」だと批判されたことがある（批判者は白川静氏）。

音義説とは何か。ヨーロッパの言語ではアルファベットに意味があるとする類。例えばａは「明るい」という意味があるとするもの。日本語では江戸時代の国学者などが唱えたもので、イロハ五十音にそれぞれ独自の意味があるというもの。だが音義説は現在では全く否定されている。

音義説の音とはアルファベットでは音素である。音素は意味のない最終単位であることは常識である。日本語では音節である。日本語の音節は二つの音素の結合であるが、最終単位の音節に意味があることは否定されている。要するに音に意味があるとする音義説は眉唾物である。

藤堂学説を音義説としたのは、漢字の音に意味があることを否定したわけである。

「漢字の音」とはいったい何なのか。前に繰り返し述べたように、「音とは漢字につけられた符牒ではなく、記号素の音のレベルで、その読み方を代替するものである」（公理３）。音とは記号素の音であり、記号素の音声部分の読み方である。これは聴覚記号そのものと言ってさしつかえない。記号素は音と意味の合体した聴覚記号である。音と意味は分かち難く結ばれている。したがって音に意味があるというのは当然のことである。音には記号素の読み方としての音と、記号素を構成する音素の読み方という二通りあるのであって、漢字の場合は音素とは関わりがないのである。ここを押さえておかないと漢字が分からなくなる。

「字形派」は音は漢字の読み方と考えているようである。しかも音には音素と記号素があるということを知らないようである。音素は意味がないが、記号素は意味があるのである（「記号素は意味のない音素を結合した、意味のある最小単位」が言語学の定義）。

音に対する無理解は漢字学説の全体に関わってくる。「字形派」の大家すら、音というものを正しく理解していないことがはっきりした。マスコミが俗説を振りかざしたのも無理はない。俗説とは「音は漢字の読み方であって意味がない」「漢字は形に意味がある」というもの。これは正に字形学派の本領である。

## 4 漢字の科学

漢字の三要素を形・音・義という。音とは何かが分からないと漢字学は成り立たない。

「音は漢字の読み方」という理解では全く漢字が分からなくなる。音が分からないと、言葉がすっぽり抜けてしまう。そのため、意味がどこにあるか分からなくなる。その結果、「意味は漢字の形にある」という錯覚が生まれる。

これから来る必然の結果は、「形の解釈をもって意味とする」という究極の間違いである。形から直接意味を引き出す漢字説を見たら、眉に唾をつけた方が良い。

しつこいが三たび公理を挙げよう。

公理1　漢字は漢語の一つの記号素を表記する文字である

公理2　記号素の意味のレベルで、意味のイメージを図形化したのが漢字である

公理3　音とは漢字につけられた符牒ではなく、記号素の音のレベルで、その読み方を代替するものである

これは単に一つの考えに過ぎないなどという学者がいたとすれば、彼は全く信用するに値しない学者である。右の公理は言語学から出たもので、明々白々の真理である。

漢字学を科学にする道は言語学に則ることである。もともと文字の論は言語学の一分野である。しかし漢字の場合、文字と言葉の区別をしなかった（混同した）ため、文字学が独立してしまった。すべての誤解の始まりはここにある。文字学などという独立した学問はあり得ないのである。あくまで文字学（正しくは文字論）は言語学の下位分野にあるべきである。

漢字は言語学に乗っからない特殊な文字である、漢字は特別な人（専門家）にしか分からない、などと恐れをなして、一般の言語学者は漢字に手を出さない。タッチしない。棚上げする。だから漢字の科学的理論が発展しなかった。

漢字学（漢字論）は生まれたばかりの赤ちゃんである。赤ちゃんを大事に育てていきたい。私は言語学者、国語学者に

対して、文字学に惑わされることなく、漢字の真実に目を向けよ、「漢字の科学」をともに追究しようと言いたい。

## 5 漢字の誕生 ——漢字の見方の基本の基

小学生にも分かるように、漢字はどのようにして生まれたのかを述べてみよう。

古典漢語でヒトを意味する言葉を nien といった。これは聴覚記号である。耳でとらえることはできるが、目に見えない。目に見えるもの、視覚記号に変えたいという願望が起こった。ではどうしたらよいか。

言葉をよく知り、イラストのうまい人はこう考えた。言葉には意味がある。一つの言葉は一つの物を指している。物はそれぞれ違う。違いが分かるように図や符号を描けば、言葉を区別し、言葉を代替できる。nien はヒトの意味だ。ヒトの形は千差万別だが、誰にも分かり、誰にも書けるような図形にしよう。かくて「人」が誕生した（「人と名の起源——助数漢字（2）」の項参照）。

これは象形文字といわれる。象形文字は漢字の基本とされるが、決して単純素朴なものではない。高度に抽象的な象形文字もある。「おおきい」「おおきさ」という抽象概念はどう表現したらよいか。これを意味する古典漢語は dad である。抽象的な意味は図形に表現することが難しい。具体的な物のイメージを借りるほかない。自然界に「おおきい」ものはたくさんあるが、ある人はおおきい様子を人間のしぐさで表現することを思いついた。こうして「大」が誕生した（「多・大・巨の起源——数漢字（21）」の項参照）。両手両足を広げた姿勢で「おおきい」を暗示させるしかけである。図形から意味を求めると「おおきい人、大人、巨人」になってしまうが、そんな意味ではない。「意味→形」のルートは成り立つが、「形→意味」のルートは成り立たない。

人の住む建物は古典漢語で kăg という。具体的な物ではあるが、内容（意味素）が多い。人や家族が集団的に寝泊まりする所で、建造物という物体であるとともに憩いの場でもある。この意味をどう表現したらよいか。屋根を描いた「宀」だけでは情報不足である。ある人は「宀」と「豕」を合わせて「家」という図形を作った。なぜ豚か。

ちょっと余談。文化大革命はなやかなりし頃、中国で簡体字の追加（簡化第二方案）が出た。その一つに「家」の簡体字がある。何と「宀＋人」であった。しかしあまりに簡単過ぎ、漢字らしくないということから反対が多く、廃案になった。

人ではなくなぜ豚か。「家」の図形が考案された理由を考えてみよう。kăg の意味を機能面から捉えたようである。いえの機能は何か。寝泊まりの場、憩いの場としては、雨露をしのぐことがいちばん大きな役割である。そのための建造物は覆いや屋根が必要である。「覆いをかぶせる」「屋根で覆う」というイメージが核にある。「覆いをかぶせる」というイメージを具体的な物によって表現するために、豚をもってきたと考えられる。豚は大切な家畜の代表であり、覆いをかぶせて保護するのは日常的に見られる情景である。かくて「宀」と「豕」を合わせた「家」が誕生した（「家と邸の起源――助数漢字（88）」の項参照）。

「家」の説明は字源だけでは限界がある。語源的考察が必要である。kăgという語は夏・仮・価・庫などと同源の仲間と考えられている。このような同源語の集合を「単語家族」という。これらの語には「（覆いで）覆う、カバーする」というコアイメージがある。語源的に考察すると、「いえ」を意味する語は機能面からkăgと呼んだと考えられる。「家」という図形が考案された理由も正にここにある。

ちなみに「夏」を用いた「廈《か》」は家とほぼ同じである。

「家」は会意文字といわれる。会意は「意味を合わせる」という意味だが、決してA＋B＝Cとなるわけではない。もしそう取ると、「家」は豚小屋になってしまう。具体的な物のイメージを借りることは「大」のような象形文字と同じ手法である。

「家」は「豕（イメージ記号）＋宀（限定符号）」と解析するが、「家（音・イメージ記号）＋0（ゼロ符号）」と解析してもよい。限定符号を考慮するなら、前者の解析になる。ちなみに象形文字は「人（音・イメージ記号）＋0（ゼロ符号）」、「大（音・イメージ記号）＋0（ゼロ符号）」などと解析する。

もう一つ重要な漢字造形法がある。

古典漢語では世界の認識の仕方に独特のものがある。同じイメージをもつなら、意味分野を超えて、同じ（あるいは、似た）語形で呼ぶという習慣がある。つまり同源語が広範囲に存在するのである。上記の単語家族の根拠もここにある。

色の分野（カテゴリー）で、あおい、あお色をts'engという。この聴覚記号は「青」という視覚記号に変換される。「青」は前述のように「汚れがなく澄み切っている」というコアイメージをもつ。このようなイメージをもつ色の名がts'engである。

色のカテゴリー表示（限定符号）は「色」（色に従う色名の漢字は実際は少ない）や「糸」（紅、紫、緑、緋など）であるが、青はそれがなく裸の字である。したがって「生（音・イメージ記号）＋丼（イメージ補助記号）＋0（ゼロ符号）」と解析してもよい。白・黒・赤などもこれと同様。

さて「汚れがなく澄み切っている」というイメージをもつ事象は色の世界だけではなく、ほかの意味分野（カテゴリー）にもある。これを造語するために「青」を音・イメージ記号として利用する。

液体の分野（「液体が澄み切っている」）なら、「青（音・イメージ記号）」に「水（限定符号）」を添えて「清」が誕生する。

天候の分野（「日が出て空が澄み切っている」）なら、「青（音・イメージ記号）」に「日（限定符号）」を添えて「晴」が誕生する。

米の分野（「玄米の汚れを除き澄み切った米にする」）なら、「青（音・イメージ記号）」に「米（限定符号）」を添えて「精」が誕生する。

ほかに靖・静・睛・蜻なども誕生する。

これらは形声文字といわれる。形声文字は音・イメージ記号を中心にグループをなす。漢字は形声文字が圧倒的に多い。形声文字の理解こそ基本の基なのである。

次に漢字のおかしな字源説（前に言った妖怪）の実例をいくつか挙げ、正しい見方を示そう。

漢字は呪術から生まれたとか、奇妙な風習から生まれたなどと言う人がいたり、漢字をおもしろおかしく（興味本位に）扱う人もいる。「民」はそんな人たちにとって恰好の材料である。

昔、中国の有名な古代史家郭沫若は「民」を目を傷つけた形と解釈し、「奴隷」の意味とした。これによって郭氏は殷王朝に奴隷制度のある証拠とした。

もちろんこれだけではないが、漢字の形の解釈が歴史学に与えた影響は大きい。しかし漢字の形の解釈をもって意味に置き換えるという大きな誤りを犯した。

日本の字形派も同様である。ある本に「民は目を突いてその視力を失う形で……もとは神に仕える者」の意味としている。目の見えない者が神聖であり、宗教人の資格になるともいうのだろうか。しかし視力を奪われた人を奴隷としたり、宗教人にしたりすることが現実にあるだろうか。古代ならこんな風習がありそうだと、文字学者は言うかもしれない。

問題は言葉がすっぽり抜け落ちているということである。意味は言葉にあるのに、形から引き出した。ここに大問題がある。図形的解釈と意味は必ずしも同じではないからである。図形的解釈と意味が一致するのは犬や馬のような一対一対応の象形文字の一部だけである。

言葉から意味を求めたのは古代の言語学者である。「民は冥（暗い）なり」「民は瞑（目を閉じて見えない）なり」と語源を説いた。これは現代的に解すれば、「民」のコアイメージが冥や瞑と共通することを述べている。それは「（目が）見えない」というコアイメージである。「見えない」は「暗い」のイメージに展開する。民—冥—瞑は同源の語である。

「目が見えない」というイメージがあるなら、「（盲目にされた）奴隷」や「（視力を失った）宗教人」という意味になってもよさそうなものだが、どこにも証拠がない。こういう意味に使われた文脈がない。意味とは文脈における使い方なのだ。

「民」は『詩経』（ＢＣ11～ＢＣ７世紀）など古典にある語で、一般大衆（たみ）の意味で使われている。したがって最初から「たみ」の意味と考えられる。ではなぜ「たみ」の意味をもつmienという語を「民」と図形化したのか。ここから初めて字源の問題になる。

字源は郭氏の言うように「目を針のようなもので突いた形」であろう。しかしこれをストレートに「目をつぶされた奴隷」の意味とすると間違いが起こる。ここに語源の制約が必要である。言葉は「見えない」というコアイメージをもつのである。この抽象的イメージを表現するために「目のつぶされた形」という具体的意匠を考案したわけである。

ではなぜ「見えない」というコアイメージが「たみ」の意味と結びつくのか。ここに意味論の問題がある。『論語』などでは「民」は治められる大衆の意味が明白である。「民」は治める側（これを「官」としよう）の反対側にある者を指す言葉である。「見えない」は「暗い」のイメージと結びつき、「暗い」は「道理に暗い、道理が分からない」「おろか」に結びつく。これは意味論の用語では比喩的転義である。「民」という言葉は官と対比される語で、一種の差別語と考えられる。歴史的にこの語感は脈々と伝えられた。民主主義の現代では民が主人公であるには違いないが、支配者的目線では民は相変わらず見下される存在である。

もう一つ字源説の例を挙げよう。

昆虫のカは飛ぶときブンブンと音がするから、「虫＋文」で「蚊」だという説は、広く受け入れられている。果たしてそうか。

ニワトリはケイケイと鳴くから「鶏」などといった擬音語説もある。擬音語説を頭から否定することはできないが、蚊の場合はおかしい。文の古音はmiuanであって、ブンではない。

カの形態的特徴から考えてみよう。小さな虫であり、近づくまでなかなか姿が見えない。小さいため見えないというのがカの特徴の一つである。物の命名には一つの特徴を用いれば十分である。

カは古典漢語でmiuanという。この聴覚記号が「蚊」という視覚記号に変換された。文と全く同音である。したがって同源の語と考えられる。なぜ同源なのか。同源のグループには共通のコアイメージがある。それは「細かいものが入り交じる」「微妙で細々している」であるが、それはさらに「細かく小さくて見えにくい」というイメージに展開するのである。

「文」は綾・模様という意味である。綾・模様は全体的にははっきり見える。しかし内部を見ると、細々としてさまざまな文様が入り交じった状態である。したがって「文」という記号は「細かく小さくて見えにくい」というイメージを表すことができる。

「蚊」の前に「蟁」という視覚記号も考案されていた。これは異体字である。「民」が音・イメージ記号である。「民」のコアイメージが「見えない」であることは右に述べた通りである。昆虫のカは「民」の仲間と考えられて、造語されたのである。民の同源グループには次のような語がある。

眠《ミン》…目をつぶって眠る。

罠《ビン》…見えない所に(見えないように)仕掛けるわな。

泯《ビン》…(沈んで)姿が見えなくなる、ほろびる。「泯滅」

紊《ブン》・《ビン》…ごたごたと入り乱れる。「紊乱」

緡《ビン》…細くて見えにくい釣り糸。

緡の旁は「昏」とも書かれる。この昏は黄昏や昏睡に使われるように、「暗い」「見えない」という意味だ。結婚の婚もこれから派生する。暗い時刻に式を行うから婚だというのは古い説だが、ストレート過ぎる解釈。「昏」のコアイメージは「見えない」であり、これは「分からない」というイメージに展開する。互いに分からない(知らない)男女を結びつけることが婚である。蚊(蟁)—民—婚は意外にも近親関係にある語である。

もう一例「猫」の字源説を挙げよう。日本でも「ネコはよく寝るからネ(寝)コ(子)だ」という俗説がある。漢字の「猫」は鳴き声がビョウ(苗)だから「猫」と書くという説がある。苗(miog)と猫(mog)は音が似ている。なるほど、ミョウとか、ミャオという鳴き声を模したということは十分ありそうではある。

しかしなぜ「苗」か。ミョウという音を表すには妙や杪などもある。

形声文字の音符というのは発音符号ではない。発音符号とは表音文字の綴りにおいて、音素を忠実に模写する符号である。表意文字においては、音符といわれるものは、記号素をまるごと(音素に分析しないで)暗示させるだけである。「苗」は「猫」の音を近似的に暗示させている。近似的に暗示させるなら妙や杪でもよいのに、なぜ「苗」か。

音符は音を忠実に模写する符号ではなく、記号素の意味と深く関わる記号である。だから音符ではなく「音・イメージ記号」と呼ぶべきである。

「深く関わる」とは意味の表面で関係があるのではなく、意味の根底において関わるということである。意味の根底とは深層構造であり、コアである。意味の根底にあって、意味(表層の意味、使用される意味)を実現させるものであり、これをコアイメージという。

ではなぜ「苗」か。「苗」のコアイメージは「細い、か細い」である。植物の幼いなえから当然連想されるイメージである。「猫」は『詩経』に出るのが最古の用例で、普通のネコ（イエネコ）ではなく、ヤマネコであった。ヤマネコを飼い慣らしたのがイエネコで、イエネコの登場はかなり遅れる。

ヤマネコの鳴き声は聞いたことはないが、ネコと似たようなものであろう。トラのようなうなり声ではなく、イエネコのような比較的か細い鳴き声であろう。「苗」のコアイメージを用いた理由は声の質感にあると考えられる。

単なる擬音語説では片付けられない漢字に「鶏」もある。「奚《けい》」は「（紐などで）つなぐ」がコアイメージである。ヤケイ（野鶏）を馴化したのがニワトリである。馴化の記憶が「つなぐ」というコアイメージに反映され、「鶏」の視覚記号が生まれたと考えられる。

以上、漢字をどのように見るかの原点を述べた。漢字をおもしろおかしく説くのではなく、漢字の原理をきちんと踏まえて説かなくてはならない。そうでないと妖怪が発生し、世の中を惑わしてしまう。

## 6 日本語における漢字の位置

日本語は言葉である。漢字は文字である。言葉と文字は全く異質の記号である。言葉は聴覚記号であり、耳で聞くことはできるが、目に見えない。これに対し、文字は視覚記号であり、目に見える。「日本語における漢字」という場合、言葉と文字を対立的に考えているのではなく、日本語を表記する記号としての漢字を念頭に置いている。しかしもう一つ言葉との関わりもある。漢字で表記されるのは日本語である前に古典漢語という言葉であるという厳然たる事実がある。これを忘れたのが大抵の日本人の感覚ではあるまいか。

古典漢語とはどういうものか。「漢」とは中国のことであるが、現代の中国と同等ではない。中国大陸北方の黄河流域（中原地帯）というやや狭い範囲で生まれた言語である。具体的に言えば周という国・地域（BC11世紀〜BC3世紀）で生まれた言語であり（その祖語は周以前の言語である可能性もある）、古典で使用されている。古典とは周代に出現した記録集（思想・哲学・文学等々を記録したもの）であり、五経（詩経・書経・易経・春秋・三礼）、また諸子百家の書（論語・孟子・荀子・老子・荘子・墨子・韓非子・孫子等々）がある。これらの古典で使用された言語が古典漢語である。

五経はだいたい周代初期、諸子百家はそれより後の春秋戦国時代（BC6〜BC3世紀）であるが、春秋戦国時代は哲学・文学の華が空前（あるいは絶後）に開いた時代である。世界史上では古代ギリシアに比べられよう。ほぼ同時期に東西で多くの哲学・文学が出現するというのは一つの奇跡と言ってよい。ギリシアは狭い地域であり、周代の中国も北方だけの限定された地域である。ところがあまりにも突出した文化の華は地域を越えて伝播していった。ギリシアの古典語は西欧の諸言語に深く浸透し、古典漢語は周辺諸国に伝播した。

古典漢語を表記する文字体系が漢字である。古典漢語は漢字という視覚記号を媒体として、朝鮮や日本の言語に浸透している。ギリシア古典語を取り入れた西欧の言語はギリシア文字の表記を離れて、アルファベットに変わったが、朝鮮語や日本語では漢字をそのまま取り入れた。これは大きな違いである。

英語の hydrogen はギリシア語の hudor（水）と genes（作るもの）の合成語という。hydrogen がギリシア語由来とは普通の人は知らないだろう。hydrogen の訳語が水素である。漢字の「水」と「素」を組み合わせた語である。日本人なら誰でも水素が何を意味するかが分かる。古典漢語がもろに漢字に乗っかっているため、「水」の意味と「素」の意味が分かれば「水素」も一目で分かる。しかし「水」と「素」が古典漢語そのままであることを知っている現代の日本人は少ないかもしれない。

古典漢語が最も多く残っている言語は朝鮮語と日本語である。早くも朝鮮では秦漢の時代になると漢字が伝来し、日本では六朝時代に漢字が伝来した。漢字を媒体とする古典漢語は朝鮮語と日本語の中に深く根を下ろし、化石の如く現代に至るまで保存されている。もちろんそれぞれ独自の発展もある。発展というのは古典漢語の独自の使い方、意味の展開である。中国でも古典漢語は発展した。というよりも変質したと言った方がよいかもしれない。音形も意味も大きく変わり、古典漢語は現代中国人にもほとんど理解不能であることも多い。今や古典は現代語に翻訳しないと分からないほどである。字体も簡略化が進み、現代中国人には古典の字体は難しいものになっている。

これに比べると朝鮮語と日本語に残っている漢字の方が古典漢語にはるかに近い。漢字に対する距離は朝鮮や日本の方が中国よりも近いと言える。要するに古典漢語がそのままの意味で生きているのである。

漢字は中国のものである、朝鮮と日本の漢字は借りものである、などといった差別意識は持つべきではない。漢字は外来の言語であるから廃止すべきであるという偏狭な国粋主義も捨てた方がよい。

筆者は漢字の位置をこう考えている。漢字は紀元前に生まれた古典漢語の表記体系である。これが周辺国に伝わり、古典漢語の音形、字形、意味が甚だしく変容しないうちに、各国語に組み込まれた。朝鮮が最も古く、日本はそれに次ぐ。

中国では音形、字形、意味とも変容が甚だしく、現代語からの距離が大きい。したがって朝鮮語、日本語における漢字は古典漢語の直系の子孫である。違いを強調しすぎた嫌いもあるが、少なくとも漢字は朝鮮、日本、中国では等距離にあると言ってさしつかえない。

本書では漢字一つ一つの字源・語源を探り、古典漢語における語形、字形、意味を究明する。これが今使っている漢字（常用漢字）とどうつながるかを見る。そこには古典漢語がそのまま生きていることを見、また日本独自の展開の諸相も見る。その際、従来の字源説を批判的に検討する。「文字学」という学問ではなく、言語学、記号学から漢字を捉えていくつもりである。

# ［第一章］漢数字の起源

一般に数字を表す漢字を漢数字といっている。これは正しい名称だろうか。

英語では数詞と数字は違う。数詞はone、two、three…であるが、数字はアラビア数字の1、2、3…である。日本や中国でも現在ではアラビア数字を使う。しかし歴史的には一、二、三…を使うのが正式であり、現在も住所表示などで使うことが多い。

もちろん日本には「ひとつ」「ふたつ」「みっつ」…という固有の数詞があり、また漢語由来のイチ、ニ、サン…も使う。しかし古典漢語ではiet、nier、sam…が固有の数詞であり、これ以外にない。これを図形化したのが一、二、三…である。要するに一、二、三などは数字ではなく数詞の代替記号といえる。だとすると、これらは漢数字ではなく、「数漢字」と呼ぶべきであろう。

中国数学の歴史をひもとくと、数記号も存在したようである。1は横棒（または縦棒）ひとつ、2は横棒（縦棒）をふたつ重ねる、3は横棒（縦簿）をみっつ重ねるといった具合に、数の記号が作られた。ローマ数字のⅠ、Ⅱ、Ⅲなどと似ている（ただし似ているのはⅢまで）。しかし中国の数記号は計算で使われただけである。文における数の表記は数詞代替記号（言うなれば「数漢字」）が正式であることは言うまでもない。

漢数字は数字ではなく、数詞（を代替する視覚記号）であることが明らかになった。数字という記号ではなく、数詞という言葉である。つまり他の漢字と同じように、漢語の一記号素を代替するものである。言葉である限り、コアイメージがある。コアイメージは表層的意味を実現させる深層構造である。数の観念はコアイメージと関わっている。コアイメージは世界認識の図式である。

漢字の「一」には英語のoneにはない「全体」という意味がある。なぜこんな意味があるのか。これを解き明かすものが正にコアイメージにほかならない。

これから漢数字（「数漢字」の中の一つである漢数字）の成立を調べてみよう。

## 「一」の起源

まず言葉があり、次に文字が生まれたのは、洋の東西を問わず真実である。

「ひとつ」を意味する古典漢語はietであった。この聴覚記号を図形化した視覚記号が「一」である。したがってこれ

［一］

（甲）（甲）（金）（金）（篆）

は言葉（数詞）の代替記号である。英語のoneに当たる。数字の「1」ではない。「1」は「ひとつ」と読もうが、イチと読もうが、oneと読もうが、何ら妨げない。数詞と数字は全く別種の記号である。

甲骨文字では「一牛」「一羊」「一人」「一月」などの用例がある。基数と序数の区別がない。英語ではoneとfirstで厳密に区別する。普通は個数がひとつある事態と、順番が初め（一番目）であることとは、違いが感じられるが、古典漢語では全く同一の事態として捉えられる。ここには高度の抽象化がある。これは「二」以下でもすべて同じである。

個数がひとつの意味を一本の線で代替したのは理解しやすいが、なぜ「一」という横棒なのか。

殷代の初期や、殷代以前の陶器類に描かれた記号には、一、二、三、亖（四）までは縦に書いたものもあったらしい。しかし甲骨文字では横棒が定着する。

それは「一」と「十」を対比させることによると推定される。漢語の数体系は十進法である。1の位の次が10の位である。1を横に書き、10を縦に書くのは理にかなう。漢字の「十」は現在は十字形になっているが、甲骨文字では「丨」の形、縦の一線となっている。

さて「一」は漢語の一つの記号素ietの代替記号である。言葉であるかぎりコアイメージがある。古代人は「一は壱なり」と語源を説いている。壱（壹）は「ひとつのことに集中する」という意味で、「吉《ツキ》（音・イメージ記号）＋壺（限定符号、または、イメージ補助記号）」によって図形化された。「吉」は「（中身が）いっぱい詰まる」というコアイメージがある（「大字と小字」の「壹」の項参照）。何かがいっぱい詰まってひとつになっている事態が壱である。したがって「一」は壱・吉などと同源の語で、「いっぱい詰まる」がコアイメージと考えてよい。

以上から導かれる「一」の観念は、まだ分かれていない状態、つまり未分化性、統一性、全体性である。個数がひとつあるという意味がなぜこんな観念を根底にしているのか。それは数の1から3までの成立が一緒になっているからと考えられる。個数がひとつあることの次には、個数が分かれて並んでいる事態、その次に、分かれたものの間に別のひとつが割り込んで混じっている事態――これが一、二、三の観念の成立である。

「一」に数がひとつ、物事の初めのほかに、全体という意味があるのも、これで明らかになった。「いっぱい詰まる」、言い換えれば一体化、統一性というコアイメージが「全体」の意味を実現させるのである。

日本では漢字に音のほかに訓を与えた。つまり音や訓が漢字の読み方になってしまい、記号素の読み方という感覚を失った。そのためさまざまな不具合が生じた。その一つに「形に意味がある」「形の解釈を意味とする」などの誤った漢字説が発生した。

数詞と数字の混同もここから来ている。「一」「二」「三」などは数詞（の代替記号）であって、本来数字とは違うが、数字の1、2、3などと同じように使う不思議な表記法まで発生した。

「一人」は言葉としての統一感を大事にするなら「一人」であって「1人」ではない。一人二役も「1人2役」ではおかしい。1朝1夕、1喜1憂も同じ。理数系の雑誌を見ると、頻繁に漢数字の代わりにアラビア数字が使われているので（「1本化する」「1理がある」など）、唖然としてしまう。

漢数字（正しくは数漢字）の表記法が日本では確立されていないため、混乱を極めている。これをどうするかは、今後の大きな課題である。

## 「二」の起源

数は1に1を足すと2になる。「ふたつ」という数は「ひとつ」にもう「ひとつ」を足した数というのが普通の発想だが、漢語の発想はこれと違う。

「一」が未分化、統一性の観念であることは先に述べた。

［二］

（甲）（甲）（金）（金）（篆）

未分化の状態が分化すると左右に分かれてふたつになる。これが「二」の起源である。未分化→分化という論理過程がここにある。

これと似た思考は神話にも見られる。宇宙創成（天地開闢）神話はどの国（民族）にもあるが、宇宙の始まりをカオス（混沌）としている。これは統一性、全体性の象徴である。混沌が分裂して天地が生まれる。中国の哲学（老荘や易経）で宇宙の始原・根源（道、タオ、太極）を「一」とし、天地（両儀）を「二」とするのはこれと同じ発想である。神話、哲学、数の観念の発生には共通の基盤がある。

古典漢語で「ふたつ」を意味する語は**nier**であった。この聴覚記号を視覚記号に変換したのが「二」である。**nier**という記号素のコアイメージは「左右に分かれる」である。このイメージはみっつのイメージに展開する。▯▯のように分かれた形は「（左右に）並ぶ」というイメージでもある。▯→←▯の方向性を与えると「（ふたつが）くっつく」というイメージになる。また、▯←→▯の方向に視座を変えると「（反対に）そむく」というイメージになる。一般に、一つのイメージは認識の仕方

（視座の置き方）によってさまざまなイメージに展開しうるのである。

人に反逆する気持ちをもつことを「二心を抱く」という。この「二」の「そむく」という意味は正にコアイメージが表層に現れたものである。

「くっつく」は空間的なイメージだが、物理的なイメージ、また精神・心理的なイメージにもなりうる。人と人がくっつくのは親しみの表現でもある。人が他人に思いやりを示すことを「仁」という。「二（音・イメージ記号）＋人（限定符号）」と分析できる。

人称代名詞の二人称と三人称は対話の空間関係から生まれた。話者（自分）と最も近い関係にあるのが二人称であり、これを古典漢語ではnierという。「二」と同音である。「くっつく」→「近い」というイメージ展開は理解しやすい。ただし二人称の表記は「二」ではなく「爾」である。これから「邇（ちかい）」が派生する。

漢数字の「二」は字源の説明は簡単だが（「横線をふたつ並べた象徴的符号」と解釈する）、語源を考えると奥が深い。

## 「三」の起源

漢語における数の観念の発生は未分化→分化と進む。これが「一」と「二」の起源。

［三］

（甲）（甲）（金）（金）（篆）

では「三」はどんな発想か。

古典漢語で「みっつ」を意味する数詞はsamであった。この聴覚記号を図形化したのが「三」である。図形の説明は簡単である。すなわち、「横棒をみっつ並べた象徴的符号」である。

数詞のsamの語源は何か。「三は参なり」は古代の普遍的な語源説である。samのコアイメージは「（みっつのもの、いろいろなもの、多くのものが）入り交じる」ということである。参加の参は「入り交じる」という意味である。

「一」の未分化のイメージは統一、統合、全体性でもある。分かれていない状態は他との区別がない状態、ほかに対立のない状態である。これは自己同一、相同と言い換えてもよい。これに対して「二」は並立であり、言い換えれば、対立であるとともに相似である。

認識論的に言えば、「一」は相同、「二」は相似である。認識論の論理過程は次に不等の認識が予想される。似ているものの並立に別のものが入り込むと、違い、差別、不等の観念になる。これが漢語の数詞samの起源と考えられる。数学的に見ると、3は最初の偶数2の次の奇数であり、2で割ると余りが出る（割り切れない）数である。

このように1から3までの漢語の数詞は人間の認識の論理過程に基盤があるといえる。

「一」は未分化、統一、全体性のイメージ。

「二」は分化、並列、そろい（ペア）のイメージ。

「三」は錯雑、差別、不ぞろいのイメージ。

言葉を換えれば、「一」は相同、「二」は相似、「三」は不等ということになろう。

参は「入り交じる」を意味するts'amのほかに、「ちぐはぐ、ぎざぎざ、不ぞろい」を意味するts'ïamも代替する（古典漢語で参差《しんし》という）。これらの意味はコアイメージからの展開である。「入り交じる」というコアイメージが「不等、食い違い、不ぞろい」のイメージを派生しうることは見やすい。

最初の奇数である1は未分化のイメージからietと名付けられたが、次の奇数である3は以上のような認識論的展開によってsamと名付けられた。

## 「四」の起源

数の歴史の本を見ると、文化の開けていない社会では2か3までしか数えられず、それ以後は「たくさん」という民族もあるらしい。

［四］

（甲）（篆）（甲）（金）（金）

漢語のsam（三）にも「多数」の意味がある。三省は何度も（多数回）反省するという意味だ。samのコアイメージは「（みっつのもの、いろいろのもの、多くのものが）入り交じる」であるから、「多数」の意味を実現しても不思議はない。漢語の三は、未開社会のような、数えられないから多数の意味になったのとは訳が違う。

古典に「三は数の成なり」「三は数の小終なり」などとある。古人は三が数（基数）の一応の切れ目、ひとくくりと考えたらしい。何がひとくくりかというと、一から三までが同類の数と考えたということである。ということは、四からは別類の数（別の原理によって命名した数）と考えた可能性がある。

古典漢語で数詞の「よっつ」をsiedといった。この聴覚記号は最初は「三」、後に「四」という視覚記号に変換された。字源は後回しにし、まず語源を考える。

語源の視座から見ると、siedという数詞は死・西・私・細などと同源の仲間（単語家族）で、「細かく分かれる」という基本義をもつとしたのは藤堂明保である。これは「分散する」というコアイメージと言い換えることができよう。なぜ数の「よっつ」を「細かく分かれる」や「分散する」というイメージで捉えたのか。ここに一～三までのグループとの認識上の違いがある。

漢語における数は未分化（統一、相同）→分化（並列、相似）→錯綜（入り交じり、不等）という論理過程から生まれた、これが一、二、三の成立であるというのがこれまでの主張である。これは数そのものの性質を含むとともに、自然発生的な言語の成り立ちと言ってもよい。「四」以後はこれとは造語の発想が違い、数そのものの性質に対する省察や数える方法という人工的な行為に着目し、新たな視点から数を捉えるに至ったと考えられる。

ではなぜ「四」を分散のイメージで名付けたのか。これはおそらく2の次の偶数を数の性質上から認識した結果であろう。2は並列のイメージ、また対立、分裂のイメージがあり、両側に分かれる数であるが、4はこの2をふたつ含み、分裂と分裂を重ねた数のイメージである。ここに「分散」のイメージがある。要するに2番目の偶数である4に対し、「細かく分かれる」あるいは「分散する」のイメージを見出し、これをsiedと名付けたのである。では4をふたつ含む偶数である8はどうなのか。数的には、8と4は性質がきわめて似ているが、名付け方は別である。

次に字源を見る。「四」の代表的な字源説は次の通り。

四分の形…『説文解字』
呬《キ》（気息）の本字…丁山、商承祚、加藤常賢、藤堂明保
口を開いて笑う形…白川静
泗《シ》（鼻汁）の本字…馬叙倫、李孝定
柶《シ》（匙）の本字…高亨

『説文解字』以外の説では数詞の4に用いるのは仮借とされる。

甲骨文字では横棒をよっつ並べた象徴的符号の「亖」であるが、金文では「亖」と「四」が行われた。なぜ字体が変わったのか。縦書きだと亖は一～三と紛らわしくなるからであろう。しかし「四」に変えた理由は別にある。これは「分散」のコアイメージを図形的意匠によって表現しようとするからである。「四」を分析すると、「囗＋八」となる。「囗」は囲い、領域、範囲を示す符号。「八」は「分ける」ことを示す符号。したがって「四」はある空間をいくつかに分割する情景を暗示させる。この意匠によって、「細かく分ける」「（左右上下に、四方に）分散する」というイメージを表すことができる。

「四」以後の字源は音を借りただけという仮借説が普通である。しかし仮借説は言葉の探求を放棄するものである。

一・二・三以外の漢数字は字源も語源も難しい。俗説も多い。本書ではできるだけ語源から数詞の真相に迫りたい。

## 「五」の起源

漢数詞の造語法は、一～三の成立の後は、数そのものへの視点から行われ、四～九が生まれた。造語の原理は、一つは数に対する認識・洞察、二つ目は数を数える方法への着眼である。

「いつつ」を意味する古典漢語はngagである。この聴覚記号の図形化が「五」である。「五」の代表的な字源説は次の通り。

縄を収める器…丁山

几（つくえ）…高亨

枑（交叉した木の柵）の本字…馬叙倫

木を斜めに交叉させて作った器物の二重の蓋…白川静

糸巻き…加藤常賢

五本の指を開いたときの掌紋…張秉権

［五］

（甲）

（甲）

（金）

（金）

（篆）

二線が交差するさま…藤堂明保

張と藤堂の説以外は数の5に用いるのは仮借とする。

『説文解字』（後漢、許慎の著）では五を五行とし、陰陽が天地の間で「交午」する（交わる）から五だと説明している。これは図形から意味を引き出す間違った解釈だが、「午」で説明したのはよい。語源的に見ると、ngagは午だけではなく、牙・互・逆・呉なども同源である。藤堂明保はこれらのグループ（単語家族）には「かみ合う、×形、↓↑形」という基本義があるとしている。ngagのコアイメージは「（×形や⇅形に）交差する」と言い換えてもよい。

なぜ数詞の「いつつ」が漢語ではこのようなイメージで名付けられたのか。これは数の数え方に着目したものと考えられる。

数を数える時はたいてい手の指を使う。一から四までも指を使ったはずだが、それらの造語の原理は数え方によらなかった。ngag（五）で初めて数え方の特徴に着眼した。

漢語の数体系は十進法である。十進法は手の指が10本あることに根拠がある。しかし数を数える際は片手でもできる。広げた指をひとつ、ふたつ…と折るか、あるいは、握った指をひとつ、ふたつ…と突き出せば、数を数えることができる。片手で数える時は、5で終わり、次は方向を転じて元に戻っていく。5はちょうど折り返し点になる。「↑の方向」と「↓の方向」の中間点に5がある。ここに「⇅形に交わる」というイメージがある。「交わる」「交差」のイメージは×形でも表示できる。

甲骨文字では×と、二（上下の二線）の間に×を入れた形があり、どちらも五に同定されている。前者は古文（戦国時代の書体の一つ）と一致する。

漢数字の五は、語源が「交差する」というコアイメージ、字源が×という象徴的符号となっており、語源と字源がぴったり合っている。

五は十進法で折り返し点（交差点）の数、一から十の中間点の数というのが、漢語の五の観念である。

五は⇅や×（交差）のコアイメージがあるので、これの言語的発展として人称代名詞がある。話し手と聞き手の間に⇅の形の言語の交流がある場合、話者（主体側）を吾という。言葉を交わすこと（一方向でもよい）を語という（「校と語の起源――助数漢字（29）」の項参照）。精神現象では、心がある物（わからないもの）と交わることを悟（さとる）という。意識が現実のものと交わることが寤《ゴ》（目が覚める）である。

⇅は↓・↑（向かい合う）のイメージ、↑・↓（そむく、反対向き、食い違い）のイメージにも展開する。人と面会することを面晤《めんご》という。食い違うことを齟齬《そご》という。吾を数詞の五の代わりに用いたのが梧《ご》と鼯《ご》である。アオギリは果実に五つの萼があるので梧という。ムササビは五つの技を持つと考えられたので鼯という。

## 漢字の仮借説について

「五」を数詞の「いつつ」に用いる理由について、仮借説でない仕方で説明したのは藤堂明保と張秉権のみである。藤堂は**ngag**という語が「交差する」という基本義をもつから、十進法で交差点に当たる5を×の記号で表したと考える（筆者の説も同じ）。張秉権は「五」は指を開いたときの掌紋の形で、5本の指でもって5を表したと考える。

彼ら以外の文字学者はたいてい「五」を数詞の5に用いるのを仮借とする。

いったい仮借とは何か。本来の文字がない時に別の文字を借りる（また、意味とは無関係に音だけを借りる）ことが漢字の仮借的用法だというのが、普通の理解である。例えば一人称代名詞は、それを表すうまい方法がないので、武器を表す「我」を借りて「われ」という意味を表すといったぐあい。

しかしどうも変である。「我」はもともと一人称代名詞であって、武器の意味はない。

「五」も同じである。数詞の5以外の語を表すために作られた字ではない。

aを意味するAの代わりに、bを意味するBを用いるというのが仮借説だが、もともとAはaを意味せずにbを意味するという例はいくらでもある。仮借説は破綻せざるをえない。

なぜ仮借説があるのか。形の解釈と語の意味が結びつかないからである（説明がつかなければ逃げるしかない）。その根底には形に意味があり、形の解釈がストレートに意味だとする考えがある。これは前にも述べたように根本的に間違った漢字説である。

「五」をある種の器具の形とすると（中国や日本の文字学者の説）、「五」はその意味を表すはずで、数の5とは結びつかないから、仮借とするほかはない。漢数字では一・二・三以外は仮借説が多い。

筆者は仮借説を否定している。「我」を一人称とするのには理由があるに違いないと考える。同様に、「五」を数詞の「いつつ」を表すのには理由があると考える。字源だけでは解決しない。語源を考察することによって初めて説明がつくのである。

## 「六」の起源

「六」に関しては、語源説が乏しく、字源も諸説紛々で定説がない。

［六］

（甲）（甲）（金）（金）（篆）

代表的な「六」の字源説を次に挙げる。

入と八に従う形…『説文解字』

入と同じ…丁山、郭沫若など

廬の形…高亨

覆いをした穴…藤堂明保

建物の形…加藤常賢、白川静

これでは数の5を説明できないので、仮借説にならざるを得ない。

仮借説でなく説明したのは張秉権のみである。張によれば、数を数える時、親指と小指を伸ばし、他の三指を折り曲げた形が「六」で、これは現在の中国の指文字と同じだという。

古代の指文字（指を使った数の数え方）の証拠はない。しかし指を使う場合は、指を折る（曲げる）か伸ばすかの行為はあるはずである。筆者は「五」の起源では、片手の指を全部折るか伸ばすと推定した。「五」の次の数はここから連続するはずである。「六」の起源を矛盾なく説明するには、「曲げる」か「伸ばす」かのどちらかに決める必要がある。「五」

は全部の指を曲げたと推測したい。これは握り拳の形である。そうすると、握り拳を作った後に、親指か小指を伸ばした形が数の6ということになる（張との違いは突き出す指は1本だけ）。「陸」に「六」が含まれていることを知ることが、語源・字源の解明の端緒になる。六→圥→坴→陸と発展した。すなわち「六」は「陸」の原字である。六と陸は全く同音である（ロクは呉音、リクは漢音）。

ここで「六」の字源を考えると、土が∩形に盛り上がった形が甲骨文字の「六」である。∩の上は少し尖っている。この図形でもって数詞のliok（むっつの意味）を代替する理由は、握り拳を作る「五」の次に1本の指を立てる姿を陸（おか）に見立てたのである。このように推量される。

語源的に見ると、陸は隆と近い。藤堂明保も王力も陸と隆を同源としている。そうすると六はこれらと同源ということになる。「（∩の形に）盛り上がる」がコアイメージである。漢数字の「六」は隆起のイメージで命名され、おかに見立てた図形（視覚記号）を得た。一つの塊をなした数である「五」が、次の段階で盛り上がっていく数が「六」である。

「六」の大字（金銭などの数を記す）が「陸」であるのは偶然ではない。陸以外の壱・弐・参・肆・伍・柒・捌・玖・拾も元の数字と必然的な（語源的な）つながりがある（後述）。

## 漢数詞の成立過程について

漢数字の起源の論述を整理するために、途中だが、少しまとめをしたい。

漢数字の起源を究明するには何よりもまず漢数詞（漢語の数詞）の成立が検討されなければならない。しかしこれが一筋縄ではいかない。数詞が一から十まで一気に成立したのか、段階的に成立したのか断言するのは難しいが、いくつかの成立過程が予想される。

1から3までは最も原初的な数に対するイメージがiet、nier、samの三つ組を生んだと想定した。これは未分化性（統一、相同）→分化（並列、相似）→錯綜（不ぞろい、不等）の論理的展開が数詞になったという考えである。

4以後は数の性質か、数の数え方に着目して、漢数詞が生まれた。

4は2番目の偶数である。この性質を分裂、分散のイメージで捉え、siedが成立する。

5と6は数え方の特徴に着目した。十進法の基数において5は真ん中の位置にあり、数え方としては指を曲げて握り拳を作る。折り返し、交差というイメージからngagが成立する。

6は5の握り拳を一つ突き出すという数え方の特徴があり、

隆起のイメージから liok と名付けられた。

7と8は数の性質の特徴を捉えて、ts'iet、puat が成立する(後述)。

9は基数における位置から発想された。9は基数の最後の数である。究極のイメージから kiog が成立する(後述)。

10はこれら(1～9)とは性質が全く違う。殷代の数体系はすでに明確な十進法であった。だから10は新しい位の数である。10は数詞である前に単位の名である。

以上のように、漢数詞の成立段階は、いくつかの造語原理が入り交じっている。しかし字源だけを考えるなら、成立過程はきれいにまとめられる。郭沫若や于省吾などの文字学者の説によると、漢数字は二系に分類できる。一から四までは積画(線を積み重ねる)によって数字ができているが、五から九までは錯画(線を交える)によって数字が成り立っているという。

一方、張秉権が唱えたように、漢数字をすべて指の形(指による数え方)で説明する説もある。

これらは文字の形から漢数字を説いたもので、数詞の説明にはならない。前述のように、漢数字は数詞を表す漢字であり、漢数字の前に漢数詞がある。漢数字は数詞を表すのであるから、数詞の起源を究明しないと、半端である。

もう一度確認したい。漢数字は数字ではなく漢字である(したがって「数漢字」というのが正しい)。

## 「七」の起源

漢字の形から意味を導くのはタブーである。字形はあくまでも意味の暗示機能をもつに過ぎないということは、重々心すべきである。しかし字形の考察が語源のヒントになることがある。

古典漢語で数の「ななつ」を ts'iet という。この聴覚記号を図形化した視覚記号が「七」である。語源はなかなか難しい。

甲骨文字では「十」の形になっている。中国の文字学者(林義光、丁山など)はこれを「七」に同定し、「切」の原字とした。この字源説は語源にヒントを与える。

文字学者は「七」と「切る」が結びつかないので、これ以上の考察を停止し、数詞の究明を放棄した(仮借説に逃げる)。

「七」の語源を解明したのは藤堂明保である。藤堂は七は切だけではなく、屑・漆・節・櫛・辛・新・津・尽などと同

[七]

(甲) (甲) (金) (金) (篆)

源の仲間（単語家族）とし、これらはTSET・TSER・TSENという音のタイプ（形態基）をもち、「小さく切る、小間切れ」という基本義があるとした。そして「7をts'ietと称したのは、たぶんそれが零砕な端数を伴い、雑然と散在した小間切れの印象を与えるからであろう」という（『漢字語源辞典』）。

これはいったいどういうことか。7という数に「零砕な端数を伴う」「小間切れ」という性質を見出したということである。

1およびそれ自身以外で割り切れない数を素数という。10までの素数は2、3、5、7である。2は唯一の偶数の素数であるが、漢数字では違和感がある。「二」は「並列、ペア」のイメージをもつので、分けられる数との意識が強い。残りの「三」は他の数が入り交じってそろわないというイメージで捉えられた。「五」は数え方から交差というイメージで捉えられた。最後の素数である7（ななつ）に至って、初めて数の重要な性質が認識された。7は2でも3でも4でも5でも6でも分けると余りが残り割り切れない。細かい余りが必ず残るので、藤堂のいうような基本義が想定される。

ここで甲骨文字を見る。なぜ「十」の形で数詞のts'ietを代替させたのか。「十」は縦線を横線で断ち切る情景を象徴的に示した図形と解釈できる。「切」という字が「七」を含むのは偶然ではない。ある物を途中で刃物などで切ることを古典漢語ではts'etという。数詞の「ななつ」は切る行為と関係づけて名付けられた。

物を途中で切ると、必ず半端な物が残る。「分けると半端なものが余る」という事態に着目して生まれたのが数詞のts'ietであり、漢字の「七」である。

## 「八」の起源

古典漢語で数の「やっつ」をpuatといった。これは聴覚記号である。これの意味のイメージを図形化し、視覚記号に変換したのが「八」である。

甲骨文字では)(のような形になっている。なぜこのような図形が考案されたのか。)(は両側に（左右に、反対向きに）分かれることを象徴的に示している（「半数の漢字・半の起源――数漢字（25）」の項参照）。

この解釈は偶数をうまく説明できる。2も4も6も8も両側に均等に分かれる数である（10は位の数なのでここでは考慮外）。

しかし数詞の成立はいろいろな視点から発想され、成立過

［八］

程に差異がある。2は未分化のものの分化・並列というイメージ、4は分裂、発散のイメージ、6は数え方に由来など、成立はまちまちである。「四」には偶数の観念も含まれていたと思われるが、8に至って、偶数の観念を明確に打ち出して、puatという聴覚記号と、それを代替する視覚記号の「八」が生まれたと考えられる。8は4と4に両分でき、4は2と2に両分される。二段階（三段階と見てもよい）を経て見事に両分ができる。このような性質をもった数に「左右に分かれる」というイメージを見出したのは不思議ではない。

しかしなぜpuatなのか。これは単語家族の研究によって明らかになった。古代の人もpuatに「分かれる」というイメージがあることに気づいている。後漢の許慎は『説文解字』で「八は別（わかれる）なり」と述べている。

言語学（音韻論、意味論）的にpuatという数詞を解明したのは藤堂明保である。藤堂によれば、puat（八）は肺・別・発・抜・貝・敗・伐・弊・拝・半・反・片・辺・弁など非常に多くの語と同源で、一つの単語家族にまとめられ、これらはPAT・PAD・PANという音のタイプ（形態基）をもち、「ふたつに分ける」という共通の基本義があるとする。そして「数詞8を八と称するのは、1から10までの基本数のうち、8÷2÷2÷2のように、8とはふたつに等分するのに、最も適した特色をもつ数だからである」という（『漢字語源辞典』）。

右に付け加えるものは何もない。

改めて「漢数字は数字である前に数詞である」を思い出そう。漢数字は単なる数字ではない。八を8と同一視することはできない。他の漢数字も同様である。

## 「九」の起源

古典漢語で数の「ここのつ」をkiogという。この聴覚記号を視覚記号に変換したのが「九」である。甲骨文字では左の図形が「九」に同定されている。

これはいったいどんなイメージを表す図形か。諸説紛々で定説がない。いくつかの説を挙げてみよう。

臂の形…丁山、加藤常賢
尾を曲げた虫の形…于省吾
曲がった鈎の形…徐中舒
手を曲げて引き締める姿…藤堂明保
身を曲げている竜の形…白川静

漢数字の起源は具体物のイメージを借りる場合と、抽象的

［九］
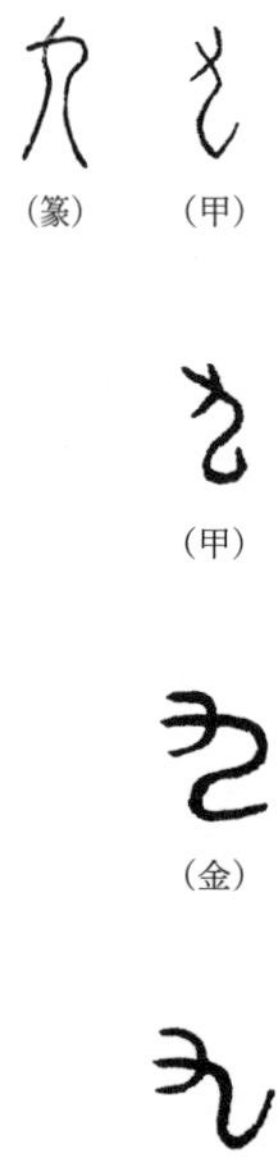
（甲）（甲）（金）（金）（篆）

な符号の場合がある。前者は四、六である。後者は一、二、三、五、八である。「九」は象徴的符号と見ることもできる。古くは『説文解字』が「屈曲究尽（曲がって尽きてなくなる）の形」とした。しかし具体物を象ったと見ることもできる。「九」の甲骨文字は「又」（手の形）と非常に似ており、違う点は屈曲の強調である。「九」は手を曲げる形と解釈できる。

　これでもって何を表そうとするのか。「曲がる」のイメージにポイントがある。手をまっすぐ伸ばすのは目的の所に届くようにするためであるが、手を曲げると、目的に届く前に手の向きが変わり、それ以上前に進めなくなる。『説文解字』に言う通り、尽きてしまうのである。ここにイメージの転換がある。つまり「（前に伸びようとするものが）曲がる」のイメージは「（それ以上進めず）尽きる、終わりになる」というイメージに展開するのである。

　以上の解釈は数詞の9をうまく説明できる。古典漢語の数体系は十進法である。10で位が変わる。だから9が基数の最後の数である。『説文解字』では「九は陽（奇数）の変なり」とあり、奇数の最後の数という解釈らしい。いずれにしても九が最後だという意識が強い。10という新しい単位に入る直前の数が9である。だから究極（きわまる）のイメージで、kiogと名付けられ、「九」の視覚記号をもって代替するのである。「九は究（きわまる）なり」は古代の普遍的な語源意識である。これは全く正当である。「AはBなり」という漢字の説明の仕方を音義説などと批判し否定する文字学者もいるが、見当違いである（音義説については30ページ参照）。「AはBなり」は語源を述べる形式である。

　藤堂明保以外は字源から数詞の9の説明ができないので、仮借とする。これは語の究明を放棄するに等しい。ちなみに藤堂は「1から9までの基数のうち、9はその最後、つかえて曲がる（折り返す）べきポストに当たる。9をkiogと称したのはそのためである。九の字は、手を著しく屈曲させたさまを一例として借りて、〝つかえて曲がる〟意を示した文字である」と述べている（『漢字語源辞典』）。「九」の起源の謎が初めて解明された。

## 「十」の起源

紀元前12世紀以前の殷の時代に数体系はすでに十進法であった。漢数字以外では十干と十二支がある。十干は十進法、十二支は十二進法で、これを組み合わせた干支は六十進法であるが、これらは循環的な方法で、主として序数に用いられ、数量を数えるものではない。

　十進法は10をひとまとめにして数える方法である。10以後は数詞のための新たな言葉を作らないで、基数の言葉を利用する。しかし10ごとにひとまとめにするための単位の名が必要である。我々は位取り記数法になじんでいるため、単位の専用語と数詞の違いが分かりにくい。

A　3456
B　三千四百五十六

Aはアラビア数字（算用数字）による記数法、Bは漢数字による記数法である。Aは場所が位になっており、位の名を必要としない。これが位取り記数法である。Bは位の名として十、百、千が作られている。以後万、億、兆…と続く。

「十」は位の専用語である。数詞の10は正しくは一十であるが、一は省略されることが多く、「十」は数詞の名としても用いられる。ただし「十」の成立は位の名が最初であろうと推測される。これは語源と字源から確かめられる。

まず字源を見る。甲骨文字は縦の一本線（直線）である。金文では真ん中がふくらんだ形もある。篆書では真ん中が横線となり、楷書に至って「十」となる。次のような字源説がある。

掌の形…郭沫若、張秉権
算木の縦棒の形…徐中舒、白川静
大きな杖の形…朱芳圃
針の形…加藤常賢

語源的に探求したのは藤堂明保である。藤堂は「とお」を意味する数詞のdhiapを踏・畳・習・襲・拾・執・渉・摂などと同源の仲間（単語家族）に入れ、これらの語群はTĚP・TĚMという音のタイプと、「重ね合わせる」という基本義があるとする。そして「10進法では9が基数の最後であり、10まで進むと、指10本または算木10本が一つのまとまった単位として合体し、ここから11、12、13…20、30、40という新たな計算が再開される。そこで10という数を〝10本を重ね合わせて一つにまとめた数〟と認識してdhiapと称したのであろう」と述べる（『漢字語源辞典』）。このように語源を探求してから、字源を「全部を一本に集めて一単位とすることを｜印で示す指事文字」とした（『学研漢和大字典』）。実に明解である。

「一」と「｜」（十の原形）は対である。「一」は未分化のイメージである。これは分化する前の統合・統一の観念につながる。これに対して「｜」はいくつか集まったもの（具体的には1〜9までの数）をまとめるイメージ、一本化のイメージである。したがって分化した後の統合・統一の観念といえる。藤堂の言う通り、「一つにまとめた数（一単位の数）」が「十」である。

「十」には十全・十分のような数詞以外の使い方もある。これは「欠け目がない」という意味で、「一つにまとまる」というコアイメージからの展開である。

ここが英語のtenとは違う。tenは数詞のみである。またtenは「十」のような単位名でもない。eleven（11）、twelve（12）はtenと無関係である。これを見ても漢数字は完璧で合理的な十進法といえるだろう。数の読み方、数え方がきわめて容易である。

## 「百」の起源

アラビア数字は1から9まで、および0の10個であらゆる数を表せる。漢数字では一から九までの9個が基本だが、これだけでは足りない。単位名が必要である。どのぐらい必要か。無数に数えるには無数の単位名が必要だが、現実には限界がある。だから漢数字で無限に数えることはできない。

［百］

（甲）

（甲）

（金）

（金）

（篆）

「百」は語源も字源も難しい。定説がない。字源を見てみる。甲骨文字の「百」を構成する「白」は単独の「白」と少し違うが、その変形であって、「百」は「白（音符）＋一」と解釈されている。つまり一白が百である（同様に「二白」「三白」など）。では「白」は何か。次の字源説がある。

親指の形…郭沫若、加藤常賢
日の出（日光、光環）の形…商承祚、馬叙倫、朱芳圃
どんぐり状の実の形…藤堂明保
されこうべの形…白川静

これでは「百」をうまく説明できない。ただ字源説としては藤堂説が比較的よい。「白」は柏や樂（櫟《くぬぎ》の原字）に含まれており、ドングリの図形と見ることができる。藤堂は「白」は単なる音符としたが、多数の象徴と考えることができる。拙著では「白」は「多数」という二次的イメージを取った音・イメージ記号と見た（『漢字語源語義辞典』）。しかし「白」に一次的（原初的）イメージを見ることはできないだろうか。本書ではさらに一歩を進めて検討したい。

最初の単位名は「十」である。次が「百」。これは10を10個集めた数である。「ひとまとまり」のイメージをもつのが「十」である。「十」が10個も合わさると、多数が互いにくっついて集合するイメージになる。物が集合する前提として

「くっつく」というイメージがある。このイメージを表すのが「白」である。

「白」は藤堂がいう通りドングリの図形であろう。ただしそんな意味を表すのではなく色の名を表している。色の名は自然の現象のほかに何らかの文化の事象から起こった。ドングリはおそらく漂白して食用にしたと考えられる。漂白した際、他の色を抜いたほんのりした色（ほとんど無色）がしろ色の由来であろう。これを古典漢語でbakと称し、「白」の視覚記号に変換した。

語源的に見ると、白は薄と同源と考えられる。「白」は無色に近い色、つまり薄い色である。「薄い」は心理的、感覚的イメージだが、空間的イメージにも転用しうる。空間的に薄い状態は、視座を変えると、「平ら」「くっつく」というイメージに展開する。漢語の意味論では「薄い」「平ら」「くっつく」は可逆的な（互いに転化しうる）三つ組イメージを構成する。「白」のグループ（泊・拍・迫・舶・箔・粕・魄など）はこれらのイメージをもつ（「把・拍・泊の起源――助数漢字（52）」の項参照）。「巴」のグループ（把など）、「布」のグループ（怖など）、「扁」のグループ（偏・編など）、「甫」のグループ（捕・補・薄・縛など）にもこの三つ組イメージが認められる。

以上の考察から、「百」における「白」は「くっつく」というコアイメージを表す音・イメージ記号と考える。古典漢語では数の１００は「白」との近似音でpakと呼ぶ。数の１００は漢数字では、「十」が10個くっついて多数の集合をなす数という観念といえそうである。数詞の１００は甲骨文字では「一白」の合文であるが、これが「百」という一語、一字となり、単位名となったと推測される。

## 「千」の起源

漢数字は数字ではなく、漢字である。漢字は漢語の一記号素を代替する文字である。したがって漢数字は漢数詞を表記する。

漢数詞の数体系は十進法であるが、数字ではないから、アラビア数字のような位取り記数法ではない。空間的位置に意味をもたせない。したがって10（の倍数）ごとに位を上げるために、空間以外の記号、つまり単位名を必要とする。これが十・百・千・万・億・兆…である。

「十」はひとまとめ（統合、集合）のイメージで名付けられた。「百」以後の命名の由来は難しい。上に、10をふたつ重

［千］

（甲）（甲）（金）（金）（篆）

ねたのが１００なので、「くっつく」というコアイメージから「百」が名付けられたと推測した。

では「千」はどんなイメージによる命名か。

語源は難しい。字源はきわめて簡単である。甲骨文字は「人＋一」の組み合わせになっている。しかし一人の意味に取ることはできない。そこで「人」を音符と見る説がある。しかし数の１０００は古典漢語でts'enというのであって、人（nien）は音符でありえない。「千」と「人」は言葉のつながりはない。ただ造形法に利用されただけである。

その造形法も解釈が難しい。推定するしかない。「人」は個体のひとではなく、集団のひとを表したのではないか。多くの個体の集合を「人」で表したと推測される。多くのひとの集団の存在が前提であるが、現実としてはありそうである。

「千」を字源から穿鑿《せんさく》しても正確なことは言えないので、語源を考える必要があるが、語源を言及した学者は藤堂明保のほかにいない。藤堂は「原字は人と同形だが、センという言葉はニンと縁がない。たぶん人の前進するさまから、進・晋の音を表し、その音を借りて１０００という数詞に当てた仮借字であろう。それに一印を加え、一千を表したのが、千という字形となった。あるいは、どんどん数え進んだ数の意か」という（『学研漢和大字典』）。

ts'enという語を進・晋と同源と見ている。これは傾聴に値する説である。１００は10を10回足した数であるが、１０００は10を１００回足した数である。「百」はくっつけるイメージで捉えられたが、１０００は10がぐんぐんと進んでいくイメージなので、進・晋と同源の語として、ts'enと命名されたのではあるまいか。藤堂説を敷衍すると、蓁《しん》（草が盛んに茂るさま）・莘《しん》（物の数が多いさま）・詵《しん》（多くの物が並び進むさま）などと同源ともいえる。これらは「多くのものが盛んに集まる」というイメージがコアにある。

「千」は「多くのものがどんどん進む」あるいは「多くのものが盛んに集まる」というイメージがあると見れば、千のグループがすっきり理解できる。

仟《セン》…千人を一組とする集団。また、千の大字に用いる。

阡《セン》…南北にたくさん通るあぜ道。

芊《セン》…草がどんどん茂るさま。

## 「万」の起源

漢数字では十・百・千・万…は単位語である。10倍ごとに位を上げる必要から、これらの語が生まれた。これは数詞である前に単位語だから、数詞の10は一十、１００は一百、１０００は一千が正しい。しかし一を省略して単に十、百、千とも言える。もっとも日本では１００００は一万であって、一は省略できない。億、兆なども同様である。

「万」は四番目の単位語である（1の位を入れれば五番目の位）。進法における位は、いくつかの数をひとまとめにして数える単位である。十進法では10個の数をひとまとめにし、1の位の次のひとまとめは10の位の数とする。10が10個集まると、100の位になる。10が100個集まると1000の位になる。だんだんと10倍ごとに数は増え、大きくなる。

漢数字では百以後は大きな数、多数の観念がある。ひとまとめ（統合）のイメージで名付けられた「十」の次の単位として、「十」がくっつき合って多数集まる数である「百」が成り立つ。その次に、「十」が次々と3回も進行して多数集まった数である「千」が成り立つ。「百」と「千」はこんなイメージで生まれた。

では「万」はどんなイメージによる命名か。「万」は「萬」の略字だから、「萬」で考える。

甲骨文字の「萬」はサソリの形とされている。これが定説といってよい。きわめて具象的な物のイメージを借りて数詞としたようである。その理由を説明した人に商承祚がいる。

［万］

（甲）（甲）（金）（金）（篆）

彼は古代ではどこにでもサソリが多く見られた虫なので、極大の数字としたという。このほかはたいてい仮借説が取られる。筆者はサソリが卵胎生で一度に多くの子を生むという生態の観察から、古人がサソリを大数の名付けに利用したと考える。

古典漢語では10の1000倍の数をmiuanという。字源ではこれの由来が分からない。語源を探求したのは藤堂明保である。藤堂はこの語は曼（漫・慢・蔓・幔）・満・面・綿などと同じ仲間（単語家族）に属し、MANという音形と、「長い線で囲む、囲みいっぱいに満ちる」という基本義があり、「長く長く続く数、綿々と連なる数の意」と述べている（『漢字語源辞典』）。

平面的に枠いっぱいになるのは満のイメージだが、視点を平面から線に変えると、「どこまでも長く続く」というイメージになる。綿々の綿はこれである。これらの同源グループからmiuanという語が発生したと考えられる。数詞の10000は10を四回掛け合わせた数であり、長く続く数のイメージをもつといえる。

ちなみに「萬」は次の語を派生する。

邁《イマ》…どこまでもずんずんと進む。邁進する。

勱《イマ》…力をぐんぐんと進めてつとめる。はげむ。

## 「億」の起源

漢数字は一から九までが基本で、それ以外は単位名である。10以後は基本漢数字と単位名の組み合わせ（結合）で数詞が表されるしくみである。ただし数詞の一十、一百、一千は一が省略できる。

十進法は10の倍数ごとに位が変わるので、漢数詞では位を表す単位名が必要である。基数をひとまとめにした単位が「十」、「十」を10回合わせたのが「百」、「十」を１００回合わせたのが「千」、「十」を１０００回合わせたのが「万」である。

ここまで来ると数はものすごく大きくなる。すでに殷代の甲骨文字の段階で「万」がある。ただし「三万」の用例しかないので、「万」の次の単位名は分からない。十進法という建前から、$10^5$（十万）に新たな単位名が予想される。これが「億」であったらしい。

周代の古典では、『易経』に「億も貝を喪《うしな》う」、『詩経』に「麗《かず》は億のみならず」、「なんぞ禾《いね》三百億を取らんや」などの用例がある。漢代の注釈には「十万（１０００００）を億という」と、「万万（１００００００００）を億という」の二通りの説がある。この二説は南北の地域の差という見方もあるが、十進法という数体系から考えると、十万が億であった可能性が強い。しかし早くも古典では「十万」「百万」の数詞が現れた。『孟子』に「十万を辞して万を受く」、『墨子』に「有数百万人」「数千万」などの用例がある。

［億］

（篆）

いったいなぜ進法（位の進め方）が変わったのか。億であるべき数を十万とし、ついで百万、千万と数えるように変わった。純粋の十進法なら「十」を１００００回合わせると位が変わるはずなのに、「十」を１００００００（一千万）回でやっと位が変わるようにしたのである。変則十進法が生まれた理由は数が大きくなって単位の名付けが追いつかない（間に合わない）からであろう。10倍ごとに名をつけては専用の名前の考案が難しくなったのである。実際、「億」は数詞の専用名ではない。

『詩経』などでは「億」は数の名として出ているが、『論語』では「憶測する」という意味で使われている。これが最初の意味である。「意」は「思いが心中にふさがれる」というイメージをもつ語で、憶（思いがこもる）や臆（むね）と同源である。思いがこもって胸が詰まる（気分が胸中にふさがれていっぱい満ちる）意味をもつ言葉を腷臆《ひょくおく》という。これらに共通するのは「いっぱい満ちる」というイメージである。ここから「億」という数の名付け方が見て取れる。いっぱいありすぎて数えきれないほどの大きな数というイメージである。

しかし大きな数はさらに続く。「億」の代わりに「十万」となり、百万、千万を飛び越えて、「十」の10000000倍が「億」となった。こうして変則十進法が定着した。「億」の次の単位が「兆」である。億・兆・京・垓…と続く。これらの単位は前者の一万倍ごとに進む。

## 「兆」の起源

中国の周代（BC11世紀～BC3世紀）に変則十進法が発生し、現在に至っている。正則（あるべき）十進法との違いは次の通り。Aは正則、Bは変則である。

A　1000000
　　兆億万千百十

B　1000000000000
　　兆　億　万千百十

漢数詞の体系は十進法である。だから「億」は100000（十万）の位置にあるべき単位なのに、いきなり10000000（一千万）を飛び越えて100000000の位置に移った。この変則十進法が生まれた理由は命名法の経済性である。つまり大きな数を10倍ごとに命名しては、言葉（それを表記する漢字）が無数に必要で、頭を絞っても追いつかないからである。

［兆］

（古）

「億」の次の単位が「兆」である。「兆」も「億」と同じように数詞の専用名として考案されたものではない。「兆」は「うらない」と「きざし」の意味をもつ古典漢語tiogを表記する視覚記号である。「左右に（二つに）割れる、分かれる」というイメージを←)(→のような図形で暗示させる。吉か凶に分ける行為が「うらない」であり、それから「きざし」の意味が派生する。

「兆」のグループには共通のコアイメージがある。

逃…あるものから遠くへ離れていく（にげる）。「逃亡」

跳…地面を離れて上にとぶ（はねる）。「跳躍」

眺…視野を左右に分けて見渡す（ながめる）。「眺望」

挑…相手を反発させるように仕向ける（いどむ）。「挑発」

桃…果実に割れたような溝のある木（モモ）。

これらの語のコア（深層構造）には「左右に（二つに）割れる、分かれる、離れる」というイメージがある。これはもともと「兆」のコアイメージである。「兆」を数詞に利用するのはまさにこのイメージである。「億」の次の単位、億の一万倍の単位を「兆」と名付けたのは、「十」からは数えきれないほど遠く離れているからである。あるいは現実から遠く離れている数という解釈も成り立つ。

『書経』に「予、兆民に臨む」という文章があり、注釈に「古数は十万を億と曰い、十億を兆と曰う」とある。この「兆」が変則十進法だったら、あまりにも巨大な数で、当時の人口では考えられない。正則なら十億である。現在の中国の人口に匹敵するが、もちろん正確な数ではあるまい。

「万」の次を「億」ではなく、十万、次を百万、その次を千万という数え方が先秦時代（春秋戦国）に現れていたから、この時代に「億」以後が変則十進法の単位に変化したことは十分考えられる。数え方がややこしくなったが、大きな数を表すのに新しい単位名の創造が少なくて済むという経済性がもたらされた。しかし数学の発展はもっと巨大な数詞を必要とした。現代でも「兆」以後の大数「京」がコンピューターでは不可欠になった。

## 大数の名

漢数字は「百」以後は多数のイメージで名付けられ、図形（視覚記号）が与えられた。「億」の登場から、純粋の十進法を脱し、変則十進法に変わった。これが発生した理由は大きな数に対する命名の経済性であろうと推測した。大数も「十」と同じ単位名であるが、実感としては「億」あたりからが大数の名がふさわしい。

ただし「大数」の語は数学から起こった。『孫子算経』に「大数の法は、万万を億と曰い、万万億を兆と曰い、万万兆を京《けい》と曰い、万万京を垓《がい》と曰い、万万垓を秭《し》と曰い、万万秭を穣と曰い、万万穣を溝と曰い、万万溝を澗と曰い、万万澗を正と曰い、万万正を載と曰う」とある。これによると、「億」以後は万万（一億）ごとに進む単位になっている。数学では変則十進法をさらに変えて、もっと巨大な数に対処するようにしたのである。これが「大数」の由来である。

しかしここでは正則または変則十進法の大数を扱う。変則十進法の「秭《し》」までの単位を視覚的に分かりやすく示すと次の通り。

1000000000000000000000000
秭　垓　京　兆　億　万千百十

「秭」は『詩経』に用例がある。豊年という詩に「豊年に黍《きび》多く、稌《いね》多し、また高き廩《りん》（米倉）あり、万億及び秭」という句がある。豊年満作で米粒が万、億、さらに秭の数量が取れたと歌っている。『詩経』の頃はまだ正則十進法なので、「秭」は変則の十億に当たる。「京」と「垓」の用例は詩経時代の文献には出てこないが、「秭」と同様、本来は10倍ごとに進む単位だったと推測される。
大数の字源・語源は次の通り。

## 【京】 ㊖ケイ

［京］

(甲) (甲) (金) (金) (篆)

「京」は丘の上に高い建物がある図形で、「みやこ」の意味をもつ古典漢語kiangを代替する。この語には「明るい」「大きい」などのコアイメージがある。大数の単位は「大きい」のイメージを利用したものである。

「京」以後の大数を10の指数で示すと次の通り。

京 $10^{16}$　垓 $10^{20}$　秭 $10^{24}$　穣 $10^{28}$　溝 $10^{32}$　澗 $10^{36}$　正 $10^{40}$　載 $10^{44}$　極 $10^{48}$

## 【垓】 ㊖ガイ

「垓」は「亥《ガイ》(音・イメージ記号)＋土(限定符号)」を合わせたもの。「亥」は動物の骨格を描いた図形で、この意匠によって「全身に(すみずみまで)行き渡る」というイメージを表す記号とする(「亥の起源——十二支(12)」の項参照)。隅や端まで行き渡ると、行き詰まって終わりになる。このイメージ展開を利用して、大地の果てを垓という。循環的序数の十干最後の記号を亥というのも、このイメージによる。行き止まりの最後の数を垓と称したようだが(古典に「垓は極なり」とある)、数はまだまだ続き、きりがないのは古人も分かっていたはず。「垓」で数は終わらなかった。次の単位の「秭」が出現した。

［垓］

(篆)

## 【秭】 ㊖シ

［秭］

(篆)

「秭」の旁は姉(姊)や柿(杮)の右側と同じである。これは「一＋屮(草の芽)＋八(左右に分かれる)」と解析できる。草の芽が分かれ出ていちばん上まで伸びて、そこで止まるという情景を設定した図形で、この意匠によって、「いちばん上に出る」というイメージを示す記号とした。女きょうだいのいちばん上がtsierであり、これを「姉」と表記する。ある大数(垓)のさらに上に出てくる大数が「秭」と命名された。

## 【穣】 ㊖ジョウ

「襄《ジョウ》(音・イメージ記号)＋禾(限定符号)」の組み合わせ。

［穰］

（篆）

「襄」は「中に割り込む」「柔らかい」というコアイメージがある。作物の穂に種子が割り込んで柔らかく熟する状態を暗示させる。これは作物が豊かに（多く）実るという意味。だから多数の象徴になる。大数の名の「穰」は「壌」とも書かれる。「壌」はいろいろな物（有機物）を含んで柔らかい土、つまり土壌である。これも多数の象徴になる。

## 【溝】 音コウ

［溝］

（篆）

「冓《コウ》（音・イメージ記号）＋水（限定符号）」の組み合わせ。

「冓」は上下対称のイメージがある（「講の起源――助数漢字（43）」の項参照）。これは「バランスよく組み立てる」というイメージに展開する。木や石を組み立てて作った通水路を「溝」という。流れてくる水は無量、つまり数えきれないから、多数の象徴になる。

## 【澗】 音カン

［澗］

（篆）

「間《カン》（音・イメージ記号）＋水（限定符号）」の組み合わせ。

「間」は二点の中間の意味（「間・内・外の起源――時間漢字（40）」の項参照）。山と山の間、谷間、谷川を「澗」という。通水路と同様、谷間の水も無量なので、多数の象徴になる。

## 【正】 音セイ

［正］

（篆）

「正」は数漢字や順位漢字に用いられるが（「正と負の起源――数漢字（4）」「正と副の起源――順位漢字（15）」の項参照）、大数の名の由来は不明。

## 【載】 音サイ

［載］

（篆）

「載」は時間漢字の用法があるが（「歳・載・稔の起源――時間漢字（10）」の項参照）、大数の名の由来は不明。

## 【極】 音キョク

［極］

（篆）

「亟《キョク》（音・イメージ記号）＋木（限定符号）」の組み合わせ。

「亟」の原形は「二（上下の線）＋人」を合わせて、頭の上から足の先まで隙間なく立ち尽くす情景を設定した図形。篆文ではこれに「口」と「又」（ともに動作を示す符号）をつけて「亟」となった。この意匠によって「端から端までたるみなく張り詰める」というイメージを表すことができる。このイメージを利用して家の棟木を「極」という。「A↑↓Bの形に張り詰める」というイメージは「A↓Bの形に端から端まで行き尽くす」というイメージに展開し、行けない所まで行き尽くす、つまり「きわまる」という意味が生まれた。これ以上はない最後の数という意味で名付けられたのが「極」である。

ここまでは漢字一字である。「極」（きわまる）で打ち止めかと思われたが、数はまだまだ限りがないと分かって、恒河沙《ごうがしゃ》$10^{52}$、阿僧祇《あそうぎ》$10^{56}$、那由他$10^{60}$、不可思議$10^{64}$、無量大数$10^{68}$と続けた。もう漢字一字ではお手上げなのか、仏典から三字、四字の熟語を引っ張ってきた。もはや数える便利さは無視したというしかない。もっともこんな大数を数える場面があるか分からないが。

なお恒河沙以後の大数の名は江戸初期の『塵劫記』に出ているが、中国では唐代の『法苑珠林』に恒河沙・阿僧祇・那由他の名が現れ、清代初期に恒河沙から無量大数までの数名が出そろう。

## 漢数字と英数詞

現在の日本では数の表記の仕方（アラビア数字によるもの）は例えば次の通り。

１，２３４，５６７，８９１，２３４

この数を何と読むか。すぐさま読める人はほとんどいないだろう。

三桁ごとにコンマを打つのは欧米式の表示の影響と思われる。欧米式の数詞を挙げてみよう（ここではアメリカ式を念頭に置く）。基数以後は次の通り。

| | | |
|---|---|---|
| ten | $10$ | 十 |
| hundred | $10^{2}$ | 百 |
| thousand | $10^{3}$ | 千 |
| million | $10^{6}$ | 百万 |
| billion | $10^{9}$ | 十億 |
| trillion | $10^{12}$ | 兆 |
| quadrillion | $10^{15}$ | 千兆 |
| quintillion | $10^{18}$ | 百京 |
| sextillion | $10^{21}$ | 十垓 |
| septillion | $10^{24}$ | 秭 |

| | | |
|---|---|---|
| octillion | $10^{27}$ | 千秭 |
| nonillion | $10^{30}$ | 百穣 |
| decillion | $10^{33}$ | 十溝 |
| undecillion | $10^{36}$ | 澗 |
| duodecillion | $10^{39}$ | 千澗 |
| tredecillion | $10^{42}$ | 百正 |
| quantuordecillion | $10^{45}$ | 十載 |
| quindecillion | $10^{48}$ | 極 |
| sexdecillion | $10^{51}$ | 千極 |
| septendecillion | $10^{54}$ | 百恒河沙 |
| octodecillion | $10^{57}$ | 十阿僧祇 |
| novemdecillion | $10^{60}$ | 那由他 |
| vignitrillion | $10^{63}$ | 千那由他 |
| googol | $10^{100}$ | — |

英数詞の ten は単位名ではない（one ten,two ten…と言えない）。単位名は hundred からである。ここまでは10倍ごとに進むが、thousand 以後は１０００倍ごとに進む。これに対し漢数詞は万以後は１００００倍ごとに進む。右の表で英数詞と漢数詞がぴったり一致しないのはこの理由による。英数詞（ここではアメリカ式）の数表記が三桁ごとにコンマを打つ習慣ができたのもこの理由による。このような食い違いがあるため、漢数詞体系の日本で欧米式の数表示を行うと読み方が難しくなるのは当然である。

右の数を四桁ずつ区切ってみる。

１，２３４５，６７８９，１２３４

これに漢字の単位名を当てはめる。

１，２３４５，６７８９，１２３４
兆　　　億　　　万　　千百十

明らかにコンマを打った箇所が単位名になっている。だからこの数は一**兆**二千三百四十五**億**六千七百八十九**万**一**千**二**百**三**十**四とすなおに読める。コンマが単位名の目安である。これを貫けばどんな大数でも読める。もし欧米式に三桁ずつ区切ると、右端から一つ一つ単位を確定していかないと読めない。読めても時間がかかる。結論として、日本では数の表示（アラビア数字による）は四桁ごとにコンマをつけるべきである。

## 「〇」は漢数字か

漢数字は数字ではなく漢字である。だから「〇は漢数字か」という問いは「〇は漢字か」と同じである。

漢字という記号の要件は何か。それは漢語と対応すること、音と意味をもつ漢語の一記号素と対応することである。音と意味がなければ、それは単なる符号である。

また漢字は方塊（四角いかたまり）字といわれ、円形は異質である。ただし方塊字は楷書の形から言えることであり、それ以前は円形もあった。「円（圓）」の原字である「員」の上の「口」はもとは「〇」であった。「日」の金文の一部や幣文（貨幣に書かれた文字）には「〇」の形もある。また「口」（周囲を囲む符号）は長円形もある。しかしこれらはゼロを表す「〇」とは無関係である。

中国の数学書などでは、文字が脱落した際に「□」を書いたので、この「□」が「〇」に変わり、数を記す際、空位を「〇」で示したという説もある。これが事実としても、「〇」は単なる符号であって数字ではない。通説では、古代インドで、空位を示す「0」の発明があって位取り記数法が始まったとされる。しかも「0」を数の名としたことが重要である。

漢数詞体系は位置には意味がない。一億二千三百四十五万六千七百八十九では千、百、十がそれぞれ二つの場所に出るが、どの場所にあっても意味は一定である。漢数詞は位取り記数法ではないから空位を示す必要がない。だからゼロはありえなかった。

「〇」は漢字なのか、漢字でないのか。結論は「漢字ではなかった」。しかし近年（アラビア数字の登場以後）、漢数字を数字とする誤解（一、二、三…を1、2、3…と同一視する）が広く行き渡り、ついに「0」を漢字化するに至った。これが「〇」である。もともと「〇」は数字の「0」のデザイン上の異型であろう。昔からあった上記の古文字の「〇」ではない。

「〇」を漢字化する限り、音と意味が必要である。音とは漢語の一記号素の音声要素である。ゼロの表す意味は何もないこと、空であり、無である。漢語の意味論では「わずか、はした、半端」の意味から「何もない」の意味に転じることがある。これが「零」という語である。そこで「零」の音（レイ）と意味（ゼロ）をそっくり「〇」に移した。筆者は漢字の仮借説に否定的だが、「〇」の場合は「零」から借用していることは確かである。かくて「〇」は音と意味をもつ漢字の条件を備えることになった。

以上の通り、「〇」は本来の漢字ではないが、今や漢字と認めないと不都合が生じる。ゼロを意味する数詞として「零」があるが、これを数字として扱うには「〇」も必要である。本来漢字である漢数字（正しくは「数漢字」）がアラビア数字の代用として使われる現実を無視することはできない。

筆者は「〇」に対する観念の変化に対応すべく、学研の『漢字源』（改訂第五版、藤堂明保・竹田晃・松本昭・加納喜光編）、同『学習用例漢和辞典』（加納喜光編）に「〇」を収録することにした。現代中国でも「〇」を漢字として収録する字典が現れている。

漢字である限り、部首、画数、筆順も必要である。「〇」の部首はないから、便宜的に形の近い「口」（くにがまえ）に入れる。漢字の筆順は上から下、左から右への順が原則なので、左側から右回り（時計回り）に一筆で書く。したがって画数は一画である。漢字の筆順の原則にこだわらなければ、アラビア数字の「0」と同じく反時計回りでもよいかもしれない。

## 「零」は漢数字か

数字と数詞は違う。数字は必ずしも言葉と対応しないが、数詞は言葉である。いわゆる漢数字は数字ではなく、漢語の数詞（を表記する視覚記号）である。

ところが漢字の場合、数字と数詞が混同され、漢数字（漢数詞の視覚記号）を数字として使う傾向が生まれた。これには理由がある。

実は歴史的に振り返ると、その傾向はすでに宋代（10～13世紀）に芽生えている。

算籌（かずとり）で計算する際、数の表記は〡〢〣…のような符号を使った。これは一種の数字と言えるだろう。宋代になってこの符号の代わりに漢数字が使われ出した。

漢字は一字で一音節語を表す文字である。余計な接辞の一切ない完結した単独字である。だから一、二、三…という漢字はそもそも数字記号になりうる性質がある。英語のone、two、three…はいくらがんばっても数字の機能は果たせないだろう。

南宋・秦九韶の『数学九章』では、計算の欄で、算籌の符号のほかに、漢字を使った表記も見られる。例えば

一〇三四

一七〇

横書きで（左から右へ）漢字を並べているが、位置が単位名の代わりになっていることが見てとれる。これは算盤と同じ原理であり、位取り記数法にほかならない。位取り記数法では空位を示す符号が必須である。上の「〇」は空位を示している。

ところが説明文では「一千零三十四」「一百七十」とある。前者は「〇」の代わりに「零」が用いられ、後者では「零」がない。前者は漢数詞体系と位取り記数法の折衷であるが、後者は純粋の漢数詞体系の表記になっている。「零」は「〇」と同じく空位を示しているが、1の位では「零」を必要としなかった。

以上から分かるように、「〇」と「零」はともに空位符号で、数詞ではなかった。もし数詞ならば、単独でも使われる

はずである。「〇」と「零」は常に補助的な役割しかない。

明代以後になって西洋数学が入り、「0」を数詞とする観念が伝わったはずだが、「零」を数の名とするのは近代までなかったようである。いつから「零」がアラビア数字の「0」と同じ意味をもつようになったか定かではない。

結局、「零」は漢数字と言えるのか、言えないのか。現代では「零」をゼロの意味で使っているので、数詞と言える。しかし数字としては使うことはない。二〇一五を二零一五と書くことはない。「零」は零式、零点、零歳児など、漢数詞として使われている。

「零」を語源的に見てみよう。「令《レイ》(音・イメージ記号)＋雨(限定符号)」と解析する。「令」は齢・領・嶺などと同源で、「□-□-□…の形(数珠つなぎ)につながる」というコアイメージをもつ記号である(「歯と齢の起源——時間漢字(32)」の項参照)。雨が点々と落ちる(降る)ことを古典漢語でlengといい、「零」で表記する。木の葉がぱらぱらと落ちるという意味にも転用される。「□-□-□…の形」のイメージの部分に焦点を置くと、「ばらばらになる」「小さく細かくなる」というイメージにも展開する。これが実現されたのが零落(おちぶれる)、零細(細かくでばらばら)である。「細かい」「小さい」というイメージはさらに「半端な余りが出る」というイメージになる。ここから数量的に小さい、少ない、尽きてなくなるという意味に転じる。このような意味展開を経て、空位を示す符号として「零」が使われるようになった。「零」がインド人の発見した「ゼロ」という数詞になるには更なる発想の転換、数観念の革命が必要であった。

# 大字と小字

漢数字の一、二、三、四、五、六、七、八、九、十、百、千はすでに殷代の甲骨文字にあるが、周代以後、これとは別に次の漢数字も用いられた。

壹、貳、參(叁)、肆、伍、陸、漆(柒・桼)、捌、玖、拾(什)、佰(伯)、仟

『詩経』では「一」のほかに「壹」を用いた例がある。召南・騶虞篇に「壹發(＝壱発)五豝」(一発で五頭のイノシシを射る)の句がある。また、『国語』では「其の国を参にし、其の鄙を伍にす」(その国を三つに分け、その村を五つに分ける)という用例がある。そのほか「貳」は『易経』、「漆」は『墨子』、「伯」は『管子』に用例がある。

最初は体系的にまとまっていたのではなかった。また、数字の専用語でもない。古典の使用例から見ると、壹・貳・參・伍などは単なる異表記であって、特別の目的はないと思われる。

一説によると、周（七世紀）の武則天の時に、文書の改竄を防ぐために、上記の漢数字が定められたという。これらを大字といい、これに対して従来の漢数字を小字という。日本では金額の表示に間違いがないようにするため、せいぜい壱・弐・参が使われる程度である。

大字にも由来がある。ほとんど小字の漢数字と語源上のつながりがある。次に大字の語源・字源を見てみよう。

## 【壹】（壱）

音イチ

古典漢語で「一つのことに集中する（専一、もっぱら）」の意味をもつ語をietという。この聴覚記号を図形化したのが「壹」である。「吉《キツ》（音・イメージ記号）＋壺（限定符号）」と解析できる。「吉」は「中にいっぱい詰まる」がコアイメージである（「起・承・転・結の起源――順位漢字（17）」の項参照）。したがって、壺に何かをいっぱい詰めるという情景を図形的意匠にして、「一つのことに集中する」の意味をもつietという語を代替する。数詞の一（iet）もまったく同じコアイメージをもつので、「一」と「壹」は同源の語である。

［壹］

（篆）

## 【貳】（弐）

音ニ

［貳］

（金）

（篆）

二→弍→貳と複雑化するが、これらは数詞のnierを表している。数はきわめて抽象的なものであるが、文字として具象的事物に戻して表象したのが弍と貳である。弍は棒が2本、貳は貝が2枚という具体的場面を設定した。

## 【參】（参）

音サン

二つのものに別の一つが加わるのが数の3であり、これを古典漢語ではsamという。ここには「（みっつのもの、いくつかのもの、多くのものが）入り交じる」というイメージがあり、参加の参と全く同じである。参と三が通用するのはこの理由である。ただし参加の参はts'amであるが、「みっつ」の参はsamと読む。両者は同源の仲間（単語家族）であるが、意味（使い方）によって音が分化したと考えてよい。「參」を字源から見ると、頭に三つの玉を戴いた女性の姿が原形で、後に「彡」（模様、あや、飾りの符号）をつけたのが「參」と解されている（加藤常賢、藤堂明保の説）。この図形的意匠によって「（み

［參］

（金）

（金）

（篆）

（篆）

っつのもの、多くのものが）入り交じる」というイメージを表すことができる。

## 【肆】 ㊝シ

[肆]

（篆）

古典の注釈によれば、犠牲を解体して骨を並べることが肆《し》だという（周礼の鄭注）。解体は「分散」のイメージでもある。分散と陳列は関連のあるイメージである。数詞の「四」にも分散のイメージがあるから、四と肆は同源の語と言える。

## 【伍】 ㊝ゴ

[伍]

（篆）

伍は五人で一組をなす集団（団体）の意味であるが、伍と五は「×形に交差する」というコアイメージをもつ同源の語で、通用された。

## 【陸】 ㊝ロク

[陸]

（甲）

（金）

（金）

（篆）

陸は六→圥→坴→陸と展開して生まれた。そもそもの出発点に「六」があった。「六」は陸の原字である。ただし「六」は数の6を表す専用字（正確に言えば数詞の視覚記号）であって、陸（おか）の意味ではなかった。しかし「盛り上がる」というコアイメージがあるため、「六」を音・イメージ記号、「土」を限定符号とする「坴」、また「坴」を音・イメージ記号、「阜」を限定符号とする「陸」によって、土の盛り上がった地形、すなわち「おか」を表した。「六」と「陸」は同源の語なので、「陸」を「六」の大字とした。

## 【漆・桼】 ㊝シチ

[漆]

（篆）

塗料の「うるし」は樹皮に切り込みを入れて採集するもので、木の名も塗料の名も古典漢語で ts'iet といい、桼（後に漆）と表記する。この語には「切れ目をつける」というコアイメージがある。切・膝・節・櫛などは同源の仲間（単語家族）である。「ひざ」は足の上部と下部の切れ目（折れ目）に当たるから「膝」という。「ひざ」は「卩《せつ》」でも表される。竹の「ふし」も一段一段と切れ目があるから「節《せつ》」という。▯▯▯…の形に切れ目があるのが「櫛《しつ》」（くし）である。たち切る意味の「絶」の右下の「巴」は「卩」と同じ。これらと同源の「切」は「七」を元にしている。「七」とは切ると半端なものが出るのと同様、割って余りの出る数である。このような同源意識から「漆」が「七」の代わりになった。「漆」の字体を「柒」に変えたのは「七」との関係を明確にするためである。

### 【捌】 音 ハチ

[捌]

（篆）

日本では「さばく」と読む字だが、「分ける」が本義。『説文解字』に「八は別なり」とあるように、八と別は同源。「扒」も「分ける」という意味だが、捌が八の大字とされた。「八」は4と4、さらに2と2、2と2と、二回にわたって二分される数である。

### 【玖】 音 ク

[玖]

（篆）

「久」は「旧」と同源で、「曲がる」というコアイメージをもつ語である（「恒と久の起源――時間漢字（57）」の項参照）。時間が経つと物は干上がって曲がったり縮んだりする。時が経って古くなる事態をgiog（旧）、kiug（久）などという音で呼ぶ。また、曲がると、それ以上伸びないで、つかえてしまう。つかえて終わりになる（きわまる）。「究極」のイメージをもつのが数のkiog「九」である。「九」は「曲がる」というイメージでは久・旧と同源である。「玖」を「九」の大字とするのはこの同源意識による。

### 【拾】 音 ジュウ

[拾]

（篆）

「合」は「二つのものがぴったり合わさる」というイメージから、「二つ以上のものが集まって重なる」というイメージに展開する（「合と蓋の起源――助数漢字（71）」の項参照）。したがって「いくつかのものを集めて一つに合わせてまとめる」という行為・動作が「拾」（ひろう）である。「合わせ集めて一つにまとめる」というコアイメージは「十」と全く同じである。数は九まで来ると、一から九までの基数を一つにまとめ、次の段階に進んでいく。その単位を「十」というのである。「拾」との同源関係から、「拾」が十の大字になった。

## 小数の起源

小さな数を表すのに分、厘、毛などを使うが、これは漢数字だろうか。「九分九厘」という場合、九は漢数字だが、分や厘を漢数字とする意識は薄いように思われる。

　多くの人は十、百、千、万を漢数字と思うだろう。しかし本来は数字である前に漢字である（だから「数漢字」というべきだ）。しかもこれらは十進法の単位名という役割を担う。
　一、二、三…が数字として利用されたのは、計算する際、算籌に合わせて見やすいように（計算に便利なように）、算盤式に、横書きに、羅列したからである。この場合、単位名は原則的には省かれる。このような記数法が宋・明以後に出現したため、一、二、三…は数字の性質を帯びるようになり、とうとう漢数詞と漢数字が混同されるに至った。
　漢数詞の大系は十進法が基本だが、万以後は１００００倍ごとに単位を変え、億、兆、京、垓…となる。これらは大数といわれる。

　漢数詞の数（自然数）は一から始まる。「零」や「〇」が数と認められたのは西洋数学が登場してからである。

　一を基準としてそれより小さい数を小数という。小数が無限に進むと〇に近づくはずだが、漢数詞大系ではゼロの観念はないから、「極端に小さい」という意識（見方）しかない。これは小数の命名に反映されている。

　小数も十進法である。したがって10倍ごとに単位名を必要とする。億、兆、京…を大数の単位名とするならば、分、厘、毛…も小数の単位名としないと理屈に合わない。前者を漢数字とするならば、後者も漢数字である。

　小数は長さや重さなどを測ることから起こった。『孫子算経』にはこう書いてある。

　度の起こる所は忽《こつ》より起こる。其の忽を知らんと欲せば、蚕、糸を吐くを忽と為す。十忽を一糸と為す。十糸を一毫《ごう》と為す。十毫を一釐《り》と為す。十釐を一分と為す。十分を一寸と為す。十寸を一尺と為す。（以下略）

　まず度量衡の単位があり、具体的な数量を抽象化すれば、割合（率）のようなほぼ純粋な小数になる。これが漢数詞大系の小数の起源である。長さを測る「寸」を一として、その十分の一を「分」とし、「分」以後が小数の単位名になる。漢数詞大系では小数も十進法である。小数は以下の通り。

　分（０・１、$\frac{1}{10}$）釐（０・０１、$\frac{1}{10^2}$）毫（$\frac{1}{10^3}$）糸（$\frac{1}{10^4}$）忽（$\frac{1}{10^5}$）微（$\frac{1}{10^6}$）繊（$\frac{1}{10^7}$）沙（$\frac{1}{10^8}$）塵（$\frac{1}{10^9}$）埃（$\frac{1}{10^{10}}$）渺（$\frac{1}{10^{11}}$）漠（$\frac{1}{10^{12}}$）模糊（$\frac{1}{10^{13}}$）逡巡（$\frac{1}{10^{14}}$）須臾（$\frac{1}{10^{15}}$）瞬息（$\frac{1}{10^{16}}$）弾指（$\frac{1}{10^{17}}$）刹那（$\frac{1}{10^{18}}$）六徳（$\frac{1}{10^{19}}$）虚空（$\frac{1}{10^{20}}$）清浄（$\frac{1}{10^{21}}$）

ちなみにπの小数を10桁まで漢数字で書くと次の通り。

　一分四釐一毫五糸九忽二微六繊五沙三塵五埃
（アラビア数字で書くと、0.1415926535）

　漢数詞大系は位取り記数法ではないから、10倍ごとに単位を必要とする。大数と同じように小数も単位は無限に必要である。「漢」までは一字漢字で対処したが、「糢糊」から熟語に切り換えた。しかし漢字には限界がある。

次に小数の命名法を見てみよう。

## 【分】 音フン・ブ

[分]

（甲）

（甲）

（金）

（金）

（篆）

「分」は「八（音・イメージ記号）＋刀（限定符号）」と解析できる。「八」は「両側に（二つに）わける」というイメージを示す記号。刀で物を切り分ける情景を図形的意匠として、「わける」の意味をもつ古典漢語 piuan を代替する（「整数と分数の語源――数漢字（10）」「分と秒の起源――時間漢字（20）」の項参照）。一を十個に分けた数（十分の一）を「分」とした。

## 【釐】 音リ

[釐]

（金）

（金）

（篆）

日本では「厘」（リンと読む）と書くが、正式には「釐」（音はリ）である。宋の『数学九章』では「釐」のほかに「厘」の字体も交じっている。「厘」は「釐」の略字であろう。「厘」はおそらく宋以後の字である。「釐」は「里（音・イメージ記号）＋𠩺（イメージ補助記号）」と解析する。「里」は「（縦横に）筋が通る」というイメージがある（「畦・歩・里の起源――単位漢字（5）」の項参照）。𠩺は畑を耕す情景を設定した図形。畑に縦横に畝を通すという意匠によって、「細かい筋や線」というイメージを暗示させる。「分」をさらに細かくした小数を「釐」とした。

## 【毫】 音ゴウ

日本では「毛」を使うが、中国の数学書では「毫」となっている。「高《コウ》（音・イメージ記号）＋毛（限定符号）」と解析する。「高」は「高い」というイメージから「長く伸びる」というイメージを派生する（「高と低の起源――時間漢字（44）」の項参照）。「豪」は長細く伸びた毛を暗示する。秋になると獣の毛が細長く伸びる。これを秋毫といい、細いものや小さいもの、わずかなものの喩えになる。したがって釐よりもさらに小さい数を「毫」とした。

## 【糸】 音シ

「絲」が旧字体。「糸」（ベキと読む）は蚕の吐き出す原糸の形であり、これを二つ並べたのが「絲」。「糸《べき》」も「絲《し》」も細

[糸]

(甲) (甲) (金) (金) (篆)

く小さいというイメージをもつ点では同じである。「毫」より小さい数を「絲《し》(=糸)」とした。ちなみに「糸」の上の部分だけを取ったのが「幺《よう》」。「小さい」→「小さくてか弱い」というイメージに転化し「幼」(おさない)が生まれた。

## 【忽】 音コツ

「勿《ブツ・モチ》(音・イメージ記号)+心(限定符号)」と解析する。「勿」は雑多な色の混じった旗とされている。これといった特徴のないことから、「目立たない」→「はっきりしない」「はっきり見えない」というイメージに展開する。「忽」は心がぼんやりして外界の様子が見えない状態を暗示させる。恍惚の惚にこのイメージが生きている。あまりに小さいと、ぼんやりして見えないから、小数の名に「忽」が利用された。「忽」が「たちまち」という意味に使われるのは、時間の間隔が小さいことに転じたものである(「俄と忽の起源――時間漢字(46)」の項参照)。

[忽]

(篆)

## 【微】 音ビ

[微]

(篆)

「微」の真ん中は「長」が変わったもの。「長」は細長い髪をなびかせている人の形で、「細長い」というイメージを表すことができる。「𢼸(長+攵)」は「見えないほど細くて小さい」というイメージを示す記号である。それに「彳(限定符号)」を合わせた「微」は、人に見られないようにこっそりと行く(微行する)情景を暗示させる。この図形的意匠によって、「小さくて目立たない(かすかである)」の意味をもつ古典漢語miuarを代替する。「忽」よりさらに微かで小さな数の名とした。

## 【纖】 音セン

「纖」が旧字体。𢦏→韱→纖と展開する。分析すると「韱《セン》(音・イメージ記号)+糸(限定符号)」となる。「韱」は「𢦏《セン》(音・イメージ記号)+韭(限定符号)」と分析できる。「𢦏」は「从+戈」を合わせて、人を武器で二つに切断する情景を設定した図形で、「細かく切る」「細かい」というイメージを示

[纖]

(篆)

す記号になる。「戠」は韭（ニラ）を纖切りにするという具体的場面を設定して、「細い」「細かい」というイメージを表す。かくて「纖」は細い糸を暗示させる。纖維の纖はこれである。これを小数の名とした。ちなみに「纖切り」や「千六本」は纖蘿蔔（細切りのダイコン）が訛った語である。

## 【沙】 音 サ

［沙］

（金）

（金）

（篆）

大数に恒河沙（ガンジス河の砂の意）という名があった。砂は数えきれないほど多いし、また、小さいものでもある。だから小数の名にもなった。「砂」より「沙」が古い字である。「少（イメージ記号）＋水（限定符号）」の組み合わせ。「少」は「そぎ取って小さくする」というイメージがある（「少数の漢字・少の起源――数漢字（23）」の項参照）。水で洗われて小さくなった石が「沙」である。「沙」には「よなげる」（水で洗って不純物を選り分ける）という意味もある。沙汰は汚れを洗って選り分ける→善悪を選り分ける→お裁きとなった。

## 【塵】 音 ジン

「塵《じん》」は「ちり」、「埃《あい》」は「ほこり」と読む。「ちり」と「ほこり」はどちらが小さいかと問われても正解はないだろう。

［塵］

（篆）

塵埃を二つに分けて小数の名としただけである。「細かく小さい土や砂」を意味する古典漢語 dien を「鹿」（篆文では鹿が三つ）と「土」を組み合わせた図形で表記した。

## 【埃】 音 アイ

［埃］

（篆）

「矣《イ》（音・イメージ記号）＋土（限定符号）」と解析する。「矣」は「くっついて止まる」がコアイメージ。飛んできて、物にくっついた土（ほこり）を「埃」という。歩いてきて前の人にくっつくと身動きが取れなくなる。押し合い圧し合いすることを「挨」という。ここから、押し問答する→あいさつ（挨拶）するという語が生まれた。

## 【渺】 音 ビョウ

「眇《ビョウ》（音・イメージ記号）＋水（限定符号）」と解析する。「眇」は「少（イメージ記号）＋目（限定符号）」を合わせて、目が小さい、目が細いという情景を設定して、「見えない」「細くて小さい」というイメージを示す記号。水が広がって果てが見えない状態を「渺」という。「見えない」「果てがない」というイメージから、小数の名とした。

## 【漢】

㊜バク

「莫《バク》（音・イメージ記号）＋水（限定符号）」と解析する。「莫」は「艸＋日＋艸」を合わせて、草原の間に日が沈む情景を設定した図形。暮（日が暮れる）の原字である（「暮・夕・昏・宵・晩の起源――時間漢字（29）」の項参照）。makという語は「隠れて見えない」というコアイメージをもつ（「景・幕・場・齣」の起源――助数漢字（100）」の項参照）。「隠れて見えない」を極端に抽象化すると、ただ「ない」という否定詞になる。これが莫大（これより大きいものはない）の莫である。「漠」は具体物に引き戻して、何も見えない砂原（砂漠）という語のmakを表記する。空漠、茫漠、漠然となると、砂原という具体物を離れて、「何もない」「ぼんやりとして見えない」という抽象的な意味になる。「漠」は「渺」と同じく「見えない」「果てがない」というイメージによる小数の命名である。

小数の命名は「小さい」「わずか」「かすか」「見えない」などの意味やイメージをもつ語の転用で、その数の位置との必然的な関係はなさそうである。

［漠］

（篆）

［第二章］

# 序数漢字の起源

物を「ひとつ」、「ふたつ」と数える場合、その数は物の量を表している。並んだ物を順に「ひとつ」、「ふたつ」と数えるのは量ではなく、順位を数えている。数学では前者を基数、後者を序数と呼ぶ。これらの数は同じと言えるだろうか。基数を序数として使う根拠は何だろうか。数自体が抽象化の結果生まれたものであるが、これらを同一視するのはもっと高度の抽象化があるように思う。

量を数える数と、順位を数える数が同一のものだという認識は同時に発生したのか、それとも違うのか。人類が量の数を指で数えるようになった際、指の折り方（曲げ方）や伸ばし方が順番をなしていると気づいたのは、それほど遅くはなかったのではないか。だから順番も同じように指で数えることができるようになったと考えて不思議はない。

漢数字では発生の当初から基数と序数が区別されていない。甲骨文字の用例を示すと、一牛、二牛の「一」「二」は量の「ひとつ」「ふたつ」であるが、一月、二月の「一」「二」は順位の1番目、2番目である。これは古典時代になっても変わらない。例えば

『詩経』采葛篇「一日見ざれば、三月の如し」（たった一日会わないと、三か月も会わないかのようだ）

「三月」は「3個の月」と「3番目の月」の二つの意味に使われている。

『孟子』尽心上篇「君子に三楽あり…天下の英才を得て之を教育するは三楽なり」

最初の「三」は「みっつ」の意味、後の「三」は「3番目」の意味である。

英語ではone、two、three…と、first、second、third…は厳密に区別される。漢語と英語の違いは言語の精密の問題ではないだろう。漢語に序数の観念がなかったのではなく、認識の視座の違い、これを表現する形式（文法）の違いというべきであろう。

実は序数という観念では、漢語は別の数を発明しているのである。量とは全く関係のない数詞が生まれている。これが十干と十二支である。

ただし十干と十二支が数と言えるのかは少し疑問がある。順序しか表せないし、順序も有限個である。十干は10番目まで、十二支は12番目まで、二つを混ぜ合わせた干支は60番目までである。もっとも実際の使い方は数え終わったらまた元に戻るから、次の順位を表すことはできる。しかし元に戻ると、順位は違っても数の名は同じである。直線的に順位を数えるのではなく、循環的に順位を数えるのである。このような循環的システムだから、完全な数詞とは言えない。せいぜい循環的序数の数詞と呼ぶべきだろう。

次に十干・十二支の起源を尋ねよう。

# 干支とは何か

十干は次の十個の記号である。

甲《コウ》 乙《オツ》 丙《ヘイ》 丁《テイ》 戊《ボ》 己《キ》 庚《コウ》 辛《シン》 壬《ジン》 癸《キ》

この順序に1番目から10番目までの順位を表す。一巡するとまた元に戻り、11番目、12番目…ということになるが、実際は長い順位にはならない。というのは日付など使用範囲が限定的だからである。

十二支は次の通り。

子《シ》 丑《チュウ》 寅《イン》 卯《ボウ》 辰《シン》 巳《シ》 午《ゴ》 未《ビ》 申《シン》 酉《ユウ》 戌《ジュツ》 亥《ガイ》

十干は殷の前の夏王朝で出現していたと言われる。夏の王の名に甲、乙などが使われている。殷代でも王の名に使われた。出生の順位（兄弟の序列）なのか、即位の順序なのか分からないが、十干が順位を表したのは間違いないだろう。

殷代における普通の使われ方は日付の表記である。十干と十二支を組み合わせると、60個の記号ができる。これが干支である。

（十干）甲 乙 丙 丁 戊 己 庚 辛 壬 癸
（十二支）子 丑 寅 卯 辰 巳 午 未 申 酉 戌 亥

右と左で組み合わせていくと、甲子 乙丑 丙寅 丁卯
戊辰 己巳 庚午 辛未 壬申 癸酉

右は二つ足りないので、元に戻り、甲戌 乙亥
左は一巡したので元に戻り、丙子 丁丑 戊寅 己卯 庚辰 辛巳 壬午 癸未

同じ仕方で順に組み合わせていくと、甲申 乙酉 丙戌
丁亥 戊子 己丑 庚寅 辛卯 壬辰 癸巳 甲午 乙未
丙申 丁酉 戊戌 己亥 庚子 辛丑 壬寅 癸卯 甲辰
乙巳 丙午 丁未 戊申 己酉 庚戌 辛亥 壬子 癸丑
甲寅 乙卯 丙辰 丁巳 戊午 己未 庚申 辛酉 壬戌
癸亥

十干は六巡するが、十二支は五巡する。これで60個になる。癸亥《きがい》の後は甲子《かっし》に戻る。甲子から癸亥まで、この順序で1番目から60番目までを表す。元に戻った甲子は61番目であるが、日付では60以上の順位は必要がないだろう。循環するだけで用が足りる。

殷代では日付に用いられたが、後の時代になると年を記すようになった。年を記す場合は、循環しながら前進することはできる。ただし元に戻ると同じ記号なので絶対的な年の順位は分からない。日本では神武天皇の即位元年を辛酉とした。しかしこの辛酉の絶対年代を紀元前６６０年とする根拠は何だろうか。60年ごとに辛酉の年があるのである。干支で絶対年代は記せない。

十干の「干」とは何か。「干」はふたたまたの棒（棒状の武器）

の図形である。この意匠によって、「固くて強い心棒」のイメージと、「無理に突き犯す」のイメージをもつganという古典漢語を表記する。「固くて強い心棒」のイメージは「幹」や「竿」「杆」などに生きている（「茎と竿の起源——助数漢字（28）」の項参照）。十干の「干」とは幹（本体、中心となるもの）と同源で、序数の中心というべきものである。

これに対して十二支の「支」は「个（竹の半分）＋又（手）」を合わせて、竹の一枝を手に持つという図形的意匠によって、枝を暗示させる（「枝と派の起源——助数漢字（50）」の項参照）。十二支とは「干」から枝分かれした序数である。「干」は幹、「支」は枝である。

日本では干支を「えと」といい、60の記号を音以外の特別の読み方をする。

まず十干の読み方。十干を五行（木・火・土・金・水）で二グループに分け、また、兄弟に分ける。兄を「え」、弟を「と」と読む。

| | 甲 | 乙 | 丙 | 丁 | 戊 | 己 | 庚 | 辛 | 壬 | 癸 |
|---|---|---|---|---|---|---|---|---|---|---|
| 五行 | 木 | | 火 | | 土 | | 金 | | 水 | |
| 兄弟 | 兄 | 弟 | 兄 | 弟 | 兄 | 弟 | 兄 | 弟 | 兄 | 弟 |
| 読み | キノエ | キノト | ヒノエ | ヒノト | ツチノエ | ツチノト | カノエ | カノト | ミズノエ | ミズノト |

次に十二支の読み方。十二支を動物で表象するという考えが後漢の時代に現れた。これは当時の迷信に基づいたものとされている。王充の『論衡』では十二支に次の動物が配当されている。

子—鼠　丑—牛　寅—虎　卯—兎　辰—竜　巳—蛇　午—馬　未—羊　申—猿　酉—鶏　戌—犬　亥—猪

そのため日本では次のように読む。

子《ね》　丑《うし》　寅《とら》　卯《う》　辰《たつ》　巳《み》　午《うま》　未《ひつじ》　申《さる》　酉《とり》　戌《いぬ》　亥《い》

そこで干支の読み方は次の通りである（アラビア数字は順位）。

1甲子（きのえね）　2乙丑（きのとうし）　3丙寅（ひのえとら）　4丁卯（ひのとう）　5戊辰（つちのえたつ）　6己巳（つちのとみ）　7庚午（かのえうま）　8辛未（かのとひつじ）　9壬申（みずのえさる）　10癸酉（みずのととり）　11甲戌（きのえいぬ）　12乙亥（きのとい）　13丙子（ひのえね）　14丁丑（ひのとうし）　15戊寅（つちのえとら）　16己卯（つちのとう）　17庚辰（かのえたつ）　18辛巳（かのとみ）　19壬午（みずのえうま）　20癸未（みずのとひつじ）　21甲申（きのえさる）　22乙酉（きのととり）　23丙戌（ひのえいぬ）　24丁亥（ひのとい）　25戊子（つちのえね）　26己丑（つちのとうし）　27庚寅（かのえとら）　28辛卯（かのとう）　29壬辰（みずのえたつ）　30癸巳（みずのとみ）　31甲午（きのえうま）　32乙未（きのとひつじ）　33丙申（ひのえさる）　34丁酉（ひのととり）　35戊戌（つちのえいぬ）　36己亥（つちのとい）　37庚子（かのえね）　38辛丑（かのとうし）　39壬寅（みずのえとら）　40癸卯（みずのとう）　41甲辰（きのえたつ）　42乙巳（きのとみ）　43丙午（ひのえうま）　44丁未（ひのとひつじ）　45戊申（つちのえさる）　46己酉

（つちのととり） 47庚戌（かのえいぬ） 48辛亥（かのとい） 49壬子（みずのえね） 50癸丑（みずのとうし） 51甲寅（きのえとら） 52乙卯（きのとう） 53丙辰（ひのえたつ） 54丁巳（ひのとみ） 55戊午（つちのえうま） 56己未（つちのとひつじ） 57庚申（かのえさる） 58辛酉（かのととり） 59壬戌（みずのえいぬ） 60癸亥（みずのとい）

## 「甲」の起源——十干(1)

十干の1番目は甲《こう》である。訓では「きのえ」と読む。数詞の機能は物を数えるだけでなく、順位を数えることである。十干は順位を表す機能しかない。したがって、十干は半数詞、あるいは循環的序数詞と呼ぶべきであろう。

各記号の語源と字源を探求しよう。

干支（十干・十二支）がどのような発想から生まれたかについては諸説があり、また、各記号の成り立ちについても諸説紛々で定説がない。

干支の起源に関しては次のような説がある（『中国漢字文化大観』より引用）。

（1）聖人発明説。黄帝の臣下が創造した。
（2）西来説。バビロニアから伝来した。
（3）天文説。十干は太陽の運行、十二支は月の運行と関係がある（中国神話に由来）。
（4）農事起源説。日本の学者藤堂明保の説。干支は農業経験の反映である。

筆者は各記号の成立を植物の生長過程と関連づける4の説が妥当と考える。

まず「甲」の字源について諸説を見てみる。

莩甲（種子の薄皮）…『説文解字』
種子を取り巻く堅い殻…藤堂明保（金文の解釈）
裂けた樹皮の文様…林義光
茎の甲殻を戴く形…加藤常賢
魚の鱗…郭沫若、藤堂明保（甲骨文の解釈）
かぶと…于省吾、馬叙倫
柙（おり）の原字…楊樹達
亀の甲羅…白川静

文字通り諸説紛々といったありさまである。字源説には限界がある。語源を探求したのは王力と藤堂明保しかいない。王力は甲と介を同源とする（『同源字典』）。そうすると「甲」

［甲］

（甲）（甲）（金）（金）（篆）

は「よろい」という意味になり、これ以上の深い探求はない。

　藤堂は広い視座から単語家族を求め、「甲」およびそのグループ（呷・押・柙・匣・閘・狎）だけでなく、盍《コウ》のグループ（蓋・闔・嗑）、さらに甘、檻、函、奄《エン》のグループ（掩・淹・庵・俺）などを同じ仲間にくくり、これらの語群は**KAP・KAM**という音のタイプをもち、「蓋をして閉じる、覆う」という基本義があるとした。そして次のように述べる。

「十干はおそらく植物の生長過程を10段階に分け、甲は固い殻に封じこめられた状態、乙は伸び出ようとして屈した状態、丙は左右に張り出した状態…というように命名していったものと考えられる。だから甲は確かに1位を表す序数詞に相違ないが、その起こりを考えると、甲殻（から）、甲冑（固いよろい）、鱗甲（うろこ）などの甲の字に含まれている意味が、その原義であろう」（『漢字語源辞典』）。

　これで「甲」の起源がほぼ解明された。訂正するとすれば字源説である。何（具体物）の形かを探求するのが袋小路に入ることは明白である。形は見ようとすればどんな形にも見える。これでは恣意的な解釈に陥る。したがって語のイメージをどのような形に表したかの探求へ方向転換しなければいけない。これこそ漢字理解の正道である。筆者は造形法の一つに「象徴的符号」という考え方を導入する。

　上記の字源説を語源から見直すと、すべての具体物が「内部のものを外部から覆いかぶせる」というイメージをもつことが分かる。これこそkapという古典漢語の深層構造なのである。「甲」のグループを見てみよう。


押《オウ》…手を上から下の物にかぶせるようにして押さえつける。

狎《コウ》…枠をかぶせて手なずける。ならす・なれる。

鴨《オウ》…野生のカモを手なずけた鳥、アヒル。

呷《コウ》…上から押しかぶせるように液体を飲む。あおる。

匣《コウ》…蓋をかぶせる箱。

柙《コウ》…動物にかぶせて閉じ込める「おり」。

閘《コウ》…水を閉じ込める水門。


　これらに共通するコアイメージは「表面に覆いかぶさる」「中のものを閉じ込める」である。このイメージを形として表現したのが「甲」である。甲骨文字を見ると「十」の形と、それを枠で囲んだ二形がある。「十」（数字の十とは別）によって、閉じた状態を象徴的に表し、それを枠で囲う図形でもって、「外部から枠をかぶせて中の物を閉じ込める」ことを象徴的に表している。したがって「甲」は字源的には象徴的符号と言えよう。

　物の発生は閉じた状態を前提とする。植物の発芽、開花も同じことである。古人は植物の観察を通して、発生から生長、成熟、老化、枯死に至る過程が循環することを知っていた。

「甲」を1番目の序数に用いる理由は、植物の最初の段階を念頭において造語したからである。

## 「乙」の起源——十干(2)

「乙《おつ》」は十干の2番目である。訓は「きのと」。十干を離れて、物事の第二位の意味にも使われる。「甲乙つけ難い」は一位と二位を争い、優劣をつけられない意味である。

日本語では「おとひめ」を乙姫と書く。「おと」とはおとうと(弟)である。十干の日本的読み方では甲乙を兄弟に分類し、「甲」を「きのえ」(木の兄)、「乙」を「きのと」(木の弟)と読む。

また「めりかり」を乙甲と書く。日本音楽で「めり」は低音、「かり」は高音という。順位を表す甲乙は優劣、高低などの意味に転じることもある。

「乙」の造形にはどんな工夫があるのか。字源を尋ねてみよう。

字源説は諸説紛々である。古来の説をいくつか挙げてみる。

[乙]

(甲) (甲) (金) (金) (篆)

草木が屈曲して出る形…『説文解字』
魚の腸…『爾雅』、郭沫若
刀の形…呉其昌、加藤常賢
水流の形…馬叙倫、李孝定
へらの形…白川静

このほかに鈎(かぎ、つりばり)、ツバメなどの説もある。

「乙」はきわめて単純な図形で、これを具体的な物に結びつけようとすると、行き詰まってしまう。何とでも解釈できるからである。発想を転換して語源を探求するのが近道である。

語源についてはすでに後漢の時代に現れている。劉熙の著した語源学の書『釈名』に、「乙は軋《あつ》(押さえる)なり。自ら抽軋して出ずるなり(自ら押さえつつ出てくる)」と述べている。言語学(音韻論、意味論)的に語源を探求したのは藤堂明保である。藤堂は軋のほかに、気、乞のグループ(吃・迄・訖)、既のグループ(漑・慨・概)、さらに愛・哀などと同じ仲間(単語家族)と認定し、**KÊR・KÊT**という音のタイプをもち、「詰まる、いっぱいにこもる」という基本義があるとした(『漢字語源辞典』)。

ここでイメージの展開を考えてみる。「詰まる」という状態は隙間なく押さえつけた結果と考えられる。また、上がつかえて曲がると、押さえつけた状態になる。だから「詰まる」「押さえる」「曲がる」は可逆的な（相互転化可能な）三つ組のイメージと考えられる。「乙」の「押さえる」というイメージは軋や札によく現れている（「紙と札の起源――助数漢字(56)」の項参照）。

『説文解字』で「屈曲」といい、『釈名』で「軋（押さえる）」というのは、iĕt という古典漢語の深層構造を正しく捉えている。また、後漢の班固が「乙」について、「物（植物）、蕃屈して節あり、出《い》でんと欲す」（『白虎通義』）と述べている。これは植物が曲がりつつ伸び出ようとする状態が乙だという解釈である。以上は古典時代の普遍的な語源意識であり、十干の起源にもヒントを与えるものである。

ちなみに藤堂は「乙」の字源を「つかえて曲がってとまることを示す指事文字」としている（『学研漢和大字典』）。筆者も「何かが伸び出ようとするが押さえられて曲がり、それ以上伸びきらない状態を示した象徴的符号」と解釈した（拙著『漢字語源語義辞典』）。

十干は植物の生長過程を象徴化することによって、循環の序数を創造したと推測される。芽が出ない状態、あるいは、種子が土中に閉じこもった状態が「甲」であり、その次の段階が、芽が出ようとして十分伸びきらない状態で、これを「乙」と名付けた。

## 「丙」の起源――十干(3)

十干の3番目が「丙《へい》」である。訓で「ひのえ」と読む。

漢数字は数字である前に漢字であり（したがって「数漢字」と呼ぶべきだ）、数詞以外の意味（具体的文脈における使い方）がある。序数詞である十干・十二支はどうか。これらもたいてい序数詞以外の意味をもつ。もたないのは、十干では丙・戊、十二支では巳・酉・亥ぐらいで、きわめて少ない。

「丙」は十干の専用字である。しかし単なる順位記号ではなく、語として重要なコアイメージがあり、一つの同源グループを構成する。すなわち病・柄・炳・蛃などの基幹記号となる。

これらに共通するコアイメージは何か。その前に字源の諸説を見てみよう。

人の肩…『説文解字』
魚の尾…『爾雅』、郭沫若
机…葉玉森、加藤常賢
物を置く台座…于省吾

［丙］

（甲）（甲）（金）（金）（篆）

矛の柄…呉其昌
矛や槍の石づき…白川静
穴の中で火を挙げる形…邵履常
火を採る石刀（火打ち石）…陳独秀

まさに諸説紛々のありさまである。どの説も、「何を象ったか」に執着するから、袋小路に入ってしまう。「どう象ったか」を見る視座に方向転換する必要がある。

これを可能にするのが語源的探求である。藤堂明保は方のグループ（放・芳・訪・妨・防・舫・房・傍・膀・榜）、および並・普・膨などと丙のグループが同源であるとして、一つの単語家族にまとめ、**PANG・PAK**という音形を定め、「パンと両側に張り出る」という基本義を設けた（『漢字語源辞典』）。右の諸説のうち、肩も、魚の尾も、机の足も、「両側に張り出る」というイメージがある。「何」（実体）という具体物よりも、「如何に（どのように）」（機能・形態）というイメージが大切なのである。「何」を探求する字源研究は近視眼的である。

語源研究によって語のコアイメージが明らかになれば、字源も新たに見直す必要がある。藤堂は「丙」の字源について、「机や人の足がぴんと左右に張ったさま。また、魚の尾が張ったさまを描いた象形文字」と述べている（『学研漢和大字典』）。

これは旧説を利用したようであるが、まだ具体物に囚われている。筆者は具体物ではなく抽象的な図形と考える。かくて「尻（末尾）の方で二股に分かれている様子を示す象徴的符号」とする（拙著『漢字語源語義辞典』）。

以上で明らかになったことをまとめると、「左右に（⇅の形に、または↔の形に）ピンと張り出る」というのが古典漢語piăngのコアイメージである。それは次のグループにもはっきり現れている。

柄《ヘイ》…左右に張り出た取っ手、え。
病《ヘイ》…体がピンと張って硬直する（危篤状態になる）。病が重い（『論語』に「子《し》の疾《やまい》、病《へい》なり」とある）。
炳《ヘイ》…火の光が四方に出るさま。明るい。「炳然」
昺（＝昞）《ヘイ》…日光が四方に広がって明るい。
蛃《ヘイ》…尾が二股に張り出た虫、シミ。

十干の3番目をpiăngと呼び、「丙」という視覚記号を工夫した理由は、植物の生長過程を象徴化して、芽や殻が閉じた状態（甲）→芽が出かかって曲がってつかえる状態（乙）と進んで、次の順序として、芽が分かれ出る状態が想定されるからである。

## 「丁」の起源——十干(4)

十干の4番目が「丁《てい》」である（訓は「ひのと」）。順位を表すほかに、壮丁、園丁などの丁（男）のような使い方がある。

［丁］

なぜこんな意味がありうるのか。これは語のコアイメージを探ることによって明らかになるだろう。

漢数字は数字である前に漢字であり、漢字である前に言葉（漢語）がある。したがって数詞にもコアイメージがあったように、序数詞（十干と十二支）にもコアイメージがある。

「丁」のコアイメージは何か。

文字の形から意味を引き出すことは、間違った方法であると、これまで口が酸っぱくなるほど主張してきたが、コアイメージがどう形に表現されたかを探求するヒントにはなる。だから古代文字も参考として利用することができる。ただし形からストレートに意味を導くことはタブーである。

例えば「人」は人間を描いた図形だから、「人」は「ひと」の意味を表すと説くのは間違いである。そうではなく、「ひと」を意味する古典漢語の **nien** を表記するために、人間の形を描いた「人」という図形を考案した、と説かねばならない。「形→意味」の方向ではなく、「意味→形」の方向に捉えるのが、正しい漢字の理解の仕方である。

後者の方法だと意味はどこにあるのかと問う人がいるかもしれない。答えは、「意味は言葉にある。言葉の使い方、すなわち文脈にある」である。具体的に言えば、古典漢語の使い方であり、これは古典の用例の中にある。では古典以前に存在した甲骨文字や金文をどう扱うべきか。これらは漢語の深層構造＝コアイメージを探るためのヒントになる。しかし形からストレートに意味を導くことは誤りである。形の解釈をストレートに意味とする文字学には眉に唾を付けたほうがよい。

「丁」の甲骨文字や金文を釘の形としたのは、ほぼ定説になっている。しかしストレートに「くぎ」の意味とするのは誤りである。「丁」は最初から序数詞の4番目の意味に使われている。この図形は釘という具体物にポイントがあるのではなく、釘がどのような形態をもつかにポイントがあるのである。

釘の形態的特徴は丅の形であり、その機能は平面に丅の形に打ちつけることにある。「丁」という図形は「丅の形に立つ」「丅の形に打ちつける」というイメージを表現するために考案されたものである（「投と打の起源――助数漢字（103）」「市・町・村の起源――助数漢字（112）」の項参照）。甲骨文字や金文は釘の頭の図形であるが、後の篆文では「丅の形」のイメージが明確になるように図案化されている。要するに字体が変わったのである。

序数詞の4番目を意味する古典漢語tengのコアイメージがこれによって明らかになった。それは「丅形に立つ」というイメージである。すでに藤堂明保によって明解が出ている。藤堂は丁のグループ（釘・打・町・頂・亭・停）、および定・鼎を同じ仲間（単語家族）に収め、TENGという音形と、「⊥・丅型に直角に当たる」という基本義を設けている（『漢字語源辞典』）。

「丁」のグループを貫く深層構造はこのコアイメージである。

打…丅形や⊥形にぶつかる。うちあてる。
灯…⊥形にじっと立って燃える火（ともしび）。
町…丅形に区切る田の「あぜ」。「まち」は国訓だが、町並みもイメージとしては「あぜ」と似ている。
頂…丅形の頭のてっぺん（いただき）。頂点。
亭…丅形の建物（あずまや、ちん）。
停…じっと立って止まる。
汀…波が丅形に当たって止まる所、水ぎわ。なぎさ。

ではなぜ序数詞の4番目が「丁」によって視覚記号化されたのか。

十干・十二支の序数詞は象徴化の方法によって造語され、造形された。それは植物の循環に対する観察から起こったと推測される。植物の生長過程を正確に表す言葉はないが、おおよその状態を言葉によって表現することはできる。

植物の最初の段階は芽がまだ出ていない状態である。これを「中に閉じこもる」というイメージで捉え、これを「甲」と呼び、序数の1番目とする。次は芽が出かかろうとして、曲がって伸びきらない状態、これを「乙」とする。次は芽が二つに分かれて出る状態、これを「丙」とする。その次が植物の茎が⊥形にまっすぐ立つ状態で、これを「丁」とし、序数の4番目に位置づけたのである。

最後に男の意味に使われる理由である。「丁」は「丅形や⊥形に立つ」、言い換えれば「直角に当たる」というコアイメージをもつ語である。この深層のイメージが表層に現れると、「当たる、ぶつかる」という意味（具体的文脈における使い方）になる。「丁憂」は憂い（心配事）にぶつかるという意味。「丁年」は人生のちょうどいい年にぶつかる、ちょうど元気盛んな年頃という意味。ここから「元気のよい男」「肉体労働に携わる男」という意味を派生する。これが壮丁・園丁の丁である。

## 「戊」の起源——十干(5)

循環的序数詞である十干の5番目が「戊《ぼ》」（訓は「つちのえ」）である。

［戊］

（甲）（甲）（金）（金）（篆）

「戊」は順位以外の意味がない。しかし語としてのコアイメージはある。これがなぜ順位の5番目を表すかの理由の説明になる。

「戊」の古代文字を武器の形とするのはほぼ定説である。どんな武器であるかについては矛（ほこ）、斧（おの）、鉞（まさかり）、杵（きね）などの諸説がある。しかし古典漢語でmug（戊）という名の武器はない。似た音のmiogという名の武器はある。後者は「矛」である。mugはmiog（矛）という武器の形態や機能の側面を捉えて呼んだ造語と考えられる。

漢字の形を見る視点は「何」という具体物よりも「如何（いかん、どんな）」という状態に焦点を置くべきである。後者がコアイメージにつながるからである。もっとも「どのよう」という状態の前には「何」という具体物が前提にあることも事実である。だが力点の置かれ方が問題である。「戊」を武器という実体の追求に重点を置くと、そこにとどまって、十干との関係が見えなくなる。発想を転換して、「どのよう」という属性に力点を置かないといけない。前者の見方では「戊」を十干に用いるのは仮借とするしかない。後者の見方こそ「戊」の起源を説明できるのである。

語源的に探求したのは藤堂明保である。藤堂は「戊」を「武器の象形」で、「矛と戊は同系のコトバ」とする。矛のグループ（務・瞀）のほかに、卯・貿・牡・冒・眸などとを同じ単語家族にくくり、MOG・MOKという音形と、「おかす、むりに求める」という基本義があるとしている（『漢字語源辞典』）。矛の機能は敵を突き犯すことにある。

漢代では「戊は茂なり」が普遍的な語源説であった。藤堂は「茂」を帽・茅・霧・蒙などと同じ単語家族に収め、「かぶせる、覆い隠す」という基本義を設けた。注目すべきは戊・矛・冒の基幹記号が二つの単語家族に共通していることである。しかし藤堂は右の二つの単語家族が互いに関係がないと見、結果として「戊」を仮借とした。

一方、藤堂は『学研漢和大字典』においては、「戊」は「戉（まさかり）に似た武器…その根元の穴が柄にかぶさるのでボウ（＝冒）という」としている。これは武器の形態に着目した語源説である。

藤堂は二つの単語家族に分けたが、「おかす」と「かぶせる」は関連性のないイメージであろうか。これは漢語の意味論において、検討に値する問題である。「おかす」とは↓（あるいは↑）の形に障害物に向かって突き進むイメージがある。その障害物は下から上に向かっていくものに対して覆いかぶさる形になる。冒険の冒は「冃《ボウ》（上から覆う。音・イメージ記号）＋目（限定符号）」を合わせて、上から覆いかぶさるものをはねのけて突き進もうとする情景を図形的意匠とすることによって、「おかす」を意味する古典漢語mogを表記する。古典漢語の話者の言語感覚では「覆いかぶせる」と「おかす」は関連のあるイメージなのである。右の二つの単語家族は一つに統合できる。

ここで「戊は茂なり」という古典漢語の話者の語源意識を振り返る必要がある。草木がしげるという事態を「覆いかぶせる」と「おかす」のイメージで捉えたことが分かる。つまり草木の繁茂は下から上に突きおかすように伸び出たことであり、また、上から枝葉が覆いかぶさる事態でもある。このように「覆う」と「おかす」は同じ事態を視点の違いで捉えたとも言える。

十干の5番目の呼び名を「戊」とした理由がこれで明らかになった。植物の生長過程を象徴化して、1番目は芽がまだ出ない状態、あるいはつぼみの段階で、これを「甲」とする。次は芽が出かかって、つかえて伸びきらない状態で、これが2番目の「乙」。次は芽が二股に分かれて出る状態で、これが3番目の「丙」。次は芽が伸び出て⊥形に立つ状態で、これが4番目の「丁」。次は覆いかぶさったものを押しのけて芽や茎がまっすぐに突き出る状態で、これを「戊」と称し、十干の5番目としたのである。ただし生長過程は長さなどを数値化したものではなく、状態をイメージで表現しただけであるから、名付け方はかなりアバウトである。小数を「小さい」「かすか」「見えない」などのイメージで名付けたのと似ている。

## 「己」の起源——十干(6)

十干の6番目が「己《き》」である（訓は「つちのと」）。

「己」は序数詞のほかに「おのれ」という意味がある。カテゴリーの全く違う二つの意味が、なぜ一つの語にあるのか。コアイメージがその謎を解く鍵である。

序数詞と「おのれ」はどちらが先に発生したのか。歴史的に見ると、甲骨文字で十干に使われているから、序数詞が先と見える。しかし論理的に考えると、「おのれ」の意味が先のようにも考えられる。

「おのれ」は自分を指す言葉である。最古の古典の一つである『詩経』などに「おのれ」の「己」が出ている。『論語』

［己］

では「己立たんと欲すれば人を立つ」（自分が目立ちたいと思うなら、他人を先に目立たせる）という用例がある。「己」は他人に対して自分のことを指す。一人称代名詞ではない。一人称は対話の場面で、話し手と聞き手の関係から、自分側を指す。これを古典漢語では「我」という。「己」は一般の人を対象として、それとは区別された一つの人間存在を指す。外側の対象に対して、内側の主体を指す言葉である。つまり認識の主体、自己意識の主体が「己」である。

「己」と似た語に「自」がある。「自」は鼻の象形文字で、人は自分をいう時、鼻を指す習慣があるから、「自」は自分という意味になった、というのが通説だが、そうではない。鼻は顔面の突端であり、「起点」というイメージをもつ。人は行動する際、他人によらずに自分自身を起点とするから、起点となる存在が「自」なのである。ただし「自」は独立した名詞ではない。「（何かをする際や、何かに関係する場合に）自分を起点として」という意味で使われる。日本語では「みずから」と訳す。

「己」の語源はこの「自」と発想が似ている。多くの一般の人の中で起点となる人、他人とは区別された自己存在が「己」である。「己」は他と違った自分を特に取り上げる語である。したがって「己」には「起点」「目立つもの」というイメージがある。漢代では「己は起なり」という語源説があった。ほかのものよりに先に身を起こす、立ち上がるものを「己」と見たのであろう（「起・承・転・結の起源——順位漢字(17)」の項参照）。

「自（みずから）」はすでに甲骨文字に用例があるから、「己（おのれ）」も同時に発生していたと考えても不思議ではない。一人称代名詞とは違った自分を表す語が早く生まれた可能性は十分ある。

漢代の語源説をより学問的に発展させたのは藤堂明保である。藤堂は「己」のグループ（起・紀・記・改）のほかに、刻・興を一つの単語家族にくくり、KÊGという音形と、「曲がった物が伸び立つ」という基本義を設け、「己」を「曲がった物が頭をもたげて伸びようとするさまを示した指事文字」としている（『漢字語源辞典』）。一方、「おのれ」の意味の成立については、「己は、古代の土器の模様の一部で、はっと注意を呼び起こす意を含む。人から呼ばれてはっと起立する者の意から、おのれを意味することになった」という（『学研漢和大字典』）。

「己」の字源については諸説紛々である。

いぐるみ…羅振玉、郭沫若

縄…葉玉森、朱芳圃、李孝定

いとぐち（紀）…朱駿声

長い糸の端…加藤常賢

ひざまずく人…馬叙倫、楊樹達
己形の矩に似た器…白川静

これらの字源説では序数詞も「おのれ」も仮借とされる。

序数詞と「おのれ」をつなぐコアイメージは何か。それは「起点（起こり始め）」「目立つもの（目印）」というイメージである。言い換えれば、「（伏せたものが）起き上がって目立つ印を現す」というイメージである。このコアイメージを設定すれば、「おのれ」の「己」は「（他とは違って）目立つ存在として意識されるもの」と解釈できる（「世と紀の起源――時間漢字(18)」の項参照）。また、序数詞は植物の生長過程を象徴化したもので、十干の5番目を「覆いかぶさったものを押しのけて出る」状態と見て、「戊」と名付けたが、その次の段階を「頭をもたげて立ち上がる」状態と想定して、「己」と名付けたと考えられる。

「己」のグループは共通のコアイメージが通底している。

起…横になっていたものが立ち上がる（起きる）。
記…忘れないように印をつける（しるす）。
紀…糸の先端につける目印（いとぐち）。
改…たるんだものに活を入れて起こす（新たに立て直す）。
杞《き》…枝を曲げると起き上がろうとする性質のある木、コリヤナギ。

このように解釈すると「己」の字源も見直す必要がある。

筆者は造形法の一つに象徴的符号という考えを導入した。「己」にもこれを適用し、「伏せたものが次第に起き上がって、はっきりとした姿を現す様子を示した象徴的符号」と解釈する（拙著『漢字語源語義辞典』参照）。

## 「庚」の起源――十干(7)

循環的序数詞である十干の一つで、7番目が「庚《こう》」（訓はかのえ）である。「庚」は「康」の基幹記号となる字で、重要な字である。

「庚」の字源については諸説がある。

植物の実…『説文解字』
糸を巻く道具…朱駿声
鉦（楽器の一種）…郭沫若
兵（武器）…饒炯
両手で干を持つ形…魏建功
両手で杵を持って穀物を搗く形…加藤常賢・白川静
固い心棒を通した姿…藤堂明保

［庚］

（甲）

（甲）

（金）

（金）

（篆）

これでは序数詞の説明ができない。語のコアイメージを探る必要がある。語源説は早くも漢代に現れている。劉熙は『釈名』で「庚はなお更のごときなり。庚は堅強の貌なり」と述べている。藤堂明保は古代の語源説に注意を払いつつ、独自に語源を探求した。藤堂は更のグループ（骾・鯁・硬）のほかに、魚・漁とも同源と見て、一つの単語家族を立て、NGAG・NGANGという音形と、「固い芯が張っている」という基本義を設けた（『漢字語源辞典』）。

以上で明らかになったように、古典漢語のkang（庚）は硬（かたい）や梗（芯の硬い木の枝・茎）や鯁（魚の硬い骨）と同源で、「かたい」というイメージをもつ語である。これは固（動きや変化がとれずにかたい）や堅（引き締まってかたい）とは違い、「内部に筋が張って、あるいは芯が通って、こつんとつかえてかたい」というイメージである。「庚」のこのイメージは次のグループにはっきり生きている。

康《コウ》…体が丈夫であるさま、また、世の中に秩序があって安定したさま。

穅（＝糠）《コウ》…かたいもみがら（外皮）。日本では糠を「ぬか」と読む。

慷《コウ》…心が強く高ぶる。「慷慨」

改めて字源を考察する。甲骨文字・金文では分析が難しいが、篆文では字体が変わり、「干（イメージ記号）＋廾（限定符号）」の組み合わせとなった。字体の変化はコアイメージを明確化するためであると考えられる。「干」は太い棒の形である。「かたくて強い心棒」というイメージがある。「廾」は両手の形で、両手を使う行為や動作に関係があることを示している。したがって「庚」はかたくて強い棒を手に持って何かの行為をする情景を設定した図形である。「何」は図形からは分からないが、上記の字源説にもあるように、脱穀の場面が想定されていると考えてよい。この想定は「康」の字をうまく説明できる。というのは「康」は「庚《コウ》（音・イメージ記号）＋米（限定符号）」を合わせた字で、種子を脱穀した後に残る筋張ってかたいもの（もちがら）を暗示させているからである。ただし「もみがら」という意味をストレートに表すのではなく、「康」という図形的意匠によって、「かたい筋が通っている」というコアイメージを表すのである。このコアイメージ（深層構造）が表層に現れると、「筋肉が筋張って、体が丈夫である」、また「社会に秩序が通っていてしっかりしている（安泰している）」という意味が実現される。

語源と字源の双方から、「庚」は「筋が通ってかたい」というコアイメージをもつことが分かった。これによって「庚」が十干の名に用いられる理由も判明する。十干は植物の生長過程を象徴化して名が与えられた。植物の茎が頭をもたげて立ち上がる状態を6番目の「己」としたが、その次に茎が筋張ってかたく強くなる段階を想定し、これを「庚」と名付け、7番目としたのである。

## 「辛」の起源――十干(8)

循環的序数詞である十干の8番目が「辛《しん》」（訓は「かのと」）である。「辛」は順位のほかに、痛い、からい、つらいなどの意味がある。これらの意味と十干とはどんな関係があるのか。

甲骨文字では十干と十二支を結合させた六十進法で日付を記している。最古の古典の一つである『詩経』でも同じ用法があるが、「痛い」の意味でも使われている。「からい」の意味も古典に出ている。『詩経』に「自ら辛螫《しんせき》を求む」（自分で蜂の痛い一刺しを招いてしまった）、『周礼』に「秋は辛《しん》多し」（調味料は、秋にはからいものを多目にする）という用例がある。

きわめて古くから、順位と「痛い」「からい」の意味が結びついていたことが分かる。いったい三つを通底するコアイメージは何か。

［辛］

（甲）（甲）（金）（金）（篆）

まず字源を見てみよう。字源についてはそれほど多くの説はない。刃物の形とするのがほぼ定説である。ただ殺傷用か、彫刻用か、入れ墨用かの違いがある。図形からはどんな用途か分からない。それよりも刃物の機能に着目すべきである。

そこで語源説を見てみる。語源について言及した人は藤堂明保しかいない。藤堂は「辛」のグループ（新・薪・親）を七・切・屑・膝・節などと同じ単語家族に収め、**TSET**・**TSER**・**TSEN**という音形と、「小さく切る、小間切れ」という基本義があるとしている（『漢字語源辞典』）。

刃物の機能は「切る」ことにある。古典漢語の**ts'et**（切）は「刃物を物に当ててこするようにして切る」という意味である。「辛」はこれと同源である。「刃物の鋭い先を物に接触させて切る」というイメージから、「（身近に接触して、あるいは、肌身を切るように）刺激を与える」というイメージに展開する。これが「辛」のコアイメージと考えられる。「辛」のグループには「切る」というイメージと、「（肌身を）刺激する」というイメージが通底している。

新…切ったばかりで生々しい（あたらしい）。
薪…切ったばかりのなま木（たきぎ）。
親…肌身に接触するほどしたしむ。

これらの字を構成する「亲」は「辛《シン》（音・イメージ記号）＋木（限定符号）」の組み合わせで、木を切る情景を設定した図形である（「新と陳の起源──時間漢字（64）」の項参照）。

「痛い」と「からい」の意味もコアイメージが実現させる意味である。肌身を刺激することが「痛い」であり、舌を刺激する味が「からい」である。

「辛」を十干の一つに用いた理由もコアイメージから説明できる。植物の生長過程を象徴化して、茎が頭をもたげて立ち上がる状態を「己」、茎が筋張ってかたく強くなる状態を「庚」とした。その次の段階として、枝やとげが出て肌身を刺すほどに生長する状態を想定して、これを「辛」と名付け、十干の8番目としたのである。

## 「壬」の起源──十干(9)

十干の9番目が「壬《じん》」である。日本では「みずのえ（水の兄）」と読む。

序数詞にもコアイメージがある。「壬」は任・賃・紝などの基幹記号（音・イメージ記号）となり、共通のコアイメージをもつ。「壬」を十干の一つとするのもこのコアイメージによる。

まず語源から調べる。語源については「壬は任なり」という漢代の語源説がある。藤堂明保は「壬」のグループ全体を入のグループ（内・納）や男・南などと同じ仲間（単語家族）に収め、NÊP・NÊMという音形と、「中に入れ込む」という基本義があるとしている（『漢字語源辞典』）。

字源については次のような説がある。

懐妊の形…『説文解字』
機織りの縢（ちきり）…林義光、加藤常賢
木の枕…葉玉森
石針…郭沫若
両刃の斧…呉其昌
矩（定規）…陳書農
工具（金属を鍛える台）…白川静
機織りの梭の中に収める糸巻きの心棒…藤堂明保

まさに諸説紛々といったところである。

「壬」の甲骨文字の形は「巠《けい》」（経などの基幹記号）に含まれる「工」（工事の工とは別）と同じである。これは「ちきり」と呼ばれる工具である。したがって林義光らの説が妥当。

ただし「ちきり」という意味をストレートに表すのではなく、工具の機能や形態の特徴を捉え、これによってコアイメージを表すのである。「ちきり」は機織りにおいて、縦糸を固定するとともに、織った縦糸を巻き取る機能がある。糸を巻くと中がふくらむ。したがって「ふくらむ」というコアイメージを「壬」という図形によって表現したと考えられる。藤堂は「中に入れ込む」という基本義を想定したが、「中に入れる」と「中が膨れる」はつながりのあるイメージである。「中が膨れる」というイメージをはっきりさせるために、金文では「工」の中間に「○」の印をつけ、これが篆文では「一」になり、「壬」の字体に変わった。ちなみに藤堂は後に「腹の膨れた糸巻きを描いた象形文字」と説を改めている(『学研漢和大字典』)。

「壬」のグループ字は「ふくらむ」というコアイメージが通底している。

任…重い荷物を抱えこむ(荷物を腹の前に抱えると、膨らんだ姿になる)。

妊…胎児を宿して腹が膨れる。妊娠する。

賃…代金を払って人を雇う(仕事をさせるために人を抱え込む状態になる)。

衽《ジン》…衣の前の膨らんだ部分、おくみ。

荏《ジン》…隆起した果実の生る植物、エゴマ。

鵀《ジン》…頭に膨れたような冠のある鳥、ヤツガシラ。

これで「壬」が十干に用いられる理由を説明できる。十干の8番目は「辛」である。これは植物の生長過程において、枝やとげが肌を刺すほど生長した段階を象徴化した記号である。その次の9番目を「壬」と名付けた。それは植物の果実が成熟して膨らむ段階を象徴化したものである。

## 「癸」の起源――十干⑽

循環的序数詞である十干の最後(10番目)が「癸《き》」である。日本では「みずのと(水の弟)」と読む。

「癸」は序数詞以外で使われることはない。しかし基幹記号(音・イメージ記号)として揆・葵・睽・闋などに含まれるから、重要な記号である。これらのグループの深層構造に共通のイメージがあり、このコアイメージを「癸」が提供するのである。

まず「癸」の字源説を見てみよう。

三つの鋒のある矛(戣の原字)…朱駿声、羅振玉、郭沫若、加藤常賢

三方または四方に張り出ていて、どちらでも突ける矛…藤堂明保

[癸]

(甲)

(甲)

(金)

(金)

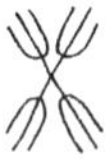
(篆)

規（コンパス）…陳書農
四つの葉が対生する形（葵の原字）…饒炯、葉玉森
二本の矢を交錯した形…呉其昌
木を十字形に交叉して組んだ形…白川静

「癸」を武器の形とするのは通説に近いが、実体の追求に重きを置くと、序数詞の説明ができなくなる。そのため仮借説が多く取られる。図形の見方は、「何」に重点を置くのではなく、「如何（いかん、どのよう）」に重点を置くべきである。後者の視点がコアイメージを解く鍵である。

仮借説を取らないのは藤堂明保である。字源について、「癸」を「四方に刃の突き出た武器（またはコンパスのような道具）を描いた象形文字」で、「十干がひと回りした最後の数を癸というのは、一巡して元に戻るからではあるまいか」という。また、kiuer（癸）という語、およびそのグループを、骨のグループ（滑）、血、回、帰、韋のグループ（囲・違・緯・偉）、鬼のグループ（魁・塊）、怪、胃、位、懐、尹のグループ（君・群・郡）、困、軍のグループ（運・暈・輝・揮）、昆のグループ（混）、均、旬など、広範囲の同源の単語家族に収め、これらの語群に **KUĔT・KUĔR・KUĔN** という音形と、「丸い、めぐる、取り巻く」という基本義を設けた（『漢字語源辞典』）。

これによって、「癸」が序数詞に使われる理由だけでなく、「癸」のグループもすっきりと解明された。

改めて字源を考えてみる。「癸」は先端に何かをつけた二本の棒が交叉した形であることは間違いない。先端を刃と見れば武器であろう。しかしどんな武器か、どう使う武器かは、分からない。先端を羽根と見れば、風車のような道具という解釈も成り立つ。「何」という実体や、その用途は、どんなに追求しても完璧な結論は出ないが、形態的特徴に視点を置けば、「四方をぐるりとめぐる、取り巻く、ぐるぐる回す」というイメージがあることははっきり推定できる。

結論を言えば、序数詞の最後を kiuer と名付け、その視覚記号として「癸」という図形が考案された。「癸」は四つの点を×で結んだ形（武器、風車、コンパスなどいろいろな実体が想定される）によって、「四方を取り巻く、ぐるぐる回る」というイメージを表現する。このイメージは「ぐるりと回って元に戻る、一巡する」というイメージにも展開しうるので、循環的序数詞が一巡して終わりになる最後の順位（10番目）を「癸」とした。

十干は植物の生長過程を象徴化する方法で名付けられた。発芽する前の状態が「甲」で、これが1番目。2番目から8番目も同様に植物のある状態に着目して造語された。種子が生じる状態を象徴したのが「壬」で、これが9番目。種子はやがて散って土に帰り、新たな発芽を迎える。植物が循環することを知っていた古代人は十干の最後の数を「一巡する」

というイメージで命名したのである。

「癸」のグループには「ぐるぐる回る」「一回りする」というコアイメージがある。

葵《き》…葉が太陽の方に回って向きを変える植物、フユアオイ。向日葵（ヒマワリ）よりもフユアオイが歴史的に古い。

揆《き》…始めから終わりまで見積もって計る。また、計る基準。「癸を一にする」「一揆」

睽《ケイ》…一巡する場合、↓の方向に出発すると↑の方向に向きを変えて戻るから、⇅のイメージに展開し、食い違う（そむく）の意味が生まれる。「睽離（背反して離れる）」

闋《ケツ》…音楽の一巡り。一曲の終わり。

## 「子」の起源——十二支(1)

十干と十二支は序数詞であり、十干は10番目、十二支は12番目で終わり、また新たに始まるが、その次の記号はなく、元の同じ記号にもどる。十干は十進法、十二支は十二進法に見えるが、純粋の十進法、十二進法の数詞ではない。半序数詞、あるいは、循環的序数詞というべきである。十干と十二支を組み合わせた干支は六十進法であるが、これも性質としては十干・十二支と同じである。

十二支は次の十二個の記号で、この順序で順位を表す。括弧は日本の読み方。なお日本では子・午・未・申が常用漢字、丑・寅・卯・辰・巳・酉・亥が人名漢字になっている。戌（いぬ）だけのけものである。

子《し》（ね）　丑《ちゅう》（うし）　寅《いん》（とら）　卯《ぼう》（う）　辰《しん》（たつ）　巳《し》（み）　午《ご》（うま）　未《び》（ひつじ）　申《しん》（さる）　酉《ゆう》（とり）　戌《じゅつ》（いぬ）　亥《がい》（い）

丑・寅などは十二支の専用字であるが、子・未・申は序数詞以外の重要な意味がある。なぜそんな意味があるのか。十二支との関係は何か。

漢数字は数字である前に数詞であり、それは他の言葉と同じようにコアイメージをもつ。コアイメージを探ると、「子」における「ね」と「こ」の関係、「未」における「ひつじ」と「いまだ」の関係、申における「さる」と「もうす」の関係が明らかになる。

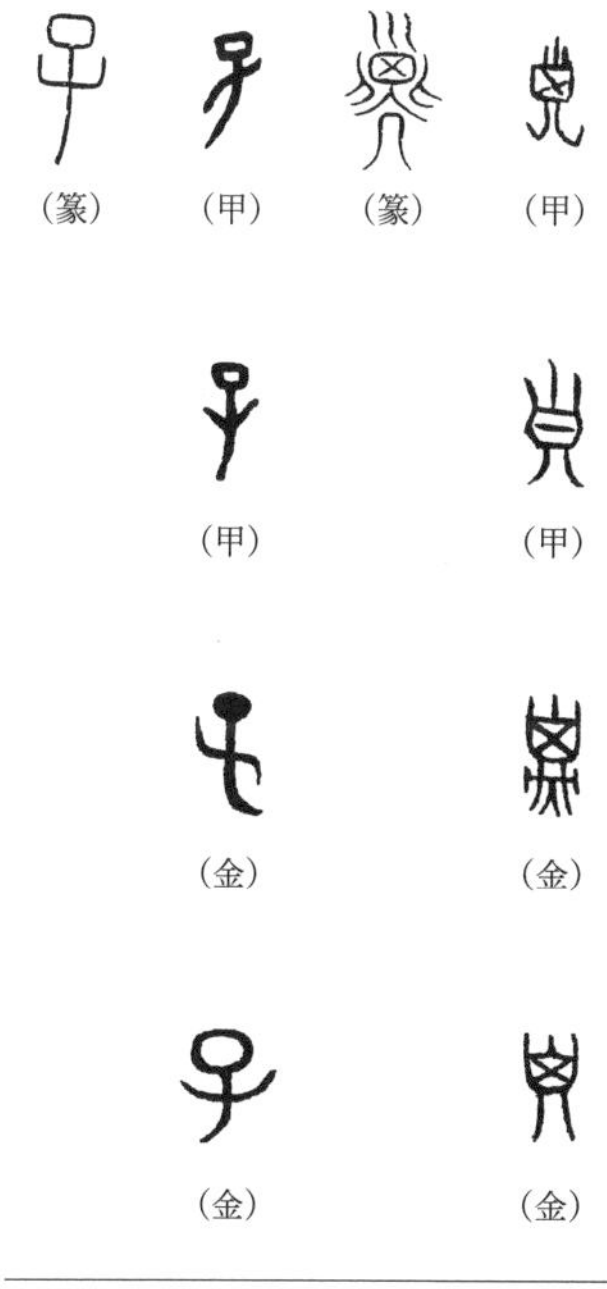

［子A］（甲）（甲）（金）（金）（篆）

［子B］（甲）（甲）（金）（金）（篆）

十二支の各記号を字源と語源の双方から探求し、コアイメージを明確にし、それによってなぜ序数詞に用いられたのかの理由を考えよう。まず「子」の字源・語源を考察する。

十二支の1番目が子《し》である。日本では「ね」と読む。

甲骨文字ではAとBの形があり、現在の「子」と解釈されている。ただし十二支の記号に使われるのはAだけで、Bではない。Bはよちよち歩きのこどもを描いた図形だが、Aはこどもの頭の部分が強調されている。字体の変遷から見ると、Aは籀文や古文（𢀈）、Bは篆文に受け継がれ、後に「子」に統合された。

「子」の語源説はすでに漢代に登場している。劉熙は『釈名』の釈天で、「子は孳《じ》なり。陽気始めて萌え、下に孳生するなり」と語源を説く。すなわち、「子」は孳（子が生まれる）と同源の語で、陽気が生じ始めると、草木が地上に発生するのである、といった意味。以下同じような方式で、十二支の成り立ちを植物の生長過程や、植物の生態環境と結びつけた解釈をしている。

筆者は十干の起源を植物の生長過程を象徴化したものと捉えた。十二支の起源も同様に解釈したい。

古代の語源説は当時の言語観、語源意識を反映したもので、採るべき意見が少なくない。これを科学（言語学、音韻論、意味論）的に発展させたのは藤堂明保である。藤堂はAを茲のグループ（孳・慈・滋）、曽のグループ（増・層・贈・憎・甑）、再、息と同源の単語家族に入れ、TSÊG・TSÊNG という音形と、「ふえる、ふやす」という基本義があるとし、また、Bを糸・思・嗣と同源の単語家族に入れ、TSÊG という音形と、「小さい、細い」という基本義があるとした（『漢字語源辞典』）。

AもBも古典漢語では tsiəg という音と推定されている。藤堂は別語（同音異義）と見たようであるが、果たしてそうだろうか。

物の発生や生長過程を観察すると、小さい状態からだんだんと量的に大きくなっていく。また、小さいものはだんだんと増えて数的に多くなっていく。このように「小さい」と「（小さいものが）ふえる」という二つのイメージは連合したイメージであると考えられる。藤堂は二つの単語家族を設けたが、イメージ論（すなわち意味論と言い換えてよい）の観点から見れば、一つの単語家族に統合できる。「子」のコアイメージは「小さい」であり、これが「（小さいものからだんだんと数的に、量的に）ふえる」というイメージに展開する（「文と字の起源——助数漢字（107）」の項参照）。

これで「子」が序数詞に用いられる理由が明らかになった。植物の生長過程において小さい段階、これから生長しようとする状態が tsiəg と名付けられ、「子」という図形が考案されたのである。「子」（A）はこどもの髪の毛がだんだんと伸びて増えていく情景を設定した図形である。これは「小さい」というイメージと、その展開である「(小さいものがだんだんと)ふえる」というコアイメージを同時に表現することができる。Bの「子」はよちよち歩くこどもの姿であるが、これもAと同じイメージを表すことができる。

「子」のグループはこのコアイメージが通底している。

子…小さいこども。小さいもの(種子)。小さいものが増える(利子)。

字…子を生む。本名から派生した名(あざな)。また、文(象形文字など、単体の文字)から派生した複体の文字を字という。両者を合わせたのが「文字」である。

孜《し》…細かい動作を次々に行う(こまめに働く)。「孜々」

「子」を「ね」と読むわけは、後漢の時代に十二支に動物を配当する習慣が起こり、「子」に対して鼠を当てたからである。「ね」とはねずみの「ね」である。

## 「丑」の起源——十二支(2)

循環的序数詞である十二支の2番目が「丑《ちゅう》」である。日本では「うし」と読む。

「丑」は十二支の専用字で、ほかの意味はない(中国では醜の略字や簡体字として使われる)。しかし紐・羞・忸などの基幹記号(音・イメージ記号)を構成する。これらには共通のコアイメージがある。コアイメージが分かれば、「丑」が序数詞になった理由の説明がつく。

[丑]

(甲) (甲) (金) (金) (篆)

まず字源説を見てみよう。

手の形…『説文解字』

爪の原字…郭沫若

手で物をつかむ形…徐灝、加藤常賢、藤堂明保、白川静

紐の原字…饒炯

かせ(刑具)…朱駿声、楊樹達

紐や刑具の説以外は、たいてい手と関係があるとしている。しかし手と同じではない。手の特殊な動作を図形化したものである。それは物をつかもうとして指を曲げている情景である。

ではどんなイメージを表現しようとするのか。

次に語源を見てみよう。語源について言及した学者は藤堂明保以外にいない。藤堂は丑、舟、周、州、手、肘、守、狩、収、受、獣、囚、畜、逐、冬、充など、TOG・TOK・TONGという語形をもつ多くの語を同じ単語家族にくくり、「ぐるりと取り巻く」という基本義をもつとした（『漢字語源辞典』）。物をつかんだときの指の形態は「ぐるりと取り巻く」であろうが、物をつかもうと指を曲げる手の形態的特徴は「曲がって柔らかい」であろう。直線はぴんと張って硬いイメージだが、曲線や曲面は硬直ではなく柔軟のイメージが強い。「曲がる」は「（曲がって）柔らかい」というイメージに展開しうる。このようにイメージ展開を考えると、「丑」は「柔らかい」というイメージを表現するために考案された図形と考えられる。「指先を柔軟に曲げて物をつかもうとする姿」が図形的意匠である。

「丑」のグループにはこのイメージが生きている。


紐《チュウ》…柔らかく曲げて物を結ぶ「ひも」。

扭《チュウ》…指先を曲げてつまむ。

羞《シュウ》…柔らかく調理したごちそう。また、心が柔らかくいじける（はずかしくてきまりが悪い、はじる）。「羞恥」

忸《ジク》…はじる。「忸怩《じくじ》」

衄《ジク》…柔らかくねばねばした鼻血。

狃《ジュウ》…狎れて角が取れる（なれる）。

鈕《チュウ》…器物のつまみ。

杻《チュウ》…矯めて車輪の箍や弓の材料になる木、ナナミノキ。


以上によって、「丑」が十二支に用いられた理由が明らかになる。十二支は植物の生長過程を象徴化して命名されたと考えられる。植物が発生する段階を「子」と名付け、1番目とした。次は植物がまだ堅くならず柔軟性を保つ状態が想定され、これをt'iogと名付け、「丑」という視覚記号で表記し、2番目としたのである。

後漢の時代になって、十二支と動物を関係づけた際、「丑」を牛とした。しかし序数詞の2番目と牛の間に必然的な関係はなさそうである。牛と「柔らかい」のイメージも結びつかない。丑年の生まれだからといって、牛の性質と関係づけるのは全くの迷信である。他も同様であるので、いちいち言及しないことにする。

## 「寅」の起源——十二支(3)

循環的序数詞である十二支の3番目が「寅《いん》」である。日本では「とら」と読む。

「寅」は序数詞以外では「慎んで恭しくする」という意味がある。また演《いん》・夤・螾《いん》などの音・イメージ記号となる。これらの語の基幹記号である「寅」がどういうコアイメージを

[寅]

（甲）

（甲）

（金）

（金）

（篆）

もつかを探れば、「寅」が序数詞に用いられた理由も説明できる。

「寅」の字源については諸説紛々である。代表的な説を挙げよう。

矢の形…郭沫若

矢が弦上で放たれようとする形…明義士

両手で矢を奉じる形…朱芳圃

両手で矢竹の曲がりをまっすぐに伸ばす形…加藤常賢、藤堂明保、白川静

廟堂で束帯して敬う形…葉玉森

背骨を挟む肉の形…林義光、馬叙倫

引の本字…王讃源

虫の形（螾《みみず》の原字）…唐桂馨

右の諸説のうち、4番目の「矢竹の曲がりをまっすぐに伸ばす形」が妥当であろう。図形は明らかに「矢」と「臼（両手）」を合わせたものである。「｜（縦棒）」と「臼」を合わせた「申」（篆文の字体）と図形的意匠がよく似ている。「申」は「まっすぐに伸ばす」というコアイメージを表す記号である。これと同じように、「寅」も「長く伸ばす、長く延びる」というイメージを表すと考えてよい。

語源については「寅は演なり」「寅は引なり」などの説が古典にある。学問的に深めたのは藤堂明保である。藤堂は「寅」のグループ（演）を、申のグループ（呻・伸・電・神）、引のグループ（蚓）、失のグループ（佚・跌・迭）、逸と同じ仲間（単語家族）に収め、TEN・TETという音形と、「のびる、のばす」という基本義があるとした（『漢字語源辞典』）。「寅」のコアイメージが「長く延びる」であろうと推定したが、これで語源的にも確かめられた。

「寅」のグループはこのコアイメージが通底する。

演《エン》…水が長く延びて流れる。また、物事を長く引き延ばす。「演繹」

夤《イン》…背筋を伸ばして慎む。

螾《イン》…ずるずると体の延びた虫、ミミズ（蚯蚓）。

「寅」が十二支に用いられる理由について、『釈名』では「寅は演（のびる）なり。生物を演ずるなり」とある。つまり寅は演と同源の語で、生物を発生・成長させるという意味だ、といった解釈。

十二支も十干と同様に植物の生長過程を象徴化する方法で命名されたと考えられる。十二支の1番目（子）は植物の発生の段階、2番目（丑）は植物が柔軟性を保つ段階であるが、その次を植物が枝葉を伸ばす段階と想定して、これをdien（yien）と命名し、「寅」という視覚記号が考案されたのである。

## 「卯」の起源――十二支(4)

十二支の4番目が「卯《ぼう》」である。日本では「う」と読む。「う」はうさぎの「う」である。

　十二支は十二進法の循環的序数詞である。これと十干とを組み合わせて六十進法の序数詞を作り、日付を表記した。後になって（後漢の頃）、年を記すようになった。

　一、二、三などの数詞を序数に使うことはできるが、別に序数詞を作ったのは時間の表示のためである。古代人（殷人）は日、月、年が循環することを知っていた。月は一月、二月などと、数詞を使い、年は一祀、二祀などと、これも数詞を用いた。日付には特別な序数詞、すなわち十干と十二支が発明された。十進法の十干は月を旬（十日）の単位で数えたことと関係があり、十二進法の十二支は一年が十二か月ある（閏月を除く）ことと関係があると言われているが、なぜ三十進法ではなく、六十進法としたのか。六十日はほぼ二か月分である。現代人の目から見ると、二か月ごとに日付を循環的に記すのは、かなり悠長な時間意識があったと感じられる。

［卯］

（甲）（甲）（金）（金）（篆）

干は幹（みき、中心）、支は枝（えだ、非中心）である。十日間を循環的に数えるのが幹である。まずそれを出発点として、それに枝を添えていく、つまり、十二日間で循環させる十二支を組み合わせる。そうすると、日付が六十日ごとに循環することになる。かくて循環的六十進法の序数詞が生まれる。

　さて十二支は十干と同様、植物の生長過程を象徴化する方法で命名されたと考えられる。これは古人がよく植物を観察し、生命体における循環を見出したからである。

　十二支の4番目をmogと名付け、「卯」と図形化したのは、どういう思考が働いたのか。これを考えよう。

　まず字源説を見る。

門を開く形…『説文解字』、葉玉森

二戸の開闢する形…朱駿声

門をむりに押し開けて中に入りこむ形…藤堂明保

双刀が向かい合う形…呉其昌

あなぐら（窌の原字）…呉式芬、厳一萍

かぶと（鍪の原字）…林義光

くつわかがみ（馬の口にはめる「はみ」につける金具）…加藤常賢

牲肉を両分する形…白川静

諸説紛々で、定説はないが、1～3番目の説がすなおであろう。字源は語源と連動しないと、何とでも解釈できるから、恣意的になる恐れがある。

語源説はすでに漢代に出ている。『白虎通義』では「卯は茂なり」とあるし、『釈名』では「卯は冒なり。土を載せ、冒して出づるなり」とある。『説文解字』にも「卯は冒なり。二月万物、地を冒して出づるなり」とある。「卯は冒なり」は古代の普遍的な語源意識と言ってさしつかえない。

言語学的に語源を探求したのは藤堂明保である。藤堂は卯のグループ（貿）を、矛のグループ（務・瞀）、戊、牡、冒、眸と同じくMOG・MOKの語形をもつ単語家族に入れ、「おかす、無理に求める」という基本義があるとした（『漢字語源辞典』）。

「卯」の語源が冒などと同源であり、「おかす」というイメージがあることが判明した。ここで改めて字源を考える。朱駿声が言うように、「卯」は二つの戸が反対向きになった姿と考えてよい。しかし単に門を開くという意味ではない。門の情景の一場面を図形化することによって、mogという言葉のコアイメージを表現しようとするのである。このイメージはもちろん「おかす」であるが、「おかす」とはどういうことか。覆いかぶさったものをはねのけて突き進むのも「おかす」であり、閉じたものをむりやり押し開くのも「おかす」である。繁茂の茂は「覆いかぶさるようにしげる」という意味なので、前者の「おかす」のイメージであるが、貿易の貿では倉庫などにストックしたものを求めるため、倉庫を開かせて商品を買い求める行為なので、後者の「おかす」のイメージである。冒険の冒は「覆いかぶさる」の意味と、「むりやり突き進む」の意味を兼ねる。したがって「卯」のコアイメージは「（むりやりに）押し開く」と捉えることができる。

以上のように考えると、「卯」を序数詞に用いる理由が説明できる。古人は植物が土を冒して出る状態、あるいは茂る状態に着目して、「卯」という名が生まれたと考えたようである。「卯」の前は「寅」で、これは植物の芽が伸びる状態を象徴化したものであった。その次に植物の芽や葉が両側に押しのけるようにして開いていく状態を想定し、これをmogと命名し、「卯」という視覚記号に換えたのである。

## 「辰」の起源——十二支(5)

「辰《しん》」は十二支の5番目である。日本では「たつ」と読むが、空想上の動物の竜とは何の関係もない。

「辰」は序数詞の専用字であるが、振・震・娠・唇・晨・賑などの基幹記号（音・イメージ記号）となり、非常に重要な

［辰］

（甲）（甲）（金）（金）（篆）

字である。これらには共通のコアイメージがある。これを探れば「辰」が序数詞に用いられる理由も分かる。

まず字源説について見よう。

農具の形…郭沫若、徐中舒、王延林
蜃蛤の形…葉樹達
蜃の殻から肉が出て運動している形（蜃の原字）…加藤常賢、藤堂明保、白川静
唇の形…林義光
稲妻が振動する形…高田忠周
手で崖や石を振動する形…葉玉森・商承祚
紡織用の機具…呉其昌
寝具…唐桂馨

実に諸説紛々であるが、2、3番目の蜃の原字と見る説が妥当である。

蜃とは何か。辞書類では「大きな蛤（ハマグリ）」とあるだけで、これ以上は分からない。本草学を調べるとシャゴウ（蛼螯）が蜃の正体であることが判明した（拙著『動物の漢字語源辞典』参照）。*Hippopus hippopus*（シャゴウ）はシャコガイ科の二枚貝で、非常に大きく、殻には8～10本の畝がある。『証類本草』では「車螯は大蛤なり。一名は蜃。能く気を吐いて楼台を為《つく》る」とある。蜃の吐く息が蜃気楼を作るという伝説の由来はここにあった。

漢字の解釈は実体（何であるか）の追求よりも形態（どのようであるか）に重点を置くべきである。辰が蜃の原字だとしてもここで止まっては語源の追求にならない。「辰」はいったいどんなイメージを表すために創造された記号か。藤堂明保の説を見てみる。『漢字語源辞典』には収録されていないが、後に編集した辞典には次の記述がある。

「蜃の原字で、二枚貝が開いて、ぴらぴらと弾力性のある肉がのぞいたさまを描いた象形文字。振や震と同系のことば」（『学研漢和大字典』）

これは明解である。「辰」は「弾力性があって震え動く」というコアイメージをもつ語と言ってさしつかえない（「旦・暁・曙・晨の起源——時間漢字（28）」の項参照）。これで「辰」のグループがすっきりと解釈できる。

振…ぶるぶると揺すって動かす（ふる、ふるう）。
震…稲妻がびりびりと震える。また、弾力性があって小刻みに震える。
娠…胎児が動く（はらむ、みごもる）。
唇…しゃべる際にぺらぺらと動かす部分（くちびる）。
晨…生物が動き始める時間（夜明け、早朝、あした）。
賑…活力や生気が盛んである。物が豊かで活気がある（にぎわう）。

古代では「辰は震なり」が普遍的な語源意識であった。

『説文解字』では「辰は震なり。三月、陽気動き、雷電振るう。民の農時なり。物皆生ず」とある。植物が生じる頃が農業の季節で、これをモデルにして序数詞の「辰」が生まれたという考えらしい。しかし三月では「辰」を十二支の5番目とする理由が分からない。藤堂は右の辞典で、「十二支の五番目に当てたのは、動植物がふるい立つ初夏の頃の意から」という。陰暦（農暦）では一～三月が春、四～六月が夏、七～九月が秋、十～十二月が冬である。

十二進法の十二支は一年の十二か月がモデルで、各記号は一年の間の植物の生長過程が象徴化されたのであろうと推測される。「子」は一月（正月）、「丑」は二月…というように正確に対応するわけではないが、だいたい季節における植物の状態の観察が反映されていると思われる。そうすると「辰」は初夏の頃に対応すると考えてよい。植物が芽や葉を両側に押し開く状態が「卯」で、この次に植物が盛んに生長する段階を想定して、これをdhienと呼び、「辰」の図形を考案したと考えられる。

## 「巳」の起源――十二支(6)

循環的序数詞である十二支の6番目が「巳《し》」である。日本では「み」と読む。字源説を通覧してみよう。

[巳]

（甲）（甲）（金）（金）（篆）

古くは『説文解字』で「巳」を蛇の象形としている。この説に従う文字学者は多い（加藤常賢、白川静など）。しかし郭沫若は、「巳」を蛇とするのは、後漢の王充の『論衡』で十二支の各記号を動物に関係づけて、「辰」を竜、「巳」を蛇などに当てはめた十二肖象の迷信が記された以後の話であるとして、その説を否定した。彼によると、「巳」は祭祀の祀に含まれ、人がひざまずく形という。

別の説を唱えたのは朱駿声と章炳麟である。彼らは『説文解字』が「包」を解剖して、「人、懐妊して、巳、中に在り。子の未だ形を成さざるに象る」とあるのを踏まえ、「巳」を未成の子（まだ人の形をなさない胎児）とした。馬叙倫は端的に「巳」は「子」と同じ字で、始や胎の原字とした。

甲骨文字を見ると蛇の象形のようにも見えるが、「包」に含まれていることを考えると、朱駿声と章炳麟の説が正しいと思われる。これを踏まえて藤堂明保は「頭と体ができかけた胎児を描いた象形文字」としている（『学研漢和大字典』）。

「巳」と「子」の図形は似ているが、微妙に違う。「子」は手の部分があるが、「巳」にはない。「巳」は子の形ができかける前の状態、つまり胎児の形と考えて間違いないであろう。

序数詞に用いられる理由については、漢代の語源説では、『白虎通義』に「巳なる者は物必ず起こるなり」、つまり生物（特に植物）が発生し始める意味だとある。筆者は「子」は植物の初生の段階を象徴化した記号と推定した。そうすると「巳」も始まり・起こりのイメージがあるので、「子」と「巳」は紛らわしいほど似ている。原初的イメージが「こども」と「胎児」であるので、似るのは当然である。二つの類似した命名と図形化のため、殷人も混乱したふしがある。つまり甲子を甲巳と記すなど、混乱した表記が見られる。

以上の通り、「子」と「巳」は似た名付けであるが、序数詞の6番目に「巳」をもってきた理由は、植物が盛んに生長する段階を象徴化した「辰」の後に、種子ができ始める段階を想定して「巳」と命名し、胎児を「物の起こり、始め」というイメージで捉えて、「巳」の図形が考案されたと考えられる。藤堂も前掲書で、「種子の胎のでき始める六月」ということから「十二進法の六番目に当てられた」と見ている。

## 「午」の起源——十二支(7)

循環的序数詞である十二支の7番目が「午《ご》」である。日本では「うま」と読む。

「午」は十二支の専用字であるが、日本では午前、正午、午後という時間語として日常的に使われている。これは漢代の頃に十二支で時間を表示する習慣が起こったからである。現在の時間に対応させると次の通り。

| | | |
|---|---|---|
| 子 | PM11〜AM1 | 「ね」の刻 |
| 丑 | AM1〜AM3 | 「うし」の刻 |
| 寅 | AM3〜AM5 | 「とら」の刻 |
| 卯 | AM5〜AM7 | 「う」の刻 |
| 辰 | AM7〜AM9 | 「たつ」の刻 |
| 巳 | AM9〜AM11 | 「み」の刻 |
| 午 | AM11〜PM1 | 「うま」の刻 |
| 未 | PM1〜PM3 | 「ひつじ」の刻 |
| 申 | PM3〜PM5 | 「さる」の刻 |
| 酉 | PM5〜PM7 | 「とり」の刻 |
| 戌 | PM7〜PM9 | 「いぬ」の刻 |
| 亥 | PM9〜PM11 | 「い」の刻 |

「午」は午前11時から午後1時までの2時間で、12時が正午である。

[午]

（甲）（甲）（金）（金）（篆）

時間のほかに月を表示する使い方もある。五月五日を端午というのは、五月を「午」といい、五が二つそろうからである。なぜ「午」を五月とするのか。夏暦（中国の暦法の一つ）では「寅」を正月に当てたという。そうすると「子」は十一月、「丑」は十二月、「卯」は二月、「辰」は三月、「巳」は四月、「午」は五月、「未」は六月、「申」は七月、「酉」は八月、「戌」は九月、「亥」は十月となる。

序数詞の十二支は「子」から始まるから、「午」は7番目である。7番目をなぜ「午」としたのか。まず「午」の字源説を見てみよう。

馬のむち…羅振玉

なわ（たづな）…郭沫若

やじり…呉其昌

きね（杵）…林義光、楊樹達、加藤常賢、藤堂明保、白川静

諸説があったが、現在では杵の形とするのがほぼ定説になっている。ただし「午」の実体が何かよりも形態や機能がどうかを探るのが、序数詞の究明には必要なことである。これを解明したのは藤堂明保である。藤堂は「上下に交差して餅をつく杵を描いた象形文字で、交差し物をつく意を含む。杵の原字。また、十二進法では、前半が終わり後半が始まる位置にあって、前後の交差する数のことを午という」と述べている（『学研漢和大字典』）。

語源説としては古典に「午は啎《ご》（さからう）なり」「午は交午（まじわる）なり」「午は逆なり」などの記述がある。学問的に深めたのは藤堂明保である。藤堂は午のグループ（杵・御・禦）を、牙、五のグループ（伍・吾・悟・語）、互、与のグループ（輿・挙・誉）、逆、咢のグループ（顎・愕）、卬のグループ（迎・仰）、呉のグループ（誤・娯・虞）など、広範囲の同源の仲間（単語家族）に収め、NGAG・NGAK・NGANGという音形と、「かみ合う、×型、↓↑型」という基本義があるとした（『漢字語源辞典』）。

この語源を踏まえて、藤堂は上記のように序数詞「午」の成立を説明した。十二支は植物の生長過程を象徴化して命名されたと考えられるが、すべてがそうではなく、中には序数詞の位置関係から発想されたものもあったわけである。

杵の機能を考えると、上から下に↓の方向に打ち下ろすと、次は↑の方向に持ち上げ、それから再び↓の方向に打ち下ろす。この動作が反復される。ここに「⇅」というイメージがある。これは「交差する」と言い換えてもよい。また交差は「×」のイメージでもある。また方向が逆になるから「↑↓」や「↓↑」のイメージにも展開する。「午」自体が序数詞のほかに「縦横に交わる」という意味に使われるが、「午」のグループには右のコアイメージが通底している。

御…↓の方向から来るもの（圧力など）に対して↑の方向に抵抗し立ち向かう（コントロールする）。扱いにくい馬を操る。人民を統御する。機械を制御する。
許…Aが↓の方向に呼びかけるとBが↑の方向に応じる。労働の時のかけ声。また、Aが発言するとBがそれに応じて聞き入れる（認める、許す）。
忤《ゴ》…↓↑の形に向かって逆らう。
仵《ゴ》…↑↓の形にそむく。
迕《ゴ》…↓の方向から来る人を↑の方向に行って迎える。
滸《コ》…水が↓の方向に来ると↑の方向に受け止める所、岸辺。「水滸」

「↓↑」や「↑↓」のイメージは「⇅」のイメージの展開であるから、「⇅形に交差する」が「午」のコアイメージであると言える。漢数字の「五」もこのイメージであった。数は10の半分が5であり、数える際にも5が交差点になるので、数の5を漢語では「五」という。十二支では「巳」が半分の6番目であるが、折り返し点としてはその7番目とすることもできる。この位置に当たる序数詞をngagと名付け、「午」という視覚記号を与えた。

「午」と「五」は全く同音で、コアイメージも同じである。「午」を五月に当てたのはここにも理由がありそうである。

## 「未」の起源——十二支(8)

循環的序数詞である十二支の8番目が「未《び》」である。日本では「ひつじ」と読む。

なぜ十二進法の8番目を「未」としたのか。その字源・語源を探ってみよう。字源では次のような説がある。

木が枝葉を重ねる形…『説文解字』
枝葉が茂る形…加藤常賢、白川静
木のまだ伸びきらない部分を描いた字…藤堂明保
穂の形…郭沫若
実の形…高田忠周
「未」と同字…葉玉森
「木」と同字…李孝定

すべて木と関係させている。しかし3番目の説以外は序数詞も否定詞も説明できない。

ここで語源を見る。「未」の語源を探求したのは藤堂明保の外にいない。藤堂は未のグループ（味・昧・寐・魅）を、微のグループ（黴・徽）、眉のグループ（媚）、尾、美、没、勿の

［未］

（甲）（甲）（金）（金）（篆）

グループ（物・忽）、門、文、民のグループ（眠・罠）、昏のグループ（婚・惛）など、非常に多くの同源の仲間（単語家族）に入れ、MUÊR・MUÊT・MUÊN という音形と、「小さい、よく見えない、微妙な」という基本義があるとした。そして否定詞の由来について、「小さい物は目立たぬけれども、やがてはもっと成長するかもしれない。今の所では見えにくいに過ぎない。未を〝イマダ…セズ〟という否定詞に用いるのはそのためである」という（『漢字語源辞典』）。

否定詞の語源は一つのもの（統一、合一）を両分して「分断、分裂」のイメージで否定する場合と、「小さい」「よく見えない」「かすか」「暗い」というイメージから「無」のイメージに展開させて物事の存在や行為を否定する場合がある。前者は不・否、後者は無・勿・亡・罔・莫・微・未・蔑などで、「未《み》」も後者の仲間である。「小さくて、細くて、かすかで、よく見えない」というイメージを極端に抽象化すると「ない」という否定詞になる（「未・将・来・明の起源——時間漢字（68）」の項参照）。

序数詞の場合は極端な抽象化ではなく、「未」の原初的イメージを利用したと考えられる。「よく見えない」というイメージを表現するために樹木の具体的な状態から発想したのが「未」である。「未」は枝葉の先端が細く小さい状態を図形化したものである。したがって「未」は「枝葉が小さく細い」というイメージを表すこともできる。十二進法の序数詞は折り返し点に当たる7番目を「午」とした。9番目が「申」である。「申」は十分に枝が伸びた状態を象徴化したので、その前段階として「まだ十分に伸び切らない」状態を想定して「未」と名付けたと考えられる。

「未」のグループは「小さくて、かすかで、よく見えない」というコアイメージがある。

味《ミ》…はっきりしないもの（食べ物に含まれる気）を舌先で見分ける。あじわう。あじ。

魅《ミ》…はっきりと姿を現さない化け物。「魑魅魍魎」

昧《イマ》…はっきりと見えない（暗い）。「曖昧模糊」

妹《イマ》…まだ十分に成長していない女、いもうと。

寐《ビ》…目を閉じて眠る。「寤寐《ごび》（目覚めと眠り）」

眛《イマ》…よく見えない、暗い。

## 「申」の起源——十二支(9)

循環的序数詞である十二支の9番目が「申《しん》」である。日本

［申］

（甲）

（甲）

（金）

（金）

（篆）

では「さる」と読む。

「申」は序数詞のほかに「もうす（述べる）」という意味がある。また神・伸・電・紳などの基幹記号（音・イメージ記号）となる。これらの語の深層構造を探れば、「申」がなぜ序数詞に用いられたかの理由も判明する。

まず「申」の字源を調べてみよう。次のような説がある。

背骨の形…戴侗
曲がりつつ伸びようとする形（伸の原字）…林義光
縄が二つ合わさる形…徐中舒
一線で二つの物を連結する形…郭沫若
稲妻の形（電の原字）…羅振玉、葉玉森、商承祚、加藤常賢、藤堂明保（甲骨・金文の解釈）、白川静
手でまっすぐ伸ばす形…藤堂明保（篆文の解釈）

古くは諸説があったが、近代に甲骨文字が発見されて、「申」を稲妻の形とする説が主流になった。ほぼ定説といってよい。ただし篆文以後は字体が変わった点を見落としてはならない。

甲骨文字や金文が古い字体だからといって、篆文以後の字体を一概に否定することはできない。字体が変わるということは理由があるからである。

篆文の字体は「｜（縦棒）＋臼（両手）」を合わせたものである。これが楷書では「申」と書かれる。この図形は棒を手でまっすぐに伸ばす情景を意匠とするものである。この図形的意匠によって「のばす」というイメージを暗示させる。

この解釈は「申は伸なり」という漢代の語源説にも合う。藤堂明保は「申」のグループ（呻・伸・電・神）を、寅のグループ（演）、引のグループ（蚓）、失のグループ（佚・跌・迭）などと同じ仲間（単語家族）に収め、TEN・TETという音形と、「のびる、のばす」という基本義があるとしている（『漢字語源辞典』）。

字体が変わったのは言葉の系譜が分かれたからである。稲妻という原初的なイメージは神・電の系譜になり、「のびる」というイメージは「申」のもう一つの意味「述べる」、および伸・紳・呻の系譜になったのである。

しかし翻って甲骨文字を考えてみよう。序数詞の9番目を稲妻の図形で表したのはなぜか。稲妻は電気を放出して瞬間的に光が走る現象である。その光跡は「長く延びる」というイメージである。要するに、このイメージを表現するために稲妻という自然現象に着目したのである。序数詞の9番目をthienと呼んだのは、この語に「長く延びる」というコアイメージがあるからであった。

十二支は植物の生長過程を象徴化して、順位記号が生まれた。植物の枝葉が出たが、まだ伸び切っていない段階を「未《び》」と名付け、8番目とした。次に、植物の茎や幹がまっ

すぐに伸びて、枝葉が伸び切った段階を想定し、これを「申」と名付け、9番目としたのである。

「申」のグループは次のような意味展開をする。

〈Aの系譜〉

神…稲妻は雷を連想させる。雷は神格化され、一般的に「かみ」を意味するdienという語が生まれ、「申」を音・イメージ記号とする「神」が造形された。

電…稲妻をdenと呼び、「申」を音・イメージ記号とする「電」が生まれた。

〈Bの系譜〉

申…序数詞の9番目。また「長く延びる」というコアイメージから、言葉を重ねて延ばしていく、つまり「述べる」の意味。「追申」

伸…背筋を伸ばす。伸び伸びする。「屈伸」「欠伸《けんしん》（あくびと背伸び）」

紳…長く延びた男性用の大帯。「紳士」

呻《シン》…声を長く延ばす。うなる。うめく。「呻吟」

## 「酉」の起源――十二支(10)

循環的序数詞である十二支の10番目が「酉《ゆう》」である。日本では「とり」と読む。「とり」は「にわとり（鶏）」の「と

［酉］

（甲）（甲）（金）（金）（篆）

り」である。

「酉」は序数詞の専用字であるが、漢字の造形において、「酒」と関係があることを示す限定符号となる重要な記号である。

「酉」の字源を酒器の形とするのは古来の通説だが、酒を保存する器という説と、酒を醸す器という説の二つがある。筆者は後者であろうと考える。

語源については、『説文解字』に「酉は就なり。八月、黍（キビ）成り、酎酒を為《つく》るべきなり」、『釈名』に「酉は秀なり。秀は物皆成るなり」とある。「酉」を成就のイメージで捉え、植物が成熟する季節、あるいは、キビが熟して酒を醸す季節になるという解釈らしい。これはなぜ「酉」を十二支に用いるかの説明だが、八月に当たる「酉」を10番目とするのはおかしい。漢代と殷代の季節観のずれがあるせいだろう。

藤堂明保は「酉」と「酒」の同源関係を否定しているが、カールグレン（スウェーデンの中国語学・古典学者）は同じ単語家族にまとめ、「酉」の上古音をziog、「酒」の上古音をtsiogと推定した（Grammata Serica Recensa）。「酉《ゆう》」と「酋《しゅう》」は通用

したようである。「酉」のグループで酒と醜はシュ・シュウの音、「酋」のグループでは遒・蝤・鰌がシュウの音、猶・猷・楢・輶がユウの音である。

　カールグレンに従うと「酉」と「酒」を同じ家族と見てよいであろう。ここで藤堂明保が「酋」と「酒」を秋などと同じ単語家族に入れたのが参考になる。藤堂は秋のグループ（愁・揪・啾）のほかに、焦、就、修、羞、戚のグループ（蹙・寂）、宿のグループ（縮・摍）、粛のグループ（嘯・蕭）、秀、叟のグループ（嫂・溲・痩・艘）なども同じ単語家族として、TSOG・TSOKという音形を定め、「搾る、縮む、細い」という基本義を設けた（『漢字語源辞典』）。

　藤堂説によれば、酒を意味するtsiogという語は酒を搾るという工程による命名と考えられる。「酋」も酒を搾る工程を図形化したもので、「酒」と同じく「搾る」というイメージをもち、具体的文脈では酒を搾る職人（杜氏のかしら）の意味で使われた。

　以上をまとめると、酒を搾って醸造する工程に着眼して、そのための器を描いた図形が「酉」である。これは「搾る」というコアイメージをもつziogという語を表記するための図形的意匠である。「搾る」というイメージは、中の物に周囲から圧力を加える行為であるから、「引き締める」「縮める」というイメージにも展開する。「酉」を序数詞に用いるのは「引き締まる」「縮まる」というイメージである。

　十二支は植物の生長過程を象徴化して成立したと推測される。植物の茎や幹がまっすぐ伸びて枝葉が伸びきった状態を「申」と名付け、9番目とした。その次に、植物が十分成熟して、やがて縮んで引き締まる段階を想定し、これを「酉」と名付け、序数詞の10番目としたのである。

## 「戌」の起源――十二支(11)

循環的序数詞である十二支の11番目が「戌《じゅつ》」である。日本では「いぬ」と読む。

　十二支のうち子・午・未・申は常用漢字、丑・寅・卯・辰・巳・酉・亥は人名漢字で、「戌」だけがどれにも入っていない。どうせなら「戌」も人名漢字に入れたいものだ。

　「戌」の字源について見てみよう。

　篆文と甲骨文字・金文では字体が違う。『説文解字』では篆文を「戊＋一」と分析した。藤堂明保は「一＋戈（ほこ）」と分析し、「刃物で作物を刈ってひとまとめに締めくくり、

［戌］

（甲）（甲）（金）（金）（篆）

収穫すること」と解釈した（『学研漢和大字典』）。

甲骨文字が発見されて、羅振玉が戌を戉と同字としてから、「戌」を武器の象形文字とするのが通説になっている。「まさかり」と見る説、「おの」と見る説などがあるが、実体ははっきりしない。しかし「戌」が威、烕（滅の基幹記号）、咸（感・喊・鹹などの基幹記号）、歳などに含まれていることから、武器や農具など刃のある道具であることは確かである。この道具の機能は物を切ったり、削ったり、刈ったりすることと考えられる。特に「歳」に含まれる「戌」は作物を刈り取る（収穫する）ことを図形的意匠にしている。「戌」を序数詞に用いたのは「歳」の図形的意匠と同じと思われる（「歳・載・稔の起源——時間漢字（10）」の項参照）。

「戌削」という古語があり、裁制（カットする）や刻画（削る）の意味とされる。「戌」のコアイメージはこの語に現れている。「歳」において「刈り取る」というイメージになるのはその展開である。

以上をまとめると、植物の生長過程を象徴化することによって十二支が命名された。植物が成熟した段階を「酉」と名付けて、10番目とした。次に、成熟した植物（特に農作物）を刈り取って収穫する段階を想定して、これを siuet という音で名付け、11番目の序数詞とした。この語は「（表面を）削り取る、刈り取る」というコアイメージをもち、刃のある道具を図形にして、siuet という語の視覚記号とした。これが「戌」である。

戊《ぼ》と戉《えつ》は紛らわしいが、戌《じゅつ》と戍《じゅ》も非常に紛らわしい。漢方薬草の蓬《ほう》莪《が》茂《じゅつ》（ウコン科の植物、莪朮《がじゅつ》）の茂の下部は「戌」が正しいのに「戊」になっている。また、軽蔑の蔑の下部は「戍」が正しいのに常用漢字の字体は間違って「戌」にしている。「戍」（防衛する意）は「人」と「戈（ほこ）」の組み合わせで、左側の「ノ」と「丶」は「人」が変わったもの。これを覚えておけば、「戌」との違いが分かる。

## 「亥」の起源——十二支（12）

循環的序数詞である十二支の12番目が「亥《がい》」である。日本では「い」と読む。「い」とはイノシシ（猪）である。「亥」は大数の垓《がい》にも使われている。「亥」の字源については「大数」の項ですでに触れているが、改めて述べよう。

過去には次のような字源説がある。

豕（ぶた、いのしし）と同字…孫詒讓、呉其昌、商承祚、加藤常賢

いのしし、または豚の骨格の形…藤堂明保

怪獣の形…郭沫若

獣の形…白川静

草の根の形（荄の原字）…林義光、葉玉森

「亥」と「豕」を同字とする説が大勢を占めるが、戦国時代に両者の字形が似ているため混乱し始めたのが、そもそもの由来である。戦国時代の『呂氏春秋』に「亥」と「豕」を取り違えた逸話が出ており、ここから文字の間違いを意味する「亥豕《がいし》の譌《か》」という故事成語が生まれた。後漢の頃に十二支に動物を当てはめる習慣が起こった際、「亥」を猪としたのも、これに起因がありそうである。

甲骨文字では「亥」と「豕」は全く別字であって意味も異なる。「亥」は序数詞の名、「豕」は動物の名（おそらくイノシシ）である。「亥」と「豕」を同字とする説は成り立たない。

では「亥」の字源は何か。

字源の探求は「何」という実体に重きを置くべきではなく、「どんな」「どう」という形態や機能に重きを置くべきである。もちろん一対一対応する場合、Aがaという意味と直結する場合は別である。例えば「馬」が「うま」と一対一対応する場合、「馬」の字源を「ウマの形」と見るのは間違いではない。これは象形文字など一部の字に限られる。同じ象形文字でも「大」は「大きな人」と対応するのではなく、「おおきい」という抽象概念と対応する。だから「大」を「大きな人」の意味とすると間違ってしまう。結論として言えることは、漢字を見る際には、「何であるか」という実体の追求ではなく、「どのよう」という状況・状態を捉える視点が大切である。これの追求が語のコアイメージを捉えることにつながり、漢字の正しい理解にもなりうるのである。

［亥］

「亥」が豚であるか、イノシシであるか、ほかの獣であるかは、断定しがたいことである。それよりも動物の形態の方向に視点を変えるべきである。つまり序数詞の名を表すために、動物の一つの形態的特徴に着目して生まれたのが ɦəg という語であり、それを表記する「亥」である。

ではいったいどんなイメージを「亥」に与えたのか。字源は藤堂明保のいうように「豚または猪の骨格の形」であろう。ただし豚や猪に囚われる必要はない。動物の骨格に焦点があるからである。生身の体ではなく、恐らく死んだ動物の骨格だけが略画的に描かれたのが「亥」である。骨格は全体を構成する根幹である。これが全身に配置されて体を組み立てる。ここから「全体に張り詰める」「全体に張り渡る」「全体を組み立てる」などのイメージが捉えられる。また骨格は内部にある固い根幹であるから「中心・中核をなす」、また「固い」「固い芯」というイメージがある。これらが ɦəg という語のコアイメージと考えてよい（「刻の起源――時間漢字（2）」の項参照）。

「亥」の語源については藤堂明保の説がある。藤堂はまず「卜辞ではほとんど十二支の最後の位を示すコトバとして用いられる。字形としては豕（豚）と酷似しているが、ブタそのものを表した字ではない。むしろ家畜の骨格を表した字だと考えるべきである。つまり亥とは骸（骨組み）や核（しん）などの原字で、動物や植物の芯にあって全体に張りわたった固い骨組みを示している」と述べた後、亥のグループ（骸・核・駭・該・劾・孩・欬・痎）を、革、克、亟のグループ（殛・極）、棘、戒のグループ（械・誡）、改、亙（恒）などと同じ単語家族に入れ、**KÊK・KÊNG**という音形と、「ぴんと張る」という基本義があるとしている（『漢字語源辞典』）。

また藤堂は「亥」を序数詞に用いる理由について、「十二進法の大系（骨組み）が全部張りわたった所に位置する数だから、十二番目を亥という」と説明している（『学研漢和大字典』）。

藤堂説で「亥」の字源と語源、および十二支用語の説明は十分であるが、筆者の考えを少し付け足したい。

「亥」は殷代に発明された十二進法の循環的序数詞の専用字である。序数の最後をɦəgと名付け、「亥」という視覚記号によって表記した。この命名は動物の骨格のイメージから発想された。骨格は全身に張りわたる根幹であるから、「全体に行き渡る」というイメージがある。中心から周辺に行き渡ると、周辺で行き詰まり、それ以上は進めず終わりになる。このように「全体に行き渡る」というイメージは「行き詰まる、行き止まる、終わる」というイメージに展開する。最後の序数詞を「亥」と名付ける理由は、まさにこのイメージである。漢代に書かれた『淮南子』の天文訓に「亥は閡《がい》（閉じる）なり」の語源説がある。これは植物が陰気によって閉蔵するという考えらしいが、序数の循環が終わるという解釈も成り立つ。十干では「癸」が最後の数で、これは「一巡する」というイメージに基づく命名。十二支の最後の数を「亥」としたのは「閉じる、終わりになる」というイメージに基づく。名付け方に共通の発想がある。

最後に、「亥」のグループにおける意味展開を見てみよう。これらの語の根底に「全体に張り詰める」「行き詰まる」「つかえて止まる」「ごつごつと固い」などのコアイメージがある。

亥《ガイ》…序数詞の最後の順位（12番目）。
骸《ガイ》…全身に張りわたる動物の骨組み。
該《ガイ》…全部に行き渡って備わる。「該当」
劾《ガイ》…法の力で締め付け、罪を問い詰める。「弾劾」
刻《コク》…ごつごつと固い刻み目をつける。ナイフで刻む。

核《カク》…果実の固いさね。固い芯。「中核」

荄《ガイ》…芯の固い木の根。

閡《ガイ》…行き詰まって止まる。閉じる。

垓《ガイ》…行き詰まった土地。大地の果て。また大数の名。

咳《ガイ》…息が胸につかえてせきをする。

孩《ガイ》…幼児が何かを伝えようとして喉を詰まらせて言葉にならず、ただ笑う。「孩提（乳飲み子）」

痎《ガイ》…痩せて体がごつごつと張り詰める病気。

駭《ガイ》…びっくりして体が緊張する。おどろく。「驚駭」


「亥」は序数詞を飛び越えて、大きなグループの言葉を形成する根幹の記号なのである。「亥」の実体だけを追求する字源説は、語の本質を見失うと言っても過言ではない。

［第二章］

# 数漢字の起源

漢字には数関連の漢字という一大分野がある。筆者はこれを「数漢字」と呼んでいる。数を表す漢字は漢数字と呼ばれているが、漢数字も数漢字の一種である。

ほかに順序を表す漢字がある。古典漢語の数観念は自然数と順序数を区別しない。英語ではone、two、threeとfirst、second、thirdは言葉が違うが、漢語では一は数の1（one）と1番目（first）を同時に表すことができる。漢数字があるだけ順序も表せる。

一方、限定的に順序を表す特別の漢字がある。それは十干である。1番目は甲、2番目は乙で、10番目の癸までである。また十二支もある。1番目の子から12番目の亥までである。十干と十二支を組み合わせると60の順序語が生まれる。1番目の甲子から60番目の癸亥までの60語である。これ以後は元に戻り再び甲子から数えていく。十干と十二支は限定的ではあるが、数の一種（序数詞）と言える。筆者はこれらを序数漢字（あるいは循環的序数詞）と呼んでいる。

これ以外にも順序を数える漢字がある。例えば伯・仲・叔・季は兄弟の序列を数える（伯から順に1番目から4番目まで）。秀・優・良・可は成績の順位を数える。筆者はこのような漢字を順位漢字と呼んでいる。

数の機能は個物の数（個数）だけではなく量も数えることができる。しかし量は数える基準がないと数えられない。水は一つ二つと数えることはできない。水を容器に入れて、その容器を数える。ここから単位漢字と助数漢字が生まれる。「升」という容器を使い、容量を一定にすれば、1升、2升と数える度量衡（長さ、かさ、重さなどを計る単位）が生まれる。これをひっくるめて筆者は単位漢字と呼んでいる。また「杯」という容器を使えば、水や酒などを1杯、2杯と数えることができる。これは一般に助数詞というが、漢字を主眼とする立場からは、筆者は助数漢字と呼んでいる。

単位漢字も助数漢字も数えるための補助的なものといえる。1升の酒と1杯の酒は内容は違うが、升も杯も補助的機能をもつことは同じである。しかし助数漢字には二通りある。水のように数えられない物は「杯」などの補助漢字を使うが、馬のように数えられる物は補助漢字がなくても直接数字をかぶせて、一馬、二馬のように数えればよい。これが古典では普通である。しかし古典漢語では一馬、二馬という数え方のほかに、馬を1匹、2匹という数え方も生まれている（歴史的には1馬・2馬が先、1匹・2匹は後であろう）。「匹」は補助漢字である。なぜ数えられる物にも補助漢字を使うようになったのか。数えられる物も量的に捉えて補助漢字を用いたのであろうか。あるいは視点の置き所によって、使い分けたのであろうか。馬という実体（個物）に視点を置き個数は付けたしの場合は1馬、2馬といい、馬の個数だけを特に取り出す場合は馬が1匹（または1匹の馬）、馬が2匹（または2匹の馬）といったのであろうか。理由ははっきりしない。助数漢字は漢語だけの特質ではなく、朝鮮語にも日本語にも助数詞がある。他言語との比較から助数漢字の起源を論じる必要がある。

さて、数えられないものに補助記号をつけて数えるのは単位漢字や助数漢字だけではなく、時間漢字もある。時間は連続的で、本来数えることはできない。古人は天体の観測を通じて時間を発見し、年や月などの単位を発明した。1年、2年と数える年、また月・日などは時間を数える補助漢字である。また時・暦・閏・春・夏・秋・冬などは時間と密接な関係のある漢字である。また頃・暇などの名詞、永・久・暫・再・頻などの形容詞や副詞などには時間の観念が含まれている。これらを引っくるめて時間漢字と呼ぶ。

数漢字は数に関連する漢字で、漢数字のほかに、序数漢字、助数漢字、単位漢字、順位漢字、時間漢字がある。漢数字だけが数の漢字ではない。

本書における「数漢字」の見取り図について。

これまで漢数字は正しくは「数漢字」というべきだと強調してきたが、「数漢字」の概念を拡張したい。数詞を表す漢字のほかに、序数詞を表す漢字、さらに数量を数えるために必要な漢字等々もある。これらも数関連の漢字という意味で、「数漢字」と呼んでさしつかえないだろう。

「数漢字」を分類すると次のようになる。

（1）数詞を表す漢字
（基数）一・二・三～九
（位数）十・百・千・万…
（大字）壱・弐・参…拾・佰・仟
（小数）分・釐（厘）・毫（毛）…
（空位記号）零・〇
（特別の数詞）廿（二十）・卅（三十）・卌（四十）・念（二十）

（2）序数詞を表す漢字
十進法の序数（十干）甲・乙・丙～癸
十二進法の序数（十二支）子・丑・寅～亥

（3）数量を数える補助記号
度量衡の単位
長さ（度）歩・里・寸・尺・丈・仞・尋・常
体積（量）勺・合・升・斗・石・斛
質量（衡）両・斤・貫・鈞・匁〈もんめ〉
面積　頃・畝・坪・町・段（反）
助数詞　個・箇（个）・件・冊・本・枚・条・張
時間を数える漢字　時・分・秒・刻・曜・旬・世・紀・劫

（4）順位を表す補助記号

生まれた順序　伯・仲・叔・季・孟・長・次・末
はじめ（1番目）初・首・元・頭　先・前・魁・端
序数を示す記号　第
（5）数量と関連する漢字（数漢字）
ひとつ　独・寡・隻・単・奇・特
ふたつ　双・匹・両・倍・偶・対
なかば　半
おおい　多・夥
すくない　少・鮮・希
概数　強・弱・満
複数　達・等
（6）数や、数えることを表す漢字（数漢字）
数・算・計・加・減・乗・除・和・差・積・商
正・負・根・冪・比・率

1と2については既述。3以下の叙述は右の通りの順ではない。本章は6と5に当たる。

## 「数」の起源——数漢字（1）

表題の「数」の起源とは数の観念の起源ではなく、「数」という言葉と文字の起源である。しかしこれを分析すれば、古典漢語の使用者の数に対する観念の一端が見えてくるかもしれない。

「かず」を表す漢字に「数」のほかに「麗」がある。「麗」は普通は「うるわしい」の意味に使われ、「かず」の意味があるとは意外な感じであるが、最古の古典の一つである『詩経』に出ている。同書の文王篇に、「商の孫子《そんし》、其の麗《かず》、億のみならず」（殷の子孫の数は一億に止まらない）という詩句がある。古い注釈（漢の毛伝）では「麗は数なり」とある。

まず「麗」の字源と語源を見よう。

### 【麗】 音レイ　訓かず・うるわしい

全体を鹿の象形文字とする説もあるが、『説文解字』のいうように、「丽《レイ》（音・イメージ記号）＋鹿（限定符号）」を合わせた字である。「丽」は二つの物（一説では鹿の角）が並ぶ様子から、「二つ並ぶ」「対等に並ぶ」というイメージを表すことができる。『説文解字』では「麗は旅行なり」と説明している。「旅」とは二つ（二つ以上）の物が点々と並ぶというイメージがあり、人が隊列を組んで道を進んで行く（旅行する）の意味や、隊列を組んだ兵団（旅団）の意味が実現される。「麗」は「旅」と同源の語であり、「二つが並ぶ」「点々と並ぶ」というコアイメージをもつ。カップルを儷（伉儷）というのもこ

［麗］
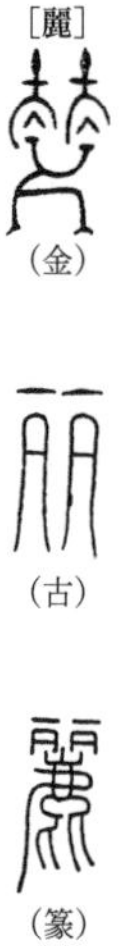
（金）（古）（篆）

のコアイメージによる。

以上から、「麗」が「かず」の意味に用いられる理由が明らかになる。「麗」は「点々と並ぶ」「数珠つなぎに並ぶ」「○・○・○…の形に並ぶ」というコアイメージをもつ語である。「かず」は数量の大きさによって一・二・三…のように点々と順序よく並ぶし、また、「かず」を数える際も順序に従って並べていく。ゆえに「かず」をler（麗）というのである。藤堂明保は「麗」の語源について、令のグループ（零・齢・笭・囹・蛉）、粦《りん》のグループ（隣・憐）、厤《れき》のグループ（歴・暦・瀝）などと同じ単語家族にくくり、「数珠つなぎ、・・・型」という基本義があるとしている（『漢字語源辞典』）。

「麗」の登場するのは周の初期（BC11世紀頃）であるが、春秋戦国時代（BC6世紀以後）になって、「數」（数の旧字体）が現れる。『老子』や『孫子』に出ている。この頃「麗」が「數」に取って代わられたようである。

## 【数】　音スウ　訓かず・かぞえる

「數」が正字（旧字体）。こんな字源説がある（以後、日本人による代表的な三学説を提示する）。

①「婁《ろう》が声符。この音の表す意味は中（口で声を上げて数える意）である。手を操作して物を数える意」（加藤常賢『漢字の起源』）

②「会意。婁は女子が髪を高く巻き上げた形。これを攴《う》って髪形を崩し乱すことを数《さく》という。それは人を責める行為として行われたので、〝せめる〟の意味となる。髪が乱れて数えることができない状態となるので、〝かず、かぞえる〟の意味となる」（白川静『常用字解』）

③「婁は女と女とを数珠つなぎにしたさまを示す会意文字。數は婁＋攴（動詞の記号）の会意文字で、一連の順序につないでかぞえること」（藤堂明保『学研漢和大字典』）

①では婁が「中（数える意）」の意味を表すというが、理解に苦しむ（婁にも中にもそんな意味はない）。②は髪が乱れて数えられないから、「かず、かぞえる」の意味が出たというが、全く理解不能。③は「数珠つなぎ」というイメージと「かず」の類似性を結びつけるもので、誰でも理解しうる。「かず」は順序をもって一連に並ぶものである。

［婁］

（金）

（籀）

（篆）
［数］

（篆）

「婁」が中心的な記号だが、「數」の造形にどんな働きをするのか。「數」の音はsiügと推定される（藤堂による）。「麗（ler）」の音とはかなり違う。ところが「婁」はlugの音である。そのためカールグレン（スウェーデンの中国語学者）は「數」をsliuの音、すなわちsl〜という複声母を想定し、「婁」のグループ（僂・摟・屢・瘻・縷・樓・鏤・髏など）と同じ単語家族に入れた（Grammata Serica Recensa）。

　カールグレン説に従うなら「數」は形声文字となる。ただし筆者は伝統的な文字学用語にとらわれず、「數」を「婁《ロウ》（音・イメージ記号）＋攴（限定符号）」と解析する。「婁」はどんなイメージを表す記号か。『説文解字』は篆文を「毋＋中＋女」と分析している。「毋《ぶ》」は「母」の二点を一線に変えて、横（または縦）に貫くことを示す記号。「中」は枠の真ん中を縦に貫くことを示す記号。二つとも「（縦や横に）貫く」というイメージを示している。これらをイメージ記号とし、「女」を限定符号とした「婁」は、縄などを通して女をつなぐ情景を暗示させる図形である。この意匠によって実現される意味は「紐を通してずるずるとつなぐ」や、「物をずるずると引きずる」であるが、根底にあるのは「数珠つなぎに連なる」「○・○・○…の形に並ぶ」というコアイメージで、これはちょうど「麗」や「旅」のコアイメージと同じである。

　「かず」を意味する語が「麗」から「數」に変わったのは、「かず」を表す語のコアイメージが連綿と受け継がれたからと考えてよい。それは「○・○・○…の形に点々と並ぶ」というコアイメージである。音と形は変わったが、「かず」に対する観念は全く変わらなかったと言える。

　古代では手の指を使う、木に符号を刻む、算木や算盤を使うなど、さまざまな数の数え方があったと思われる。その際も数を順序よく並べていく。算盤という道具は珠が「○・○・○…の形」にきちんと並んでいる。数や数を数える行為には常に「数珠つなぎに（点々と、順序よく）並ぶ」という事態がつきものである。漢字の「麗」や「数」はこのような日常的な場面から発想された語であり、図形である。

　数学では数を数直線上で表現する。原点に「0」を置き、直線上に等間隔に点を配置し、順に1、2、3…の数字を打っていく。こうして数直線上に数が並ぶ。これはちょうど「○・○・○…の形」「点々とした数珠つなぎ」のイメージである。古人も現代人と同じように数を捉えたということであろう。

　ちょっと余談。「麗」に「うるわしい」の意味があるのはどういうわけか。「麗」は「○・○・○…の形に（順序よく、きちんと）並ぶ」がコアイメージである。「きちんと並ぶ」というイメージは「きちんと整っている」というイメージに展開する。物の形が端正に整って美しい様子が「うるわしい」ということである。「令」にも「数珠つなぎに並ぶ」というイメージがあるが（零・齢など）、「すっきりとして清らか」というイメージもある（令室の令、鈴、玲瓏の玲、怜悧の怜など）。このようなイメージ展開は漢語の意味論的特徴の一つである。

## 「算」と「計」の起源――数漢字（2）

### 【算】　音サン　訓かぞえる

「かず」を表す漢字は「数」であるが、これは数を数える行為、すなわち「かぞえる」の意味も表す。「かず」の意味は「○・○・○…の形に（点々と、数珠つなぎに）並ぶ」というイメージから来ているが、「かぞえる」行為もこのような形に順序よく並べることである。それは指などを使って数を数える際に当然見出せるイメージである。しかし計算道具を使う場合はこのイメージのほかに別のイメージもある。それが「算」の起源である。

古代の計算道具（算木、かずとり）は竹や木の棒、動物の骨などを材料とし、一本の長さが20センチ以内、太さが1センチ以内、四角形や円形であったらしい。これを何本か袋に入れて携帯したという。この器具を籌《ちゅう》や策と称した。『老子』に「善く数うるものは籌策を用いず」（最高の数え方は計算用具を使わないことだ）という文句があるから、春秋戦国時代には器具による計算法が存在したことが分かる。

「算」の異体字に「筭」や「祘」がある。まず「祘」から見てみよう。

『説文解字』では「示」（祭壇）を二つ並べた形としたが、林義光は「祘《さん》は、六縦四横、籌を布《し》く形に象る」、つまり計算棒を縦に六つ、横に四つ敷いた形と解した（『文源』）。この算木説に従う学者は多い（カールグレン、藤堂明保、白川静など）。

ただ算籌《さんちゅう》（算木、かずとり）による数の表記に、「縦に六つ」の数はない。一から九までの数の表記法は図の通りである。縦式と横式があり、奇数位（一の位、百の位、万の位）は縦式、偶数位（十の位、千の位）は横式を用いる。

「示」の上を「二」、下を「Ⅲ」と見て、これを横に配列すると23の数になる。2は偶数、3は奇数である。2と3を数の代表として、本来は横にすべき形を縦にしたのが「示」ではあるまいか。この「示」を二つ並べて、算盤に計算棒を置く情景を暗示させるのが「祘」の図形であろう。なぜ二つ並べたのか。「示」の一つだけでは祭壇の「示」と区別がつかないという理由のほかに、もう一つの理由がある。それは「いくつかのものの中から選んで取りそろえる」というイメージを図形によって示すためである。

［算］

（篆）

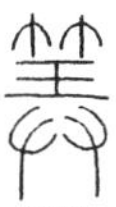

（篆）

（篆）

（図）

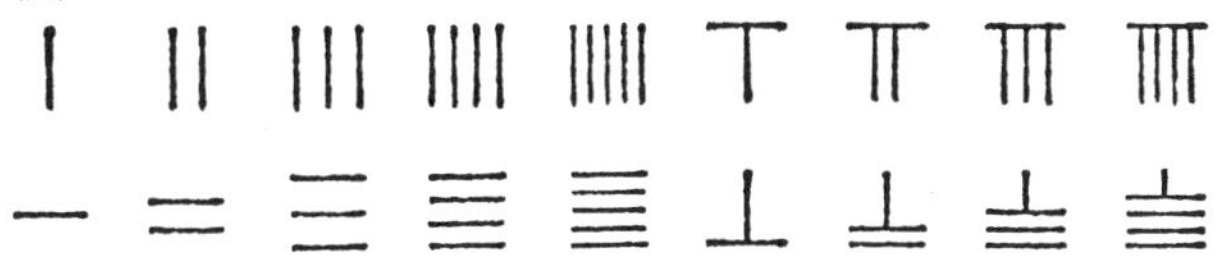

これがsuanという語のコアイメージなのである。これと似た図形的意匠は「選」に見られる。

「選」は卯→巺（巽）→選と展開する字である。「卩」はひざまずく人の形。これを二つ並べたのが1番目の図形。これに台の形（「其」の下部）を添えたのが2番目で、人をそろえて台の上に載せた図形である。この意匠によって、「いくつかのものの中から選んで取りそろえる」というコアイメージを表す記号とした。このイメージが具体的文脈で実現されるのが選（えらぶ）である。

「祘」は「算」や「筭」の原字である。「祘」は古典漢語のsuanを表記するために工夫された視覚記号である。何本かある計算棒の中からいくつかを選び取って算盤の位置に布置する行為がsuanであり、「（いくつかのものを）選んで取りそろえる」というコアイメージをもつ。「祘」は籌算（算木による計算）の特徴から生まれた語であり、図形である。

「祘」の後に生まれたのが「筭」と「算」である。

「筭」は「弄（イメージ記号）＋竹（限定符号）」を合わせた字。「弄」は「玉＋廾（両手）」を合わせて、両手で玉をいじる情景を暗示させる。これと同じようなしぐさで竹の棒をいじる場面を設定したのが「筭」である。「筭」の図形にこれ以上の情報は含まれていない。

「算」についてはこんな字源説がある。

①「具が声符。竹を操作し陳《なら》べて計算したから、数える意」（『漢字の起源』）

②「会意。竹と具とを組み合わせた形。竹で算木（計算用具）を作り、それを並べて数えることを算という」（『常用字解』）

③「竹＋具（そろえる）の会意文字で、そろえてかぞえるの意」（『学研漢和大字典』）

ほぼ同じような説だが、①と②は「具」を道具の具と見ている。筆者は「算」を「具（イメージ記号）＋竹（限定符号）」と解析する。「具」は「鼎（かなえ）＋廾（両手）」を合わせて、かなえ（家具や道具）をそなえる場面を設定した図形（詳しくは「具・灯・炷・錠・塊の起源——助数漢字（98）」の項参照）。「具」は必要なものをそなえつけるという意味である。その前提には「いくつかのものを選んで取りそろえる」というイメージがある。suanという語にはこのイメージが含まれている。したがって「算」は「祘」と全く同じ音をもち、同じ情景（数を数える情景）を暗示させるのである。ストレートに「竹の棒（計算器）で数える」という意味ではなく、ただ「数を数える」という意味である。「算」の具体的文脈で実現される意味は、①数を数える、②数、③数を数える道具（算木）である。

なお、算と選の同源意識は古代にあったが、明確に述べたのは藤堂明保である。藤堂は祘・筭・算を巽のグループ

(選・撰・饌)、全のグループ(詮)と同じ単語家族にまとめ、TSUANという音形と、「そろえる」という基本義を設けている(『漢字語源辞典』)。

「数」も数を数える意味があるが、「算」と「数」は何が違うか。「数」のコアイメージが「数珠つなぎに並べる」であるのに対し、「算」のコアイメージは「いくつかのものを選んで取りそろえる」である。「数」には順序が含まれるが、「算」は計算棒を選び取って数を作ることなので、必ずしも順序は含まれない。

以上「数を数える」の意味をもつ言葉「算」の起源について述べたが、ほかに「計」もある。

## 【計】　㊥ケイ　㊧かぞえる・はかる

まず字源説を紹介する。

①「言と十との会意字。ケイの音は絜束の義から来た。口で読み上げた数(言)を結束する意」(『漢字の起源』)

②「会意。古い資料がなくてもとの字形を決めることができない」(『常用字解』)

③「言＋十(多くを一本に集める)の会意文字で、多くの物事や数を一本に集めて考えること」(『学研漢和大字典』)

[計]

(篆)

①では十が何かの説明がない。②では甲骨文字・金文にないからと、計の解釈を放棄したが、『孫子』など諸子の書に存在する字である。

改めて字源を見てみよう。「計」は数字の「十」を含むがストレートに数の10と関係があるのではない。ではどんな働きがあるのか。

漢数字は数字である前に漢字であり、漢字である前に漢語がある。したがって数字も語としてのコアイメージをもつ。「十」は単位の名である。十進法では一から九までを基数とし、次は新たな単位「十」を設けて、一十、二十、三十…と数える(ただし「一十」の場合だけ「一」を省略できる)。「十」の機能は基数をひとまとめにすることである。したがって「一本にまとめる」「(いくつかを)集めて一つにする」というのが「十」のコアイメージである。

したがって「計」は「十(イメージ記号)＋言(限定符号)」と解析する。「言」は言葉や言語行為の領域を示すための記号である。したがって、いくつかの数を集めまとめて一つにする行為を暗示させるのが「計」である。要するに、数を足したり引いたりして合わせること(合計、総計の計)である。もちろん数を勘定すること(計算、計量の計)も含まれる。また、結果を出すためにいろいろの方策を集め合わせる(計画の計）という意味にも展開する。

## 「加減乗除」「和差積商」の起源――数漢字(3)

四則計算に使われる漢字は加・減・乗・除であり、それぞれの計算の結果には和・差・積・商という漢字が使われる。これらの漢字の由来は何か。字源と語源を尋ねてみよう。

### 【加】　音カ　訓くわえる

字源については次の説がある。

①「力と口との会意字。口、すなわち言の意符を合わせると、力を入れてことばの夥多となる意」（『漢字の起源』）

②「会意。力（鋤）に口（祝詞を入れる器）をそえている形で、すきを祓い清める儀礼をいう」（『常用字解』）

③「力＋口の会意文字。手に口を添えて勢いを助ける意を示す」（『学研漢和大字典』）

①では加の意味がよく分からない。②では鋤を祓い清める儀礼をくわえるから「くわえる」の意味が出たというが、意味論的な合理性がない。

［加］

（金）

（篆）

これらは図形的解釈であって、ストレートに古典漢語 kar の意味とするわけにはいかない。字源説は限界がある。語源を探求しないと、語の意味（深層構造）は明らかにならない。

語源については王力の説がある。王は加・枷・駕・架・蓋を同源とし、「重なる」という意味があるとする（『同源字典』）。また藤堂明保は加のグループ（駕・枷・嘉・賀）、何のグループ（荷・騎）、曷のグループ（掲・碣・蝎）、桀のグループ（傑）、倝《かん》のグループ（乾・翰）、干のグループの一部（干・汗・軒・旱）、暵・熯、建のグループ（健）などを一つの単語家族にくくり、KAR・KAT・KAN という音形と、「上にのせる、高くあがる」という基本義を設けた（『漢字語源辞典』）。

これらの語源説を踏まえると、「加」は「上に重ねる」または「上に載せる」がコアイメージで、AにBを載せて重ねるという意味が実現されると言える。だから「くわえる」という訓が与えられた。「加」は他人に圧力をかける（しのぐ、凌駕する）という意味も派生する。このような使い方が『論語』にある。漢字の創造は言葉よりも後である。言葉の意味が展開してから漢字を作るということが当然ありうる。かくて字源に立ち返ると、「加」は「力（ちから。イメージ記号）＋口（言葉に関わる限定符号）」と分析でき、他人に圧力を重ねてくわえる情景を暗示させる図形と解釈できる。

かくて数の計算において、Aという数にBという数を重ねてくわえることを「加」というのである。

**【減】** 音ゲン 訓へらす・へる

①「咸が声符。減は水の倹少する」（『漢字の起源』）

②「形声。音符は咸。咸は祝詞を入れる器（口）の上に聖器の戉を置き、祈りの効果を守ることで、緘《とざ》すという意味がある。これに水を加えるのは、祈りの行為を減殺する（へらす）行為とされたのであろう」（『常用字解』）

③「咸は戈＋口の会意文字で、人々の口を封じ込めること。緘の原字。減は水＋音符咸の会意兼形声文字で、水源を押さえ封じて、流れの量をへらすこと」（『学研漢和大字典』）

①ではなぜ倹少の意味になるかが分からない。②では祈りの効果を守ることから、祈りの効果を減殺する意味への展開がよく分からない。

改めて字源を見てみよう。「咸《カン》（音・イメージ記号）＋水（限定符号）」と解析する。「咸」は「戌（イメージ記号）＋口（口、または言葉と関わる限定符号）」と分析する。「戌」は十二支の11番目を表すために生まれた記号で、ある種の刃物（武器や農具）を図形化したもの。「威」や「滅」でもイメージ記号として使われている。「威」は女をおどす情景、「烕」では火種を切る情景を造形している。「咸」では「威」と似た使い方で、おどしをかける情景である。人をおどしてショックを与え、口を閉ざす（ショックや恐怖で物をしゃべらせない）情景と考えられる。だから「咸」は「ショックを与える」というコアイメージ、またそこから「封じこめる、閉ざす」というイメージにも展開する。このコアイメージを水の領域に限定すると、水源が閉ざされて、水量が少なくなる情景を設定したのが「減」である。ただしそんな意味を表すのではなく、意味はただ「数量が増えずに少なくなる、減る」ことである。ちなみに「ショックを与える」というコアイメージは「感」（心を動かす）や、震撼の「撼」（動く）などに実現されている。

［咸］

（甲）

（金）

（篆）
［減］

（篆）

「減」を語源的に探求したのは藤堂明保のみである。藤堂は咸のグループ（緘・鹹・感・憾・減）を、及のグループ（吸・汲・急・級）、泣、合のグループ（給・翕・袷・洽・閤）、邑のグループ（挹・悒）、今のグループ（含・吟・衾・金・錦・唫・欽・銜・禽・擒・飲・頷・陰・蔭）、禁のグループ（襟）、音のグループ（喑・諳・暗・闇）、鷹のグループ（応・膺）など非常に多くの同源の仲間（単語家族）に収め、**KÊP・KÊM**という音形と、「中に入れてふさぐ」という基本義があるとした。「減」については「水流を封じて流れ去る水の通路を禁じると、しぜん流量は減少する。そこで減には〝へる〟という意味を生じた」と述べている（『漢字語源辞典』）。

量だけでなく数がへることも「減」という。Aという数からBという数だけをへらすことが「減」である。

## 【乗】

音ジョウ　訓のせる・のる

「乗」が正字（旧字体）。字源説では、木の上に人が乗った形ということで諸家が一致している。

語源は升・陞・登・蒸・勝などと同源で、「上に上がる」というコアイメージをもつ。「上に載せる」というイメージをもつ「加」と似ているが、数の計算では用法が違う。「加」はAのほかにBを加えることで、AとBは並列のイメージである。これに対し、「乗」は垂直的に上に乗せるイメージである。上に乗せ、さらに上に乗せると、「重なる」「繰り返す」というイメージになる。Aの上にA、さらにAと何度も繰り返して重ねることは、AをA回足すことと同じである。例えば2×3は2を3回足すことである。

Aという数をB回乗せていく、つまりAをB回加える計算が「乗」である。「乗」は加法の一種である。

そのほかに2乗（自乗）、3乗のような用法がある。これはAをB回掛ける計算である。2の3乗は2×2×2である。

［乗］

（甲）

（金）

（篆）

## 【除】

音ジョ　訓のぞく

日本の代表的な字源説は次の通り。
①「余が声符。余の音の表す意味は叙（次第順序の意）。順序よく整えられた土の階段のこと。除去の意は借用」（『漢字の起源』）
②「形声。音符は余。余は把手のついている大きな針。この針を呪具として使用し、土中に刺して地下にひそむ悪霊を取り除く。神の梯（阜）の前の地に大きな針を突き刺して邪気を祓い清めること、〝はらう〟ことを除という」（『常用字解』）
③「余は亼型のスコップ＋八印（左右に開く）の会意文字で、スコップやこてで土や雪を左右に押しのけることを示す。除は阜＋音符余の会意兼形声文字で、邪魔になる土を押しのけること。押し伸ばす意を含む」（『学研漢和大字典』）
①では余が次第順序の意を表すというのが疑問。②は図形的解釈をストレートに意味とするから、除がお祓いの意味になってしまう。こんな意味はない。
改めて字源を見てみよう。「余《ヨ》（音・イメージ記号）＋阜（限

［余］

（甲）

（金）

（篆）
［除］

（篆）

定符号）」と解析する。「余」は「横に（平らに）押し伸ばす」というコアイメージをもつ語で、土を削る鍬のような道具によって図形化された（「舎の起源——単位漢字（6）」の項参照）。したがって「除」は道をふさいでいる邪魔ものを押しのけて通りをよくするというのが図形的意匠である。これによって、「邪魔なもの、古くなったものなどを押しのけて新しい事態・状態にする」という意味をもつ古典漢語diagを表記する。掃除の除はごみを取り除いて綺麗な状態にする、除夜の除は古くなった年を押しのけて新しい年を迎える、除官の除は古い官職を辞して新しい官職につかせる、等々。

Aという数からBを取りのけるのは引き算と変わらないが、「減」との違いは、「減」がただ数を減らすだけであるのに対し、「除」はAに含まれるBがなくなるまで減らすことである。例えば7÷3は、3を1回減らすと4で、まだ3が残っているので、もう1回減らすと3がなくなる（ただしこの場合は余りが出る）。このようにAからBがなくなるまで取り除く計算が「除」である。「除」は減法の一種である。

## 【和】

音ワ　訓やわらぐ・あえる

加法（足し算）で計算した結果（答え）が「和」である。

［和］

（金）

（篆）

字源説を見てみる。

①「禾が声符。禾の音の表す意味は加。一声（口の意）があってさらに他声の加わるをいう。唱和の和が本義」（『漢字の起源』）

②「会意。禾は軍門に立てる標識の木の形。口（祝詞を入れた器）をおいた軍門の前で誓約して媾和することを和という」（『常用字解』）

③「禾は粟の穂の丸くしなやかに垂れたさまを描いた象形文字。かどだたない意を含む。和は口＋音符禾の会意兼形声文字。丸くまとまった状態（平和・調和）」

②では軍門に立てる標識の木と、祝詞を入れる器を合わせて、なぜ「媾和する」の意味が出るのか、よく分からない。②の文字学は形声文字を説明する原理がないから、会意的に解釈するほかはない。

改めて字源を見てみよう。「禾《カ》（音・イメージ記号）＋口（口や言葉に関わる限定符号）」と解析する。「禾」は「丸い」「しなやかに垂れ下がる」などのコアイメージがある（図形の解釈は③が妥当）。これは「逆らわず、しなやかに従う」というイメージに展開する。Aが先に歌うとBが声を合わせて従うこと、つまり唱（先に歌う）と和（後について歌う）が対になる。ここから「和」は、AとBが調子を合わせる（調和）、調子を合わせてうまくまとまる（講和）、角立たず穏やか（温和）などの意味に展開する。

　Aという数にBという数を合わせてまとめた結果が「和」である。

## 【差】　音サ　訓たがう・さす

［差］（篆）

減法（引き算）の答えが「差」である。
字源説を見てみる。

①「左が声符。左の音の表す意味は参差（斉《そろ》わない、互い違いとなる意）。草木の若芽が下垂して互い違いとなって、斉わない意」（『漢字の起源』）

②「禾と左または右を組み合わせた形。禾（禾稷。稲ときび）を神に差《すす》めて祭るの意味。のち誤って差の字形となる」（『常用字解』）

③「左は側から左手で支える意を含み、交叉の叉（ささえる）と同系のことば。差は穂の形＋音符左の会意兼形声文字。穂を交差して支えると、上端は×型となり、そろわない。そのじぐざぐした姿を示す」（『学研漢和大字典』）

　①は図形的解釈をそのまま意味とするから、余計な意味素が混入する。②は「そろわない」の意味の由来を、禾稷の類は草丈の異なるものであるからという。意味の展開に合理性がない。

　改めて字源を見てみよう。「左《サ》（音・イメージ記号）＋𠂹（イメージ補助記号）」と解析する。「左」は工作をする右手を助ける左手の機能から、「↗|の形に支える」「∧の形を呈する」「×の形に交える」というイメージを示す記号。このイメージは「互い違い」「ちぐはぐ・ジグザグ」というイメージに展開する（「右と左の起源——順位漢字（12）」の項参照）。「𠂹」は「垂」に含まれ、草木の枝葉が垂れ下がる形。したがって「差」は草木の枝葉が互い違いに出ている情景を設定した図形。この図形的意匠によって、「ちぐはぐで不ぞろいである」という意味をもつ古典漢語ts'arを表記する。二つのものを比べて、質や大小などが違うこと、また、その違いを「差」という。

　Aという数からBという数を減ずる（引く）と、結果はもとのAと違う数になる。したがって減法（引き算）の答えを「差」という。

## 【積】　音セキ　訓つむ

乗法（掛け算）で計算した結果が「積」である。

［責］

（甲）

（金）

（篆）
［積］

（篆）

①「責の音の表す意味は聚である。禾を聚集する、積集した禾が本義」(『漢字の起源』)

②「音符は責。責は賦貢として納める物（貝）の上に印の木（朿）を立てる形で、賦貢として納める財物をいう。賦貢として納める農作物を積という」(『常用字解』)

③「朿《シ》はとげの出た枝を描いた象形文字で、刺の原字。責はそれに貝を加えて、つらさや刺激を与えること。積は禾＋音符責の会意兼形声文字で、末端がぎざぎざと刺激するようにぞんざいに作物を重ねること」(『学研漢和大辞典』)

①では責が聚の意味を表すというのが分からない。②ではなぜ貝が賦貢として納める物なのかよく分からない。また積が賦貢として納める農作物という意味なのかも疑問。

改めて字源を見てみよう。「責《キセ》(音・イメージ記号)＋禾(限定符号)」と解析する。「責」は「朿《シ》(音・イメージ記号)＋貝(限定符号)」の組み合わせ。「朿」は木の刺の形である。刺は「∧」の形をしており、「∧∧」(ぎざぎざ)をなす」というイメージにもなる。この形を縦にすると「重なる」というイメージに展開する。「責」は「重なる」というコアイメージをもつ記号である。したがって「積」は物を重ねて積み上げる意味の古典漢語tsiekを表記する視覚記号となる。

Aという数をB回乗せて加えるのが乗法（掛け算）である。B回繰り返すのは「重ねる」と同じである。B回重ねて計算した結果を「積」というのは、この語に「重ねる」というコアイメージがあるからである。

## 【商】

㊀ショウ　㊁あきなう

除法（割り算）で計算した結果が「商」である。なぜ「商」というのか。なかなか分かりにくい用語である。

①「冏に従い（意符）▽（声符）の形声字。子を生む股穴の意」(『漢字の起源』)

②「会意。刑罰権を示すための象徴的な大きな針（辛）を台座（冂）に樹て、祝詞の器（口）を前に置いて祈ることを示し、神意を問うの意味となり、神に〝はかる〟がもとの意味である」(『常用字解』)

③「冗（高い台）＋音符章の略体の形声文字で、もと、平原の中の明るい高台。殷人は高台に聚落を作り商と自称した」(『学研漢和大字典』)

いずれも甲骨文字の解釈だが、定説がない。もともと殷の人の自称であったとされる。殷の別名が商である。殷が滅んで、遺民が「あきない」を始めたので、「あきない」を「商」

［商］

（甲）（金）（篆）

と呼んだとする説（中国史学者の小島祐馬が唱えた説）があるが、語義の展開を言語外から説明するのはよくない。「商」は周代になって字体が変わった点に注意すべきである。篆文は「章の略体（音・イメージ記号）＋冏（尻、末尾、末端。イメージ補助記号）」と解析できる。「章」は「明らか」というイメージがある。したがって「商」ははっきりしない物事を隅々まで明らかにする様子を暗示させる。この図形的意匠によって、はっきりしない物事をはっきりさせようと図ることを意味する古典漢語thiangを表記する。「あきない」の意味はこれの展開である。つまり生活に必要な物があるかどうかを図って物の流通を行うことが「あきない」である。古人は「商〈あきない〉の言たるは商〈はかる〉なり。その遠近をはかり、その有無をはかり、四方の物を通ず。故にこれを商というなり」と語源を説いている（『白虎通義』）。

商売の形態には二つある。定位置の場所に商品をストックして売る場合と、商品を各地に運んで売る場合である。前者を「賈《こ》」、後者を「商」という。「商」とは行商の「あきない」である。行商で物を売る場合は、商品がなくなるまで点々と移動して売り歩く。商品を次々に減らしていく。かくて数の計算における「商」の用法が生まれる。

Aという数をBの分だけ次々に減らして計算する方法が除法（割り算）である。Bがなくなるまで減らしていって、何回でなくなるかを計算する。その回数を「商」という。7個の商品を3個ずつ売ると、2回で個数が足りなくなる。2が「商」（余り1）である。これが「7÷3」の意味。6個の商品を2個ずつ売ると、3回ですっかりなくなる。3が「商」で、余りがない（割り切れる）。これが「6÷2」の意味。

## 「正」と「負」の起源——数漢字(4)

人類の数に対する認識は自然数の段階から、自然数に0（ゼロ）と負数を加えた段階（すなわち整数）へと範囲を広げる。ここに至るには相当の時間を要した。

最初に0を数と認めたのはインド人らしい。インドからアラビアを経て西欧に伝わったという。中国では「〇」（「レイ」と読む）が算籌《さんちゅう》（算木、かずとり）による計算を表記する際に用いられたが、それは空位記号であって、数ではなかった。

ところが負（マイナス）の数を発見したのは中国人らしい。魏晋時代（3世紀）の劉徽が注釈した『九章算術』に正負術という解法がある。連立方程式を解くために負の数が導入されたようだ。ただ0という数の認識はないから、0よりも小さな数という認識ではなさそうである。数直線上に0を置き、0から右の方向がプラス、0から左の方向がマイナスとするのは、西洋数学の伝来後の話である。

もっとも正・負という用語の由来を尋ねると、数直線の発想とぴったり合うのが不思議である。そこで字源・語源を見てみよう。

【正】 音セイ 訓ただしい

日本の代表的な字源説を挙げる。

①「足・正・疋は一字。膝頭とそれ以下の足部の全象形」（『漢字の起源』）

②「城邑に向かって人が進む形で、攻める、攻めて征服するの意味となる。征服した人びとに重圧を加えて税の負担を強制することを政といい、そのような行為を正当、正義とした」（『常用字解』）

③「一＋止（あし）の会意文字で、足が目標の線をめがけてまっすぐに進むさまを示す。聖・貞・挺（まっすぐ）などと同系のことば。また是（ただしい）と縁が近い」（『学研漢和大字典』）

①では「正」の意味の説明がない。足の意味とするのだろうか。②では征服することから「正しい」の意味になったというが、言葉の意味論としては疑問である。③は「正」の意味を「まっすぐであるさま」とする。これが「正しい」の意味内容である。

［正］

（甲）（金）（篆）

語源については藤堂明保の説がある。藤堂は正のグループ（征・政・整）を是のグループ（匙・題・提）、商《てき》のグループ（適・嫡・敵・擿）、只のグループ（咫・胑）、支のグループ（枝・肢）、呈・廷のグループ（挺・梃・逞）などと同じ単語家族に入れ、TEK・TEG・TENG という音形と、「まっすぐ」の基本義があるとする（『漢字語源辞典』）。

古典漢語の tieng は「まっすぐ」というコアイメージをもち、深層構造が表層（つまり文脈）に現れると、道義や思想などがまっすぐ（正しい）の意味になる。社会のレベルで秩序などをまっすぐにすることが「まつりごと」（政治の政）、遠い所に向かってまっすぐに進んで行くことが遠征・征伐の征である。これらは「まっすぐ」というコアイメージをもつ同源語である。

翻って字源を見ると、「□または一（イメージ記号）＋止（足と関わる限定符号）」と分析でき、足が目標に向かってまっすぐ進む情景を設定した図形と解釈できる。

【負】 音フ 訓おう・そむく・まける

①「人の背上に在る形と貝の声。貝の音の表す意味は背。背上に人をおく、〃背おう〃である」（『漢字の起源』）

［負］（篆）

②「会意。人が貝を背負う形で、〝おう、背におう〟の意味となる。そむく・まけるの意味は背・敗と音が近くて通用することがあるから」（『常用字解』）

③「人＋貝（財貨）の会意文字で、人が財貨をせおうことを示す。背・北などと同系のことば」（『学研漢和大字典』）

①では貝を音符とするのが疑問。また貝が背の意を表すというのも理解し難い。②では「負ける」の意味の展開を別の語から持ってきた。②の文字学はコアイメージという概念がないから、形声文字の説明原理を欠くだけでなく、意味の展開の説明がうまくできない（「正」も同例）。

「人＋貝」というきわめて舌足らず（情報不足な）図形であるが、「（荷を）背負う」という意味があるから、「人が貝（財貨）を背負う形」と見るのは間違いではない。しかし字源では語の深層構造は見えない。

語源について藤堂明保は、北のグループ（背）、不のグループ（否）、音《ほう》のグループ（剖・倍・部）、副、朋のグループ（崩）、冫《ひょう》のグループ（氷・馮）などと負が同じ仲間（単語家族）であり、**PÊK・PÊG・PÊNG** という音形と、「二つに割れる」という基本義をもつとした（『漢字語源辞典』）。

字源では正と負のイメージがつかめないが、語源を探求することによってそれが明らかになった。「正」は「まっすぐ」がコアイメージである。一定の方向に↓の形にまっすぐに向かうというイメージがある。

では「負」はどういうイメージか。「負」は北や背と同源の語である。南が↓の方向だとすれば北はそれとは反対の↑の方向である。背も同じで、腹が正面で↓の方向とすれば、背は反対の↑の方向である。だから背には「↑↓の形に背き合う」という意味（背信の背）が生まれる。「負」も全くこれと同じで、「そむく」という意味がある（孤負の負）。↓の方向に進まずに↑の方向に退くことが「まける」（勝負の負）である。藤堂のいう「負」の基本義「二つに割れる」は「↑↓の形に分かれる」と言い換えることができる。

以上のように「正」が「↓」の方向だとすれば「負」はそれとは反対の「↑」の方向のイメージである。劉徽は普通の数（自然数）を正数とし、それとは反対向きの数を負数と呼んだ。奇しくも数直線上で0の右側（↓の方向）をプラス、左側をマイナス（↑の方向）とする現代数学と一致している。現代では正数に「＋」の記号、負数に「－」の記号を使うが、劉徽は算籌の記数において、正数を赤色、負数を黒色で区別した。あるいは正数はまっすぐ縦に、負数は斜めに書いた（一説では、まっすぐな形に斜線を入れた）ともいわれる。

## 「比」と「率」の起源——数漢字(5)

百分率を百分比ということもあるが、比と率は少し違う。これを字源・語源で見てみよう。

数列「1　2　3　4…」は隣どうしの二項を引いてみるとどれも1である。減法（引き算）の答えを「差」というので、差が等しいという意味で、このような数列を等差数列という。

一方、数列「1　2　4　8…」は二項どうしを割るとどれも2となる。除法（割り算）の答えは「商」であるが、「商」ではなく「比」を用いて等比数列という。なぜ「比」というのか。

### 【比】　㊅ヒ　㊇くらべる・ならべる

字源説では「二人が並ぶ形」で諸家が一致している。

藤堂明保は「比」は必のグループ（泌・密・秘）、匹、鼻、賓、頻などと同源として、これらの基本義を「二つくっつく」としている（『漢字語源辞典』）。筆者は「AとBが▯-▯の形に並ぶ」が比のコアイメージであり、視点を二点の間（▯-▯の所）に置くと「二つくっつく」というイメージに展開すると考える。一つのイメージは見方（視点の置き方）によって変わるものである。コアイメージの転化は語義の展開（転義）を生む契機になる。

［比］

（甲）（金）（篆）

「二つが▯-▯の形に並ぶ」というコアイメージから、「（くっつくほど近くに）並ぶ」の意味（比肩の比）のほかに、「（べたべたとくっついて）親しむ」の意味（朋党比周の比）、「AとBを並べて見る（くらべる）」の意味（比較の比）が生まれる。

Aという数とBという数を比べる場合、単純に大小を比べるなら引き算でよい。5と2を比べると3の差がある。もう一つ、AにBがいくつ含まれるかという比べ方がある。これは計算としては除法または乗法になる。5を二つずつなくなるまで取り除く回数が2である。5には2が二つ含まれる（余りが1）。また、2に何を乗ずる（重ねて乗せる）と5になるかという計算もある。これは乗法（掛け算）である。この結果は小数か分数で表される。

普通「比」というのは後者の比べ方をいう名称である。数学では5：2というぐあいに表記する。これの意味は、5に2がいくつ含まれるかである。二つ含まれ、一つ足りない（余り1）。または、2を何倍すると5になるかである。答えは2・5、または5―2（2分の5）。除法の答えは「商」、乗法の答えは「積」であるが、「比」は答えそのものではなく、二つの数の関係である。

## 【率】 音リツ・ソツ 訓ひきいる

字源は諸説があるが、「鳥を捕らえる網」とするのは『説文解字』の説。日本では次の説がある。

①「麻索の象形字。屑麻で作った索《つな》の意。〝ひきいる〟意味は借用」（『漢字の起源』）

②「象形。糸たばをしぼる形。力を入れて強くしぼるので、〝ひきいる〟の意味となる」（『常用字解』）

③「幺または玄（細い紐）＋八印（はみ出た部分を左右に払いとることを表す）＋十（まとめる）の会意文字で、はみ出ないように中心線に引き締めてまとめること」（『学研漢和大字典』）

①では図形から無理に意味を引き出した。率に「つな」の意味はない。②では「強くしぼる」から「ひきいる」への意味の展開が分からない。

改めて字源を見てみよう。「率」の篆文には「十」が含まれている。ストレートに数の10ではなく、「一つにまとめる」というイメージを示す記号である。「玄（紐や縄）＋八＋八（二つ合わせて、四方に分散するもの）＋十（イメージ記号）」を合わせたのが「率」で、分散するものをまとめて紐などで引っ張る情景を暗示させる。この図形的意匠によって、「ひきいる」を意味する古典漢語siuət（シュツ、ソツ）を表記する。この語には「ルート（基準）に従う」というコアイメージがあるので、ルート、ルール、基準という意味が生まれる。基準という意味になってから音がliuət（リツ）に変わった。これは律と似た意味になったからである。基準の意味から、基準に従って計算する意味が生まれる。

［率］（甲）（金）（篆）

さらに、ある数を基準として別の数をそれと比べるという使い方が生まれた。円周を基準とした場合、これを直径と比べてその比を計算すると、常に一定の数になる。これが円周率である。全体の基準を１００として、それと比べられる数量が１００のうちのいくつに当たるかを計算する。これが百分率である。

## 「奇」と「偶」の起源——数漢字(6)

奇数と偶数の観念は非常に早くからあった。易（易経）では一、三、五を陽、二、四、六を陰に分ける。八卦の記号に用いる⚊と⚋は、前者（長い横線が一つ）を陽、後者（短い横線が二つ）を陰とし、これらを「爻《こう》」という。陰爻と陽爻を三つ組み合わせて八卦を作る。例えば陽爻を三つ重ねると☰（乾）、陰爻を三つ重ねると☷（坤）となる。

奇数と偶数に対する文字記号、つまり「奇」と「偶」の由来は何か。これを字源・語源から見てみよう。

## 【奇】　音キ　訓めずらしい・あやしい

こんな字源説がある。

①「可が声符。可の音の表す意味は踦である。人が一本足で立つが本義」（『漢字の起源』）

②「会意。夺《き》（把手のついている大きな曲刀）と口（祝詞を入れる器の形）とを組み合わせた形。奇はこの曲刀で神を責めて、祈りごとが実現することを求めるの意味。大きな曲刀を使って神に祈るような祈り方は普通のことではないので、〝ことなる、めずらしい〟の意味となる」（『常用字解』）

③「可の原字は⅂印で、くっきりと屈曲したさま。奇は大（大の字形に立った人）＋音符可の会意兼形声文字で、人の体が屈曲してかどばり、平均を欠いて目立つさま。また、かたよる意を含み、倚（かたよる、もたれる）・寄（よりかかる）・畸（はんぱ）などと同系のことば」（『学研漢和大字典』）

［奇］

（篆）

①では可が踦（片方の足が不自由なこと）の意味を表すというのが分からない。同語反復である。しかも図形的解釈と意味を混同している。②の文字学はコアイメージの考えがないので、形声文字の説明原理を欠く。だから会意的に解釈するしかない。その結果、図形からあり得ない意味を引き出した。

字源より前に語源を探るほうがよい。

王力（中国の言語学者）は奇と畸は同源という。古典に「奇は不偶なり」「奇は隻なり」、また「畸は不偶の名、偏を謂うなり」「畸は斉《そろ》わざるを謂うなり」などの訓があり、もともと「ひとつ」、つまり奇数の意味という（『同源字典』）。

しかしこの語源説は深層構造に迫っていない。「奇」の深層構造に迫ったのは藤堂明保である。藤堂は「可」のグループ全体（河・阿・柯・何・訶・苛・歌・奇・踦・寄・椅・畸）が匃《かい》のグループ（遏・曷・喝・渇・竭・歇）と同源で、KAR・KATという音形をもち、「かぎ型に曲がる（⅂型・L型）」という基本義があるといい、「奇とは直線状ではなく、かぎ型に曲がっている意味を含む。曲がっておれば、偏して一方に近づく」と述べる（『漢字語源辞典』）。これは語の深層をうがつ見方である。

改めて字源に立ち返る。

「可《カ》（音・イメージ記号）＋大（イメージ補助記号、また限定符号）」と分析する。「可」の「口」を除いた部分は「⅂の形」のイメージを示す象徴的符号であり（「秀・優・良・可の起源──順位漢字（10）」の項参照）、「可」の根底にもこのイメージが貫く。「┐の形」のイメージは「└の形」や、さらに「∠の形」のイメージにも展開しうる。これが藤堂のいう「かぎ型」である。「大」は人が大の字形に立つ形で、正常な姿である。正常に立つ人が「∠の形」に姿勢を曲げる情景を暗示させるのが「奇」である。この図形的意匠によって、「バランスを欠いて一方に偏る」というイメージを表す記号とした。この深層構造が表層に現れたのが「普通とは変わっている」という意味（奇妙の奇）である。

これで奇数の奇の用法が明らかになる。二つ並んだ「▯▯」の形はバランスが取れた姿であるが、一つ欠けるとバランスが取れず、一方に偏する姿になる。二つのうち一つ足りずに偏ってしまう数を「奇」というのである。

## 【偶】

音グウ　訓ともがら・たまたま

では偶はバランスが取れる意味から来ているのか。字源・語源を見てみよう。

①「禺が声符。禺の音の表す意味は倶・逢、あるいは合・対。偶は人が二人相合う意。それから二の意となった。木偶の意は借用」（『漢字の起源』）

②「形声。音符は禺。禺はうずくまるような姿の獣の形。そのような形をした〝ひとかた（人形）〟を偶という」（『常用字解』）

③「禺は上部が大きい頭、下部が尾で、大頭の人まねざるを描いた象形文字。偶は人＋音符禺の会意兼形声文字で、人に似た姿であることから、人形の意となる」（『学研漢和大字典』）

［禺］

（金）

（篆）

［偶］

（篆）

これらの字源説では偶数の偶をどう捉えたか。①は二人が会うことから二の意味を導いている。②では「ひとかたは副葬品として使用され、二つずつ並べられることも多かったので、偶数の意味ともなる」と説明している。副葬品の配列から偶数の意味を導くのは必然性に欠ける。③では「禺」を人まねざるの形とし、「（人まねざるは）本物と並んで対をなすことから、偶数の偶の意となる」と説明している。本物と偽物が並んで対をなすことから偶数の意味を導いた。これはおそらく正しい。

偶数の意味が発生した理由を語の深層構造から説明してみよう。

次のグループから演繹的に考える。

偶…カップル（配偶）。対をなす（対偶）。

寓…一時的に別の場所で宿る（寄寓）。仮住まい・別荘（寓居）。

遇…出会う（遭遇）。
隅…すみ。
耦《ウグ》…二人が並んで耕作する。
藕《ウグ》…根茎が次々に並ぶ蓮根。

ここから「禺《ぐう》」は「二つ並ぶ」「似たものが並ぶ」というコアイメージが想定される。本宅から離れて別の宿に泊まるのが寓で、これも「二つ（本物と似た物）が並ぶ」というイメージがある。二人が出会う際は並んだ姿になるから遇という。家などの角は壁と床が並んで出会った場所であるから隅という。

このように「禺」は「AとBという似た類の二つの物が並ぶ」というコアイメージを示す記号と考えて間違いはない。

翻って字源を見る。古典に「禺は猴の属」としている。「禺」はサルを描いた象形文字である。どんな種類のサルかは明らかでないが、古人はサルはほぼ人間に近い動物という認識があり、人間のような知能をもつサルを猩と呼んだ。「禺」はそれとは違うが、人に似ているが人ではないというイメージを付与することは可能である。藤堂の解釈したように「人まねざる」でもよい。そのように解釈すれば、「本物と似た物が二つ並ぶ」というイメージを表すことができる。

かくて「偶」は「禺《ウグ》（音・イメージ記号）＋人（限定符号）」と解析する。人と並んだ似たもの、つまり人形（土偶）を表している。『戦国策』に「土偶人と桃梗と相与《あいとも》に語る有り」（土の人形と桃の人形が話をしていた）という用例がある。

意味はコアイメージによって展開する。「偶」は土偶の偶にとどまらない意味を派生する。「Aというものと、それとは似た別の物」「似たものどうしが並ぶ」というのが「偶」のコアイメージである。そこから、カップル（配偶の偶）、対になる（対偶の偶）という意味に展開することは見やすい。

偶数の偶もこれで説明できる。似た類のものが並ぶ姿は「▯▯」の形である。当然バランスが取れた形である。数においては「二」がこれに当たる。「一」は相手がいない統合・統一のイメージであるが、「二」は並列のイメージで命名された。二および二の倍数はすべてそれ自身のうちにペア、カップルをもつ数であり、半端なものが残らない。だからバランスが取れた数であり、これを「偶」と名付けたのである。

## 「倍」の起源——数漢字(7)

「倍」はある数にそれと同じ数だけ増やすことである。1回だけでなく2回、3回…と増やすことも倍という。二倍はAにAを1回増やすこと、三倍は2回増やすことになる。

倍数の観念は最古の古典の一つである『詩経』に見られる。同書の瞻卬《せんぎょう》篇に次のような文章がある。

（原文）如賈三倍　君子是識

（訓読）賈《こ》の三倍なるが如き、君子是《こ》れ識《し》る

（現代語訳）商売のうまみが三倍になることは、君子［知識人・教養人］は誰でも知っている。

これは周の初期（BC11～BC7世紀頃）に書かれた詩の一節である。賈は商（行商）とは違い、商品を店にストックして売買する取引の形態である。おそらく貨幣経済があったと思われる。だから利益が云々されている。

やや時代が降って、『孟子』では、物の不ぞろい・アンバランスの状況には「倍蓰《ばいし》」「什佰」「千万」の違いがあると述べた件がある。「倍」は二倍、「蓰」は五倍である。「什」「佰」は「十」「百」の大字であるが、この場合は十倍、百倍の意味である。「千」「万」も千倍、万倍の意味で使われている。

ここから、倍数が千倍、万倍まで考えられていただけでなく、五倍には特別の数詞まであったことが分かる。

「倍」とはどんな発想から生まれた語か、また、文字か。字源・語源から探ってみよう。

## 【倍】　㊟バイ　㊠そむく・ますます

次のような字源・語源説がある。

①「咅が声符。咅の音の表す意味は背反である。人に背反すること。倍益の意は配の仮借」（『漢字の起源』）

［咅］

（篆）

［倍］

（篆）

②「音符は咅《はい》。咅は草木の実が熟して剖《わ》れようとしている形。倍は剖れて数多くなることで、〝ます、ばいまし〟の意味となる」（『常用字解』）

③「不はふっくらとふくれたつぼみを描いた象形文字。しかし普通は振り切って拒否するという否定のことばに当て、否とも書く。咅は否の変形で、切り離し、振り切るの意を含む。解剖の剖の原字。倍は人＋音符咅の会意兼形声文字で、二つに分け離すこと。両断すれば、その数は倍となるので、倍の意を表す」（『学研漢和大字典』）

①では倍数の倍は仮借とされる。②では割れると数が多くなることから、③は二つに切り離すことから、倍数の倍を説明している。③の説明が理にかなう。

まず語源を調べ、次に字源を考えるのが筋である。王力（中国の言語学者）は倍・培・陪を同源と見て、「益す」「加える」の意味があるとする（『同源字典』）。しかし深層構造に迫っていない。藤堂明保は「咅《ほう》」のグループ（倍・剖・部）は北のグループ（背）、負、不のグループ（否）、副、朋などと同じ単語家族に属し、これらは PÊK・PÊG・PÊNG という音

形をもち、「二つに割れる」という基本義があるとする。「倍」については「剖とは一体の物を切り離して二つに分ける意であり、反対に倍とは、一緒に在る物を二つにしてみせることで、しぜん個数は倍になる。1÷2と1×2とでは、逆のようだが、〝二つにする〟という基本義においては、同系である」と述べる（『漢字語源辞典』）。

これで「倍」の説明は十分であるが、翻って字源に立ち返る。

「倍」は「音《ウホ》（音・イメージ記号）＋人（限定符号）」と解析する。「音」は『説文解字』以来「丶＋否」と分析されている。「否」は「不《フ》（音・イメージ記号）＋口（限定符号）」の組み合わせである。したがって「不」が「音」のグループの根底をなす記号である。

「不」は花の萼を描いた象形文字で、「丸くふくれる」というイメージを示す記号である（「杯の起源——助数漢字（8）」の項参照）。

「丸い」のイメージを図で表すと○である。これは一体化、未分化のイメージでもある。否定という行為は事態を分裂・分化させることであるので、「否」という語には「分裂・分化」のイメージが含まれる。「不」と「否」のイメージ展開を図示すると

○（未分化の全体性、一体性）→⦶（分裂、分化、両分）

となる。一つのまとまりのある事態を分裂させることが否定の否である。

さて「音」の「丶」は唾を表す符号で、唾を吐いて否定（拒絶）することが「音」とされている。しかしこんな意味は実現されず、「二つに分ける」というイメージを表し、倍・剖・陪などの同源語を造形する記号として使われる。

イメージ展開を考えると、「二つに分ける」というイメージは▯▯の形でも示される。これは二つが並ぶ姿である。したがって「二つに分ける」というイメージは「二つが並ぶ」というイメージに展開しうる。

「倍」は人が二人並ぶ情景を図形化したものであるが、そんな意味を表すのではなく、「一つのものが分かれて並び、二つに増える」という意味をもつ古典漢語 bueg を表記するのである。

「倍」の深層構造を意味論的に分析すると

○（未分化）→⦶（分化）→◖◗（並列）

という論理構造が見えてくる。「倍」とはこのような認識から生まれた観念であると言える。

## 「約」の起源——数漢字（8）

倍数は加法と乗法が絡んでいる。例えば6は2、3の倍数

である。2を3回足した数が6であり、また、2に3を掛けた数が6である。反対に約数は減法と除法が絡んでいる。6の約数が2と3である。6から2を3回引いた数が3であり、6を2で割った数が3である。約数と倍数は表裏になっている。

ではなぜ「約」というのか。その字源と語源を探ってみよう。

「約」という用語は古代に遡る。3世紀までに成立した『九章算術』に出てくる。同書の方田篇に次の文章がある。

（原文）有九十一分之四十九。問約之幾何。答曰十三分之七。

（訓読）九十一分の四十九有り。問う、之を約せば幾何《いくばく》ぞや。答えて曰く、十三分の七。

この計算法を「約分」とし、次のような説明がある。

（原文）術曰、可半者半之、不可半者、副置分母子之数、以少減多、更相減損、求其等也。以等数約之。

（訓読）術に曰く、半にすべき者は之を半にし、半にすべからざる者は、分母子の数を副置し、少を以て多を減じ、更に相減損し、其の等しきを求む。等数を以て之を約す。

これによると、49は91の半分ではないので、分母（91）から分子（49）を減ずる（引き算する）。その結果は42。更に49から42を引く。その結果は7。7が双方に含まれる等数である。そこで91を7で割ると13、49を7で割ると7。かくて十三分の七という答えが得られる。

「約」と「約分」は分数の計算法から来ていることが分かる。注釈に「約なる者は、其の煩ならざるを欲し、之を分かちて数と為す。煩なれば則ち用い難し」とあるから、簡単化することが「約」の意味である。

## 約

音ヤク　訓つづめる

「約」の字源は次の説がある。

①「勺が声符。勺の音の表す意味は縛。糸でしっかりと縛するが本義」（『漢字の起源』）

②「形声。音符は勺。勺は柄が少し曲がった形の匕杓の形であるので、糸を曲げて結ぶことを約といい、〝むすぶ、しばる、むすびめ、ちかい〟の意味となる」（『常用字解』）

③「勺は一部を高くくみ上げるさまで、杓・酌の原字。約は糸＋勺（目立つよう取り上げる）の会意文字で、紐を引き締めて結び、目立つようにした目印。要（引き締める）・腰（細く引き締めたこし）などと同系のことば」（『学研漢和大字典』）

①では勺が縛の意を表すというのが理解不能。約を糸で縛する意とするため、勺を縛の意としたのであろうが、堂々巡りの字源説である。②の文字学はコアイメージの概念を持た

［約］

（篆）

ないから、形声文字を説明する原理を欠く。だから会意（AとBの意味を合わせる手法）的に解釈するほかはない。柄の曲がった柄杓と、糸を曲げて結ぶ行為のつながりに必然性がない。③も会意文字説だが、語源的に「引き締める」という基本義を優先させ、「一点に向けて引き締める」をトップの意味としている。

字源より前に語源を見る必要がある。古典で「約は要なり」と語源を説くのが参考になる。藤堂明保も要と約を同源とし、「細く引き締める」という基本義があるとしている。

翻って字源を見てみよう。「勺」のコアイメージと「約」のコアイメージが一致しないから、字源をどう解釈すべきか。「勺」はひしゃくで液体を汲み上げる情景を設定した図形で、「高く上げる」というイメージを示す記号である（「勺・合・升・斗・石の起源――単位漢字（7）」の項参照）。このイメージは「（それだけ特に）目立つ」というイメージに展開するから、「目立つように目印をつける」という意味（下記の③）が生まれる。この転義を念頭において、「勺《シャク》（音・イメージ記号）＋糸（限定符号）」を合わせて「約」が造形されたと考えられる。語の最初の意味（歴史的、あるいは論理的に最初の意味）が図形に反映されないこともある。言い換えれば、語の意味が展開した段階で図形化が行われることがある。前ページの③の図形的解釈は正しいが、それが最初の意味とは限らないのである。

古典漢語のiɔk（約）は「細く締め付ける」「引き締める」がコアイメージで、この深層構造が表層に現れる（つまり具体的文脈で使われる）と、

①束ねて縛る（約束の約）。
②縛り付けて自由にさせない（制約の約）。
③紐で縛って取り決めの印とする（約束・契約の約）。
④まとまりにくいものを引き締めてまとめる（要約の約）。
⑤無駄を省いて引き締める（倹約の約）。
⑥つづめて言うと、あらまし（大約の約）。

という風に意味が展開する。④〜⑥の意味から「（煩雑なものを）簡単にする」という意味が出てくる。これが「約数」「約分」の約である。九十一分の四十九という数（分数）は簡単化すると十三分の七となる。「倍」は「益す、増える」というイメージであるが、「約」は「締まる、縮まる」というイメージである。

## 素数と因数の語源――数漢字（9）

素数とはそれ自身と1以外の約数をもたない数のことである。2は1と2以外の約数をもたないから素数。3は1と3以外の約数をもたないから素数。4は約数2をもつから非素

数、等々。2は偶数で唯一の素数で偶素数といい、他はすべて奇数で、奇素数という。

全素数＝偶素数（2）＋奇素数（3、5、7、11、13…）

1は素数なのか、素数でないのか。それは大きな問題である。英語では素数をprime numberという。primeはラテン語primus（=first）に由来し、「最初の、基本的な」の意味という。

1は最初の数であり、数の基本とも言えるから、1は素数としても不思議はないが、数学では1を素数としない。1を素数とすると、「素因数分解の一意性」という素数の定理に都合が悪いからである。この定理は素数以外のすべての自然数を素数の積で（順序を考えなければただ一通り）表すことができるというものだ。言い換えれば、あらゆる数が素数かまたは素数の組み合わせ（合成数）で成り立っているということだ。

4＝2×2　6＝2×3　10＝2×5　12＝$2^2$×3　21＝3×7

このように素数以外の数もすべて素数から成り立っている。要するに素数は数の基本なのである。もし1を素数とするとこの原理は崩れてしまう。

これは自然の法則なのか人為的な創造なのか。

素数は古代のギリシアで確立された数の概念である。素数が無限に存在することもギリシア人が証明した。彼らは1を素数としなかった。

ところが漢数字の世界には素数の概念がない。古代の中国人は「一」こそすべての数の基礎と考えたらしい。古代哲学では「一」は単なる数ではなく、万物の始原であり根源であるとされている。

したがって「素数」という言葉はもともとの漢語ではなく、西洋数学の用語の翻訳と思われる。いつ、どこで、誰が「素数」という漢字語を作ったのかはっきりしないが、ここではなぜ「素」という漢字が選ばれたのかを考える。

「素」は要素、元素の素であろう。物の元になるものの意味である。なぜそんな意味があるのか、字源・語源から見てみよう。

## 【素】　音ソ　訓もと

①「𠂹《すい》が声符。𠂹の音の表す意味は斯（白い意）。白帛を素と言った」（『漢字の起源』）

②「象形。糸を染めるときの形。糸を染めるとき、糸束の本を結んだまま鍋に漬けるから、結んだ所は素《もと》のまま白い糸で残る。その白い糸で残った部分を素という」（『常用字解』）

③「垂の略体（たれる）＋糸の会意文字で、一筋ずつ離れて垂れた原糸。より糸にする前のもとの繊維。蚕から引き出

［素］

（金）

（篆）

した絹の原糸」（『学研漢和大字典』）

①では𠂢が斯（白い）の意味を表すというのが理解不能。②は象形文字説だが、解釈に無理がある。染色の糸が染まらないで白く残る部分というのが存在するのか疑わしい。

語源については藤堂明保の説がある。藤堂によれば、sag（素）という語は疋《しょ》のグループ（胥・礎）、疏のグループ（梳）、粗、索、相のグループ（箱・想・霜）、喪、爽、双などと同源で、これらは**SAG・SAK・SANG**という音形をもち、「二つに分かれる」という基本義があるという（『漢字語源辞典』）。

語源が分かった時点で改めて字源を見てみよう。

「垂の上部（イメージ記号）＋糸（限定符号）」と解析する。これで「素」は糸の垂れ下がる形という単純な意匠である。これで何を表象しようとするのか。たぶん蚕の繭からとって間もない糸、つまり蚕の原糸であろう。字源だけではこれ以上のことは言えない。これに語源を重ねると、縒《よ》り糸にする前の、一本一本ばらばらに離れている（隙間の開いた）糸をsagといい、舌足らず（情報不足）な図形の「素」で表記したものと言える。

一本一本ばらばらになった糸が縒り糸の原料になる。ここから、

①染色されていない絹糸。また、白絹。
②無地で白い（素手の素）。
③生地のままで飾り気がない（質素の素）。
④手を加える前の元になるもの（要素の素）。

のように意味が展開する。素数の「素」は④から派生する。一つのもの（結合体、統一体）になる前の一つ一つばらばらになっている状態が「素」のイメージである。一つ一つ離れたものを元にして、それを組み合わせて別の統一体を作り上げるものが「素」である。したがって「素」は合成数を作り上げる元になる数にふさわしい名付けと言えよう。

## 【因】

音イン　訓よる・かさねる

右に述べたようにすべての数は素数がもとになっている。素数以外の数は因数に分解できる。因数の「因」とはどういう意味か。分かるようで分かりにくい語である。まず字源説を見てみよう。

①「大（人の意）と囗（宮牆の意）との会意字。他家に寄依する意」（『漢字の起源』）

②「会意。囗（むしろの形）と大（手足を広げて立つ人）とを組み

［因］

（甲）

（金）

（篆）

合わせた形。人がむしろの上に大の字になって寝ている形であり、〝むしろ、寝ござ〟をいう。因は常に寝ござとして使い続けるものであるから、〝よる、たよる〟の意味となる」(『常用字解』)

③「囗(ふとん)+∧(乗せた物)または大(ひと)の会意文字で、ふとんを下に敷いて、その上に大の字に乗ることを示す。下地を踏まえて、その上に乗ること」(『学研漢和大字典』)

「因」は古典ではどのように使われているかを調べてみる。『詩経』では「誰に因《よ》り、誰に極《いた》らん」(誰を頼り、誰のもとに行こうか)、『論語』では「周は殷の礼に因《よ》る」(周は殷の礼[礼法や制度]を踏襲している)という用例がある。前者はaがbに寄りかかって頼るといった意味、後者はaがbを根拠にして従うといった意味である。

これらは動詞的な用法で、「aとbがあって、aがbを踏まえている、根拠にしている」と解釈できる。aがbを踏まえ、bがcを踏まえるというぐあいに、次々に前者を踏襲していくことを因襲、因循という。また、bはaの根拠になるから、「あることのもとになる」という意味に展開する。これが起因の因である。そこから、原因、因果などの因、ある事態が何をもとにしてやってきたかの根拠という名詞的な意味、また「もとになるもの」という意味が生まれる。これが要因、因子の因である。

これらの意味展開の根源(深層構造)にあるのは「ある物(a)が別の物(b)に乗っかる」というコアイメージである。このコアイメージが具体的な文脈で実現されるのが右の動詞や名詞の用法だが、端的に「乗る」という意味も生まれる。これが数学用語になる。

『五経算術』(周・甄鸞撰、唐・李淳風注)に次の文章がある。

「一算を置きて三を以て之に因《いん》すれば三を得たり。又、三(を以て)之に因すれば九を得たり、又、三(を以て)之に因すれば二十七を得たり…」

これは3の累乗(冪)について述べている。この場合の「因」は「乗」(掛けるの意)と同じ意味で使われていることが分かる。

中国数学の「因」は乗ずる(掛ける)こと、つまり掛け算の意味であるが、現在の因数の使い方は、Xという数がaとbで割り切れる場合、aとbを因数といっている。$X = a \times b$だからaとbを因数という用語は理にかなう。aとbは約数でもあるが、因数は約数とは違う。例えば12は2、3、4、6が約数であるが、$4 = 2 \times 2$、$6 = 2 \times 3$であるから、12は2と3が基礎になっている。2、3は素数である。したがってこの場合の「因」とは「もとになるもの」、因子(ファクター）という意味である。以上の通り、因数の「因」は「乗ずる（掛ける）」と「もとになるもの（因子）」という二つの意味を同時に含むと言ってよい。数を素数の因数に分解することが素因数分解である。すべての数は素数の積（掛けたもの）で表される。これは数論の基本定理である。

さて字源説に立ち返ると、③が正当な説と言える。「aがbの上に乗る」、言い換えれば「aがbを踏まえて、それを根拠にする」というコアイメージをもつ古典漢語ienを表記するために考案されたのが「因」という図形である。むしろ（ふとんでもよい）の上に人が寝ている情景を意匠として、「aがbの上に乗る」というコアイメージを暗示させる視覚記号が「因」である。

## 整数と分数の語源――数漢字(10)

### 【整】

㊥セイ　㊙ととのえる

整数とは自然数に負数と0を合わせた数の総称である。漢数字の世界では負数は古代から存在したが、数としてのゼロの概念はなかったから、現代数学でいう整数という考え

［整］

（篆）

方はないようだ。したがって整数は本来の漢語ではなく翻訳語と思われる。

英語では整数をintegerという。これはラテン語integer（=whole）に由来するらしい。wholeは「全部の」「完全な」の意味である。したがって完全な数が整数の意味であろう。

なぜ漢字語で「整数」と訳されたのか。「整」の語源と字源を見てみよう。

古典に「整は正なり」とあり、王力（中国の言語学者）も正・政・整を同源とし、「ただしい」の意味があるとする。藤堂明保は深層構造を掘り下げて、「正」のグループは是のグループ、適のグループ、廷のグループなどと同源で、「まっすぐ」という基本義があるとする（『漢字語源辞典』）。

字源は「正《セイ》（音・イメージ記号）＋敕（イメージ補助記号）」と解析する。コアイメージの源泉は「正」という記号にあり、「敕」は補助的であるが、図形の意匠作りに「敕」を参加させて、意味のイメージをより一層はっきりさせようとする。では「敕」は何か。「束」は物をたばねることだから、「（中心に向けて）締めつける」というイメージがある。「束《ソク》（音・イメージ記号）＋攴（限定符号）を合わせた「敕」は、たるみがないように引き締める（身を正す）ことを暗示させる図形。「正」は「まっすぐ」というイメージを示す記号である（「正と負の起源――数漢字（4）」の項参照）。したがって「整」はたるみ

や乱れを引き締めてまっすぐに（きちんと）正す様子を暗示させる。この意匠によって、「ととのえる」の意味をもつ古典漢語tiengを表記する。

「まっすぐ」とは直線的で、曲がり、ゆがみがないというイメージであるが、さらに、アンバランス、無秩序などのような形・状態の乱れ・崩れがないというイメージにも展開する。『詩経』の注釈（毛伝）では「整は斉なり」とある。「乱れやアンバランスな状態を形よくそろえる」という意味であり、これが日本語の「整える」に当たる。

一方、整った状態は欠け目や余計なもの、半端なものがない状態でもある。そこで、次のような使い方が生まれる（『三国志』呉志・諸葛亮伝、裴松之注から）。

（訓読）亮は建興五年を以て北伐を抗表し、傾覆より此に至るまで整二十年。

（現代語訳）諸葛亮は建興五年に北伐の上表をしたが、国家が転覆してからこの時点までまるまる二十年であった。

この文中の「整」は欠け目がないという意味で、二十年のほかに余計な年月がない、つまり「まるまる」二十年ということである。『助字弁略』（清、劉淇著）に「凡そ数、奇零無きを整と謂う」とあるように、余りや半端のない数が「整」である。半端なのもの、余計なものがないのは完全にそろっていることであり、英語のwholeと合致する。

## 【分】

音ブン　訓わける

漢数字の世界では「分」という一語で分数を表している。3世紀以前に成立した『九章算術』に分数の計算法が出ている。分数は「四分之一」のような表記になっている。1/4のような記号化ははるか後世に西欧で生まれたものだ。

「分」の字源にはほぼ異説がない（古代文字は「小数の起源」の項参照）。「八（音・イメージ記号）＋刀（限定符号）」と解析する。「八」は数字の8ではなく、「二つに（左右に）わける」というイメージを表す。すでに「八」に「わける」のイメージがあるが、「八」は「わける」の意味では使われず、数の8を代替する視覚記号とした。しかし文字の構成要素になるときは「わける」というイメージを表す。

「わける」の意味をもつ古典漢語はpiuənである。これを表記するために「わける」のイメージをもつ「八」を利用したのである。しかもpiuənは八puatと音が近い。音とイメージが近い記号を利用して、「八＋刀」を組み合わせ、刀で切り分けることを暗示させた。

文字の解釈で注意すべきことは、形から意味を引き出してはならないことだ。形の解釈をストレートに意味とすると間違いが起こる。「分」は「刀でわける」という意味ではない。ただ「わける」という意味である。「刀」は限定符号であって、意味素に入らない。字源だけで漢字を説くと、こんな間違いが起こる。

さて分数の「分」とはどういう意味か。もちろん「分ける」「分割する」の意味である。英語では分数をfraction という。これはラテン語 frangere（=break）に由来するという。破砕して断片にするという意味であろう。これは「分」と一脈通ずる。一体何を分けるのか。『九章算術』では次のように言う。

（原文）物之数量、不可悉全、必以分言之、分之為数。

（訓読）物の数量、悉《ことごと》くは全《また》しとすべからず、必ず分を以て之を言う、之を分ちて数と為す。

（現代語訳）物の数量はすべてが完全にそろっているわけではない（半端なものもある）。その場合は数量を分割して数をこしらえる。

つまり、ある数量を表す場合、全体の数量を分割してそれを数として表すということであろう。例えば「四分之一」は全体が一であり、それを四つに分割した数である。

分数を数として認めるなら、整数を飛び越えて有理数の概念にくくられる。しかし漢数字の世界では分数、小数、比の概念はあるが、それらを概括する概念はなさそうである。

ちなみに有理数は rational number、無理数は irrational number の訳語で、ratio は比率、割合の意味である。比を表すのは分数だから、分数と比は同じ概念でくくれる。この ratio を有理、無理の理と訳したので、分数も比も隠れて見えなくなった。有理数、無理数は大いなる誤訳である。

## 単数の漢字①「孤・寡・隻」の起源——数漢字(11)

単数（ひとつ）を表す漢字には数字（一、壱）のほかに孤、寡、隻、単、独、特などがある。これらの字源・語源を見てみよう。

### 【孤】 音コ 訓みなしご

『論語』に「以て六尺《りくせき》の孤を託すべし」（[その人に]六尺ばかりの孤児を預けることができる）という文句がある。「孤」の訓は「みなしご」「ひとり」で、本来は孤児、独り者の意味である。

独り者には四種類あり、妻のいない男の一人ものを鰥《かん》（やもお）、夫のいない（夫を失った）女の一人ものを寡《か》（やもめ）、親のいない（親と死に別れた）子を孤、その他一般の一人ものを独という。四つ合わせて一人ものを鰥寡孤独という。

字源は「瓜《カ》（音・イメージ記号）＋子（限定符号）」の組み合わせである。「瓜」はウリの実を描いた図形。ウリの実はた

［瓜］

（金）

（篆）

［孤］

（篆）

いてい丸い。細長いものもあるが、これも「(形や)形に丸みを帯びて曲がる」のイメージがある。「(」と「)」を合わせればほぼ「○」になる。したがって「瓜」は「○(丸、丸い)」のイメージを表す記号とすることができる。

ここから語源と絡んでくる。藤堂明保によれば、kuăg(瓜)という語は壺《こ》(つぼ)、瓠《こ》(ヒョウタン)などと同源であり、「(型、)型に曲がる」という基本義があるという(『漢字語源辞典』)。しかし壺やヒョウタンは「○」のイメージとも言える。

なぜ「ひとり」「一人もの」をkuagというのか。これは瓜とほぼ同音である。「ウリ」という実体から「一人もの」の意味が出てくるわけではない。語の深層構造を探る必要がある。そのためにイメージ展開を考える。

「瓜」は「○」のイメージを表す記号である。「○」はまだ分裂していない状態である。未分化の統一体は、漢数字では「一」という概念につながる。「ゼロ」や「無」ではない。漢語の意味論においては、分裂・分化していない状態が「ひとつ」、分裂して分かれた(並列した)状態が「ふたつ」の意味になるのである。このように、分裂していない完全な統一体を表すイメージが「○」であり、これが「ひとつ」の意味を生むのである。

これで「孤」の成立が明らかになった。相手(父母)のいない一人の子を暗示させる図形が「孤」である。「孤」の用法は「みなしご」「独り者」を離れて、孤立、孤松(一本の松)、孤灯(ただ一つの灯火)のように「ひとつ」「ただひとつ」の意味に展開する。

## 【寡】

音カ　訓すくない

古典に「寡は独なり」「寡は特なり」の訓がある。一人ものの、特に「老いて夫無き者」が寡とされる。『詩経』に「此の鰥《かん》寡《か》を哀れむ」(この一人ものを気の毒に思う)という詩句がある。また『論語』では「和すれば寡《すくな》きこと無し」(仲良くすれば人数が少なくなることはない)とある。古典漢語では「寡」は「ひとりもの」と「すくない」の二つの意味があった。

まず字源説を見てみる。

①「頁が声符。頁の音の表す意味は煢《けい》。宀即ち屋下に独りいる意」(『漢字の起源』)

②「会意。宀(廟の形)と頁と人とを組み合わせた形。葬儀のときの礼装として頭に喪章をまとった人が、廟の中で神霊を仰いで嘆いている姿を横から見た形。寡とは未亡人、やもめをいう。幸い少ない人であるから、〝すくない〟の意味となる」(『常用字解』)

[寡]

(金)

(篆)

③「宀（屋根）の下に頭だけ大きいひとりの子が残された姿を示す会意文字で、ひとりぼっちのさまを示す。頼るべき人や力のないこと。孤と同系のことば」（『学研漢和大字典』）

①では形声とするのが奇妙。また頁が煢（孤独）の意を表すというのも変である。②では未亡人は幸いの少ない人だから「すくない」の意味になったという。すべての未亡人の不幸を前提とする転義の説明は意味論として不合理である。

「寡」の字体が変わったことに注意すべきである。金文は「宀（屋根、家）＋頁（人の形）」だが、篆文では「宀＋頁＋分」となった。字体が変わるのには理由がある。「分」は「分ける」ことで、「整数と分数の語源」の項で述べたように、ある数量を分けると小さな数になる。だから「少ない」というイメージをはっきりさせるため、「宀＋頁」に付け加えた記号である。「寡」は「一人もの」の意味から「少ない」の意味に転義した後に生まれた図形と考えられる。

「宀＋頁」はあまりに舌足らず（情報不足）な図形で、何とでも解釈できる。恣意的な解釈を避けるには、語源を先に考える必要がある。王力（中国の言語学者）と藤堂明保は寡と孤を同源としている。つまりkuăgという語は「ひとつ」というイメージをもち、「一人もの」、あるいは「夫のない一人もの」が具体的文脈で実現されるのである。

改めて字源に立ち返ると、「宀＋頁」を合わせて、屋根の下で一人の人がいる情景を設定した図形と解釈できる。これ以上の情報は含まれていない。

「寡」は「ひとつ」がコアイメージである。一つは最小の数である。だから「少ない」のイメージに展開することは見やすい。寡少、多寡の寡はこれである。「寡」は単数の漢字から少数の漢字に性質を変えたわけである。

## 【隻】

㊟セキ　㊟ひとつ

古典に「隻は一なり」「隻は単なり」「隻は奇なり」などの訓がある。カップルをなさずただ一つの意味である。『春秋公羊伝』に「匹馬《ひつば》隻輪、返る者無し」（一頭の馬も一つの車も帰ってこなかった）という文章がある。

字源は簡単に説明できるが、語源は難しい。字源は「隹（とり）＋又（て）」を合わせて、一羽の鳥を手に持つさまと解されている。

語源はおそらく適・只・挺などと同源と思われる。これらは「まっすぐ」のコアイメージをもつ語である。「まっすぐ」は「｜」や「―」の形、つまり一直線のイメージである。視点を一本の数に置けば、ペアのない状態でもある。だから

［隻］

（篆）

tiakという語は「ペアやカップルをなさず、ただ一つだけあること」を意味する。この意味を図形として表現したのが、一羽の鳥を手に持つ情景を設定した「隻」である。

一羽の鳥から「ひとつ」の意味が出てくるのではない。意味は鳥とは全く無関係である。

「隻」は助数詞としての用法もある（「艘と隻の起源——助数漢字（6）」の項参照）。

## 単数の漢字②「単・独」の起源——数漢字（12）

**【単】**　音タン　訓ひとえ

古典に「単は一なり」「単は独なり」などの訓がある。単数・単一・単独などの「単」は「ひとつ」の意味である。一方、単純・簡単の「単」などの使い方がある。これらは意味上どのようなつながりがあるのか。字源・語源から見てみよう。

次のような字源説がある。

①「尖端の鋭利な突き刺す木枝の武器」（『漢字の起源』）

②「楕円形の盾の形」（『常用字解』）

［単］

（金）

（金）

（篆）

③「籐のつるを編んでこしらえたはたきの形」（『学研漢和大字典』）

そのほか中国では蟬《せみ》、罕《あみ》、干《ほこ》、旗、車等々の説がある。諸説紛々というほかない。字源説は語の意味をうまく説明できない。

語源を探求したのは藤堂明保しかいない。藤堂は単のグループ（襌・簞・禅・蟬・弾・憚・戦・殫）を、亶《たん》のグループ（顫・壇・氈・擅）や、坦、扇、展などと同じ単語家族に入れ、TANの語形をもち、「たいらか」という基本義があるとした。その結果、「単」の字源を「薄く平らなはたきの象形」とし、「およそ平らな面を単といい、転じて簡単の単となる」と述べる（『漢字語源辞典』）。

この語源説は意味を説明するのに良いヒントを与える。『詩経』に「其の軍は三単」という詩句があり、注釈では「単は独なり」「単は隻なり」とある。「単」は「ひとつ」の意味である。右の詩では一まとまりの単位のことらしい。したがって「その軍隊は三個部隊」と訳せる。

「単」のコアイメージは藤堂のいうように「平ら」であろう。イメージは視点の置き方（視座の位置）によって変化する。平面は目線を上に置いたものだが、視点を横に移すと「薄い」というイメージ、また、「まっすぐ」というイメージに展開する。「平ら」「薄い」「まっすぐ」は可逆的（相互転化可能な）イメージである。「まっすぐ」のイメージが「ひとつ」の意味につながることは「隻」のイメージ展開でも見られた。また「薄く平ら」のイメージは「一様で代わり映えがない」「複雑でなく平板である」というイメージに展開する。単一・単独の「単」は前者、単純・簡単の「単」は後者のようなイメージ展開で生まれた意味である。

## 【独】 音ドク 訓ひとり

古典に「独は一なり」「独は単なり」の訓がある。「ひとつ」「ひとり」「独り者」の意味である。『詩経』に「この子の遠ざくる、我をして独りならしむ」（この子は私を遠ざけて、私をひとりぼっちにさせた）という詩句がある。

「獨」（旧字体）の字源説を見てみよう。

①「蜀が声符。蜀の音の表す意味は相手と取っ組み合って闘う意。犬が取っ組み合ってただ一つになる意、それから単独の意となった」（『漢字の起源』）

②「形声。音符は蜀。蜀は牡の獣の形。牡の獣は群れを離れていることが多いので、獨は一匹の獣の意味から、人に移して〝ひとり〟の意味に用いる」（『常用字解』）

③「蜀は目が大きくて、桑の葉にくっついて離れない虫を描いた象形文字。獨は犬＋音符蜀の会意兼形声文字で、犬や桑虫のように、一定の所にくっついて動かず、他に迎合しないこと」（『学研漢和大字典』）

［蜀］（甲）（金）（篆）［独］（篆）

①では蜀がなぜ「相手と取っ組み合って闘う意」を表すのか不可解。②では牡の獣は群れを離れることが多いから単独の意味になるというが、意味論的に見ておかしい。①と②は図形的解釈をそのまま意味とするから、「犬」が意味素に含まれている。しかしそれは意味ではない。意味は単に「ひとつ」「ひとり」「独り者」である。

③では語源的に独・触・属を同源としている。これらは「蜀」の記号を共通に持つ。藤堂明保は「蜀」を「じっと止まって離れない桑の虫」とし、「蜀」のグループ（属・嘱・触）を、豆のグループ（頭・逗・豎）、主のグループ（柱・住・駐・注）、樹、投、賣《いく》のグループ（読・続・贖）、豖《ちょく》のグループ（啄・琢）などと同じ単語家族に入れ、これらはTUG・TUKという音形と、「じっと立つ、⊥型」の基本義があるとしている（『漢字語源辞典』）。

「蜀」は『説文解字』に「葵の中の蚕なり」とある。『詩経』に出ている蠋《しょく》（イモムシ、アオムシ）の原字と見ることができる。これらはガ（蛾）やチョウ（蝶）の幼虫である。この虫は食欲が旺盛で、葉に取りついて貪り食う習性がある。したがって「一所にくっついて離れない」というイメージを表すことができる。

　ここでイメージ展開を考えると、二つのものがくっついて離れない状態は、融合・一体化・未分化の状態である。一体化・未分化のイメージから「ひとつ」の意味が生まれる。これは「孤」と同例である。

　翻って字源を見ると、「獨」は「蜀《ショク》（音・イメージ記号）＋犬（限定符号）」の組み合わせである。なぜ「犬」なのか。「犬」は比喩的限定符号である。狂・突・獄・狡・狭・狎・犯・獲・猛など、「犬」を比喩とした造形法が多く存在する。番犬が一つの所に張り付いて離れない情景を比喩とした図形的意匠が「獨」である。「犬」は造形の意匠に利用されただけである。古典漢語 duk の意味は「犬」とは関係がない。

## 単数の漢字③「特・介」の起源——数漢字(13)

### 【特】　音トク　訓おうし

　古典に「特は一なり」「特は独なり」の訓がある。もともと「特」は牡牛のことだが、これがなぜ「ひとつ」の意味になるのか。古人は「偶（つれあい）が無いのを特という」、だから「ひとつ」の意味になると説明している。

　字源については次の説がある。
①「寺が声符。寺の音の表す意味は士である。成年牡牛の意」（『漢字の起源』）
②「形声。音符は寺。寺は待（まつ）・等（ひとしい）の音がある。大きい牡牛をいう」（『常用字解』）
③「寺は待（じっと待つ）・峙（じっと立つ）・直（まっすぐ立つ）などと同系のことば。特は牛＋音符寺の会意兼形声文字で、群れの中でじっと直立して目立つする種牛。特に、それだけ特出する意を含む」（『学研漢和大字典』）
　①では寺が士を表すというのが理解不能。牡を導くため士（男）を持って来ただけであろう。堂々巡りの字源説。②ではなぜ「大きい」か、なぜ「牡」かの説明がない。②の文字学はコアイメージという考えがないから、形声文字の解釈ができない。漢字をすべて会意的に解釈するのが②の文字学の方法である。
　ここで語源説を見てみよう。藤堂明保は特は直のグループ（植・殖・徳・値）、勅などと同源で、「まっすぐ」の基本義があるという（『漢字語源辞典』）。そして、雄牛の意味から「ひとつ」の意味になる理由については、「一群の中でとくに目立つ種牛→他に例がないさま、それ一つだけのさま」と転じたと説明する。

改めて字源を見てみよう。「特」は「寺《ジ》(音・イメージ記号)＋牛(限定符号)」と解析する。「寺」を基幹記号(音・イメージ記号)とするグループは特のほか、時・詩・侍・持・待・等・恃・峙・痔などがあるが、これらを通底するコアイメージは「止まる」と「進む」に分類できる。全く正反対のイメージを「寺」が表すのである(詳細については「社と寺の起源──助数漢字(93)」「時の起源──時間漢字(1)」の項参照)。「特」は「止まる」がコアイメージである。イメージ展開を考えると、「止まる」は「一所にじっと止まる」というイメージ、ここからさらに「┴の形に直立する」というイメージに展開する。「┴の形」は「|(縦にまっすぐ)の形」でもよい。

種牛は牝牛と交尾する牛である。交尾する際は牝の背後でほぼ縦に直立する。この情景を捉えて、「|の形にまっすぐ」のイメージを表す「寺」を用いて「特」が造形された。

「まっすぐ」のイメージから「ひとつ」の意味が生まれるのは、漢語意味論の特徴である。「単」は「横に(平面的に)まっすぐ」のイメージから「ひとつ」の意味になり、「隻」は「縦に(直線的)にまっすぐ」のイメージから「ひとつ」の意味になる。「特」も同じイメージ展開によって「ひとつ」の意味が生まれた。

「ひとつ」の意味から、「それ一つだけ」「ただそれだけ」「ほかに(匹敵するもの、比べられるものが)ない」という意味(独特、特別の特)に展開する。

## 【介】

音カイ　訓ひとり・はさむ・たすける

詰まらない人をけなして「一介の～」ということがある。通説では「介」は「个」の間違いとされる。「个」は「個」と同じで助数詞である。しかし「一介」はあるが二介、三介…はない。だから助数詞という説は疑わしい。

「介」は仲介の介(仲を取り持つ)、魚介の介(甲羅や殻)、介助の介(助ける)などの使い方(意味)がある。一方では、古典に「介は特なり」「介は独なり」「介は孤なり」などとあり、「ひとつ」の意味もある。上の「一介」の介は助数詞ではなく、「ひとつ」の意味をもつ語であろう。

これら多様な意味はどんな関係があるのか。これを字源・語源から探ってみよう。

こんな字源説がある。

①「人が介甲を着ている形。カイの音は鎧《がい》から来ている。鎧を着た人の意」(『漢字の起源』)

②「象形。体の前後によろいをつけた人の形。よろいをつけて武装することは、身を守り、身をたすけることであると同時に他をへだてることである。仲介の介は界と通用」

[介]

(甲)

(金)

(篆)

（『常用字解』）

③「人＋八印（両脇に分かれる）の会意文字で、両側に二つに分かれること。両側に分かれることは、両側から中のものを守ることでもあり、中に介在して両側を取り持つことでもある」（『学研漢和大字典』）

①は図形的解釈と意味を混同している。②では鎧をつけることから「たすける」と「へだてる」の意味を導く。意味論的におかしい。

改めて字源を見てみよう。「よろい」説は羅振玉など近代の文字学者が唱えた説である。しかし『説文解字』が篆文を「人＋八」と分析したのに従いたい。「八」は数字の8ではなく、「分ける」というイメージを示す記号である。したがって「介」は両側に分けることを示す図形と言える。

語源については、古典に「介は間なり」とある。藤堂明保は介のグループ（界）を、間のグループ（簡・瞯）のほかに、割、契、柬《かん》のグループ（諫）、研、刊、見のグループ（硯・俔）、看などと同源と見、「二つに分ける、あいだ」という基本義があるとする（『漢字語源辞典』）。

「介」は「二つに（両側に）分ける」がコアイメージである。このイメージは「○—○」と図示できる。イメージは視点の置き所（視座の位置）によって変わる。中心から両側の方向へ視点を移動させると、「↑—↓」の形、つまり「両側に分ける」というイメージ、左右から中心の方向に視点を移動させると、「↓—↑」の形、つまり「中の物を両側から挟む」というイメージになる。中間に視点を置くと、「あいだ」のイメージになる。

「介」の意味の展開は次の通りである。

「両側に分ける」のイメージは境界の界に実現された。

「両側から挟む」のイメージは介在の介で実現される。ここから、人を両側から抱きかかえるようにして助ける意味（介護の介）や、左右・上下・周囲から挟むもの（甲羅や殻）という意味（介甲［よろい］、魚介の介）を派生する。

「あいだ」のイメージから、AとBの間に入ること、つまり「仲を取り持つ」の意味（仲介の介）が生まれる。

このように「介」は多彩なイメージ展開をするが、「ひとつ」の意味はどうして生まれたのか。これは「分ける」のイメージから展開したと考えられる。「整数と分数の語源」で説明したように、「分ける」のイメージが分数の概念を生む。分数は元の数が分かれて小さくなる数である。つまり「分かれる」から「小さい」「少ない」のイメージに展開する。これは「寡」の語源でも見た通りである。ごみ・あくたは小さいものであり、これを「芥」という理由はまさにこのようなイメージ展開の結果である。

「寡」は「ひとつ」から「小さい・少ない」へと転じたが、その逆もありうる。「介」は「小さい」のイメージから「ひとつ」の意味に転じたと言える。

## 双数の漢字① 「双・両」の起源——数漢字(14)

数と関連のある漢字が「数漢字」である。漢数字も数字である前に漢字であるから、やはり「数漢字」である。

「ふたつ」を表す漢字が「双数の漢字」である。それには漢数字(二、弐)のほかに、双・両・疋・対・倍・偶などがある。倍と偶については既に述べた。

### 【双】 ㊥ソウ ㊦ふたつ・ならぶ

旧字体は「雙」である。「雙」の字源・語源を見てみよう。「雙」は「雔(二つの鳥)+又(て)」を合わせて、二羽の鳥を手に持つ形。字源に関しては異説がない。しかし「二羽の鳥」を意味するのではなく、ただ「ふたつ」を表すだけである。正確に言うと、「ふたつ」を意味する古典漢語sŭngを代替する視覚記号を「雙」とした。

同じ「ふたつ」を表す数漢字でも「二」と「雙」はイメージが違う。何が違うか。語源的に見てみよう。

[双]

(篆)

「雙」の語源を探求したのは藤堂明保のみである。藤堂は素や疋《しょ》(匹とは別)と同じ仲間(単語家族)に入れた。「素」については既に「素数と因数の語源——数漢字(9)」で述べている。これらは「ふたつに分かれる」が基本義だと藤堂はいう。

「二つに分かれる」のイメージを図示すると「▯▯」の形である。これは「二つ並ぶ」「一本一本分かれて並ぶ」というイメージでもある。

素数はすべての自然数の元(元素、原子)になる数である。自然数は素数とその積である合成数から成り立つ。合成数は素数と素数が並ぶ形になる。

足は二本あるが、一本一本が分かれて並ぶ形になる。これを疋《しょ》という。建物の土台は一本一本分かれて並ぶから「礎」という。

「雙」は素や疋・礎と同源である。特に足のように二つが互いに寄り合ってペアになったものを「雙」という。互いに相手を予想して、並び立つのが「雙」である。「雙」は相互の相とも同源の語である。

『詩経』に「葛《くず》の屨《くつ》は五両(五つ組)、冠の緌《ひも》は雙《ふた》つ」という詩句がある。両はここでは靴を数える助数詞として使われている。靴は二つで組になっている。冠の紐も左右一対になっているのでその数を「雙」という。

「雙（双）」はもう一つあるものを予想した語であるから、相手、匹敵するもの（ライバル）という意味を派生する。無双の双はこれである。

## 【両】 音 リョウ　訓 ふたつ

右で触れたように二つで組（ペア）になったものが「両」である。単に「二」の代わりに使われることもある。

「兩」（両の旧字体）の字源説を見てみよう。

① 「瓠瓢（ひさご）をまっ二つに割分した形。離開して相称的に二つになる意、それから二つの意となった」（『漢字の起源』）

② 「象形。車の軛《くびき》（轅《ながえ》の先に取り付ける横木）の形。馬車は二頭立てであるから、二頭の馬を繋ぐ軛の形が両で、〝ふたつ、相並ぶ〟の意味となる」（『常用字解』）

③ 「左右両方が対をなして平均したはかりを描いた象形文字」（『学研漢和大字典』）

権衡（はかり、天秤）の形とするのは朱駿声の説、軛の形とするのは于省吾の説と同じ。形は何とでも見える。字源より前に語源を探求すべきである。

［両］

（金）

（金）

（篆）

王力（中国の言語学者）は両・輛・麗・儷が同源の語で、「二」「偶」の意味があるとする（『同源字典』）。この説は語の表層レベルで同源関係を捉えたもの。深層構造を究明したのは藤堂明保である。藤堂は両のグループ（輛）を、量、梁、各のグループの一部（略・絡・路）と同じ単語家族に入れ、これらの語群はLANG・LAKという音形と、「ふたつ対をなす」という基本義をもつとしている（『漢字語源辞典』）。

「左右に対をなして並ぶ」が「両」の」コアイメージと考えてよい。これを図示すれば「▯-▯」の形である。車両を意味する「輛」はまさにこのイメージである。靴を数える助数詞を「両」とするのもこのイメージによる。

「両」と同音の「梁」には「はり」「はし」「やな」の三つの意味がある。川を真ん中に置いて左右両側を結ぶものは「はし（橋）」である。建物で二つの柱に架け渡す材木が「はり」である。川の一方の端から他方の端まで渡して魚を捕る装置が「やな」（簗は国字）である。日本語では三つは全く別語であるが、漢語では一つである。三つの意味はコアイメージの展開なのである。

翻って字源を考えると、「兩」は左右対称の象徴的符号とも言えるし、天秤の形にも見える。天秤は物とおもりを左右に並べて計量する道具であるから、「▯-▯」の形のイメージをぴったり表すことができる。「兩」は天秤の図形と考えてもよい。具体物の図形によって「左右に均等に並ぶ」というコアイメージを表し、「ふたつ」の意味をもつ古典漢語 liang を表記するのである。

## 双数の漢字② 「匹・対」の起源 ——数漢字(15)

**【匹】** 音ヒキ・ヒツ　訓たぐい

日本では「一匹の馬」など、主として動物を数える助数詞として使われる。また、古くは「一匹の布」など、織物にする布の長さを数える単位とされた。

「匹」の古音は p'iet である。だから日本に伝わった際の呉音はヒチ、漢音はヒツである（匹敵の匹など）。しかし助数詞や単位語のときは「ひき」と読む。「ひき」は「引き」に由来するという説もある。そうすると「ひき」は訓である。しかしヒツの訛りと見ることもできる。古楽器の篳篥《ひちりき》の事例がある。篥のリキはリツが訛った音である。

古典に「匹は二なり」「匹は双なり」「匹は両なり」とあるように、「匹」は「ふたつ」の意味である。また「匹は偶なり」「匹は配なり」ともあり、「ペア、カップル」の意味もある。二つで組になるものの意味では双や両と同じである。なぜ「ふたつ」の意味があるのか。字源・語源を見てみよう。

［匹］

（金）

（篆）

次の字源説がある。

①「厂が声符。並んだ二つの一反の意」（『漢字の起源』）

②「象形。並んでいる馬の胸もとのあたりを複線でかいた形。もと馬匹をいう。並んでいる馬であるから、〝たぐい、つれあい、ならぶ〟の意味に用いる」（『常用字解』）

③「厂（垂れた布）＋二つの筋の会意文字で、布ふた織りを並べて垂らしたさま。ひと織りが二丈の長さだから、四丈で一匹となる。比（二つ並ぶ）と同系のことばで、二つの物を並べてペアをなす意を含む」（『学研漢和大字典』）

①は形声文字とするのが奇妙。②ではなぜ匹が並んだ馬なのか理解に苦しむ。反物なら分かるが。

右の字源説は金文の解釈である。篆文では「匸＋八」と字体が変わった。「匸」は區に含まれる「匸」と同じで、区画をつけることを示す符号。「八」は数字の8ではなく、二つが両側に分かれて並ぶ形。したがって「匹」は物を二つに区切って並べる情景を暗示させる。これによって「□-□の形に並ぶ」というイメージを示す記号とする。金文では布の長さを勘定するときの単位に対応する図形であるが、篆文では「ふたつ」「ペア」の意味を暗示させる図形である。

語源について王力（中国の言語学者）は匹・妣・妃・配が同源で、「つれあい」の意とする（『同源字典』）。一方、藤堂明保は比のグループ（妣・庇・牝・陛）、必のグループ（秘・泌・秘・宓・密）、畢、弼、鼻、賓のグループ（嬪・浜）、頻のグループ（瀕）などが匹と同源で、**PER・PET・PEN**という音形と、「ふたつくっつく」という基本義があるとする（『漢字語源辞典』）。

藤堂のいう「二つくっつく」は「□-□の形に並ぶ」というイメージからの展開ということができる。というよりも「□-□」の形は視点の置き所によって二つのイメージになると言ったほうがよい。「□-□」の形の左右に視点を置けば「二つ並ぶ」のイメージ、「□-□」の形の真ん中に視点を置けば「二つくっつく」のイメージになるのである。

古典漢語の**p'iet**（匹）は「二つ並ぶ」「二つくっつく」というコアイメージをもち、「ふたつ」「ペア、カップル」という意味のほかに、布地の二反の意味がある（「匹と端の起源――単位漢字（12）」の項参照）。

また古代では普通の庶民は一対一でカップルを作ったので、普通の男を匹夫、女を匹婦といった。

また馬を数える助数詞とされた。馬の尻が左右に分かれている特徴を捉えたものという（『学研漢和大字典』）。現在では馬だけではなく、一般に動物を数える（「匹と頭の起源――助数漢字（3）」の項参照）。

ちょっと余談。「匹」は「甚」の造形に使われている。「甚」は「甘＋匹」を合わせたもの。「甘（あまい）」は食欲の比喩、「匹（カップル）」は性欲の比喩とする。これらの欲望が限りないという人生の一場を図形にして、「程度がひどい（はなはだ）」の意味を「甚」にこめた。

## 【対】

音ツイ・タイ　訓むかう・こたえる

二つで組をなすもの、ペアの意味である。「一対」「対句」「対をなす」などの場合はツイ、対偶の場合はタイと読む。一方では対面、対向、応対などのように「向かう」「答える」の意味がある。これらの意味はどのようなつながりがあるのか。字源・語源で検討しよう。

「對」（対の旧字体）の字源説を見てみる。

①「業に従い又に従う（ともに意符）会意字。タイの音は当あるいは等（両者対当の意）から来た。業が両側に対立する意」（『漢字の起源』）

②「会意。丵《さく》と土と寸とを組み合わせた形。丵は上部に鋸歯のついた掘鑿の道具。これを手（寸）に持って土を撲《う》ち固める形が對で、〝うつ〟の意味となる」（『常用字解』）

③「業の上部（楽器を掛ける柱、二つで対をなす台座）＋寸（手。動

［対］

（金）

（篆）

詞の記号）の会意文字で、二つで一組になるようにそろえる。また、二つがまともに向き合うこと」（『学研漢和大字典』）

①では図形的解釈と意味を混同している。②では図形からあり得ない意味を引き出した。しかも「むかう」の意味が版築の工事で二人が相対して土を撲つ行為に由来するというに至っては、首を傾げざるを得ない。

「對」は古典漢語 tuəd を表記する字である。古典には「對は向なり」「對は答なり」、また「對は配なり」「對は匹なり」などの訓がある。「向き合う」「答える」「そろいのもの、ペア」という意味である。字源説はこれらの意味をうまく説明するものでないといけない。

翻って字源を見てみよう。「對」の左側に「業」が含まれていることに注意すべきである。「業」は『詩経』にある字で、鐘などの楽器を吊す板の意味である。「業」は上にぎざぎざのついた台座を描いた図形である。楽器を吊す道具だから当然二つあり、向き合った姿を呈する。かくて「業」をイメージ記号として用い、「業の略体（イメージ記号）＋土（イメージ補助記号）＋寸（限定符号）」を合わせた図形が「對」である。「土」は台座を置く場所、「寸」は手の動作に関わることを示す限定符号である。

「向かい合った支柱に楽器を吊す」というのが「對」の図形的解釈である。これはあくまで図形の解釈であって、語の意味ではない。図形からストレートに意味を導くと変な意味が生まれる。古典に使用例のない意味を創作するのは慎まねばならない。

「對」の語源説は残念ながら無い。しかしコアイメージを捉えることはできる。「對」の字源を説く過程で「▯-▯の形を呈する」というイメージが捉えられる。これが「對」のコアイメージと考えられる。

コアイメージからの意味の展開を考えると次の通りである。「▯-▯」の形は「□→←□」のイメージにもなる。これは向き合うイメージである。これがそのまま意味として実現される。これが対面、対立の対である。

また「□→←□」のイメージはAが何かを言うとBがそれに向かって何かを言う、つまり「答える」「応じる」の意味が実現される。これが応対、接待の対である。

「▯-▯」の形は両側に二つ並ぶイメージにも展開する。これが「二つそろったもの、ペア」の意味になる。一対、対偶の対はこれである。

数学用語の対数は logarithm（累乗の指数）の訳語である。$2^3$ の右肩の小さな数が指数である。$2^3$ は8なので、8の対数は3である。つまり指数と対数はペアのような関係にある。対数の対にも漢語の対の「二つが向かい合って並ぶ」のイメージが脈々と流れている。

## 総数の漢字①「総・全」の起源——数漢字(16)

総数は整数と似た意味である。すなわち全部そろった数である。ただし整数は負数と0（ゼロ）を含むが、総数は一定の数量がすべてそろった状態を指すから、負数にもゼロにもならない。

総数を表す漢字には総・全などがある。「みな」「ことごとく」の訓をもつ漢字、皆・尽・悉や、「すべて」の意味のある都（都合の都）も「総数の漢字」に含めてよいだろう。

### 【総】 音ソウ 訓すべる・すべて

総量はすべてそろった量、総代は各人すべての代表である。「総」は「すべて、全部」の意味である。なぜこんな意味があるのか、字源・語源で確かめてみよう。

「總」（総の旧字体）の字源には次の説がある。

①「悤が声符。悤の音の表す意味は聚束。糸を聚束する意」（『漢字の起源』）

[囱]

（篆）

[悤]

（篆）

[總]

（篆）

②「形声・音符は悤。糸の末端のところを結んで房のようにまとめること。または、束ねた髪」（『常用字解』）

③「囱は空気抜きの窓の形で、窓の原字。部屋の空気が一本にまとまり、縦に抜け出ること。それに心を加えた悤は、多くの用事を一手にまとめて忙しいこと。總は糸+音符悤の会意兼形声文字で、多くの糸を一つにまとめて締めたふさ。一手にまとめる意となる」（『学研漢和大字典』）

①は同語反復の字源説。②は悤の説明がない。②の文字学はコアイメージの概念がないので、形声文字の説明が原理的にできない。③は囱―悤―總の三段階で説明している。「囱」から「縦に抜け出る」という基本義を捉えて総を解釈した。

改めて字源・語源を見てみよう。「悤《ソウ》（音・イメージ記号）+糸（限定符号）」と解析する。「悤」は「囱《ソウ》（音・イメージ記号）+心（限定符号）」と解析する。「囱」が根源のイメージを提供する記号である。「囱」は窓の図形である。したがって「総」の原初的イメージは窓から来ている。窓の機能は空気や光を室内に取り入れることである。ある物が狭い空間をスムーズに通り抜けるためには、ばらばらではなく、数量的にまとまっているはずである。「通り抜ける」というイメージは「数量をまとめて一所を通る」というイメージに展開しうる。さらにここから、「いくつかの（多くの）ものが一つにまとまる」というイメージに展開する。これが「総」の根底にあるイメージ（深層構造）なのである。図形は「囱」からただちに総が作られず、「悤」が介在している。「悤」とは何か。これは精神の領域に限定した記号である。「悤」は「囱」の「通り抜ける」というイメージを利用して、さまざまなことが心中を通り抜けてせわしい感じを暗示させる図形で、匆々の匆（慌ただしいさま）と同じである。窓という実体も精神現象も一切捨象して、窓の機能から生まれるイメージだけを用いて「総」が成立した。

「総」はコアイメージから次のように意味が展開する。

多くの糸を束ねてまとめたもの。これが「ふさ」の意味になる。

多くのものを一つにまとめる。これが総合・総統の総である。日本語の「すべる」に当たる。「すべる」とは「ばらばらのものをまとめる意」（『古典基礎語辞典』）である。

ここから「すべて、全部」の意味に展開することは見やすい。総計・総量・総和などの「総」は全部まとめた数量の意味である。

## 【全】 音ゼン　訓すべて・まったく

完全・安全などの「全」は物の状態や質が欠け目がなくそろっていることである。一方、全体・全勝などの全は数量が全部そろって一つも欠けていないことである。「全」は数と関係があるから、「総数の漢字」としてよいだろう。

「全」の字源は諸説紛々で、定説がない。日本では次の字源説がある。

①「入が声符。入の音の表す意味は柔の意。美玉・善玉の意」（『漢字の起源』）

②「象形。佩玉（腰をしめる革帯につり下げた玉）の形であるらしい」（『常用字解』）

③「亼（三方から集めて囲う）＋工（工作）の会意文字で、完全に囲って保存された細工物を示す。欠け目なくそろえる意を含む」（『学研漢和大字典』）

①は形声説、②は象形説だが、いずれも疑問である。

字源より前に語源を考慮すべきである。語源について述べているのは藤堂明保しかいない。藤堂は全のグループ（詮）は、算のグループ（纂）、巽のグループ（選・饌）と同源で、TSUANという音形と、「そろえる」という基本義があるという（『漢字語源辞典』）。「そろえる」は「（そろった結果）欠け目がない」と言い換えることができる。

翻って字源を見る。「全」の篆文は「入（イメージ記号）＋玉（限定符号）」と解析できる。「入」は中に入っていくことを

［全］

（篆）

示す記号である。したがって「全」は象嵌工作でぴっしりと玉をはめこむ情景を設定した図形と解釈できる。dziuan という語は「欠け目がなくそろっている」というコアイメージをもつと考えられる。このイメージを表現するために、玉をはめこむ象嵌細工という図形的意匠を創造したのである。

以上のように、「全」は「欠け目がなくそろう」というイメージをもつ語である。ここから「すべて、全部」の意味が生まれる。

## 総数の漢字②　「皆・尽・都」の起源——数漢字(17)

### 【皆】　音カイ　訓みな

国民皆兵の「皆」は人数が全部、皆勤の「皆」は日数が全部である。日本語の「みな」は「居合わせる人全部」の意味という(『岩波古語辞典』)。漢語の「皆」も日本語の「みな」も数に関わっている。

最古の古典の一つである『詩経』では「皆」は「そろう」と「みな」の意味で使われている。この二つの意味はどんな関係があるのか。字源・語源で見てみよう。

次の字源説がある。

①「比と曰(開口の貌)の会意字。カイの音の表す意味は会(あわす)である。人々が相並んで、口あるいはことばを会わせるの意」(『漢字の起源』)

②「会意。比(二人が並ぶ形)と曰(器に祝詞が入っている形)とを組み合わせた形。祝詞によって神霊をよび降す(「召」)に対し、神霊が並び降ることを皆という。神がそろって降るので、〝みな〟の意味となる」(『常用字解』)

③「比は人が肩を並べたさま。自は鼻の原字で、鼻のこと。人間の動作を表す。皆は比(ならぶ)＋自(そうする)の会意文字で、みんな並んでそろうことを示す」(『学研漢和大字典』)

①ではカイの音が表す意味が会だというが、カイの音とは何か。皆の音であろう。音とは漢字の読み方というのが世間の常識であるが、これは非常識である。音とは古典漢語の音なのである。つまりカイは皆の音、古典漢語の kər である。これは語(記号素)そのものである。だからカイの音は「みな」の意味であって、会の意味ではあり得ない。②では図形的解釈をストレートに意味とする。神がそろって降ることから「みな」の意味が出たというのは意味論的に変である。だいたい神がそろって降るとはいかなる事態・状況なのか理解を絶する。

[皆]

(金)

(篆)

改めて字源を見てみよう。「比」は「比と率の起源」でも説明したように、二人の人が並ぶ形である。「□-□」の形に並ぶ」というイメージを示す記号となる。「白」は「自」(鼻の形)を省略した記号である。「自」は起点のイメージから、何かが起こる、何かを始めるということ、要するに行為や動作が行われることを示すための限定符号になる。「習」にも「白」が含まれている。したがって「皆」は「比(イメージ記号)+白(限定符号)」と解析できる。「□-□の形に並ぶ」は「□-□-□…の形に次々に並ぶ」というイメージにも展開しうる。したがって「人々が次々に並ぶ」というのが「皆」の図形的意匠である。

語のイメージは図形だけでは表現しきれない。語源を見る必要がある。古典では「皆は偕なり」とある。藤堂明保は偕(何人かが一緒にそろう)、諧(ことばの音調がそろう)と同系の語とし、「みんなそろって」が「皆」の意味という(前掲書)。「そろう」とは同じようなものが「□-□」の形に並んだ状態と考えてよいだろう。「偕」はAとBが□-□の形に並びそろうイメージで、「ともに、一緒に」の意。偕楽園の偕楽は君主が民と一緒に楽しむ意味である。階段の「階」は段々が□-□-□-□の形に並んだもの、すなわち「きざはし」の意味である。

以上のように「□-□-□…の形に並びそろう」というコアイメージから、「すべて、全部」という意味が生まれる。

## 【尽】 音 ジン 訓 ことごとく・つきる

訓は「つきる」と「ことごとく」である。二つは全く無関係のようにも見えるが、後者は前者からの転義なのである。「皆」は同じようなものが次々に並びそろった状態から「全部」の意味が生まれた。数がプラスの方向に進んでいくと、全部の意味になる。ところがマイナスの方向に進んで、全部の意味になる場合もある。これが「尽」と「悉」で、ともに「ことごとく」と読む。日本語の「ことごとく」は「すべて、残らず」の意味。この語の元になる「ことごと」の「こと」は一つの意で、これを重ねて「一つ一つ」「一人一人」の意という(『岩波古語辞典』)。

「尽」の旧字体は「盡」である。これの字源を見てみよう。

①「聿が声符。皿の中の拭除される意」(『漢字の起源』)

②「会意。聿(小さな枝のような棒を手に持つ形)と皿と水滴の形とを組み合わせた形。細い棒で水を入れた皿の中を洗う形で、洗いつくすことをいう」(『常用字解』)

③「⺺(ふで)+又(て)+皿の会意文字で、手に持つ筆の先から、しずくが皿に垂れつくすさまを示す」(『学研漢和大字典』)

[㶳]

(篆)

[盡]

(篆)

これらの字源説は満足のいくものではない。改めて字源を考える。「盡」は「𦘔《ジン》(音・イメージ記号)+皿(限定符号)」と解析する。「𦘔」は「⺊(火箸の形)+又(て)+火」と分析できる。火の燃えかすを火箸であしらっている情景を設定した図形で、燼《じん》(燃えかす)の原字である。これだけで「あったものが尽きてなくなる」というイメージを表すことができるが、具体的状況を食事の場面に設定し直したのが「盡」の図形である。つまり皿の中の食べ物がすっかり尽きてしまう情景を暗示させる図形とした。この意匠によって「尽きてなくなる」というイメージをもつ古典漢語dzienを代替する。

「つきる」とは存在したものがなくなることである。数量が段々と減っていって最後には無になる。それまで存在したものがすべて失われる。この事態から「すべて、全部」という意味が生まれる。

同じようなイメージ転化の例は「悉」に見られる。知悉の「悉」は細かい所まで知り尽くすことで、「細かく分かれて尽きる」というコアイメージがある。ここから段々と小さくなって全部尽きる→ことごとく(全部)という意味に転じる。悉皆の「悉」はこれである。

## 【都】 音ト・ツ　訓すべて・すべる

「みやこ」の意味のほかに、都督、僧都の「都」の使い方(意味)がある。これは取り仕切る、統括するという意味である。訓を当てると「すべる」である。都合の「都」もこの意味であり、「すべて、全部」の意味。数量を全部合わせるから、都合という。

「みやこ」と「すべて、全部」の意味はどんな関係があるのか。字源・語源を見てみよう。

こんな字源説がある。

①「者が声符。者の音の表す意味は聚。人の多く聚まった牆囲(邑)」(『漢字の起源』)

②「形声。音符は者。者は曰(器の中に祝詞を入れた形)の上に木の枝を重ね、その上に土をかけて作ったお土居(土の垣)で、外部からの侵入者に備えて作られた。周囲にめぐらしたお土居で守られている大きな集落を都という。みやこは人の集まる所であるから〝すべて〟の意味に用いる」(『常用字解』)

③「者はこんろの上で柴をもやすさまで、火力を集中すること。煮の原字。都は邑+音符者の会意兼形声文字で、人々の集中する大きいまち」(『学研漢和大字典』)

「者」をどう解釈するかが問題である。右のほかにも諸説があり、定説はない。語源を先に考えてから字源に戻ったほ

[者]

(金)

(篆)

[都]
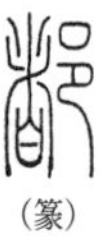
(篆)

うがよい。ところが語源については藤堂明保以外に探求した人はいない。藤堂は者のグループ全体（都・諸・睹・堵・儲・猪・箸・書・著・奢）が、土のグループ（吐・肚・社・徒）、庶、宁《ちょ》のグループ（貯・佇）、処、図、乇《たく》のグループ（宅・託）、石のグループ（拓・碩・妬）と同じ仲間（単語家族）で、これらの語群はTAG・TAKという音形と、「充実する、一所に集まる（定着する）」という基本義をもつという（『漢字語源辞典』）。

藤堂は「者」の基本義をこのように定め、字源を右の通りに解釈し、「者」を「煮」の原字とした。「煮る」という行為の前提には薪を集めて燃やす（火力を集中させる）事態があり、物を煮る過程には熱を集中させる事態がある。したがって「者」という記号は「多くのものを一所に集中させる」というイメージを表すことができる。

字源と語源を合わせて解釈すると、「都」は「者《ヤシ》（音・イメージ記号）＋邑（限定符号）」と解析する。「者」は薪を集めて焜炉などに火をかける情景を設定した図形としてよい。この意匠によって「多くのものを一所に集める」というコアイメージを表すことができる。したがって「都」は多くの人の集まる町を暗示させる。

語の成立を時間的に（かつ論理的に）順を追って説明すると、「みやこ」を意味する古典漢語tagは瀦《ちょ》（水を貯える所）や儲《ちょ》（たくわえる）・貯などと同源の仲間から派生し、これらの語群は「多くのものを一所に集める」というコアイメージをもち、tagを代替する視覚記号として、儲・諸などと共通の記号である「者」を用いて、「者《ヤシ》（音・イメージ記号）＋邑（限定符号）」を合わせた「都」が造形された。

回りくどい説明かもしれないが、漢字を正しく理解するには理にかなった説明が必要である。字形だけを相手にすると何とでも解釈でき、しかも形の解釈がストレートに意味とされるため、意味に余計な要素が入り込む危険がある。「都」は「多くの人が集まる大きな町」、日本語では「みやこ」であり、それ以外の内容（意味素）は含まれてない。

「多くのものを一所に集める」というコアイメージがあるため、多くの人を集めて取り仕切る（統括する）という意味が生まれる。ここから、数量を全部まとめて（すべて、全部）という意味に展開する。

## 複数の漢字① 「諸・複」の起源——数漢字(18)

漢語の文法では英語のような複数の概念はない。しかし「数が多い」という意味をもつ語を付け加えることで、複数を表すことができる。この働きをする漢字を「複数の漢字」と呼びたい。それには諸・複・雑・群などがある。語尾につける等もこれに入れてよいだろう。

## 【諸】　音ショ　訓もろもろ

「諸子」と言えば孔子、孟子、老子、荘子など「子」のつく思想家の総称である。諸問題、諸官庁などの諸は、複数を示す接頭語の働きをしている。

「諸」は訓では「もろもろ」と読む。「もろもろ」とは「多くのもの、すべてのもの、いろいろ」の意という（『岩波古語辞典』）。漢語の「諸」は古典に「諸は一に非ず」「諸は衆なり」などの訓がある。

字源説を見てみよう。

①「者が声符。者の音の表す意味は喋（多言の意）。多言・多弁が本義」（『漢字の起源』）

②「形声。音符は者。者は集落を取り囲むお土居の中に祝詞を入れた器を埋め、外からの侵入者を防ぐための呪禁としたもの。それをお土居の各所に埋めたので、諸は〝もろもろ、おおい〟の意となる」（『常用字解』）

③「者はこんろに薪をいっぱい詰めこんで火気を充満させているさま。諸は言＋音符者の会意兼形声文字で、一所に多くのものが集まること。転じて、多くの、さまざまな、との意を示す」（『学研漢和大字典』）

［諸］

（篆）

①は同語反復の字源説。②の文字学はコアイメージの考え方がないので、形声文字の説明原理を欠く。だから会意的に解釈するほかはない。解釈の内容に客観性があるとは思えない。

「者」の字源・語源については、「都」を解説する際にすでに述べたので繰り返さない。結論だけを述べると、「者」は「多くのものを一所に集める」というコアイメージを表す記号である。これを表現するための図形的意匠は「薪を寄せ集めて燃やしている」情景である。

「諸」の成り立ちを論理的に考えよう。

物の数が一つではない、一つよりも多いことを表す古典漢語が tiag である。これは「たくさんのものを貯える、集める」というコアイメージをもつ語群から派生した語である。この聴覚記号を視覚記号化するために、都などと共通の記号である「者」を用いて、「者《ヤシ》（音・イメージ記号）＋言（限定符号）」を合わせて「諸」が造形された。なぜ「言」を限定符号としたのか。「言」はことばであるが、言語表現と関わることを示す記号である。「諸」の意味内容（意味素）に「ことば」が含まれるわけではない。

『詩経』（ＢＣ11世紀頃）に「諸兄」（兄たち）という用例がある通り、「諸」は古い歴史のある語である。

## 【複】 音フク 訓かさねる

テニスで単複と言えばシングルスとダブルスである。鉄道の複線は往復の線路が二本並行している。往復が共通で一つしかない線路が単線である。昆虫の複眼は二つの眼ではなく小眼が集まったもの。このように「複」は数が二つ以上あることを示している。

「複」の基本的な意味は何か。字源・語源で見てみよう。

①「复が声符。复の音の表す意味は重覆、重なる意。袷《あわせ》の衣物の意」（『漢字の起源』）

②「形声。音符は复《ふく》。复は容量をはかる量器を逆さまにした形で、再度の意味がある。あわせ（裏地のついた衣服）をいう」（『常用字解』）

③「复《フク》は腹のふくれたつぼ＋夂（あし）＋音符畗《フク》の形声文字で、中に物を入れて外から包む、かぶせるの意を含む。包めば二重になる。往復して二重になることを示すため、夂（足）を加えた。複は衣＋音符复の会意兼形声文字で、二重に包む衣、あわせのこと」（『学研漢和大字典』）

「複」の字が現れるのは比較的新しい（漢代以後）。復・覆・腹は『詩経』に出ている。甲骨文字には「复」があり、往復の復の意味で使われている。

［复］

（甲）

（金）

（篆）
［複］

（篆）

甲骨文字の「复」については、「夂」を除いた部分を「郭」の左側と同じで、二つの亭が相対する形と見る説（陳邦懐）や、穴居住宅の前後に両道が出入りする形と見る説（徐中舒）などがあり、往復の復の原字とされる。道を↓の方向に行くと、同じ道を↑の方向に行くのが復である。ここに「同じものが重なる」というイメージがある。

イメージ展開を考える。往復の復の根底にあるのは「同じものが重なる」というイメージであるが、「同じものや事態が繰り返される」と言い換えてもよい。「⇅の形に繰り返される」は視点の置き所が水平（横の軸）にあるが、垂直（縦の軸）に視点を置き換えたのが「重なる」のイメージである。この場合は「（上から下に）かぶさる」のイメージにも転じる。これが具体的文脈で実現されたのが「覆」である。また、上から下にかぶさると（器を念頭に置く）、数量が増える。ここから「いっぱい満ちる」「ふくれる」というイメージに転化する。これが「腹」の根底にあるイメージである。腹は臓器が重なった所であり、ふっくらとふくれているイメージがある。蝮《ふく》（マムシ）は腹のふくれた蛇である。

さて話を「複」に戻す。以上見たように、「复」は「重なる」というコアイメージをもつ記号である。これは「ふくれる」というイメージにも展開する。「复《フク》（音・イメージ記号）

＋衣（限定符号）」を合わせたのが「複」である。これによって裏地を重ねて仕立てた衣（あわせ）を暗示させる。また中に綿などを詰めた綿入れのことも指す。綿入れはふっくらと膨れた衣服である。

「複」は「重なる」というのがコアイメージである。このコアイメージから、数量が二つ以上あるという意味が生まれる。

数学用語としては「複素数」に「複」が使われている。複素数とは「a+bi」で表される数である。実数と虚数の二要素から成り立つので複素数というのであろう。

## 複数の漢字②「群・雑」の起源——数漢字(19)

**【群】** 音グン　訓むれ・むらがる

群雄、群島などの「群」は「多数集まっている」という意味である。多くの個体が集団をなしている状態を「群」という。古典では「物三を群と曰う」「三より以上を群と為す」「群は類聚（同類の集まり）なり」などとある。

訓は「むれ」「むらがる」。日本語の「むら」は「同類のものが一団となっていること。また、そのもの」、「むれる（むる）」は「島や人などが、仲間ごとに、あちらに一かたまり、こちらに一かたまりと、思い思いに集まる。（幾つかの）集団にまとまる」の意という（『岩波古語辞典』）。

「群」の字源説を見てみよう。

①「君が声符。君の音の表す意味は衆多の意。多くの羊である」（『漢字の起源』）

②「形声。音符は君。君は攈《くん》（あつめる）と音が同じで、群れをなして集まるという意味がある。羊は群れを作って行動する習性があるので、羊の群れを群という」（『常用字解』）

③「君は口＋音符尹《イン》から成り、丸くまとめる意を含む。群は羊＋音符君の会意兼形声文字で、羊が丸くまとまってむれをなすこと」（『学研漢和大字典』）

①では君が衆多の意味とは解せない。②では君に「群れをなして集まる」という意味はない。また①②とも「羊の群れ」の意味とするが、図形の解釈と意味を混同している。③は図形的解釈に羊を含ませているが、意味は「ひとかたまりになった集まり」とし、両者を区別している。

ちなみに①は「君」では「口で号令を発して衆を率いる意」としており、「衆多の意」は見当たらない。また、②は「君」の項で「神の杖を持ち、祝詞を唱えて神を呼び寄せることができる巫祝の長」としており、「群れをなして集まる」という意味がない。③は「君」の項で「尹は神と人の間をとりもって治める聖職のこと。君は人々に号令して円満周到に治めまとめる人」と解釈する。ここに「丸くまとめる」の根拠がある。

藤堂の語源説をもう少し詳しく見てみよう。

藤堂は尹《イ》のグループ（伊・群・郡・裙・窘）を、骨のグループ（滑）、血、回、帰、韋のグループ（違・諱、囲・偉・緯）、鬼のグループ（塊・魁）、怪、貴のグループ（匱・饋）、胃のグループ（彙）、位、懐、困のグループ（梱）、軍のグループ（運・暈・輝・揮）・昆のグループ（混）、均、旬のグループ（筍）、癸のグループ（揆・葵）など、非常に多くの同源の仲間に入れ、これらの語群は**KUÊT・KUÊR・KUÊN**という音形と、「丸い、めぐる、取り巻く」という基本義があるとしている（『漢字語源辞典』）。

藤堂は「群」を尹—君—群の三段階で解剖していく。そしてこれらの根底に「丸い、めぐる、取り巻く」という共通のイメージを見出した。多くの同類の個体がまとまった形状を「丸い、めぐる、取り巻く」のイメージとして捉えたと言える。

「群」は『詩経』では三つの用例がある。

①無羊篇「三百は維《こ》れ群れ」（羊の群れは三百匹だ）

②吉日篇「或いは群がり或いは友にす」（獣たちは群がるものもあれば、仲良く並ぶものもある）

③柏舟篇「群小に慍《うら》まる」（多くのやからに恨まれる）

①は名詞の「群れ」、②は動詞の「群がる」。③が「数が多い」の意味をもつ「複数の漢字」である。

最も現代的な意味では数学用語の「群」がある。素人には定義が難しいが、群の表面的な意味はある数の集合であろう。

## 【雑】 音ザツ 訓まじる

「雑」が旧字体で、分析すると「集《シュウ》（音・イメージ記号）＋衣（限定符号）」となる。「集」は「雥（三つの鳥）＋木」を合わせて、三つの鳥が木の上に集まる情景を図形化したもの。多数のものが集まることが「集」である。したがって「雑」は多くの色の糸を集めて衣を作る情景を設定した図形である。『説文解字』では「五彩相会するなり」（五つの色彩が混じり合う）とある。

三つのものが集まる、あるいは五つのものが集まるということは、要するに多くの数が集まるということだ。

［集］

（甲）（金）（篆）（篆）

［雑］

（篆）

「集」も「雑」も「多く集まる」というイメージをもつ語である。

藤堂明保は集のグループ（雑）は、咠《しゅう》のグループ（緝・葺・輯・戢）、妾《しょう》のグループ（接）、三、参、杉、森などと同じ仲間（単語家族）とし、TSÊP・TSÊM の音形と、「いくつも集まる」という基本義があるとしている（『漢字語源辞典』）。

雑技とは多くの（いろいろの）技、雑木とはいろいろな木である。「雑」は多くの数量が含まれていることでは「複数の漢字」としてよいだろうが、雑巾・雑念・粗雑などとなると、余計なものが混じっている、主要なものではない、入り乱れているといった意味が強くなるため、「複数の漢字」とは言えなくなる。

## 複数の漢字③「達・等・供」の起源——数漢字(20)

「達《たち》」「等《ら》」「供《とも》」は日本語における複数の用法である。

大野晋は「たち（達・等）」の項で次のように説明している。

「複数を示す。神・人などについて尊敬の意をこめる。類義語のドモはトモ（伴）の転で、妻子・若者など気安く対する相手につく。ラは自然物や物体について複数を示すが、人間についた場合は親愛・卑下・軽蔑・嫌悪などの感情を示す」（『岩波古語辞典』）

「たち」に「達」、「ら」に「等」、「とも」に「供」という漢字を当てるが、これらの漢字にも複数の用法があるのか、これを検討する。

## 【達】

㊐タツ・タチ　㊋とおる

「羍《タツ》（音・イメージ記号）＋辵（限定符号）」と分析する。さらに「羍」を分析すると、「大《ダイ》（音・イメージ記号）＋羊（限定符号）」となる。「大」がコアイメージと関わる記号である。幅や面積が一定数量以上にあって大きいことが「大」である。その根底には「ゆったりとゆとりがある」というイメージがある。ヒツジが出産する情景を図形化したのが「羍」である。ヒツジは安産をする家畜と考えられ、産道がゆったりと開いてスムーズに仔を産む様子を暗示させる図形である。「羍」は「スムーズに通る」というコアイメージを表すことができるので、「達」は道が何のさわり（障害物）もなくスムーズに通じることを暗示させる。この意匠によって、「物事がスムーズに通る」の意味をもつ古典漢語 dat を表記する。

伝達、通達、配達、速達など、すべて「スムーズに通る」という意味が共通している。漢語の「達」に複数の用法はない。

［達］

（金）

（篆）

「達」の音は、漢音が「タツ」だが、呉音は「ダチ」である。また「タチ」の音もあったらしい。音のつながりから、日本人は複数の「たち」に「達」という漢字表記を与えたと考えられる。

## 【等】 音トウ　訓ひとしい・など・ら

訓は「ひとしい」「など」である。等級の等はクラスの意味である。これと「ら」はどんな関係があるのか。字源・語源から見てみよう（字源の諸説は「等と級の起源——助数漢字（40）」の項参照）。

「寺《ジ》（音・イメージ記号）＋竹（限定符号）」と分析する。「寺」は「時」を扱う際に詳しく説明するが（514ページ）、「進む」または「止まる」という逆のイメージを表す記号である。「寺」のグループ（時・待・持など）にはどちらかのイメージがある（単数の漢字③「特」で既述）。「進む」と「止まる」のイメージが同時に現れるとどうなるか。「進む」を「—」、「止まる」を「・」で示し、進んでいくものが次の段階で止まり、これを繰り返す状況を図示すると、「—・—・—・」の形になる。これは「▯・▯・▯・▯の形に並ぶ」というイメージとしても捉えることができる。竹の節はこのような形状をしているから、「物事が並びそろっている」ことを暗示させる図形として「等」が考案された。

［等］

（篆）

物が「▯・▯・▯・▯」の形に等間隔に並びそろっているありさまが「ひとしい」（均等の等）ということである。これから、そろって並んだ順序（等級の等）、順序を数える語（一等、二等の等）、そろって並んだ仲間（郎等の等）が生まれる。

次に、ABCD…という同類のものについて、AやBだけを例示し、残りの全部を「等」で代表させる用法も生まれる。「A等《とう》」「AB等等《とうとう》」などと表記する。この「等」は「複数の漢字」としてよいだろう。日本では「など」「などなど」と読むが、複数を示すのは「ら」である。「ら」の漢字表記を「等」としたのは理にかなう。

## 【供】 音キョウ　訓とも・ども

子供の「供」は複数を示す接尾語である。漢語の「供」にこの用法があるだろうか。字源・語源を見よう。

「共《キョウ》（音・イメージ記号）＋人（限定符号）」と分析する。「共」は「〇（または口）＋廾」と分析できる。「〇」は何かの物を示すだけで、何かは問題ではない。「廾」が重要なイメージ記号である。これは両手の形である。両手を意味するの

［共］

（甲）

（金）

（篆）

［供］

（篆）

ではなく、「両手を使って何かをする（持ち上げる、差し上げる）」というイメージを示す記号である。右手と左手をそろえるから、「二つのものをそろえる」「一緒にそろえる」というイメージが根底にある。

イメージの展開が語の意味を展開させる。「一緒にそろえる」「一緒に」の意味を「共」で表し、「差し上げる（捧げ持つ）」の意味を「供」で表すようになった。

「一緒に」は「ともに」であるので、「共」に「とも」の訓がついた。「とも（伴・友）」は「（主となるものに）そば近く寄り添って従うもの。常に一緒にいるもの」の意で、「ども」は「トモ（伴・友）の転用。お伴をし従うものの意から転じて、人間の複数を示す」、「ともに（共に）」は「トモは友・伴の意から転じたもの。同類として。一緒に」の意という（『岩波古語辞典』）。

漢語の「供」に複数の用法はないが、「共」に「一緒にそろう」というコアイメージがあるため、複数を示す日本語の「とも」「ども」に「供」を当てる根拠が全くないわけではない。

## 多数の漢字① 「多・大・巨」の起源——数漢字（21）

数が多いというイメージや意味をもつ漢字は「複数の漢字」ともなるが、文字通り多数を表す漢字もある。これを「多数の漢字」と名付ける。多・衆・庶などがある。「おおきい」の意味をもつ漢字、「大」「巨」もこれに含めてよいだろう。「大金」「巨額」などの「大」「巨」は形状ではなく数量を表している。

「多数」は漢数字でも表せる。「三」以上の漢数字はたいてい「多数」を表しうる。三省（何度も反省する）、四海（全世界）、四分五裂（砕けて多数の破片になる、ばらばらになる）、六合（全宇宙）、七転八倒（何度も転ぶ）、九牛の一毛（多くの牛の一本の毛）、十方（あらゆる方角）、百発百中（すべて命中する）、千村万落（多くの村落）、万国（多くの国）、億兆（非常に数が多い）、兆民（多くの人民）など。

### 【多】 音タ 訓おおい

訓は「おおい」。小学生でもわかる漢字であるが、字源・語源は何か。

『説文解字』は「夕（ゆうべ）を重ねた形」と見たが、王国維（近代の文字学者）以来、「肉を重ねた形」とするのが定説になっている。

漢字の見方は、「何」（実体）の追求よりも、「どのように」

［多］

（甲）（金）（篆）

（形態、機能）の探求が大切である。「同じような物を上下に重ねた形」という状態を捉えるのがよい。「重ねる」から「増える」というイメージが生まれる。かくて「数量が増えてたくさんある」、つまり「おおい」ことを「多」の図形によって暗示しうるのである。

　以上は字源から解釈したが、語源的に解釈すると少し違う。古典には「多は重なり」のほかに「多は大なり」の訓がある。藤堂明保は、多は大のグループ（泰・汰・達）や亶《たん》のグループ（擅）、善のグループ（膳・繕）などと同源であって、これらはTAT・TAR・TANという音形をもち、「ゆったり、ゆとりがある」という基本義があるとし、「多とは〝ゆったりと余裕のある〟こと、大とは〝ゆったりして大きい〟ことで、分量（かさ）と形状（かたち）の違いはあっても、その基本義は共通である」と述べている（『漢字語源辞典』）。

　物がたくさんあるとそれが占める空間はゆったりとした大きさがある。また、形態が大きいとそれが占める物体の面積はゆったりとした幅や広さがある。前者が「多」、後者が「大」であるが、「（空間的に）ゆったりとしている」というイメージは共通である。

　「おおい（多）」と「おおきい（大）」を同源として捉えるのは日本語でも同じである。『岩波古語辞典』には、「おほ（大）」の項で「数・量・質の大きく、すぐれていること」、「おほし（大し・多し）」の項で「容積的に大きいこと。また、数量的に多いこと」とある。「おおい」と「おおきい」はもともと同じ語であったらしい。しかし漢語では「多」と「大」は甲骨文字にもあるくらい起源が古い。しかも「多」はtarの音、「大」はdadの音と推定され、二つは同源ではあっても明確に区別されていたようである。

## 【大】

音 ダイ　訓 おおきい

［大］

（甲）（金）（篆）

　「大」は右に述べた通り「ゆったりしている」がコアイメージである。このコアイメージを表現するために、両手両足を広げて立つ人の図形（「大」の甲骨文字）が考案された。この意匠によって、空間的な広がり、広さ、面積がせせこましくなく、余裕が十分にあってゆったりしているというイメージを表すことができる。主として形状がおおきい意味が実現されるが、数量についても「大」が使える。大数・大量の「大」はこれである。

## 【巨】

音 キョ　訓 おおきい

　同じ「おおきい」でも「巨」はこれとイメージが違う。「巨」は長さ、幅、空間的な距離が隔たっておおきいという

［巨］

（金）（古）（篆）（篆）

イメージである。このイメージを表現するための図形的意匠が規矩の矩《く》（定規の一種）である。矩は匚の形をした大工道具で、直線や角度を引くだけでなく、幅を測る定規である。その形状や機能から、「上下の幅が隔たっている」というイメージを表すことができる。「巨」のグループにこのコアイメージが明確に刻印されている。

巨…非常に大きい。「巨人」「巨大」

距…隔たり。「距離」

拒…二人の間に距離を置いてはねつける。こばむ。「拒否」「拒絶」

矩《ク》…幅のある（幅を測る）大工道具。「規矩（コンパスと定規）」

渠《キョ》…両側を広げて水を通すみぞ。「暗渠」

炬《キョ》…束ねた薪の先端に火を燃やし、それから間隔を隔てた下端を持ち上げる照明具。「松炬（たいまつ）」

磲《コ》…殻の表面にみぞのある貝。「硨磲《しゃこ》」

「巨」は形状が大きいことから、数量が大きい（多い）という意味にも転じる。「巨万の富」という場合の「巨」はこれである。

## 多数の漢字②「衆・庶」の起源——数漢字(22)

### 【衆】　音シュウ　訓おおい

「衆」の一語で「多くの人」の意味があるが、衆多、衆寡の「衆」は多数の意味である。字源・語源を見てみよう。

「衆」は字体が次々に変わった。甲骨文字では「日＋众」、金文・篆文では「罒（＝目）＋众」、楷書では「血＋众」に変わった。血は罒の誤った形で、「ち」では意味をなさない。

次の字源説がある。

①「众が原字。三人の意味」（『漢字の起源』）

②「会意。口（都市を囲む城廓の形）と三人とを組み合わせた形。城廓の下に三人が並んで立つ形を加えて、都市の中に多くの人がいることを示し、〝多くの人、おおい〟の意味となる」（『常用字解』）

③「日＋人が三人（多くの人）の会意文字で、太陽のもとで多くの人が集団労働をしているさま」（『学研漢和大字典』）

漢字の見方は「何」（実体）よりも「如何（いかん、どう、どのよう）」（形態、機能）に重点を置くべきである。「衆」は「众」に重点がある。これは「人」が三つの図形である。漢

［衆］

（甲）（金）（篆）

字の造形法では物が三つある図形でもって、「重なる」のイメージを表すことが多い。前項の「多」は二つの物を上下に置いて「重なる」のイメージを表したが、これはちょっと特殊な例。普通は「比」(人が横に並ぶ形)、「旅」(旗の下に人が並ぶ形)のように「並列」のイメージが作られる。物が三つの場合は次のような例がある。

品　古典に「品は衆なり」とある。多くの(いろいろの)品物。

森　古典に「木の衆き貌《かたち》」とある。「もり」は国訓。

卉《キ》　屮(くさ)が三つ。草木の総称。

蟲《チュウ》(＝虫)　虫の総称。古典に「蟲は衆なり」と語源を説く。

轟《ゴウ》　古典に「衆車の声なり」とある。訓は「とどろく」。

磊《ライ》　古典に「衆石の貌」とある。石がごろごろした様子。

疊《ジョウ》(＝畳)　畾(田が三つ)＋宜。「重なる」の意。

纍《ルイ》(＝累)　畾＋糸。「重なる」の意。

壘《ルイ》(＝塁)　畾＋土。土石を重ねたとりで。

犇《ホン》　古典に「衆牛走るなり」とある。日本では「ひしめく」と読む。

猋《ビョウ》　古典に「犬の群走の貌」とある。

驫《ホウ》　古典に「衆馬の走る貌」とある。

数字の三は多数の意味をもつ。だから物が三つ重なることで「多数」を表すことができる。人が三つの形である「众」は、多数の人を表すのである。後世では「众」だけで独立字となり、衆と同音に読む。現代中国では「众」を「衆」の簡体字としている。

## 【庶】

㊅ショ　㊫おおい・もろもろ

庶務とは種々(いろいろ、さまざま)の事務のことで、「庶」は多数の意である。古典に「庶は衆なり」とある。

字源説を見てみよう。

①「石が声符。石の音の表す意味は措(おく)である。火上に措く意である。炙の意というべきである」(『漢字の起源』)

②「会意。广(厨房の屋根の形)と廿(煮炊きに使う鍋の形)と火(煮炊きする火)とを組み合わせた形。庶は厨房で煮炊きする形で、にるの意味となる。庶は鍋でごった煮を煮ることから、〝おおい、もろもろ〟の意味となる」(『常用字解』)

③「庶の下部は動物の頭(廿印)のあぶらを燃やすさまで、光の古文。庶はそれに广(いえ)を添えた会意文字で、家の中で火を集め燃やすこと。集める意を含み、多くのものが集まった意に用いられる」(『学研漢和大字典』)

①と②は図形的解釈をストレートに意味としている。「炙

[庶]

(金) 　(篆)

る」も「煮る」も図形から導かれた意味に過ぎない（こんな意味は庶にない）。

語源的に探求したのは藤堂明保である。藤堂は庶を都・諸などと同源とし、「充実する、一所に集まる」という基本義があるとする。「庶」は「多く集中する」という意味を含み、「庶民」とは「諸民」と同じだという（『漢字語源辞典』）。

翻って字源を見てみよう。「炗」は「光」の古文（戦国時代の書体の一つ）である。「廿」は革や黄（＝黄）、堇（勤・漢などの基幹記号）などに含まれる記号で、獣の頭の形である。特に毛皮を炙って乾かしたり（毛を取って乾かした皮を「革」という）、脂肪を燃やして光を発したりする（脂肪を燃やして飛ばす火矢の色を「黄」とした）ことを表すために利用される。だから「光」を「炗」とも書くのである。「炗（イメージ記号）＋广（限定符号）」を合わせたのが「庶」で、家の中に光を採り入れる情景を設定した図形である。この意匠によって、「多くの物が一つの所に集まる」というコアイメージを表現することができる。実現される意味（具体的文脈における意味）は「数量が多い」ということである。「庶は衆なり」「庶は多なり」が古典の通訓である。

『詩経』では「我が事はなはだ庶《おお》し」（私の仕事はやたらと多い）」などの用例がある。また「我を求むる庶士よ、其の吉におよべ」（私を求める男たちよ、「婚礼の」良い日柄を外さないで）という詩句がある。この庶士の「庶」は「複数の漢字」と見ることもできる。

## 少数の漢字①「小・少」の起源――数漢字(23)

「多数の漢字」とは逆に数が少ないことを表す漢字を「少数の漢字」と呼ぶことにしたい。少・鮮・寡・僅・希などがある。数学用語の小数は1より小さい数で、これとは違う。しかし「小」には数が少ないという意味もあるから、「小」も「少数の漢字」に含めてよいだろう。

### 【小】　音ショウ　訓ちいさい

こんな字源説がある。

①「物の微小、微細を示した字。セウの音は微細の意を示す。微細のものの意」（『漢字の起源』）

②「象形。小さなものが散乱している形。その物の形が小さく、数が少ないので、〝ちいさい、すこし〟の意味となる」（『常用字解』）

③「中心の一線の両脇に点々をつけ、棒を削ってちいさく細くそぐさまを描いた象形文字」（『学研漢和大字典』）

［小］

（甲）

（金）

（篆）

①と②は甲骨文字から、③は篆文から解釈したもの。①は堂々巡りの字源説である。

漢字の見方は実体よりも形態・様態に重点を置く必要がある。「小」は何か（実体）の形ではなく、点を三つ配置した象徴的符号と見るべきである。「小」はちいさなものが点々と散らばる様態を暗示させる図形である。これによって「ばらばらになる」というイメージを表すことができる。

図形から意味が出るのではない。歴史的・論理的に説明するとこうである。siogという古典漢語があった。これは「（形状が）ちいさい」の意味をもつ（古典に用例がある）。この聴覚記号を視覚記号に変換するために、点々を三つ配置した図形が考案された。かくて「小」でもってsiogが表記された。

漢語では「小」と「少」は同源であり、形がちいさいことと、数がすくないことは関連がある。「小」は形が小さい意味から、数が少ない意味に転じる。小兵は体格が小さい兵隊ではなく、数の少ない軍隊である。

## 【少】　㊱ショウ　㊦すくない

これも字源説を見てみる。

［少］

（甲）

（金）

（篆）

①「小・少は同字」（『漢字の起源』）
②「象形。小さな貝を紐で綴った形。綴った貝の数が少ないので、〝すくない、すこし〟の意味となる」（『常用字解』）
③「小（ちいさく削る）＋丿印（そぎとる）の会意文字で、削って減らすこと。のち、分量や数が満ち足りない意に用いる」（『学研漢和大字典』）

①と②は甲骨文字、③は篆文から解釈したもの。②では綴った貝の数が少ないから、「すくない」の意味が出たというのは変である。なぜ貝が少ないのかの理由が分からない。

甲骨文字は四つの点々を配置した図形（象徴的符号）で、「小」の意匠と似ている。しかし篆文では「小」との同源意識から字体が変わり、「小《ショウ》（音・イメージ記号）＋丿（イメージ補助記号）」の組み合わせになった。「小」は「小さくばらばらになる」というイメージを示し、「丿」は斜めに払うことを示す符号である。したがって「少」は本体をそぎ取ってばらばらにして減らす情景を暗示させる。この図形的意匠によって、数量がすくないことを意味する古典漢語thiogを代替させる。

「少」は数量が少ない意味から、年数が少ない、つまり「わかい」の意味に転じる。少年・少女の「少」はこれである。「少」は時間漢字でもある。

「小」と「少」の字源説を見ただけでも、漢字の見方がいろいろであることがうかがえる。大事なことは形から意味を引き出さないことである。意味は語にあるのであり、形は意味を暗示させるだけである。語→意味→形の方向に説明しないと漢字を正しく理解することはできない。

## 少数の漢字②「僅・鮮・希」の起源——数漢字(24)

「多数の漢字」である「衆」に対するのは「寡」である。「衆寡敵せず」は多数と少数では相手にならない（少数が多数にかなわない）の意。しかし「寡」は「ひとつ」「ひとり」の意味もあるから、「単数の漢字」でもある。字源・語源については該項で既に述べた。

### 【僅】　音キン　訓わずか

古典に「僅は少なり」とある。訓は「わずか」。僅少は数量が少しの意、僅差は小差とほぼ同じ。

「僅」はなぜ「わずか」の意なのか。字源・語源から見てみよう。

「堇《キン》（音・イメージ記号）＋人（限定符号）」と解析する。「堇」

が語の深層構造に関わる基幹記号である。「堇」の古い形は「漢」や「嘆」の右側、「難」の左側である。これは頭のついた獣の毛皮を火で炙って乾かす情景を意匠とし、「乾く」「水分がなくなる（尽きる）」というイメージを示す記号である。これに「土」を合わせたのが「堇」で、乾いた土を暗示させる図形。「堇」も「乾く」「尽きる」というイメージを表すことができる。

イメージ展開を考えると、「乾く」は水分がなくなった結果であるので、「水分がなくなる」「尽きてなくなる」というイメージのほかに、「（量が減って）少なくなる」というイメージにも展開する。また、「少なくなる」から「小さい」「細かい」のイメージにも展開する。これらのイメージは以下の漢字に生かされている。

漢…天の川を「水のない川」に見立てて、漢という。熟語にすると河漢・銀漢・雲漢などという。これをモデルにした地上の川が漢水という川。この流域に建てた王朝の名が漢。ここから意味が拡大して中国、中国人、男。天の川から痴漢の漢にまで意味が広がった。

饉…食物が少なくなる。饑饉の饉。

勤…力を尽くして働く。勤務の勤。

謹…細かく気を配る。つつしむ。謹慎の謹。

堇《キン》…小さな草。スミレ。

槿《キン》…花の命が短い木。ムクゲ。

「少なくなる」のイメージから「数量が少ない、わずか」の意味が実現される。これが「僅」である。「饉」と「槿」にも「数量が少ない」のイメージが色濃く含まれている。

## 【鮮】 音セン 訓すくない・あざやか

新鮮の「鮮」は「あざやか」の意味であるが、鮮少の「鮮」は「すくない」の意味である。この二つの意味は何か共通点があるのか、字源・語源から探ってみよう。

藤堂明保は、「鮮」は「魚（さかな）＋羊（ひつじ）」を組み合わせて、「生の肉」を表した会意文字で、新鮮の鮮（あたらしい）はその転義とする。一方では、sian（鮮）の語源は、沙（＝砂）、殺、散のグループ（霰）、洒、戔《さん》のグループ（残・賤・浅・綫・銭）などと同源で、「ばらばら、小さい、そぎとる」という基本義があるという（『漢字語源辞典』）。

新鮮と鮮少は結びつかない。

白川静は、「羊」は「羴《せん》」の略、「羴」は羊の臭いをいう字、これと「鱻」（魚の臭い）を合わせたのが「鮮」で、その臭いが独自のものであるから「新鮮」（肉や魚が新しいこと）、「鮮麗」（鮮やかで美しいこと）というとする。また、鮮少（すくない）の鮮は尟《せん》・尠《せん》（すくない）の仮借とする（『常用字解』）。

[鮮]

（金）

（篆）

白川説では「鮮」の前に「羴」や「鱻」、また「尠」が存在しなければならないが、「鮮」のほうがはるかに古い字で、『詩経』（BC11世紀頃）に見える。『詩経』では新鮮と鮮少の二つの意味で使われている。

新鮮と鮮少は本当に何の関係もないだろうか。改めて字源・語源を考える。

字源は「魚」と「羊」を合わせただけのきわめて舌足らず（情報不足）な字で、何とでも解釈できる。だから語源を先に考える必要がある。

古典に「鮮は殺なり」「鮮は斯《し》なり」「鮮は析なり」などとある。これらの語は「（ばらばらに）切り分ける」というコアイメージがある。これは分散した状態である。前に述べたように（「整数と分数の語源——数漢字（10）」の項）、「分ける」「分かれる」から「小さい」の意味が生まれる。ここから「少ない」に転じるのは見やすい。かくて鮮少の「鮮」は「分かれる」から「すくない」の意味になったと考えられる。

一方、のっぺらぼうな状態はあいまいではっきりしないというイメージがあるが、のっぺらぼうな状態を分割すると、区切りが生じてはっきり見える。このように「分かれる」「分ける」から「はっきりと見える」というイメージが生まれる。新鮮の「鮮」は「分かれる」から「はっきりと見えてあざやかである」という意味になったと考えられる。

以上の通り、イメージ展開を考えると、「分かれる」から「少ない」と「あざやか」の二つの意味が派生することがわかる。かくて二つの意味を同時にもつ「鮮」の深層構造が明らかになった。

翻って「鮮」の字源を考える。「魚」と「羊」からストレートに新鮮な魚や羊の肉の意味を導くのではなく、まず調理の場面を想定したい。そうすると「魚」と「羊」は調理の素材であり、切り分けるべきものである。だからsianという語のコアイメージである「切り分ける」を「魚+羊」の組み合わせで暗示させたと解釈できる。

字形は何とでも解釈できるが、語源研究が恣意的解釈に歯止めをかける。

## 【希】 ㊄キ ㊋まれ

希少の「希」は数がきわめて少ない意であるが、希有の「希」はまれである、めったにない意で、少数からゼロに近づく。一方では希望の「希」、「ねがう」「こいねがう」という使い方（意味）がある。この二つの意味（「すくない」と「ねがう」）はどんな関係があるのか、字源・語源で見てみよう。

［希］

（篆）

こんな字源説がある。

①「巾の形の刺繡を交互する形。刺繡をする意である。まれ・少ないの意は借用」（『漢字の起源』）

②「象形。すかし織りの布の形」（『常用字解』）

③「爻（まじわる）＋巾（ぬの）の会意文字で、細かく交差して織った布」（『学研漢和大字典』）

図形の見方は布の織り方とする点で三者の説は同じだが、意味の取り方が違う。③（藤堂明保）は意味の展開について「隙間がほとんどないことから、微小で少ない意となり、またその小さい隙間を通して何かを求める意となった」と述べる。②（白川静）は「もと希《まれ》（数少なくて珍しい様子）の意味に用いたが、それは布の織り目があらいからであろう」、「ねがうの意味に用いられるのは、希の音が覬・幾・冀などと近いからであろう」という。②の一部は仮借説とされた。①（加藤常賢）は全部が仮借説である。

古典に「希は寡なり」「希は少なり」「希は鮮なり」などの訓があるが、これは意味を述べたもので、同源関係を指摘したわけではない。藤堂は幾（こまかい、わずか）と希を同系語とする。幾については、幾のグループ全体（機・畿など）が斤のグループ（近・祈）、几のグループ（机・肌）、堇《きん》のグループ（僅・饉・勤・謹・艱）などと同源で、これらはKÊR・KÊNという音形をもち、「狭い、細かい、わずか」という基本義があるとしている（『漢字語源辞典』）。

語源論によると、古典漢語のhiər（希）は「（隙間が狭くて）小さい」というコアイメージをもつと考えてよい。イメージ展開を考えると、「小さい」が「少ない」につながることは容易に分かる。これが希少の「希」である。「少ない」は極限においては「めったにない」のイメージに転じる。これが希有の「希」である。また、空間的に狭い状態は「（幅が迫って）近づく」というイメージに展開する。ここから、欲しい物事に少しでも近づきたいという心理・心情を表す希望の「希」の用法が生まれる。「祈る」という心理が「近づく」のイメージの展開（「斤」に「ちかづく」のコアイメージがある）であるのと非常に似ている。「欲しいものに近づきたいと思う」のが「祈る」にも「希《こいねが》う」にもなるのである。また、「幾」が「小さい」→「近い」→「こいねがう（庶幾）」と展開するのと一致する。

翻って「希」の字源を見てみよう。

「爻（イメージ記号）＋布（限定符号）」と解析する。「爻」は×を二つ合わせて、×の形に交差するというイメージを示す記号である。したがって「希」は布を×の形に交差させて織る情景を暗示させる図形と解釈される。この意匠によって、「小さい隙間があいている」というイメージを表すことができる。夏服はたいてい麻でできているが、その服を絺《ち》という。夏服の織り方から発想された図形が「希」である。

希有はケウと読むが、キユウと読む場合もある。希有金属（レアメタル）はリチウム、ガリウム、インジウムなど、自然界で非常に数量の少ない金属のこと。携帯電話や液晶テレビなどに欠かせないことは周知の通り。

## 半数の漢字「半」の起源——数漢字(25)

半分の数を表す漢字が「半数の漢字」である。これには「半」しかない。「なかば」と読む漢字には「央」もあるが、これは空間的な半分である。

**【半】** 音ハン 訓なかば

字源説を見てみよう。

①「八が声符。八の音の表す意味は分かつ意。牛を二つに切り分ける意。それから半分の意となった」（『漢字の起源』）

②「象形。牛を真中で二つに分ける形。犠牲の牛を二つに分けることを半といい、〝わける、わかつ、なかば〟の意味となる」（『常用字解』）

［半］

（金）

（篆）

③「牛＋八印の会意文字。牛は物の代表。八印は両方に分ける意を示し、半は何かを二つに分けること。八はその入声に当たるから、牛＋音符八の形声文字と考えてもよい」（『学研漢和大字典』）

漢字の見方の重大な違いがこれらの字源説に現れている。

①と②は牛という実体から説明し、牛の分割から「半分」の意味が生じたとしている。つまり字形から意味を引き出し、形の解釈をストレートに意味とする漢字論である。

③はこれらと全く違う。牛という実体に重点があるのではなく、「牛」は借り物であって何でもよく、物を分割するということに重点があるとする漢字論である。

形の解釈の前提（先立つもの）として語源説がある。

藤堂は半だけでなく、半のグループ全体（判・伴・叛・畔）が、八、肺、別、発のグループ（撥・廃）、犮《はつ》のグループ（抜・祓・髪・跋）、貝のグループ（敗）、伐、拝、反のグループ（返・版）、班、片、辺、弁（辨・辯）など、PAT・PAD・PAN という似た音形と、「二つに分ける」という共通の基本義をもつ同じ仲間（単語家族）としている（『漢字語源辞典』）。

歴史的・論理的に「半」の成立を説明すると、次のようになる。

古典漢語に puan という語があった。これは「半分、なかば」という意味をもつ。puan は聴覚記号である。これを視覚記号に切り換えて見えるようにする。抽象的な意味を図形化するのはなかなか困難である。そこで具体的な物や状況を設定する。これにヒントを与えたのが動物の解剖・解体の場面である。かくて「八《ハチ》（音・イメージ記号）＋牛（限定符号）」を組み合わせた「半」が生まれた。

「八」は「八の起源」の項で既に述べたように、)(の形に左右（両側）に分かれることを示す象徴的符号である。「半」で利用される「八」は数字の8ではなく、「分かれる」というイメージである。牛の体を左右（両方）に分割する情景を設定したのが「半」の図形である。

「半」の字形から出発すると「牛を分ける」という意味が引き出されるが、これでは解釈の方向を誤る。漢字の成立は「形から意味が出る」のではなく、「意味を形に表す」が正しい方向である。だから「半分」の意味をもつ古典漢語 puan を「半」で表記したと説明しないと歴史にも論理にも反する。

意味は形ではなく語（記号素）にある。ではどのようにして意味が分かるのか。意味は用例（文脈）にしかない。puan を「半」と表記した次のような文脈がある。

（原文）行百里者半於九十（『戦国策』秦策）

（訓読）百里を行く者は九十を半ばとす。

（現代語訳）百里を歩く人は九十里を半分とする（本当は100里の半分は50里だが、90里と考えて、目的地に着くまで気を緩めないようにする）。

これらの用例から「半」は「半分、なかば」の意味と分かる。

以上、くどいほど「半」の説明をした。漢字の正しい理解がどうあるべきかを示すためである。

さて「半」は「二つに分ける」がコアイメージである。図示すると「□↙□」の形や、「□—□」の形である。これらは「□↑↓□」の形や、「□↓↑□」の形のイメージにも展開しうる。「□↙□」は分割のイメージ、「□—□」は並列のイメージ（「伴」で実現）、「□↑↓□」は分裂・背反のイメージ（「判」「叛」で実現）、「□↓↑□」は結合のイメージ（「絆」で実現）である。

「□↙□」のイメージからは、二つに分けた数量、半分の意味が生まれる。

分けると数が少なく（小さく）なる。これは分数の観念と同じである。だから半分は二分の一と同じ意味になる。では三分の一や四分の一を漢字で表すとどうなるか。

『夏侯陽算経』では

二分之一を中半と為す。
三分之二を太半と為す。
三分之一を少半と為す。
四分之一を弱半と為す。

と述べている。強半が出ていないが、「四分之三」であろう。

## 概数の漢字①「概・凡」の起源——数漢字（26）

だいたい、おおよその数量を表す漢字が「概数の漢字」である。特定の数や、限定された数ではなく、ひっくるめて数量を表す漢字である。多数や少数ではないが、総数とは関係がある。概・凡など。日本語の「だいたい（大体）」や「おおよそ」も全部・全体の意味から来ている。「ほぼ」（おおかた、おおよその意）の訓をもつ漢字もこれに含められよう。粗・略など。

### 【概】

音ガイ　訓おおむね

概数、概算、概略、大概などに使われ、「だいたい、およそ、あらまし」の意。訓は「おおむね」。古語の「おほむね」は「①大体の趣意。②およそ。大体のところ」の意という（『岩波古語辞典』）。

字源・語源を見てみよう。「既《キ》（音・イメージ記号）＋木（限定符号）」と解析する。「既」が語の深層構造にかかわる重要な基幹記号である。そこで「既」の字源・語源を見る。

「既」は「皀＋旡」と分析される。「皀」は食の下部、即の左側に含まれており、器に食べ物を盛りつけた形。「旡」は

［既］

（甲）

（金）

（篆）
［概］

（篆）

ひざまずいた人が後ろ向きに口を開けた形。これはげっぷをする情景である。げっぷは腹中にたまった気（ガス）を吐き出す行為である。「中に満ちる」「いっぱい詰まる」というイメージを「旡」で表すことができる。したがって「既」は「旡《キ》（音・イメージ記号）＋皀（イメージ補助記号）」を合わせて、食べ物を腹いっぱい食べてしまった情景を設定した図形である（「既と已の起源——時間漢字（65）」の項参照）。腹に焦点を置くと「いっぱい満ちる」というイメージ、器に焦点を置くと「尽きる」というイメージになる。これが「既」のコアイメージである。後者のイメージから「尽きてすっかりなくなる」の意味（皆既日食の既）、「事態がもはや尽きて、すっかり終わって→すでに」の意味（既婚の既）が実現される。

一方、「いっぱい満ちる」のイメージが実現されたのが「概」である。これは何を表すか。

升で穀物などを量る際、升からはみ出ないように、いっぱいになるようにするために棒を使う。この棒を日本語で「ますかき」「とかき」という。「概」はまさにこの棒のことである。いっぱいに満たすという機能をもつから「いっぱい満ちる」のイメージをもつ「既」を利用して「概」が造形された。この語は灌漑の「漑」や、慨嘆の「慨」と同源である。水をいっぱいに注ぐのが「漑」、胸が詰まってため息をつくのが「慨」である。

さて「ますかき」は全体の容量を均す機能があるから、全体をひっくるめるというイメージが生まれる。ここから「大体、おおよそ」という意味が生まれる。日本語の「およそ」は「おほよそ」から来ている。古語の「おほよそ」は「オホはすべての意。ヨソは寄スの古形。みな寄せ集めた所で、の意。従って、数についていうのが古例」という（『岩波古語辞典』）。

## 【凡】

㊀ボン・ハン　㊁おおよそ・およそ

平凡の「凡」は「ありふれている、なみ」の意だが、大凡《たいはん》の「凡」は「およそ」の意。この二つの意味はどんな関係があるのか、字源・語源で見てみよう。

こんな字源説がある。

① 「水を受ける盤の形。盤のことである。凡そ・大凡の意に使うのは借用」（『漢字の起源』）

② 「象形。盤の形。盤に乗せて運ぶこと」（『常用字解』）

③ 「広い面積をもって全体をおおう板、または布を描いた象形文字」（『学研漢和大字典』）

「およそ」の意味の由来を説明したのは藤堂明保のみである。藤堂によれば、凡のグループ（帆・汎）は法、乏のグル

［凡］（甲）（金）（篆）

ープ（泛・貶・窆）、氾のグループ（犯・笵・範）などと同じ仲間（単語家族）に属し、これらはPAP・PAMという音形と、「枠をかぶせる、平らな面でおおう」という基本義があるという。そして「凡」については「四角い板か帆の形で、平らにおおう意を含む。転じて全体をおおって概括する意の副詞に用い、オヨソと訓じられる」と述べている（『漢字語源辞典』）。「凡」を盤の形と見るのは近代の文字学者（羅振玉ら）の説だが、船の帆の形と見る説（カールグレンら）も現れている。「凡」は「風」にも含まれており、帆の形とするのが妥当であろう。しかし実体にこだわる必要はない。漢字の見方は実体よりも形態・機能に重きを置くのが正しい。盤であろうが帆であろうが、平面をもつものであるから、平らに広く覆うというイメージがある。このイメージを捉えるのが重要である。biǎm（ボン）という古典漢語のコアイメージを表すための工夫が「凡」の図形である。

この語は『詩経』に次のような用例がある。

（原文）凡今之人、莫如兄弟

（訓読）凡そ今の人は、兄弟に如《し》くは莫《な》し

（現代語訳）だいたい現在の人間は、兄弟にかなうものはない。

古典の注釈では「凡は最括なり」とあり、全体をひっくるめてという意味が『詩経』に見られる古い用例である。これは「凡」の「全体を広く覆う」というコアイメージからの展開と考えられる。また古典では「凡は皆なり」「凡は衆なり」「凡は総挙の辞」などともあり、全部を数えると、全部で、すべて（総計、都合）という意味もある。そうすると「凡」は「総数の漢字」にも入れてよいだろう。

ちなみに、「平らに広く覆う」というイメージは、個別に視点を置くのではなく、全体をおおざっぱに、ひとしなみに見る視点に立つので、「特別ではなく何の特徴もない、一般的である、普通である」という意味に展開する。これが凡人・平凡の「凡」である。

## 概数の漢字② 「数・幾」の起源——数漢字(27)

概算をする方法として連続した漢数字を重ねる言い方がある。『論語』に「二三子」という語がある。これは二人や三人の弟子という意味だが、必ずしも二人、三人と限らない。何人かの弟子、あるいは弟子たちという複数を表している。「十中八九」は十のうちの八または九で、8割や9割という高率を表している。

連続した数でない場合、例えば二八は28の意味ではなく、二×八で16のことである。「四六時中」は46時間ではなく、24時間である。

白楽天の詩に「三五夜中新月の色」という句があるが、三五は15で、三五夜は十五夜と同じである。

「二三」はちょっとした数であるが、二十三（23）と間違われないために「二、三」と表記することもある。「二三」と同じくらいのわずかな数を漢字一字で表す場合、「数～」という。数人、数年の数である。古典に「数は多少なり」「数は幾なり」「或いは二或いは三を数と為す」などとある。ただし二三以上、五六までを漠然と指すことも多い。

## 【数】 音スウ 訓かず

「数」はなぜ二や三程度の数を表すのか、これを検討しよう。字源・語源については「数の起源――数漢字（1）」の項で既に述べた。

「数」は「○・○・○…の形に点々と並ぶ」というイメージ、あるいは▯-▯-▯の形に数珠つなぎに並ぶ」というイメージがコアにある。▯-▯の部分に視点を置くと、二つの間が隙間なく並ぶので、「間隔が縮まる」というイメージに展開する。古典に「数は速なり」「数は促なり」とある。速・促は「縮まる」というイメージをもつ語である。「間隔が縮まる」は「短い」「小さい」のイメージに展開しうる。上に引用した「数は多少なり」「数は幾なり」は「数」に「小さい」というイメージが起こった結果生まれた意味である。「小さい」というイメージから、「数」に二つや三つの小さな数を表す用法が生まれる。

ちなみに、時間の間隔が縮まって次々に起こる状況が「しばしば」である。「数」が「しばしば」の意味をもつのは、「▯-▯-▯の形に並ぶ」というコアイメージからイメージ展開をするからである（「数と屡の起源――時間漢字（58）」の項参照）。

イメージ展開からいろいろな意味（文脈における使い方）が発生する。

## 【幾】 音キ 訓いく・いくつ・いくばく

古典に「数は幾なり」とあるように、「幾」にも小さな数を表す用法がある。ただし小さな数といっても、百や千と比べると十以下は小さい数なので、十以下の数（一から九まで）を念頭に置いて、「いくらか」「多少」という概数を表す。「いくつか」と尋ねる疑問詞にも使われる。日本語では「いく」「いくばく」と読む。

字源・語源を見てみよう。

①「戍が声符。足で踏む板木に連なる索を住止する意で、織具の名」（『漢字の起源』）

②「会意。幺と戈とを組み合わせた形。幺は絲のもとの形で、

［幾］

（金）

（篆）

絲飾り。邪悪なものを祓う力のある糸飾りをつけた戈《ほこ》を用いて、あやしいものを調べ、問いただすことを幾という」（『常用字解』）

③「𢆶は細くかすかな糸を示す。幾は𢆶（わずか）＋戈（ほこ）＋人の会意文字で、人の首にもうわずかで戈の刃が届くさまを示す。もう少し、わずかなどの意を含む。わずかの幅をともなう意から、はしたの数（いくつ）を意味するようになった」（『学研漢和大字典』）

三人三様の字源説だが、③以外は小さな数の用法が説明できない。

語源について藤堂は幾のグループ（機・畿・譏・饑）を、斤のグループ（近・祈）、几《き》のグループ（飢・肌）、堇《きん》のグループ（僅・饉・勤・謹・艱）などと同じ仲間（単語家族）に入れ、これらはKÊR・KÊNという音形と、「狭い、細かい、わずか」という基本義があるとし、「〞ほとんど、もう少し、ごく近い〞などの意味がそこから生じてくる。少量の意から転じて、〞いくらか、いくつか〞という意味の不定数詞となり、また疑問詞ともなる」と述べている（『漢字語源辞典』）。

改めて字源を見てみよう。

「幺二つ（イメージ記号）＋人（イメージ補助記号）＋戈（限定符号）」と解析する。「幺」は「糸」の上の部分で、「小さい」「わずか」のイメージを示す記号。したがって「幾」は人に武器を限りなく近づける情景を設定した図形である。人を斬るという意味を表すのではなく、わずかな距離まで近づけるというイメージを暗示させるための意匠である。この図形によって、「近い」の意味をもつ古典漢語kiərを表記する。

イメージ展開を考えると、ごく近くまで距離を近づけるイメージから、「近い」「わずか」「小さい」というイメージ、また「細かい」「かすか」というイメージなどに展開する。「小さい」から小さな数の意味が生まれる。『詩経』に次の用例がある。

（原文）未幾見兮、突而弁兮（兮はリズム調節詞）
（訓読）幾《いくば》くも未《な》くして見れば、突として弁せり
（現代語訳）しばしの間見ないうち、あっという間に冠姿（大人になった）。

この「幾」は時間において数が少ないことである。一般に小さな数の意味である。小さな（少ない）数量を問う言葉として幾何《いくばく》や幾許《いくばく》が使われる。

ちなみに幾何学の幾何はgeometry（ラテン語ではgeometria）のgeoの音訳とされている。中国に来た宣教師マテオ・リッチ（利瑪竇《りまとう》）が漢訳した『幾何原本』（１６０７年）が最初である。「幾何」は数量を問う言葉であるから、音意両訳（音と意味を兼ねた翻訳の仕方）かもしれない。

## 概数の漢字③「強・弱」の起源——数漢字(28)

概算の仕方で「四捨五入」がある。4以下は捨て、5以上は入れて、まとまった数にする方法である。例えば44は40、48は50にしてしまう。乱暴ではあるが、大体の数を示す場合に有効である。

ほかに「強」と「弱」を使う方法もある。例えば101なら「100強」、99なら「100弱」とし、100を概数とする。

「強」と「弱」はどんな意味か、字源・語源から見てみよう。

**【強】**　㊥キョウ　㊙つよい

次の字源説がある。

①「疆が声符。疆の音の表す意味は蝱（刺す意）である。馬牛に止まって血を吸う蝱蠅、即ちあぶのこと」（『漢字の起源』）

②「会意。弘（弓の弦をはずした形）と虫（昆虫のテグスガ。それから釣糸の天蚕《てぐす》を取る）とを組み合わせた形。その弦が他のもので作った弦よりも強靱であるから、〞つよい〟の意味となる」（『常用字解』）

③「疆はがっちりと堅く丈夫な弓。○印は丸い虫の姿。強は○印の下に虫＋音符疆の略体の会意兼形声文字で、もと、がっちりした殻をかぶった甲虫のこと。疆に通じて堅く丈夫な意に用いる」（『学研漢和大字典』）

①はアブ、②はテグスガ、③は甲虫と関係づけているが、いずれも疑わしい。

字源は定説がないので、まず語源を考えたほうがよい。王力（中国の言語学者）は強・剛・鋼・健・勁・堅などを同源とし、「力がある（つよい）」の意味とする（『同源字典』）。一方、藤堂明保は、畺《きょう》のグループ（僵・疆）、竟《きょう》のグループ（境・鏡）、競などと同源で、KANGという音形と、「がっちりと固い」という基本義があるという（『漢字語源辞典』）。「強」は「がっしりとして固い」がコアイメージと考えられる。改めて字源を見てみよう。

「弘《コウ》（音・イメージ記号）＋虫（限定符号）」と解析する。「ム」は肱《ひじ》に含まれる「ム」と同じで、ム→厷→肱と字体が変わる。「厷」は雄・紘にも使われている。「ム」はひじを∠の形に張った形である。だから「枠を張り広げる」というイメージを表すことができる。「弘」は「ム（音・イメージ記号）＋弓（限定符号）」を合わせて、弓をいっぱいに張り広げる情景を暗示

［弘］

（篆）

［強］

（篆）

させる（実現される意味は「ひろい」）。弓という具体物は捨象して、ただ「（枠いっぱいに）張り広げる」というイメージだけを取ったのが「強」に利用される「弘」である。「強」は虫がはさみや甲羅（殻）を張り広げた情景を作り出した図形である。ここでも虫という具体物は捨象される。「（枠いっぱいに）張り広げる」というイメージから展開する「（いっぱいに張られて）固くこわばる」というイメージが「強」の意匠によって表されるのである。

物が固くこわばった状態は「丈夫で壊れない」「固くてつよい」というイメージに展開する。「かたい」と「つよい」はつながりのあるイメージである。古典に「強は堅なり」「強は健なり」とあるのは、古人の言語意識をよく表している。

古典に「強は力有るなり」という訓もある。「強は多なり」「強は余なり」ともある。力が有り余るという捉え方である。ここから概数を表す「強」の用法が生まれる。

古い漢詩に「賞に百千強を賜う」（褒美として百や千余りのものを与える）という句がある。

このように「強」は「固くがっしりとして丈夫である」というコアイメージをもつ語であるが、一方では「力が有り余って多い」という語感もあり、ある数がまとまった数よりも余って多い場合に「～強」という用法が生まれた。

## 【弱】　㊐ジャク　㊋よわい

「強」とは反対に、まとまった数よりも少ない場合に「～弱」という。力が弱い→足りない・少ないというイメージ展開が見られる。字源・語源を見てみよう。

① 「彡《さん》が声符。彡の音の示す意味は曲がる。弱は柲《ひ》（弜）によって弓を曲げる意」（『漢字の起源』）

② 「会意。弓彡は飾りをつけた儀礼用の弓で、実戦用の弓に比べて弓力が弱い。弓彡を二つ並べて、〝弓がよわい、よわい〟の意味となる」（『常用字解』）

③ 「彡印は模様を示す。弱は弓二つ＋二つの彡印の会意文字で、模様や飾りのついた柔らかい弓。しなやかな意を含む」（『学研漢和大字典』）

ここでも語源を先に見る必要がある。古典に「弱は柔なり」とある。王力は柔のほかに、擾・肉・蒻なども同源とする。藤堂明保は弱のグループ全体（嫋・溺・搦）が脳のグループ（悩）、尿、堯のグループの一部（撓・繞・遶・饒）と同源で、NÔG・NÔK の音形をもち、「柔らかく曲がる」という基本義があるとする。

［弱］

（篆）

改めて字源を見てみよう。「弜＋彡＋彡」と分析する。「弜《きょう》」はぴんと張った弓を二つ並べて、「固くて強い」というイメージを示す記号。「彡」は髪や須（ひげ）などに含まれ、細い毛の形で、「細い」「細かい」「細かく分ける」「ばらばらになる」というイメージを表す記号。したがって「弱」は固く強いものを細く細かく分ける（その結果、柔らかく弱い状態になる）様子を暗示させる。

「強」の深層にあるイメージが「固い」であったのとちょうど反対に、「弱」は「柔らかい」がコアイメージであると考えられる。漢語では「固い」のイメージをもつ語群は語頭にK音をもつ（固・堅・健・強・剛・確・塙・勁など）のに対し、「柔らかい」のイメージをもつ語群はN音をもつ（柔・弱・若・女・肉・耳・泥・軟・脳・膿・乳・尿など）という特徴がある。

柔と剛、強と弱は対比的に使われる。『老子』に次のような文章がある。

「弱の強に勝ち、柔の剛に勝つは、天下知らざるもの莫《な》きも、能《よ》く行うもの莫し」（弱が強に勝ち、柔が剛に勝つことは、世界中の人が知っているが、実行できるものはいない）

「つよい」と「かたい」が可逆的な（相互転化可能な）イメージであるのと平行して、「やわらかい」と「よわい」も同じ可逆的なイメージである。

「よわい」は「力がよわい、劣る」につながっていく。古典に「弱は劣なり」「力少きを弱と為す」などの訓があるように、「弱」は「少なり」「小さい」のイメージにも転化しうる。ここから、まとまった数よりも小さい（少ない）数を「〜弱」という概数表現の用法が生まれる。

ちなみに数が少ないは年齢についても言える。『礼記』に「二十を弱と曰う」とある。二十歳を弱冠というのはここから来た。同書に「四十を強と曰う」とあるから、四十歳と二十歳が対応する年齢である。強・弱は時間漢字でもある。

## 概数の漢字④「満」の起源――数漢字(29)

満十年、満六十歳などと使われる。「満」はある数に満ちていることを示す。「おおよそ」「だいたい」の意味の概数とは少し違うが、「強」と「弱」の中間で、強でもなく、弱でもなく、ちょうど一杯一杯の数という示し方なので、強・弱の仲間と考えて、概数の漢字に含める。なぜ「満」というのか、字源・語源から尋ねてみよう。

### 【滿】 音マン　訓みちる

「滿」が正字（旧字体）。こんな字源説がある。

①「㒼が声符。この音の表す意味は盈・溢。水が器いっぱいに充ちる意」（『漢字の起源』）

②「形声。音符は㒼《まん》。㒼は一面に刺繡を加えた礼装用の蔽膝《へいしつ》（ひざかけ）の形。ひざかけ全体に刺繡が施されているので、飾りがみちるの意味がある。水がみちあふれることを満という」（『常用字解』）

③「芇は廿（動物の皮）＋巾（布を垂らす）の会意文字で、毛皮を垂らして覆うさま。蔓（おおう）と同系のことば。㒼は𠓜（並べる）＋音符芇より成り、全体をいっぱいに覆うこと。滿は水＋音符㒼の会意兼形声文字で、枠いっぱいに水をみたして、その面を覆うこと。漫と同系のことば」（『学研漢和大字典』）

②ではひざかけ全体に刺繡が施されている→飾りがみちる→水がみちあふれると意味を展開させるが、㒼に「飾りがみちる」の意味はない。AとBが相当する（釣り合う）の意味である。③は字形の解剖がやや疑問。

改めて字源を見てみよう。「㒼（音・イメージ記号）＋水（限定符号）」と解析する。「㒼」は「廿＋㒳」に分析する。「廿」は革の上の部分で、獣の革を示す記号（「多数の漢字②庶」「少数の漢字②僅」の項参照）。「㒳」は「兩」と同じで、左右対称を示す記号（「双数の漢字①両」の項参照）。「㒳（イメージ記号）＋廿（＝革。イメージ補助記号）」を合わせた「㒼」は、太鼓に革を左右（また上下）に平均して張る情景を暗示させる図形。この図形的意匠によって、「全体に平均して行き渡る」というイメージを表すことができる。したがって「滿」は水が器全体に平均して行き渡る様子を暗示させる。古典漢語 muan は何かがある範囲いっぱいになることを意味し、これを視覚記号化して「滿」と表記した。いっぱいになるのは水とは限らない。『老子』に「金玉、堂に満つるも、之を能《よ》く守る莫《な》し」（財宝が建物いっぱいになっても、これを守りきることはできない）という用例がある。

［㒼］

（金）

（篆）
［滿］

（篆）

「満」は「全体に平均して行き渡る」がコアイメージである。これは空間的なイメージだが、時間にも転用できる。視座を置く期日に十分に時間（ひにち）が達していることを満期という。『史記』に「文王、年未だ二十に満たず」という用例がある。二十歳に月日が満ちていることが満二十歳である。

日本では「数え」（数え年）に対して「満」（満年齢）を使うことが多い。「数え」とは年齢を数える場合、生まれた段階で一歳と数え、その年があけたら二歳と数える数え方である。「満」は誕生日からちょうど一年たったら一歳と数える数え方である。

# 第四章

# 助数漢字の起源

物を数える際、一つ、二つと数えれば、物の個数が分かるが、裸のまま「一つのA」「二つのA」と表現しては、言語として不完全な感じがする。それは助数詞、すなわち数えるのを助ける語がないからだ。ただし裸のまま数字をつけることのできる語もある。それはその物自体が助数詞の働きをすると考えられる。この場合は「見なし助数詞」「擬似助数詞」と呼ぶのがふさわしい。本書ではこのような助数詞も取り上げる。

日本語は物によって数え方が違うのである。魚は一尾、二尾、山は一座、二座、神は一柱、二柱といったぐあい。

この言語習慣は古典漢語と共通である。古典漢語の影響を受けた数え方も多い。普通は助数詞というが、漢字を取り上げるので、「助数漢字」と呼ぶことにしたい。

助数漢字を雑然と挙げるのは芸がないので、分類基準を設けたい。一つは助数漢字のイメージによる分類である。漢字のイメージは物のイメージの反映でもある。二つ目は比喩である。比喩には隠喩と換喩がある。隠喩は類似性に基づいたもの、換喩は隣接性に基づいたものである。そのほかは行為や道具から発生した助数漢字がある。

これから取り上げる助数漢字は主として古典漢語であるが、古典漢語としては助数漢字でないものも含まれる。日本での用法に主眼を置く。

# I 基本的な助数漢字

古典にもあり、現在も常用されている助数漢字に、箇・枚・件・本などがある。まず最もポピュラーな助数漢字の由来を尋ねてみよう。

## 「箇」と「枚」の起源——助数漢字(1)

「箇」と「枚」は古典で最も多く現れる助数漢字である。「箇」は「個」「个」とも書かれるが、「箇」が古い。

**【箇】** ㊟コ・カ

こんな字源説がある。

①「固が声符。この音の表す意味は竿（竹の直なるものの意）。竹を数える場合に一竿二竿と数えた。その音が転じて箇字となった」（『漢字の起源』）

②「形声。音符は固。箇はもとは竹べらのようなものの名であるが、それを並べて数を数えたので、その数を示す単位

［固］

（篆）

［箇］
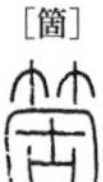
（篆）

となり、一箇・二箇のようにいう」（『常用字解』）

③「竹＋音符固（固い物、個体）の会意兼形声文字。固形の物を数えるときのことば」（『学研漢和大字典』）

①では固が竿の意を表すというのが理解不能。竿が転じて箇になったというのも分からない。②では固とのつながりが不明。竹べらのようなものの意味というのも不可解。古典の「箇は竹枚なり」「箇は枚なり」を誤解したのであろう。枚は代表的な助数漢字であり、箇も竹を数える助数漢字という意味である。

物を数えるには数で直接数えられる場合と、数えられない量を数の単位に直して数える場合とがある。固体と液体ではどうか。連続していない固体は当然直接数で数えられるが、液体は連続して境目がないから、量を計る道具を使い、単位を定めて数えるしかない。

かくて数えられる物（固体、個物）に対しては、物を直接一つ二つと数えるための助数詞（助数漢字）が生まれ、その代表として「箇」や「枚」などが発明された。

歴史的、論理的に述べよう。「固い」という意味をもつ古典漢語はkagである。物を直接数で数える場合、固くて手応えのある物が数えやすい。その物Aに直接数をつけて一A、二Aと数えることもできたはずだが、古典漢語ではAの性質がどのような特徴をもっているかに注意を払い、一の後に特徴を表す補助記号をつける習慣が生まれた。これが助数詞（助数漢字）の起源である。Aは「固い」という性質をもつので、kagという語を用い、一kagのAというように数える。

ここまでは言葉の問題であるが、次は表記の問題、つまり文字の問題になる。kagを表記する漢字は「固」である。「固」は「古（音・イメージ記号）＋囗（限定符号）」と解析する。「古」がコアイメージに関わる根幹の記号で、「ひからびてかたい」というイメージがある（「今と古の起源――時間漢字（22）」の項参照）。したがって「固」は周囲からがっしりとかたく囲まれて動きが取れない状況を暗示させ、この図形的意匠によって「かたい」を意味するkagの視覚記号とする。しかし助数漢字はこれと区別する必要がある。かくて「固」（音・イメージ記号）＋竹（限定符号）」を合わせた「箇」が成立した。竹を勘定することに限定するのではなく、竹は固くて数えやすい物の代表として選ばれただけである。

助数漢字は最初は箇から出発したと考えられる。その後、物の性質にふさわしい助数漢字が段々と増えていった。

「箇」の後に「個」も生まれる。二つはほとんど同じである。また「个」も生まれた。「个」は「箇」の「竹」の部分の半分を独立させた字である。

「箇」は竹を数え、「個」は人を数えるということはない。

個物的なものは何でも「箇」や「個」で数えることができた。『荀子』に「矢五十箇」、『礼記』に「肩（の肉）五箇」、『斉民要術』に「両個の月」の用例がある。

## 【枚】 音マイ

①「木と攴（撃つ意）の会意字。本義は馬杖である。馬杖を数える一枚・二枚の意が一箇・二箇の意となった」（『漢字の起源』）

②「会意。木と攴（打つ意）とを組み合わせた形。木を斧などで打って作った〝いたきれ、うすいもの〟をいう。またうすいものを〝かぞえる〟ことをいう」（『常用字解』）

③「木＋攴（手に持つ）の会意文字。手に持つ杖やむち。毎（一つ一つ）と同系で、同じような物を次々に数える単位として用いる」（『学研漢和大字典』）

①では馬のむちを数える意味とするのがおかしい。②では「いたきれ、うすいもの」の意味とするのが変である。③は枚と毎の同源関係から助数漢字の用法を導く。

『墨子』では「槍二十枚」、『史記』では「亀二十枚」、『漢書』では「竹二百七十一枚」、『後漢書』では「流星百枚」などの用例がある。生物、無生物に関わりなくほとんどの物を「枚」で数えた。

［枚］

「箇」は「固い」のイメージによる助数漢字であるが、「枚」はどのような起源があるのか。これを字源・語源から見てみよう。

古典での最初の用例は助数漢字ではなかった。『詩経』に「彼の条枚《じょうばい》を伐《き》る」（あの堤の細枝と小枝を切る）という用例があり、幹から出てくる枝の意味で使われている。これを古典漢語ではmuəgといい、「枚」の図形で表記する。

「枚」を分析すると「攴（イメージ記号）＋木（限定符号）」となる。「攴」は「｜（縦線、棒状のもの）＋又（手）」を合わせて、棒状のものを手で立てて持つ情景を暗示させる。これは動作を表すための限定符号にもなるが（数・教などの「攵」と同じ）、「棒状のもの」「線状のもの」というイメージを示す記号にもなる。したがって「枚」は木の幹から出る線状のもの、棒状のものを暗示させる。この意匠によって、幹から分かれ出てくる小枝の意味が実現される。

イメージ展開を考える。枝は一つだけではない。次々に生え出てくるものである。この現象から、古人は「枚は毎なり」という語源意識を見出した。「毎」は「母」という根源のイメージから生まれる語である。「母」は子を生み出す存在であり、muəg（母）という語は「物を生み出す」「繁殖させる」というコアイメージをもつ。「毎」も「次々に生まれる」というコアイメージをもち、同じような事態が次々に起こることを指す言葉（毎日・毎回の毎）が実現される（「毎・偶・稀の起源——時間漢字（62）」の項参照）。このイメージを図示すると□・□・□・□…の形である。同じ物が次々に生じる、数珠つなぎに並ぶというイメージである。

　ここに物を数えるという行為の、もう一つの起源がある。「箇」では固く手応えのあるものをその性質から一箇、二箇と数える行為が発生した。これとは別に、同じ物が次々に生じて並んでいる事態があり、これを一枚、二枚と数える行為が発生した。「枚」は次々に起こる物の性質を捉えた語である。

　以上のように「枚」は次々に生じる物を数えるための助数漢字であるから、さまざまな物を数えることができた。

　日本では主として薄く平らなもの（紙や板など）を一枚、二枚と数える。これは意味の縮小の事例である。

## 「人」と「名」の起源——助数漢字(2)

　人間を数える語に「人」と「名」があるが、何が違うか。字源・語源から見てみよう。

### 【人】

音ニン・ジン　訓ひと

　字源には異説がない。人間を描いた図形である。ただし極めて抽象化した略画風の記号である。図形にはこれ以上の情報はない。

　それより重要なことはなぜ古典漢語でひとをnienと呼ぶのかということ、つまり語源である。

　古典では人と仁を同源とする語源意識があった。『礼記』に「仁は人なり」とあり、鄭玄（漢代の古典学者）は「人とは相《あい》人偶するの人なり」、つまり人と人が互いに親しみ合うのが人である、といった解釈をしている。この語源説を発展させたのは藤堂明保である。藤堂は二のグループ（仁・弐・膩）、爾のグループ（邇・璽）、尼のグループ（昵・泥）、年、日のグループ（涅・捏）などが人と同源の単語家族に属し、これらの語群は**NER・NET・NEN**という音形と、「二つくっつく」という基本義があるという。そして「**nien**ということばはどういう意味であろうか。それが爾**nier**や昵**niet**の対転に当たる点から考えると、自分の身辺にある近い間柄の仲間を意味することが明白で、いわゆる**human**のことではない」と述べている（『漢字語源辞典』）。以上のことは本書の「二の起

［人］

（甲）（金）（篆）

源」「年の起源――時間漢字（9）」でも触れている。

古典漢語の「人」とは孤立した人、individual（個人）ではなく、A・B・C…とくっつき合って仲間を構成するひとである。またそれを構成する一つ一つを「人」という。かくて一人、二人と数える助数漢字の用法が生まれる。

『詩経』に「子七人有り」（七人の子どもがいる）、『史記』に「剣は一人の敵。万人の敵を学ばん」（剣術は一人を相手にするだけだ。私は一万人を相手にする兵法を学ぼう）という用例がある。

## 【名】　音メイ　訓な

次の字源説がある。

①「夕《せき》と口との会意字。夕は唶（大声）の意を表す。名は口から出る声」（『漢字の起源』）

②「会意。夕（肉の省略形）と口（祝詞を入れる器）とを組み合わせた形。子どもが生まれて一定期間すぎると、祖先を祭る廟に祭肉を供え、祝詞をあげて子どもの成長を告げる名という儀礼を行う。そのとき名をつけたので、〝な、なづける〟の意味となる」（『常用字解』）

③「夕（三日月）＋口の会意文字で、薄暗い闇の中で自分の存在を声で告げることを示す。よく分からないものを分からせる意を含む。鳴・命と同系のことば」（『学研漢和大字典』）

［名］

（甲）（金）（篆）

①は意味不明。②は証拠のない儀礼の名称としている。名をつける儀礼から名という言葉が出たという説明だが、肝腎の名とは何かが分からない。儀礼より先に名の概念があったと見るのが自然であろう。③は古代の語源説に基づき、名とは何かを説明している。

『論語』に「多く鳥獣草木の名を識る」という用例がある。人だけではなく、すべての物につけられたなまえが「名」である。なまえが多くの人の口に上ることから、評判という意味も生まれる。『詩経』には「ああ名《めい》なり」（何と優れていることだろう）とあり、「評判が良い」「名高い」という転義の用法も非常に古い。

「名」の概念について古人は省察している。董仲舒（漢代の学者）は「鳴きて命施す、之を名と謂う。名の言たるは鳴と命なり」と述べている。鳥が鳴くのは自分の名を呼ぶことだから、名・鳴・命は同源の語だという解釈である。

藤堂明保は名・鳴・命だけではなく、冥、糸《べき》、脈、買、売、民、眄《べん》も同源の仲間で、MEK・MENGという音形と、「微かで見えない、分からない物を分からせる（無い物を有るようにする）」という基本義があるという。

改めて字源・語源を見てみよう。

「夕（イメージ記号）＋口（限定符号）」と解析する。「夕」は三日月を描いた図形で、夜と同源のdiak（ziak）という語を表記する（「暮・夕・昏・宵・晩の起源――時間漢字（29）」の項参照）。この語は「中間を挟んで両側にある」というのがコアイメージだが、夜の時間帯なので、「薄暗い」「暗くてはっきり見えない」という感覚的なイメージを表すことができる（これは二次的イメージである）。したがって「名」ははっきりと分からない物になづける（言葉を与える）ことによって、その物をはっきり分からせる様子を暗示させる。この図形的意匠によって、物につけて識別するための「な」を意味する古典漢語mieng を表記する。

物は名をつけられてその存在を明らかにする。名のない物は存在しないに等しいわけだ。存在する限り名があるというのが普通の考え方である。

助数漢字としては古典では人のほかに、文字を一名、二名と数える。

人間を数える場合「人」で数えるのが普通だが、「名」によって数えることもある。「名」はその物の存在と結びついた語である。「三人の人」と「三名の人」は少し違いがある。前者はただ三個の数に主眼があり、それ以外のイメージがない（無色である）。後者は名をもつ特定の人の存在が背後に予想される。「名」を使う方が改まった感じがある。『荘子』に「十姓百名」という用例がある。

## 「匹」と「頭」の起源――助数漢字（3）

「匹」と「頭」は動物を数える助数漢字に使われる。二つは何か違いがあるのか、字源・語源で見てみよう。

### 【匹】　音ヒキ・ヒツ

この字は「双数の漢字②　匹・対の起源――数漢字（15）」「匹と端の起源――単位漢字（12）」でも出しているが、ここでは助数漢字として取り上げる。

金文は「厂（垂れた布）＋二筋の線」を合わせて、布帛の長さを計る単位を表す。二反を一匹とする。篆文は字体が変わった。「匸＋八」と分析できる。「匸」は區に含まれる「匸」と同じで、区画をつけることを示す符号。「八」は数字の8ではなく、二つが両側に分かれて並ぶ形。したがって「匹」は物を二つに区切って並べる情景を暗示させる。この意匠によって、「▯-▯の形に並ぶ」というイメージを示す記号とする。

古典では「匹は二なり」「匹は双なり」「匹は両なり」「匹は偶なり」などとあり、「ふたつ」の意味のほかに、二つで組になるもの（ペア、カップル）の意味がある。これらは「▯-▯

の形に並ぶ」というコアイメージが実現されたものである。古代では普通の庶民は一対一でカップルを作ったので、普通の男を匹夫、普通の女を匹婦といった。

助数漢字としては『書経』に「馬四匹」とあり、専ら馬を数える。「馬匹」は馬の集合名詞である。なぜ馬を「匹」で数えるのか。馬の尻が左右に分かれている特徴を捉えたという説がある（『学研漢和大字典』）。

日本では馬だけではなく、一般に動物を数える。

## 【頭】 音トウ 訓あたま・かしら

こんな字源説がある。

①「頁に従い豆の声の形声字。この音は首（シウ）の音の声転」（『漢字の起源』）

②「形声。音符は豆。豆は脚の高い食器の形。その形はまっすぐ伸ばした首の上に人の頭がある形に似ているので、頁に豆をそえた頭は〝あたま〟の意味となる」（『常用字解』）

③「頁（あたま）＋音符豆（じっと立つたかつき）の会意兼形声文字で、まっすぐ立っているあたま。豆・逗（まっすぐ立ちどまる）・樹（立ち木）・豎（立つ）と同系のことば」（『学研漢和大字典』）

［豆］

（甲）

（金）

（篆）

［頭］

（篆）

①はシウの音がトウに転じたとは解せない。②は豆の頭部と人間の頭部が似ているという説。一理あるが、逗・豎などの語源につなげる広がりがない点がやや劣る。③は「まっすぐ立つ」という基本義から「豆」のグループ全体を説明している。

「豆《ウト》（音・イメージ記号）＋頁（限定符号）」と解析する。「豆」は「たかつき」という器の形である。漢字の造形法は実体よりも形態・機能に重心がある。「たかつき」の形状に視点を置くと、「丅の形に立つ」というイメージが捉えられる。したがって「頭」は、胴体に対して「丅の形」をなして立つ部分、つまり「あたま」を表す。

丅の形に立つのはもともと人間の頭を予想したイメージであるが、生物の頭部の意味に拡大される。

家畜を数える際、馬は尻の特徴から、「▯-▯の形に並ぶ」のイメージをもつ「匹」という語が使われたが、牛は「丅形をなす」のイメージをもつ「頭」が用いられた。牛の頭部を正面から見て、両角を結んだ線と細長い顔の特徴を「丅形」のイメージで捉えたものであろう。

『春秋左氏伝』に「馬一匹、牛三頭」とあり、古くは馬を「匹」で、牛を「頭」で数えた。その後、『後漢書』に「駝驢牛馬羊三万七千頭」の用例があり、一般に家畜を「頭」で数えるようになった。

## 「件」の起源――助数漢字(4)

「件」は基本的な助数漢字の一つであるが、古典にないので由来が分かりにくい。登場は唐代以後である。

**【件】** 音ケン 訓くだん

字源は諸説紛々で定説がない。日本ではこんな字源説がある。

①「人に従い牽の省声の形声字。牽累された人、即ち牽累されて自由のきかない奴隷の意」(『漢字の起源』)

②「会意。人と牛とを組み合わせた形。唐・宋以後になって使用されている字で、字の構成の意味はわからない。件は〝わかつ、物事を区別する、くだり〟の意味に使う」(『常用字解』)

③「物の代表としての牛と、牛を引く人から成る会意文字。物や事がらを数えることば」(『学研漢和大字典』)

三者三様の説である。改めて字源を考えてみる。

「人+牛」という極めて単純な図形である。こんな(情報量の少ない)漢字は非常に多い。だから勝手な解釈もできる。

[件]

(篆)

語源が分かれば、それが勝手な解釈を押さえるが、「件」は語源も分からない。

動物を利用した他の漢字の造形法を見てみよう。「伏」は「人+犬」を合わせただけの単純な図形である。これは何とか解釈がつく。犬の習性を利用したものだ。だから「側に寄り添う、伏せる」という意味を暗示させる。このように動物の特徴が造形法に利用された。

では「人+牛」はどのような造形法か。

牛は食用にされる。その肉は各部分に切り分けて、それぞれの部位が食用にされる。各部位ごとに分けるのが特徴といえる。だから「牛」は「一つ一つと分ける」というイメージが取られたのであろうと推測される。したがって「件」は人が物を各部分に分ける状況を暗示させる図形と解釈できる。『説文解字』には「件は分なり。牛は大物、故に分かつべきなり」とある。しかし「分ける」という意味ではなく、助数漢字として使われた。

古典漢語では、物事の数を数える際、物の特徴を捉えて一つ二つと数える習慣がある。ある物事が筋をなしてはっきりと分かれているなら、これを一件、二件と数える。『旧唐書』に「科目四十四件」、また「兵杖数千件」、『旧五代史』に「刑法の勅条二十六件」という用例がある。科目も、兵杖(棒状の兵器)も、刑法の条文も一筋ずつ分かれている。「筋

（すじ）」で数えるのは日本語の場合だが、古典漢語では「件」で数えたわけだ。

ただし用法が拡大されて、一般に事柄を「件」で数えるようになった。

## 「本」の起源——助数漢字(5)

「本」はもともと植物と関係のある助数漢字であった。

### 【本】 音ホン 訓もと

古典における用法と日本での用法が違う。まず字源説を見てみる。

①「木の根幹の象形字。木の幹根の意」（『漢字の起源』）

②「指事。木の下の部分に肥点（•）を加えて、指示的な方法で木の下部、木の根もとを示す」（『常用字解』）

③「木の根の太い部分に一印や•印をつけて、その部分を示した指事文字で、太い根もとのこと。笨（太い竹）・墳（下ぶくれした土盛り）などと同系のことば」（『学研漢和大字典』）

三説ともほぼ同じ。ただ③は語源と絡めた解釈である。

［本］

（金）

（篆）

語源を説いたのは藤堂明保しかいない。藤堂は本、笨、墳、肥、頒、盆を同じ単語家族にくくり、これらの語群はPUÊR・PUÊNという音形と、「太い」という基本義をもつという（『漢字語源辞典』）。

古典漢語では草木のねもとをpuenといった。この聴覚記号を図形に表したのが「本」である。これは「木」の下部に「一」の符号をつけたもの。これで木のねもとの部分を暗示させる。しかし図形には「太い」というイメージはない。

ねもとは末（こずえ）に対する語で、「末」は「細くて見えにくい」というコアイメージがある。これに対して「本」は「太い」のイメージであろうと推測がつく。また樹木はねもとから段々と細くなるもので、ねもとは太いのが当然ともいえる。

『詩経』に「枝葉未だ害有らざるも、本実先づ撥《はら》わる」（枝と葉はまだ無傷でも、ねもとと果実が先に切り払われる）という用例がある。ねもとが最初の意味で、これから、物事のもとになるもの（根本・基本）、中心となるもの（本家）、自分側・当方・当面する（本学・本年）という意味に展開する。また、もとになるテキストの意味（底本）が生まれ、広く書物の意味になった。

助数漢字の用法としては草木や書物を数える。『荀子』に「瓜・桃・棗（ナツメ）・李（スモモ）一本」という用例がある。

棒状の細長いものなどを数えるのは日本的展開である。

## 「艘」と「隻」の起源——助数漢字(6)

艘と隻は船を数える助数漢字である。二つに何か違いがあるのか、字源・語源から尋ねてみよう。

### 【艘】 音ソウ

「艘」を構成する「叟《そう》」についてはこんな字源説がある。

①「燃えるたいまつを手に持った形。苣火を手にして索求する意」(『漢字の起源』)

②「会意。宀(廟屋)と火と又とに従う。廟屋中に火を執る者は家の長老であるから、長老を叟という」(『字統』)

③「臼(かまど)+又(手)の会意文字。かまどの中を手で捜す意を示し、捜の原字。老人の意は仮借的用法。秀(細長い)・脩(細長い肉)・溲(細長く垂れる汁)と同系のことばで、特に痩(細長くやせる)や酋(長老)と最も近い」(『学研漢和大字典』)

[叟]

(甲)　(篆)

①と③では捜の原字とするだけで、「叟」から説明できない。②では「艘」を船の意味とするだけで、「叟」から説明できない。③では「艘」を「細長い船」の意味とし、「叟」に「細長い」という基本義を見る。

改めて字源を見てみよう。「叟」の字体が変わったことに注意すべきである。意味やコアイメージの変化に対応して字体が変わることはよくある。「叟」は篆文では「宀(家屋)+火+又(手)」を合わせた形で、「捜す」を暗示させる図形だが、その後「申+又」に変わった。「申」は「臼(両手)+|」を合わせて、両手で棒状のものをまっすぐ伸ばす様子を暗示させる。この意匠によって、「直線状に伸ばす」「細く長く伸びる」というイメージを表すことができる(「申の起源——十二支(9)」の項参照)。

体が細くなる状態が「痩」(やせる)である。肉体が衰えて細くなった人が「叟」(老人)である。細く長く伸びた水、つまり小便を「溲」という(溲瓶《しびん》の溲《しゅう》)。

「艘」の字源・語源もこれで明らかになった。細長い船が「艘」の意味である。一般に船を数える助数漢字にもなった。

### 【隻】 音セキ　訓ひとつ

①(『漢字の起源』にはない)

②「会意。隹(鳥)と又(手の形)とを組み合わせた形。隻は鳥を手に持つ形で、鳥一羽の意味となる」(『常用字解』)

③「隹(とり)+又(手)の会意文字で、とり一羽を手で持つ

ことを表す。双と相対することば」（『学研漢和大字典』）

字源は単純で、「隹（とり）＋又（て）」を合わせた形である。形から意味を引き出すと、鳥を手で持つという意味になりかねない。

形から意味を導く文字学には限界がある。誤った学説と言っても過言ではない。では漢字をどう見るべきか。

意味は古典の中にある。文脈における使い方が意味である。古典を調べ、古来の辞書を調べると、意味が分かる。しかし辞書は往々にして間違った方法で記述されることもある。常に眉に唾をつけておかないといけない。

いちばん重要なことは語源の探求である。古人の語源意識には傾聴すべきものが多い。これと近現代の語源論を参考にして、漢字を見るのがよい。

ただ「隻」については古人の語源意識も、近現代の語源論もない。参考にすべきものが一切ないので、筆者独自の解釈を述べよう（「単数の漢字① 孤・寡・隻の起源——数漢字（11）」の項も参照してほしい）。

「隻」は『春秋公羊伝』に「匹馬隻輪、反《かえ》る者無し」（「戦に負けて」一匹の馬も一つの車も帰ってこなかった）」という用例がある。「一つ」が「隻」の意味であることは確定できる。「一つ」とは数的には一個であるが、「カップルをなさない」というイメージもある。したがって「隻」は「双」（ペア、カップル）と対する語と考えられる。

そうするといかなる語源であろうか。「双」は「||」（平行線、二つ並ぶ）のイメージであるが、これに対する「隻」は「—」（一直線、まっすぐ）のイメージと考えられる。一直線のイメージはほかに並ぶものがないから、「一つ」のイメージが生まれる。そこで語源的には、tiak（隻）は適（音はセキ。直線状に進む）、梃（まっすぐな棒）、只（「短くまっすぐ」のイメージがあり、ただひとつ、それだけの意）などと同源の語と見ることができる。

かくて字源に戻る。ペア、カップルを意味するsŭngは「雙」（双は略字）で表記されたが、これに対して「ペアをなさない」のイメージを「隻」で表現したと考えられる。「雙」は二つの鳥を手に持つ形、「隻」は一つの鳥を手に持つ形である。「一つの鳥を手に持つ」ことから「一つ」の意味が出るのではなく、「一つ」を意味するtiakという語を「隻」で表記すると見るのが漢字の正しい見方である。従来の漢字の見方を逆転させることが必要である。

さて「隻」は助数漢字にも使われる。鳥獣や器物を一隻、二隻と数えた。現代では、中国では動物、器物、船を数える。ただし大型の船は「艘」で数える。日本では「隻」も「艘」も船を数えるが、中国とは逆に大型を「隻」、小型を「艘」

で数える傾向がある。

## 「冊」と「巻」の起源——助数漢字（7）

二つは書物を数える助数漢字である。どんな違いがあるのか、字源・語源から尋ねてみよう。

### 【冊】 ㊥サツ ㊞ふみ

①「幾個かの亀甲を束ねた形。亀甲を束ねる意」（『漢字の起源』）

②「象形。木を打ちこんだ柵の形。古い字形では扉の形。書冊の意味に用いるのは竹簡・木簡を編んだ形がこれ（扉）に似ているから」（『常用字解』）

③「長短不ぞろいな竹札・木札を紐でつないだ姿を描いた象形文字」（『学研漢和大字典』）

①と②は書冊に関係づけない。しかし書冊の冊とするのは『説文解字』以来の通説であり、これを変える理由はない。

改めて字源を見る。「冊」は長短不ぞろいの木や竹を紐でつないで並べた図形である。薄く削った木や竹の札は文字を書くのが用途である。したがって「冊」は竹簡・木簡を綴った書物の意味である。

竹簡・木簡を綴ったものを古典漢語では tsʻĕk（冊）という。これは朿《し》のグループ（刺・策・責）と同源で、「＜＜＜の形（じぐざぐ）」や、「不ぞろいに並ぶ」のイメージがある。このイメージは柵《さく》（＜＜＜の形に並べて通行を止めるもの、矢来やさく）、珊《さん》（枝がじぐざぐに伸びた生物、珊瑚）、跚《さん》（足がちぐはぐになってよろめく、蹣跚《まんさん》）によく現れている。

短冊の冊のようにサクと読むのが本来の音。日本ではサツに訛った。それは冊子がサクシ→サウシ→サッシとなり、ついに冊をサツと読むようになったのであろう。

助数漢字としては書籍やノートなどを一冊、二冊と数える。『魏書』に「公羊一冊」（春秋公羊伝が一冊）という用例がある。

［冊］

（甲）

（金）

（篆）

### 【巻】 ㊥カン ㊞まき

「卷」が正字（旧字体）。こんな字源説がある。

①「𢍏《けん》が声符。この音の表す意味は曲である。巻は膝の曲がった意」（『漢字の起源』）

②「会意。釆（爪を含む獣の掌の皮）を両手（廾）で㔾の形（人がうつぶせに伏している形）に捲きこむの意味で、〃まく、まが

［巻］

（篆）

［巻］

（篆）

る〃の意味となる」（『常用字解』）

③「巻の上部は、釆（ばらまく）＋両手で、分散しかける物を丸くまいた両手で受けるさま。下は人間が体を丸くかがめた姿。会意文字。丸くまく意を含み、拳や倦の原字」（『学研漢和大字典』）

①では巻に「膝が曲がる」という意味はない。『説文解字』に「膝曲なり」とあるが、これは図形の解釈である。②では獣の掌の皮をうつぶせにした形に捲きこむとはどういうことか、理解し難い。意味は単に「まく」であろう。

『詩経』に「我が心は席《むしろ》にあらず、巻くべからず」（私の心はむしろではない、［他人が自由に］巻くことはできぬ）という用例があり、「巻」は最初から「まく」の意味である。これを古典漢語でkiuanという。語源については、藤堂明保が、巻のグループ（拳・圏・捲・券）、果のグループ、官のグループ、元のグループ、また丸、円、垣などが同源で、KUAR・KUANという音形と、「丸い、取り巻く」という基本義があることを明らかにしている（『漢字語源辞典』）。

改めて字源を見てみよう。「巻」の上部は𠔉《けん》の変形である。「釆《はん》」は「番」に含まれ、にぎりこぶしを開いて種をまく姿を描いた図形（播種の播《は》［種をまく］に原初的イメージが残っている）。これと、「廾」（両手に関わる限定符号）を合わせて、にぎりこぶしを作る様子を暗示させる図形（実現される意味は「握り飯を作る」）。拳（こぶし）という字に原初的イメージが残っている。𠔉《けん》を音・イメージ記号、「㔾（＝卩）」をイメージ補助記号としたのが「巻」である。にぎりこぶしは甲の部分に視点を置くと⌒の形を呈するが、五本の指を曲げた姿に視点を置けば「○の形にまく」のイメージになる。「㔾」はしゃがんで膝を曲げた人の形。しゃがむと背は⌒の形になる。「⌒」と「○」は可逆的（相互転化可能）なイメージである。二つの記号を合わせて、平らな状態にあるものを○の形に曲げてまくことを暗示させる。この意匠によって、「丸くまく」を意味するkiuanの視覚記号とする。

「まく」の意味から「巻いたもの（巻物）」の意味に展開する。昔の書物は竹簡や木簡を平らに紐でつなぎ、これを巻いて保存した。だから「巻」に書物の意味が生まれた。助数漢字としては書物やその篇章を一巻、二巻と数える。『史記』に「一巻の書を為《つく》る」という用例がある。現代では書物以外（フィルム、テープなど）にも適用される。

## 「杯」の起源——助数漢字（8）

助数漢字の性質としては、Ⅲの「分野別の助数漢字」のうちの1に当たる。

## 【杯】 音ハイ 訓さかずき

こんな字源説がある。

①「不が声符。この音の表す意味は分け取る意。木製の酒を分け取るものである」（『漢字の起源』）

②「形声。音符は不。不は花の萼の形で、小さくまるいものの意味がある。小さな〝さかずき〟を杯という」（『常用字解』）

③「不は花の下の丸くふくらんだ萼、またはつぼみを描いた象形文字。杯は木＋音符不の会意兼形声文字で、ふっくらとふくらんだ形の器」（『学研漢和大字典』）

①では不が「分け取る」の意を表すか疑問（こんな意味はない）。②では花の萼から「小さなさかずき」を導くが、形態的には「丸い」のイメージであろう。

「不」の字源については、『詩経』に花のうてな（萼）を「鄂不《がくふ》」と呼んでおり、「不」は花の萼を描いた字であろうという説が、近代の文字学者（王国維ら）によって提唱され、これがほぼ定説になっている。

［不］

（甲）（金）（篆）

漢字の見方は「何」（実体）よりも「如何」（いかん、どのよう）」（機能・形態）に重点を置いて解釈すべきである。「不」は花の萼という実体に重心があるのではなく、その形態的特徴に重心を置いて生まれた語である。それは「丸くふくれる」というイメージである。

かくて「杯」は「不ㇷ（音・イメージ記号）＋木（限定符号）」を合わせて、腹の丸く膨れた徳利状の器を暗示させる。この意匠によって、食べ物や飲み物を盛る容器の意味をもつ古典漢語puəgを表記する。酒をつぐ器（さかずき）は限定的な用法である。

助数漢字としては、酒や飲食物の入った容器を一杯、二杯と数える。容器でもって中身に替えるのは換喩的レトリックである。容器そのものは一個、二個でよい。『孟子』に「一杯の水を以て一車の薪の火を救うがごとし」という用例がある。車も助数漢字である。

また杯を舟に譬えることがあるので、舟を数える用法もある。またイカやタコを数えることがある。コウイカは舟型の甲をもつので、「杯」で数えるようになったのであろう。これらは日本的展開である。

## 「葉」の起源——助数漢字（9）

Ⅰの「イメージ別の助数漢字」の代表的なものが「葉」で

ある。

## 【葉】 音ヨウ 訓は

① 「枼が声符。この音の表す意味は薄い木札の意。葉は草の薄い木札のごときものの意」（『漢字の起源』）

② 「形声。音符は枼。枼は木に新しい枝が三本伸びている形。その枝の上のものを葉といい、〃木のは、は〃の意味となる」（『常用字解』）

③ 「枼は三枚の葉が木の上にある姿を描いた象形文字。葉は艸+音符枼《ヨウ》の会意兼形声文字で、薄く平らな葉っぱのこと。薄っぺらなの意を含む」（『学研漢和大字典』）

①では木札から「は」の意味に展開させているが、意味の展開は逆であろう。「は」のイメージがあってこそ「薄く平らなもの」の意味に展開するのが自然。②では枝の意味から「は」の意味になる理屈が分からない。

「枼」のグループには「薄い」という意味（正しくはイメージ）があると指摘したのは清朝の文献学者たちである。漢字の音符の部分に意味があるという学説（これを右文説という）の恰好の事例であるが、この学説は限定的であった。これを言

［枼］

（甲）

（金）

（篆）

［葉］

（篆）

語学的に全面的に発展させたのが藤堂明保の単語家族論である。

藤堂は枼のグループ（葉・牒・諜・蝶・鰈）は榻、渉、閃、帖、淡・談・啖、囁などと同じ単語家族に属し、これらの語群はTAP・TAMという音形と、「薄っぺら」という基本義があるという（『漢字語源辞典』）。

改めて字源を見てみよう。「枼《ヨウ》（音・イメージ記号）+艸（限定符号）」と解析する。「枼」は木の上に葉のある情景を設定した図形である。この意匠によって、「薄い」というイメージを表すことができる。既に『説文解字』に「枼は薄なり」とあり、「枼」に薄いという意味（正しくはイメージ）があることが指摘されている。木の「は」という具体的な物から「薄い」という抽象的なイメージが捉えられた。逆に抽象的なイメージを具体に戻したのが「枼」に限定符号をつけた「葉」である。

イメージ展開を考える。後に詳述するが（「把・拍・泊の起源―助数漢字（52）」の項参照）、「薄い」「平ら」「くっつく」は可逆的（相互転化可能）な三つ組イメージである。

意味領域の異なった世界で、「薄い」「平ら」「くっつく」というイメージをもつものが共通の概念として概括され、これを「枼」と図形化し、限定符号を変えることによって、次々に記号が成立する。例えば次の通り。

蝶《チョウ》…薄い羽をもつ昆虫、チョウ。
鰈《チョウ》…薄い体形の魚、カレイ。
喋《チョウ》…薄っぺらな舌を振るってぺちゃくちゃしゃべる。「喋々喃々」
牒《チョウ》…文字を書く薄く平らな木の札。「通牒」
屧《ショウ》…薄く平らな靴敷き。
渫《セツ》…川底をさらえて平らにする。「浚渫」
媟《セツ》…べたべたとくっつく、なれる、けがれる。
蹀《チョウ》…足を地面にぺたぺたとつけて踏む。

さて「葉」は助数漢字としては葉のように薄くて軽いもの（小舟など）を数える。白居易の「春池に泛《う》かぶ」の詩に「波上一葉の舟」という用例がある。

また昔の書物（和装本）のページは表と裏を合わせて一葉、二葉と数える（一葉は2ページ分である）。

日本では薄く平らなもの（葉書や写真など）を数えるのに使われる。

## 「束」の起源——助数漢字（10）

Ⅲの「分野別の助数漢字」のうちの4に当たり、由来は非常に古い。

## 【束】 音ソク 訓たば

①「断木の縛約した形。木を束にする意」（『漢字の起源』）

②「象形。雑木をたばねてくる形」（『常用字解』）

③「木＋○印（たばねる紐）の会意文字で、薪を集めて、その真ん中に紐を丸く回してたばねることを示す。縮めて締めること」（『学研漢和大字典』）

象形か会意かで意見が分かれるが、伝統用語にこだわる必要はない。

③は語源を絡めた解釈をしている。古くは『釈名』に「束は促なり」という語源があったが、藤堂明保は束のグループ（速・嗽・竦）は、足のグループ（捉・促）だけではなく、取のグループ（趣・聚・驟）、走、芻《すう》のグループ（趨・皺）、族のグループ（蔟・嗾）、叢、従のグループ（縦・慫）、奏のグループ（湊）などとも同源とし、これらの語群はTSUG・TSUK・TSUNGという音形と、「ぐっと縮める、一所に集めそろえる」という基本義があるという（『漢字語源辞典』）。

改めて字源を見てみよう。「木」の中間に「○」の符号を入れた図形が「束」である。木をぎゅっと縛る情景を暗示さ

［束］

（甲）（金）（篆）

せる。この意匠によって「たばねる」ことを意味する古典漢語 siuk を表記する。

「たばねる」という行為は紐などを物に回して、圧力をかけて、周囲から中心に向けて締めつける動作である。だから siuk という語は「締めつける」「縮める」というコアイメージをもつといえる。

意味は「たばねる」から「たばねたもの、たば」に展開する。また「締めつける」というコアイメージから、締めてまとめる意味（収束の束）、動きが取れないように引き締める意味（束縛・拘束の束）が生まれる。

助数漢字の用法は束ねたものの数を一束、二束と数える（日本では訓読みが普通）。既に『詩経』に「生芻一束」（〔贈り物は〕刈り立てのまぐさ一たば）という用例がある。

また単位名として、器など十個をまとめたものを一束、また、布の五匹を一束とした。日本では魚百尾、矢二十本を一束と数える。

## 「戸」と「軒」の起源——助数漢字(11)

「戸」と「軒」は建物の数を数える。Ⅲ「分野別の助数漢字」のうちの3に当たる。

### 【戸】 音コ 訓と

こんな字源説がある。

①「門の枝折り戸の半分の象形。室を護るものの意」（『漢字の起源』）

②「象形。神を祭る神棚の片開きの扉の形」（『常用字解』）

③「門は二枚扉のもんを描いた象形文字。戸はその左半部を取り、一枚扉の入り口を描いた象形文字。枑（木を交差させたバリケード）・護（中に入らぬよう防ぐ）・禦（ふせぐ）などと同系のことばで、勝手に出入りしないように防ぐとびら」（『学研漢和大字典』）

こんな簡単な字でも解釈が違う。①と③は語源を絡めた解釈。②は祭事から解釈し、「戸や門は内外を分かつ神聖な場所」としている。

古典では「戸は護なり」とあり、戸と護の同源意識があった。「と」を意味する古典漢語は ɦag で、護（周囲を囲って守る）のほかに獲（枠の中に入れる）とも同源で、「（枠の中に）囲い込む」というコアイメージがある。これは「出入りを止めて囲い込む」というイメージに展開する。「囲い込む」という

[戸]

（金）（篆）

イメージは雇用の雇に生きている。賃金を払って人を囲い込むことが「やとう」という意味である。

さて「戸」は家の一部分である。部分を全体に置き換える換喩のレトリックにより、「戸」は家の意味に転義する。ここから家の数を一戸、二戸と数える助数漢字の用法が生まれる。

## 【軒】 音ケン　訓のき

①（『漢字の起源』にない）

②「形声。音符は干。楽器を室内の三面に繋《か》けることを軒懸というので、三面のある建物を、廊下・窓・欄干を含めて軒という」（『常用字解』）

③「車＋音符干の形声文字。乾（高く上がる）と同系のことば。轅が曲がって高く上に跳ね上がった形をしている乗用の車」（『学研漢和大字典』）

②ではなぜ車偏なのか、なぜ干なのか、なぜ三面のある建物の意味になるのか、全く分からない。③では干を単なる音符と見ているが、疑問である。

改めて字源を見てみよう。

「干《カン》（音・イメージ記号）＋車（限定符号）」と解析する。「干」

［干］

（甲）

（金）

（篆）

［軒］

（篆）

については「干支とは何か」の項や、「茎と竿の起源――助数漢字(29)」の項で述べている。もう一度振り返ってみる。

「干」は先端が二股になった長くて太い棒を描いた図形である。この意匠によって、「固くて強い心棒」と「むりやり突き犯す」というイメージを表す記号になる。前者から、単に「長い心棒」「まっすぐな棒」というイメージにもなる。また垂直軸に視点を置くと、「↑の形に高く上がる」というイメージに展開する。

「まっすぐな棒」のイメージから「幹」や「竿」が生まれる。「↑の形に高く上がる」のイメージからは、「乾く」「ほす」という意味（干潮・干拓の干）が実現される。また「軒」もこのコアイメージに由来する。

古代漢語で、轅の前部が高く上がり、後部が低くなった車をhiănといい、これを「軒」と表記する。逆に前部が低く後部が高い車を「輊《ち》」という。『詩経』に「戎車は既に安やかに、輊《ち》の如く軒《けん》の如し」（戦車はもはや不安がなく、低く高くうねり行く）という用例がある。

意味は「高く上がる」というコアイメージから展開する。屋根の下端が高く反り上がっている部分、つまり「のき」の意味になり、また部分と全体の関係（換喩のレトリック）から、家の意味に展開する。ここから家を一軒、二軒と数える助数漢字が生まれた。

# Ⅱ イメージ別の助数漢字

漢字は語のもつイメージによって分類できる。助数漢字もイメージによって分類できる。イメージは図示できる場合もある。まず「○」「□」「△」など単純な形のイメージをもつ助数漢字から、図示のやや難しい助数漢字へという順を追って述べていく。

## (1)「○」(円形・まる)のイメージ

○は円形。「丸」「丸い(円い)」のイメージである。これに動きを与えれば⟳(回る、囲む)のイメージになる。「丸い、円い」のイメージをもつ助数漢字に、丸・円・果・顆・管・球・団などがある。字源・語源を尋ね、どんな用法があるかを見てみよう。

### 「丸」と「円」の起源——助数漢字(12)

「丸」と「円」はイメージが似ているが、助数漢字としては使い方が違う。

**【丸】** 音ガン　訓まる

こんな字源説がある。

①「人に従い(意符)厂の声(声符)。厂の音の表す意味は圜転させる意。丸は人が身体を輾転させる意」(『漢字の起源』)

②「象形。弓の弦にまるい弾をあてがった形。これを弾いて弾を弾つので弾丸という」(『常用字解』)

③「曲がった線+人が体をまるめてしゃがむさまの会意文字で、まるいことを表す」(『学研漢和大字典』)

三者三様である。単純な字形であるが、字源は分かりにくい。字源よりも語源が先立つべきである。王力(中国の言語学者)は丸・円・圜を同源とする(『同源字典』)。藤堂明保は円・圜だけでなく、果のグループ(踝・課・顆)、咼のグループ(渦・蝸)、禾のグループ(和・委)、元のグループ(玩・頑・完・院)、亘のグループ(垣・宣)、袁のグループ(園・環)、巻のグループ(拳・圏)、官のグループ(館・棺・管)など、非常の多くの語を丸と同源とし、これらの語群はKUAR・KUANという音形と、「丸い、取り巻く」という基本義があるとしている(『漢字語源辞典』)。

改めて字源を見てみよう。「丸」は「仄《そく》」の鏡文字(左右反

[丸]

(篆)

転形）である。「仄」は「厂（がけ）＋人」を合わせて、がけや石の壁にぶつかり、バランスを失って傾く様子を暗示させる図形（仄は「傾く」の意）。傾く様子を図示すると、「∠」の形で、角のある形である。これは「△」（三角形）のイメージにもなる。鏡文字や逆さ文字はそれとは逆のイメージを表すことが多い。角のある形の反対は円形である。円環のイメージこそバランスの取れた究極のイメージである。かくて「まるい」ことを意味する古典漢語 ɦuan を「丸」の図形で表記する。

「まる」を図形化すると「○」であるが、これは漢字にならなかった（数字のゼロを表す場合は漢字扱いになる。「○は漢数字か」の項参照）。ただし「○」は「員」（次の「円」の原字）を構成する記号となり、「まるい」のイメージを表している。

「丸」は「まるい」という意味で、『詩経』に「松柏丸丸《がんがん》たり」（松と柏が（の形に丸みをおびてこんもりと茂っている）という用例がある。

球状の物体（たま）の意味はその転義。また、丸い物体（特に丸薬、漢方の丸剤）などを一丸、二丸…と数える助数漢字となった。これは古典漢語にある用法である。

## 【円】 音エン 訓まる

「圓」が正字（旧字体）。字源は「員《イン》（音・イメージ記号）＋口（限定符号）」と解析する。「員」については次の字源説がある。

[員]

(甲)　(金)　(篆)

[円]

(篆)

①「鼎に従い○に従い（ともに意符）○の声（声符）。円鼎の意」（『漢字の起源』）

②「象形。鼎の上に、口の部分が円いことを示す○（口）を加えたもので、円鼎をいい、〃まるい〃の意味となる」（『常用字解』）

③「○印＋鼎（かなえ）の会意文字で、まるい形の器を示し、圓（＝円）の原字。転じて、まるい形の物、また広く物を数える単位に用い、さらに人員を数えて若干員というようになった」（『学研漢和大字典』）

①は形声、②は象形、③は会意とする。旧来の六書説に囚われないほうがよい。また、①と②は図形からストレートに「円鼎」の意味とするが、こんな意味はない。

字源は「○（イメージ記号）＋鼎（イメージ補助記号）」と解析する（「貝」は「鼎」の省略形）。「まる」「まるい」という意味をもつ古典漢語 ɦuan を表記するために、鼎という器から発想されたのが「員」の図形である。鼎から発想されたので、形態的には「円形」のイメージを表すことができるが、機能からは「一定の枠の中に入れる」というイメージが生じた。後者のイメージから、一定の枠の中に入る数量（人や物の「かず」）という意味が実現された。③はこの転義現象に触れている。

「員」はある部署や組織に属する人数を数える助数漢字に使われる。『晋書』に「侍御史二員」、『隋書』に「始めて貴人三員を置く。嬪を増すこと九員に至る。世婦は二十七員、御女は八十一員」という用例がある。

さて「員」にすでに「まる」や「まるい」の意味があったが、人員の員に専用されたので、改めて「圓」が作られた。「囗」は周囲を囲うことを示す象徴的符号で、これも「まる」のイメージを表すことができる。

「円」と「丸」はもともと同源語であり、「まるい」のイメージで共通だが、「丸」に球形の物体（たま）の意味が生まれたため、主として立体の「まる」には「丸」、平面の「まる」には「円」と使い分けるようになった。

「円」は関東一円などという使い方がある。中心から円形に広がった周辺までの一回りの地域を指している。これは助数漢字ではない。

中国では円い貨幣の単位に使われた。しかし現代の中国では「元」に変わった（「元」にも「まるい」のコアイメージがある）。貨幣の単位としての「円」は日本に残った。ただし円形のイメージはもはやない。

## 「球」と「団」の起源——助数漢字(13)

「たま」を表す漢字に玉・丸・球・弾・珠があるが、助数漢字に用いられるのは丸・球・弾である。ただし「玉」は訓読みで助数詞として使われる。「丸」は既に述べたので、ここでは「球」と、「丸い」のイメージをもつ「団」を取り上げる。「弾」はイメージが違うので別項（「戦と弾の起源」）で取り上げる。

### 【球】　音キュウ　訓たま

こんな字源説がある。

①「求が声符。この音の表す意味は美の意。球は玉の美なるものの意」（『漢字の起源』）

②「形声。音符は求。求は剝ぎ取った獣の皮の形。求はくるくると巻いて丸くすることができるものであるから、丸いものをいう語となり、球とは丸い玉をいう」（『常用字解』）

③「求は体に巻いて締める皮衣を描いた象形文字。球は玉＋音符求の会意兼形声文字。球（中心に向けて締める）・救（ぐいと引き締める）などと同系で、鞠・菊などとも縁が近い」（『学研漢和大字典』）

［求］

（金）

（古）
［球］

（篆）

①は求が美の意を表すとは理解不能。②では求が「丸いものをいう語」というが、こんな意味はない。③では図形の解釈がないが、「中心に向けてぐっと引き締まった丸い美玉。転じて、丸く締まった玉状のもの」の意味とする。

古典漢語で丸い宝石の一つを意味する語にgiogがあり、これを「球」と表記する。『書経』に用例がある。周囲が丸く立体をなすものを広く「球」という。その語源を探求したのは藤堂明保である。藤堂は求のグループ全体（球・救・絿・逑）が仇や、丩《きゅう》のグループ（糾・叫）、匊《きく》のグループ（掬・鞠・菊）、告のグループ（梏・酷）などと同源で、これらの語群はKOGという音形と、「引き締める、よじり合わせる」という基本義があるという（『漢字語源辞典』）。

改めて字源を見てみよう。「求」は皮衣から発想された記号である（「裘」にその原初的イメージが残っている）。皮衣は体に密着させて着用するものである。その機能から「周辺から中心に向けて引き締める」というイメージを表すことができる。イメージ展開を考えてみよう。

「中心に向けて引き締める」のイメージは、「↓・↑」の形が四方八方から中心に集まるイメージと言い換えられよう。中心に同じ力や長さが放射状に集まるから、中心に視点を置けば「（多くのものが）一か所に集まる」のイメージ、周辺に視点を置けば「◯」（丸い、周囲を取り巻く）のイメージに展開する。後者のイメージは「毬」（まり）によく現れている。中に布などを集めて詰め込み、周囲を丸くしたものが「毬」である。

「球」も後者のイメージを利用し、「求《キュウ》（音・イメージ記号）＋玉（限定符号）」を合わせて、周辺から中心に等距離に引き絞られて、毬のように周囲が円形になった玉（宝石）を暗示させる。

球のような立体をなすものの意味から、まりやボールの意味にも転じる。日本では特に野球の意味に使われる。助数漢字としては、ボールを投げた回数を一球、二球と数える。ボールそのものは一個、二個でよい。

## 【団】

音ダン　訓まるい

「團」が正字（旧字体）。こんな字源説がある。

①「◯に従い專の声。專の音の表す意味は丸い意。團は単に丸い意」（『漢字の起源』）

②「形声。音符は專。專は叀（上部を括った橐《ふくろ》の形）の中に物

［叀］

（甲）

（金）

（篆）

［專］

（篆）

［団］

（篆）

を入れ、手（寸）で摶《う》って固めてまるい形にしたもの。それをさらに円形を加えて外から包んだ形が團で、〝まるい、まるくあつまる、あつまり〟の意味となる」（『常用字解』）

③「専の原字は円形の石を紐でつるした紡錘の重りを描いた象形文字で、甎・磚の原字。團は囗（かこむ）＋音符専の会意兼形声文字で、円形に囲んだ物の意を示す」（『学研漢和大字典』）

①では○も専も團も「丸い意」で、のっぺらぼうな解釈。②では袋に物を入れ、手で打って固めて丸めるとは何のことか、よく分からない。③では円形の紡錘（つむ）から説明しているから、無理がない。

「團」は『墨子』に「鑑は團《まる》く、景は一なり」（鏡は丸いが、影は一つだけ）という用例がある。「まるい」「まるいもの」を古典漢語でduanといい、これを「團」で表記する。

改めて字源を見てみよう。「専《セン》（音・イメージ記号）＋囗（限定符号）」と解析する。「専」の字源については『説文解字』に紡専説が出ている。紡専は陶製の丸い煉瓦をぶら下げ、それを回転させて紡いだ糸を巻き取る道具である。ただし「叀」が紡専の形で、それに「寸（手）」を添えたのが「専」である。紡専の形態から「丸い」「丸く回る」というイメージ、糸を巻き取る機能から「一つにまとめる」というイメージを表す記号になる。「囗」は四角ではなく、丸く周囲を取り巻くことと関係があることを示す限定符号。かくて「團」は丸く取り巻いて一つにまとまる情景を暗示させる。この意匠によって、「まるい」「まるいもの」「集まって一かたまりになったもの」を表す。

中国の唐の頃、軍を編成する単位に用いた。三百人が一団である。助数漢字としては丸く集まったもの（人や物の集団）を一団、二団と数える。

## 「回・周・巡」の起源——助数漢字(14)

「○」（丸い、円い）のイメージは「↻」（丸く回る、めぐる、取り巻く）のイメージに展開する。巻はこのイメージであるが、ほかに回・周・囲などがある。「丸く回る、めぐる」のイメージをもつ助数漢字の字源・語源を見てみよう。

### 【回】

音カイ　訓まわる・めぐる

こんな字源説がある。

①「囲繞旋回の象形字。取り巻く意。引伸して回る意となった」（『漢字の起源』）

[回]

（金）

（古）

（篆）

②「象形。淵などでぐるぐるまわる水の形」（『常用字解』）

③「回転するさま、または、小さい囲いの外に大きい囲いをめぐらしたさまを描いた象形文字」（『学研漢和大字典』）

三説とも象形文字とし、特に②は淵や水という具体物と関係づける。しかし渦巻き模様を描いた象徴的符号と解すべきであろう。

古典では『詩経』に「昭《あき》らかに天を回《めぐ》る」（「天の川が」明るく輝いて天を回っている）という用例があり、「ぐるぐる回る」の意味で使われる。この語を古典漢語では fiuər（回）という。藤堂明保は回を韋のグループ（囲・緯）、君のグループ（群）、軍のグループ（運）、旬、癸などと同源とし、「丸い、めぐる、取り巻く」という基本義があるとしている（「軍と群の起源——助数漢字（19）」「囲と包の起源——助数漢字（16）」の項参照）。

ある物を中心や軸として、その周りをぐるぐるまわることが「回」である（回転の回）。日本語の「まわる」「めぐる」に当たる。イメージを図示すると、「○」「◎」「↻」の形である。したがって、ぐるりと回って元に戻る意味（回帰の回）が生まれる。これを完結した一つの行為と見たのが一回りであり、一回、二回と数える助数漢字が生まれた。岑参《しんしん》の漢詩に「家を辞して月の両回円《まど》かなるを見る」という用例がある。

## 【周】

音シュウ　訓まわり・めぐる

①「〓が声符。この音の表す意味は稠密。周は堅く口をつぐんで発言しない意」（『漢字の起源』）

②「会意。方形の盾と口（祝詞を入れる器の形）とを組み合わせた形。盾の表面を十字形に区分し、その中にそれぞれ模様を施している。周族の紋章を彫刻した盾に祝詞を唱えて戦勝などを祈ったので、周は王朝の名として用いられたのであろう」（『常用字解』）

③「田の中いっぱいに米のある形＋口印（四角い領域を示す）の会意文字で、欠け目なく全部に行き渡る意を含む。全部にまんべんなく行き渡ることから周囲の意となる」（『学研漢和大字典』）

①は意味不明。②は周を固有名詞とするので、周囲などの意味を仮借とする。しかし図形の解釈には根拠がない。

古典漢語では tiog が「周」と表記されている。これはどんな意味をもつ語か。『詩経』では「周《あまね》くここに事を執る」（みんな全員が仕事に励む）という用例があり、「全体に満遍なく行き渡る（あまねし）」の意味で使われている。また『楚辞』

［周］

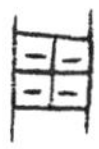
（甲）

（金）

（金）

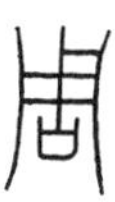
（篆）

では「水は堂下を周《めぐ》る」（川は堂の下をぐるりとめぐっている）という用例がある。「周」の意味はだいたい「あまねし」と「めぐる」である。この二つの意味はどんな関係があるのか。

語源について藤堂明保は、周・舟・州・手・収などが同源の仲間で、「ぐるりと取り巻く」という基本義があり、一方、周のグループの一部（稠・彫・調）が稲・陶・築・討などと同源の仲間で、「満遍なく行き渡る」という基本義があるとしている（『漢字語源辞典』）。この二つの単語家族はTOG・TOK・TONGという同じ音形に概括されるが、果たして何の関係もないのだろうか。

改めて字源を見てみよう。「周」の「口」を除いた部分は、「田」の枠の中に四つの点々を入れた形である。これは「實（＝実）」に含まれる「毌」と同じで、田の中にびっしりと苗の生えた図形。「ある枠の中にびっしり密着する（詰まる）」というイメージを表すことができる。これをイメージ記号とし、「口（ある場所を示すイメージ補助記号）」を合わせたのが「周」で、枠（囲い）の中全体に満遍なく行き渡る情景を設定した図形と解釈できる（「曜と週の起源――時間漢字（19）」の項参照）。枠の外側に視点を置くと、「外枠をぐるりとめぐらす（取り巻く）」というイメージ、枠の中に視点を置くと、「（枠内の）全部に行き渡る」というイメージが捉えられる。このように解釈すれば、右の二つの意味が一つのコアイメージ「ぐるりと取り巻く」から展開した意味と理解されるであろう。

「周」は「外枠をぐるりとめぐらす」というイメージから、周りをぐるりと回る（めぐる）の意味に展開するので、「回」と同様、周りを一回りすることを一周、二周と数える助数漢字になった。

## 【巡】 音ジュン 訓めぐる

①「巛《せん》が声符。この音の表す意味は視（みる）の意。巡は視て歩く意」（『漢字の起源』）

②「形声。音符は巛《せん》。巛は川で、もと畎澮《けんかい》（田畑のみぞ）を意味する字。（巡は）視察巡行（めぐり歩くこと）の意味」（『常用字解』）

③「川は川の流れが大地をめぐることを表す意符。巡は川＋辵の会意文字で、川の水のようにぐるりと回ること」（『学研漢和大字典』）

①では巛が視の意味とは奇妙。②では田畑のみぞを視察する→めぐる・みまわるの意味を導くようである。コアイメージという概念がないから、具体物からストレートに意味を引き出すほかはない。③では「川の水」は比喩とし、意味は「ぐるりと回り歩く」とする。

［川］

（甲）

（金）

（篆）

［巡］

（篆）

改めて字源を見てみよう。「川《セン》（音・イメージ記号）＋辵（限定符号）」と解析する。「川」は水が筋をなして流れる→「筋道やルートに従う」というイメージがある。「巡」はお上（為政者）が順序に従って地方を視察してまわる様子を暗示させる。この意匠によって、筋道や順序に従ってあちこち見て回る、つまり「見回る」の意味をもつ古典漢語 dziuən を表記する。

「巡」はあちこち見て回る意味である。助数漢字としては何かが順を追って一回りする回数を一巡、二巡と数える。なお「巡」の訓は「めぐる」であるが、物の周りをぐるぐる回る（回転する）という意味ではないことに注意すべきである。この意味の漢字は「回」である（しかし常用漢字表では「回」に「めぐる」の訓が採られていない）。

## 「囲」と「包」の起源——助数漢字（15）

「かこむ」と「つつむ」は動作が違うが、↻というイメージは似ている。

### 【囲】 ㊥イ ㊦かこむ・かこみ

「圍」が正字（旧字体）。こんな字源説がある。

①「韋が声符。この音の表す意味は囗（かこむ）の意。圍は環繞、即ち囗の意」（『漢字の起源』）

②「形声。音符は韋。韋は囗《い》（都市をとりかこんでいる城壁）の上下に止（足あとの形）が左にめぐり、右にめぐる形で、〝違《めぐ》る〟の意味。圍は都市を囲んで攻める行為で、〝圍《かこ》む〟となる」（『常用字解』）

③「韋《ィ》は口印の周囲を右足と左足が回っているさまを示す会意文字。圍は囗（かこむ）＋音符韋の会意兼形声文字で、ぐるりと周囲を囲むこと」（『学研漢和大字典』）

「韋《い》」が根源のイメージを示す記号である。

「韋」は「口」（ある場所を示す符号）の上に左向きの足、下に右向きの足を配置した図形である。上下の向きの違った二つの足が動き出すと、「口」の回りをぐるぐると回ることになる。したがって「韋」は「丸い」「丸く回る」というイメージを表すことができる。

古典漢語で「周りをぐるりと取りかこむ」の意味をもつ語を ɦiuər といった。この聴覚記号を表記するために考案された視覚記号が「圍」である。これは「韋《ィ》（音・イメージ記号）＋囗（限定符号）」と解析する。「韋」は右の通り「丸い、丸く回る」というイメージがあり、「丸く取り巻く」というイメージにもなりうる。「囗」は周囲を取り巻く（かこう）ことを示す限定符号である。したがって「圍」の図形的意匠は「物の周りをぐるりと取り巻く」状況を示したもので、②の言うような都市を攻めるなどといった具体的な状況ではない。「囲」は周りをぐるりと取り巻く（かこむ、かこう）の意味から、周り、周囲、かこいの意味に展開する。

日本語や英語と比較してみよう。日本語の「かこむ」は「ぐるりと取り巻く」の意、「かこふ」は「垣をめぐらしてかこむ」の意（『岩波古語辞典』）。英語の **surround**（囲む、取り巻く）は **round**（まるい、まわりに）と関係があるという。また、**encircle**（囲む）は **en**（…の中に入れて）＋ **circle**（円）が語源という（『スタンダード英語語源辞典』）。漢語の「囲」と発想が似ている。

『荘子』に、何の役にも立たない大木を計ってみると「百囲」もあったという話が出ている。腕を回して長さを計る場合、一抱えを一囲と数える。注釈では百囲を十丈としている。そうすると「囲」は長さの単位にもなる。『老子』では「合抱の木は毫末より生ず」（一抱えの木はちっぽけな芽から生まれる）とある。「抱」の一字でも「囲」と同じように用いられた。

## 【包】 音ホウ　訓つつむ・つつみ

①「勹は人が身体を曲げて包む形、巳は腹中の子がいまだ形を成さざる形で、胎児を包む意」（『漢字の起源』）

［包］（篆）

②「象形。人の腹中に胎児のいる形。〝はらむ〟の意味から、〝つつむ、いれる〟の意味となる」（『常用字解』）

③「体のできかけた胎児（巳）を子宮幕の中につつんで身ごもるさまを描いた象形文字」（『学研漢和大字典』）

珍しく三説が一致した。しかし①と②は図形的解釈と意味を混同し、「包」を「はらむ」の意味とした。こんな意味は「包」にない。③では「物の外から丸く覆う」の意味とする。

古典漢語で、「つつむ」の意味をもつ語を pŏg という。これを表記する字が「包」である。『詩経』に「野に死麕《しきん》有り、白茅もて之を包め」（野原にキバノロが死んでいる、白いチガヤで包みなさい）という用例がある。「包」はどんな意匠によって創作された字か。「巳（イメージ記号）＋勹（イメージ補助記号）」と解析する。「巳」は胎児の図形である（「巳の起源――十二支（6）」の項参照）。「勹」は↻の形に取り巻くことを示す符号。したがって「包」は胎児が胞衣（えな）で丸くつつまれている情景を暗示する図形である。胞衣で取り巻かれた胎児という意匠によって、「周囲から中のものを⦿の形に取り巻く」というコアイメージを表している。「つつむ」はその実現される意味である。

　両手で物の周りにぐるりと回して取り巻くことが「抱」であり、日本語の「かかえる」「だく」に当たる。抱擁の抱である。ちなみに、大笑いすることを抱腹絶倒というが、自分の腹を抱くことはできない。突き出た腹を下から持ち上げてワッハハと体を上下に揺すって笑う動作を捧腹という。この捧を間違えて抱腹と書いたものだ。ここから笑うことを「腹を抱える」という言い方が生まれた。怪我の功名というべきだろう。

　助数漢字としては包んだもの（薬など）を一包、二包と勘定する。

## 「果」と「管」の起源——助数漢字(16)

「くだもの」と「くだ」は「丸い」という共通のイメージがある。

### 【果】 音カ　訓くだもの

［果］

（金）

（篆）

　果実の象形文字であることは古来の定説である。ただkuarという古典漢語が「丸い」というイメージをもつとしたのは藤堂明保である（「丸と円の起源」の項参照）。次のグループには「丸い」というイメージがよく現れている。

踝《カ》…くるぶし。

顆《カ》…丸い粒。

髁《カ》…丸い形をした膝の骨。

蜾《カ》…尻が丸い昆虫、ジガバチ。

「果」は果実の意味なので、果物を勘定する助数漢字に使われる。

　なお、右に挙げた「顆」は丸い粒の意味（顆粒の顆）なので、粒状のものを数える助数漢字になる。

### 【管】 音カン　訓くだ

［官］

（甲）

（金）

（篆）
［管］

（篆）

　字源は「官」と「竹」に分析できる。「官」については次の字源説がある。
①「𠂤（クワン）が声符。𠂤の音の表す意味は吏・事。仕事をする舎の意である」（『漢字の起源』）
②「会意。宀と𠂤《し》とを組み合わせた形。建物の屋根を示す宀の下に、軍の守護霊として携える脤肉（𠂤の形をしている）を安置する形。その安置した神聖なところを官という」

(『常用字解』)

③「𠂤《イタ》は隊や堆と同系で、人や物の集団を示す。官は宀(やね)+𠂤(積み重ね)の会意文字で、家屋に大勢の人の集まったさま。館と同系のことば。また、垣や院とも関係が深く、もと、垣根で囲んだ公的な家屋に集まった役人のこと」(『学研漢和大字典』)

「管」の字源については、①では「管」の「官」は貫(貫通)の意を示し、「竹の貫通した楽器」の意とする。②では「官」は音符で、「管」は「竹のくだ」の意とする。

①は「仕事をする」と「貫通」が結びつかない。②は肉を安置する場所と「くだ」が結びつかない。要するに①②とも「官」と「管」の関係が分からない。それは基本義やコアイメージという概念がないからである。

藤堂明保は「官」は「丸い、取り巻く」という基本義をもつとし、「管」を「断面の丸い竹笛」と解した(『漢字語源辞典』)。基本義という概念の導入によって、「官」と「管」は結びつく。

改めて「官」と「管」の字源を見てみよう。字形から意味を引き出すのはタブーである。形は何とでも解釈できるからである。あるいは解釈に苦しみ袋小路に陥ることが多い。字源の前に語源と、古典における用法の確定を先にすべきである。漢代には「官は宣(丸くめぐらす、行き渡る)なり」という語源説がある。藤堂は上記の通り「丸い、取り巻く」という基本義を見出した。古典の用法としては『論語』に「官事は摂《か》ねず」(役所の仕事を掛け持ちしない)とあり、公の建物(やかた、役所)の意味がいちばん古い。これを古典漢語でkuanという。kuanという聴覚記号の視覚記号化が「官」の図形である。「𠂤」は師(集団の意)に含まれ、「たくさん集まる」というイメージを示す記号。「𠂤(イメージ記号)+宀(限定符号)」を合わせた「官」は大勢が集まった建物を暗示させるだけで、どんな建物なのか図形からは分からない。「丸く取り巻く」のコアイメージも図形からは見えない。役所(やかた)の意味をもつkuanを「大勢の人が集まった建物」という図形的意匠によって暗示させるだけである。形からは意味は出てこない。意味は古典の文脈の中にある。

さてkuan(官)は「丸く取り巻く」がコアイメージである。公の建物はたいてい垣や塀をめぐらしている。古人が「官は宣なり」と言ったのはこのことである。「取り巻く」と「丸い」のイメージは連合する。

笛に似た古楽器にkuanと呼ばれるものがあった。『詩経』に「官」はないが、「管」は出ている。これは竹製で、六つの穴の開いた円筒形の楽器である。周囲が丸い形なので、「丸く取り巻く」というコアイメージをもつ「官」の音で

kuan というのである。「官《カン》（音・イメージ記号）＋竹（限定符号）」を合わせた「管」はこうして生まれた。

「管」は形態的類似性により「中空で円筒形のもの（くだ）」の意味に転義する。この意味も『詩経』にあり、彤管（赤いくだ）の語がある。この「管」は筆の意味に取る説もある。また、中空の管状のもの（筆や管楽器など）を一管、二管と数える助数漢字が生まれた。

## 「元・院・冠」の起源——助数漢字（17）

元・院・冠に共通するのは「元」である。「元」がこれらの語の根幹のイメージを提供する記号である。助数漢字とどんな関係なのか、字源・語源から見てみよう。

### 【元】 音ゲン 訓こうべ・はじめ・もと

『孟子』に「勇士は其の元《げん》を喪《うしな》うを忘れず」（勇者は自分の頭を失うことをいつも忘れない）という用例があり、「元」の最初の意味は頭である。字源も「一（頭）＋兀（人体）」を合わせて、胴体の上にある頭の部分を示した図形になっている。

古典漢語の ngiuăn（元）は頭の形態的特徴を捉えた語である。藤堂明保は「丸と円の起源——助数漢字（12）」と「果と管の起源——助数漢字（16）」で述べた通り、丸・円・果・管と「元」を同源の仲間（単語家族）に括り、「丸い、取り巻く」という基本義があるとしている（『漢字語源辞典』）。

コアイメージは「丸い」であるが、意味の展開はコアイメージからではなく、身体における頭の位置の特徴に基づいている。頭は人体の頂上にあるから、トップ（長、かしら）の意味、さらに、時間的に始めの意味、また、もと（根本）の意味に展開する。

「元」は物事の根元、おおもとという意味があるので、根元・根本になるものを一元、二元と数える。二つの場所で同時に放送が行われるのが「二元放送」である。また、数学では未知数を「元」という。未知数が一つあるのが一元、二つあるのが二元である（二元一次方程式など）。

宋の頃の中国数学に天元術という算法があった。未知数を立てて問題を解く方法である。未知数を立てることを「天元一を立つ」という。これが「元」の由来とされている。

[元]

（甲）

（金）

（篆）

### 【院】 音イン

「院」は「完＋阝」に分析できる。

[完]
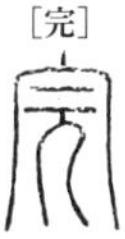
（篆）
[院]

（篆）

「完」の字源説にこんな説がある。

①「元が声符。元の音の表す意味は垣。家の周囲を環繞する壁の意である」（『漢字の起源』）

②「会意。宀（廟の屋根の形）と元（人の頭部）とを組み合わせた形。戦いに勝ち、戦死せずに無事に帰ったことを廟に報告する儀礼を示しているのが完で、無事に事が終わること、最後までなしとげること、〝まっとうする、まったし〟の意味となる」（『常用字解』）

③「元は丸い頭を描いた象形文字。完は宀（やね）＋音符元の会意兼形声文字で、丸く取り囲んで欠け目なく守るさま」（『学研漢和大字典』）

①では元が垣の意とは理解に苦しむ。②では廟と人頭の組み合わせなら、廟で死んだ人（の頭）を祭るという解釈になりそうなものだが、戦死せず無事な帰還を報告するという解釈は不可解である。

また「院」については、①では完と院を同字とする。②では「垣のある建物」の意味とする。③では「家の回りにめぐらした土塀」の意味とする。

改めて字源を見てみよう。「元」は上記の通り、「丸い」がコアイメージである。これは「○」（円形）のイメージで、「↻」（丸く取り巻く、めぐらす）のイメージに展開する。「元《ガン》」（音・イメージ記号）＋宀（限定符号）」を合わせた「完」は家の周囲に垣をめぐらす情景を設定した図形。この意匠によって、全体に行き渡って欠けた所がないことを表している。

「完」は「（欠け目なく）丸く行き渡る」がコアイメージであるが、これは「丸く取り巻く」から展開するイメージである。したがって、「院」は屋敷をめぐらす塀の意味が本義。これから、塀をめぐらした大きな建物、また、公共性のある建物（施設や機関）の意味に転義する。

助数漢字としては、特に病院、寺院、衆議院・参議院などを一院、二院と数えることがある。

## 【冠】　㊥カン　㊞かんむり

こんな字源説がある。

①「元が声符。元の音の表す意味は元即ち首の意。冠は首を覆うものの意」（『漢字の起源』）

②「会意。廟（宀）の中で、手（寸）で元（頭）の髪を結い、頭に冠をつけている形で、男子の元服の儀礼をいう」（『常用漢字』）

③「冖（かぶる）＋寸（手）＋音符元の形声文字。完・院・垣などと同系で、頭の周りを丸く取り囲むかんむりのこと」

［冠］

（篆）

（『学研漢和大字典』）

②では冠をつける儀式から「かんむり」の意味になったというが、逆であろう。最古の古典の一つである『詩経』では「庶《ねが》わくは素冠を見ん」（白い冠［の人］に会いたいわ）とあり、「かんむり」の意味で用いられている。

改めて字源を見る。「元《ガン》（音・イメージ記号）＋寸（手を示すイメージ補助記号）＋冖（かぶりものと関わる限定符号）」と解析する。「元」は「丸い」「丸く取り巻く」がコアイメージ。「冠」は丸い頭を丸く取り巻くかぶりものを暗示させる図形。この意匠によって、「かんむり」の意味をもつ古典漢語kuanを表記する。

冠は頭にかぶるものであるから、頂上、トップの意味に展開する。冠絶（トップになる、優れる）、冠軍（軍功がトップになる）、栄冠（勝利のしるしの冠、転じて名誉）などの使い方がある。

日本では何かのタイトルを取る場合、一冠、二冠と勘定する。野球では三冠王、碁では大三冠（大きな三つのタイトル）がある。

## 「軍」と「群」の起源——助数漢字⒅

集団を数える助数漢字に軍・群・団・隊などがある。それぞれ使い方が違い、語のイメージにも違いがある。何が違うか字源・語源で見てみよう。

### 【軍】 音グン 訓いくさ

①「勹《いん》が声符。この音の表す意味は囲の意。軍は車で円陣を作って囲む意」（『漢字の起源』）

②「象形。車の上に立てた旗が靡いている形。将軍の乗る車である軍は〝いくさ（戦争・兵士）、いくさする〟の意味となる」（『常用字解』）

③「車＋勹（外側を取り巻く）の会意文字で、兵車で円陣を作って取り巻くことを示す。古代の戦争は車戦であって、丸く円を描いて陣取った集団の意。のち軍隊の集団を表す」（『学研漢和大字典』）

①は勹を音符とするのが奇妙。②は旗を立てた車から、将軍の車、いくさ（戦争）の意味を引き出すのが無理。しかも図形を将軍の車の旗で説明するからには、将軍の概念が既に存在していたことになり、ではその将軍の軍とは何かの説明が必要になるはずで、堂々巡りである。

形は何とでも解釈できる。古典における用法と、語源を先

［軍］

（金）

（篆）

に考えるべきである。「軍」は『詩経』で「中軍、好を作《な》す」（軍の中で、みごとな隊形を作っている）と、兵士の集団の意味で使われている。他の文献では軍隊が陣を構えること（陣地）の意味で使われている。

語源については古典に「軍は圜囲なり」「軍は囲なり」などとある。藤堂明保は軍のグループ（運・暈・輝・揮）を、骨のグループ（滑）、回、帰、韋のグループ（違・諱・囲・緯・偉）、鬼のグループ（魁・塊）、貴のグループ（匱）、胃のグループ（彙）、位、君のグループ（群・郡・裙）、困のグループ（梱）、昆のグループ（混）、匀のグループ（均・旬）、癸のグループ（葵・揆）など、非常に多くの語群と同じ単語家族に入れ、これらの語群は **KUÊT・KUÊR・KUÊN** という音形と、「丸い、めぐる、取り巻く」という基本義があるとしている。

改めて字源を見てみよう。「勹（イメージ記号）＋車（限定符号）」と解析する。「冖」は楷書で「勹」が変わったもの。「勹」は腕を丸く回す形である（旬に含まれている）。これは「↻」の形（丸く回る、めぐらす）のイメージである。「軍」は戦車で丸くめぐらして陣地を作る情景を暗示させる。兵士の集団の意味が陣を構えて集まること（陣地）の意味に転じてから、「軍」の図形が作られたと考えられる。しかしもともと「軍」は集団のイメージをもつ語である。

古代では「軍」は一万二千五百人で編成される単位であった。『論語』に「三軍も帥《すい》を奪うべし」の用例がある。

日本ではスポーツの試合を戦争に譬えることが多いので、野球のチームを巨人軍、軍団などと称する。一軍、二軍などと、助数漢字に使うこともある。

## 【群】 音グン 訓むれ

「むれ」の意味をもつ古典漢語が giuən である。これを「群」と表記する。『詩経』に「三百なり、これ群れは」（「ヒツジの」群れは三百匹だ）という用例がある。

語源については君・群・郡の同源意識が古くからあったが、学問的に究明したのは藤堂明保である。右に述べたように、藤堂は、群と軍など、多くの同源語を統括して、「丸い、めぐる、取り巻く」という基本義があるとした。

字源については「複数の漢字② 群・雑の起源――数漢字(19)」で既述しているが、もう一度振り返る。「群」の前に「君」があり、「君」の前に「尹」があった。「尹」が根源のイメージを提供する記号である。「尹」は「丨（縦棒）＋又（て）」を合わせて、指揮棒を持って采配する情景を設定した

［尹］

（甲）

（金）

（篆）

［君］

（篆）

［群］

（篆）

図形。これによって、国や世界を治めることを暗示させ、「全体を一つにまとめる」というイメージを示す記号となる。「尹《イン》(音・イメージ記号)+口(限定符号)」を合わせたのが「君」で、号令をして多くの人々をまとめて治めることを暗示させ、国を支配する人(天子、王、君主)を意味する古典漢語 kiuən を表記する。

さて「君《クン》(音・イメージ記号)+羊(限定符号)」を合わせたのが「群」である。「君」は「尹」と同じように「全体をまとめる」というコアイメージがある。「群」は羊を集めて一つの集団にうまくまとめる様子を暗示させる。この意匠によって、「多くのものが一つにまとまったもの」、つまり「むれ」を表すことができる。注意すべきは「羊」は比喩的限定符号であって、必ずしも意味素の中に入るとは限らないことである。

助数漢字としては群れをなすものを一群、二群と数える。『呂氏春秋』に「三群の虫」という用例がある。

## (2)「□」(四角)のイメージ

□は四角形。「四角い」というイメージをもつ漢字は其《き》のグループだけである。そのうち助数漢字は次の二字。

# 「基」と「期」の起源——助数漢字(19)

## 【基】 音キ 訓もと

こんな字源説がある。

① 「其《き》が声符。この音の表す意味は物を載せる台の意。基は土を上に載せる台」(『漢字の起源』)

② 「形声。音符は其。其は箕(四角形のちりとり)を示す字で、四角形のもの、また台座の意味がある。それで土で壇を築いて建物の基礎・土壇とすることを基という」(『常用字解』)

③ 「其は四角い箕(み)を描いた象形文字。四角い意を含む。基は土+音符其の会意兼形声文字で、四角い土台のこと。旗(四角いはた)・碁(四角い碁盤)と同系のことば」(『学研漢和大字典』)

①は「土を上に載せる台」とは何のことか分からない。①②では其に「物を載せる台」「四角形のもの、台座」の意味があるというが、そんな意味はない。①と②の文字学ではコアイメージという概念がないので、ストレートに図形の解釈を意味に置き換えるのが特徴である。

[其]

(甲)

(金)

(篆)

[基]

(篆)

「其」の記号をもつグループの語源を解明したのは藤堂明保③である。「其」のグループ全体（箕・基・期・棋・旗・欺）が一つの単語家族を構成し、KÊGという音形と、「四角い」という基本義をもつとしている（『漢字語源辞典』）。

改めて字源を見てみよう。古典漢語で建物の土台の意味をもつ語をkiəgという。この聴覚記号を視覚記号化したものが「基」である。これは「其キ（音・イメージ記号）＋土（限定符号）」と解析する。「其」は「み」という道具から発想された記号である。「み」は穀物の殻やごみを篩《ふる》い分ける農具である。その形態的特徴を捉えて「み」をkiəgという。ただし文字で表す際は、「其」は「それ」「その」という文法的な働きをする語に用い、農具の「み」は「箕」と書いた。

漢字の見方は「何」（実体）よりも「如何（いかん、どのよう）」（形態や機能）に重点を置くべきである。箕という農具の形態に重点を置くと「四角い」というイメージが捉えられる。右に挙げた「其」のグループは「四角い」というコアイメージを深層構造に据える語群である。「基」もその一つで、「四角い」というイメージをもつ事象のうちの一つである「建物の土台」を表すのである。

建物の土台そのものは四角形でなくてもよい。多少形が丸みを帯びても一向かまわない。しかし建物の土台の配置は四方の角には必要である。「□」のイメージは四つの角をもつ形である。旗も碁盤も箕もこの形である。次に述べる期もこのイメージが根柢にある。

さて建物の土台の意味（基礎の基）から、下で支えて根拠になるもの（もと）という意味に展開する（基盤の基）。ここから、所定の所に動かないようにデンと据え置く物（機械類や置物・墓など）を一基、二基と数える助数漢字となった。これは日本的展開である。

## 【期】 音キ

「期」は時間漢字でも出しているが（５１７ページ）、ここでは助数漢字として取り上げる。

時間の認識は太陽と月の進行が一つの目安になる。月の運行は円形では捉えどころがないが、四角形で考えると分かりやすい。つまり月は上弦→満月→下弦→新月という四つの節目を通過すると見ることができる。四つのポイントを線で結ぶと、四角形のイメージである。こうして一か月という期間が認識された。

「期」は一か月、また一年という意味がある（この場合の「期」は「朞」と同じ）が、最初の使い方は『詩経』に「其の期を知らず」（帰りの日時がわからない）とあるように、いつからいつまでと区切られた時間という意味である。「□」（四角形）のイメージは四つの角を線で結んだ形であり、「角をつけてきちんと区切る」「きちんと区切られて整っている」というイメージにも展開する。だから、いつからいつまでときちんと区切られた時間を「期」というのである。「期」も「四角い」のコアイメージをもつ「其」から展開した語であり、字である。

さて「期」は区切られた時間なので、助数漢字としてはある一定の期間を一期、二期と数える。一か月の場合もあれば、一年の場合もある。また任期などの年数に応じて使うこともできる。

### (3)「△」(三角・かど)のイメージ

△は三角形。角に焦点を置けば∧・∠の形のイメージにもなる。角が尖った形であるので、「かど」「尖っている」というイメージを表せる。また∧・∠の形は┐・「・∟・」の形のイメージにも転じる。これは「かぎ形」のイメージ、「区切り」のイメージである。

## 「角」と「隅」の起源——助数漢字(20)

「かど」と「すみ」は∠・∟の形で共通のイメージがある。漢字の「角」と「隅」は違う字源から似た意味が生まれた。

### 【角】　㊥カク　㊙つの・かど

[角]

(甲)

(金)

(篆)

字源は分かりやすい。動物の「つの」を描いた図形である。古典漢語では「つの」をkŭkという。この語は殻《かく》(から)などと同源で、「中空で外側が固い」というコアイメージがある。しかし意味の展開はコアイメージによらないで、「つの」の形態的特徴による。牛などの「つの」の頂点は「∧」の形をしている。「∧」の形のイメージは「∠」の形や「∟」の形のイメージとも連合する。したがって「角」は「かど」や「すみ」の意味に展開する。

「角」は「中空で外側が固い」がコアイメージであるが、「∧の形(頂点が尖っている)」のイメージは二次的イメージである。

助数漢字としては「つの」そのものを数える場合が一つある。一角獣の一角など。もう一つは「かど」のある形や物を数える場合である。三角形、四角形など。六角堂は六角形の建物で、岡倉天心が茨城県の五浦で建てたものが有名である。

### 【隅】　㊥グウ　㊙すみ・くま

辞書などでは「隅」を助数詞としていないが、古典には一隅、三隅などがある。『論語』に「一隅を挙げて三隅を以て反《かえ》さざれば、復《また》せざるなり」（私が一つの隅を取り上げると、相手が他の三つの隅を返してこないようでは、彼に二度と教えてやらない）とある。なぜ隅なのか。四つの隅（すみ、かど）のある形は方形（四角形）である。一つの角は直角であり、他も同じである。一つの角を取り上げると、他の角が分かるのはあたり前である。あたり前のことに反応しない人は自発性がないことになる。『論語』の言葉は、自発的に物事を推量し、理解しようとしない人には教育ができないという趣旨らしい。

［禺］（金）（篆）　［隅］（篆）

ここで「隅」の字源・語源を見てみよう。

①（『漢字の起源』にはない）

②「形声。音符は禺。禺は顒然《ぎょうぜん》として（じっと座っている様子）うずくまるような姿の獣の形。阜は神が天に陟り降りするときに使う神の梯の形であり、そこに不思議な形の禺を置くのは、隅が神聖にして接近してはならぬ所であるからである。それで隅は〝すみ、くま、かど〟の意味となる」（『常用字解』）

③「禺は頭の大きい人まねざるを描いた象形文字で、似たものが他にもう一つあるの意を含む。隅は阜（土盛り）＋音符禺の会意兼形声文字で、土盛りをして□型や冂型に囲んだとき、一つ以上同じようなかどのできる片すみ」（『学研漢和大字典』）

②はコアイメージという概念がないので、実体から直接に意味を導く説である。不思議な獣という実体を元にして、それを梯に置いた神聖な場所→すみという意味を導くが、図形の解釈に根拠がないし、「すみ」の意味とのつながりに必然性がない。③では「似たものが他にもう一つある」を基本義として「片すみ」の意味を説明している。

図形から意味が出るのではなく、意味のイメージを図形に表すのである。漢字の見方を「形→意味」の方向から「意味→形」の方向へ百八十度転換させる必要がある。

古典漢語で山や建物などの「すみ」をngiugという。この聴覚記号を視覚記号化して「隅」という図形が考案された。なぜ「禺」が用いられたか。「すみ」は」の形や┓の形をした場所である。このイメージを表すのが「禺」という記号である。

「禺」については「奇と偶の起源――数漢字（6）」でも既に述べているが、もう一度振り返ってみよう。古典に「禺は猴の属」とあり、サルを描いた象形文字である。古人はサルは人間に近い動物という認識があり、人に似ているが人ではないというイメージが付与されたと考えてよい。③のように

「人まねざる」と解釈してもよい。いずれにしても「本物と似た物が二つ並ぶ」というイメージを表すことができる。

「二つ並ぶ」が「禺」の根源のイメージである。このイメージを図示すると、二の形であるが、並び方は平行でなくてもよい。左方から↗の形で進み、右方から↖の形に進み、頂点で↗↖の形になる並び方もある。このような形に出会うことを「遇」という。↗↖の形は∧の形にもつながる。また∧の形のイメージはLや」などの形のイメージにも転じる。

このようなイメージ展開を考えると、「二つ並ぶ」というイメージの「禺」は∧やLの形のイメージも表しうるのである。このイメージが実現されると「すみ」や「かど」という意味になる。

かくて「隅」は「禺《ウグ》（音・イメージ記号）＋阜（限定符号）」と解析する。「禺」は「二つ並ぶ」というイメージから「L形や∧形を呈する」というイメージに展開する。したがって「隅」は山や丘がへこんで、L形や∧形を呈する所、つまり「すみ」を暗示させる。

「隅」は一般にLや∧の形をした「すみ」や「かど」の意味になる。これを一隅、二隅と数える助数漢字にも使われた。ただし「角」は三角以上であるが、「隅」は五隅以後はない。もともと建物などの「すみ」で、四つあるのが普通だからである。

## 「峰」と「封」の起源——助数漢字（21）

「峰」と「封」は同音（峰はホウ、封はホウ・フウ）のほかにどんな共通点があるのか。字源・語源から尋ねてみよう。

### 【峰】 音ホウ 訓みね

こんな字源説がある。

① 「夆が声符。この音の表す意味は尖端の意。峰は山の尖端の意」（『漢字の起源』）

② 「形声。音符は夆《ほう》。夆は夂（下向きの足あとの形）と丯《ほう》とを組み合わせた形で、くだるの意味がある。丯は上に伸びた木の枝の形で、その枝は神が憑りつく所であるから、神が降り、憑りつく木を夆という。そのような木のある山を峰という」（『常用字解』）

③ 「丯《ウホ》は∧型に先のとがった穂の形を描いた象形文字。夆《ウホ》は夂印（足）を加えて、左右両方から来て∧型に中央で出あうこと。逢（出あう）の原字。峰は山＋音符夆の会意兼形声文字で、左右の辺が∧型に頂上で出あう姿をした山」

（『学研漢和大字典』）

②では夅が「くだる」「神の憑りつく木」の意というが、こんな意味はない（逢う意味である）。また「神の憑りつく木」と「みね」の結びつきに必然性がない。実体からストレートに意味を導くので、余計な意味素が混入する。

形から意味を導くのは間違った方法である。意味をどのような形に表したかを考えるのが正しい方法である。

「峰」の字が現れるのは比較的遅く、漢代の『呉越春秋』に「三峰の下に入る」（三つのみねのある山の麓に入った）の用例がある。山の尖った先（頂上）、あるいは頂上の尖った山を「峰」という。英語のpeakに当たる。これはpike（矛や槍の穂先）と同源という。漢語の峰と鋒（ほこさき）も同源である。言葉の発想には普遍性があるものだ。

「峰」は丰→夆→峰と発展した。この三段階で作られた語はそれぞれ違った意味があるが、これらの根柢にあるイメージ（つまりコアイメージ）は共通である。

「丰」は草木の枝葉が上方に向かって茂っている図形である（実現される意味は「（草木が）茂る」）。草木の茂る形状に視点を置けば、「⩚の形や∧の形に盛り上がる」というイメージを捉えることができる。逆に言うと、p'iungという語のコアイメージを「丰」によって図形化したということである。

次に生まれたのが「夆」である。「丰《ウホ》（音・イメージ記号）＋夂（限定符号）」と解析する。「丰」は右で述べたように「⩚の形や∧の形に盛り上がる」というイメージがある。これは単に「⩚や∧の形を呈する」のイメージにもなる。「夂」は「各」や「降」にも含まれ、下向きの足の形だが、降りる足だけではなく、ある方向に向かう足であり、足の動作に関わることを示す限定符号になる。したがって「夆」は、左方から↗の形に進んでくる足と、右方から↖の形に進んでくる足が、頂点で∧の形に出合う情景を暗示させる図形である（実現される意味は「出合う」）。

以上のような造形法が下敷きになって、「峰」が登場する。「夆《ウホ》（音・イメージ記号）＋山（限定符号）」と解析する。⩚の形にせり上がって頂点で∧の形をなす山を暗示させる図形が「峰」である。

日本語では山の尖った頂上を「みね」という。これを漢語の「峰」の訓にしたのは正当である。「峰」は漢代以前の古典には出てこないが、昔の日本人は漢字をよく理解していた。それは辞書類に「峰は高尖山」「峰は山頂」などとあることから類推して、「峰」は「やま」ではなく「みね」と考えたからである。

「峰」は「∧形をなす」というイメージがあるから、そのような形のものの比喩になる。こぶが二つある駱駝を中国では双峰駝（フタコブラクダ）という。
助数漢字としては文字通り「みね」を数える。東山三十六峰など。

## 【封】 音ホウ・フウ

①「葉の盛った木を植えて境界とする意」（『漢字の起源』）

②「会意。古い字形は丰と土（社）と又（手）とを組み合わせた形。丰は若い木の形。神の乗りうつる木を社に手で植えることを封という」（『常用字解』）

③「原字は土＋音符丰《ホウ》の会意兼形声文字。丰は稲の穂先のように、△型にとがって上部の合わさったものを示す。のち、土二つ＋寸（て）と書き、△型に土を集め盛った祭壇や塚を示す。四方から△型に寄せ集めて、頂点で合わせる意を含む。峰・縫・豊と同系のことば」（『学研漢和大字典』）

①では図形の解釈が不明。②では丰を「若い木の形」としているが、峰の項では「上に伸びた木の枝の形」としており、一定しない。また図形的解釈をそのまま意味としている。図形は意味（のイメージ）を暗示させるための意匠（デザイン、図案）であって、意味そのものとは区別されなければならない。両者を同一視するのが②の文字学の方法である。③は図形的解釈と意味を区別している。図形の解釈は右の通りであるが、意味は「領土を与えて領主にする」としている。

［封］

（金）（古）（籀）（篆）

「封」は「丰＋土」が原形で（古文・籀文）、これに「又（限定符号）」を添えた形（金文）、次に「又」を「寸（限定符号）」に代えた形（篆文）、最後に「圭＋寸」の形（隷書・楷書）に変わった。「又」や「寸」は手の動作に関わることを示す限定符号だから、重要視しないでよい。「丰」が語の深層構造に関わる部分で、これが重要である。

「丰」は右に説明したように、「⋀の形や∧の形に盛り上がる」というイメージを示す記号である。そうすると「丰《ホウ》（音・イメージ記号）＋土（限定符号）」を合わせて、土を両側から⋀の形にせり上げて、∧形に盛り上げる情景を暗示させている。もちろん盛り上がった形は正確に三角形に尖っている必要はないが、両手で土を盛り上げる姿を「∧形をなす」のイメージで捉えたのである。

何のために土を盛り上げるのかと言えば、樹木を植えるためや、土地の境界の印にするためや、何かの土壇を造るためである。『易経』に「封《ほう》せず樹《じゅ》せず」（「昔の葬式は」土も盛らず、木も立てなかった）とあるのは土を盛り上げるの意味、『論語』に「儀の封人、見《まみ》えんことを請う」（儀のさきもりが面会を求めた）とあるのは境界の意味である。土を盛り上げた境界が領土の目印になるから、「封」は領土という意味をもつ。そこから、領土を与えて領主にするという意味（封建の封）に転じる。また祭壇を築くという意味（封禅の封）もある。

さて一方、封鎖や封書という使い方もある（この場合はフウと読む）。これは土を盛り上げることと何の関係があるのか。「土を盛り上げる」という行為からは関係が見えてこない。語の根柢にあるイメージ、深層構造こそ、その関係を知る手がかりである。「封」のコアイメージは「↗↖の形や∧の形に盛り上げる」であるが、「↗↖の形」や「∧の形」のイメージに抽象化できる。このイメージが決め手である。↗の形に進む線と↖の形に進む線が合うと頂点で閉じ合わさることになる。最終的には∧の形に閉じる。これが封鎖、密封の封、つまり「閉じる」という意味である。手紙や書類も中身を見えなくするために閉じる。だから「封」という。

唐の詩人韓愈の詩に「一封朝《あした》に奏す九重の天」（ある朝、宮廷に封書を一つ差し上げた）という句がある。この「封」は袋に入れて封をしたもの（手紙や書状など）を勘定する助数漢字である。日本では金一封のような使い方もある。

## 「荷」と「騎」の起源——助数漢字（22）

「荷」は荷物を一荷、二荷と数える。「騎」は馬に乗った人を一騎、二騎と数える。「荷」と「騎」には「可」という共通の記号がある。これはどんなイメージか、字源・語源から尋ねてみよう。

### 【荷】 音カ 訓に・はす

こんな字源説がある。

① 「何が声符。これが表す意味はわからない。荷は水中に生ずる芙蓉（蓮）の意」（『漢字の起源』）

② 「形声。音符は何。何の古い字形には戈を荷う字があり、何に"になう"の意味がある。（荷は）何と通じて、"に、になう"の意味に用いる」（『常用字解』）

③ 「艸＋音符何（人が直角に荷物を乗せたさま）の会意兼形声文字で、茎の尖端に直角に乗ったような形をしているはすの葉のこと」（『学研漢和大字典』）

「何」と「荷」はねじれた関係のある字である。「何」は『詩経』などの古典では「になう」と「なに」の意味で使われている。ところが「荷」は『詩経』ではハスの意味、『論語』では「になう」の意味で使われている。つまり古典漢語の far は「になう」「なに」「ハス」の意味があり、最初は

［何］

（篆）

［荷］

（篆）

「になう」と「なに」の場合「何」と表記し、「ハス」を「荷」と表記したが、後になって「なに」は「何」、「になう」は「荷」と書くようになった。ではハスはどうなったか。「荷」の表記も引き続いて行われたが、やがて「蓮」という全く別の語に変わった。

　改めて字源を見てみよう。「何《カ》（音・イメージ記号）＋艸（限定符号）」と解析する。「何」を構成する「可」が根源のイメージと関わる重要な記号である。これはどんなイメージか。「可」については「秀・優・良・可の起源――順位漢字(10)」でも説明している。

　「可」は「丂（イメージ記号）＋口（限定符号）」と解析する。「丂」は伸び出ようとするものが上でつかえて曲がる様子を示す象徴的符号で、「つかえて曲がる」「┐形に曲がる」というイメージを示す記号である。「可」は声をまっすぐ出さないで、声を屈曲させる様子、つまり喉元で節をつけたり、摩擦させてかすらせたりする様子を暗示させる図形である。「可」は歌（節をつけてうたう）や呵（しかる、どなる）の基幹記号になる。これらの語に含まれる「可」は「┐形に曲がる」というコアイメージを表している。

　イメージ展開を考える。「┐の形」のイメージは「└の形」「∠の形」「┬の形」などのイメージにも展開しうる。

　そこで「何」は「可《カ》（音・イメージ記号）＋人（限定符号）」を合わせて、肩に┐の形に物をかつぐ情景を暗示させる。「何」は「┐形をなす」のコアイメージをもつ語である。このイメージは右で検討したように「┬形をなす」のイメージにも展開する。かくて「荷」の字源が明らかになった。大きな葉が水面に┬形をなして広がる植物、つまりハスを暗示させる。

　前述のように表記法の変化があり、「何」を「なに」という疑問詞に専用するため、「になう」の意味には「荷」を使うようになった。なぜこんな入れ替えが可能なのか。それは「┐形や┬形をなす」というイメージの共通性、つまり深層構造が同じだからである。

## 【騎】

音 キ　訓 のる

①（『漢字の起源』にない）

②「形声。音符は奇。奇は単奇（ただ一つのもの）の意味がある。馬車は中央の馬の左右にそえ馬をつけて三頭立てにすることがあるが、騎馬（乗馬）のときには一頭であるから騎という」（『常用字解』）

③「奇は不安定な形で重みをかけること。騎は馬＋音符奇の会意兼形声文字で。寄（もたれる）・加（上に乗せる）・駕（馬に

[奇]

（篆）

[騎]

（篆）

くびきをつける）・荷（肩に乗せてになう）と同系のことば」（『学研漢和大字典』）

②では奇が一つの意味ならば確かに騎は一頭の馬の意味になる。しかし騎はこんな意味ではなく、馬に乗る意味であって、「ひとつ」とは関係がない。

右で述べたように「可」は「┓形を呈する」というイメージがある。このイメージは「∠形をなす」というイメージにも展開する。これは傾いた姿、バランスを欠いた状態である。「可《カ》（音・イメージ記号）＋大（まっすぐに立つ人。イメージ補助記号）」を合わせたのが「奇」で、正常な状態がバランスを欠いて傾く情景を暗示させる。この意匠によって、普通とは変わっていることを表す（「奇と偶の起源――数漢字（6）」の項参照）。

「奇」には「∠の形をなす」というイメージがあるが、視点を変えれば、このイメージは「∧の形をなす」というイメージにもなる。「奇《キ》（音・イメージ記号）＋馬（限定符号）」を合わせて、足を∧の形にして馬にまたがる情景を暗示させる。これが「馬に乗る」の意味をもつ「騎」である。また、馬に乗った人や兵士（人馬が一体になったもの）の意味に展開する。白楽天の長恨歌に「千乗万騎西南に征く」（千台の車と一万騎が西南を目指して進んでいく）の句がある。

## 「区」と「句」の起源――助数漢字（23）

区切られた場所や範囲（行政上の区画や選挙区など）を一区、二区と数える。また言葉の単位の一つ（フレーズ）や俳句などを一句、二句と数える。区と句には共通のイメージがある。これを字源・語源で尋ねてみよう。

### 【区】 音ク

「區」が正字（旧字体）。こんな字源説がある。

①「匸に従い∶の声の形声字。∶は二つ並べて耦の音を示したと思う。區は腋下の狭い所の意」（『漢字の起源』）

②「会意。匸《けい》（ひそかに儀式を行う聖所として匿されている場所）と品（祝詞を入れる器を三つ置いている形）とを組み合わせた形。多くの祈りの器を並べて祈る場所を區という」（『常用字解』）

③「匸印＋狭い括弧三つの会意文字で、こまごまして狭い区画をいくつも区切るさま」（『学研漢和大字典』）

①では「∶」が音符というのは奇妙。②では図形的解釈をストレートに意味としている。「多くの祈りの器を並べる場所」とは何のことか理解し難い。「区」にこんな意味があるはずもない。甲骨文字の解釈かもしれないが、固有名詞らし

［区］
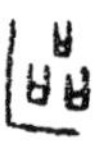
（甲）

（金）

（篆）

いから、意味の取りようがない。

字源の前に語源の探求が先立つべきである。語源を探求したのは藤堂明保である。藤堂は区のグループ（傴・駆・欧・軀・枢）、句のグループ（鉤・拘・痀・笱・狗・駒）、曲、局などが同源の単語家族で、KUK・KUG・KUNGという音形と、「まがる、細かく入りくんだ」という基本義があるとしている（『漢字語源辞典』）。

古典漢語で「小さく区分けする」という意味の語をk'iugという。この聴覚記号を図形化したのが「區」である。『論語』に「これを草木の區《く》して以て別あるに譬う」（「君子の道の教え方にはいろいろ順序・方法がある。それは」譬えてみれば草木に種類ごとに区別があるようなものだ）という用例がある。

改めて字源を見てみよう。「匸（イメージ記号）＋品（イメージ補助記号）」と解析する。「匸」は乚の形や匚の形に区切ることを示す象徴的符号である。「品」は何かの実体ではなく、三つの（つまり多くの）物や場所を示す符号である。したがって「區」は多くの物や場所に区切られている情景を暗示させる図形。この意匠によって、「小さく区分けする」を意味するk'iugを表記する。

「区」は何かの目的のために区切った場所（行政区画など）の意味に展開する。助数漢字の用法はこうして生まれた。

## 【句】 音ク

①「口に従いㄐの声。ㄐの音の表す意味は止める・休む意。句はことばを止める、休む意」（『漢字の起源』）

②「会意。勹は体を曲げている人を横から見た形で、身を曲げている死者の形。それに祝詞を入れる器の口をそえて、死者を埋葬する意味を示す」（『常用字解』）

③「乚型＋┐型＋口の会意文字。かぎ型で小さく囲ったことば、つまり、一区切りの文句を示す。区（狭い枠）と縁の近いことば」

三者三様の説。①ではㄐに「止める・休む」の意味はあり得ない。②では句を「死者を埋葬する意味」というが、これもあり得ない意味である。

金文も篆文も「勹」は二つの部分から成っている。それは「乚」の形と「┐」の形である。③のように分析するのが正しい。

改めて字源を見てみよう。「勹（乚と亅が合わさった形。イメージ記号）＋口（場所を示すイメージ補助記号）」と解析する。ある範囲をかぎ形で区切る情景を設定したのが「句」である。こ

［句］

（金）

（篆）

の図形的意匠によって、「かぎ形に曲がる」や「かぎ形で小さい範囲に区切る」というイメージを表すことができる。前者から「⌐形や（形に）曲がる」の意味が実現される。『詩経』に「敦弓《とんきゅう》既に句《こう》す」（飾り弓は曲がっている）という用例がある。また、後者から文章をかぎ形で区切る意味（句読の句）、一区切りの文や、いくつかの単語のまとまり（フレーズ）の意味（語句の句）の意味が実現される。

このような意味の展開を経て助数漢字の使い方が生まれた。なお中国数学では、直角三角形で直角（⌐）の短い辺を句《こう》（＝勾）、長い辺を股《こ》といい、斜辺を弦という。ピタゴラスの定理の又の名が句（＝勾）股弦の定理である。

## 「曲」と「局」の起源――助数漢字（24）

楽曲や歌謡を一曲、二曲と数える。碁や将棋の勝負を一局、二局と数える。曲・局は右に述べた区・句と似たイメージがある。これを字源・語源から見てみよう。

### 【曲】 音キョク 訓まがる

こんな字源説がある。

［曲］

（金）

（古）

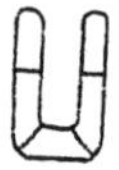
（篆）

①「竹などで作られた曲げ物の形。曲げ物の意味」（『漢字の起源』）

②「象形。竹や蔓などを細くして編んだ籠の形。竹や蔓などを曲げ、細かく編んで作るので、〃まがる、まげる〃の意味となる」（『常用字解』）

③「曲がったものさしを描いた象形文字。曲がって入り組んだ意を含む。局・句と同系のことば」（『学研漢和大字典』）

漢字の見方は「何」（実体）に重点を置くべきではなく、「如何（いかん、どのよう）」（形態や機能）に重点を置くべきである。古代漢語でk'iukは「まがる、まげる」の意味で使われ、これを「曲」で表記する。『詩経』に「予が髪は曲局す」（私の髪は曲がって縮れている）という用例がある。k'iukという語のコアイメージは、区や句と同じで、「∟形や、⌐形や、∠形に区切る、まがる」というイメージである。このイメージを再現する図形はL形の定規の形（③の説）と解釈するのがぴったりである。別に曲尺という実体を表すのではなく、その形状のイメージだけを表すのである。

意味の展開を考えると、無理にねじまげる（曲解）、まっすぐでない、よこしま（邪曲）の意味に展開する。また、⌐や∠の形は∧や∨の形（入り組んだ形、あるいは、高くなったり低くなったりする形）のイメージにも転化する。ここから、入り組んで曲がった所、くま（河曲）、細々と入り組んでいる（委曲）、音を高く低くうねるように進める音楽の節（メロディー）の意味に展開する。

このような意味展開を経て、音楽のメロディーを数える助数漢字の用法が成立した。

## 【局】 音キョク 訓つぼね

① 「尸に従い句の声。句の音の表す意味は巻曲の意。局は傴僂の意」（『漢字の起源』）

② 「会意。尺（死者を埋葬するとき、その手足を折り曲げて埋葬する形）と口（祝詞を入れる器の形）を組み合わせた形。局は手足を折り曲げて身をかがめて埋葬する方法なので、局促（ちぢこまること）の意味となる」（『常用字解』）

③ 「句は∟+┐+口（狭い枠）の会意文字で、小さい区切りを示す。局はその字形の変わったもので、小さい枠を区切ること。局・区と同系のことば」（『学研漢和大字典』）

［局］

（篆）

「局」の字源は諸説紛々で定説はない。古典でどんな意味で使われているかを確認し、語源を先に考えるのがよい。最古の古典の一つである『詩経』では「敢えて局せずんばあらず」（身をかがめずにはいられない）とあり、「（形に）身をかがめる」の意味、また、「曲」の項で引用した「曲局」では「（形に曲がって）縮まる」の意味で使われている。

『詩経』の注釈では「局は曲なり」とあり、藤堂明保も曲・局・区・句などを同源としている。これのコアイメージは、「∟形や、「┐形や、∠形に区切る、まがる」である。

改めて字源を見てみよう。「尺（イメージ記号）+口（一定の場所を示すイメージ補助記号）」と解析する。「尺」は親指と他の指を∩や∧の形に曲げる形である（「寸・尺・丈の起源——単位漢字（2）」の項参照）。これは「∩や∧の形に曲げる」というイメージを示す記号になる。したがって「局」はある範囲を曲がった線で区切る情景を暗示させる。この意匠によって、「∩や∧の形に区切る、まげる」というイメージを表すことができる。このイメージは「（形にまがる」、また「∟形や、∠形に小さく区切る」というイメージにもなる。

意味は（形に身をかがめる、）形に曲がって縮まる、場所や範囲を小さく区切る（局限）、小さく区切って分ける（局限）、小さく分けた部分（局所）、いくつかの単位に分けて仕事を取り仕切る所（薬局）、と展開する。

また碁のことを弈《えき》や棋というが、そのゲームを行う所を「局」という。なぜこんな意味が生まれたか。「局」は場所や範囲を小さい（狭い）部分に区切るという意味があるので、石で地所を区切っていくゲームである碁の盤面を「局」というのである。

　最後に展開した意味から、碁や将棋の勝負を数える助数漢字の「局」が生まれた。

## (4)「一」(直線・まっすぐ)のイメージ

「一」は直線。「丨」も同じである。これらは「まっすぐ」「まっすぐ延びる」「筋をなす」というイメージがある。

### 「行」と「桁」の起源——助数漢字(25)

**【行】**　㊥コウ・ギョウ　㊞いく・ゆく・みち

　十字路の形から「行」の字が生まれた。字源については異説がない。しかし語源について探求したのは藤堂明保以外にいない。藤堂は古のグループ、各のグループ、岡のグループ、亢のグループ（抗・航）と行のグループ（衡・桁）を同源とし、KAG・KAK・KANGという音形と、「固い、まっすぐ」という基本義があるとした（『漢字語源辞典』）。

［行］

（甲）

（金）

（篆）

　しかし「固い」と「まっすぐ」を一緒にするのは違和感がある。「行」と「亢」が「まっすぐ」で、他は「固い」に分けるべきであろう。

　『詩経』では「道」「ゆく」「おこなう、おこない」「行列」の意味で使われている。「道」と「ゆく」のつながりは何となく分かるが、なぜ「おこなう」や「行列」の意味になるのかは、語の深層構造を探らないと分からない。深層構造こそがコアイメージである。「行」のコアイメージが分かれば、転義の様相がはっきりとつかめる。

　道は目的地へまっすぐ到達させるものであり、形態的にもだいたい直線が多い。ここから「まっすぐな筋」というイメージが捉えられる。逆に言えば「まっすぐ」というコアイメージをもつ語根 ɦăng が「道」という意味を実現させ、十字路の図形によって表記されたのである。

　このように「行」は「まっすぐな筋をなす」というコアイメージがあるので、筋道を踏んで物事をなす（おこなう）、筋道を立ててなすこと（おこない）という意味（行動・行為）、また、まっすぐな筋をなす列という意味（行列）に展開する。

　かくて筋や列をなすものを一行、二行と数える助数漢字が生まれた。上杉謙信の漢詩に「数行の過雁月三更」という詩句がある。助数漢字の「行」はギョウと読む。

　日本では、銀行を一行、二行と勘定する。なぜ銀行が

「行」なのか。「行」の転義はさらに続いて、行列→同列の仲間（同業組合）という意味が生まれた。これが「銀行」の由来である。

### 【桁】 音コウ 訓けた

音はコウだが、常用漢字表には音がない。もっぱら「けた」の訓が用いられる。

字源は「行《コウ》（音・イメージ記号）＋木（限定符号）」と解析する。「行」は右に述べたように、「まっすぐな筋」というイメージがある。「桁」はまっすぐな材木を暗示させるが、具体的には建物の柱の上に架け渡す横木を意味する古典漢語hăngを「桁」で表記する。日本語では「けた」である。

助数漢字としては古典では「行」と同様の使い方をして、筋をなす物を数える。しかし日本では別の展開を見せる。算盤の珠を貫く縦の棒を「桁《けた》」といい、横の棒を梁《はり》という。梁の下の珠を上に上げれば数の位が上がる仕組みである。だから位取りを一桁、二桁と勘定する。

## 「指」と「題」の起源——助数漢字（26）

「ゆび」も「ひたい」も「まっすぐ」のイメージがある。

### 【指】 音シ 訓ゆび・さす

①「旨が声符。この音の表す意味は支離の意。指は手の分離しているものの意」（『漢字の起源』）

②「形声。音符は旨。旨は器の中の肉などを小刀で切る形で、食物のうまいことをいう。指はあるいはその食物を指さすかと思われる」（『常用字解』）

③「手＋音符旨の形声文字で、まっすぐ伸びて直接に物をさすゆび。旨（うまいごちそう）は単なる音符にすぎない。至（まっすぐ届く）・矢（直進する矢）などと同系のことばで、まっすぐ進む意を含む」（『学研漢和大字典』）

①では旨が支離の意を表すというのが理解不能。②では「食物が旨い」から「指さす」の意味を導くのは、意味の展開に必然性がない。③では旨を単なる音符と見ている。

漢字における音符とは何か。音符は発音記号ではない。発音記号は音素のレベルの符号である。しかし漢字は音素のレベルではなく、記号素のレベルで成り立つ文字である。だから音符とは発音を正確に写すものではなく、記号素の読み方を暗示させるだけである。しかし記号素のレベルで暗示させ

［旨］

（甲）

（金）

（篆）
［指］

（篆）

ることのできる字はたくさんある。その中から何を選択するかが重要である。その際の基準は意味のイメージをも同時に暗示させるかどうかである。もし同源語ならば、音もイメージも同時に暗示させることができる。漢字における音符とは「音・イメージ記号」なのである。ただ造形法が忘れられて、ただ音のみと関わる場合も稀にある。③はこのケースと見たわけだが、別の解釈もありうる。これを考えてみよう。

「旨《シ》（音・イメージ記号）＋手（限定符号）」と解析する。古典漢語で旨と指はともにtierで、同音である。「旨」はどんなイメージと関わるのか。古典に「指は示なり」とあり、王力（中国の言語学者）は指・旨・指を同源としている。これらの語には「↓の形にまっすぐさし示す」というイメージがある。「ゆび」は形態的にも機能的にもこのイメージがあるから、「指」は「ゆび」と「さし示す」の意味をもつ。では「うまい」の「旨」とどう関わるのか。

「旨」の篆文は「甘（口の中に食べ物を含む形。イメージ記号）＋匕（スプーンの形。イメージ補助記号）」と分析できる。スプーンで食べ物を舌に乗せて味わう情景を設定した図形である。この意匠によって、「味がうまい」を意味するtierを表記する。

「うまい」という味覚は舌の感覚である。古人は味の気があると考えていた。味は気の一種である。気が↓の形にまっすぐ進んで舌に触れる、あるいは、舌に乗って↓の形に深く浸透していくと考えたらしい。「まっすぐ（進む）」というイメージを介して「ゆびさす」（指でまっすぐさす）と「うまい」（味の気がまっすぐ伝わってうまいと感じる）が結びつく。

「ゆび」の意味の「指」は『孟子』に「無名の指《し》」（薬指のこと）、「ゆびさす」は『詩経』に「之《これ》を敢えて指《ゆびさ》すもの莫《な》し」（これ［虹］を指さそうとする人はいない）という用例がある。「うまい」の「旨」は『詩経』に用例がある。ともに古い語である。古典漢語に「（直線的に）まっすぐ」のイメージをもつ語根tierがあり、これが「うまい」「ゆびさす」「ゆび」の意味を実現したと言える。

助数漢字としては指を一指、二指と数える。もちろん十指までである。

## 【題】

音ダイ　訓ひたい

①「是《シ》が声符。この音の表す意味は髪を剃る意。題は髪を剃って広くした額」（『漢字の起源』）

②「形声。音符は是《ぜ》。頁は頭に儀礼用の帽子をつけて拝んでいる人の姿。是は匙《さじ》の形で、上部の物をすくう杓の部分が人の頭でいえば額の部分にあたる」（『常用字解』）

③「是はまっすぐなさじに止（あし）を加えて、まっすぐ伸

びることを示した字。題は頁（あたま）＋音符是の会意兼形声文字で、まっすぐ正面に突き出たひたい」

①では是が「髪を剃る意」とは理解に苦しむ。②では匙の杓（?）の部分が人の額に当たるというが、頭とも言える。額である必然性がない。

「題」は「ひたい」の意味である。普通は「額」というが、この字の出現は漢以後である（題は戦国時代）。

「是《ぜ》（音・イメージ記号）＋頁（限定符号）」と解析する。「是」は「♀（スプーンの形）＋止（足の形）」を合わせて、頭が丸く柄が長くまっすぐで、末端に足（掛ける部分）のついたスプーンを示す図形。「是」はスプーンの意味ではないが、さじ（匙）から発想された記号である。しかし実体に重点があるのではなく、その形態に重点がある。すなわち「（直線的に）まっすぐ」「まっすぐ延びる」というイメージを「是」で表すのである。

イメージ展開を考える。まっすぐな状態はでこぼこ、ゆがみ、乱れのない状態であるから、「ただしい」（是非の是）の意味を実現させる。古典に「是は直なり」「是は正なり」とある。一方、空間的に「まっすぐ」な状態は直線のほかに平面もある。平らな面はでこぼこがないから、「まっすぐ」のイメージをもつ。これは「平ら」のイメージにつながる。要するに「まっすぐ」と「平ら」は可逆的（相互転化可能）なイメージといってよい。

さて人体、特に頭部において平らな部分は「ひたい」である。顔面は鼻を除けばほぼ平面であるが、その中で「ひたい」の部分はまっすぐで平らという印象が強い。だから「ひたい」をdegといい、「題」で表記する。「是」はdhiegなので、音・イメージ記号となりうる。

意味の展開はコアイメージによらないで、顔面におけるひたいの位置関係に基づく。すなわちひたいは顔面で高く上がった位置にあるので、内容を示す事柄を表面に掲げる意味（題する、題字）、また、表面に掲げて示す見出しやタイトル、またテーマという意味（題目、主題、問題）に展開する。

助数漢字としては見出し・タイトル・テーマ、問題などを一題、二題と数える。

## 「挺」と「丁」の起源——助数漢字(27)

挺は梃《てい》（てこ）、丁は釘《てい》（くぎ）で、ともに「まっすぐ」のイメージがある。

**【挺】** ㊥テイ・チョウ

古典漢語ではまっすぐな木の棒を数える助数漢字に「梃《てい》」

[𡈼]

(甲)

(篆)
[廷]

(篆)
[梃]

(篆)

がある。日本では助数漢字として「挺《ちょう》」を使っているが、おそらく「梃」の木偏を手偏に間違えたものであろう。鋤・鍬・槍・銃・櫓など棒状のものを一挺、二挺と数える。駕籠も一挺、二挺だが、駕籠は棒で担ぐものである。

「梃」と「挺」の字源・語源を見てみよう。

「廷」にこんな字源説がある。

①「乚」(庭隅の場所を示す)に従い、土に従い、人(人の直立した形)に従う会意字。廷は庭で朝見をする時に、役人がそれぞれ所定の位置に立つ意」(『漢字の起源』)

②「形声。𡈼《てい》が音符。土主(土地の神)の上に人が酒を注いで清めている形で、儀礼の行われる神聖な場所を示す。廴はその儀礼の場を区画する壁の形。儀礼を行う場所(にわ)、政務をとる場所、裁判を行う場所を廷という」(『常用字解』)

③「𡈼《イテ》とは人がまっすぐ立つ姿を描き、その伸びたすねの所を一印で示した指事文字。廷は廴(のばす)+音符𡈼の会意兼形声文字で、まっすぐな平面が広く伸びたにわ。挺(まっすぐ)・庭(平らなにわ)と同系のことば」(『学研漢和大字典』)

①では図形的解釈をそのまま意味とする。①や②の解釈では「梃」や「挺」の説明ができない。コアイメージという概念が「廷」と「梃」「挺」を結びつける要である。

改めて字源を見てみよう。「𡈼《てい》」は人がかかとを上げて背伸びして立つ(つま先立つ)姿を描いた図形である(「朔・望・晦の起源——時間漢字(31)」の項参照)。この意匠によって、「まっすぐ」「まっすぐ伸びる(延びる)」というイメージを表すことができる。「(縦に)まっすぐ」な状態は、視点を横(平面)に換えると、「平ら」というイメージに転化する。このイメージ転化現象は先の『題』にもあった。「まっすぐ」と「平ら」は可逆的(相互転化可能)なイメージである。

さて「廷」は「𡈼《イテ》(音・イメージ記号)+廴(限定符号)」と解析する。「廴」は延の限定符号にもなり、「延ばす行為」や「延びている状態」に関わることを示す。したがって「廷」はまっすぐ平らに延びている場所を暗示させる。この図形的意匠によって、中庭を意味する古典漢語dengを表記する。

「廷」は「中庭」が最初の意味で、『詩経』に用例がある。のち朝廷(宮廷)、刑罰を公平に裁く官吏(廷尉)の意味となった。裁判所の意味は日本的用法である(中国では「庭」という)。

「廷」は庭・艇・挺・梃・霆・蜓などのグループを形成する。これらの根柢にあるイメージは「まっすぐ」「平ら」である。このコアイメージこそこれらを統一的に説明できる。

庭《テイ》…平らに地均しした所、宮中のにわ、広くにわ。また、裁きのにわ（お白州）。

挺《テイ》…まっすぐ抜き出す。「挺身」。また、まっすぐなさま。「挺然」

梃《テイ》…まっすぐな木の棒。

艇《テイ》…まっすぐ抜き出たような細身の舟。

蜓《テイ》…腹部が細くまっすぐ抜き出たトンボ、ヤンマ。「蜻蜓」

霆《テイ》…まっすぐ伸びる稲光。「雷霆」

以上により助数漢字の「梃」が明らかになった。日本では「挺」を使うが、棒状のものを数えることでは共通である。

## 【丁】 音テイ・チョウ

既に序数漢字として述べているが（「丁の起源――十干（4）」）、ここでは助数漢字として取り上げる。

「丁」は釘の形であるが、実体よりも形態に重点を置き、「┬形に立つ」というイメージを表す。このイメージは直角のイメージ、また「まっすぐ」のイメージにもなる。

古典漢語では「丁」を助数漢字に用いることはない。これは日本だけの用法で、おそらく「挺」の代用である。しかし偶然にも「まっすぐ」のイメージが「丁」にもあるので、「挺」の代わりでも成り立つ。

ただし「丁」は棒状のものだけではなく、豆腐や料理なども数えるようになった。

また、書物の裏表二ページ分を一丁と数える。ページが抜けることを落丁、ページが乱れることを乱丁という。

また、「～丁目」の形で、町の区画を数える。この「丁」は「町」の当て字であろう。

［丁］

（甲）

（金）

（篆）

# 「茎」と「竿」の起源――助数漢字（28）

「くき」と「さお」はともに「まっすぐ」のイメージがある。

## 【茎】 音ケイ 訓くき

「莖」が正字（旧字体）。次の字源説がある。
①「巠が声符。この音の表す意味はまっすぐの意。草のまっすぐに立つ幹のこと」（『漢字の起源』）
②「形声。巠は織機に縦糸をかけ渡し、下端に横木をつけて糸をまっすぐ張っている形。草かんむりを加えて、草の直立している部分の〝くき〟を茎という」（『常用字解』）

［巠］

（金）

（篆）
［莖］

（篆）

③「艸＋音符巠（まっすぐのびる）の会意兼形声文字。草木で、地上にのびて葉・花などを支えるまっすぐで細長い部分」（『学研漢和大字典』）

珍しく三説が同じ。これが本来の漢字の解釈である。ただし記述の仕方を変える必要がある。そのためには漢字の見方を百八十度変えなければならない。

歴史的、論理的に記述すると次のようになる。植物の「くき」を意味する古典漢語をfēngという。これは聴覚記号である。これを視覚記号に変換するために「莖」が考案された。これはどんな意匠になっているのか。これを分析すると「巠《ケイ》（音・イメージ記号）＋艸（限定符号）」となる。「巠」は經（＝経）・徑（＝径）・輕（＝軽）・頸・勁・逕・踁・勁・剄・痙などにも含まれ、すべて同源のグループである。「巠」がこれらの深層構造に関わる根幹の記号である。これはどんなイメージを表すのか。

「巠」は織機で縦糸を張った姿を描いた図形である。これによって「（縦に）まっすぐ通る」というイメージを表すことができる（「首・領・頸・尾の起源――順位漢字（18）」、また「経・歴の起源――時間漢字（76）」の項参照）。

以上から「莖」の図形的意匠が明らかになった。草のまっすぐ伸びた部分である。この意匠によって、植物の「くき」を暗示させる。

字形から意味が出るのではない。意味は古典の文脈の中にある。『荀子』に「［その草の］名を射干《やかん》（ヒオウギ）と曰う。莖の長さは四寸」という用例があり、「莖」が「くき」の意味であることは古来の辞書にも記録されている。

助数漢字としては草木の茎、また草本を数える。中国の辞書に「草に茎と曰い、竹に箇と曰い、木に枚と曰う」とある。

## 【竿】 音カン 訓さお

①（『漢字の起源』にない）

②「形声。声符は干。もと笴をいう語であったが、のちその長じたものをいう」（『字統』）

③「竹＋音符干（Y形の幹・棒）の会意兼形声文字。まっすぐな竹のみき。また、竹や木の長い棒」（『学研漢和大字典』）

「茎」と同じように記述しよう。「竿」は非常に古い漢語で、『詩経』に「籊籊《てきてき》たる竹竿、以て淇《き》に釣りす（竹竿を高々と上げ、淇の川で釣りをした）という用例がある。竹の幹（茎）や竹の棒を古典漢語でkanといい、「干《カン》（音・イメージ記号）＋竹（限定符号）」を合わせた「竿」によって表記した。

「干」は先端が二股になった長くて太い棒を描いた図形で

［干］

（甲）

（金）

（篆）

［竿］

（篆）

ある。「固くて強い心棒」と、「むりやり突き犯す」がコアイメージであるが、前者から、単に長い心棒という意味も実現された。これは「まっすぐな棒」というイメージにもなる。したがって、竹のまっすぐな棒状の部分というのが「竿」の図形意匠である。図形的解釈と意味（竹の幹・茎）はほぼ一致する。

　助数漢字としては竹竿や釣り竿を一竿、二竿と数える。白居易の「渭上偶釣」詩に「偶《たまた》ま一竿の竹を持す」の用例がある。

## (5)「×」（交差）のイメージ

「×」は「二つのものが交わる」「交差する」のイメージである。交差のイメージは「⇄」の形でも表せる。

## 「校」と「語」の起源——助数漢字(29)

学校を一校、二校と数える。また、校正の回数を数えることもある。ただし校正の順序を数える場合は、初校、再校、三校という。また、語は言葉（単語、語彙）を一語、二語と数える。校と語は全く無縁のようだが、言葉の上では共通点がある。字源・語源から尋ねてみよう。

### 【校】　音コウ

こんな字源説がある。

①「交が声符。この音の表す意味は拘束の意。校は足を拘束する木、足かせの意」（『漢字の起源』）

②「形声。音符は交。交は足を組んで立っている人を正面から見た形。屋根に千木（交叉した木）のある建物を校という（校舎、学舎）」（『常用字解』）

③「交は人が足を×型に交差させたさま。校は木＋音符交の会意兼形声文字で、木の棒を×型に交差したかせ。また、教える—習うという交差した授受が行われる所を校という」（『学研漢和大字典』）

「交」が足を交差させた形で、「交差」の意味があるというのは②③とも同じだが、②では交差した木のある建物→学舎とし、③では交差した木の棒→かせとする。②は意味の展開に必然性がないが、③は必然性がある。刑具「かせ」は×形に交差させて手足を縛るものである。

　交差させた木は「かせ」のほかに矢来もある。「校」には矢来の意味もある。ちなみに矢来はバリケードであり、軍事

［交］

（甲）

（金）

（篆）

［校］

（篆）

用である。将校の校はこれに由来する。

「かせ」の意味の「校」は『易経』に出ており、これが最初の意味。その後、まなびや（学舎）の意味が生まれた。これは『孟子』に用例がある。この意味展開はコアイメージの概念がないと理解できない。「交」と「校」のコアイメージは「×形に交差する」である。「×」の形は↙（左方向）と↘（右方向）の線を交わらせた形である。方向が逆なので、「交差する」のイメージは「⇄」の形でも図示できる。これは右方向に行くものと左方向に行くものが交差する姿である。ここに意味展開の秘密がある。

まなびやは教師（先生）と弟子（生徒）が交流する場である。「教える」行為と「学ぶ」行為が行き交う所である。A（先生）とB（生徒）の間に⇄の関係が生まれる。教え、学ぶものは知識である。A→Bの方向に知識を授けることが「教える」であり、A←Bの方向に知識を受けるのが「学ぶ」である。このような知識の授受が行われる場所を「校」という。

ちなみに「學（＝学）」と「敎（＝教）」には「爻」の記号が含まれている。「爻」も「交」と同じく「×形に交差する」というコアイメージを表す記号である。

また「⇄の形に交差する」というコアイメージから「AとBを互いに見比べる」という意味も実現された。これが校閲・校正の校である。

## 【語】

音ゴ　訓かたる

①「吾が声符。この音の表す意味は禦・抗の意。質問に対して禦ぐことばが語の本義」（『漢字の起源』）
②「形声。音符は吾。吾は口（祝詞を入れる器の形）の上に五形の木の蓋を置き、祈りの効果を守るの意で、語は祈りのことばをいう」（『常用字解』）
③「吾は口＋音符五（交差する）から成り、AとBが交差して話し合うこと。のち、吾が一人称代名詞に転用されたので、語がその原義を表すようになった」（『学研漢和大字典』）
①は意味不明。②では「吾」が「祈りの効果を守る」とは何のことかよく分からない。また「語」が「祈りのことば」というのも不可解である。

「五」が根源のイメージを提供する記号である。これについては「五の起源」で既に述べた。「五」は×が古い図形で、「×形に交差する」というイメージを表している。このイメージは上で述べたように、「⇄形に交差する」と言い換えることができる。

このコアイメージから一人称の言葉（代名詞）が発生した。

［吾］

（金）

（篆）

［語］

（篆）

二人称は二人の関係をもとにして「爾」「汝」などが生まれたが、「吾」という一人称も二人の関係から生まれた。これはコミュニケーションの場である。二人が言葉を交わす場面を想定して図形化したのが「五（音・イメージ記号）＋口（限定符号）」を合わせた「吾」である。AとBが⇄の形に対話する際、聞き手に対する当事者（主体の側）を「吾」という。なぜ相手側ではないかと言うと、古典漢語では「われ」を我（ngar）と呼ぶからである。つまり我と吾（ngag）は同源の語である。

これで「語」が何を表すかが明らかになった。「吾《ゴ》（音・イメージ記号）＋言（限定符号）」と解析する。「吾」は右に述べた通り「⇄形に交差する」というコアイメージを表す。したがって「語」はA（話し手）とB（聞き手）が⇄の形に言葉をやりとりする場面を設定した図形である。この意匠によって、「相手と向き合って話す（話し合う）」を意味する古典漢語**ngag**を表記する。

ちなみに英語の**talk**は「話す相手が存在し双方向にやりとりする」ことに焦点があるという（『Eゲイト英和辞典』）。漢語の「語」は**speak**や**tell**ではなく、**talk**に近い。

動詞から名詞の「（話される）言葉」の意味に転じる。これが単語や語彙の語であり、助数漢字にも使われる。

## 「叉」と「差」の起源——助数漢字(30)

「Y」の形は「∧」の形や「∨」の形にもなる。「∧」の形が連鎖すると「∧∧∧」の形になる。これは「ぎざぎざ」「ちぐはぐ」「食い違う」というイメージである。また「∨」と「∧」を上下に重ねると「×」の形になる。これは「交わる」というイメージである。「叉」や「差」にはこのイメージがある。

### 【叉】 音サ 訓はさむ・さす・また

字源は「又（手の形）＋丶（ある物を示す符号）」を合わせて、手の指をYの形にして、その間に物を挟む情景を暗示させる図形である。この意匠によって「Yの形をなす」とイメージを表すことができる。

意味はずばりY形（ふたまた）。また、Y形をなす道具。例えばフォークを肉叉という。音叉はY形をしている（尖端はU字形にも見える）。また×形に交わることを交叉という。

助数漢字としては主として分岐した道路を数える。一叉路はない。二叉路はT字路と同じようなもの。普通は三叉路以上である。日本語では十字形に交叉する道を「辻」という。

［叉］

（篆）

四叉路は四つ辻と同じ。

なお三叉は三叉神経にも使われている。

ちなみに「叉」は常用漢字にないので交叉を交差、三叉路を三差路と書き換えるのが普通だが、「叉」は人名用漢字に新たに加えられた。だから「叉」を使うのも許容される。

## 【差】 ㊥サ ㊧たがう

「加減乗除・和差積商の起源——数漢字(3)」でも出しているが、ここでは助数漢字として取り上げる。字源についてもう一度振り返ってみる。

「差」の下部には「左」が含まれている。「左」がコアイメージを表す記号である。「左」の「ナ」は左手の形で、これがさらなる根源のイメージを作り出す。

古典漢語の世界は右優先社会であった。そのため左は「劣る、下位である」というイメージが強い（これについては「右と左の起源——順位漢字(12)」の項参照）。したがって「ナ」(左手)には「食い違う」というイメージが生じた。図示すると「∧」の形や「×」の形である。これが「ナ」が表す根源のイメージである。

「左」は「ナ（音はサ）」を音・イメージ記号とし、限定符号の「工」を合わせた字。工作の場面を設定した図形である。工作をする際、左手は右手を助ける働きをする。ここに「↗の形に支える」というイメージがある。これは「∧の形を呈する」「×の形に交える」というイメージに展開する。結局、「ナ」と「左」は同じコアイメージを表すといってよい。

右に述べたように「∧」や「×」の形は「食い違い」「ぎざぎざ」「ちぐはぐ」というイメージである。「差」を分析すると「左《サ》（音・イメージ記号）＋乑（イメージ補助記号）」となる。「乑」は「垂」に含まれ、草木の枝葉が垂れ下がる形。したがって「差」は草木の枝葉が互い違い（ぎざぎざ、ちぐはぐ、ジグザグ）に出ている情景を設定した図形である。この図形的意匠によって、「ちぐはぐで不ぞろいである」という意味をもつ古典漢語 tsʻar を表記する。

「差」は「ちぐはぐでそろわない」「食い違う」という意味から、意味が展開する。AとBを比較して、AとBが不ぞろいの場合、食い違いが生じる。食い違いの程度（数量）が「差」である。時差・誤差の差はこれである。これから助数漢字の用法も生まれる。数量や点数などの差を一差、二差と数える。

## (6)「・」「・・・」（点・点々）のイメージ……

「・」は点である。点が連続すると「・・・」（点々と連なる）のイメージになる。点の連続の極致は「——」（まっすぐな線、直線状）のイメージに転化する。

数学で言えば、数直線に数を入れていくと、一つ一つと数えられる数は、数直線上に無数・無限にマークでき、数直線を埋め尽くすことができる。その結果、数直線は隙間なく連続したものになる。「・・・・」（点々の形）が無限に連続すると「——」（直線）になることは、これによっても明らかである。漢語ではこのようなイメージ転化の例が多い。

## 「点」と「線」の起源——助数漢字（31）

### 【点】 音テン

「點」が正字（旧字体）。こんな字源説がある。

①「占が声符。この音の表す意味は小さい意。點は小さな黒丸の意」（『漢字の起源』）

②「形声。音符は占。占は店の意味で、爵（酒杯）を置くような狭い場所の意味がある。そのような小さな汚れ、〃小さな黒点、くろぼし〃を点という」（『常用字解』）

③「占はト（うらなう）＋口の会意文字で、占って特定の箇所を選び決めること。點は黒（くろい）＋音符占の会意兼形声文字で、特定の箇所を占有した黒いしるしのこと」（『学研漢和大字典』）

［占］

（甲）

（篆）
［点］

（篆）

①では占に小さいという意味はない。点が「小さい黒丸」だから、占に「小さい」の意味を付与したが、堂々巡りの説であることは否めない。②では占を店の意味とするが、そんな意味はないし、「店」の字の出現は六朝以後である（點は戦国時代）。①②はコアイメージという概念がないから、形声文字の説明ができない。漢字は圧倒的に形声文字が多いのである。

ではどう説明したらよいのか。字源より前に語源を考えるべきである。藤堂明保は占のグループ（點・粘・沾・覘・店・霑）を、炎のグループの一部（淡・痰）、詹《せん》のグループの一部（瞻・檐・胆・担・澹）などと同源とし、これらの語群はTAM・TAPという音形と、「一所に定着する」という基本義をもつという（『漢字語源辞典』）。

改めて字源を見てみよう。「占《セン》（音・イメージ記号）＋黒（限定符号）」と解析する。「占」は「ト（うらないの印。イメージ記号）＋口（限定符号）」を合わせて、うらないを立てて吉凶を判定する場面を設定した図形。この意匠によって、「吉凶をうらなう」の意味をもつ古典漢語tiamを表記する。吉凶をうらなうとは、吉か凶かのどちらかに決めることであり、

「AかBかの一つの事に定めて動かさない」というイメージがある。これは「一所に落ち着く、定着する」というイメージに展開する。これは「一点にくっつける」と言い換えることもできる。一方、一つの場所を定めて、そこを自分のものとして保持するという意味が生まれる。これが占有・占拠の占である。「うらなう」と「しめる」は日本語では遠い関係にあるが、漢語では「一所にくっつく」というコアイメージを介して結びつく。

以上のイメージ展開を踏まえると、「點」の図形的意匠が明らかになる。一つの所にくっついて離れない黒いしみ、ぽちを暗示させる図形が「點」である。

具体は捨象して、小さな印、ポイントが「点」である。しかし本来「ある一つの所にくっつける」というコアイメージがあるので、ちょんと印をつける（着ける、付ける）という動作の意味も生まれる。点火、点灯の点はこれである。

文章を書く際、読みやすいように切れ目をつける。「、」や「。」の印である。句点、読点（併せて句読点）の点がこれである。

漢字の構成では直線（一）や曲線（┐や└など）を画というのに対し、「、」の記号を「点」という。長さのない小さな符号である。

助数漢字の用法も生まれた。

昔、夜の時を報じる打楽器をちょんと打ちつけたので、時刻を一点、二点と数えた。この用法は現代中国に残っている。

また、場所や地点を一点、二点と数える。また、ある場所を占めて存在する物、たいていある種の物品（商品、作品等々）だが、これを一点、二点と数える。

〇（まる）や×（ばつ）などの印をつけて物事を評価するので、その評価を点数化したものも「点」という。一点、百点など評価の点数を数える助数漢字が生まれた。これは日本的展開である。

## 【線】 ㊌セン

「綫」は異体字。

①「戔あるいは泉が声符。この音の表す意味は縫い糸の細い意。線は細い糸の意」（『漢字の起源』）

②「形声。音符は泉。泉は崖の下から流れ落ちる水の形。戔は薄いものを積み重ねた状態をいう。線・綫は縫い糸の意味」

③「戔は戈（ほこ）を二つ描いて、切ったり削ったりして細くすることを示す。綫は糸＋音符戔（ほそい）の会意兼形声文字で、細い糸」

［泉］

（篆）

［線］

（古）

（篆）

①は堂々巡りの説。②は意味の展開が理解し難い。

「線」と「綫」の二つの字形がある。「泉」は丸い穴から水が流れ出る形。「いずみ」を「泉」で表す。日本語の「いずみ（いづみ）」はいづ（出）み（水）で、湧き出る水の意。「いずみ」を古典漢語ではdziuanという。これは穿《せん》と同源で、狭い穴を穿って湧き出る水というイメージの語である。水がそこから湧き出てくる源流なので、「細い」「細く小さい筋」というイメージが生まれる。

一方、「戔《せん》」のグループ（浅・残・桟・銭・践・箋・賤など）に小の意があるという指摘は中国では古来の語源説である（「深と浅の起源――時間漢字（43）」の項参照）。

「泉」も「戔」も「細く小さい」というイメージを示すことが分かった。したがって「泉《セン》（音・イメージ記号）＋糸（限定符号）」を合わせた「線」、あるいは「戔《セン》（音・イメージ記号）＋糸（限定符号）」を合わせた「綫」は、ともに細く小さい糸を暗示させる。

『周礼』では細い糸筋の意味で使用されている。具体は捨象して、細い筋、筋をなすものの意味に展開する。助数漢字としても筋や筋状のものを一線、二線と数える。

数学では、幅も厚さも長さもないのが「点」だが、点を延長させる、あるいは点と点を結ぶと「線」ができる。「線」は長さだけがあり、幅も厚さもない。数学用語はきわめて抽象度が高い。

## 「駅」の起源――助数漢字（32）

「・」は点である。点が続くと「・・・」の形になる。「・」と「・」の間は適当な間隔が空く。これは「・―・―・」の形でも表示できる。このような形を言葉で表現すると、「数珠つなぎ」のイメージである。このイメージをもつ漢字に「駅」などがある。

### 駅

㊚エキ　㊙うまや

「驛」が正字（旧字体）。次の字源説がある。

①「睪《えき》が声符。この音の表す意味は繹（つぐ）の意。驛は馬の乗り継《つ》ぎ場の意」（『漢字の起源』）

②「形声。音符は睪《えき》。睪（やぶれる）は獣の屍体の形。その死体はそれぞれの部分に釈《と》けて分解するので、睪はほぐれて長く続くような状態のものをいうことが多い。睪がほぐれて長く続くものを意味するように、駅とは長い道路によって連なる〝うまや〟をいう」（『常用字解』）

［睪］

（篆）

［駅］

（篆）

③「睪《エキ》は目＋幸（刑具）の会意文字で、罪人を次々と連ねて面通しをすることを表す。驛は馬＋音符睪の会意兼形声文字で、—・—・—状につながるの意を含む。度・渡・繹と同系のことば」（『学研漢和大字典』）

①では睪は繹と関連はあるが、繹の意味はない。驛の説明の前に繹の説明が必要である。②では睪に「ほぐれて長く続くもの」という意味はない。また、「長く続くもの」は道路を予想させるが、「うまや」の意味は唐突である。

「睪《えき》」のグループ（駅・択・訳・釈・沢・繹）の語源を探求したのは藤堂明保である。藤堂は尺、度・渡、亦《えき》のグループ（弈・夜・液・掖・腋）などと睪のグループが同源の仲間（単語家族）とし、これらは**TAK・TAG**という音形と、「数珠つなぎ、—・—・—型」という基本義があるとした。そして駅について「一段一段と間隔を置いて馬で連絡する宿駅である」と述べる（『漢字語源辞典』）。

改めて字源を見てみよう。『説文解字』では「睪は目視なり。横目に従い、幸に従う。吏をして目をもって罪人を捕らえしむるなり」とあり、文字学者はこれの解釈に苦しんでいるが、③が罪人の面通しの場面と明解を与えた。

「罒（＝目）＋幸」を組み合わせただけの、きわめて舌足らず（情報不足）な図形であるが、面通しの場面を設定したと解すれば、合理的に説明できる。犯人を見つけるために容疑者を面通しすることはよくあることだ。その際の状況を想像すると、容疑者A、B、C、Dが次々と目の前を通っていく。目撃者は一つ一つと犯人かどうかをチェックしていく。これが面通しの場面である。これを図形化したのが「目＋幸」を合わせた「睪」である。「幸」は手錠の形であり、刑具でもって罪人を象徴させる。罪人（犯人）を特定すべく伺い見るというのが図形的意匠である。これは面通しの場面から発想されたので、A—B—C—Dとつながっていく容疑者を次々にチェックする→点々と（・・・の形、あるいは、・—・—・の形）数珠つなぎになるというイメージを「睪」で表すことができる。

以上の考察から、「睪」のグループが明らかになる。

驛（駅）《エキ》 ・—・—・の形につながる宿場を乗り継ぐ馬。また、その宿場。

澤（沢）《タク》 点々と水たまりのつながる所、湿地帯（さわ）。

擇（択）《タク》 候補の中からチェックして選び取る。選択の択。

譯（訳）《ヤク》 A→B→C→Dのように異なった言語を次々に移し換えて伝える（多言語の通訳であったが、二言語間でも訳というようになった）。

釋（釈）《シャク》 こんがらがったものを次々に解きほぐす。

繹《エキ》 間を置いて次々に続く。「絡繹・演繹」

鐸《クタ》 一定の間隔を置いて鳴らす鈴。「木鐸」

蘀《クタ》 点々と落ちる落ち葉。

次々と人や物を送り伝える宿場が「駅」である。駅伝競走の「駅」はこの意味をとどめている。英語では relay という。これは「旅行や猟などの変え馬、乗り継ぎ馬」の意味からリレー競争の意味になったという（『英語語義語源辞典』）。漢語の「駅」の転義とよく似ている。

ただし交通の変化により現在ではステーションの意味で使われている。またそれを数える助数漢字にもなる。

## 「縷」と「滴」の起源——助数漢字（33）

点が連なると線になる。「滴」は点状のものが線状にしたたること。

### 【縷】 音ル 訓いと

こんな字源説がある。

①（『漢字の起源』にない）

②「形声。声符は婁《ろう》。婁は髪をたばね重ねる形。（縷は）長い糸」（『字統』）

［婁］  （金）  （篆）

［縷］  （篆）

③「糸＋音符婁《ロウ・ル》（細く連なる）の会意兼形声文字。細々と連なる糸」（『学研漢和大字典』）

②では「髪をたばね重ねる」と「長い」の関連が不明。髪を束ねると長くなるからか。しかし縷は細長い糸の意味であって、束のように太くない。

「婁」がコアイメージと関わる基幹記号である。これについては「数の起源——数漢字（1）」「数と屢の起源——時間漢字（59）」で述べているが、もう一度振り返る。

「婁」の篆文は「毋＋中＋女」と分析できる。「毋《ぶ》」は「母」の二点を一線に変えて、横（または縦）に貫くことを示す記号。「中」は枠の真ん中を縦に貫くことを示す記号。二つとも「（縦や横に）貫く」というイメージを示している。「毋＋中（二つ併せてイメージ記号）＋女（限定符号）」を合わせた「婁」は、縄などを通して女をつなぐ情景を暗示させる図形。この意匠によって、「紐を通してずるずるとつなぐ」、あるいは「物をずるずると引きずる」ことを表す（「婁」の実現される意味は「つなぐ」「ひきずる」）。それらの意味の根底にあるのは、「・・・の形、あるいは・—・—・の形（数珠つなぎ）に連なる」というイメージである。

イメージ展開を考える。「・・・」や「・—・—・」の形は二つの「・」の間に間隔（隙間）がある。これが一つながりになると、隙間がつながって「——」（一直線、一筋）のイメージになる。これは「筋状をなす」「細長い」というイメージである。

以上のイメージ展開を踏まえると、「縷」は筋状をなす細長い糸を暗示させる図形と解釈できる。「縷」は細長い糸の意味で、『周礼』に用例がある。

また比喩的に細長い筋の意味に用いられる。助数漢字の「縷」は筋状をなすもの（煙など）などを数える。しかし日本では「一縷の望み」にわずかに残っている。

## 【滴】 音テキ 訓しずく・したたる

字源説を見てみる。

①「商が声符。この音の表す意味は打つ音。滴は商商と音を立てて落ちる水の意」（『漢字の起源』）

②「形声。音符は商《てき》。商は帝と口とを組み合わせた形で、帝を祭ることのできる身分の者を商といい、嫡のもとの字。花の中で実となるところを蔕（蒂）といい、花の蔕のところが実を結んで丸くなったものを手で摘み取ることを摘といい、そのように丸くなって滴る水滴を滴という」（『常用字解』）

［商］

（金）

（篆）
［滴］

（篆）

③「商は啇（一つにまとまる）が変形した字。滴は水＋音符商《テキ》の会意兼形声文字。しずくは一所に水が集まり、まとまったときにぽとりと垂れる。一所にまとまるの意を含んだことばである」（『学研漢和大字典』）

②では「帝を祭る身分の者」と「花の蔕を摘み取る」ことの関係がよく分からない。また摘を「蔕の部分を摘み取る」ことになぜ限定できるのか分からない。また蔕の部分が丸くなった実と水滴が似ているというのも解せない。②はコアイメージという概念がないから、意味のつながりに必然性が見られない。

「商《てき》」がコアイメージと関わる根幹の記号である。しかも「商」は一連のグループのためだけのレアな記号である。ではどんなコアイメージを表すのか。

「商」を分析すると「帝＋口」になる。「帝」が更なる根源の記号である。「帝」の字源は諸説紛々で定説はない。何かの実体を描いたと見るのは無理がある。漢字を見る目は「何」（実体）ではなく「如何（いかん、どのよう）」（形態、形状）に重点を置くべきである。そこで筆者は象徴的符号という概念を導入している。

「帝」は三本の線を一つに締めくくってまとめることを示す象徴的符号である（「帝」の古代文字については「尾と蹄の起源

——助数漢字（87）」の項参照）。方角の違う三本の線（縦の線「|」と、斜めの線「／」と「＼」の三本）を中央で締めて一本化すると、「——」（直線、まっすぐ）のイメージが現れる。最初から直線にしないのは、いくつかの物の存在を前提とし、これらが一本の線状に変化することを表現したいためである。漢字は静止画像しか表現できない。静止した図形から動画風に動きを見る必要もある。三本の線（三本に限定されない）→一本の線という変化を見る。そうすると二つのイメージが捉えられる。一つは「いくつかのものを一つにまとめる」というイメージ、他は「直線状をなす（まっすぐ）」のイメージである。前者から「一つにまとまって、ただ一つ」の意味が実現される。これを視覚記号化して「啇《し》」と表記する。「帝（音・イメージ記号）＋口（限定符号）」を合わせた図形である。「啇」は変形して「商」とも書かれる。これをtek（あるいはdek）と読み、「商」のグループの構成要素とした。この場合の「商」は「直線状をなす」というイメージを示す記号とする。

イメージ展開を考える。「直線状をなす」の前提としていくつかの物の存在がある。例えばA、B、Cの三つがあって、これが変化して直線状（まっすぐ）の形になる場合はA、B、Cが点々と数珠つなぎになれば直線になる。これは「・・・の形」あるいは「・—・—・」（数珠つなぎ）の形である。これが連続すると「——」（直線）になる。また、A、Bの二つがある場合、A・Bが一列に並ぶ。「○—○」の形が連続すると「数珠つなぎ」のイメージになる。

「直線状」は「まっすぐ向かう」というイメージに展開する。また「○—○」の形は「（二つが）→←の形に向き合う」というイメージに展開する。

以上のようなイメージ展開によって「商」はさまざまなイメージをもつことが明らかになった。

「まっすぐ向かう」というイメージから、ある所を目指して行くという意味が実現される。これを「適」という。「適」は「ゆく」の訓がある。

「向き合う」というイメージから、ぴったり合う（当てはまる）の意味が実現される。これが適当・適合の適。また、対等に向き合う相手（ライバル）の意味が実現される。これが敵手・論敵の敵。また、夫と向き合うのは正妻である。正妻を「嫡」という。正妻の生んだ子が嫡子である。

さていよいよ「滴」の解釈である。予想されるように、「商」には「・・・の形」（点々とつながる）や、「・—・の形」（数珠つなぎ）のイメージもある。したがって「商《キテ》（音・イメージ記号）＋水（限定符号）」を合わせた「滴」は、水が点々と垂れ落ちる情景を暗示させる。

点々と垂れ落ちる水が「滴」である。だから助数漢字として、点々と垂れ落ちるしずくを一滴、二滴と勘定する。

## 「流」と「連」の起源——助数漢字（34）

一流、二流の「流」は人物などの評価されるクラス（等級・階層）を数える。また旗を一流、二流と数える。

いくつか連なったもの、数珠つなぎになったもの（数珠や真珠のネックレスなど）を一連、二連と数える。

流と連に何か共通点があるのか。字源・語源を尋ねてみよう。

### 【流】　音リュウ　訓ながれる

こんな字源説がある。

①「㐬《りゅう》が声符。この音の表す意味は子が母の体から流出する意。流は生子が羊水に流されるごとく川水の流去する意」（『漢字の起源』）

②「会意。水と水と㐬《とつ》（頭髪の乱れた子を逆さまにした形）とを組み合わせた形。幼児が水に流されている形が流で、〝ながれる、ながす、ながす、ながれ〟の意味となる」（『常用字解』）

③「𠫓《トツ》は赤子が頭から突き出て生まれるさま。㐬《リュウ》は𠫓（生まれる赤子）＋川（羊水の流れるさま）の会意文字で、出産の際羊水の流れ出るさま。流は水二つ＋音符㐬の会意兼形声文字で、㐬の原義をさらに明白にしたもの。分散して長くのびる意を含む」（『学研漢和大字典』）

[㐬]

（古）

[流]

（篆）

①と③は赤子の出産と関連づけている。②は幼児を川に流す習俗から説明するが、根拠に乏しい。

歴史的、論理的に「流」の意味とイメージを記述してみよう。

古典漢語で「水がながれる」ことをliogという。これを「流」と表記する。『詩経』に「河水洋洋たり、北に流れて活活たり」（黄河の水は広々と、北に勢いよく流れていく）という用例がある。古代では黄河の河道は北に向かう地域があったので北流の語がある。

「流」を分析すると「水－㐬」となる。「㐬」をさらに分析すると「𠫓＋川」となる。「𠫓」（トツと読む）は「子」の逆さ文字である。いったいこれで何を表すのか。幼児の頭を逆さにして川に流すと解釈したのが②であるが、そうではあるまい。「𠫓」は生まれ出る赤ちゃんを表す字である。

ちょっと余談。胎児を描いた図形は「巳」である（「巳の起源——十二支（6）」の項参照）。「巳」の上が頭の部分、下が足の部分である。古代では、胎児は胎内で頭が上になっているが、出産の際に頭を逆転させて生まれ出ると考えたらしい。これは古代の通念だったようであるが、世界で初めて胎内でも胎児の頭が下にある事実を発見したのは江戸時代の産科医である。

頭を下にして生まれ出る赤ちゃんを描いたのが「𠫓」である。「㐬」の下の部分は「巟」(荒の構成要素)にも含まれており、「川」と同じ。ただし河川の川(かわ)の意味ではなく、水が巛の形やⅢの形に筋に分かれて流れる様子を暗示させる符号である。水は分かれるものではないが、いくつかに分かれたものが一つになって筋をなすというイメージがある。前に「商」のコアイメージを分析した際、「いくつかのものが一つにまとまる」というイメージが直線状のイメージと関連があると述べた(「縷と滴の起源――助数漢字(33)」の項参照)。「Ⅲ」や「≡」(筋がいくつかに分かれるイメージ)が「|・|・|」(数珠つなぎのイメージ)に転じ、これが「――」(直線状のイメージ)に転化する。これがイメージ展開の論理である。

したがって「㐬」は「川(イメージ記号)+𠫓(イメージ補助記号)」と解析する。赤ちゃんが生まれ出る際、羊水が筋をなして流れる情景を暗示させる。具体は捨象して、「㐬」は「Ⅲや≡の形にいくつかに分かれて移動する」のイメージを表すことができ、このイメージから「|・|・|(数珠つなぎ)」のイメージ、さらに「――(直線状)」のイメージに展開する。かくて「㐬《リュウ》(音・イメージ記号)+水(限定符号)」を合わせた「流」は、水が筋をなして(または、線条的に)ながれることを表す。

「流」のコアには「いくつかの筋に分かれる」というイメージがあるので、本筋から一筋ずつ分かれ出るもの(ある特徴でグループに分かれたもの)という意味が生まれる。これが流派や女流の流である。一流、二流の助数漢字もここから派生する。

また旗の吹き流しは≋の形を呈するので、「旒《りゅう》」という。「流」と「旒」は「一筋ずつ分かれて滑らかに動く」というイメージが共通である。だから旗を数えるのに「流」も「旒」も使える。

## 【連】 音レン 訓つらなる

字源説は次の通り。

①「辵が声符。この音の表す意味は徐歩の意。連は車がのろのろと進行する」(『漢字の起源』)

②「会意。車と辵とを組み合わせた形。背負って物を運ぶ道具をいう。聯と通じて、〝つらなる〟の意味に用いる」

③「車+辵(すすむ)の会意文字で、いくつも車がつらなって進むことを示す。輦(行列をなす車かご)・漣(つらなる波)と同系のことば」

[連]

(篆)

①では辵（音はチャク）が音符というのが奇妙。徐歩の意味も不可解。②は字形から意味を導くことができないので（道具の意味があるか不明）、仮借説に逃げた。

字源は「辶（辵）」と「車」を合わせただけの極めて舌足らず（情報不足）な図形である。何とでも解釈できる。字源の前に語源が先立つべきである。

語源的に研究したのは藤堂明保である。藤堂は列のグループ（例）、輦、聯、柬《かん》のグループの一部（練・蘭・爛・瀾）、頼のグループ（嬾）と連が同源で、これらの語群はLAN・LAD・LATの音形と、「ずるずるつながる」という基本義があるという（『漢字語源辞典』）。

『荘子』に「民、相連なりて之に従う」（民は彼の後にずるずると連なって従った）という用例がある。「連」は日本語の「つらなる」（縦に一列に並ぶ意）に対応する。その場面を想像すると、A—B—Cと続く状況である。イメージとして図示すると「—・—・—の形」である。言葉として表現すると「数珠つなぎ」のイメージである。したがって古典漢語のlianは「—・—・—の形にずるずるとつながる」というコアイメージをもつと考えてよい。これが具体的文脈で実現されたのが『荘子』の用例である。

以上の考察を経て字源を解釈する道が見えてくる。「車（イメージ記号）＋辵（限定符号）」を合わせた「連」は、動力（人や家畜）を車につないで引っ張っていく情景を暗示させる図形と解釈できる。車は図形的意匠を作るために利用しただけで、意味の中には入らない。

「—・—・—」（数珠つなぎ）の形につながる」が「連」の意味である。したがってその形に連なったものを一連、二連と勘定する。

また紙を取引する際の単位漢字として使われる。もとは「嗹」と書いた。英語のreamの音訳字である。一連は1000枚である（アメリカでは500枚）。

## 「条」と「床」の起源——助数漢字(35)

直線状のイメージは「細長い」のイメージに転化する。「条」と「床」は「細長い」というイメージが共通である。これらは助数漢字にも使われる。字源・語源を調べてみよう。

### 【条】　音ジョウ　訓えだ

「條」が正字（旧字体）。こんな字源説がある。

①「攸《ゆう》が声符。この音の表す意味は小の意。條は小枝の木の

[攸]

（甲）

（金）

（篆）

[条]

（篆）

意」（『漢字の起源』）

②「会意。攸は人と水（水滴）の形と攴とを組み合わせた形で、人の背後に水をかけて滌《あら》い、身を清めること。木はそのとき使用する木の枝や葉を束ねたものである」（『常用字解』）

③「攸《ユウ》とは人の背中に細く長く水をかけるさまを示す会意文字。滌の原字。條は木＋音符攸の会意兼形声文字で、細長い枝」（『学研漢和大字典』）

①では攸に小の意味はない。②では「身を清めること」と「木や葉を束ねたもの」に必然的な意味上のつながりがない。

形から意味を導くのではなく、意味から形を考えるという逆転の発想が必要である。

古典漢語で細長い枝のことをdŏgといい、「條」と表記される。『詩経』に「其の條枚《じょうばい》を伐る」（［堤に生えている木の］細枝と太枝を切る）という用例がある。これが「條」の最初の意味である。

「條」の字源は「攸《ユウ》（音・イメージ記号）＋木（限定符号）」と解析できる。「攸」は「人＋｜＋攴」の三つの部分からできているが、真ん中の「｜」は金文では「…」になっている。②と③で言うように、人の背中に点々と水をかける情景を設定した図形と解釈できる。しかし「水をかける」や「洗う」の意味ではなく、「…の形につながる」「・｜・｜・の形に連なる」というイメージを表すための意匠なのである。このイメージは直線状のイメージに転化する（篆文では「…」が「｜」に変わった）。さらに直線状のイメージは「細長い」というイメージに展開する。かくて、なぜ「細長い枝」を意味する語が「條」の図形で表記されるかが判明した。

細長い枝という具体物を抽象化すると、単に細長いもの、直線状（筋）をなすものという意味に展開する。かくて、そのようなもの（例えば光、文章など）を一条、二条と数える助数漢字が生まれる。

## 【床】 音 ショウ　訓 とこ

「牀」が本字。

①「爿が声符。この音の表す意味は乗る・上る意。牀は靴を脱いで上る床几」（『漢字の起源』）

②「形声。音符は爿《しょう》。爿は寝台の意味として用いられることはないが、寝台の形である。床は寝台の意」（『常用字解』）

③「爿《ショウ》は細長い寝台を縦に描いた象形文字。牀は木＋音符爿の会意兼形声文字で、木を加えて、爿の原義を明示した字」

［爿］

（甲）

（篆）

［床］

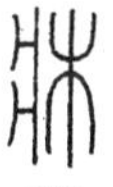

（篆）

①では床几は靴を脱いで上るのは当たり前である。こんな意味を導くために爿に乗る・上る意味（こんな意味はない）を付与する。堂々巡りの字源説である。

「牀」は既に『詩経』に用例があり、寝床（寝台、ベッド）の意味で使われている。古典漢語ではdziangという。これの語源については、藤堂明保は「爿」のグループ全体（壯・牀・牆・將・戕・妝・裝・狀・莊・臧）を一つの単語家族にまとめ、TSANGという音形と、「細長い」という共通の基本義があるとしている（「弱・強・壮の起源――時間漢字（36）」の項参照）。

寝台は身を横たえるものであるから、当然身長に合わせて細長く作ってある。だから上記の通り「細長い」というイメージをもつ語群の仲間である。図形も「爿《ショウ》（音・イメージ記号）＋木（限定符号）」を合わせた「牀」が考案された。「爿」自体が寝台の形であるが、寝台の意味ではなく、「細長い」というイメージを示す記号である。

「床」は漢代に登場する字である。基幹記号である「爿」を省いて、「牀の略体＋广（限定符号）」としたもの。肝腎要の記号を省くのは「爿」のグループとの同源意識が弱くなったせいかもしれない。日本の略字化にも同様の例がある。「藝」は「埶《げい》」が根幹の音・イメージ記号であるが、「芸」と略したために芸香《うんこう》の芸と区別がつかなくなった。中国の簡体字も似たり寄ったりである。とかく漢字の簡略化には漢字の深い研究が欠かせない。

さて「床」はベッドの意味なので、病院で入院用のベッド数を数える助数漢字に使われる。ベッドそのものを数えるには「台」でよい。

## (7)「▯•▯」（並列）のイメージ

二つの物の並列のイメージである。並列は視点を換えれば分裂でもある。「▯•▯」（二つ並ぶ、二つそろう）のイメージは「▯↑↓▯」あるいは「↑▯↓」（両側に分かれる）のイメージになる。また「▯•▯」が連続すると「▯▯▯…」（点々と並ぶ）のイメージになる。これは点が連続して「…」のイメージになるのと似ている。どちらも「数珠つなぎ」のイメージである。

## 「双・対・両」の起源――助数漢字（36）

前に述べたように「隻」は「丨（直線状）」、「双」は「‖（平行線）」のイメージである。言い換えれば「隻」は「まっすぐ（並ぶものがない）」、「双」は「並ぶ」のイメージで、実現される意味は、「隻」は一つ、「双」は二つ、ペア、カップルである。「双」のイメージは「▯-▯」の形でも図示できる。

「▯-▯の形に二つ並ぶ」のイメージをもつ助数漢字に、双のほかに匹・対・両などがある。これらの字源・語源は既に「双数の漢字――数漢字」で述べているが、改めて振り返ってみよう。

## 【双】 音ソウ 訓ふたつ

「雙」が正字（旧字体）。字源は「雔（二つの鳥）＋又（て）」を合わせて、二羽の鳥を手に持つ情景を設定した図形。図形から意味を引き出すと「二羽の鳥」の意味になるが、そうではなく、ただ「ふたつ」を表すだけである。正確に言うと、「ふたつ」を意味する古典漢語 sŭng を代替する視覚記号を「雙」とした。

sŭng（雙）の語源について藤堂明保は、素・疋《ショ》（匹とは別）・礎・相などと同源で「ふたつに分かれる」を基本義としている。「二つに分かれる」のイメージを図示すると「▯-▯」の形である。これは「二つ並ぶ」「一本一本分かれて並ぶ」というイメージでもある。

特に足のように二つが互いに寄り合ってペアになったものを「雙」という。互いに相手を予想して、並び立つのが「雙」である。

以上のように「双」は並んだ二つ、ペア、カップルの意味である。ここからペアになったものを数える助数漢字の用法が生まれた。『礼記』に「其の禽《とり》に一双を加う」（その鳥にもう一組を追加する）の用例がある。

## 【対】 音ツイ・タイ 訓むかう

「對」が正字（旧字体）。字源については「双数の漢字②匹・対の起源――数漢字(15)」で述べているが、もう一度振り返る。

「業の略体（イメージ記号）＋土（イメージ補助記号）＋寸（限定符号）」と解析する。「業」は上にぎざぎざのついた台座を描いた図形である。鐘などの楽器を吊す板を業という。楽器を吊す道具だから当然二つあり、向き合った姿を呈する。「土」は台座を置く場所、「寸」は手の動作に関わることを示す限定符号。したがって「對」は向かい合った支柱に楽器を吊す情景を設定した図形と解釈できる。

台座が向かい合う姿に視点を置くと「▯→・←▯」のイメージだが、台座が二つある姿に視点を置くと、「▯-▯」のイメージになる。前者のイメージから対面・対立の対（向き合う）、また、応対の対（こたえる）の意味が実現される。後者のイメージから、二つそろったもの、ペアの意味（対偶の対）が実現される。ここからペアになったものを一対、二対と数える助数漢字が生まれる。白居易の漢詩に「春衣一対直《あたい》千金」の用例がある。

## 【両】 音リョウ 訓ふたつ

「両」が正字（旧字体）。字源については「双・両の起源——数漢字（14）」で既述。

「兩」は天秤ばかりの形とするのが朱駿声や藤堂明保の説。これでもよいが、問題は天秤ばかりの発明が周代にあったかどうかである（「兩」の字の初出は周代初期）。実体にこだわらないで、二つのものが左右対称に▯-▯の形に並ぶ情景を暗示させる象徴的符号と解釈することもできる（「両・斤・貫・鈞の起源——単位漢字（9）」の項参照）。

liang（両）の語源について藤堂明保は、両のグループ（輛）を、量、梁、各のグループの一部（略・絡・路）と同じ単語家族に入れ、「ふたつ対をなす」という基本義があるとしている（『漢字語源辞典』）。

「左右に対をなして並ぶ」が「両」のコアイメージと考えてよい。これを図示すれば「▯-▯」の形である。車両を意味する「輛」はまさにこのイメージである。『詩経』では車を数える助数漢字として使われ、百両の語がある。また、靴を数える用法もある。

日本では専ら電車などの車両を数える。辞書には「輛」を書き換えたのが「両」だと説明してあるが、もともと古典では「両」を使っていた。

# 「瓶」と「缶」の起源——助数漢字（37）

## 【瓶】 音ビン・ヘイ 訓かめ

こんな字源説がある。

①（『漢字の起源』にない）

②「形声。音符は幷《へい》。〝かめ〟、また、水を汲むときに使う〝つるべ〟をいう」（『常用字解』）

③「幷は人二人＋二印二つの会意文字で、二つあわせて並べることを示す。瓶は瓦（土器）＋音符幷《へい》の会意兼形声文字。もと、二つ並べて上下させる井戸つるべ。のち水を汲む器や、液体を入れる小口の容器を指すようになった」（『学研漢和大字典』）

②では幷の説明がない。②の文字学にはコアイメージという概念がないので、形声文字を説明する原理がない。③では「二つあわせて並べる」を基本義とし、それから瓶の字源と語源を同時に説明している。

まず古典では「瓶」がどんな意味で使われているかを調べる必要がある。『易経』に「其の瓶《へい》を羸《やぶ》る」（井戸のつるべが壊

［幷］（甲）（金）（篆）［瓶］（篆）

れた）という用例があり、つるべの意味である。『詩経』では「缾《へい》（＝瓶）の罄《つ》くるは、維《こ》れ罍《らい》の恥」（おちょこが空になるのは、酒樽の恥だ）という用例があり、酒を注ぐ小さな器の意味で使われている。形態的類似性により、前者から後者に転義したと考えられる。

改めて字源を見てみよう。「幷《ヘイ》（音・イメージ記号）＋瓦（限定符号）」と解析する。「幷」は「从（二人の人）＋二」が変わったもの。「二」は「二つ並ぶ」というイメージを示す符号。「幷」は人を二人並べる情景を暗示させる図形である。具体は捨象して「□-□の形に並べる」というイメージを表している。「瓦」は素焼きの土器の意味で、「かわら」はその一つである。限定符号としては土器などの意味領域に限定する。

「瓶」は水を汲むために□-□の形に二つ並べた土器を暗示させる。縄の両端に容器を二つ取り付け、井戸の中に交互に上下させて水を汲む装置（つるべの一種）を古典漢語でbiengといい、「瓶」の図形で表記する。容器が並んでなく一つでもよい。液体（酒など）を汲んだり注いだりする器も「瓶《へい》」という。

「瓶」には右の二つの意味から、口が小さく頸が長く腹の膨れた器にも転じる。花瓶・土瓶の瓶《びん》はこれである。助数漢字としては瓶に入れたものを数える。換喩のレトリックによる転義である。

## 【缶】 音カン

「罐」が旧字体。

①（『漢字の起源』にない）

②「形声。音符は雚《かん》。もと土器の瓶《かめ》をいう字」

③「缶＋音符雚《カン》の形声文字。水を汲む器（つるべ）。寛（丸くて中空）と同系のことば」

②も③も「雚」の説明がない。

「雚」がコアイメージに関わる根幹の記号である。これはどんなイメージを表すのか。

観・勧・歓の左側、権の右側は「雚」の略形である。これらと「罐（缶）」を統一的に説明できないだろうか。そのためには「雚」のコアイメージを探る必要がある。

「雚」の字源は諸説紛々で定説がない。『説文解字』には「雚は小爵（＝雀）なり」とあり、『詩経』の「鸛、垤《てつ》（ありづか）に鳴く」の句を引用している。この「雚」は『詩経』の現在のテキストでは「鸛」となっている。要するに「雚」は「鸛《かん》」（コウノトリ）の原字ということが分かる。

「雚」を分析すると「卝（二つの頭）＋吅（二つの口）＋隹（と

［雚］

（甲）

（金）

（篆）
［缶］
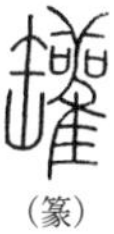
（篆）

り）」となる。鳥を表すのになぜ頭が二つ、口が二つなのか。これは雌雄が並んだ情景を暗示させる図形と考えられる。古代ではコウノトリは仲の良い鳥で、一緒にそろって巣作り、子育てをする鳥とされた。だから仲良く並んだ姿を想像させる「雚」の図形が考案されたわけである。

漢語のコアイメージは具体物（実体）の形態・機能に焦点を当てて、表現されることが多い。かくてコウノトリという実体ではなく、その形態や習性に焦点が当てられ、「▯-▯の形に二つ並ぶ」「同じようなものが左右に（バランスよく）そろう」というイメージが捉えられた。

「雚」のグループにはこのコアイメージが脈々と流れている。

勧…両脇から声を合わせ揃えて力づける→励まして勧める。「勧奨」

歓…みんなで声を合わせ揃えて賑やかに喜びはしゃぐ。「歓喜」

観…全体を合わせ揃えて見渡す。対象を子細に見渡す。「観察」

権…左右にバランスを取って計るはかり（竿秤）。「権衡」

顴《ケン》…左右に▯-▯の形に並ぶ頬骨。

以上から「罐」の字源・語源の解釈ができる。字源は「雚《カン》」は（音・イメージ記号）＋缶（限定符号）」と解析する。「雚」は「左右に▯-▯の形に並ぶ」「同じようなものが左右に（バランスよく）そろう」というイメージを示す。「缶」は酒や水を入れる器（ほとぎ）の意味で、限定符号としては土器や陶器に関わる意味領域に限定する。缶は音がフであり、罐の略字の缶とは別である。

かくて「罐」は桶が▯-▯の形に二つ並び、バランスを取りながら上下して水を汲むもの（道具・装置）を暗示させる。この図形的意匠は先に述べた「瓶」とほぼ同じである。「瓶」と「罐」は同じもの（つるべの一種）を指している。「罐」の字は「瓶」よりも遅く現れる。時代（あるいは地域）によって、同一物を別の語で呼んだと考えられる。

日本では「罐」を「缶」に略した。「つるべ」の意味はなく、水や薬を入れる円筒形の壺の意味に用いられる。またオランダ語の kan の当て字とし、食物などを貯蔵する金属製の容器の意味に用いる。

助数漢字としては金属製の容器に入ったもの（缶詰など）を一缶、二缶と数える。

## 「階」と「段」の起源——助数漢字(38)

「▯-▯-▯の形に並ぶ」というイメージは、二つ以上が連鎖すると、「▯-▯-▯-▯-の形に次々に並ぶ」「一つ一つと順を追って並ぶ」「一段一段と切れ目がつく」などのイメージに展開する。そんなイメージをもつ助数漢字に階・段・等・級・位・次・度などがある。これらの字源・語源を尋ねてみよう。

## 【階】

㊇カイ　㊊きざはし・しな

こんな字源説がある。

①「皆が声符。この音の表す意味は土の相比次する意。階は阜の登り道の段々が相並ぶ意」（『漢字の起源』）

②「形声。音符は皆。阜は神が天に陟り降りするときに使う神の梯の形。皆は神霊の降下を祈るのに応えて、神霊が並んで降る形であるから、階はもと神が天から降るための階段を意味するものであったろう」（『常用字解』）

③「阜（土盛り）＋音符皆（きちんとそろう）の会意兼形声文字。諧（音がそろう）・偕（そろっていく）と同系のことば」（『学研漢和大字典』）

①では限定符号に囚われて丘の階段としている。②では「神が天から降るための階段」とは何のことか、理解に苦しむ。③では皆の基本義「きちんとそろう」と関連づけ、階を「高さを等分して、きちんとそろえた段」の意味とする。

［皆］

（金）

（篆）

［階］

（篆）

『論語』ではきざはし（階段）の意味で使われている。『詩経』ではある目的のための端緒、段取り（階梯）の意味で使われているが、これは比喩である。「階」は初めから、高い所に一段一段と上るもの（きざはし）の意味であることは疑いない。

改めて字源を見てみよう。「皆《カイ》（音・イメージ記号）＋阜（限定符号）」と解析する。「皆」については「総数の漢字②――数漢字（17）」で既に述べているが、もう一度振り返る。「比」は二人の人が並ぶ形で、「□-□の形に並ぶ」というイメージを示す記号となる。「□-□の形に並ぶ」は「□-□-□…の形に次々に並ぶ」というイメージにも展開する。「白」は「自」（鼻の形）を省略した記号である。「自」は起点のイメージから、何かが起こる、何かを始めるということ、要するに行為や動作が行われることを示すための限定符号となる。かくて「皆」は「比（イメージ記号）＋白（限定符号）」と解析できる。したがって、「人々が次々に並ぶ」というのが「皆」の図形的意匠である。A―B―C―Dと次々にそろって並んだ状態が「全部そろって、みな」という意味を実現させる。

以上の通り、古典漢語のkər（皆）は「□-□の形に並ぶ」というイメージをもち、また「□-□-□…の形に次々に並ぶ」というイメージにも展開する。したがって、段々が□-□-□-□の形に並んだもの、すなわち「きざはし」をkərといい、

「階」という図形によって表記するのである。

「□-□-□…の形に次々に並ぶ」というコアイメージから意味が展開する。きざはし（階段）の意味の次に、□-□-□…の形に等間隔でそろった順序・等級という意味に展開する。ここから官位の等級を数える助数漢字の用法が生まれる。冠位十二階などはこれである。

日本では別の展開がある。高い建物には階段が付き物である。階段から一段一段と上っていく。建物の階層を一階、二階と数える助数漢字が発生した。

## 【段】　㊇ダン

① 「〓が声符。この音の表す意味は打《た》たく意。段は積竹丈をもって打《た》たく意」

② 「会意。殳は杖のような長いほこを手に持つ形で、打つの意味がある。〓は粗金の形で、粗金を打ってきたえることを段という。粗金は層をなしているので、層のあるもの、〝だん〟を段という」

③ 「耑《タン》は布の両端を上から下へ垂らしたさま。段は殳（動詞の記号）＋音符耑の字の上半部の会意兼形声文字で、とんとんと上から下へ足で踏みたたくようにして降りる階段のこと。碫《タン》（石の槌でとんとんとたたく）・鍛（金槌で上から下へたたく）と同系のことば」

［段］

（金）

（篆）

①は堂々巡りの説。②では粗金が層をなすことから、段々の意味が出たというが、理解し難い。

「段」の字源は難しい。まず語源を考えるべきである。『釈名』という古代の語源論の書（後漢、劉熙の著）に「断は段なり。分けて異段と為すなり」とある。これは「断」について述べたものだが、段と断を同源と見たのが重要なヒントを与える。duanという古典漢語のうち段・鍛・断は同源の語で、「上から下に打ち据えて切れ目をつける」というコアイメージがあり、どこに焦点を置くかによって、段・鍛・断に分化したと考えられる。「上から下に打ち据える」に焦点を置くと鍛（上から下にたたいて鍛える）、切れ目に焦点を置けば、「—｜—」の形や「｜—｜—｜」の形（区切り、段々）、切る行為に焦点を置けば、断（断ち切る）になる。

改めて字源を見てみよう。金文は「厂（がけ）＋二（二つの筋）＋殳（ほこを手に持つ形）」を合わせて、道具でたたいて崖に切れ目をつける情景を暗示させる図形（篆文や楷書の「段」の左側は金文の「厂＋二」が変わった形）。この意匠によって、「上から下にたたいて切れ目をつける」というイメージを表すことができる。切れ目をつけると、「｜—｜」（区切り）や、「｜—

——」の（一段ずつ分かれる、節目がつく）というイメージが生まれる。

かくて「段」の意味が明らかになった。高低の区切りのついた上り下りするもの（きざはし、階段）の意味、文章などの一区切りの意味（段落の段）、順位をつけた等級の意味（段位の段）、一つのやり方や手立ての意味（手段の段）に展開する。

助数漢字としては、段々になったものや、文章や話、また事物の区切りを一段、二段と数える。

また、武術や芸事（碁・将棋など）の実力を評価するクラスを初段、二段…九段と数える。これは日本的展開である。

## 「等」と「級」の起源——助数漢字（39）

「等」はAとBが対等に並ぶというイメージ、「級」はAがBに追いついて並ぶというイメージで、「級」は最初から順位のニュアンスが含まれている。

### 【等】 ㊥トウ ㊇ひとしい・など

「複数の漢字——数漢字（20）」でも出しているがここでは助数漢字として取り上げる。こんな字源説がある。

［寺］  （金）  （篆） ［等］  （篆）

①「寺が声符。この音の表す意味は斉の意。等は簡冊を整斉する意」（『漢字の起源』）

②「形声。音符は寺。長さが同じ竹簡・木簡の意。竹簡や木簡は一尺八寸、二尺四寸のように、その長さに定めがあり、同じ長さの簡を綴って書冊とした。それで〃ひとしい〃の意味となる」（『常用字解』）

③「竹＋音符寺の形声文字で、もと竹の節、または、竹簡の長さがひとしくそろったこと。治（でこぼこをそろえる）と同系のことば。転じて、同じものをそろえて順序を整えるの意となった」（『学研漢和大字典』）

三説とも竹簡の長さと関係づけている。長さが同じ→ひとしいの意味とする。『説文解字』でも「簡を斉《ひと》しくするなり」という解釈がある。

しかし「寺」とは何なのか。「寺」に斉の意味があるはずもない。

意味は字形から出るのではなく、語にある。古典の文脈における使い方にある。漢字を見る目は形→意味ではなく、意味→形の方向でなければならない。発想を転換させる必要がある。

では古典では「等」はどんな意味で使われているか。『墨子』に「長さは轅《ながえ》と等し」という用例がある。「等」は最初から「ひとしい」の意味であって、同じ長さの竹簡とか、竹簡の長さが同じといった意味はない。

歴史的、論理的に考えよう。古典漢語でひとしいことを意味する語は təng である。これは聴覚記号である。視覚記号に変換する際、「等」という図形が考案された。漢字は記号素の意味のレベルで視覚記号に変換する文字大系である。正確に言うと、意味そのものではなく意味のイメージを図形化する。具象的な意味は図形化しやすいが、抽象的な意味は図形化するのは難しい。そこで具体的な場面・状況・情景を設定することによって、意味のイメージを暗示させる手法が取られる。

「等」が生まれた具体的状況は竹簡を整理する場面である。ここに「ひとしい」を暗示させるものがあるはずである。竹簡の長さがひとしいのか、竹簡を綴る間隔がひとしいのか。いずれも想定できる。ここから発想した図形が「竹＋寺」を合わせた「等」である。ではなぜ「寺」なのか。

字源は「寺《ジ》（音・イメージ記号）＋竹（限定符号）」と解析する。「寺」は「進む」または「止まる」というイメージを表す記号である（「単数の漢字③　特・介の起源——数漢字（13）」「時の起源——時間漢字（1）」の項参照）。「進む」のイメージは時・詩などに含まれ、「止まる」のイメージは持・待などに含まれるが、「進む」と「止まる」のイメージが同時に現れる場合が「等」である。「進む」を「—」、「止まる」を「・」で示し、進んでいくものが次の段階で止まり、これを繰り返す状況を図示すると、「—・—・—・」の形になる。これは「▯・▯・▯の形に並ぶ」というイメージとしても捉えることができる。かくて「等」が考案された。「寺（音・イメージ記号）＋竹（限定符号）」を合わせて「等」が考案された。竹簡を▯・▯・▯・▯の形に等間隔に並びそろえる情景を暗示させる図形である。この意匠によって、でこぼこ・アンバランスがなく、長さや順序が一様にそろっていること、つまり「ひとしい」ことを表すことができる。

「▯・▯・▯・▯の形にそろって並ぶ」というイメージから、そろって並んだ順序・階級の意味に展開する。ここから助数漢字として、グレード、順位を一等、二等と数える用法が生まれる。

## 【級】　㊜キュウ　㊟しな

①「及が声符。この音の表す意味は次の意。級は糸を並べて順序立てる意」（『漢字の起源』）

②「形声。音符は及。及には後ろから前の人におよぶ、届くという意味がある。級はもとは糸を織機にかけて、順序を追って布に織っていくという意味」（『常用字解』）

［及］（甲）（金）（篆）［級］（篆）

③「及は人+又（手）の会意文字で、逃げる人の後から手で捕まえようとして、手の届いたさまを表す。後から後からと追いかけて継ぎ足す意を含む。級は糸+音符及の会意兼形声文字で、糸が切れると、後から、一段また一段と継ぎ足すこと。転じて、一段一段と順序をなす意」（『学研漢和大字典』）

①と②では図形的解釈をストレートに意味としている。③では「〜こと」が図形的解釈、「〜意」が意味である。

意味は形にあるのではない。語にある。だから図形的解釈と意味を同一視してはならない。また限定符号が意味に含まれるとは限らない。限定符号は重要ではなく、いわゆる音符（筆者のいう音・イメージ記号）が語の根幹（深層構造）に関わる部分である。

「級」の字源は「及《キュウ》（音・イメージ記号）+糸（限定符号）」と解析する。「及」は「人+又（手）」を合わせて、左向きの人の後ろに手が届く情景を設定した図形である。「追いついて届く」が「及」の実現される意味である。この行為における深層構造（コアイメージ）を考えてみよう。

人をAで、手をBで表す。この行為はA↑Bという形に図示できる。BはAに限りなく近づくので、A‐Bの形に並ぶ。この関係が連鎖すると、A‐B‐C‐D…の形に点々と並ぶ、あるいは、A‐B‐C‐D…の形に順を追ってつながるというイメージに展開する。これが「及」のコアイメージである。

したがって「級」は機織りの際、模様を織り込む糸を□‐□‐□の形に順を追ってつなげていく情景を暗示させる。これは意味のイメージを表すための具体的状況作りであって、意味を表すわけではない。古典漢語kiəpの意味は「順を追って設けたもの（しな、クラス）」である。『礼記』に「車を授くるに級を以てす」（車の与え方は位の順とする）という用例がある。

ある基準によって定められた順位やクラスの意味（等級・階級）から、それを一級、二級と数える助数漢字となった。古代中国では敵の頭を取ると位が一級上がったので、切り取った頭を数える用法もある。首級（切り取った頭）の語はこれに由来する。

## 「位・次・度」の起源——助数漢字(40)

「次」は順位漢字、「度」は単位漢字および時間漢字でもあるが、ここでは助数漢字として取り上げる。

### 【位】 音イ 訓くらい

こんな字源説がある。

［位］

（篆）

①「人と立の会意字。位は人の立つ所の場所」（『漢字の起源』）

②「会意。立は人が一定の場所に立つ形であり、その立つ場所を位という」（『常用字解』）

③「立は人が両足で地上にしっかりたつ姿。位は立＋人の会意文字で、人がある位置にしっかりたつさまを示す。囲・胃などと同系のことばで、もと、円座のこと。丸い座席に座り、または円陣をなして並び、所定のポストを占める意を含む」（『学研漢和大字典』）

字源は「人＋立（たつ）」を合わせただけの極めて舌足らず（情報不足）な図形で、「人の立つ所」のほかに解釈のしようがない。発想を変えて、形→意味ではなく、意味→形の方向で考える必要がある。

古典ではどんな意味で使われているかをまず確定しよう。最古の古典の一つである『詩経』では「孝孫は位に徂《ゆ》く」（先祖を祭る子孫は座席に就いた）という用例がある。これは定められた座席や位置・立場の意味。『論語』では「位無きを患《うれ》えず」（地位のないことを心配しない）とある。これは地位・身分の意味。以上から、ある人のおるべき場所、定められた位置が古典漢語 ɦiuəd の意味であることが分かる。

この意味をもつ ɦiuəd という聴覚記号を視覚記号に切り換えたのが「位」の図形である。「人」は人の属性に関することだから、限定符号と見てよい。では「立」は何か。「立」は人が両足を並べてしっかりと立つ情景を示した図形で、「□-□の形に並ぶ」というイメージがある。粒や泣ではこのイメージが使われている。したがって「位」は「立（イメージ記号）＋人（限定符号）」と解析する。

『説文解字』では「中庭の左右に列するを位と謂う」と解釈している。これによると、朝廷で群臣が左右に並んだ情景から発想されたのが「位」ということになる。各人がそれぞれおるべき（定められた）場所が「位」である。

「□-□の形に並ぶ」というイメージから、順位や等級の意味に展開する。助数漢字の用法もここから生まれる。順位、等級を一位、二位と数える。

なお数学では十進法で十倍ごとに進む単位を「位」という。9までは一位（1の位）、10から99までは十位（10の位）、１００から９９９までは百位（１００の位）など。

## 【次】

音ジ　訓つぎ・つぐ

まず字源説を見てみよう。

［次］

（金）

（篆）

①「二が声符。この音の表す意味は止である。一時休息するのではなく、引き続いての休息の意」（『漢字の起源』）
②「象形。人が口を開いてなげき、そのなげく息づかいが現れている形。次は弐と通用して〝つぐ、つぎ〟の意となる」（『常用字解』）
③「二（並べる）＋欠（人が体をかがめたさま）の会意文字で、ざっと身のまわりを整理しておいて休むこと。軍隊の小休止の意。のち、物をざっと順序づけて並べる意に用い、次第順序を表すことばになった」（『学研漢和大字典』）

①では二が止の意を表すというのが理解不能。②では「なげく」と「つぎ」が結びつかないので仮借とするほかはない。

『論語』に「学びて之を知る者は次なり」（学んでから知るのは、知のランクとしては二番目である）という用例がある。トップの後に続く、また、トップのつぎ（二番目）という意味の古典漢語がts'ierであり、これを表記するのが「次」である。

字源は「二（イメージ記号）＋欠（限定符号）」と解析する。「二」は数字の2ではなく、「二つ並べる、並ぶ」というイメージを示す記号である（「二の起源」の項参照）。「欠」は飲・歌などでは口を開けて何かをする動作に使われる限定符号だが、大口を開けて欠伸をするという意味もあり、歇《けつ》（休む）では体を弛緩させて休息する動作を示す限定符号にもなっている。したがって「次」は人が並んで休む情景を設定した図形と解釈できる。

語源については藤堂明保がts'ierという語が斉・妻などと同源で、「そろって並ぶ」という基本義があるということを明らかにしている。

「そろって並ぶ」というイメージは「□-□-□…の形に点々と並ぶ」と言い換えることができる。トップの後につぎつぎに続くという意味が実現される。A（トップ）の後に続くBに焦点を当てれば、二番目の意味になる。

「□-□-□…の形に点々と並ぶ」というイメージがあるから、順番や回数を一次、二次と数える助数漢字の用法が生まれる。

## 【度】 音ド 訓たび

「度」は『詩経』でも使われている古い語である。古典漢語で長さを計る意味の語がdakである。『詩経』に「其の隰《しゅう》原《げん》を度《はか》る」（その沢と原を測量した）の用例がある。また、ものさし、基準・標準の意味ではdagと少し音を変え、同書に「美なること度無し」（えも言えぬほどの美しさだ）という用例がある。

長さを計るには原始的には手や足を使った。指を基準にしたのが尺、手を基準にしたのが尋である。足を基準にしたのが歩（距離の単位）。藤堂明保は度と尺を同源として、「数珠つなぎ、—・—型」の基本義があるとしている（「寸・尺・丈の起源——単位漢字（2）」の項参照）。

　シャクトリムシが這うような姿で、手指を∩の形に曲げて、⊃⊃⊃…の形に一つまた一つ（一回また一回）と段々に進めて、長さを計る行為を表すのは「尺」である。これと同じように、一つ一つ、一歩一歩と、順を追って長さを計ることが「度」である。

　では「度」の図形的意匠はいったい何か。筆者独自の字源説を示そう。「度」の字源は「廿（イメージ記号）＋广（家を示すイメージ補助記号）＋又（手の動作と関わる限定符号）」と解析する。「廿」は「庶」「席」「革」にも含まれており、もともと獣の頭を示す符号である（「多数の漢字② 衆・庶の起源——数漢字（22）」、「少数の漢字② 僅・鮮・希の起源——数漢字（24）」の項参照）。「度」では革や敷物というイメージを作り出すための記号である。したがって「度」は家で敷物とする革を手で計る情景を設定した図形である。

　しかしそんな意味を表すのではない。図形から意味を導くのは間違いで、意味がどのような図形に表されているかを見るのが正しい漢字の理解である。上で調べた通り古典ではただ「長さを計る」の意味なのである。

　「度」は「長さを計る」の意味から、ものさし（尺度）、基準となるもの（法度）、標準・程合い（限度）、目盛り（温度）、回数（毎度）などの意味に展開する。助数漢字の用法は目盛り（温度、角度等々）や回数を一度、二度と数える。

## 「粒」と「陣」の起源——助数漢字（41）

　「▯-▯の形に並ぶ」のイメージは「▯-▯-▯…の形に点々と並ぶ」「数珠つなぎ」のイメージに転化する。「▯・▯・▯」の形が連鎖的に起こると、「直線状」や「まっすぐに連なる」のイメージに転化する。また、「▯」の部分に焦点を置けば点や粒のイメージになり、「▯-▯」の二つの関係に焦点を置けば「となり合う」のイメージにもなる。これらのイメージをもつ助数漢字に粒・陣・輪・鱗などがある。これの字源・語源を尋ねてみよう。

### 【粒】　音リュウ　訓つぶ

①（『漢字の起源』にない）

②「形声。音符は立。米つぶをいう。のちすべて〝つぶ〟の意味に用いる」（『常用字解』）

③「立《リュウ》は同じ形の両足を並べて立つさまを示す会意文字。粒は米＋音符立の会意兼形声文字で、同じ形をして並ぶ米

［立］

（甲）

（金）

（篆）

［粒］

（篆）

つぶ」（『学研漢和大字典』）

②では「立」からの説明を放棄している。「泣」でも事情は同じ。コアイメージという概念がないので、立と粒・泣が結びつかない。

改めて字源を見てみよう。「立《リュウ》」（音・イメージ記号）＋米（限定符号）」と解析する。「立」は人が大の字型に地上に立つ情景である。両足を並べて立つ形から「立つ」の意味と「並ぶ」のイメージが出るのではない。liep という語に「□-□の形に（そろって）並ぶ」というイメージがあるのである。古人も「立は林なり」と語源を捉えている。「□-□の形に（そろって）並ぶ」というコアイメージから、両足をそろえて安定して立つという意味が実現されるのである（「直と立の起源――時間漢字（50）」の項参照）。『論語』に「三十にして立つ」とあるのは足場や基礎をしっかり定めることである。

このように「立」は「□-□の形に並ぶ」のイメージがあり、上で述べたように、「□-□-□…の形に点々と並ぶ」というイメージに展開する。したがって「粒」は点々と並ぶ米つぶを暗示させる。部分だけに視点を置いて、小さな点状の米つぶを「粒」で表す。

助数漢字としては丸い小さな粒状のものを一粒《りゅう》、二粒《りゅう》と数える。訓で「つぶ」と読むこともある。

なお「□-□-□…」の形は「点々とつながる」や「直線状、線条的に連なる」のイメージに転化する。「立」にもこのイメージ転化がある。涙を流す（なく）ことを古典漢語では k'iep といい、「泣」の視覚記号で表記する。

## 【陣】 音 ジン

陣は陳から派生した字。「陳」の字源説は「新と陳の起源――時間漢字（64）」で出してある。「陣」の字源説は次の通り。

①（『漢字の起源』にない）

②「もとの字は敶に作り、陳と攴とを組み合わせた形。阜は神が陟り降りするときに使う神の梯の形。その神聖な神梯の前に兵車を置く形が陣で、そこが軍の本陣とされたのであろう」（『常用字解』）

③「陣の原字は東（袋の形）二つ＋攴（動詞の記号）の会意文字。敶は陳の原字の東一つを略して、阜（土盛り→防御用のとりで）を加えたもの。陣はその俗字。戦闘の構えを示すために並べた軍勢や防御物」（『学研漢和大字典』）

②は「陳」の項では「神梯の前に東（上下を括った嚢《ふくろ》の形）を置く形で、お供えを陳列するの意味となる」と説明している。神梯の実在性が疑わしいから、陣の字源説も陳と同様に疑問である。

「陣」は「陳」の旁を車に替えて、車に関係のある字としたものである。したがって「陳の略体（音・イメージ記号）＋車（限定符号）」と解析する。「東」は土嚢の形で、主に堤防工事に使われる。「阜」は土を段々に積み上げた形で、山・丘・段々・土盛りなど土と関係があることを示す限定符号である。「陳」は「東（イメージ記号）＋阜（限定符号）」を合わせただけの舌足らず（情報不足）な図形であるが、堤防工事で土盛りをする際に土嚢を敷き並べる情景を設定した図形と解釈したい。この図形的意匠によって「□-□-□…の形に敷き並べる」というイメージを表すことができる。このイメージは「点々と並べ連ねる」「線条的に連なる」というイメージに展開する。

かくて「陣」の図形的意匠が明らかになる。車（戦車）を点々と並べて配置する情景である。これによって、軍（兵）の配列（陣立て）の意味をもつ古典漢語dienを表記する。

陣立ての意味（布陣の陣）から、防御物を並べて軍を止める所の意味（陣営の陣）、いくさの意味（陣没の陣）、陣になぞらえたものの意味（論陣の陣）に展開する。

助数漢字としては時間の経過とともに、「□-□-□…」の形に（順を追って、断続的に）やってくるものや事態を一陣、二陣と数える。陸亀蒙の漢詩に「一陣の西風浪花を起こす」（西風が一しきり吹いて白浪を立てる）の句がある。

## 「輪」と「鱗」の起源——助数漢字(42)

「わ」と「うろこ」では共通点がないが、リンと読めば共通のイメージが浮かび上がる。

### 【輪】　音リン　訓わ

こんな字源説がある。

①「侖《りん》が声符。この音の表す意味は巻円の意。輪は車の丸いころころと円転するもの」（『漢字の起源』）

②「形声。音符は侖《りん》。侖は輪のようにひとつながりになったものをいう。車のわを輪という」（『常用字解』）

③「侖は順序よく並ぶ意を含む。輪は車＋音符侖《リン》の会意兼形声文字で、軸のまわりに整然と輻（や）が配列され、組み立てられたわのこと」（『学研漢和大字典』）

①では侖が巻円の意を表すとは理解不能。②では侖を輪で説明しているが、堂々巡りである。③は侖については倫の項で「短冊の竹札を集めてきちんと整理するさまを示す。同類のものが順序よく並ぶの意を含む」と説明している。

「輪」の語源について、藤堂明保は、侖のグループ全体

［侖］

（篆）

［輪］

（篆）

(倫・論・掄・輪)が畾のグループ(雷・累・壘)、耒《らい》のグループ(誄)、厽《るい》のグループ(絫)、類、律などと同源で、これらのグループはLUÊR・LUÊT・LUÊNという音形と、「同じ物が順序よく並ぶ」という基本義があるという(『漢字語源辞典』)。

語源が解明された後、字源を振り返ってみよう。「侖《リン》(音・イメージ記号)+車(限定符号)」と解析する。「侖」は「亼+冊」に分析できる。「亼」は三方から中心に向けて↓◌↑の形に集まることを示す。これによって「(多くのものを)寄せ集める」というイメージを表す。「冊」は竹簡や木簡を紐でつないだもの、つまり書物のこと。「亼(イメージ記号)+冊(限定符号)」を合わせた「侖」は、書物を作る際、札を集めて整理する場面を設定した図形である。雑然と集めるのではなく、「筋が通るように、順序よく並べる」というイメージを「侖」で表すことができる。このイメージは、|||のように縦や横に並べるのでもよいし、↓◯↑や↑◯↓のように中心から四方に(放射状に)並べるのでもよい。後者の形に(放射状に)輻(や、スポーク)を並べたものが「輪」である。

「輪」は車のわ(タイヤ)の意味。「輪《りん》」という語は「筋が通るように順序よく並べる」「順序よく並んだ筋」がコアイメージで、「丸い」のイメージではないが、中心から放射状に筋が並ぶ場合は円形を呈するから、「円形」のイメージが生まれる。

「輪」は助数漢字としては車の輪を一輪、二輪と数える。数える物と数える語が全く同じである。「一輪の車」は車を数えているわけではなく、輪の数を数えている。「四字の熟語」の字は語を数えるのではなく、字数を数える。このような場合を仮に「疑似助数漢字」と呼んでおこう。

また「輪」には「円い」「丸い」という二次的イメージが生まれたので、丸いものを数えることもある。五輪塔など。またオリンピックの旗の五輪もある。

花はすべてが丸いわけではないが、菊や牡丹のような大ぶりの花は輪郭が目立ち、印象としては丸いイメージがあるから、そのような花を一輪、二輪と数える。これらの助数漢字は隠喩のレトリックに基づく。

## 鱗

音 リン　訓 うろこ

①(『漢字の起源』にない)

②「形声。声符は粦《りん》。粦は燐火で光るものの意があり、また相連なるものの意がある。うろこをいう」(『字統』)

③「粦《リン》は連なって燃える燐火(鬼火)を表す会意文字。鱗は魚+音符粦の会意兼形声文字で、きれいに並んで連なるうろこ。隣(並んで連なる)と同系のことば」(『学研漢和大字典』)

[粦]

(金)

(篆)

[鱗]

(篆)

「粦」が根源のイメージを提供する記号である。『説文解字』に「粦は鬼火なり」とある。後世の表記は「燐」である。「おにび」は実在するものではないが、古代では広く実在と信じられたようである。「粦」は「炎（火を二つ重ねた形。イメージ記号）＋舛（ステップを踏む両足の形。限定符号）」を合わせて、鬼火が踊っている情景を設定した図形。この意匠によって、「□-□-□…の形に点々と連なる」というイメージを表すことができる。したがって「鱗」は□-□-□…と連なった魚の「うろこ」を暗示させる。

助数漢字も魚の「うろこ」を数える。三十六鱗は鯉の別名である。

ちなみに「□-□-□…の形に連なる」の「□・□」の部分に焦点を合わせれば「となり合う」「（二つが）接近する」というイメージに転化する。これが隣人・隣接の隣である。

## 「講」の起源——助数漢字（43）

「□-□」の形は「左右に並ぶ」のイメージだが、左右対称のイメージもある（例えば「対」や「両」）。視座を水平方向から垂直方向に変えると、上下対称のイメージに転化する。これを表す記号が「冓」である。「講」はこれをもとにした助数漢字である。

### 【講】 音コウ

こんな字源説がある。

①「冓が声符。この音の表す意味は和の意。講はかれこれの言を調和する意」（『漢字の起源』）

②「形声。音符は冓。冓は同じ形の飾り紐を上下に繋ぎ合わせた形で、組み合わせるの意味がある。ことばを組み立てて説きあかすこと、また考えることを講という」（『常用字解』）

③「冓《コウ》は上と下（向こうとこちら）を同じように構築した組み木を描いた象形文字で、双方が同じ構えとなるの意を含む。構の原字。講は言＋音符冓の会意兼形声文字で、双方が納得して同じ理解に達するように話すこと」（『学研漢和大字典』）

①では冓が和の意味を表すといのが理解不能。「かれこれの言を調和する」も意味不明。②は珍しく合理的で、理解できる解釈である。

「冓」が根幹のイメージを提供する記号である。これについては「再と復の起源——時間漢字（58）」でも触れている。

［冓］（甲）（金）（篆）［講］（篆）

「冓」は上と下に同じ形のものが対称形になった様子を示す象徴的符号である。上下対称のイメージだが、上下かつ左右の対称でもよいし、単にシンメトリーの形でもよい。いずれにしても「バランスよく組み立てる」というイメージがある。構築の構によく現れている。

「講」は「冓《コウ》（音・イメージ記号）＋言（限定符号）」と解析する。言葉を使って双方がバランスよくかみ合うようにする情景——これが「講」の図形的解釈である。ただし図形的解釈と意味は同じではない。意味は「相手が納得する（分かる、理解する）ように説明する」である。これが講義・講演の講である。

助数漢字としては講義の回数や順序を一講、二講と数える。『宋高僧伝』に「因りて一講を請う」の用例がある。

### (8)「↑□↓」(両側に分かれる)のイメージ

「□・□」の形に並ぶイメージは視点を換えると「□↑↓□」の形、あるいは「↑□↓」の形にもなる。「両側（左右）に分かれる」のイメージである。「左右に分かれる」のイメージは「↔」の形でも表せる。

## 「辺」の起源——助数漢字（44）

一辺、二辺と数える助数漢字は数学で用いられる。三角形は三つの辺でできている。n角形ではn個の辺がある。この辺とはどういうものか、字源・語源から見てみよう。

**【辺】** 音ヘン 訓べ・あたり

「邊」が正字（旧字体）である。こんな字源説がある。

①「臱《へん》が声符。この音の表す意味は垂崖、辺境の意。邊は垂崖を行く意」（『漢字の起源』）

②「形声。音符は臱《べん》。臱は鼻を上向きにした死体を台上に置く形で、下方は垂れている死体の足である。異民族と接する辺境・国境のあたりは異民族の邪霊があるところであるから、臱をおいて呪禁とした。邊とは辺境（くにざかい）を守るための呪儀である」（『常用字解』）

③「臱《ヘン》は自（鼻）＋穴（両側に分かれる）＋方（両側に張り出る）の会意文字で、鼻の両脇に出た鼻ぶたの端を表す。邊は辵（歩く）＋音符臱の会意兼形声文字で、行き詰まる果てまで歩いて行ったその端を表す」（『学研漢和大字典』）

①では臱が垂崖、邊が垂崖を行く意とは堂々巡りの説。し

［臱］

（金）（篆）
［辺］（篆）

かも「垂崖を行く」とは何のことか分からない。②では国境が異民族の邪霊のある場所とは何のことか、理解を絶する。「辺境を守る」の辺境こそ言葉の問題であるのに、邊とは何かが分からない。邊の説明に、説明すべき邊を含ませている。同語反復の字源説である。

「邊」は古典でどういう意味で使われているか。まずこれを調べるのが先である。『楚辞』に「邊馬は顧みて進まず」（ながえの両側の馬は私を振り返って進もうとしない）という用例がある。馬車のながえの両側に▯-▯の形に並んだ状態が「邊」である。古典漢語のpān（邊）は真ん中の線を挟んでA|Bの形をしているというイメージがある。

イメージ展開を考える。両側に視点を置けば、▯-▯（両端）のイメージである。真ん中に視点を扱けば、↑▯↓（両側に張り出る）というイメージ、また、↓▯↑（両側からくっつく、接する）というイメージに展開する。

改めて字源を見てみよう。「臱《ヘン》（音・イメージ記号）＋辵（限定符号）」と解析する。「臱」は「邊」の造形のために考案された図形で、レアな記号である（単独で使うことはない）。これを分析すると、「自＋丙＋方」となる。「自」は鼻の形。「丙」は「左右に↲‖↳の形にぴんと張り出る」というイメージを示す記号（「丙の起源——十干（3）」の項参照）。「方」は「両側に↑↓の形に張り出す」というイメージを示す記号（「方・正・現の起源——時間漢字（67）」の項参照）。「丙＋方（二つ併せてイメージ記号）＋自（限定符号）」を合わせたのが「臱」である。これは鼻梁の両側に鼻翼が↑▯↓の形に張り出している情景を暗示させる図形である。この意匠によって、「中心から両側に↑▯↓の形に張り出る」というイメージを表すことができる。かくて「邊」の造形の意匠が明らかになる。中心から左右・上下（四方）に進んで行って、行き尽くした端を暗示させる。

「邊」の意味はコアイメージから実現され、展開する。「▯-▯」や「↑▯↓」のイメージから、中心から張り出た周辺部（端、果て）の意味（辺際の辺）、中央から行き尽くした所（国境）の意味（辺境の辺）が実現される。また、「▯|▯」や「▯↓↑▯」のイメージから、ある物と接する所（へり）の意味（縁辺の辺）、周辺の近い所（あたり、ほとり）の意味（近辺の辺）に展開する。

三角形では、三角形の内部と外部が接する線が三つある。この線を「辺」という。上の「▯|▯」や「▯↓↑▯」のイメージがそれである。内と外の接する線、あるいは、内外を仕切る中心の線が「辺」である。数学で辺を数える助数漢字の用法は『幾何原本』（明、利《り》瑪《ま》竇《とう》撰）に出ている。

ちなみにY＝X＋Zのような等式では等号の両側に「▯-▯」の形に数式が並ぶ。左側を左辺、右側を右辺という。

# 「列」と「例」の起源——助数漢字(45)

列(つらなる)と例(たとえる)は一見無関係のように見えるが、□-□の形に物が並ぶというコアイメージで結ばれている。

## 【列】 ㊥レツ ㊞つらなる

こんな字源説がある。

①「歺《がつ》が声符。この音の表す意味は裂の意。列は刀でばらばらに分ける意」(『漢字の起源』)

②「会意。𡿪《れつ》は人の首を切り、頭髪の残っている頭骨の形。これに刀を加えた列は、胴体と頭部を切り分けることをいい、"わける"の意味となる。またその頭骨を並べることを列といい、"ならべる、つらねる"の意味となる」(『常用字解』)

③「歹(ほね)+刀の会意文字で、一連の骨(背骨など)を刀で切り離して並べることを示す。裂(さく)の原字だが、列はむしろ一列に並ぶ意に傾いた」(『学研漢和大字典』)

『説文解字』では「列は分解なり」とあり、『荀子』などの古典では「二つに分ける」の意味で使われており、これが最初の意味である。この意味をもつ古典漢語がliatである。この聴覚記号を視覚記号化したものが「列」である。

[𡿪]

(篆)

[列]

(篆)

篆文では「列」の左側は「巛(いくつかの筋に分けることを示す符号)+歹(骨の一部)」となっており、動物の解体の場面を図形化したと考えられる。この意匠によって、「二つに切り分ける」のイメージを表すことができる。𡿪の記号は「列」以外に使われないレアな記号である。だからこれは「列」の造形のための専用の記号である。したがって「𡿪《レツ》(音・イメージ記号)+刀(限定符号)」を合わせて、刃物で二つに切り分ける情景を設定した図形が「列」である。「刀」を添えたのは具体的な場面作りのためであって、意味の中に刀が入るわけではない。

イメージの展開を考える。「二つに分ける」のイメージを図示すると、□←□の形や、□↑↓□の形になる。左右に分けると、二つは並ぶことになるから、□-□の形、つまり「二つ並ぶ」というイメージに展開する。また「□-□の形」を連続させると、□-□-□-□の形にも転化する。これは「いくつも順を追って並ぶ」のイメージである。

このようなイメージ転化を経て意味が展開する。「二つに分ける」の意味から、いくつも順序よく並ぶ意味(並列・羅列)、順序よく並んだものの意味(行列・序列)に展開する。

助数漢字の使い方は行列したものを一列、二列と数える。

古典に「列は行なり」とあり、行と列はほぼ同じである。ただ「行」は「まっすぐ」がコアイメージなので、まっすぐな筋であるが、「列」は「二つに分ける」がコアイメージなので、「順を追って（一つ一つと分かれて）並んだ筋」である。「列」には順序の意味素が含まれる。

## 【例】

㊅レイ　㊈たとえる

①「歹《がつ》が声符。この音の表す意味はぱらっと並ぶ意。人が順序に従って並ぶ」（『漢字の起源』）

②「形声。音符は列。列は人の首を切り、切り取った頭骨を並べることをいう。並べて呪禁とすることを例という」（『常用字解』）

③「列は裂（いくつにも切り裂く）の原字。例は人＋音符列の会意兼形声文字。いくつにも裂けば、同類の物が並ぶことになる。相並ぶ同類の事柄」（『学研漢和大字典』）

①では音符は歹ではなく列であろう。例に「人が順序に従って並ぶ」という意味はない。②では「並べて呪禁とする」はどういうことか。何を並べるのか不明。

改めて字源を見てみよう。「列《レツ》（音・イメージ記号）＋人（限定符号）」と解析する。「列」は右に述べたように「二つに分ける」というイメージから、「□-□-□-□の形に分かれて並ぶ」というイメージ、さらに「同じようなものが同列に並ぶ」というイメージに展開する。同じ類のものがA・B・C…とあって、その中から見本として選ぶもの（同類の事柄）を古典漢語ではliadといい、これを「例」と表記する。『春秋公羊伝』に「臣と子は一例なり」（［喪服に関しては］臣と子は同じ類である）という用例がある。

訓は「たとえる」。日本語の「たとえる」は二つの意味がある。㋐Aをうまく説明するためにBになぞらえるという意味。㋑A・B・C…の中からふさわしいものを選んで取り上げる意味。㋑が本項の「例」に当たり、「例えば」（例を挙げて言えば）の形で使われる。㋐の場合に「例える」を使うのは間違いで、「喩える」が正しい（常用漢字表では「喩」に「たとえる」の訓が採られていない）。なお㋐においてAとBの関係はだいたい異質な（意味領域が異なる）ものである。㋑においてA・B・C…の関係は同類のものである。異質なものの間に比喩が成り立つ。同類のものは比喩にならない。

助数漢字としては「例」をそのまま用いて、同類事項を一例、二例と数える。

## 「発」の起源——助数漢字（46）

一つのものを二つに分けると、「↔」の形に分かれる」というイメージや、「▯-▯の形に並ぶ」というイメージが生まれる。あるいは「▯-▯」の形は視点の置き所によって「並ぶ」「分かれる」「くっつく」の三つのイメージになると言える。「八の形に分かれる」のイメージをもつ助数漢字に発・班・判・片・弁（瓣）などがある。これらの字源・語源を尋ねよう。

## 【発】

㊟ハツ　㊫はなつ・ひらく

「發」が正字（旧字体）。こんな字源説がある。

①「癹《はつ》が声符。癹は弓を発射する音であろう。發は矢を発射する意」（『漢字の起源』）

②「形声。音符は癶《はつ》。癶は止（足）を左右そろえる形であり、出発するときの姿勢である。下部は弓を射る形。發とは開戦に先だってまず弓を射て開戦を知らせることをいう。それでことを〝はじめる、おこる〟の意味となる」（『常用字解』）

③「癶《ハツ》は左足と右足とが開いた形。癹《ハツ》はそれに殳印（動詞の記号）を加え、左右に開く動作を表す。發は弓＋音符癹の会意兼形声文字で、弓をはじいて発射すること。ぱっと離れて開く意を含む」（『学研漢和大字典』）

［癶］

（篆）

［癹］

（篆）

［発］

（篆）

①の擬音語説は安易である。②では「出発するときの姿勢」と「弓を射て開戦を知らせる」との間に何の関係があるのか不明。意味の展開の説明に難がある。それはコアイメージの考えがないから、言い換えれば、形声文字の説明原理を欠くからである。③では癶・癹・發の三段階で説明し、いずれにおいても「左右に開く」という共通のイメージを指摘する。これが明解である。

③は語源論の裏付けがある。古典に「発は撥（はねる）なり」とあり、発・撥の同源意識があった。藤堂明保はこれに止まらず多くの語群に同源関係を見出した。すなわち癶・癹のグループ（発・撥・廃）は八、肺、別、犮《はつ》のグループ（抜・祓・髪・跋）、貝のグループ（敗）、㡀《ヘイ》のグループ（敝）、拝、半のグループ（判・叛・伴・畔）、反のグループ（返・版）、片、辺、藩、弁（辨・辯）などと同源で、これらのグループはPAT・PAD・PANという音形と、「二つに分ける」という基本義があるという（『漢字語源辞典』）。

古典では「発」はどんな意味で使われているかを調べよう。最古の古典の一つである『詩経』では「斉の子は夕べに発す」（斉の娘は夜に出かけた）、また「彼の小《しょう》豝《は》に発す」（あの小さいイノシシに矢を放つ）という用例がある。前者は「足がある地点から踏み出る」の意味（出発の発）、後者は「弓から矢が勢いよく出る（放つ）」の意味（発射の発）である。これらが「発」の基本的な意味である。

改めて字源を見てみよう。「癶《はつ》」が根源のイメージ（コアイメージ）を提供する記号である。「癶」は両足を左右に開いた形である。これは出発する直前の足の様態である。ここに「⇃⇂の形に左右に（二つに）分かれる」というイメージがある。これは静止している場合だが、動きを始めるとどうなるか。足は↓の形に後ろに引く力に抗して、↑の形に強く押し出す力が働いて前に踏み出す。このようにして勢いよく出ていく。この動作を古典漢語ではpiuăt という。これを視覚記号化したのが「𤼽」である。「癶《ハツ》（音・イメージ記号）＋殳（限定符号）」を合わせて、足を開いて踏み出す情景を暗示させる。しかし「𤼽」はめったに使われず、次に「發」が考案された。「發」は「𤼽《ハツ》（音・イメージ記号）＋弓（限定符号）」を合わせて、弓から矢を勢いよく出す情景を暗示させる。

「發」は「弓から矢を勢いよく出す」だけではなく、「足を開いて勢いよく出ていく」という二つの意味を同時に表すことができる。『詩経』の用法はどちらが先とは言えない。piuăt という語が先にあり、癶・𤼽・發という図形は後でできたのである。

助数漢字としては弓矢などを発射する回数や弾丸の数を一発、二発と数える。「百発百中」の四字熟語がある。

## 「班」と「判」の起源——助数漢字(47)

B5判などの判を助数漢字とするかは微妙なところ。言葉としては班とイメージが似ている。

**【班】** 音ハン　訓わける・わかつ

こんな字源説がある。

① 「分が声符。この音の表す意味は分（わける）の意。班は服従の符（しるし）としての集まった玨を分けて返す意」（『漢字の起源』）

② 「会意。玨は二つの玉を綴ったもので、これを刀で分けることを班という」（『常用字解』）

③ 「玉二つ＋刀の会意文字で、玉を二つに切り分けることを示す。判（二つに分断する）・頒（分割して与える）・辨（わける）などと同系のことば」（『学研漢和大字典』）

①は意味が分からない。②は図形の解釈をそのまま意味とする。③は語源とかみ合わせた説。班・判・頒・辨を同源とするが、これは上で述べた発と同じ単語家族に属し、「二つに分ける」が基本義である。

［班］

（金）

（篆）

改めて字源を見てみよう。「珏（二つの玉。イメージ記号）＋刀（限定符号）」を合わせて、玉を刀で分割する情景を設定した図形。「玉を刀で分ける」は意味ではなく、「二つに分ける」というイメージを表すための図形的意匠である。図形的解釈と意味は同じではない。

『書経』では「瑞を群后に班《わか》つ」（瑞祥の玉を多くの君主に賜った）という用例があり、「本体から分けて与える（分配する）」が「班」の意味である（班田収授の班はこの意味）。

「二つに分ける」というコアイメージから物を真っ二つに分割する意味ではなく、分配する意味が生まれる。これはなぜか。イメージ展開を考える。

「二つに分ける」のイメージを図示すれば、「↲↳」の形、「□／↙□」の形、「□↑↓□」の形であるが、視座を替えれば、「□↓□」の形（本体から分かれる）、あるいは「□-□」の形（二つ並ぶ、いくつか分かれて並ぶ）にも展開する。

かくて「二つに分かれる」のイメージから、本体から分けて与える意味が実現される。また、「□-□の形に分かれて並ぶ」のイメージから、順序の意味（首班の班）、一つ一つ分かれた等級（クラス）や、いくつかに分かれたグループの意味（班長の班）が実現される。

助数漢字の用法はある目的のために分けたグループ（団よりも小さいグループ）を一班、二班と数える。

## 【判】

音ハン　訓わかつ・わかる

①「半が声符。この音の表す意味は分ける意。判は刀で切り分ける意」（『漢字の起源』）

②「形声。音符は半。半は犠牲の牛を二つに分ける形。刀を加えて、二つに分けるの意味を示す」（『常用字解』）

③「半は牛＋八印（分ける）の会意文字で、牛の体を両方に切り分ける意を示す。判は刀＋音符半の会意兼形声文字で、半の後出の字。もと、刀で両分することを示すが、のち可否や黒白を区別し見分ける意に用いる。半・班と同系のことば」（『学研漢和大字典』）

珍しく三説がほぼ同じ。②の字源説では判は「牛を刀で切り分ける」の意味になりそうなもの。珍しく図形的解釈と意味を混乱させず、意味に余計な意味素を混入させなかった（①と③では「刀」が混入している）。これが正しい漢字の解釈（形の解釈と意味を区別する）である。

改めて字源を見てみよう。「半《ハン》（音・イメージ記号）＋刀（限定符号）」と解析する。「半」については既に「半数の漢字——数漢字（25）」で述べたが、もう一度振り返る。

［半］

（金）

（篆）

［判］

（篆）

「八《ハチ》(音・イメージ記号)＋牛(限定符号)」を合わせたのが「半」である。「八」は「)(」の形、あるいは「↲↳」の形に、左右(両側、二つ)に分かれることを示す象徴的符号である(「八の起源」の項参照)。したがって「半」は牛の体を左右(両方)に分割する情景を暗示させる。これは動物の解剖・解体の場面を想定した図形である。しかし「牛を分割する」の意味を表すのではなく、「二つに分ける」というイメージを表すのである。

「判」も「刀」という限定符号を添えて具体的な場面・情景を設定するが、「二つに切り分ける」というイメージを表すための図形的意匠である。

古典では『荘子』で「天地の美を判《わか》ち、万物の理を析《さ》く」(統一体である自然の美や、万物の理法を分けてばらばらにする)という用例がある。この判は「二つに分ける」の意味。天地剖判は天地が分かれること、つまり天地開闢の意味である。

「↲↳の形に左右に(二つに)分ける」というコアイメージから、AかBか、良いか悪いか(白か黒か)のどちらかに分けるという意味が実現される。これが判断、裁判の判である。

日本では別の意味展開がある。「判」は「はっきりと見分ける」の意味(判然の判)があるので、見分けることを「判ずる」という。判じ物の判である。ある印によってその人を判ずるもの(符号)、つまり印形《いんぎょう》、花押を判という。書き判、印判、判子《はんこ》の判である。判は一種の型(形)である。そこから型やサイズという意味に転じた。特定の型やサイズを判型という。

助数漢字としては紙や書物などの特定の判型をA5判、B5判などと数える。

## 「片」と「弁」の起源——助数漢字(48)

弁は瓣(花びら)。日本語では花びらは片《ひら》で数えることが多い。片《へん》は平たく薄っぺらのイメージがある。

### 【片】 音ヘン 訓ひら・きれ・かた

こんな字源説がある。

①「木字の半分だけを示した字。切り分けた一部の意」(『漢字の起源』)

②「象形。版築に使うあて木の形。片はそのあて木の一方の形であるから、"一方、かたがわ、かた"の意味となる」(『常用字解』)

③「片は爿(寝台の長細い板)の逆形であるともいい、また木の字を半分に切ったその右側の部分ともいう。いずれにせ

[片]

(金) (篆)

よ木の切れ端を描いた象形文字。薄く平らな切れ端のこと。判・半・篇と同系のことば」（『学研漢和大字典』）

古典では『荘子』に「雌雄片合す」（雌と雄は半分同士で合体する）、『論語』に「片言以て折獄すべき者は其れ由《ゆう》なるか」（かたことを聞いて判決を下せる者は由［孔子の弟子の子路］であろうか）という用例がある。前者は二つに分かれたもののうちの片方の意味（片務・片頭痛の片）、後者は切れ切れでわずかなもの（かけら）の意味である。ほかに切れ端の意味（紙片・木片の片）の意味もある。

字源は「木」の右半分だけを切り取った字というのが通説。これは木の切れ端という具体物を図形にしたもの。しかし意味は右のように、二つに分けられたうちの片方の意味である。古典に「片は半なり」「片は判なり」の語源説があり、「二つに分ける」がコアイメージである。

「二つに分ける」のイメージを図示すると、「↤↦」の形や「▯↑↓▯」の形である。一体であったABがA↑Bや、A—Bになる。AまたはBに視点を置くと、それぞれ「かた」である。日本語の「かた」は「二つでひとまとまりのものの一方」「一つの物が二つに分かれた一方」の意という（『古典基礎語辞典』）。漢語の「片」とほぼ同じである。

「片」は半・判と同源であるだけでなく、板・版とも同源の仲間である。これらは「版の起源——助数漢字(54)」で述べたように、「二つに分ける」と「薄く平ら」のイメージがある。

「版」では「薄く平ら」→「反り返る」→「二つに分ける」と展開するが、これは可逆的なイメージと考えられる。物が二つあるのは重なったりして厚みのある姿が想定されるが、二分された一片は厚みが少なくなるので「薄く平ら」のイメージが生じると考えられる。「片」も「二つに分ける」と「薄く平ら」のイメージが同時に存在する。

助数漢字としては薄く平らなものや、切れ端（と意識されるもの）を一片、二片と数える。李白の詩に「孤帆一片日辺より来る」とある。帆は薄く平らなものである。また「長安一片の月」の詩句がある。月相は扁平だが、小さいかけらという意識で月を捉えている。

## 【弁】

㊐ベン

辨・辯・瓣の三字が弁に統合された。本項で扱うのは瓣（花弁）である。瓣の字源説は次の通り。

① （『漢字の起源』にない）

② 「形声。音符は辡《べん》。瓜の中の〝たね〟をいう。のち〝はな

［辡］

（篆）

［弁］

（篆）

びら〟の意味に用いる」

③「辛（刃物）二つ＋瓜の会意文字で、刃物や刀で物事や瓜を切り分けることを表す」

②では辡の解釈がない。「弁（辨）」と「辨（辯）」の項では、「辡は辛（入れ墨をするときに使う針の形）を二つ並べた形で、裁判にあたって原告と被告が誓約して争うことをいう」と説明している。辨と辯を裁判と結びつけ、辨を「訴訟をさばく」の意味、辯を「原告と被告が言い争う」の意味としている。入れ墨の針という実体から解釈したが、漢字の見方は実体よりも形態・機能に重点を置くべきである。実体にこだわると意味をゆがめてしまう。

辨・辯・瓣を統一的に解釈できないか。深層構造にある共通のイメージは何か。これこそ漢字を理解する要である。

「瓣」の字源は「辡《ベン》（音・イメージ記号）＋瓜（限定符号）」と解析する。「辡」が根源のイメージを提供する記号である。「辛」は刃物の形である。刃物という実体に重点があるのではなく、刃物の機能に重点がある。刃物の機能は「切る」ことにある（「辛の起源──十干（8）」の項参照）。「辛」を二つ並べた「辡」は「二つに切り分ける」というイメージを示す記号となる。

「辨」と「辯」の深層構造は「二つに分ける」というイメージである。是非・善悪などの違いをはっきり分ける（見分ける）ことが「辨」であり（弁別・弁証の弁）、是非をはっきりさせようと議論する（理屈を立てて話す）ことが「辯」である（弁明・弁論の弁）。「瓣」は少しイメージが違う。

ここでイメージ展開を考える。「二つに分ける」のイメージを図示すると、「⇅」の形や、「□←→□」の形である。二つに分かれると、二つが並ぶというイメージになる。これを図示すると、「□・□」の形である。これが連鎖すると「□・□・□…」の形（同じようなものが次々に並ぶのイメージ）になる。

かくて「瓣」の図形的意匠が明らかになる。瓜のさね（種子）は内部にきれいに（順序よく）並んでいる。これを図形化したのが「瓣」である。この意匠によってウリのさねの意味をもつ古典漢語benを「瓣」で表記する。

意味は隠喩（類似性の原理）によって展開する。植物のはなびらは重なって次々に並んだ形状である。そこで「瓣」ははなびらという意味に転義する。これが花弁の弁（瓣）。隠喩はさらに弁膜の弁（瓣）も生み出す。

助数漢字としては花弁を数える。一片、二片、あるいは一枚、二枚と数えるのが普通だが、五弁（瓣）の椿のようにストレートに弁を使うこともある。『群芳譜』（明、王象晋撰）に「茴香《ういきょう》…実裂けて八瓣を成す」の用例がある。

## 「倍」と「部」の起源——助数漢字(49)

二倍、三倍となると数が増えるが、部分の部は数が小さい。しかし倍と部の根源のイメージは共通である。

### 【倍】

音 バイ　訓 ますます

「倍の起源——数漢字(7)」でも出しているが、ここでは助数漢字として取り上げる。字源・語源についても該項で触れているが、もう一度振り返ってみる。

「倍」は「人+音」、「音」は「丶+否」、「否」は「不+口」で、最後に「不」にたどりつく。「不」が根源のイメージを表す記号である。

「不」や「否」は否定詞に使われるが、否定詞の由来を尋ねることが倍や部の成り立ちに重要な関係がある。

それには「不」という記号のイメージ展開を考える必要がある。「不」は前に述べたように「丸くふくれる」というイメージを表している(「杯の起源——助数漢字(8)」の項参照)。このイメージを図示すると「○」の形である。

イメージは固定したものではなく、転化する。「○」は全体性、一体性、未分化のイメージである。これが分化・分裂すると「⦶」の形になる。これは数(漢数詞)の観念の起源でもある。「一」(未分化の全体性)が分かれたのが「二」である。「⦶」の形は「▯-▯」の形でもある。「二つが並ぶ」というイメージであるとともに「二つがくっつく」というイメージでもある。「▯—▯」の形は「▯↑↓▯」の形にもなる。これは「反対向きになる(そむく、食い違う)」のイメージである。視点の置き所によってイメージは次々に転化する。これは漢語意味論の特徴である。

さて「不」が「…ではない」と打ち消す否定詞になる理由はまさに「▯↑↓▯」(反対方向、逆になる、そむく、食い違う)のイメージにある。「否」も同じである。

では「音」はどうか。これは「否《ヒ》(音・イメージ記号)+丶(イメージ補助記号)」と分析する。「丶」は唾を示す符号で、唾を吐いて否定(拒絶)することが「音」とされている。しかし「音」は単独で使用されることのないレアな記号で、倍・部・剖などの造形のために、「一つの物事を二つに分ける」というイメージを示す記号である。

かくて「倍」の字源が見えてきた。「音《ホウ》(音・イメージ記号)+人(限定符号)」と解析する。「音」は「二つに分ける」というイメージがあるが、上のイメージ展開で述べたように、「▯-▯の形に並ぶ」というイメージに展開する。したがって「倍」は人が二人並ぶ情景を暗示させる。しかしそんな意味を表すのではなく、「一つのものが分かれて並び、二つに増える」という意味をもつ古典漢語 buəg を表記する。

助数漢字としては数量が同じ分増えることを二倍、三倍と数える。
　なお「倍」には「そむく」の意味もある。上に述べたイメージ展開の実例である。

**【部】** 音ブ

　次の字源説がある。

①「音《ほう》が声符。部族の名。部分の意味は借用」（『漢字の起源』）

②「形声。音符は音《はい》。音は草木の実が熟して剖《わ》れようとしている形。邑はまち・むらの意味であるから、部は〝わける、わけられた地域、全体を小分けしたものの一つ、ぶわけ〟の意味となる」（『常用字解』）

③「不はその音を借りてプッと拒否することばを表す。否はそれに口を添えた字。音は否の上に丶印を添えた字で、不の原義（ふくれた）と、左右に払いのける、二つに分けるの二つの意味を含む。部は「邑（丘や村）＋音符音の会意兼形声文字で、もと、丸くふくれた土盛りや丘を表す。ただし多くの場合は、二つに分ける、区分するの意に用いた」（『学研漢和大字典』）

［部］

（篆）

①は部を固有名詞として、語の解剖を放棄した。②は音を象形文字とするが、根拠があるか不明。草木の実が剖れる形とはとても見えない。③は語の深層構造を穿っている。

　「倍」で指摘したように、「不」と「音」は○（丸くふくれる、丸い）→⦶（二つに分かれる、分かれたものがくっつく）、さらに▯-▯（分かれたものが二つ並ぶ）というイメージ展開をする。

　これを押さえておくと「部」の成り立ちが明らかになる。「部」は「音《ホウ》（音・イメージ記号）＋邑（限定符号）」と解析する。「音」は「丸くふくれる」と「くっつく」の二つのイメージを表す。したがって、「部」は両側から土をくっつけ合わせて盛り上げた所を暗示させる。『春秋左氏伝』に「部婁《ほうろう》、松柏無し」（小さな土山にはマツやコノテガシワが生えていない）という用例があり、小高い土山の意味で使われている。

　しかし『墨子』では「吏は其の部に行く」（役人は自分の部署に行った）という用例があり、早くから「全体をいくつかに区分けしたもの」「区分けされた持ち場や単位」という意味で使われた。この意味は「▯↑↓▯の形に二つに分ける」というコアイメージから、「▯-▯の形に二つに並ぶ」、さらに「▯・▯・▯…の形に次々に分かれる」というイメージに展開した結果実現された意味である。

　助数漢字としては区分けした物や書物などを一部、二部と数える。

# 「枝」と「派」の起源――助数漢字(50)

「枝」も「派」も本体から分かれているという共通点がある。

## 【枝】 音シ 訓えだ

①「支が声符。この音の表す意味は分離あるいは別出の意。枝は本木から分離・別出した木の意」(『漢字の起源』)

②「形声。音符は支。支は小枝(十)を手(又)に持つ形で、枝のもとの字」(『常用字解』)

③「支《シ》は竹のえだ一本+又(手)の会意文字で、えだを手に持つさま。枝は木+音符支の会意兼形声文字で、支のもとの意味を表す」(『学研漢和大字典』)

「枝」の字源についてはほとんど異説がない。「支」と「枝」が同源であることは古来の通説だが、その基本義を探求したのは藤堂明保である。藤堂は支のグループ(枝・岐・跂・技・伎・妓)は解のグループ(解・蟹)や隔と同源で、KEGという音形と、「ばらばらに分かれる」という基本義があるという(『漢字語源辞典』)。

[支]  (篆)　[枝]  (篆)

改めて字源を見てみよう。「支」については「干支とは何か」の項でも触れているが、もう一度振り返る。

「支」は「个(竹の半分)+又(手)」を合わせたもの。竹の一枝を手に持つ情景を設定した図形である。この意匠によって「えだ」を意味する古典漢語kieg(推定)を表記する。

「えだ」を表すには「支」で十分で、『詩経』でも「支」は「えだ」の意味がある。しかし同じ『詩経』で「支」を「本や幹に対するもの(枝分かれしたもの)」という意味にも使われており、草木の「えだ」に限定するために、「支(音・イメージ記号)+木(限定符号)」を合わせた「枝」が作られた。「枝」も『詩経』に出ている。このように早い段階で「支」と「枝」が分化した。

「枝」は「支」と同じく本体(幹)から⅄形やY形に出るものであるから、「枝分かれする」「細かく分かれる」というイメージがある。一方、枝は本体と比べて細い棒状をなしており、まっすぐというイメージもある。

助数漢字としては、草木の枝のほかに、細くまっすぐな棒状のもの(筆など)を数える。

## 【派】 音ハ 訓わかれる

①「𠂢は川の本流があって、支流のわかれている形象。派は𠂢字の会意を兼ねた形声字」(『漢字の起源』)

[𠂢]  （篆）　[派]  （篆）

② 「形声。音符は𠂢《はい》。𠂢は水が分流する形で派のもとの字」（『常用字解』）

③ 「𠂢は川から支流のわかれ出た姿を描いた象形文字。派は水＋音符𠂢の会意兼形声文字で、𠂢の原義を表す」（『学研漢和大字典』）

「派」の字源は三説ともほぼ同じ。

「𠂢」と「永」は鏡文字（左右反対形）の関係にある。同字とする説もあるが、それが表記する言葉は別である。

「永」と「𠂢」は水が幾筋にも分かれて流れる情景を描いた図形である（「永と短の起源――時間漢字（54）」の項参照）。どこに焦点を置くかによって、二つの語の視覚記号とする。長く続くことに焦点を置いたのが「永」で、これは古典漢語のɦiuăng（どこまでも長く続く意）に対応する。一方、小さな筋がいくつにも分かれることに焦点を置いたのが「𠂢」で、古典漢語のp'ĕg に対応する。

「𠂢」は「本体から小さな筋が分かれる」がコアイメージである。したがって「𠂢（音・イメージ記号）＋水（限定符号）」を合わせた「派」は、本流から分かれ出る小さな支流を暗示させる。

ちなみに「𠂢」は「脈」の構成要素にもなっている。「脈」は体内でいくつにも枝分かれして血を通すルート、つまり血管の意味である。中国医学では気を通す本流的なルートを経脈、支流的なルートを絡脈という。

「派」は本流から枝分かれする支流の意味から、本体から枝分かれしたものの意味（派閥の派）を派生する。

助数漢字としては本体から分かれたもの（派閥・流派やグループなど）を一派、二派と数える。

## (9)「平ら」「薄い」「くっつく」のイメージ

「平ら」のイメージは「まっすぐ」のイメージと関係がある。直線は一次元、平面は二次元であるが、両方に共通するイメージが「まっすぐ」である。直線状のイメージは「まっすぐ」のイメージを介して「平ら」のイメージに結びつく。

一方、例えば紙は上から見れば平面であり、「平ら」のイメージであるが、視点を変えて横から見ると、厚みがなく短い。これは「薄い」のイメージである。上下の間隔に視点を置けば、「くっつく」のイメージになる。このように「平ら」「薄い」「くっつく」は密接なつながりのある三つ組イメージである。しかも可逆的（相互転化可能）なイメージといえる。これは漢語意味論特有のイメージ転化現象の一つである。このような三つ組イメージをもつ漢字のグループに、甫のグループ（捕・哺・浦・補・舗・匍・圃・輔・蒲・博・縛・敷・薄・簿）、巴のグループ（把・杷・芭・爬）、白のグループ（拍・泊・迫・舶・箔）、卑のグループ（碑・裨）、布のグループ（佈・怖）、扁のグループ（偏・遍・篇・編）などがある。そのうち助数漢字では把・拍・泊・遍・篇・編・舗などがある。

## 「張」と「面」の起源――助数漢字（51）

「張る」と「かお」は言葉としては無関係だが、「平ら」という根源のイメージが共通である。

### 【張】 音チョウ 訓はる・はり

こんな字源説がある。

①「長が声符。この音の表す意味は腫の意。張は弓が満腹のごとく張り膨れる形を言う」（『漢字の起源』）

②「形声。音符は長。弓の弦をはるというのがもとの意味」（『常用字解』）

③「長は長く頭髪をなびかせた老人の姿。張は弓＋音符長の会意兼形声文字で、弓に弦を長く伸ばしてはること。ぴんと長く平らに伸びる意を含む」（『学研漢和大字典』）

［長］（甲）（金）（篆）［張］（篆）

①は長が腫の意味を表すとは理解不能。②ではなぜ長なのかの説明がない。③の文字学はコアイメージの概念がないので、形声文字の説明原理を欠く。

「長」は髪の毛をながく伸ばした老人を描いた図形（「長の起源――順位漢字（4）」の項参照）。古典漢語で「ながい」をdiang、長老をtiangといい、二つの語を同時に図形化したのが「長」である。「ながい」と老人に何の関係があるのか。

空間は時間にも適用できる。「空間的にながい」は「時間的にながい（ひさしい）」の意味に転じ、さらに長い時間を経過している（年をとっている）人の意味に転じる。後者は語形を少し変えてtiangとなったが、図形は「長」のままである。

さて日本語の「ながい（ながし）」は「空間的に、時間的に、線条的に伸びている状態が原義」という（『古典基礎語辞典』）。これは漢語の「長」と同じである。「直線状（まっすぐ）にながく伸びる」が「長」のコアイメージである。

弓に弦をはる場合、たるんでいる弦を弓に掛けると、ぴんと長く伸びた状態になる。これを古典漢語ではtiangといい、「長《チョウ》（音・イメージ記号）＋弓（限定符号）」を合わせた「張」で表記する。

「張」は弓の弦をはるという意味である。日本語の「はる」

は「たるみやゆるみのないようにぴんと引き延ばし広げる意」が原義で、「平たい面状の物の場合は延ばし広げる意」「線状の物の場合はたるみなく伸ばす意」という（『古典基礎語辞典』）。漢語の「張」は弓の弦を直線状に長く伸ばす意味から、左右・上下に大きく延び広がる意味（拡張の張）に展開する。延び広がった状態は平面状である。直線状のイメージが「平ら」のイメージに転化したわけである。このイメージ展開は日本語と漢語では方向が逆だが、可逆的（相互転化可能）なイメージといってよいだろう。意味の展開に普遍性がある。

　助数漢字としては弓や弦や琴などを数える。また平面状のもの（紙やテーブルなど）を数える。また「はり」の訓で読み、張ったもの（蚊帳・提灯など）を数える。

## 【面】 ㊟メン ㊞おもて

①頭部を包む仮面の形。面は頭に蒙《かむ》る仮面である」（『漢字の起源』）

②「象形。目だけあらわれている仮面の形。のち顔面の意味となる」（『常用字解』）

③「首（あたま）＋外側を囲む線から成る会意文字。頭の外側を線で囲んだその平面を表す。緬（外側を線でかがる）・満（外枠の線で囲んだ中がいっぱいになる）などと同系のことば」（『学研漢和大字典』）

［面］

（篆）

　①と②は仮面の意味から顔面の意味に転じたとする。②は甲骨文字の解釈であろうが、甲骨文字では固有名詞に使われ、意味を捉えるのが難しい。仮面説は根拠がない。『詩経』などの古典では最初から「かお」の意味で使われている。

　古典漢語で「かお」の捉え方（造語法）に三つある。「かお」は横から見ると額（おでこ）の部分で「の形を呈する。これが「顔《がん》」である。彦の厂の部分がそのイメージを表す記号である。「かお」を大雑把なのっぺらぼう（目鼻を省略した大体の姿形）で捉えたのが「貌《ぼう》」である。では「面」はどんなイメージから発想されたのか。古人は「面は漫なり」と捉えている。漫は「広く覆いかぶさる」「ずるずると長く延びる」「枠いっぱいに広がる」というイメージがある。藤堂明保は曼のグループ（漫・慢・蔓・幔）や、満、綿、万なども同源とし、MANの音形と、「長い線で囲む、囲みいっぱいに満ちる」という基本義があるという（「万の起源」の項参照）。

　改めて字源を見てみよう。「面」の篆文は、頁の上部（ハを除いた部分）、あるいは、首の下部（丷を除いた部分）を四角い線で囲んだ図形である。頁や首は「あたま」であるから、頭部を外枠で囲んだ中側を暗示させる。この図形的意匠によって、

「かお」を意味する古典漢語mianを表記する。しかしこの図形だけではどんな視点から顔を捉えたのは分からない。そこで古人の語源意識や、漫・満・綿などを同源と見る藤堂の語源説を参考にすると、「枠いっぱいに広がる」や「長く延びる」というイメージが「平ら」のイメージで顔を捉えたと想定される。「長く延びる」のイメージにつながることは右で見た通りである。また「延びて広がる」も「平ら」のイメージになる。だから「面」は「平ら」のイメージで捉えた語と言える。かおは額、目、鼻、口などから構成されているが、正面から見ると、平らに広がるイメージがある。ここから平面の面の意味が生まれる。

助数漢字としては平らなもの（仮面、扇子、碁盤、紙面など）を一面、二面と数える。

## 「把・拍・泊」の起源——助数漢字(52)

巴と白の根源のイメージ（「平ら・薄い・くっつく」）が三者に共通である。

### 【把】 音ハ 訓とる

こんな字源説がある。

①（『漢字の起源』にない）

［巴］

（篆）

［把］

（篆）

②「形声。音符は巴。巴は器物の把手《とって》の形。把手を手に持つことを把という」（『常用字解』）

③「巴は人がうつ伏せて腹ばいになるさま。腹や手などの面を押し当てる意を含む。把は手＋音符巴の会意兼形声文字で、手のひらをぴたりと当ててにぎること」（『学研漢和大字典』）

②では図形の解釈が意味に紛れ込んでいる。物を手に持つ意味なら分かるが、把手を手に持つという意味は考えにくい。

「把」は古典でどんな意味で使われているか。『墨子』に「禹《う》、親《みずか》ら天の瑞を把《と》る」（古帝王の禹は自ら天の瑞祥をつかんだ）という用例がある。「把」は手で物をがっぷりと摑む（握る）の意味である。てのひらを物にべたっとくっつけて当て、その結果として手中に握って持つという一連の動作が「把」である。平たいものを対象にくっつけるというイメージがある。このイメージを表す記号が「巴」である。では「巴」とは何か。

「巴」の字源に定説はないが、『説文解字』の一説に「象を食らう蛇」とあるのが注目される。『山海経』に巴蛇という象を食うとされる大蛇が出ている。「巴」はおそらく蛇の類の爬虫類を描いた図形と考えられる（『漢字の起源』では巴を大蛇の形としている）。爬虫類の形態的、生態的特徴、つまり地面に平らにくっついて這う特徴から、「巴」を「平ら」というイメージを表す記号とすることができる。このイメージは爬《ハ》（這う）にはっきり生きている。

かくて「把」がなぜ「巴」を音・イメージ記号とするかの理由が明らかになった。手の平らな面（つまり掌）を対象にべたっとくっつけて持つことが「把」である。

助数漢字としては手で握ったものや握り（とって）のあるもの、また、束ねたものを一把、二把と数える。

## 【拍】

㊥ハク　㊦うつ

①「白が声符。この音の表す意味は撫の意。拍は手を撫するように軽く打つ意」（『漢字の起源』）

②「形声。音符は白。白は両手を打つときの音。〝うつ、たたく、手をたたく〟の意味に用いる」（『常用字解』）

③「手＋音符白の形声文字。搏（うつ）と同じく、手のひらをぱんと当てて音を出すこと。白は単なる音符で意味に関係がない」（『学研漢和大字典』）

①では白が撫の意味を表すというのが分からない。堂々巡りの説。②では白を擬音語とするが疑問。③では白を単なる音符とする。筆者は「単なる音符」という考えを取らない。

字源は「白《ハク》（音・イメージ記号）＋手（限定符号）」と解析する。「白」に根源のイメージがある。「白」については「百の起源」や「伯・仲・叔・季――順位漢字（8）」で述べているが、もう一度振り返ってみる。

「白」はドングリの図形である。ドングリは漂白して食用にされた。漂白した際、他の色を抜いたほんのりした色（ほとんど無色）になる。これを古典漢語でbakと称し、「白」と表記した。これが色の「しろ」の名の由来である。

「白」は無色に近い色、つまり薄い色である。「薄い」は心理的、感覚的イメージだが、空間的イメージにも転用できる。空間的に薄い状態は、視座を変えると、「平ら」「くっつく」というイメージに展開する。右に述べたように、漢語の意味論では「薄い」「平ら」「くっつく」は可逆的な（互いに転化しうる）三つ組イメージである。

「白」は「平ら」と「くっつく」のイメージを示す記号になる。したがって平らな掌を物にべたっとくっつけて打つ動作が「拍」で表される。両手の掌をべたっとくっつけ合わせる（手を打つ、手をたたく）のが拍手である。

手を打ち合わせることを「拍」という。両手を打ち合わせ

［拍］

（金）

（篆）

て音楽のリズムを取るので、音楽のリズムを一拍、二拍と数える助数漢字が生まれる。

## 【泊】　音ハク　訓とまる

①「百が声符。この音の表す意味は薄（うすい）の意。泊は水の薄い浅処の意」（『漢字の起源』）

②「形声。音符は白。舟を碇泊させるのに適した波の静かなところをいう」（『常用字解』）

③「水＋音符白の形声文字で。白の原義とは関係がない。水が浅くて舟底が水底に迫って止まること。また、水かさの少ない浅瀬のこと。迫・薄などと同系のことば」（『学研漢和大字典』）

①では百に薄いの意味はない。ただし白には薄いのイメージがある。②では「舟を碇泊させるに適した所」とあるが、肝腎の碇泊の泊は何か。説明すべき語を説明の中に入れた同語反復の字源説。③では白を単なる音符とするが疑問。

「泊」は古典でどんな意味で使われているか。『老子』（馬王堆本）に「大丈夫は其の厚に居り、其の泊に居らず」（一人前の男子は厚い所に身を置くのであって、薄い所に身を置かないのだ）とある。「泊」の最初の意味は水が薄い（淡い）の意味である。そこから、あっさりしている意味（淡泊の泊）に展開する。これも『老子』に用例がある。

舟が止まる（停泊する）意味は漢以後に出現する。これは「白」の「くっつく」のイメージが前面に現れて実現される意味である。すなわち、水の浅い所に舟底がくっついて止まることを「泊」という。旅人が宿にとまる意味（宿泊の泊）はこれのメタファーである。

ここから宿泊を一泊、二泊と数える助数漢字の用法が生まれる。

ちなみに梁山泊（英雄などが集まる場所）はもともと地名である。この泊は沼や湖の意味だが、水深の浅い所を泊という。水が浅いのは「薄い」のイメージとつながりがある。

# 「遍・編・舗」の起源——助数漢字(53)

扁と甫の「平ら・薄い・くっつく」というイメージがこれらの助数漢字を成立させる。

## 【遍】　音ヘン　訓あまねし

こんな字源説がある。

①（『漢字の起源』にない）

②「形声。音符は扁。扁は片開きの編み戸の形。扁はかたよる、一方の意味。遍は〃あまねし、ゆきわたる〃の意味に

用いる」（『常用字解』）

③「辵＋音符扁（平らに広がる）の会意兼形声文字。まんべんなく広がる。全体にいきわたったさま」（『学研漢和大字典』）

②では「かたよる」と「あまねし」との意味上のつながりが分からない。③では扁を「平らに広がる」とし、次の編では「薄いふだ」としている。これは矛盾なのか。しかし語の深層構造を探れば、矛盾でないことが分かる。同字典の「扁」の項では「薄く平らな意を示す」とあるように、「平ら」と「薄い」を同時に含むのである。

改めて字源を見てみよう。「扁《ヘン》（音・イメージ記号）＋辵（限定符号）」と解析する。「扁」は「戸＋冊」に分析する。「戸」は木の板で作った扉で、「薄い」というイメージを表すことができる。「冊」は文字を書いた竹札を綴ったもので、昔の書物である。したがって「戸（イメージ記号）＋冊（限定符号）」を合わせて、薄い札を綴る情景を暗示させる図形。この意匠によって、「平らで薄い」「くっつける」というイメージを表すことができる。「薄い」「平ら」「くっつく」は互いに連合する三つ組イメージであるが、「扁」は三つを同時に表す記号である。

「薄くて平ら」のイメージは「平面的に広がる」というイメージに展開する。主体のある所（中心点、主点）から広がる空間を想定し、段々と周辺に広がっていく過程に視点を置くと、「全体にくまなく行き渡る」というイメージが生まれる。これを古典漢語でpianといい、「遍」の図形で表記する。普遍の遍は「あまねし」と読むが、全体にくまなく行き渡る意味である。

視座を置く所から隅々へ行き渡るというイメージから、始めから終わりまで行き渡って行われる行為を一遍、二遍と数える助数漢字の用法が生まれる。

## 【編】　㊟ヘン　㊞あむ

①「扁が声符。この音の表す意味は順序に従って並べる意。編は竹簡を並べ糸で綴る意」（『漢字の起源』）

②「形声。音符は扁。扁は片開きの編み戸の形。竹簡・木簡を順次に綴じてゆくこと、一片ずつを編んでゆくことをいう」

③「糸＋音符扁の会意兼形声文字で、平らに広がる意を含む。扁（薄いふだ）・篇（平らな竹簡）・片（平らなふだ）と同系のことば」

①は堂々巡りの説。②ではなぜ「片開きの編み戸」から「一片ずつ編む」の意味になるかがはっきりしない。

［扁］

（篆）

［編］
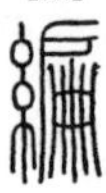
（篆）

改めて字源を見てみよう。「扁《へン》（音・イメージ記号）＋糸（限定符号）」と解析する。「扁」は右に述べた通り、「薄い」「平ら」「くっつく」という三つ組イメージがある。「扁」自体が書物を作るという具体的な場面を設定した図形であるが、抽象的なイメージを表す記号となった。抽象的なイメージから逆に具体的な場面に戻したのが「編」の図形である。すなわち、薄く平らな竹の札を紐でつないで書物にすることを「編」の図形で表した。この場合、図形的解釈と意味は一致する。

古典漢語で書物を作ることは pān というが、書物は p'ian という。語形を少し変え、字形も「篇」に変えた。ここから書物や詩文を一篇、二篇と数える助数漢字が生まれた。ただし編と篇はもともと兄弟のような語であるので、「篇」と同じ助数漢字としても使われる。『史記』留侯世家に「一編の書を出《い》だす」の用例がある。

## 【舗】 音ホ 訓みせ

①（『漢字の起源』にない）

②「形声。音符は甫。甫は根を包み込んだ苗木の形。もとは字を鋪に作り、金具の意。のち店舗のように舗の字に作り、

［甫］（甲）（金）（篆） ［舗］（篆）

"ならべる" の意味に用いる」（『常用字解』）

③「舎＋音符甫の会意兼形声文字。もともと鋪と書き、ぴたりと門にはりつけた金具であるが、普通は、布とともに、ぴたりと平らに敷くの意に用いられる」（『学研漢和大字典』）

②では苗木と金具と店舗の関係がさっぱり分からない。

「鋪」と「舗」は語としては同じだが、時代によって用法が異なる。「鋪」は古く、「舗」は新しい。「鋪」は門にはりつける金具の意味（鋪首という）、平らに敷く意味が主である。「舗」は店の意味。

これらには共通のイメージがある。「甫」が共通のイメージを提供する記号である。これの字源・語源を見てみよう。「甫」は「屮（草の芽）＋田」を合わせて、田に苗が生えている情景を設定した図形。この意匠によって「平ら」のイメージを表すことができる。「平ら」は「薄い」「くっつく」のイメージに展開する。右に述べたように「甫」も「平ら」「薄い」「くっつく」の三つ組イメージをもつ。

これによって「鋪」の二つの意味が説明できる。「くっつく」のイメージから、門にぴたっと貼り付ける金具の意味が実現される。また、「平ら」のイメージは平面状に広がるイメージになるから、平らに敷き広げる意味が実現される。「舗」は後者のイメージから実現される。商品を平らに敷

き並べて売る店という意味が生まれ、「甫（音・イメージ記号）＋舎（限定符号）」を合わせた「舗」が成立した。この字は唐代に現れた。

「舗」の平らに敷き広げる意味（舗装の舗）も「舗」でカバーするようになった。

助数漢字としては平らに敷き並べたものを数える。中国ではシーツやオンドルなど、日本では地図などを数える（ただし中国では「鋪」、日本では「舗」を使う）。

ちょっと余談。「舗」の部首は何か。字典によってまちまちである。部首は漢字を整理・分類するための用語である。漢和辞典では200余りしかなく、これのどこかに入れる必要から無理が生じる。だから無用の混乱が起こる。「部首は何」などというクイズは人を惑わすだけである。

もし漢字の構造分析の用語である限定符号を使えば、混乱は起こらない。「舗」は「舎」が限定符号である。ただし「舎」の部首は漢和辞典にない。

## 「版」の起源——助数漢字（54）

古くは板と同じで、工事用の板の長さを計る単位（一版は一丈、あるいは八尺）に使われたが、現代では印刷物の出版回数を数える助数漢字となった。

**【版】**　㊀ハン・バン　㊁いた・ふだ

①「反が声符。この音の表す意味は偏平の意。版は木を切り分けて作った偏平な板の意」

②「形声。音符は反。片は版築のときに使用する左右にあてる板の形で、〝いた〟の意味となる。版と板はおそらくもと同じ字で、通用することが多い」（『常用字解』）

③「版は片（木の切れ端）＋音符反の会意兼形声文字で、板とほとんど同じ。反（表面を反らせて伸ばす）と同系のことば」（『学研漢和大字典』）

①では反に「薄く平ら」のイメージはありうるが、「偏平」という意味はない。②では最も肝要な記号である「反」の説明がない。限定符号の片から意味を引き出している。これは漢字の正しい見方ではない。音・イメージ記号（いわゆる音符）にこそ語の深層構造があり、限定符号は語の意味領域を限定するだけの働きしかない。

「版」は『詩経』では「版を縮《つか》ねて以て載せ、廟を作ること翼翼たり」（板を束ねて土を載せて、みたまやをきちんと作る）とあり、板の意味で使われているが、普通の板ではない。版築

［反］

（甲）（金）（篆）

［版］（篆）

という城壁を築く工法に使用される板である。

改めて字源を見てみよう。「反《ハン》（音・イメージ記号）＋片（限定符号）」と解析する。「反」は「厂（垂れた布の形。イメージ記号）＋又（手の動作に関わる限定符号）」を合わせて、布を手で押す情景を設定した図形。薄く平らなものに力（圧力）を加えることを暗示させる。これは静止した図形だが、動画風に読むと、「薄く平らなものが反り返って、元に戻る」という一連の動きを想定することができる。この意匠によって、「薄く平ら」「反《そ》る」「返る」というイメージをもつ古典漢語piŭănを「反」の図形で表す。

イメージ展開を考える。「薄く平ら」は「まっすぐ」のイメージだが、力を加えると曲線のイメージになる。図示すると「(」「⊃」「)」「(」の形である。これは「反る」「反り返る」のイメージである。手のひらを⌒の形から⌣の形にすることは「裏返る」「くつがえす」である。反掌の反はこの意味。⌒の形から⌣の形への変化は方向が逆になることである。反魂香の反は「返る」の意味。↑の方向が↓の方向になるのは「はね返る」の意味。これは「↓↑」の形でも図示できる。反射の反は「はね返る」の意味。またこれは「そむく」の意味にもなる（反対の反）。方向が反対は「⇅」の形でも表せる。これは同じことが繰り返されることである（反復の反）。

このように「反」はさまざまなイメージに転化して、意味が展開する。基本のイメージは「薄く平ら」と「↓↑」の形や↑↓の形に分かれる」の二つである。

さて「版」における「反」は「薄く平ら」のイメージが用いられている。「板」も似た図形である。ただし薄く平らな木片が「板」であるが、「版」は前述のように特に工事用の板を指す。また、文字を記すための木札（戸籍簿）の意味（版籍・版図の版）、印刷用の板の意味（版画・木版の版）、印刷して本を出す意味（出版の版）に転用される。

助数漢字としては出版の回数を一版、二版と数える。

## 「番」の起源——助数漢字(55)

中国では動作の回数を数えるが、順番を数えるのは日本的展開である。

### 【番】　㊅バン　㊆つがい

「番」についてこんな字源説がある。

①「釆《はん》が声符。この音の表す意味は手で種子を撒ずる意。番は田に種子を撒ずる意。一番・二番の意は反の借用」（『漢字の起源』）

［釆］

（金）

（篆）

［番］

（金）

（篆）

②「象形。獣の足うらの形。獣の足うらの意味にはのち蹯を用い、番は交番・順番のように、〃かわる、交替〃の意味に用いる」（『常用字解』）

③「＊型に開き散るさま＋田の会意文字で、さっと種を田にまくこと。播《ハ》（まく）の原字。また転じて、さっと開いては閉じる動作を数えることばとなる」（『学研漢和大字典』）

①③では「種を播く」を原義とするが、古典ではこの意味に使われていない。②では足うらの意味と「かわる、交替」の意味との関わりが不明。

『詩経』では「申伯番番《はは》たり」（申の殿様は勇ましい）という用例がある。注釈では「番番は勇武なり」とある。「番」は力が有り余って発散する様子と解釈できる。

「番」を順番などの意味に用いるのは三国・六朝以後である。

字源の前に語源を探求する必要があるが、語源を説いたのは藤堂明保以外にいない。藤堂は釆《はん》のグループ（番・蕃・幡・播・繙・飜）は、反のグループの一部（板・版・販・飯）、般のグループ（盤・瘢）、扁のグループ（偏・篇・編・蝙）、伴、繁、瓣、斑、鉢と同源で、これらの語群はPANという音形と、「放射状に開く、平らに広がる」という基本義をもつという（『漢字語源辞典』）。

改めて字源を見てみよう。「釆」と「番」の字源は諸説紛々だが、「釆」を種子を播く形と見たのは加藤常賢と藤堂明保である。これに関連したことは「冊と巻の起源——助数漢字(7)」で触れている。

「巻」の上部は𢍏《けん》の変わった形である。これに「釆《はん》」が含まれており、筆者は「釆」をにぎりこぶしを開いて種をまく姿を描いた図形と解釈した。種を播く行為の前提として、にぎりこぶしがあった。「播く」とは種を握ったこぶしを開いたり閉じたりして、種を四方に発散させる行為である。開いた手に焦点を置けば「平らに広がる」というイメージ、播く動作に焦点を置けば「四方に発散する」というイメージになる。

「番」は「釆」と同様に、種を播く情景から発想された図形である。ただし「種を播く」という意味には使われないで、「四方に発散する」「平らに広がる」というコアイメージを表す記号として使われる。

右に出した『詩経』の用例は「四方に発散する」のイメージが実現した意味である。「平らに広がる」のイメージは次の語を生み出す。

蕃《ハン》…草木が茂って四方に広がり殖える。「蕃殖（＝繁殖）」

繙《ハン》…本を平らに広げる。ひもとく。「繙読」

蟠《バン》…平面状にわだかまる。とぐろを巻く。「蟠踞」

蹯《ハン》…平らに広がる獣の足うら。

一方、種を播く動作そのものに焦点を置くと、にぎりこぶしを開いたり閉じたりする。また、手のひらが表になったり裏になったりすることもある。ここから「平面がひらひらする」というイメージが生まれる。これは幡《はん》（ひらひらとひるがえる）・旛《はん》（ひらひらする旗）や翩翻《へんぽん》の翻（平らなものがひらひらする、ひるがえる）に実現されている。

また、にぎりこぶしを開いたり閉じたりすること、あるいは、手のひらが表になったり裏になったりすることは、同じ動作の繰り返しである。これを図示すると、A→B→A→Bの形になる。これは「かわりばんこに入れ代わる」というイメージである。順番・輪番の番はこの意味である。

ここから順序や回数を一番、二番と数える助数漢字の用法が生まれる。『列子』に「迭《かわるがわ》る三番を為す」（三回交代する）という用例がある。『列子』は三国・六朝の頃世に出た本である。助数漢字としての用法はそんなに古くはない。

## 「紙」と「札」の起源——助数漢字（56）

「平ら」のイメージは「薄い」のイメージにつながる。「薄くて平ら」、あるいは「薄い」のイメージをもつ助数漢字に紙・札・葉などがある。

### 【紙】 音シ 訓かみ

こんな字源説がある。

①「氏が声符。この音の表す意味は砥（なめらか）の意。紙は糸で織って表面のなめらかな絹の意」（『漢字の起源』）

②「形声。音符は氏。〃かみ〃をいう」（『常用字解』）

③「氏は匙（さじ）と同じで、薄く平らなさじを描いた象形文字。紙は糸（繊維）＋音符氏の会意兼形声文字で、繊維をすいて薄く平らに伸ばしたかみ」（『学研漢和大字典』）

①は氏が砥の意味を表すというのが理解し難い。②では字源の説明になっていない。②の文字学には形声文字の説明原理がない。

書写材料は時代によって変わるが、「紙」の登場は後漢の頃である。それ以前は布（絹）を用いたが、蔡倫が木や麻の繊維から紙を製造したという（『後漢書』の蔡倫伝に記録がある）。「紙」の字はその頃創造された。

字源は「氏《シ》（音・イメージ記号）＋糸（限定符号）」と解析する。「氏」の字源は諸説紛々だが、匙《さじ》の形とする郭沫若の説が妥当である。スプーンはその形態的特徴から「薄くて平

［氏］

（金）

（篆）

［紙］

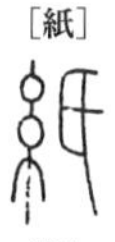

（篆）

ら」のイメージを表すことができる。ただ問題は「氏」と「紙」の成立時期には時間差があまりにも大きい。なぜ後漢の頃まで「氏」が「薄くて平ら」のイメージを保持し得たのか。それは恐らく「舐」(音はシ、意味は「なめる」)との関わりからであろう。薄く平らな舌で物の表面をなでる行為が「なめる」である。この「薄くて平ら」というイメージが、蔡倫が発明した製品の特徴にぴったりなので、「氏」を利用して「紙」が生まれたと考えられる。

助数漢字としては書類や手紙などを数える。日本では専ら新聞を一紙、二紙と数える。

## 【札】 音サツ　訓ふだ

こんな字源説がある。

①「乙が声符。この音の表す意味は殺(薄く殺ぐ)の意。札は簡よりも薄く小さい木片」(『漢字の起源』)

②「会意。木と乚(木を薄く削った形)とを組み合わせた形。木のふだの意味」(『常用字解』)

③「木＋乚(押さえて止める)の会意文字で、ピンや釘で押さえ止める木のふだを表す」(『学研漢和大字典』)

①では乙が殺の意味を表すとは理解不能。

[札]

(篆)

字源は「乙《ツオ》(音・イメージ)＋木(限定符号)」と解析する。「乙」については「乙の起源——十干(2)」で述べた通り、何かが伸びようとするが押さえられて曲がり、それ以上は伸び切らない状態を示す象徴的符号である。「伸びないように押さえつける」というイメージから、「外れないように押さえて固定する」というイメージに展開する。したがって「札」はいくつかを並べて紐で綴って固定した木片を暗示させる。この意匠によって、文字を書き付ける薄い木片(ふだ)の意味をもつ古典漢語tsătを表記する。

「札」のコアイメージは「押さえつける」「押さえて固定する」であり、結紮《けっさつ》の紮(縛りつける)や駐扎《ちゅうさつ》(＝駐箚)の扎(同じ所に固定して止まる)に生きている。「薄い」や「薄くて平ら」は二次的イメージである。「札」には鎧に綴る皮や金属の薄く平らな小片という意味もある。これを日本では「さね」という。

また日本では紙幣を「札」という。これも「薄く平ら」のイメージを用いている。

文字を書く木片(ふだ)の意味から、文書・手紙の意味、目印や証拠とするふだの意味に展開する。助数漢字としてはふだや文書・手紙を数えるのに用いる。張九齢の漢詩に「袖中一札の書、双飛の翼に寄せんと欲す」(袖の中の一札の手紙を、つがいで飛ぶ鳥の翼に託したい)という用例がある。

# 「着」と「服」の起源――助数漢字（57）

「着」と「服」は「くっつく」「つける」というイメージをもつ語である。

「くっつく」というイメージは「薄く平ら」のイメージから転化する場合のほかに、二つのものを想定して、AがBに限りなく近づいてくっつく場合もある。図示すると→|の形である。また、AとBが分かれて並んだ状態を想定して、視点の置き所によって「くっつく」のイメージで捉えられる場合もある。図示すると▯-▯の形、あるいは▯→←▯の形である。また、いっぱい満ちた状態や、詰まった状態を一つ一つのものが分かれずにくっついている状態と考えて、「満ちる」「詰まる」のイメージから「くっつく」のイメージに転化する場合もある。このような意味（イメージ）の転化は漢語独特のものではなく、各言語に普遍性があるのかもしれない。

## 【着】

㊅チャク　㊊つく・きる

「著」が本字。こんな字源説がある。

①「箸の俗字。者が声符。この音の表す意味は叉（叉取する）の意。箸・著は飯を叉取する竹の意。著作の意に使うのは借用」（『漢字の起源』）

②「もとの字は著に作り、音符は者。者は外部からの侵入者から集落を守るためのお土居。侵入者を防ぐ呪力をお土居に附着させることができると考えられたので、著は〝つく、つける〟の意味となる」（『常用字解』）

③「著が本字で、艸＋音符者（つまる、集まる）の会意兼形声文字。都（集まる）・貯（集中する）・佇（立ち止まる）・処（定着する）などと同系のことばで、一所にくっつくこと」（『学研漢和大字典』）

①は著と箸（はし）を同一視したので、着の成り立ちが分からない。②では「呪力をお土居に附着させる」とは何のことか分からない。そもそも「侵入者を守るお土居」に根拠があるのだろうか。②は言葉という視座がなく、当然コアイメージの概念もないので、図形の解釈だけからストレートに意味を導く方法である。だから図形的解釈と意味が混同される。

「着」は「著」が崩れた形である。「著」は古典漢語の tiag（チョ）と diak（チャク、チャク）の二語を表記していたが、後になって tiag を著（書きつける意）、diak を着（着る、着く、くっつく）と書いて棲み分けるようになった。したがって字源は「著」を分析すればよい。

「著」の基幹記号は「者」である。「者」の字源・語源については「総数の漢字② 皆・尽・都の起源――数漢字（17）」「複数の漢字① 諸・複の起源――数漢字（18）」で述べているが、もう一度振り返る。

字源の前にまず語源を考える必要がある。語源を探求したのは藤堂明保しかいない。藤堂は者のグループ全体（都・諸・睹・堵・儲・猪・箸・書・著・奢）を、土のグループ（吐・肚・社・徒）、庶、宁《ちょ》のグループ（貯・佇）、処、図、乇《たく》のグループ（宅・託）、石のグループ（拓・碩・妬）と同源とし、これらの語群には**TAG・TAK**という音形と、「充実する、一所に集まる（定着する）」という基本義があるという（『漢字語源辞典』）。

改めて字源を見てみよう。「者《シャ》（音・イメージ記号）＋艸（限定符号）」と解析する。「者」の字源は諸説紛々だが、煮（にる）の原字とする藤堂の説が妥当である。「者」は薪を集めて焜炉などに火をかける情景を設定した図形としてよい。この意匠によって「多くのものを一所に集める」というコアイメージを表すことができる。

イメージ展開を考える。多くのものが集まると、間隔が詰まり、互いにくっつき合った状態になる。だから「（一所に）集まる」「詰まる」→「（一点に）くっつく」というイメージに展開する。

かくて「著」は草稿に文字が消えないように目立たせてくっつける情景を設定した図形と解釈できる。この意匠によって、はっきりと書き付ける意味の古典漢語tiagを表記する。tiag（著）の意味は書き付ける（著述の著）→書き付けたもの（名著の著）→はっきりと現れて目立つ（顕著の著）へと展開する。

一方、「一点にくっつく」というコアイメージから、AがBにくっつく（愛著）、衣服を身につける（著衣）、目標に至りつく（到著）へと展開する。これらはtiagと区別してdiakと読まれ、字形も「着」に変わった。

助数漢字はチャクと読む「着」である。衣服を一着、二着と数える。また、到着の順位を一着、二着と数える。また、碁で石を打つことを着手というので、着手の回数を数える。助数漢字の「着」は日本的展開である。

## 【服】 音 フク

こんな字源説がある。

①「盤に従い𠬝の声。𠬝の音の表す意味は伏。服は盤に向かって伏して仕事をしている意」（『漢字の起源』）

②「形声。音符は𠬝《ふく》。𠬝は跪いている人を後ろから手で押さえている形で、屈服させることを示す。舟（月）は盤のもとの字。盤の前で何らかの儀礼（おそらく降服の儀礼）を行うことを服という」（『常用字解』）

③「𠬝《フク》は人に又（手）をぴたりとつけたさまを示す会意文字

［𠬝］

（甲）（金）（篆）

［服］（篆）

で、付（つける）と同じ。服は舟＋音符𠬝の会意兼形声文字で、もと舟べりにぴたりとつける板（舟服）のこと。のち、体にぴたりとつける衣（衣服）のこと」

①では「盤に向かって仕事をする」とは何のことか分からない。②では屈服・降服の服が問題なのに、肝腎の服とは何か。「盤の前で儀礼を行う」は屈服や降服と必然的な関係がない。

まず「服」は古典でどのように使われているかを調べよう。『詩経』では「この子、服無し」（この娘には着物がない）とある。これがなぜ衣服の意味だと分かるかと言えば、第二、第三スタンザの言い換え語が裳、帯になっているからである。服・裳・帯は衣の意味領域に属する語群である。

古典漢語で身につけるもの（着物）を意味する語がbiuəkである。「衣」とは発想（成り立ち）の違う別語である。「服」の語源について藤堂明保は、備、婦、伏、畐《ふく》のグループの一部（匐・幅・蝠・逼）、佩、培、朋のグループ（棚・繃）などと同源で、これらの語群はPÊG・PÊK・PÊNGという音形と、「ぴたりとくっつく」という基本義があるという（『漢字語源辞典』）。

改めて字源を見てみよう。「𠬝《フク》（音・イメージ記号）＋舟（限定符号）」と解析する。楷書の「月」は「舟」の変形である。同様の例に朕（勝・賸・騰などを構成する）や朝がある。「𠬝」は「卩（ひざまずく人）＋又（手）」を合わせて、ひざまずく人の背後に手をつける情景を設定した図形。この意匠によって、「ぴったりつける」「くっつける」というイメージを表すことができる。「くっつく」のイメージは、AとBがあって本体の側に限りなく近づいてくっつく場合（図示すると→|のイメージ）、また二つが近寄ってくっつく場合（→←のイメージ）である。かくて「服」は舟を安定させるために、両脇に添え木（板）をぴったりつける情景を暗示させる。この意匠によって、「（本体の側に添えて）くっつける」というコアイメージを表すことができる。

「服」のコアイメージは「ぴったりつける」「（本体の側に添えて）くっつける」である。これから具体的文脈における使い方（すなわち意味）が展開する。

体にぴったりつけるもの、これが衣服の服。衣などを身につけるという動詞もある。これが元服の服。

体の外側だけでなく内側につける（取りこんで離さない）場合にも服を使う。体内なら服薬の服。ふところなら着服の服。また、側に寄り添い従う意味に展開する。これが屈服・降服の服。仕事に従う意味（服役の服）にも展開する。

助数漢字の用法は体内に取りこむ意味から展開する。薬を服用する回数を一服、二服と数える。日本では茶や煙草を飲むことにも適用される。

## 「則」と「幅」の起源——助数漢字(58)

「本体の側につく」というイメージでは則と副が似ているが、副は助数漢字にならず、助数漢字になるのは幅である。

### 【則】 音ソク 訓のり・のっとる

こんな字源説がある。

①「鼎が声符。この音の表す意味は創の意。則は刀で創《きず》つける意」(『漢字の起源』)

②「会意。鼎と刀とを組み合わせた形。鼎の側面に刀を加える形で、鼎に銘文を刻むこと、またその刻んだ銘文を則という」(『常用字解』)

③「刀+鼎の略形の会意文字。鼎にスープや肉を入れ、すぐそばにナイフを添えたさま。そばにくっついて離れない意を含む。いつもその側に寄り添って離れてはならない道理・手本・基準」(『学研漢和大字典』)

①は理解不能。②は図形的解釈をストレートに意味とするため、「鼎に銘文を刻む」というあり得ない意味が作られた。

[則]

(金)

(篆)

古典では「則」はどんな意味で使われているか。『詩経』では「知らず識らず、帝の則に順《したが》う」(知らず知らずのうちに、天帝の法則に従った)という用例があり、手本や基準の意味が最初である。手本とは倣うべき本体があり、誰もがそれに寄り添い、従うものである。これを古典漢語でtsəkという。

藤堂明保はtsək(則)の語源について、則のグループ全体(側・厠・測・惻)が即、仄などと同源で、TSÊKという音形と、「くっつく、かたよる」という基本義をもつという(『漢字語源辞典』)。

改めて字源を見てみよう。「則」の金文は「鼎+刀」となっている。鼎(調理器具の一つ、かなえ)と刀を並べただけの極めて舌足らず(情報不足)な図形である。図形は何とでも解釈できる。古典の使い方と語源を考慮する必要がある。AとBがあって、Aが本体、Bがそれに倣うものである二つの関係を想定すると、「本体に寄り添って離れない」というイメージが生まれる。図示すると→|の形(本体に寄り添う、くっつく)のイメージである。

調理の場面において鼎は本体、刀(ナイフ)は添え物である。本体と添え物を二つ並べた図形によって、「本体の側に寄り添い、くっついている」というイメージを表すことができる。これが「則」の図形である。

これと似た造形法は「即」にも見られる。「皀」は食べ物を器に盛った形、「卩」はひざまずく人の形である。ごちそうが本体、ひざまずく人は添え物である。二つを並べた「即」は「（寄り添い）くっつく」というコアイメージを表す記号となる。

さて「本体に寄り添い、くっつく」というコアイメージから、寄り添って従うべきもの（手本・模範・基準・ルール）という意味が実現される。これが法則・規則の則である。

助数漢字の用法は法則・規則の意味から展開する。法則や規則は人ののっとるべきものであるが、規範として逆に縛るものである。規範となる事項を一つ一つと列挙することもある。このような条文や文章などを一則、二則と数える。

## 【幅】 音フク 訓はば

①「畐が声符。この音の表す意味は両辺の間の意。幅は布の左右両辺の間隔、はばの意」（『漢字の起源』）

②「形声。音符は畐。畐はふくらんだもの、みちたものの意味がある。巾はひざかけ、きれの意味。布などのふちを辺幅といい、〝ふち〟の意味に用いる」（『常用字解』）

③「巾（ぬの）＋音符畐の形声文字で、膝やすねにぴたりと当てる布。副（ぴたりと添える）・逼（くっつく）と同系で、くっつく意を含む」（『学研漢和大字典』）

［畐］

（甲）

（金）

（篆）
［幅］

（篆）

①では畐がなぜ「両辺の間」の意味を表すのか分からない。②では「ふくらんだもの」と「ふち」の関係が分からない。③では畐を単なる音符と見ているが疑問である。

「畐」が根源のイメージを提供する記号である。これについては「正と副の起源――順位漢字(15)」でも触れている。

「畐」は腹のふくれた徳利状の器の図形である。漢字の見方は「何」（実体）よりも「如何（いかん、どのよう）」（機能や形態）に重点を置くべきである。「畐」は器という実体ではなく、どのような形状をしているかに着目する必要がある。形状に視点を置けば、「ふくれる」というイメージが捉えられる。しかしイメージは固定したものではない。視点の置き所によってさまざまのイメージを派生する。外面に視点を置けば「ふくれる」のイメージだが、内面に視点を置けば、「いっぱい満ちる」というイメージである。「満ちる」とは物が詰まった状態である。物と物の間に視点を置けば、「→←の形に隙間なくくっつく」というイメージになる。

かくて「幅」は「畐《フク》（音・イメージ記号）＋巾（限定符号）」と解析する。「畐」は「くっつく」というイメージを示す記号。したがって「幅」は布を脛にぴったりつけて巻いたもの（脛当て、むかばき）を暗示させる。「脛当て」（ゲートルの類）の意味の「幅」は『詩経』に用例がある。転義の「はば」も

『詩経』にある。

　なぜ「はば」の意味に転じたのか。「畐」は「↓↑の形にくっつく」のイメージを表すが、「↑↓の形に分かれる」のイメージにも展開する（これが実現されたのが「副」である）。「畐」は一↑↓一のイメージでもある。二つのものが反対方向に延び出るイメージも表しうる。あるいは、中心から両側に伸び出た線と言い換えてもよい。これが「はば」の意味の由来である。『詩経』に「幅隕（＝幅員）」の語がある。ある領域（例えば円）において、中心から両側に延び出た線（一方の端から他方の端まで）が幅、周囲の長さが員である。二つ合わせて、「はば」を幅員という。

　脛当ての布も端から端までの一定の長さ（横はば）がある。このような横はばをもつ布に書画を書いたものをまた「幅」という。これを一幅、二幅と数える。日本では掛け物、掛け軸を数えるのにも使う。

## (10)「重なる」「集まる」のイメージ……

　「かさなる」のイメージは上から下に重力が加わって重なる場合、下から上に乗っかかって重なる場合、多くの物が集まって重なる場合などがあるが、「かさなる」というイメージでカバーする。「集まる」は「重なる」とは違うイメージであるが、多くの物が重なった状態は「集まる」のイメージにつながるので、ここでまとめて扱う。

### 「層」と「重」の起源——助数漢字(59)

　層も重も重なったものを数える助数漢字で、古典に出ている。

**【層】**　㊉ソウ　㊙かさなる

　こんな字源説がある。

①「尸（屋の省）に従い曾の声（声符）。曾の音の表す意味は重なる意。層は二重に作られた屋、二階屋を言う」（『漢字の起源』）

②「形声。音符は曾《そう》。曾は甑《こしき》の形。甑は食材を入れた蒸し器を重ねる二重構造の器である。それで層雲・地層のように、〝かさなる〟の意味となる」（『常用字解』）

③「曾の上部の八印は湯気の姿、中部は蒸籠、下部は焜炉の形で、何段にも蒸籠を重ねて米をふかすこしき。甑の原字。層は尸（垂れ幕、屋根）＋音符曾の会意兼形声文字で、何段も屋根を重ねた家」（『学研漢和大字典』）

［曽］

（金）

（篆）

［層］

（篆）

珍しく三説がほぼ同じ。ただ②では「尸」の説明がない。

古代では曽・層・増の同源意識があった。上に重なった世代が曽祖父の曽、下に重なれば曽孫の曽。物が重なってふえることが増加の増である。「A—B—C—…」の形に段々と上に重なるというコアイメージをもつ語がdzəngまたはtsəngであり、これを「曾」という記号で表記する。

「曾」の字源は諸説紛々だが、カールグレン（スウェーデンの中国語学、古典学者）が甑の原字としてから、これがほぼ定説になっている。甑（こしき）は蒸し器の一種で、水を熱する器の上に、穴の開いた蒸し器を重ねた形態である。これを描いたのが「曾」である（形の分析は③に詳しい）。

漢字を見る目は「何」（実体）よりも「如何（いかん、どのよう）」（形態、機能）に重点を置くべきである。「曾」はこしきという器から発想されたが、「こしき」という実体を意味するのではなく、「（段をなして）上に重ねる」「重なる」というイメージを表すのである（「曽と嘗の起源——時間漢字（66）」の項参照）。

以上によって「層」の字源を考えると、「曾《ソウ》（音・イメージ記号）＋尸（限定符号）」と解析する。「曾」は上で述べたように「段々と上に重なる」というイメージを示す記号。「尸」は尻や尾の限定符号（尻や体に関係がある）とは別で、屋や屏と同じで、厂の形に垂れたもの（垂れ幕、軒、屋根など）と関係があることを示す限定符号である。したがって「層」はフロアが幾重にも重なった建物を暗示させる。ただしそんな意味を表すのではなく、「幾重にも重なる、重なったもの」を意味する古典漢語dzəngを「層」で表記するのである。

助数漢字の用法も幾重にも重なったもの、重なりを一層、二層と数える。『老子』に「九層の台も累土より起こる（九重のうてなも一盛りの土から始まる）という用例がある。

## 【重】

㊜ジュウ・チョウ　㊫かさなる

①「王《てい》（人が挺立した形）と東《とう》（橐《たく》［物を入れた袋］）から成る。人が挺立して荷物を負担する形。重は人が荷物を負担して立つ意」（『漢字の起源』）

②「会意。東（橐《ふくろ》の形）と土とを組み合わせた形。橐の下に錘《おもり》のように土を加えた形が重で、〃おもい〃の意味となる」（『常用字解』）

③「東《トウ》は心棒が突き抜けた袋を描いた象形文字で、突き通すの意を含む。重は人が土の上に立ったさま＋音符東の会意兼形声文字で、人体の重みが↓型に突き抜けて、地上の一点にかかることを示す」（『学研漢和大字典』）

［重］

（金）　（篆）

①では図形からあり得ない意味を引き出した。②では袋の

下におもりをつける事態が何のことか分からない。また「おもい」の意味との必然的なつながりが不明。③では「重みが↓の形にかかる」ことから、↓の方向に力が加わった状態（すなわち「おもい」の意味）を説明している。①と②の説では「かさなる」の意味が説明できない。③では「かさなる」の意味を「上へ置いて下に重みをかける。層をなして重なったさま」と説明している。

字源の前に語源を考える必要がある。「重」の語源を解明したのは藤堂明保である。藤堂は重も童も「東」を音符とするので東・重・童を同源とした。そして東のグループ（棟・凍）、重のグループ（動・腫・種）、童のグループ（衝・撞・鐘）のほかに、同のグループ（筒・桐・洞）、用・甬のグループ（通・踊・勇・湧・庸・傭）なども同じ単語家族に収め、これらの語群はTUNG・TUKという音形と、「突き通る」という基本義をもつという（『漢字語源辞典』）。

改めて字源を見てみよう。「東《トウ》（音・イメージ記号）＋人＋土（二つ併せてイメージ補助記号）」と解析する。「東」は心棒を突き通した土嚢の図形である（「棟と種の起源——助数漢字（63）」の項参照）。したがって「東」は「突き通す」というイメージを示す記号になる。かくて「重」は人が足でトントンと地面を突く情景を設定した図形と解釈する。この図形的意匠によって、「上から下に重力が加わる」というイメージを表すことができる。「上から下に力を加えて突く」というイメージから「おもい」の意味が実現される。

「おもい」の意味の「重」は『論語』に用例があるが、「かさなる」の意味の「重」は『詩経』に用例がある。『詩経』のほうがはるかに古い。しかし「おもい」と「かさなる」は同時に成立していたと考えられる。なぜ「おもい」と「かさなる」が同じ語なのか。

意味展開はイメージ展開によって起こる。「上から下に突く」が根源のイメージである。上から下に突く行為は、圧力や重力が加わることであり、「↓の形に（縦に線条的に）力が付け加わる」のイメージと捉えることができる。「縦に線条的に、上から下に加わってくる」状態は、別の視点で見ると、「□-□-□…の形に点々と付け加わる」というイメージに転化する。点の連続が線になる、あるいは逆に線条的なものが点の連続として捉えられるのは漢語意味論の特徴の一つである（「縷と滴の起源——助数漢字（34）」の項参照）。「□-□-□…の形に点々と付け加わる」のイメージがとりもなおさず「（上から下に段々と）かさなる」のイメージである。視点を変えれば、「下から上に段々とかさなる」のイメージでもある。

このように「おもい」と「かさなる」は同じコアイメージから展開した二つの意味であり、語としては全く同じなので、ともに古典漢語でdiungと呼び、「重」という図形によって表記するのである。

助数漢字としては重なったもの、重なりを数える。重なりは上下でなくてもよい。九重《きゅうちょう》はいくつも障壁や門の重なった所、宮中の意味。李白の詩に「軽舟已に過ぐ万重《ばんちょう》の山」の句がある。

## 「塁」と「畳」の起源——助数漢字(60)

二つとも日本的展開の助数漢字であるが、「重なる」というイメージは共通である。

### 【塁】 音ルイ 訓とりで

「壘」が正字(旧字体)。こんな字源説がある。

① 「畾が声符。この音の表す意味は積み重ねる意。壘は土を積み重ねて造った堡塁」(『漢字の起源』)

② 「形声。音符は畾《らい》。畾は土を袋につめて積み重ねた形。壘は軍営の土嚢を積み重ねた土壁、"とりで"をいう」(『常用字解』)

③ 「畾《イル・イラ》は田印(または丸い輪)を三つ描き、同じ物が重なった意を表す。壘は土＋音符畾の会意兼形声文字で、石や土をかさねることを示す。石や土を積み重ねて造った臨時の小城」(『学研漢和大字典』)

[塁]

(金)

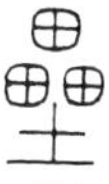
(篆)

三説ともほぼ同じ。

改めて字源を見てみる。「畾《イラ》(音・イメージ記号)＋土(限定符号)」と解析する。「畾」は単独では用いられないレアな記号である。「雷」(本字は靁)を造形するために工夫された記号である。「雷」の古い字形では渦巻き模様を「田」で表し、これが二つ、または四つ、または六つ重なった形になっているが、篆文では「畾」の形になった。「丸いものがいくつも重なる」というイメージを示す記号である。したがって「壘」は土や石を積み重ねたものを暗示させる。この意匠によって「とりで」の意味をもつ古典漢語liuərを表記する。

日本では野球などのスポーツを戦に譬えることが多い。巨人軍の軍や打撃の撃など。ベースも堡塁(とりで)の塁で訳した。もっとも英語のbaseにも基地の意味がある。

助数漢字としてはベースを数える。ただし一～三までで、四塁以後はない。

### 【畳】 音ジョウ 訓たたみ

「疊」が正字(旧字体)。

[畳]  (篆)

① 「晶(多い意味)と宜(積む意味)を合わせた字。疊は多く積み重ねる意」(『漢字の起源』)

② 「会意。畾は正しくは晶(多くの玉の形)。宜は俎の上に肉を二つ並べておいた形。玉と肉とを重ねておくので、〃かさなる、たたむ〃の意味となる」(『常用字解』)

③ 「日三つ、または田三つ(いくつも重ねること)+宜(たくさん重ねる)の会意文字で、平らに幾枚も重なること」(『学研漢和大字典』)

②の文字学は図形的解釈をストレートに意味とする方法だが、肉の上に玉を重ねておくとはいかなる状況なのか、理解し難い。

改めて字源を見てみよう。篆文では「晶+宜」、隷書から「畾+宜」に変わった。「晶」は星(古い字は曐)の形だが、三つのものが重なるというイメージを表すことができる。「畾」も同じである。「宜」は「宀+多(肉を重ねた形)+一」を合わせて、建物の中で供え物が段々と重ねて供えてある情景を設定した図形。これも「重なる」というイメージを表すことができる(これは二次的イメージ。最初のイメージは「形がきちんと整っている」で、形や程度がちょうどよい意味を実現させる)。かくて「晶または畾(イメージ記号)+宜(イメージ補助記号)」を合わせた「疊」は、いくつも積み重なることを暗示させる。

「畳」はいくつも上に積み重なる意味で、畳語・重畳の畳はこれである。平面状のものを重ねると、「たたむ」の意味が生まれる。

助数漢字としては重なって平らなものを数える。たたみを数えるのは日本的展開である。

## 「隊」の起源——助数漢字(61)

軍隊や部隊の「隊」に数字をつける直接法による助数漢字で、由来は古い。

**【隊】** 音タイ

① 「㒸《たい》が声符。この音の表す意味は垂れ下がる意。隊は阜(大丘)から垂れ下がる意。墜と同意」(『漢字の起源』)

② 「会意。阜は神が天に陟り降りするときに使う神の梯の形。その前に犠牲の獣である㒸《すい》をおく形が隊で、天から神の降りたつところを示す。墜のもとの字で〃おちる〃の意味となる」(『常用字解』)

[㒸]  (篆) [隊]  (篆)

③「㒸《イス》・《イタ》はずっしりと重いぶたを描いた象形文字。隊は𨸏(土盛り)+音符㒸の会意兼形声文字で、ずっしりと重い積み土のこと。のちその原義は堆で表され、隊は重々しくまとまった人間の集団の意に専用された」(『学研漢和大字典』)

①では丘から垂れ下がる意味とは何のことか分からない。墜落の墜は「上から下に落ちる」ことである。②では天から上り下りする梯の存在は空想的で、何の根拠もない。また、「神が降りたつところ」の意味から「おちる」の意味を導くのが不可解。

「隊」はもともと墜落の墜(おちる)の意味で使われたが、「集まったかたまり(集団)」の意味に転じたため、「隊」と「墜」に分化した。語音もタイとツイに分かれた。この分化には語のイメージ転化が関わっている。

duer(隊)の語源について藤堂明保は、屯のグループ(春・純)、隹《すい》のグループ(椎・推・碓)、敦のグループ(敦・墩・惇・諄・醇)、盾、殿のグループ(臀・澱)などと同源で、これらの語群はTUÊR・TUÊT・TUÊNという音形と、「ずっしり、下ぶくれ」という基本義があるという(『漢字語源辞典』)。

「隊」のイメージを考えるヒントは図形に隠されている。㒸《すい》は「八(両側に分かれる符号)+豕(ブタ)」を合わせて、腹が張り出て太ったブタを暗示させる図形である。その形態に焦点を置くと、「集まったかたまり」「多くの物の集まり」のイメージである。このイメージは「ずっしりとして重い」「重みが↓の形に加わる」というイメージにもなる。前者から「物の集まり、集団」、後者から「重みが加わって、ずしんと下に落ちる」という意味が実現される。

以上のようなイメージ展開によって、「隊」の図形が考案された。集まったもの(土塊など)がずっしりと重みが加わって下に落ちる情景を暗示させる。この視覚記号が「重いものがずしんと落ちる」と「集まったもの(集団)」の二つの意味を表したが、前者を「墜」、後者を「隊」と書いて区別するようになった。

「隊」は人や物の集まり(集団)の意味。特に兵士の集団の意味で、古代中国では百人で編成された軍の単位に用いた。日本の律令制では五十人が一隊であった。

助数漢字としては一かたまりになった集団(軍隊など)を一隊、二隊と数える。

## 「品・類・党」の起源――助数漢字(62)

この三字は多くの集まりという共通点があるが、字源も語源も難しい字である。助数漢字の用法を字源から調べてみよう。

【品】 音ヒン 訓しな

こんな字源説がある。

①「三口に従う字。ヒンは𠈌《ぎん》の音で、衆の意。品は衆言・多言である」（『漢字の起源』）

②「口（祝詞を入れる器の形）を三つ並べた形。口を多く並べ、祝詞を唱えて多くの祈りを合わせて行うことを品という」（『常用字解』）

③「口三つを並べて、いろいろの名の物を表した会意文字」（『学研漢和大字典』）

①ではヒンがギンの転音で、衆の意とするのが疑問。しかも品に衆言という意味はない。衆多の意味はある。②では祝詞を唱えて多くの祈りをする意味と、「しな」とのつながりが不明。そもそも「品」に多くの祈りをする意味があるはずもない。「口」を「祝詞を入れる器」としたため、こんな意味が導かれた。意味とは文脈における語の使い方であって、文脈を離れて存在するものではない。文脈とは言葉を組み立てる具体的な発話の場である。

古典では、例えば『書経』に「その貢はこれ金三品」（［地方からの］貢ぎ物は金属が三品［金・銀・銅の三種類］である）という用例があるように、いろいろな種類の物、「しなもの」の意味で使われている。

これから字源を逆推理できる。同じ記号を三つ重ねると「（数が）多い」というイメージを表すのが造字法のルールである（「衆・庶の起源——数漢字（22）」の項参照）。「口」は「くち」と見てもよいし、何かの物を示す符号と見てもよい。だから多くの人や物を「品」の図形で暗示させる。ただしそんな意味を表すのではなく、意味は具体的文脈で実現された意味、つまり「多くの種類の物（しなもの）」という意味である。

助数漢字としては品物を一品、二品と数える。特に薬品や料理などを数える。『千金要方』に「海陸百品、噉《くら》わざる所無し」（海や陸の百の食品を食べないものはない）という用例がある。

また、古くは官位の順序を一品、二品と数えた。ただし九品まで。この場合はホンと読む。

［品］

（甲）

（金）

（篆）

【類】 音ルイ 訓たぐい

①「頪《らい》が声符。この音の表す意味は貍。類は貍犬」（『漢字の起源』）

②「会意。米と犬と頁（儀礼のときの衣冠を整えた姿）とを組み

［頪］

（金）

（篆）
［類］

（篆）

合わせた形。米と犬と犠牲の犬を供え、礼装して拝む形が類で、天を祭る祭りの名である」（『常用字解』）

③「米（たくさんの植物の代表）＋犬（種類の多い動物の代表）＋頁（あたま）の会意文字で、多くの物の頭数をそろえて、区分けすることを表す。累（重ねて連ねる）・塁（重ね連ねた防壁）などと同系のことばで、多くの物を集めて系列をつける意を含む」（『学研漢和大字典』）

①は『山海経』に出る類という空想上の動物の名と解したものだが、類が貍を表すというのが理解不能。②では天を祭ることからなぜ類似・種類の意味が出るのか、はっきりしない（説明できない）。

③は語源論の裏付けがある。藤堂明保は畾《らい》のグループ（雷・累・塁）、磊、耒、侖のグループ（倫・論・輪）、律などと類が同源で、これらの語群はLUÊR・LUÊT・LUÊNという音形をもち、「同じ物が順序よく並ぶ」という基本義があるという（『漢字語源辞典』）。

改めて字源を見てみよう。「頪《ルイ》（音・イメージ記号）＋犬（限定符号）」と解析する。「頪」は「米（イメージ記号）＋頁（限定符号）」と解析する。「米」は迷・謎に含まれ、「細かくて見分けがつかない」というイメージがある。「頁」は頭や人と関係があることを示す限定符号。したがって「頪」は似ていて見分けがつかない者（似た者同士）を暗示させる。「頪」は字書にしかないレアな記号である。これは「類」の造形のために作られた字である。『説文解字』では「頪は難暁なり」とあり、朱駿声は「相似て分別し難きなり」と説明している。

以上によって「類」の図形的意匠が明らかになる。「類」は犬が互いに似ているように、特徴の似た仲間を暗示させる。犬は比喩的限定符号であって、意味素に犬が含まれるわけではない。

『詩経』に「貪人、類を敗る」（欲深い人が仲間を損ねる）という用例がある。似た特徴をもつ仲間（たぐい）の意味（種類の類）から、似た物を集めてグループに分ける意味（分類の類）、また、それらしく似ている意味（類似の類）に展開する。

助数漢字としては似た特徴で分けられたグループを一類、二類と数える。

## 【党】

音トウ　訓やから

「黨」が正字（旧字体）。

①「尚が声符。この音の表す意味は幬（おおう）の意。黨は黒色が日月をおおって光なきを言う。仲間の意は攩の借用」（『漢字の起源』）

［尚］

（金）

（篆）
［党］

（篆）

②「形声。音符は尚。尚は神を迎えて祭る窓の所にかすかに神の気配が現れることをいう。黒は煤で黒ずんだ竈の色。竈の上の窓に神を迎えることを黨という」(『常用字解』)

③「黒＋音符尚の形声文字。都(人々の集まる所、みやこ)・諸(多く集まる)と同系のことばで、多く集まる意を含む」(『学研漢和大字典』)

①では黒い意とするが、用例がない。②では「竈の上の窓に神を迎える」という意味がよく分からない。この意味から「同じ竈の飯を食う仲間」の意味を導くが、「神を迎える」と「仲間」の結びつきに必然性があるか疑問。③は尚を単なる音符とするが疑問である。

改めて字源・語源を見てみよう。「尚《ショウ》(音・イメージ記号)＋黒(限定符号)」と解析する。「尚」が根源のイメージ(深層構造)に関わる記号である。

「尚」を分析すると「向＋八」となる。「向」は空気抜きの窓の形。「八」は↲↳の形に(左右に)分かれることを示す記号。下から上の方向ならば、↰↱の形でもよい。「向」と「八」を合わせて、空気が抜けて空中に分散する情景を暗示させる。この意匠によって「上に(高く)上がる」というイメージを表すが、分散の姿に視点を置くと、「平らに広がる」というイメージにもなる。

イメージ展開を考える。ある物(例えば空気や煙)が上に上がって平らに広がった状態は、別の物や平面にぶつかった結果平らに広がるとも考えられる。ある物と別の物がぶつかる、あるいは、平面どうしがぶつかってぴったり合うというイメージが生まれる。「平面を合わせるように↓↑の形にぶつかり合う」というイメージを表す記号が「尚《ショウ》(音・イメージ記号)＋田(限定符号)」を合わせた「當(＝当)」である。また、ある物(A)が別の物(B)に当たると、BはAを遮り止めることになる。「まっすぐ進んできたものが↓—の形に当たって止まる」というイメージを表す語が「擋《とう》」(押し当てて止める、さえぎる意)である。

このように「↑↓の形に平らに広がる」から「↓↑の形にぶつかり合う」、さらに「↓—の形に遮り止める」というイメージに展開する。

ここから、よそから来るものを遮って入れない排他的集団を意味する語が誕生した。これを古典漢語でtangといい、「黨」と表記した。「尚」は「當」や「擋」と共通のイメージ、すなわち「二つのものが↓↑の形にぶつかる」「ぶつかって来るものを↓—の形に遮って止める」というイメージを表し、「黒」を限定符号として「黨」が作られた。なぜ「黒」を限定符号としたのか。古代では庶民は帽子をかぶらないため黒髪をあらわに出した。庶民を黎首《れいしゅ》(黒い頭)、黔首《けんしゅ》(黒い頭)というのはこれに由来する。したがって「黑」は庶民、多くの人々を表す限定符号になる。

『論語』に「吾が党に直躬なる者有り」（私の仲間うち〔地域集団〕に正直者の躬さんという人がいる）という用例がある。よそ者を排除する地縁・血縁の集団が「党」の意味である。これは五百戸を単位とする庶民・農民を集めた集団でもあった。

これから、ぐるになった仲間の意味（徒党の党）、思想・信条を同じくして集まるグループや団体の意味（政党の党）に転用された。

助数漢字としては政党の数を数える。

## ⑾「突き通る」のイメージ

「上から下に突く」のイメージを図示すると「↓」の形である。視点を変えれば、「上から下に通る（突き通る）」のイメージにもなる。方向は関係なく左右・上下に「突き通る」というイメージにも転化する。逆に「突き通る」のイメージが「上から下に突く」というイメージに転化するとも言える。これらは可逆的（相互転化可能）なイメージである。東・重はこの関係である。「突き通る」は「スムーズに通る」「突き抜ける」のイメージともつながる。そのイメージをもつ便や首もここで扱う。

## 「棟」と「種」の起源——助数漢字(63)

種の旁の「重」は「東」を含む。棟と種は水平か垂直かの違いだけで、「突き通す」というコアイメージは同じ。

### 【棟】 音トウ 訓むね

こんな字源説がある。

①（『漢字の起源』にない）

②「形声。音符は東。屋根の通した木をいう。〝むなぎ、むね〟の意味に用いる」（『常用字解』）

③「木＋音符東（真ん中を通す）の会意兼形声文字。家の頂上を通すむな木。通（突き通る）と同系のことば」（『学研漢和大字典』）

②は「東」の項では「嚢《ふくろ》の形。上下を括って袋の形にしたもの」とある。②の文字学はコアイメージの概念がないので、棟を東から説明できない。

改めて字源を見てみよう。「東《トウ》（音・イメージ記号）＋木（限定符号）」と解析する。「東」は心棒を通した袋（土嚢）の形で、「突き通る」というイメージがある（「層と重の起源——助数漢字

［東］

（甲）

（金）

（篆）

［棟］

（篆）

(59)」の項参照)。「棟」は屋根の最上部で中央を横に（→の形に）突き通る木を暗示させる。この意匠によって「むな木」の意味をもつ古典漢語 tung を表記する。

『易経』に「棟撓《たわ》むは本末弱きなり」（棟木がたわむのは両端が弱いからだ）という用例がある。屋根の最上部の「むね」はその転義。

助数漢字としては建物や家屋を一棟、二棟と数える。部分によって全体を表すのは換喩的レトリックである。

## 【種】　音シュ　訓たね・うえる

①「重が声符。この音の表す意味は遅の意。種は遅熟禾（おく手）の意」（『漢字の起源』）

②「形声。音符は重。種は穀物の〝たね〟をいい、それより〝たねまく、うえる〟の意味に用いる」（『常用字解』）

③「重は人＋土＋音符東（突き抜く）の会意兼形声文字で、人が上から下に地面に向かってとんとんと重みをかけること。種は禾（作物）＋音符重の会意兼形声文字で、上から下に地面を押し下げて作物をうえること。衝（とんと重みをかけてつく）などと同系のことば」（『学研漢和大字典』）

①では重に遅の意があるはずはない。堂々巡りの字源説である。②では右でも指摘したようにコアイメージの概念を欠くので、重から説明ができない。漢字は形声文字が圧倒的に多いが、コアイメージの概念のない（言い換えれば言葉を無視する）文字学ではこれの説明が原理的にできない。

［重］

（金）

（篆）
［種］

（篆）

古典における「種」の用法を調べる。『詩経』に「この黄《こう》茂《も》を種《う》う」（このすばらしい穀物を植えた）という用例がある。「作物を植える」が最初の意味である。

改めて字源を見てみよう。「重《ジュウ》（音・イメージ記号）＋禾（限定符号）」と解析する。「重」は「上から下に力（圧力・重力）を加える」というイメージがあり、「上から下に（↓の形に）突く」、また「突き通る」「突き通す」というイメージに展開する（「層と重の起源——助数漢字（59）」の項参照）。したがって「種」は作物のたねや苗を地中へ突き通すようにしてうえつける情景を暗示させる。この意匠によって、「作物をうえる」の意味をもつ古典漢語 tiung を表記する。

「作物をうえる」から「植物のたね」の意味（種子の種）に転じた。たねは似たような小さな粒である。ここに比喩が生じる。似たような仲間、似た特徴をもつもの同士の集まりの意味（種類・種族の種）に展開する。

助数漢字としては同じ種類に属するものを一種、二種と数える。

# 「通」と「便」の起源――助数漢字(64)

「スムーズに通る」という共通のイメージのある助数漢字である。

**【通】** 音ツウ 訓とおる

こんな字源説がある。

①「用が声符。この音の表す意味は徹（とおる）の意。通は道路が行き止まりでなく貫通している意」（『漢字の起源』）

②「形声。音符は甬。甬は手桶の形。手桶は空洞のものであるから、滞ることなく通り抜けることを通という」（『常用字解』）

③「用は卜（棒）＋H（長方形の板）の会意文字で、棒を板に通したことを示す。それに人を加えた甬は、人が足でとんと地板を踏み通すこと。通は辵（足の動作）＋音符甬の会意兼形声文字で、途中でつかえて止まらず、とんと突き通ること」（『学研漢和大字典』）

三説は結論はほぼ同じだが、解釈が違う。①では甬の説明がなく、用を徹の意味を表すとするが、理由が不明。②ではコアイメージという概念がないので、手桶という実体から意味を導く。「踊」の項では「水がわき出ることを涌といい、足を跳ねることを踊という」とあり、手桶とのつながりが不明。解釈が一貫しない。③では用→甬→通の三段階で説明し、どれにも「通す」のイメージがある。

［通］

（甲）

（金）

（篆）

③は語源論の裏打ちがある。藤堂明保によれば、甬・甬のグループ（涌・庸・傭・通・踊・勇）は東のグループ（棟・凍）、同のグループ（筒・桐・洞）、童のグループ（衝・撞・鐘）、重のグループ（動・腫・種）などと同源で、これらはTUNG・TUKという音形と、「突き通る」という基本義があるという（『漢字語源辞典』）。

改めて字源を見てみよう。「甬《ヨウ》（音・イメージ記号）＋辵（限定符号）」と解析する。「甬」は「用」から派生する記号である。「用」の字源は諸説紛々で定説はないが、「卜」（縦棒の形）と「H」（筒形）を合わせて、筒形のものに上から下に縦棒を突き通す様子を示す象徴的符号と考えられる。この意匠によって「突き通す」「突き抜ける」というイメージを表すことができる。「用」に「○」あるいは「⊙」（金文の字体。丸い口を示す符号）を合わせたのが「甬」で、「筒形をなす」「（中空を）突き抜ける」「突き通る」というイメージを示す記号とする。「甬」は次のグループの基幹記号となっている。

痛《ツウ》…体に刺激が突き抜ける感じ（いたい・いたむ）。

涌《ヨウ》…水が突き抜けて上がる（わく）。湧とも書く。
踊《ヨウ》…とんと地面を突いて足踏みする（おどる）。
桶《トウ》…筒形の道具、おけ。
蛹《ヨウ》…筒形の繭にこもる虫、さなぎ。

かくて「通」の字源が明らかになる。道を突き抜けて行く情景を暗示させる図形である。この意匠によって、道が障りなく（スムーズに）とおることを意味する古典漢語 tʻung を表記する。

「通」は「↓の形に（一方的に）突き抜ける」というイメージから、「⇅の形に（双方向に）行く」というイメージにも転じ、「行き来する」「かよう」という意味が実現される。通学・通勤の通はこの意味。密通の通（男女が交わる）もこのイメージである。

一方、↓┃の形に目当ての所まで通っていく、届けるというイメージも生まれる。言葉や情報を目的の所にスムーズに伝えるという意味、通知・通信の通が実現される。

助数漢字としては、始めから終わりまでを通したもの（書物の篇など）の数や、行為の回数を一通、二通と数える。これは古典漢語に見える用法である。『後漢書』に「経伝各一通」（経書の本文と注釈がそれぞれ一通）という用例がある。

日本では通知するもの（手紙や書類など）を一通、二通と数える。

## 【便】

㊥ビン・ベン　㊀たより

①「更が声符。卑賤の、人に侍する者の意」（『漢字の起源』）

②「会意。更にかえる、あらためるの意味がある。駇の金文の旁は更と近い形で、鞭を手に持つ形で、むちうつの意味となる。人にむちうって自由に、便利に（都合よく）使うことを便という」（『常用字解』）

③「丙は尻を開いて両股をぴんと張ったさまを描いた象形文字。更は丙＋攴（動詞の記号）の会意文字で、ぴんと張るの意を含む。便は人＋更の会意文字で、硬く張った状態を人が平易にならすことを表す。角張らないこと、平らに通ってさわりがないの意を含む」（『学研漢和大字典』）

①は理解不能。②は「かえる」と「むちうつ」と「便利に使う」の意味のつながりが全く分からない。

「便」は古典でどんな意味で使われているか。『墨子』に「便寧にして憂い無し」（安らかで心配事がない）という用例がある。また『荀子』に「学は其の人に近づくよりも便なるは莫《な》し」（学問をやるには賢人に近づくのがいちばん都合がよい）という用例がある。前者はつかえることなく（スムーズで）たやすい、

［便］

（篆）

安らかの意味。後者は物事がさわりなく進行する、すらすらと事を運ぶ（都合がよい）の意味。二つに共通するイメージは「スムーズに通る」というイメージである。排泄行為にもこのイメージがあるので、大便・小便という。

改めて字源を見てみよう。「更（イメージ記号）＋人（限定符号）」と解析する。「更」の字源は難しいが、篆文の字体は「㪅」で、「丙（イメージ記号）＋攴（限定符号）」と分析できる。「丙」は「左右にぴんと張る」というイメージがある（「丙の起源――十干（3）」の項参照）。緩んだものをぴんと張ってたるみをなくするというのが「更」の図形的意匠である（「五更の起源――時間漢字（30）」の項参照）。

イメージ展開を考える。「緩んだものをぴんと張る」というイメージは「でこぼこを平らにならす」「まっすぐ平らにする」というイメージに展開する。これから「摩擦や障害がなくスムーズに通じる」というイメージに展開する。

「摩擦や障害がなくスムーズに通じる」というコアイメージをもつ古典漢語がbianであり、この聴覚記号を視覚化したのが「便」である。このコアイメージから上記の意味が具体的な文脈で実現された。

「スムーズに通じる」「さわりなく進行する」というイメージから、通信や交通がスムーズに流れて動くこと、つまり交通の便《べん》（都合のよい手立て）、郵便の便《びん》（たより、手紙）の用法が生まれた。これは日本的展開である。助数漢字も交通（飛行機・船など）や配達・輸送の回数を一便《びん》、二便と数える。

## 「項」と「軸」の起源――助数漢字（65）

二つは関係がなさそうに見えるが、「一本の筋が通る」というイメージが共通。いくつかの筋をなして並ぶ事物の一つ一つを指して項といい、ここから助数漢字の用法が生まれた。

### 【項】 音コウ 訓うなじ

こんな字源説がある。

①「工が声符。この音の表す意味は後の意。項は頭の後、即ち頭下の後《うしろ》の意」（『漢字の起源』）

②「形声。音符は工。工は工作の器具の形で、叩き台などに用いる。そのように頑丈に上を支える力のあるところ、身体ではうなじを項という」（『常用字解』）

③「頁（あたま）＋音符工（まっすぐ貫く）の会意兼形声文字。扛（棒を突き通してかつぐ）・杠（ベッドの横木）と同系のことばで、頭と背の間をまっすぐ貫いたくび」（『学研漢和大字典』）

①では工が後の意を表すというのが理解不能。堂々巡りの

［工］

（甲）

（金）

（篆）

［項］

（篆）

字源説。②では叩き台になるような頑丈な所が「うなじ」とは奇妙である。実体から意味を引き出そうとするのは無理がある。③では「まっすぐ貫く」というイメージだけを取る。実体ではなく形態・形状に重点を置いている。

「工」が根源のイメージを提供する記号である。これを語源的に究明したのは藤堂明保である。藤堂は工のグループ（扛・攻・空・腔・江・杠・項・虹・鞏・恐・功・貢・肛）は口、侯のグループ（候・喉）、谷のグループ（容・欲）、公のグループ（訟・頌）、凶のグループ（匈・胸）、巷のグループ（港）などと同源で、これらの語群はKUG・KUK・KUNGという音形と、「穴、突き抜ける」という基本義があるという（『漢字語源辞典』）。

改めて字源を見てみよう。「工《コウ》（音・イメージ記号）＋頁（限定符号）」と解析する。「工」の字源については諸説紛々で、すべてが「何」（実体）にこだわっている。「工」はきわめて単純な形であり、「何」を追求しては袋小路に入ってしまう。発想を換えよう。「何」ではなく「如何（いかん、どのよう）」（形態）に視点を置く。そこで筆者は象徴的符号という概念を導入する。二線の間を縦の線で突き通すことを示す象徴的符号と「工」を解釈する。この意匠によって「縦に（上下に、↓の形に）突き通す」「突き抜ける」というイメージを表すことができる。

かくて「項」は胴体から突き抜けて頭とつなげている部分（首筋）を暗示させる。「項」は首筋の意味である。『春秋左氏伝』に「項に中《あ》つ」（矢を首筋に命中させた）という用例がある。また特に後頭部（うなじ）も指す。

「項」には「↓の形に筋が通る」というイメージがあるので、筋をなして並ぶ事柄という意味を派生する。これが項目・事項の項である。助数漢字としては筋をなして並ぶもの（事項や項目）を一項、二項と数える。

## 【軸】 ㊥ジク

①（『漢字の起源』にない）

②「形声。音符は由。由のもとの形は卣で、ひさご（瓢箪の類）であり、中の実が熟して溶け、殻の中がからっぽになった形。中がからっぽで回転するものを軸という」（『常用字解』）

③「車＋音符由（中から抜け出る）の会意兼形声文字で、車輪の中心の穴を通して外へ抜け出ている心棒」（『学研漢和大字典』）

［由］

（篆）

［軸］

（篆）

②では「ひさご」という実体から、空っぽ→回転するもの

という意味を導くが、軸は空っぽの中を通るものであるから、この字源説はおかしい。

③は語源論の裏付けがある。藤堂明保は由のグループ(抽・冑・胄・紬・油・舳・迪・笛)は中、首、朝、融、竹、猶などと同源で、これらはTOK・TOG・TONGという音形と、「抜き出す、抜け通る」という基本義があるという(『漢字語源辞典』)。③は語源と字源を融合させた解釈で、納得できる。

改めて字源を見てみよう。「由」の字源も諸説紛々である。単純な図形ほど分かりにくい。実体にこだわらないで、形態・形状に視点を置くべきである。ある範囲から道が出ていく形と解釈したカールグレン(スウェーデンの中国語学者)の説がよい。もっと抽象化して、「口」や「曰」の形(ある範囲)から―(縦の線)が上方に突き出ている象徴的符号と解することもできる。この意匠によって、「ある所(範囲)を通って出てくる」「通り抜ける」というイメージを表すことができる。

したがって「軸」は車輪と車輪の間を通って両端が抜け出た心棒を暗示させる。

「軸」は車輪の中心を通る心棒→中心となる棒や線(座標軸の軸)→中心を通る棒のようなもの(軸装の軸、巻物)へと意味が展開する。

助数漢字としては巻物や掛け物を一軸、二軸と数える。

## 「首」と「道」の起源――助数漢字(66)

「首」は詩歌を数える助数漢字だが、どんな由来があるのか。また「首」と「道」にどんな共通性があるのか。字源・語源を尋ねてみよう。

### 【首】 音シュ 訓こうべ・かしら・くび

こんな字源・語源説がある。

①「首(シウ)なる音は礼記に〝首は直なり〟とあるごとく、首が人体上に直立しているところから来た」(『漢字の起源』)

②「象形。頭の髪の毛と目とをしるした首の形。首は人体の中でもとくに大切な部分であるから、中心になる人やものの意味となる」(『常用漢字』)

③「頭髪の生えた頭部全体を描いた象形文字。抽(抜け出る)と同系のことばで、胴体から抜け出たくび」(『学研漢和大字典』)

[首]

(金) (篆)

字源的には頭の象形文字でよい。語源的には藤堂明保の説しかない。前の「軸」でも述べたように、藤堂は由のグループ（軸のほかに抽・油・冑などがある）などと同源で、「抜き出す、抜け通る」という基本義があるとしている（『漢字語源辞典』）。

問題は「首」は「あたま」なのか「くび」なのかということである。③では「くび」としているが、古典漢語では「くび」は「頸」といい、「首」とは区別されている。しかし頭の部分とくびの部分に境目があるわけではなく、くびを含めた頭部全体が「首」だと考えてよい。

「首」は頭部と胴体との関係から発想された語である。「あたま」は「くび」で胴体とつながれており、「くび」が上方に向かっていく方向にあるものである（藤堂はこれを「抜け出る」のイメージで捉えた）。人体の特徴は直立にある。A（胴体）→B（くび）→C（あたま）というぐあいに、上へ向かって伸び出て直立する。このように上方に向かって伸び出た部分を捉えた語が「首」である。

「上へ向かって延び出る」が頭の形態的特徴を捉えたイメージである。形態的特徴や、人体における頭部の位置から、意味が展開する。あたま（首級の首）→トップ（かしら）の意味（元首の首）→第一・肝要・中心的の意味（首都の首）→始めの意味（歳首の首）に展開する。「首」は一番目を意味する順位漢字になる（後述）。

また「ある方向に向かう」の意味も実現される。ここから、敵に向かって行って下る（屈服する）の意味、自ら出向いて罪を告げる意味（自首の首）も生まれた。

一方、助数漢字の用法もある。古代では組紐の数を数える単位が「首」であった。組紐は冠や佩（帯）に用いた。これらに用いる紐は「ある方向に延びる」というイメージがある。だから「首」が用いられた。

詩歌を数えるのはこれの転用である。組紐は一本一本に分かれた糸からできているから、それを比喩として、一まとまりの語や句を綴った詩歌を「首」で数えるようになった。

## 【道】

音ドウ　訓みち

① 「首が声符。この音の表す意味は達の意。道は一本道（一直に通っている意）の意」（『漢字の起源』）

② 「会意。首と辵（行くの意）とを組み合わせた形。金文にはさらに又（手の形）を加えた字形があり、首を手に持って行くの意味となる」（『常用字解』）

③ 「辵（足の動作）＋音符首の会意兼形声文字で、首（あたま）を向けて進み行くみち。また、迪（みち）と同系と考えると、一点から出て延びていくみち」（『学研漢和大字典』）

①では首が達の意を表すというのが理解し難い。②では

［道］

（篆）

「首を手に持って行く」という意味に取るが、考えにくい意味である。古代の習俗と結びつけているが、根拠がない。

古典漢語で「みち」の意味を表す語をdogといい、「道」と表記した。これは『詩経』などの古典で普通に使われている。『論語』では「之を道《みちび》くに徳を以てす」（徳でもって人民をリードしていく）とあり、「みちびく」の意味でも使われている（後に導と書かれる）。

漢語で道→導と派生するのは、日本語で「みち」→「みちびく」が派生するのと同じである。また英語のleadはゲルマン祖語で道の意味から来ているという。このように各言語に意味の展開に普遍性がある。

「道」と「導」における根源のイメージ（コアイメージ）を提供する記号が「首」である。首・道・導は密接なつながりがある。これらは「ある方向に向かう」というイメージが共通である。ちなみに英語のheadは「統率する」の意味や「頭を向けることから、…へ向かう」の意味があるという（『英語語義語源辞典』）。

改めて「道」の字源・語源を見てみよう。「首《シュ》（音・イメージ記号）＋辵（限定符号）」と解析する。「首」は右に述べたように、「抜け出る」「ある方向に延びる」「ある方向に向かう」というイメージがある。したがって「道」は一定の方向に延びて、人が通り抜けて行くルートを暗示させる。この図形的意匠によって「みち」を意味する古典漢語dogを表記する。また「ある方向へルートを通して引っ張っていく」という意味にも展開する。これが「みちびく」であり、「導」の図形が生まれた。

道は線条的に通っているものであるから、「筋をなす」というイメージも生まれる。筋をなすもの（光や波など）を一道、二道と数える助数漢字の用法が発生した。また学問や技芸などを一道と数える。ただし二道、三道はなさそうだから、半助数漢字である。

## ⑿「|—|」の形（切れ目をつける）のイメージ

### 「言」と「節」の起源——助数漢字（67）

「節」は音節・文節など言葉と関係があるので、「言」と抱き合わせにしたが、季節・符節・関節・貞節・調節など、意味範囲が非常に広い。しかしこれらの根底には「切れ目をつける」のイメージがあり、実は「言」と同じイメージなのである。

## 【言】　㊥ゲン・ゴン　㊫ことば・いう

①「辛（セツ・ツケ）」が声符。この音の表す意味は出の意。言は口から出る意」（『漢字の起源』）

②「会意。辛と口とを組み合わせた形。口（祝詞を入れる器の形）の上に辛（刑罰として入れ墨するときに使う把手のついた大きな針の形）を置き、もし誓約を守らないときにはこの針で入れ墨の刑罰を受けますというように、神に誓いをたてて祈ることばを言という」（『常用字解』）

③「辛（切れ目をつける刃物）＋口の会意文字で、口を塞いでもぐもぐいうことを音・諳といい、はっきり角めをつけて発音することを言という」（『学研漢和大字典』）

①では辛を音符とするのが奇妙。また出の意味を表すというのも理解不能。「口から出る」のは言葉かと思ったら、心だというから三度びっくり。②は「辛＋口」という単純な形から過多な情報を引き出した。しかし根拠に乏しい。しかも図形的解釈と意味を混同している。

漢字の見方は「何」（実体）よりも「如何（いかん、どのよう）」（形態・機能）に重点を置くべきである。実体にこだわると迷宮に入ってしまう。

［言］

（甲）

（金）
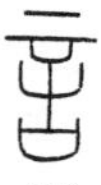
（篆）

「言」は「辛」と「口」から成るが、「辛」と「口」はどんな働き（役割）をして「言」という記号を造形するのか。これを考えよう。

「辛」については既に「辛の起源——十干（8）」で述べている。「辛」はナイフの類の刃物を描いた図形である。しかし実体そのものにこだわると訳が分からなくなる。刃物の機能に重点を置くべきである。刃物の機能は「刺激を与える」のほかに、「断ち切る」ことにある。前者は「からい」の意味の由来。後者は新・宰・梓に現れている（「新と陳の起源——時間数字（64）の項参照」）。

例えば「——」（線状のもの）を切断すると「—←—」の形になる。これは「—|—|—」の形にもなりうる。「辛」はこのような形に切ることを表現するための記号とすることができる。

「言」は古典でどんな意味で使われているかを調べることが重要である。『詩経』に「父母の言も、亦《また》畏るべきなり」（両親の言葉もほんとうにこわい）という用例がある。また「彼の狡童、我と言《ものい》わず」（あの意地悪な少年は、私とおしゃべりしてくれない）という用例がある。「言」は「ことば」と「（ことばを）しゃべる」という意味であることが確認された。古典漢語は古典における用例が意味である。用例がなければ意味を捉えようがない。用例のない意味をかってに作り出すのはタブーである。

古典漢語の話者は「ことば」という現象（事象）をどう捉えたか。これが「言」を分析することによって明らかになる。「言」と「音」は相対する語である。「言」の下部の「口」に点を入れたのが「音」である。口の中に音声を閉じ込めて、ウーウーとうなるだけで、意味をなさない音声が「音」である。意味を表さない連続した音声である。では「言」とは何か。連続したものを「——」で図示するなら、これを「—|—|」の形に切ったものが「言」である。つまり連続した音声を細かく切断し、それぞれに意味を与えたものが「言」である。かくて「言」は「辛（イメージ記号）＋口（限定符号）」を組み合わせて造形されたと解釈できる。

「言」という記号は言語の観念の起源にもヒントを与えそうである。現代の言語学では言葉を分節化という概念で捉えている。古典漢語における「言」の捉え方と似ていると言えないだろうか。

古典漢語では「言」は一音節をもつ記号素（ことば、単語）とも一致する。一音節の「言」を表記するのが一つの漢字である。一字一音節の語が「言」であるから、助数漢字としては五言《ごん》絶句、七言《ごん》絶句などのように、一音節語（漢字一字で表される）を数える。「一言一句」「二言はない」などの「言」も同じ助数漢字である。

日本では訓で「こと」と読み、一言、二言と数える。

## 【節】 音セツ　訓ふし

時間漢字としても出しているが（523ページ）、ここでは助数漢字として扱う。

①「卽が声符。この音の表す意味は切・絶。竹の節《ふし》を言う」（『漢字の起源』）

②「形声。音符は卽。竹の節のあるところをいう」（『常用字解』）

③「卽はごちそう＋膝を折ってひざまずいた人の会意文字。ここでは卩の部分に重点がある。節は竹＋ひざを折った人の会意文字で、膝をふしとして足が区切れるように、一段ずつ区切れる竹のふし」（『学研漢和大字典』）

①では卽が切・絶の意味を表すか疑問。②は字源の体をなさない。③では節の解剖に「皀」を省いたのが問題。

「節」は「竹＋卽」ではなく、「卩《セツ》（音・イメージ記号）＋皀（イメージ補助記号）＋竹（限定符号）」と解剖すべきである。「卩」はひざまずく人の形。「皀」は器に盛ったごちそうの形。

［卩］

（金）

（篆）

［節］

（篆）

器の前でひざまずくと、「∠」の形を呈する。これは折れた形、切れ目のある形、ふしのついた形である。切れ目のついた形は「─|─」の形でも表せる。したがって「節」は「─|─|─|…」の形に一段一段と切れ目のついた竹のふしを暗示させる。この図形的意匠によって、竹などの「ふし」を意味する古典漢語 tset を表記する。

意味は隠喩によって、あるいは「切れ目」というコアイメージから、展開する。ふし目（切れ目、折れ目）のあるもの意味（関節の節）、一段ずつ区切れた部分、音楽や文章の切れ目の意味（文節の節）、時間の切れ目の意味（季節の節）に展開する。また動詞的用法として、折れ目・切れ目をつける意味（節制の節）、切れ目をつけて無駄な部分を省く意味（節約の節）などに展開する。

助数漢字としては文章・音楽の切れ目や時間の区切りを一節、二節と数える。

## 「株」と「座」の起源——助数漢字(68)

「切れ目」「折れ目」のイメージを図示すると、「∠」の形、「┤」の形、「─|─」の形である。前項の「言」と「節」にはこれらのイメージがあった。これらのイメージは「途中で断ち切る」「途中で折れる」のイメージに転化する。「株」や「座」などにはこれらのイメージがある。それらの字源・語源を尋ねる。

### 【株】 音シュ　訓かぶ

こんな字源説がある。

① 「朱が声符。この音の表す意味は樹木の中心なる太く立った幹の下本の意味。株は木の根本の幹を言う」（『漢字の起源』）

② 「形声。音符は朱。朱は木の幹の部分に肥点（・）を加えている形で、木の〝かぶ〟の部分をいう。株とは木の根に近い部分をいう」（『常用字解』）

③ 「朱は木の幹を切ったことを示すが、のち、切りかぶの木質部の赤い色の名となる。株は木＋音符朱の会意兼形声文字で、朱の原義（切りかぶ）を示す」（『学研漢和大字典』）

①は堂々巡りの説。「木の根本の幹」がぴんと来ない。①も②も根と株の区別がはっきりしない。

『韓非子』に「兎走りて株に触れ、頸を折りて死す」（走ってきたウサギが木の株にぶつかり、頸を折って死んだ）という用例がある。「株」とは切った後に残って、地上に露出した根であ

[朱]

（金）

（篆）
[株]

（篆）

って、立ち木の根ではない。ウサギは立ち木にぶつかったわけではなく、切り株にぶつかったのである。いくら間抜けなウサギでも立ち木にぶつかるわけはあるまい。

字源は「朱《ュシ》（音・イメージ記号）＋木（限定符号）」と解析する。「朱」が根源のイメージを提供する記号である。「朱」は「木」の中程に「一」の符号をつけた図形。この意匠によって「途中で断ち切る」というイメージを表すことができる。したがって「株」は木の幹を途中で切断した後に残ったもの、つまり切りかぶを暗示させる。

切りかぶは樹木の一部である。一部をもって全体に替える換喩のレトリックによって、草木の意味に転義する。雌雄異株の株はこの意味。

助数漢字の用法は草木を一株《しゅ》、二株と数える。『三国志』に「（諸葛亮は）成都に桑八百株を有す」という用例がある。日本では「かぶ」と読み、根のついた植物や、株式の株や株券の数を数える。

## 【座】　音ザ　訓すわる

こんな字源説がある。

①「土《しゃ》が声符。この音の表す意味は処。坐は臀を下に処《お》く形である。座は漢代の字で坐と同義」（『漢字の起源』）

②「坐は土主（土地の神）の左右に人が座る形。土主の前に二人が坐るのは裁判を受けるためで、当事者として裁判の席に連なることを坐という。裁判は神社で行われたが、祖先の霊を祭る廟で行われることもあったので、广（廟の屋根の形）を加えて座となった」（『常用字解』）

③「坐は人二つ＋土の会意文字で、人々が地上にすわって頭が高低にでこぼこするさまを示す。座は广（いえ）＋音符坐の会意兼形声文字で、家の中で人のすわる場所のこと」

①は坐の音符が土《しゃ》というのが奇妙。②では図形的解釈をストレートに意味とするので、あり得ない意味を作り出した。神社や廟で裁判を行うというのも根拠がない。

「坐」の字源は明らかである。「向き合う二人＋土」を合わせただけの図形である。これは単に「（ある場所に）すわる」を暗示させるだけで、それ以上の情報はない。形から意味を引き出すのは間違いである。古典で「坐」がどのように使われているのを調べればよいことである。

『詩経』では「並び坐して瑟《しつ》を鼓す」（並んで坐って瑟［琴の一種］を弾く）という用例がある。また同書に「其の坐を舍《す》てて遷《うつ》る」（［酔っ払いは］自分の席を捨ててよそに移る）という用例が

［坐］

（古）

（篆）

ある。前者は「すわる」、後者は「すわる場所」の意味である。

字源は単純であるが、語源は難しい。図形に語源のヒントがない。

人が坐るときの形状を考えると、正座する際は（古典漢語の時代に胡座の習慣はない）、膝が∠の形になる。これは右に述べたように、「折れ目」のイメージである。これは「途中で折れる」というイメージに展開する。「坐」のコアイメージはまさにこれである。これは挫折や捻挫の挫によく現れている。「挫」とは「途中で折る」「途中でくじける」という意味である。

さて「座」は「坐《ザ》（音・イメージ記号）＋广（限定符号）」と解析する。「坐」は「すわる」という動詞と、「すわる場所」という名詞の意味であるが、特に後者に限定するために限定符号を添えて「座」としたもの。「座」は「坐」から分化した字である。

「座」はすわる場所の意味から、器物などを載せる台の意味（銃座の座）に展開する。人や物の集まる所（組合、劇団など）の意味は日本的展開。

助数漢字としてはどっしりと座を占める物（仏像、塔、建物、山など）を一座、二座と数える。また日本では劇場などを一座、二座と数える。

## ⒀「⇅」（逆方向）の形のイメージ……

漢語意味論において、「⇅」の形のイメージをもつ語がある。これには三つのイメージがある。「交わる、交差する」のイメージ（学・校・語など）、「反対方向に行く、逆向き」のイメージ（逆・斥・朔など）、「はね返る、はね返って元に戻る」のイメージ（反・返など）である。交差のイメージは前に出しているので、ここでは「はね返って元に戻る」のイメージの漢字を扱う。

### 「報」と「腹」の起源――助数漢字(69)

「⇅」は同じものの繰り返しであるから、「繰り返し」のイメージ（復など）にも展開する。また同じものが重なっているから、「（いくつかの物が）重なってふくれる」というイメージにも展開する。助数漢字の「報」と「腹」にはこれらのイメージがある。字源・語源を尋ねてみよう。

**【報】** 音ホウ　訓むくいる・しらせ

こんな字源説がある。

［報］

（甲）

（金）

（篆）

①「𠬝が声符。この音の表す意味は伏する意。報は罪人を断罪する意」(『漢字の起源』)
②「会意。幸(手枷の形)と𠬝(跪いている人を手で押さえる形)とを組み合わせた形。報は両手に枷をはめられて跪く人を後ろから押さえる形で、犯した罪に対する報復刑的な処置であるから、もと報復することをいう」(『常用字解』)
③「幸(手かせの形)+跪いた人+又(て)の会意文字で、罪人を手で捕まえて座らせ、手かせをはめて、罪に相当する仕返しを与える意を表す。転じて広く、仕返す、お返しの意となる」(『学研漢和大字典』)

三説は似ているが、①ではなぜ𠬝が「伏する」の意を表すかの説明がない。②では報とは何かが問題なのに、報復の意味とするから、肝腎の報が分からない。同語反復の字源説である。

改めて字源を見てみよう。「幸+𠬝」と解剖する。「幸」は②③にもある通り、手錠の形である。「𠬝」は「卩(ひざまずく人)+又(手)」を合わせて、人の背中に手をつける情景を設定した図形で、「ぴったりつける」というイメージを表す記号となる(「着と服の起源——助数漢字(57)」の項参照)。したがって「報」は「𠬝(イメージ記号)+幸(イメージ補助記号)」と解析し、手錠をつける(はめる)様子と解釈する。これは犯人を捕まえる場面を想定した図形である。しかし「つかまえる」という意味を表すのではない。

古典でどんな意味で使われているかを調べることが必要である。『詩経』では「我に投ずるに木瓜を以てす、之に報いるに瓊琚《けいきょ》を以てす」(私にボケの実を贈ってきた、帯のルビーをお返しする)という用例がある。

古典漢語で、ある物に対して別の物をお返しすることをpogという。これを表す視覚記号として考案されたのが「報」である。ところが字源を分析すると、「報」は犯人や罪人を捕まえる情景となっている。図形と意味が合わない。どういうことか。

語と図形は同時に行われたわけではない。語は図形より時代的に先行する。語を表記する必要が起こったとき、語の意味が変化していることもありうる。pogは「お返しする」が最初の意味である。「お返しする」とは↓の方向からやってくる物事に対して、↑の方向に(発信元に)何かを返すことである。ここに「⇅」のイメージがある。

しかし「お返しする」は恩に対して返すだが、善事だけでなく悪事に対しても「お返しする(仕返しする)」を使うことができる。「お返しする」の行為は同じだが、内容が違うので、転義と見ることができる。恩を返すことも仇を返すことも「⇅」のイメージである。だから両方ともpogという語で呼ぶ。

　この転義の段階（時代は非常に古い）でpogの図形化が行われ、「報」が考案されたのである。図形から意味を引き出すと「罪人を報復する」になってしまう。図形的解釈をそのまま意味とするのは間違いである。形から意味を導く方法自体が誤った学説である。

　さて善悪にかかわらずお返しする（訓では「むくいる」）ことが「報」である。時代が下って、もう一つの転義が現れた。『孟子』に「之を受けて報ぜず」（受けたのに知らせなかった）という用例がある。

　「⇅」のイメージは右で述べたように、「はね返る」というイメージに展開する。求める側に対してはね返るように物を返すという意味、つまり知りたい側に知りたい内容を伝える（知らせる）という意味が生まれる。これが報告・情報の報である。

　助数漢字としては知らせ（報告・情報）の回数を一報、二報と数える。

## 【腹】　音フク　訓はら

　こんな字源説がある。

①（『漢字の起源』にない）

②「形声。音符は复。复は容量をはかる量器を逆さまにした形で、その量器は器腹の大きなものである。腹は人の身体のうちで最も大きく太い部分の〝はら〟をいう」（『常用字解』）

③「复《フク》はふくれた器＋夊（足）から成り、重複してふくれることを示す。往復の復の原字。腹は肉＋音符复の会意兼形声文字で、腸がいくえにも重なってふくれたはら」（『学研漢和大字典』）

　②ではコアイメージという概念がないので、器という実体から腹を説明する。③では「重複してふくれる」を基本義として腹を説明する。

　「复」が根源のイメージを提供する記号である。「复」については「複数の漢字①　諸・複の起源——数漢字（18）」と「再と復の起源——時間漢字（58）」でも述べている。

　「复」は真ん中がふくれて上下が同じ形状をもつ器の形と「夊」を合わせ。前者は「同じ物が重なる」「ふくれる」というイメージを示す記号、「夊」は足の動作を示す限定符号。したがって「复」は道を↑の方向に行って、同じ道をもう一度重ねて↓の方向に行く（つまり「かえる」）ことを暗示させる図形である。ここに「⇅」のイメージがある。上で述べたよ

［复］

（甲）

（金）

（篆）

［腹］

（篆）

うに、「⇅」は「同じものの繰り返し」「同じものが重なる」「（いくつかの物が）重なってふくれる」というイメージに展開する。「重なる」と「ふくれる」は可逆的（相互転化可能）なイメージといってよい。

かくて「腹」は「复《フク》（音・イメージ記号）＋肉（限定符号）」と解析する。「复」は「重なる」「ふくれる」というイメージを示す記号。したがって「腹」はいくつかの臓器が重なってふっくらとふくれた部分を暗示させる。『釈名』（漢代の語源の書）に「腹は複（重なる）なり、富（中身が豊かでふくらむ）なり」とあり、古人も同じような語源意識をもっていた。

古典漢語では「腹」は助数漢字の用法がないが、日本では「はら」と読み、「かめなど胴部のふくらんだ器物を数える語」「魚の鮞（はららご）を数える語」として使われる（『広辞苑』による）。

## ⒁「上にのせる」のイメージ

### 「架」と「乗」の起源――助数漢字（70）

架と乗は「上にのせる」という共通のイメージがある。これらの字源・語源を尋ねてみよう。

### 【架】 音カ　訓かける

こんな字源説がある。

①「加が声符。この音の表す意味は冓（木を構積する）の意。架は木を交互にして組み立てた意」（『漢字の起源』）

②「形声。音符は加。加に加えるの意味があり、木（二本の柱）の上にかけ渡すもの、またかけ渡すことをいう」（『常用字解』）

③「加は力（手）＋口から成る会意文字で、口の上に右手をのせて発声を助けること。架は木＋音符加の会意兼形声文字で、支柱の上に横木をのせ加えること」（『学研漢和大字典』）

①では加が冓の意味を表すというのが理解不能。②では「加える」と「かけ渡す」のつながりがぴんと来ない。③は「のせる」が共通にあるので、意味の展開がはっきりする。

改めて字源を見てみよう。「加《カ》（音・イメージ記号）＋木（限定符号）」と解析する。「加」については「加減乗除の起源――数漢字（3）」で述べているが、もう一度振り返る。「加」は「力（ちから。イメージ記号）＋口（言葉に関わる限定符号）」と解析する。他人に圧力を重ねてくわえる情景を暗示させる図形である。しかし古典漢語のkărは「ある物の上に別の物をのせる」という意味で、『詩経』に「弋《よく》してここに之を加う」（鳥を射止めて、これをお膳にのせる）という用例がある。

Aのほかに Bをくわえる（プラスする）はその転義であり、他人に圧力をかける（しのぐ、凌駕する）はさらに転じたもの。「加」はこの転義を図形化したものである。

以上のように「加」のコアイメージは「上にのせる」であるから、「架」は物をのせるための木製の台を暗示させる。

しかし支柱のない台座とは違い、両側に支柱を置き、その間にのせる棚をかけ渡したものが「架」である。書架、衣架の架はこれ。図形的解釈と意味にはずれがある。

助数漢字としては、書棚や衣掛けなど、支柱があって架け渡すものを一架、二架と数える。日本ではそれに類するもの（額や屏風など）も数える。

### 【乗】　音ジョウ　訓のる・のせる

この字は「加減乗除の起源——数漢字（3）」でも出しているが、ここでは助数漢字として取り上げる。

字源は、木の上に人が乗った形というのが定説で、問題がない。細かく分析すると、「大（人の形）＋舛（両足の形）＋木」を合わせて、人が木の上にのぼっている情景を設定した図形である。

語源については古典に「乗は升（のぼる）」なり、「乗は陞《しょう》なり、登なり」など、古くから升・陞・登の同源意識があった。ほかに蒸・勝なども同源で、これらは「上に上がる」というイメージがある。これは「上にのせる」というイメージに展開する。

「乗」は古典では「乗り物に乗る」の意味と、「物の上に登る」の意味に使われている。前者から乗り物という意味に転じ、乗り物を数える助数漢字の用法が生まれた。千乗の国と言えば、戦車千台を有する国のこと。一天万乗は一万台の戦車を有する人、すなわち天子の意。

## ⒂「⌒」「⌣」（曲がる）のイメージ……

「曲がる」のイメージを図示すると「⌒」の形や「⌣」の形である。「⌒」の形は「かぶさる」「覆う」のイメージ、「⌣」の形は「へこむ」「くぼむ」「穴」のイメージにつながる。

## 「合」と「蓋」の起源——助数漢字（71）

「かぶさる」「覆う」はAの上にBがある姿である。これは「重なる」というイメージでもある。BがAに重なる結果に視点を置くと「ぴったり合う」のイメージになる。BがかぶさったAの状態に視点を置くと、「ふさがる」というイメージになる。

このようにイメージは視点の置き所によってさまざまに転化する。

本項は「⌒」の形のイメージをもつ助数漢字を扱う。これには合・蓋・宇・価・波などがある。

## 【合】 音ゴウ 訓あう

「勺・合・升・斗・石の起源――単位漢字(7)」でも出しているが、ここでは助数漢字として取り上げる。まず字源説を挙げよう。

①「亼(シフ)が声符。問に対する返詞の意」(『漢字の起源』)

②「象形。口(祝詞を入れる器の形)の上に蓋をしている形。器と蓋とが相合うことを合という」(『常用字解』)

③「亼(かぶせる)+口(あな)」の会意文字で、穴に蓋をかぶせてぴたりとあわせることを示す」(『学研漢和大字典』)

①では亼を音符とするのが奇妙。また合を答の原字とするらしいが、シュウ(シフ)、ゴウ(ガフ)、トウ(タフ)は音が違いすぎる。②では祝詞がどんな役割なのか不明。『字統』では「契約・盟書の成ることを合という」とあり、解釈が違う。

［合］

字源はきわめて単純で、③が明解。

改めて字源を見てみる。「亼(蓋の形)+口(くぼみ、入れ物の形)」と分析できる。「⌒」の形の容器に「⌒」の形の蓋をかぶせる情景を設定した図形である。この意匠によって、「隙間なくぴったり合う」というイメージを表すことができる。

古典漢語で、二つのものがぴったり合わさることを ɦəp といい、「合」と表記する。この語を盍《こう》(ふた)・盒《ごう》(蓋のある容器)と同源と見るのは③の藤堂明保のほかに王力(中国の言語学者)もいる。

「ぴったり合う」の前提として「Aの上にBを重ねる」というイメージがある。これは「かぶさる」のイメージにつながる。「合」の図形はこれを反映したものである。

「合」は「二つのものが(隙間なく)あわさる」という意味から、意見や気持ちが一つになる意味(和合の合)、ぴったり当てはまる意味(合理の合)、一緒になる意味(合体の合)に展開する。さらに、二つだけではなく、いくつかの(二つ以上の)ものが集まって一つの重なった状態になるという意味(合計・合成の合)を派生する。

助数漢字の用法はここから生まれる。何人かの人が集まり合って試合や戦をする回数を一合、二合と勘定する。これは古典に用例が多い。日本ではそのほかに登山の路程を一合目、二合目と数える。

## 【蓋】 音ガイ 訓ふた

① （『漢字の起源』にない）

② 「形声。声符は盍《こう》。盍は器物に蓋をする形。蓋はちがやの類で屋を蓋《おお》うことをいう」（『字統』）

③ 「盍《コウ》は去＋皿の会意文字で、皿にふたをかぶせるさま。蓋は艸＋音符盍の会意兼形声文字で、むしろや草葺きの屋根をかぶせること」（『学研漢和大字典』）

字源は「盍《コウ》（音・イメージ記号）＋艸（限定符号）」と解析する。「盍」の本字は「盇」と書く。これは「大（ふたの形）＋一＋皿」をあわせたもの。「一＋皿」は血液を入れた皿の形で、「血」と同じである。したがって「盇（＝盍）」は血液を入れた皿にふたをかぶせる情景を設定した図形。具体は捨象して、「覆いかぶせる」というイメージを示す記号となる。「蓋」は草をかぶせて屋根を葺く情景だが、これも具体は捨象されて、「上から覆いかぶせる」という意味の古典漢語を表記する字とする。

「ふた」の意味は「覆いかぶせる」というコアイメージから生まれる。

助数漢字としては覆いかぶさるもの、かぶるもの（笠など）を数える。

［盍］

（篆）

［蓋］

（篆）

## 「宇」と「羽」の起源——助数漢字(72)

宇と羽は同音であるほかに共通点がないように見えるが、実は語の深層構造（コアイメージ）に共通性がある。

## 【宇】 音ウ

字源説は次の通り。

① 「于が声符。この音の表す意味は覆う意。宇は屋の垂れ蔽う屋根の意」（『漢字の起源』）

② 「形声。音符は于。于は先端がゆるく曲がった大きな刀の形で、大きなもの、ゆるやかに曲がったものの意味がある。宇は家ののきの意味とする」（『常用字解』）

③ 「亏印（＝于）は大きく曲がるさまを示す。宇は宀（やね）＋音符于の会意兼形声文字で、大きくてまるい屋根のこと」（『学研漢和大字典』）

［于］

（甲）

（金）

（篆）

［宇］

（篆）

三説は似ているが、違いは于の解釈である。①②では于が「〜の意味がある」としているが、于にそんな意味はない。「〜のイメージがある」なら話は分かる。意味とは具体的文脈における語の使い方である。コアイメージの概念がないと、漢字（漢語）の意味の取り方にゆがみが生じる。

古典に「宇は羽なり」「雨は羽なり」とあり、宇・羽・雨の同源意識があった。これら領域の異なる三語にどんな共通性があるのか。これを学問（言語学、音韻論）的に解明したのは藤堂明保である。藤堂はこの三語はHUAGという音形と、「上からかぶさる」という基本義があるとしている。また、宇については于のグループ全体（吁・芋・盂・迂・宇・汚・夸・洿・胯・跨・綺・誇・瓠）が壺、瓜、枉などと同源で、「⌒」型、（型に曲がる」という基本義があるとしている（『漢字語源辞典』）。藤堂は宇を二つの単語家族に収めたが、前に述べたように、「⌒」の形は「かぶさる」「覆う」というイメージに展開するから、二つの単語家族は一つに概括できる。

改めて字源を見てみよう。「于ゥ（音・イメージ記号）＋宀（限定符号）」と解析する。「于（＝亏）」は「一＋丂」に分析できる。「丂」は下から伸び出ようとするものが上につかえて曲がる様子を示す象徴的符号である（考・号・朽に含まれている）。したがって「于」は「（上につかえて）曲がる」というイメージを表すことができる。これは「⌒」の形である。「⌒」の形は「（上から）かぶさる」「（下のものを）覆う」というイメージに展開する。

かくて「宇」は建物の上に屋根が⌒の形にかぶさる情景を暗示させる図形。この意匠によって、建物の屋根・ひさし・のきを意味する古典漢語ɦiuagを表記する。

部分をもって全体に替える換喩のレトリックにより、建物の意味に展開する。また、「⌒（形にかぶさる」というコアイメージ（あるいは屋根の隠喩）から、地上を覆う大空の意味に展開する。これが宇宙の宇である。

助数漢字の用法は建物の意味から派生する。建物を一宇、二宇と数える。

## 【羽】

音ウ　訓は・はね

①「鳥の羽の形象。鳥の身体を覆う長毛」（『漢字の起源』）

②「象形。鳥の羽を二枚並べた形。小さな羽は羽といい、大きな羽は翼という」（『常用字解』）

③「二枚のはねを並べた象形文字で、鳥の体に覆いかぶさるはね」（『学研漢和大字典』）

三説ともほぼ同じ。ただ①と③は「覆う」という特徴で捉えている。②は大小で羽と翼を区別するが、「はね」と「つ

［羽］

（甲）

（篆）

ばさ」は大小の違いではない。

「羽」の上古音は「宇」と全く同じである。「雨」とも同じである。同音異義語と見えないことはないが、古人の言語意識でも同源としたくらいだから、一つの語が三つに分かれたと見るのが素直である。三つに共通する根源のイメージが「上からかぶさる」「覆いかぶさる」というイメージである。

「かぶさる」という事態はAの上にBがある姿だから、「重なる」というイメージにも転化する。また、AとBが重なる姿はAとBが並ぶことでもあるから、「並ぶ」というイメージに転化する。このように「かぶさる」「重なる」「並ぶ」は可逆的（相互転化可能）なイメージである。

ちなみに「習」では「羽」の「重なる」のイメージが用いられている。何度も同じことを重ねて（繰り返して）行うことが「ならう」である。

「羽」と「翼」は何が違うか。語源的に見ると、鳥の全身を覆うものが「羽」である。日本語では「は」「はね」、英語ではfeatherである。

これに対し、「翼」は左右に対をなす羽である。語源的には「異」のもつ「Aのほかに別にもう一つある」というコアイメージが「翼」の語を成立させる。翌日の翌と同源である（「翌の起源――時間漢字（23）」の項参照）。左右に対をなす羽が「翼」である。日本語では「つばさ」、英語ではwingである。

「羽」の意味は鳥の「はね」だが、提喩によって鳥類の総称になる。

助数漢字としては、音で読まないで、訓で「は」（音便で「ぱ」「ば」「わ」になる）と読み、鳥の数を一羽《いちわ》、二羽《にわ》、三羽《さんば》と数える。これは日本的展開である。

## 「口」と「穴」の起源――助数漢字（73）

「（）の形に曲がる」のイメージは「∪の形にへこむ」「くぼむ」のイメージに転化する。「∪の形にくぼむ」は「丸い」のイメージに展開する。口・穴・脚などはこれらのイメージがある。

### 【口】 音コウ 訓くち

こんな字源説がある。

①「口の象形字。単に言食する所のみではない。すべての孔口を口といった。つまり〃あな〃の意味である」（『漢字の起源』）

②「象形。口の形。甲骨文字・金文には人の口の使用例はな

［口］

（甲）（金）（篆）

く、みな神への祈りの文である祝詞を入れる器の形」（『常用字解』）

③「人間のくちや穴を描いた象形文字。その音（k'ug）がつづまれば谷（穴の開いたたに）、語尾がngに伸びれば孔（あな）や空（筒抜けの穴）となる。いずれも、中空に穴の開いた意を含む」（『学研漢和大字典』）

①は珍しく正当な説である。②は甲骨文字に「くち」の使用例がないからと言って、「くち」を意味する言葉がなかったとは言えない。「口」を「祝詞を入れる器の形」とするのは歴史的な根拠があるのか不明。しかも「口」を含む漢字をすべてこれで解釈するのは疑問である。周代に生まれた漢字が一律に宗教の場から発生したとは限らないからである。

③は語源論の裏付けがある。古典に「口は空なり」という語源説があるが、学問的に深めたのは藤堂明保である。藤堂は口は、侯のグループ（喉・候）、谷のグループ（欲・容）、工のグループ（攻・空・腔・肛・江・項・功）、公、孔などと同源で、これらの語群は**KUG・KUK・KUNG**という音形と、「穴、突き抜ける」という基本義があるという（『漢字語源辞典』）。

改めて歴史的、論理的に字源・語源を述べてみよう。

古典漢語に「くち」を意味するk'ugという語があった。「くち」のイメージは古人も空との同源意識をもっていたように、突き抜けた穴である。これは「へこむ」「くぼむ」「丸い」というイメージがある。このイメージを図形化したのが「口」である。これによって「⊂」の形や、「∪」の形や、「○」の形のイメージを表すことができる。

くぼんだ形、へこんだ形、丸く突き抜けた形のものを**KUG**や**KUK**や**KUNG**という音の記号素で呼ぶ習慣（言語感覚）は周代以前に遡ると考えて間違いないだろう。これらのコアイメージが具体的文脈では人間の「くち」の意味となり（「口」と表記）、自然界では「あな」となり（「孔」と表記）、「たに」となり（「谷」と表記）、「そら」となり（「空」と表記）、人体では肛門の肛、胸腔の腔などとなった。

以上が「口」およびそれと同源の語と図形の発生した経緯である。

「口」は「くち」の形だから「くち」の意味になったと説明するのは簡単だが、漢字の発生（成立）の真実ではない。形から意味の方向ではなく、意味から形を説明するのが漢字の正しい理解である。文字学者の学説は形から出発するために、往々変わった説を生み出す傾向がある。世人はこれをおもしろがる。本書の最初に書いた「妖怪」とはこのような字源説なのである。

「口」は「くち」の意味から、言葉や、口でしゃべる意味（口外・口述の口）に展開する。また「穴」の意味もある（銃口・

火口の口）。

口をもつのは人間だけではない。換喩的レトリックにより、人間や家畜の意味にも転じる（人口・生口の口）。これから助数漢字の用法が生まれる。人や家畜の数を「口」で数える。『管子』に「十口の家」という用例がある。また道具や刀剣などを一口、二口と数える。

日本では訓で「くち」と読み、物を口に入れる回数や、申し込みの単位などを数える。

## 【穴】

音ケツ　訓あな

①（『漢字の起源』にない）

②「象形。土室の入り口の形」（『常用字解』）

③「宀（いえ）＋八（左右に分ける）」の会意文字で、ほらあなを掘り分けて、その中に住む穴居住宅を示す」（『学研漢和大字典』）

②は象形、③は会意の違いはあるが、人の住む洞穴（穴居住宅）を表す図形と考えられる。『説文解字』には「穴は土室なり」とあり、土室は意味の説明か、形の説明かはっきりしないが、『詩経』でも「穴」を穴居住宅の意味に使っているので、「穴」は③で言う通り、土を掘り分けて作った洞穴を暗示させる図形としても妥当である。

［穴］

（篆）

しかし語源的に見ると、藤堂明保によれば、fuət（穴）という語は潰・壊・毀などと同源で、「穴、掘る、押し下げる、凹む」という基本義があるという。これは「∪」の形（くぼむ、へこむ）のイメージと言い換えることができる。したがってfuətという語は「∪」の形がコアイメージで、これから「穴」のイメージに展開し、これからさらに人の住む洞穴の意味に展開したと考えられる。

助数漢字としては穴や洞穴の数を数える。また中国医学では経絡上にある気の出入り口を穴《けつ》というので、これの数を数える。穴の総数は三百六十五穴とされる。

# 「脚」の起源——助数漢字(74)

足と脚は何が違うか。字源・語源を尋ねてみよう。

## 【脚】

音キャク　訓あし

「脚」の字源説は次の通り。

①「却が声符。この音の表す意味は後方に逆退する意。歩行

［谷］

（篆）

［卻］

（篆）

［脚］

（篆）

の時後方に曲げる膝以下の部分、即ち脛をいう」(『漢字の起源』)

②「形声。音符は却。却は神判に敗れた者(大)と、口(祝詞を入れる器)の蓋を外したもの(𠙴《きょ》)をすて去るのを跪いている人が拝している形で、〝すてる、しりぞける、しりぞく〟という意味がある。それに肉を加えた脚は、しりぞくときの〝あし〟をいう」(『常用字解』)

③「去《ヨキ》は大(蓋をかぶせる)の下に𠙴(穴、くぼむ)をそえた象形文字で、蓋付きのくぼんだ容器を表す。却は人+音符去の会意兼形声文字で、人が後ろにくぼみ下がること。郤は人+谷(口の上のくぼみ)から成り、却と同じ。脚(=腳)は肉+音符却の会意兼形声文字で、膝の所で曲がって、後ろにくぼむあしの部分」(『学研漢和大字典』)

(注)𠙴は「去」の「厶」の部分で「凵《かん》」とは別。また「谷」は「たに」ではなく「郤《げき》」の左側の部分と同じ。

①は表現が分かりにくい。脛と脚は同じではない。②は却の説明が迂遠。「神判に敗れた者」と、「祝詞を入れた器の蓋を捨てて拝する形」との関係がよく分からない。なぜ退却の意味になるのかも理解し難い。また「しりぞくときの足」というのも分からない。前進する足と何が違うか。③は去・却・脚の三段階で説明し、いずれの段階にも「くぼむ」のイメージがあると指摘する。これが明解。

改めて字源を見てみよう。

まず字体が「腳」から「脚」に変わったことに注意すべきである。「腳」を分析すると「郤《キャク》(音・イメージ記号)+卩(イメージ補助記号)」となる。「谷《きゃく》」は鼻溝(鼻と口の間にあるくぼみ)を描いた図形で、「くぼむ」「へこむ」というイメージがある。「卩」は跪いた人を描いた図形。膝を曲げると「∠」の形になる。これは「V」の形や「U」の形にもなりうる。これは「へこむ」「くぼむ」というイメージである。「谷」も「卩」も「Vの形やUの形」というイメージをもつ記号である。

「しりぞく」ことを古典漢語ではk'iakといい、「郤(=却)」の図形で表記する。『荘子』に「逡巡して却く」(ぐずぐずしながら退却した)という用例がある。「しりぞく」とはどういうことか。出発点を「一」で示す。これが中央で下方に「V」の形にへこむと、後方へ引き下がるというイメージが生まれる。この行為・動作をk'iak(郤)というのである。

さて人体の各部分の名付けはその形態的特徴を捉えることが多い。膝は「折れ目」「切れ目」「ふし」のイメージによる命名。「折れ目」は「∠」の形のイメージである。足では膝から下が「∠」の形に折れる部分がある。足のこの部分を古典漢語ではkiakといい、「腳」と表記する。「郤」は右に述べた通り、「Vの形やUの形」というイメージをもっている。これは「∠」の形のイメージにも転化する。したがって「脚」は足の膝から下の「∠」の形に折れる部分を暗示させることができる。

篆文は「腳」であったが、隷書から字体が「脚」に変わった。「卻」が「却」に変わったのと平行した現象である。なぜ「𠔁」が「去」に変わったのか。形が似ていて紛らわしいということもあるが、イメージが似ている点が大きな理由である。

「去」は「厺」が本字である。「𠙴《キョ》（音・イメージ記号）＋大（限定符号）」と解析する。「𠙴」は底のくぼんだかごを描いた図形で、「下方にへこむ」「くぼむ」というイメージを表すことができる。「大」は人の形である。したがって「厺（＝去）」は人が一線から下方にへこんでいく様子を暗示させる。この意匠によって、「その場から引き下がる（さる）」の意味をもつ古典漢語 k'iag を表記する。

「去」も「∨」の形や「∪」の形にへこむというイメージがあり、「∠」の形というイメージにも展開するので、「卻」を「却」に変える根拠になるわけである。

以上で明らかになったように、「脚」は足のうち特に膝から下の部分を表す名称である。日本語では「すね」や「はぎ」が含まれる。英語では leg という。

「脚」は比喩的に脚に似た部分の意味にも使われる（橋脚の脚）。

助数漢字としては脚のある道具（机や椅子など）を数える。また脚の数を数えることもある。二人三脚など。

## 「法」と「犯」の起源――助数漢字(75)

法の字源は難しい。法は「去」という記号を含んでいる。右に見たように「脚」にも含まれている。何か関連があるのか。字源・語源を尋ねてみよう。

### 【法】 音ホウ 訓のり・のっとる

古字は「灋」である。これの字源説は次の通り。

①「水に従い［廌＋去］の声。この音の表す意味は〝囲む〟。法は水を流し去らぬように囲む意」（『漢字の起源』）

②「会意。水と廌（解廌《かいたい》と呼ばれる神聖な獣）と去（祝詞を入れる器の蓋を外して祝詞が何時江割であったとして無効のものとすることを示す）とを組み合わせた形。裁判に敗れた者（大）が、解廌と𠙴（蓋を外した祝詞の器）と一緒に水に流されることを灋といい、廃（すてる）の意味となる」（『常用字解』）

③「水＋廌《タイ》（鹿と馬に似た珍しい獣）＋去（ひっこめる）」の会意

［法］

（金）

（篆）

（篆）

文字で、池の中の島に珍獣を押し込めて、外に出られないようにしたさま。珍獣はその枠の中では自由だが、その枠外には出られない。広くそのような、生活にはめられた枠をいう。その語尾（p）がmに転じたのが範で、これも枠のこと」（『学研漢和大字典』）

①では存在しない字を音符とするのが奇妙。意味も理解できない。②では裁判に負けた者が神獣と祝詞の器を流すことから廃（すてる）の意味を導くが、なぜ法律・方法の意味になるのかが不明。③は図形からただ「枠」というイメージだけを導き、「人々の生活を取り締まるために定めた枠」を法の意味とする。これは分かりやすい。

③は語源論の裏付けがある。藤堂明保は法は乏のグループ（貶・窆・泛）、凡のグループ（帆・汎）、氾のグループ（笵・範・犯）と同源で、これらの語群は**PAP・PAM**という音形と、「枠をかぶせる、平らな面で覆う」という基本義があるとしている（『漢字語源辞典』）。

改めて字源を見てみよう。「法」は「灋」の「廌」を略した字である（「法」の篆文もあるから「法」も由来が古い）。「廌」は獬廌《かいち》とも呼ばれる空想上の動物である（実在ではない）。この動物は有罪・無罪を見分ける超能力があるとされ、裁判官のシンボルとされた。だから「灋」の造形に利用された。

「灋」を分析すると「去（イメージ記号）＋廌（イメージ補助記号）＋水（限定符号）」となる。「去」は前項の「脚の起源」で述べた通り、「一線からVの形やUの形にへこむ」「後方に引き下がる」というイメージを示す記号である。「水」は比喩的限定符号で、水際や、境界線を示す。したがって「灋」は、越えてはならない一線から引き下がるようにと、裁判官が境界線を設定した情景を暗示させる。この意匠によって、踏み越えてはならない枠、つまり「はみ出してはならない枠（きまり、さだめ、おきて）」の意味をもつ古典漢語piuăpという語を表記する。

「廌」を省略した「法」も「去」のイメージだけを用い、「引き下がるべき境界や限界」「越えてはならない一線」という解釈ができる。水は比喩と見るべきである。限定符号には比喩的限定符号もある。例えば験の「馬」、獄の「犬」などはその例。限定符号にこだわると意味を捉えそこねるか、または、余計な意味素を混入させたりする。

「法」は人の行為にはめて外れないようにさせる「おきて」の意味（法律の法）から、誰もが従うべき決まった仕方や手立ての意味（方法の法）に展開する。

助数漢字としては方法（仕方、やり方）を数える。法律の数を数えることもある（六法全書など）。『抱朴子』に「右一法、此《かく》の如し」とある法はやり方である。

**【犯】**　㊔ハン　㊕おかす

①「㔾《はん》が声符。この音の表す意味は干（害）。犯は犬が人を害する意」（『漢字の起源』）

②「会意。犭（獣の形）と㔾（人が前向けに俯く形）とを組み合わせた形。人が獣の上に乗りかかって獣を犯すの意味となる」（『常用字解』）

③「𢎘《カン》は下から伸びるものに対して、ㄱ型の枠で押さえたことを示す。犯は犬＋𢎘（枠）の会意文字で、犬が枠を破って飛び出すことを表す」（『学研漢和大字典』）

①では「㔾」はハンという音をもつ単独字ではないから、音符になりえない。害の意味を表すというのも理解不能。②は獣姦説。間違った図形の解釈というしかない。

③は語源論の裏付けがある。上で述べたように藤堂は犯と法を同源とする。法は「枠をかぶせる」が基本義である。では犯とは何か。藤堂は「枠をはめるという意味から、その枠をはみ出るという派生義を生じた。例えば氾濫の氾とは水が枠の外にあふれ出ることであり、犯罪の犯もまた法の枠を越えて外に出ることである」と述べている（『漢字語源辞典』）。

[𢎘]

（篆）

[犯]

（篆）

改めて字源を見てみよう。「𢎘（イメージ記号。㔾はその変形）＋犬（限定符号）」と解析する。「𢎘」（音はカン）は「フ」の形と「丂」の略体を合わせたもの。つまり「丂」の上部の「一」を「フ」の形に変えたもの。「丂」は下から上に伸び出ようとするものが上でつかえて曲がる様子を示す記号である（号・考などに含まれている）。上部の「一」を「フ」に変えた「𢎘」は、下から伸び出ようとするものに上からㄱ形の枠をかぶせる状況を示す象徴的符号である。

ここでイメージ展開を考える。上から枠や覆いをかぶせると、下のものは上に出られず枠や覆いを突き出ようとする。「（枠などを）かぶせる」のイメージは「（枠などを）突き破る」のイメージに転化する。このイメージ転化現象は漢語意味論の特徴の一つである。例えば冒険の冒（おかす）と帽子の帽（かぶりもの）は「突き犯す」のイメージと「覆いかぶさる」のイメージが可逆的（相互転化可能）なイメージであることを示している。

かくて「犯」の図形意匠が明らかになる。枠にはめようとした犬が枠を突き破ってはみ出て手に負えなくなる情景を設定した図形と解釈できる。この意匠によって、決められた枠（おきて、ルール）を破る、つまり法をおかすことを意味する古典漢語 biuăm を表記する。

「法」の水が比喩であったように、「犯」でも犬は比喩的限定符号である。犬や獣を意味に含めると②のような説が生まれる。漢字の見方はイメージ記号に重点を置くべきで、限定符号に囚われてはならない。

助数漢字としては犯罪の履歴を数える。前科二犯など。これは日本的展開である。

## ⒃「∞」(互い違い)のイメージ

「互い違い」「入れ代わり」のイメージで、「代」がこのイメージをもつ漢字である。

## 「代」と「袋」の起源——助数漢字(76)

### 【代】

㊀ダイ・タイ　㊁かわる・よ

こんな字源説がある。

①「弋《よく》が声符。この音の表す意味は易の意。代は易《かわ》りの人、即ち代人の意」(『漢字の起源』)

②「形声。音符は弋《よく》。弋はおそらくもと朩に作る字で、戚(まさかり)の刃から白い光を放つ形。朩は呪器として祓い清める力があるとされた。この弋を人に加え、禍を祓い清めて他に移すことができると考えられたので、代は改めの身となる」(『常用字解』)

③「弋《ヨク》は杙の形を描いた象形文字で、杙(棒ぐい)の原字。代は人＋音符弋の形声文字で、同じポストに入るべき者が互い違いに入れかわること。忒《トク》(互い違い)・貸(持ち主が入れ代わる)・袋(中に入る物が入れ代わる)と同系のことば」(『学研漢和大字典』)

[弋]

(甲)

(金)

(篆)

[代]

(篆)

①は弋が易の意を表すというのが分からない。堂々巡りの字源説。②は弋を朩と同じとするのが疑問(音が全く違う)。また「禍を祓い清める」「他に移す」「改める」の意味のつながりがはっきりしない。③では弋と代のつながりが不明。単なる音符とするのは疑問。

藤堂明保は『漢字語源辞典』では「弋は杙の原字であり、棒ぐいが古代の大切な工具であったことはNo.3で述べた。棒ぐいを用いて惟(いぐるみ)が作られる。いぐるみは矢の尻に縄をつけ、鳥や獣によじれてまといつく。代はよじれるという意味を含む代表的なことばの一つである」と述べている。かつ代およびそのグループ(惟・忒・貸)の語源について、藤、縢、縄、蠅と同源で、これらの語群はTÊK・TÊG・TÊNG

という音形をもち、「互い違い、よじれる」という基本義があるとしている。そうすると「弋」は単なる音符とは言えなくなる。

改めて字源を見てみよう。

「弋《ヨク》（音・イメージ記号）＋人（限定符号）」と解析する。「弋」は先端が二股になった棒状の工具、「いぐるみ」を描いた図形である。しかし「いぐるみ」という実体に重点があるのではなく、その機能に重点がある。糸をつけて発射し、鳥を絡め取る場合の形状に着目し、「∞の形にぐるぐる巻きつける」というイメージだけを用いるのである。「∞」の形は「A⇅Bの形に互い違いになる」というイメージに展開する。これはまた「A・B・A・Bのように入れ代わる」というイメージに展開する。

かくて「代」の図形的意匠が明らかになる。同じ場所（ポスト）に別の人と入れ代わる情景を暗示させるのが「代」である。この意匠によって、AとBが互いに入れ代わるという意味をもつ古典漢語dəgを表記する。

「A⇅Bの形に入れ代わる」というコアイメージは空間の軸では「AとBが互いに入れ代わる」という意味が実現されるが、時間の軸ではどうか。時間は連続して流れるもので切れ目はないが、人為的にある範囲に区切って節目を作ることはできる。Aという節目の次にBという節目が来ることは、これも「A⇅Bの形に入れ代わる」というイメージである。したがって時間の軸ではA→B→Cの形に、古いものが新しいものと入れ代わるようにして移っていくというイメージに展開する。ここから、親から子へ、王朝から別の王朝へと入れ代わっていく一定の期間という意味（世代・唐代の代）が実現される。

このように「代」は時間漢字であるが、助数漢字の用法も生まれる。王朝の数や、親子の交代の順位を一代、二代と数える。『論語』に「周は二代に監《かんがみ》れば、郁郁乎として文なる哉」（周の文化は二代［夏と殷の王朝］に照らしてみると、何とも目立ってあやがあるよ）という用例がある。

十代、二十代など、十年を基準にした年齢の数え方は日本的展開である。

## 【袋】　㊫タイ　㊙ふくろ

①（『漢字の起源』にはない）

②「帒・幐・袋はもと同じ語であろう。袋は〝ふくろ〟の意味で、隋・唐以後に用いられる字」（『常用字解』）

③「衣＋音符代（かわるがわる）の会意兼形声文字。物を入れ代えて運ぶ布の入れ物」（『学研漢和大字典』）

②では代からの説明がない。②の文字学はコアイメージの概念を欠くので、形声文字の解釈が原理的にできない。③で

は「代」の「かわるがわる、代える」のイメージから解釈している。

改めて字源を見てみよう。「代《イタ》（音・イメージ記号）＋衣（限定符号）」を合わせた字。「代」は上で既述。「弋」は先端が二股になった棒状の工具（いぐるみ）の形である。いぐるみに糸をつけて発射し、鳥を絡め取るときの形状に着目すると、「∞の形にぐるぐる巻きつける」というイメージがある。「∞」の形は「A⇄Bの形に互い違いになる」というイメージに展開する。これはA⇄Bの形、あるいはA→B→A→Bの形に入れ代わるイメージと言い換えてもよい。

「ふくろ」を表す「袋」はこのイメージが取られている。「袋」は物を次々に入れたり出したりできる布製品を暗示させる。この字は六朝時代に初出する。

ちなみに「貸」とはAとBの間に金銭のやりとりが行われ、持ち主が入れ代わる行為である。日本語の「かす」と「かりる」に当たる。「借」もこれらに当たる。しかし「かす」には貸、「かりる」には借を使い分けるようになった。

「袋」は助数漢字としては袋に入れたものを一袋、二袋と数える。『数学九章』（宋、秦九韶撰）に「塩一十三袋」の用例がある。

# Ⅲ　分野別の助数漢字

## (1) 容器に由来する助数漢字

容器によって中身を数える助数漢字とするのは換喩的転義である。代表的な杯や、瓶・缶・袋は既述。

### 「椀」の起源——助数漢字(77)

「椀」はⅡの「イメージ別の助数漢字」のうちの15に当たる。

**【椀】**　㊮ワン

篆文の字体は「盌」となっている。「宛」については次の字源説がある。

①「夗が声符。この音の表す意味は深奥の意。宛は宮室の窈然として深曲の意」（『漢字の起源』）

②「宀は廟。廟中に人が坐して祖霊を拝している形」（『字統』）

［夗］

（篆）

［宛］

（篆）

［盌］

（篆）

③「宛は人が丸く体をくねらせたさま。宛は宀（やね）＋音符夗の会意兼形声文字で、覆いの下で体を丸くかがめることを示す」（『学研漢和大字典』）

「椀」については次の通り。

①「宛が音符で小さい容器の意味を表す。椀は小どんぶり」

②（『常用字解』『字統』にない）

③「木＋音符宛（丸く曲がる）。食物を盛る丸くえぐった木製の容器」

「宛」の字源に戻る。「夗」は「夕（よる）」と「㔾（しゃがんだ人）」を合わせただけの舌足らず（情報不足）な図形である。「㔾」は背を丸めた形でもある。したがって「夗」は夜間に背を丸めて寝る情景と解釈できる。「夗《エン》（音・イメージ記号）＋宀（限定符号）」を合わせたのが「宛」で、これも「夗」と同様に解釈でき、二つとも「〇の形や（の形に曲がる」というイメージを表す記号になる。

具体的文脈では『詩経』に「宛《えん》たる彼の鳴鳩」（カッコウがくるりと身を返す）という用例があり、「体をくねらせる」や「くねくねと曲がる」という意味で使われている。日本では「あてる」や「あて」に使うが、全くの当て字。

「宛」「夗」は次のグループによく「（の形や）の形に曲がる」というコアイメージが生きている。

苑《エン》…周囲に垣を丸くめぐらした所（その）。

婉《エン》…女性の体がくねくねと曲がってなまめかしい。「婉転」

菀《エン・オン》…柔らかく曲がったひげ根をもつ草、紫菀《しおん》。

豌《エン》…くねくねと曲がった巻きひげをもつ豆類の草、豌豆《えんどう》。

蜿《エン》…虫などが体をくねらせて進むさま。「蜿蜒《えんえん》」

鴛《エン》…）形に曲がった銀杏羽をもつ鳥、おしどり、鴛鴦《えんおう》。

また手首は（の形に曲がる部位であるので「腕《わん》」という（「うで」は日本的用法）。uan（ワン）という容器は、上から見ると〇の形、横から見ると）の形を呈するので「椀」と書く。したがって字源は「宛《エン》（音・イメージ記号）＋木（限定符号）」と解析する。椀・碗・鋺・埦は素材の違いで限定符号を変えただけで、語としてはすべて同じである。

飲食物を入れた器を一椀、二椀と勘定する。お椀そのものを勘定する場合は一個、二個でよい。容器でもって中身に代えるのは換喩のレトリックである。助数漢字にはこのような比喩も多い。

## 「尊」と「樽」の起源――助数漢字（78）

「尊」は「とうとい」の意味の前は「たる」の意味があり、助数漢字に使われていた。

## 【尊】 ㊖ソン ㊙とうとい

こんな字源説がある。

①「酋（酒壺の形象）に従い寸の声の字。寸（手）は羞《すす》める意を表す。手（シウ）の音が転じてソンの音となった。尊は酒を羞める意」（『漢字の起源』）

②「会意。酋（酒樽から酒気のあらわれている形）と寸（古くは廾）とを組み合わせた形。尊は酒樽を両手で捧げて神前に置く形で、酒樽の意味となる。尊を〝たっとぶ、とうとい〟の意味に用いるが、それは酒樽を賜うことによって位階の順序が定められたからであろう」（『常用字解』）

③「酒とっくりの形＋手の会意文字で、すらりと形のよい礼式用の酒器。形よく上品で安定している意から、たっといの意に用いる」（『学研漢和大字典』）

①では寸が羞めるの意を表すとか、シウがソンの音に転じたというのが不可解。しかも尊に「酒をすすめる」の意味の用例はない。堂々巡りの字源説。②では尊が「たっとぶ」の意味をもつ理由について、酒樽を賜うことで位階の順序を決めるからというが、疑問である。酒樽を賜うことと位階の順序の関係に必然性があるとは思えない。

［尊］

（甲） （金） （篆） （篆）

③は語源論の裏付けがある。藤堂明保は尊のグループ（蹲・遵）は、寸のグループ（付）、存、夋《しゅん》のグループ（竣・逡・俊・駿・酸）、孫のグループ（遜）、卒のグループ（粋・翠・酔・砕）などと同源で、これらの語群はTSUÊN・TSUÊTという音形と、「くびる、すらりと細い、小さい」という基本義をもつという。そして「（尊は）すらりと背の高い酒樽である。貴重で優美なところから、尊卑の尊（たかい、たっとい）を派生する」と述べる（『漢字語源辞典』）。

改めて字源を見てみよう。

古典漢語で酒を入れる容器の一つにtsuenという名の器があり、これを「尊」の図形で表記する。『詩経』に「犠尊将将たり」（牛を象った酒器はすらりと美しい）という用例がある。

「尊」を分析すると「酋＋寸」となる。別の字体は「酋＋廾」。「酋」は「八（左右に分かれる符号）＋酉（酒壺）」を合わせて、酒壺から酒の香りが発散する様子を暗示させる。「寸」は手の形、「廾」は両手の形（いずれも手の動作に関わる限定符号）。「酋（イメージ記号）＋寸または廾（限定符号）」を合わせた「尊」は、搾りたての酒の入った酒壺を大事に（重々しく）捧げ持つ情景を設定した図形である。この意匠によって、儀礼に用いる重々しく立派な酒器を意味するtsuenを表記する。

酒器の形態的特徴から、「尊」には「ずっしりとして重々しい」「重みがあって立派である」というイメージがあるので、重々しく値打ちがある（たっとい、とうとい）の意味（尊厳の尊）、また、重々しく大事に扱う（たっとぶ、とうとぶ）という意味（尊敬の尊）が生まれる。

助数漢字としては酒の入った酒器を一尊、二尊と数えたが、後に尊は樽と書かれるようになった。

また「尊」は尊いもの（本尊など）の意味にも展開するので、本尊や仏像を数える助数漢字になる。

## 【樽】 音ソン 訓たる

「尊《ソン》（音・イメージ記号）＋木（限定符号）」を合わせた字である。右に述べたように「尊」は酒器の名であったが、周代の早い頃（春秋時代）に「とうとい」の意味に用いられるようになった。そのため酒器の名には「樽」と書かれるようになった。

助数漢字としては酒の入った酒器の数を数える。一樽の酒など。

日本では訓で「たる」と読む。入れるものは酒とは限らない。「たる」に入ったものを一樽、二樽と数える。

# 「槽」と「桶」の起源——助数漢字(79)

二つとも「おけ」であるが、用途の違いがある。

## 【槽】 音ソウ

①（『漢字の起源』にはない）

②「形声。音符は曹。曹は原告・被告の二人がともに東（嚢の形）に釣金などを入れ、神に宣誓して裁判が始まることをいう。それで二列に並んだ桶の類を槽というのであろう」（『常用字解』）

③「木＋音符曹（いくつも並べる、ぞんざいに扱う）の会意兼形声文字で、いくつもあって、大切でない木の容器。動物の飼料おけ」（『学研漢和大字典』）

②は原告と被告と二人の裁判から、なぜ二列に並んだ桶という意味が出るのか、理解するのが難しい。③では「いくつもあって大切ではない」という解釈が少し疑問。

改めて字源を見てみよう。「曹」は「𣗥＋曰」を合わせた形である。「東」は土嚢の形で、「𣗥」は特徴のない似たもの同士が並ぶというイメージを示す記号である。これは「ぞんざいに居並ぶ」「適当に寄り集まる」というイメージと言い換えてもよい。「𣗥《ソウ》（音・イメージ記号）＋曰（言語行為に関わる限定符号）」を合わせて、言いつけて仕事をさせるために何人

［曹］

（金）

（篆）

かを寄せ集める情景を暗示させる。この意匠によって、雑用に使う召使いの意味をもつ古典漢語dzogを表記する。『詩経』に「乃《すなわ》ち其の曹を造《いた》らしむ」（そこで召使いを呼び寄せた）という用例がある。寄り集まった仲間や下級の役人の意味はその転義である。

「曹」には「適当に居並ぶ」「ぞんざいに寄せ集める」というイメージがあるので、遭遇の遭（予定外で会う）や糟糠の糟（雑多に寄せ集めた穀物のかす）などの基幹記号を構成する。

「槽」の図形的意匠もこれによって明らかになる。家畜に食わせるために餌を寄せ集めておく器を暗示させる図形である。これによって、餌を入れる容器（かいばおけ）を意味する古典漢語のdzogを表記する。

助数漢字としては、かいばおけに似た器（液体などを入れる）を一槽、二槽と数える。

## 【桶】 音トウ 訓おけ

「甬《ヨウ》（音・イメージ記号）＋木（限定符号）」を合わせた字。

「甬」は「筒形、円筒形」というイメージを表す記号。これについては「通と便の起源——助数漢字（64）」で述べている。したがって「桶」は円筒形の容器の名である。日本語の「おけ」にほぼ相当する。

［甬］

（金）

（篆）

［桶］

（篆）

助数漢字としてはおけに入れたもの（水など）を数える。

日本では「おけ」と訓で読むのが普通。

現代中国では容積の単位であるバレルに用いる。

# 「壺」と「鉢」の起源——助数漢字（80）

## 【壺】 音コ 訓つぼ

①（『漢字の起源』にない）

②「壺の器と蓋の全形に象る」（『字統』）

③「つぼの形を描いた象形文字。上部の士印は蓋の形。腹が丸く膨れて、瓠《コ》（うり）と同じ形をしているのでコという。瓠・瓜と同系のことば」（『学研漢和大字典』）

③は字源と語源を同時に説明している。付言すれば、「丸い」というコアイメージをもつ果・管とも同源である（「果と管の起源——助数漢字（17）」の項参照）。また、ころころと丸い形状のものを古典漢語では二音節語で壺盧《ころ》という。壺盧は具体的文脈ではヒョウタンの意味になり、葫蘆とも表記される。植物ではほかに果贏《から》（キカラスウリ）、動物では蝸螺《から》（カタツムリ）、

［壺］

（篆）

蜾蠃《から》（ジガバチ）がある。ジガバチは腰部が丸い蜂である。

「壺」は助数漢字としてはつぼを数える。また、つぼに入っているもの（水や酒など）を数える。日本では「つぼ」と訓読みにすることが多い。

## 【鉢】　音ハチ

仏教が東方に伝来し、仏典が翻訳されるようになった時代に、サンスクリットの**pātra**の**pa**または**pat**の部分を音写するために考案された漢字である（pātraを鉢多羅と書いた）。近似的に「本（puən）」を音符とし、「鉢」を**puat**と読んだ。音符としてはかなり緩い。漢字の音符とは発音符号ではなく、言葉（記号素）の音声部分を暗示させるだけである。音を暗示させる機能よりも重要なのはイメージを暗示させることである。だから筆者は音符ではなく、音・イメージ記号と呼んでいる。

外来語の音写の方法は音を暗示させれば十分であるが、イメージも兼ねることが多い。これは漢字の造形法に乗っかるために、音意両訳という手法が取られるからである。

なぜ「本」が選ばれたかは、**pa**の部分を暗示させるためであるが、「本」のイメージも取られている。「本」は木の根元の部分を表し、「膨れて太い」というコアイメージがある（字源については「本の起源——助数漢字（5）」の項参照）。イメージを図示すると、「」の形である。下の方に段々と広がるイメージである。上下の視点を変えると、「」の形になる。これは上方に向けて段々と開くイメージである。**pātra**という器は僧侶が乞食《こつじき》を行うときに用いる食器で、口の部分が大きく広がっている。この形状の特徴を捉えるため「本」が選ばれたのである。

後に「盋《はち》」という字体も現れた。「犮」は抜・祓（はらう）などを構成する記号で、「左右に分かれる」というイメージがある。「盋」も器の形態的特徴を捉えた図形である。

托鉢用の器の意味から、それに似た口の大きく開いた容器の意味に転じる。助数漢字としては鉢に入れたものを数える。

# 「俵」の起源——助数漢字（81）

由来のはっきりしない字で、日本では「たわら」に当てたため、助数漢字の用法が生まれた。

## 【俵】　音ヒョウ　訓たわら

①「使用例がない。僄の別字か。わが国で使う一俵二俵の俵は包の意」（『漢字の起源』）

［表］

（篆）

②「形声。音符は表。人に分け与えることをいう。国語では〝たわら〟の意味に用いる」（『常用字解』）

③「人＋音符表（おもてに出して広げる）の会意兼形声文字。ばらばらに散らす、また、分け与える意」（『学研漢和大字典』）

①では俵と包を結びつけるのが無理。②では表からの解釈を放棄している。

字源は「表《ヒョウ》（音・イメージ記号）＋人（限定符号）」である。「表」にコアイメージの源泉がある。「毛（イメージ記号）＋衣（限定符号）」を合わせて、毛のある部分を衣の外側にする情景を暗示させる図形である。この意匠によって、「表面に浮かび上がる」「浮き上がって出る」というイメージを表すことができる。これは「内側から外側に向けて分かれ出る」というイメージに展開する。したがって「俵」は自分の物を人（外部）に分散させて出す様子を暗示させる。この意匠によって、分けて与えることを「俵」で表記した。この字は後漢の頃に初出。

「俵」は古典で実用例が少ないが、俵米（米を分け与える）という使い方がある。日本では「俵」を「たわら」に当てた。「たわら」とは官吏に与える扶持米を五斗ずつ分けて入れた袋である。

助数漢字としては俵に入れたもの（米など）を一俵、二俵と数える。これは日本的展開である。

## (2) 体に由来する助数漢字

体に由来する助数漢字である口・面・頭・首・項・指・脚は別項で取り上げている。

### 「体・身・軀」の起源——助数漢字(82)

「からだ」を表す漢字に体・身・軀がある。これらはどんな違いがあるのか、字源・語源から尋ねてみよう。

**【体】** 音タイ 訓からだ

「體」が正字（旧字体）。こんな字源説がある。

①「豊《れい》が声符。この音の表す意味は分離の意。體の原義は動物犠牲の骨つきで分けた部分の一塊」（『漢字の起源』）

②「形声。音符は豊《れい》。もと犠牲の〝からだ〟をいう」（『常用字解』）

③「豊《レイ》（きちんと並べるの意）＋骨の会意文字。尸《シ》（人の横に寝た姿）と同系のことばで、各部分が連なってまとまりをな

［体］

（篆）

した人体を意味する。のち広く、からだや姿の意」（『学研漢和大字典』）

（注）豊は豊富の豊《ほう》（ゆたか）とは別で、禮に含まれる豊《れい》と同じ。

①では豊が分離の意を表すというのが理解不能。體の意味の取り方もおかしい。②では豊の説明がないので、なぜ犠牲の体なのか分からない。形声文字の説明が原理的にできない。③は「礼」の項で豊の分析を行っている。「豊《れい》はたかつき（豆）に形よくお供え物を盛ったさま」とある。

「體」は犠牲の体や人間の体に限定されない。一般に動物のからだである。『詩経』に「鼠を相《み》れば體有り、人にして禮無し」（ネズミには体があるけれど、人間なのに礼がないなんて）という用例がある。「体」と「礼」を対比している所に詩法のおもしろさがある。

改めて字源を見てみよう。

「豊（イメージ記号）＋骨（限定符号）」と解析する。「豊」は豆（たかつき）の上に供え物が形よく盛りつけられている図形である。儀礼用の器を豊《れい》という。しかし具体はすべて捨象して「形よく整う」という抽象的イメージだけが取られる。かくて「體」は形よく組み立てられた骨格を暗示させる。動物のからだは足部—胴体—頭部と各部分によって形よく（また順序よく）組み立てられている。だから「からだ」の意味をもつ古典漢語 tʻer を「體」という視覚記号で表記する。

（注）字体は體から躰→体と簡略化された。人偏があるからといって人間のからだに限定されない。

からだの各部分の集合が「体」である。各部分も「体」といえる（肢体・上体の体）。また全体に視点を置くと、部分を組み立てた全体、つまりシステムの意味が生まれる（体系の体）。

助数漢字としては体の各部分を数える。四体は頭・胴・手・足、五体は頭と両手・両足。また特に死体や遺体を数える。

人間の体になぞらえて仏像なども一体、二体と数える。

## 【身】 音 シン 訓 み

①「∈（腹中にさらに一身ある形）に従い（意符）千の声（声符）の形声字。妊娠の娠の意である」（『漢字の起源』）

②「象形。妊娠して腹の大きな人を横から見た形。身ごもることをいう」（『常用字解』）

③「女性が腹に赤子をはらんださまを描いた象形文字。充実する、いっぱい詰まるの意を含み、重く筋骨の詰まったからだのこと」（『学研漢和大字典』）

［身］

（金）

（篆）

①では千を音符とするのが奇妙。②ではコアイメージという概念がないから、「みごもる」がなぜ「からだ、み」の意味になるのか、説明がつかない。

③は語源論の裏付けがある。藤堂明保は真のグループ（塡・顚・慎・鎮）、㐱《しん》のグループ（診・珍）、至のグループ（致・室・窒・桎・耋）、質、秩などが身と同じ単語家族に属し、これらの語群は**TER・TET・TEN**という音形と、「いっぱい詰まる」という基本義をもつといい（『漢字語源辞典』）、上記の通り、「みごもる」ことと「からだ、み」の結びつきを合理的に説明している。

改めて字源・語源を見てみよう。

「身」はおなかの膨れた女性を描いた図形である。胎児をはらんでいるので、「中身が詰まる」というイメージを表すことができる。

古典漢語で生身の体をthienといい、これを「身」で表記する。生きた体は肉・骨・内臓などが詰まっているから、生身のからだをthien（身）というのである。『詩経』では「我其の声を聞けども、其の身を見ず」（その人の声は聞こえるけれど、身が見えない）という用例がある。物体としての「体」が見えないというのではなく、その人自身が見えないということで、生きた身体は人そのものである。だから我が身（自分自身）という意味が生まれる。

日本人は「身」に「からだ」ではなく「み」の訓を当てた。「み」とは「生命のこもった肉体」の意味である。一方、「からだ」とは「生命のこもらない形骸としての身体」の意という（『岩波古語辞典』）。「身」を「み」と読み、「体」を「からだ」と読んだ古代の日本人はよく漢字が分かっていたと言わねばならない。

助数漢字としては、仏像などを数える（古典に見えるが、日本ではあまり使わない）。これは体と同じ用法である。

## 【軀】 音ク 訓からだ

①（『漢字の起源』にない）

②「形声。声符は區。区に部分に分つ意があり、分節的なものをいう。軀は体軀をいう」（『字統』）

③「身＋音符區（細々した、小さく曲がる）の会意兼形声文字で、人が背を曲げた姿。また、細々した部分を含むからだと考えてもよい」（『学研漢和大字典』）

②は珍しく正しい字源説である。しかし体軀の軀の説明が舌足らずである。③は二つの説明をしているが、後の説が妥当であろう。

［区］

（甲）

（金）

（篆）

［軀］

（篆）

改めて字源を見てみよう。

「區《ク》（音・イメージ記号）＋身（限定符号）」と解析する。「區」については「区と句の起源──助数漢字（23）」で述べているが、もう一度振り返る。「區」は「匸（区切ることを示すイメージ記号）＋品（多くの物や場所を示すイメージ記号）」を合わせて、多くの物や場所に区切られている情景を暗示させる図形。この意匠によって、「小さく区分けする、区切る」というイメージを表す。

頭は頸の部分で胴から分かれ、手足も胴体から分かれている。このように胴体からいくつかに区切れているものとしての体を古典漢語ではk'iugといい、これを「軀」で表記する。特に体の中心をなす部分を体軀（ボディー）、軀幹（中心をなすボディー）という。

助数漢字としては仏像などを一軀、二軀と数える。

## 「手」と「足」の起源──助数漢字（83）

手・足そのものは本で数えるが、「手」と「足」は手・足に関係のない助数漢字である。

### 【手】 音シュ 訓て

字源に関しては異説がない。手首から先の五本指を描いた図形が「手」である。

［手］

（金）（篆）

古典漢語では「て」を表す語をthiogといい、これを表記する視覚記号を「手」とした。『詩経』に「手は柔荑《じゅうてい》の如し（彼女の手は柔らかいツバナ［チガヤの穂］のようだ）」という用例がある。「手」は手首から上の全体で、指と掌を含む部分である。

thiog（手）の語源について探求したのは藤堂明保しかいない。藤堂は舟、周、州、丑、肘、守のグループ（狩）、収、受のグループ（授）、獣、畜、逐、討、囚、衆、冬のグループ（終）などが手と同じ単語家族に属し、これらの語群はTOG・TOK・TONGという音形と、「ぐるりと取り巻く」という基本義をもつという（『漢字語源辞典』）。

thiogという語は五本の指を曲げて物を囲むようにして摑む手の機能に由来する。したがって「中の物を周囲から枠を作って囲む」が「手」のコアイメージと見ることができる。

「て」の意味から、手で行う技・手立ての意味（手段の手）、技術の優れた人の意味、特定の仕事をする人の意味（歌手の手）に展開する。

助数漢字の用法としては、中国では優れた技量を数える。日本では訓で「て」と読み、手段（特に武道や、碁や将棋などの勝負事の技）を一手、二手と数える。相撲では四十八手がある。

# 【足】

音ソク　訓あし・たりる

こんな字源説がある。

①「足・正・疋《しょ》は同字。脚の膝頭とそれ以下足部の全象形である」（『漢字の起源』）

②「象形。膝の関節から下の足の形。足は〝あし〟の意味のほかに、〝たりる、たる、たす〟の意味に用いる」（『常用字解』）

③「膝から足先までを描いた象形文字で、関節がぐっと縮んで弾力を生み出すあし。捉（指を縮めて摑む）・促（間を詰めて急がす）・縮（ちぢむ）と同系のことば」（『学研漢和大字典』）

字源は三説とも同じだが、②は語源の発想がないため「たりる」の意味を説明できない。③では「縮める」という基本義を見るので、「押し縮めて、いっぱいに詰まる」が「たりる」の意味と捉えている。

古典漢語で「あし」をtsiukという。この語源について藤堂明保は取のグループ（趣・聚・驟）、走、芻《すう》のグループ（趨・皺）、束のグループ（速・嗽・竦）、族のグループ（蔟・嗾）、叢、従のグループ（縦・慫）、奏のグループ（湊）、送、宗と足のグループ（促・捉）が同源で、これらの語群はTSUG・TSUK・TSUNGという音形と、「ぐっと縮める、一所に集めそろえる」という基本義があるという（『漢字語源辞典』）。

［足］

（甲）

（金）

（篆）

手の機能は「周囲を囲む」ことにあるが、足はどうか。歩くとき、一方の足が前に踏み出すと、他方の足は前の足に引きつけた形になり、この動作を繰り返して進むことができる。空間に視点を置くと、両足の間隔を縮めて一歩一歩と進む。A点からB点に進むと、離れていた二点間の距離は短縮される。ここに「空間的、時間的に間を狭める（短縮させる、縮める）」というイメージが存在する。「あし」をtsiukというのは縮や粛と同源で、「縮める」という足の機能に基づくのである。

「縮める」というコアイメージから「あし」の意味だけではなく、「たりる」という意味が実現される。「空間的に間を狭める（縮める）」というイメージは「二点間の距離を隙間なく埋める」というイメージに転化する。このイメージから「隙間がいっぱい満ちる（欠け目なくいっぱい満ちる）」という意味、また、「隙間を十分埋める（欠け目がないようにいっぱい満たす）」という意味が生まれる。前者が日本語の「たりる」、後者が「たす」に相当する。

「あし」と「たりる」は日本語では関係がないが、古典漢語では「縮める」というコアイメージから展開する意味である。漢字の解釈（意味の理解）にはコアイメージの概念が必須である。

助数漢字としては履き物を一足、二足と数える。これは日本的展開である。

## 「目」と「眼」の起源——助数漢字（84）

目と眼は両方とも「め」である。何が違うか、字源・語源から尋ねてみよう。

### 【目】　音モク　訓め

① 「目の全体象形である。ボクの音は黒目玉の黒の音である。目字の原義は黒目玉」（『漢字の起源』）

② 「象形。めの形。古くは横長の形であるが、今は縦長の形である」（『常用字解』）

③ 「めを描いた象形文で、まぶたに覆われているめのこと。モクとは木（葉をかぶった立ち木）・沐（水をかぶる）・冒（かぶる）などと同系のことば」（『学研漢和大字典』）

字源は異説がない。語源に触れているのは①と③だが、①では黒《こく》と目《もく》を関係づけて黒目玉とするのが奇妙。同語反復の説である。③は目・木・冒に「かぶる」「覆う」という共通の基本義を見る。

［目］

（甲）（金）（篆）

改めて語源を考えてみよう。

古典漢語で「め」をmiukといい、「目」と表記する。また「き」（樹木）をmukといい、「木」と表記する。「目」と「木」は語形が非常に近い。③でいうように、両者は同根と考えられる。では二つにいかなる共通性（共通のイメージ）があるのか。それは形態的特徴であろう。「木」は枝葉に覆われている。「上からかぶさる」というイメージがある。古人は「木は冒（かぶさる）なり」という語源意識をもっていた。では「目」はどうか。まぶたに覆われて保護されている。「覆いかぶさる」というイメージが「目」と「木」の形態的特徴だといえる。

「目」は『詩経』に「巧笑倩《せん》たり、美目盼《はん》たり」（にっこり笑えば愛らしく、美しい目がぱっちり開く）という用例があり、「眼」よりも古い。甲骨文字にも「目」はあるが「眼」はない。「め」をmiukと呼び、顔面における「め」の生理的機能（まぶたに覆われて保護される）の特徴を捉えて命名されたといってよいだろう。

意味は「め」の機能と、人体における「め」の位置づけから展開する。「め」の機能からは換喩的転義をする。それは目で見て何かを行う意味（目撃・目礼の目）。人体における重要な器官という特徴からは隠喩的転義をする。それは大切な所・ポイントの意味（眼目の目）、また、目印として掲げるものの意味（目標の目）、要点や内容を区分けしたものの意味（項目の目）である。

　助数漢字としては項目を数える。

　また、中心となる点・ポイントという意味から、目印や点や、また線の交わった交点、格子状のものという意味も生まれる。これを日本語では「目《め》」という。囲碁では盤上の交点を目《め》、また目《もく》という。「目」を音で読む場合は碁の目数や碁石の数を一目、二目と数える。

　一方、訓で「め」と読む場合は升目や網目などを数える。

## 【眼】　音ガン　訓め・まなこ

①「艮が声符。この音の表す意味は丸い目の玉の意。外観からは目と呼び、丸い内容からは眼と呼び、両者同じ意」（『漢字の起源』）

②「形声。音符は艮。限は神の梯の前に邪悪なものが神聖な場所に立ち入らないようにするために目（呪眼）を掲げておき、人がおそれて後ろ向きになって退散することを示す。

［艮］（篆）　［眼］（篆）

眼はその呪力のある〝め〟をいう」（『常用字解』）

③「艮は目＋匕首の匕（小刀）の会意文字で、小刀で限取った目。または、小刀で彫ったような穴にはまっている目。一定の座にはまって動かないの意を含む。眼は目＋音符艮の会意兼形声文字で、艮の原義を表す。痕（穴の開いた傷あと）・根（穴を開けてはまりこんだ木のね）と同系のことば」（『学研漢和大字典』）

　①は艮が丸い目の玉の意というのが理解不能。②では「呪眼を掲げる」とか「呪力のある目」というのが理解し難い。呪術・宗教的解釈をするなら起源の古い「目」で行うべきで、起源の新しい（おそらく周代後期）「眼」で行うべきではあるまい。

　③は語源論の裏付けがある。藤堂明保は艮のグループ全体（眼・根・痕・恨・跟・很・限）が一つの単語家族を構成し、KÊNという音形と、「じっと止まる」という基本義をもつとしている（『漢字語源辞典』）。

『易経』に艮という卦（六十四卦の一つ）があり、「其の背に艮《とど》まる」（その背中にじっと止まる）という文句がある。「艮」は「じっと止まる」がコアイメージと考えてよい。

　改めて字源を見てみよう。

「艮《コン》（音・イメージ記号）＋目（限定符号）」と解析する。「艮」

を分析すると「目＋匕」となる（篆文の字体）。「匕」は匕首の匕で、ナイフの形。これは物を切ったり彫ったりする（あるいは、模様や印をつける）道具である。「艮」は「目」と「匕」を合わせただけの極めて舌足らず（情報不足）な図形であるが、「じっと止める」のイメージをもつ語を図形化するために創作されたので、目の周りに何かの模様（例えば、隈取りや入れ墨など）をつける情景を暗示させようとしたと考えられる。この図形的意匠によって、「（印や傷をつけて）消えない痕跡を後に残す」「いつまでも止まって動かないようにする」というイメージを表すことができる。これが「じっと止まる」というイメージとつながってくる。

かくてなぜ「め」をngenと呼び、「眼」と図形化されたかが見えてくる。「め」には既に「目《もく》」という語があったのに、なぜ「眼《がん》」が生まれたのか。「目」はまぶたに覆われて保護され、それを開閉して物を見る働きをもつ「め」というイメージから生まれた。それは生理学的視点に立つ「め」である。これに対し、「眼」は穴に入っている目玉というイメージの語である。これは解剖学的視点に立つ「め」である。もちろん「眼」が生まれた理由はこれだけではない。視線を対象に止める働きもある。眼識・肉眼など目の働きを強調する語が「眼」である。

「艮」は「いつまでも消えない痕跡を残す」「いつまでもじっと止まって動かない」というイメージを表す記号である。「眼」にこのようなイメージがあるのか。目玉は穴に入って動かないものであり、死んだ後の頭蓋骨には丸い穴がいつまでも痕跡として残る。このように「眼」には穴のイメージもある。銃眼や方眼紙の「眼」はまさしく「穴」の意味である。「目」にはこのような意味はない。

助数漢字としては目玉を一眼、二眼と数える。また古典では穴を勘定する。白居易の漢詩に「一眼の湯泉流れて東に向かう」の句がある。

また碁の用語で、石が生きるための目を眼《がん》という。一眼だけでは死ぬ。二眼以上あれば生きる。

## 「頁」の起源――助数漢字(85)

日本では「ページ」と読むが、もともと当て字である。

**【頁】** 音ケツ　訓ページ

① 「人の身体の全体の形象。跪坐して頭の地に至るの形象」（『漢字の起源』）

② 「象形。頭を中心とした人の側身形で、頭上に廟中の祭事

[頁]

（甲）

（金）

（篆）

のときにつける飾りをつけている。儀礼を行うときのいわゆる礼貌の姿」(『字統』)

③「人間の頭を大きく描き、その下に小さく両足を添えた象形文字」(『学研漢和大字典』)

「頁」はɦet(ケツ)という音をもっていたので、頭の意味があったのであろうが、単独でその意味に使われたことはない。常に漢字の造形法における要素、一つはイメージ記号(例えば憂)、他は頭部を示す限定符号(例えば顔、額)に使われる。助数漢字としては書物などのページを勘定するのに使われる(中国ではyèと読み、日本ではページと読む)。

この助数漢字の用法は中国で生まれた。昔、子どもの習字用の竹片や紙片を一䈎《よう》、二䈎と数えた。「䈎」は和装本のページを勘定する「葉」(表と裏の2ページ)と似ている。両方とも「薄く平らな」のイメージから来ている。だから「䈎」は「葉」とも書かれた。近代中国語になると「䈎」と「葉」は「頁」と同音となったため、「䈎」「葉」の代わりに「頁」を使うようになった。

## 「腰」と「領」の起源――助数漢字(86)

要領は大切なポイント。腰と領《くび》は体において二つのものをつなぐ結節点に当たる。

### 【腰】 音ヨウ 訓こし

①「要は腰の原字」(『漢字の起源』)

②「形声。音符は要。要は女子の腰骨の形。要が腰のもとの字」(『常用字解』)

③「要の金文は、両手で袋を細く締めているさま。篆文は脊柱を両手で締めているさま。のち下部が女の字となった。腰は肉＋音符要の会意兼形声文字で、細く締めるウェスト」(『学研漢和大字典』)

「要」が「腰」の原字とするのは三者共通で、これが定説になっている。「要」も「こし」の意味があり、こし→大切なポイント(要領・要点の要)の意味に展開する。

しかし「要」が要約・要求の要に転義する理由については①②では説明できない。それは意味論においてコアイメージという概念を欠くからである。③では「締める」を要のコアイメージと見るので、物事を締めくくる(要約の要)、締めつけて絞り出す(要求の要)という意味展開を導く。

「腰」は助数漢字としては帯を数えた。帯は腰を締めるか

[要]

らである。
日本では訓で読み、腰に佩くもの（袴や太刀など）や、矢を盛った箙（えびら）を数える。

## 【領】

音リョウ　訓うなじ・くび・えり

①「令が声符。この音の表す意味は茎（直立の意）。領は頸《くび》と同義。治める意味は借用」（『漢字の起源』）
②「形声。音符は令。えりくびをいう字であり、〝くび、うなじ、えり、えりもと〟の意味に用いる」（『常用字解』）
③「令はすっきりと清らかなお告げ。領は頁（あたま、くび）＋音符令の会意兼形声文字で、すっきりと際立った首筋、襟元を表す」（『学研漢和大字典』）
①では令が茎の意味を表すというのが理解不能。領と頸を同一視するのもおかしい。②では令との関係が不明。②の文字学はコアイメージの概念がないので、原理的に形声文字の解釈ができない。③は別の解釈がありうる。
藤堂明保は令のグループを二つの単語家族に分け、令・玲・冷・鈴・聆が、歴、麗、霊と同源で、「澄んできれいな」という基本義があるとし、一方、零・苓・囹・蛉・齢が、隣・憐、麗・儷、歴・暦・瀝と同源で、これらはLENG・LEKという音形と、「数珠つなぎ、⋮型、…型」という基本義があるとしている（『漢字語源辞典』）。③では領を「澄んできれいな」のグループに所属させた。

［令］

（甲）

（金）

（篆）
［領］

（篆）

改めて字源・語源を見てみよう。
「令《レイ》（音・イメージ記号）＋頁（限定符号）」と解析する。「令」については「零は漢数字か」「歯と齢の起源――時間漢字(32)」でも触れている。もう一度振り返る。「令」は「亼（三つ［たくさん］のものを合わせて集めることを示すイメージ記号）＋卩（ひざまずく人。限定符号）」を合わせて、多くの人を集めてひざまずかせる場面、つまり上の者（君主や上司など）が下位の者を集合させて指図（お達し、命令）をする情景を設定した図形である。この意匠によって、「□-□-□-の形に整然と並ぶ」というイメージを表すことができる。藤堂のいう「数珠つなぎ」の基本義とほぼ同じである。
一方、整然と並んだ形が美的感覚と結びつくのは容易に分かる。「形が整って美しい」というイメージは「清らかに澄む」というイメージに転化する。このようなイメージ転化現象は漢語意味論の特徴の一つである。経歴の歴（A→B→C…と定点を次々に通過する）や暦（□・□・□…の形に整然と日にちが並ぶ「こよみ」）と歴然の歴（はっきりと明らか）の関係、儷（□-□の形に並ぶ配偶者）と麗（美しい、うるわしい、うららか）との関係などがその例。

このように見ると、藤堂が「令」のグループを二つに分ける必要はなく、「▯-▯-▯…の形にきちんと並ぶ」というコアイメージに帰納できる。

かくて「領」の図形的意匠が明らかになる。「▯-▯-▯…の形にきちんと並ぶ」というイメージにおいて、隣り合った二点に焦点を置くと、「▯-▯の形につながる」というイメージに展開する。したがって「領」は頭と胴をつなぐ首の部分を暗示させる。この図形的意匠によって、「くび」「うなじ」を意味する古典漢語 lieng を表記する。『詩経』に「領《くび》は蝤蠐《しゅうせい》の如し」（彼女のくびはテッポウムシのように細くくねっている）という用例がある。

「くび」の意味から、くびの回りを取り巻く衣のえりの意味に転じる。これは換喩的転義である。

助数漢字の用法はここから生まれる。身につけるもの（衣類、鎧など）を一領、二領と数える。『後漢書』に「貫頭衣二領」の用例がある。

## 「尾」と「蹄」の起源——助数漢字（87）

動物の体に関する字で、動物を数える助数漢字である。匹・頭については既述。

### 【尾】　音ビ　訓お

順位漢字としても出しているが（509ページ）、ここでは助数漢字として取り上げる。

こんな字源説がある。
①「尸と毛との合字で、臀に毛のある意を示している。女陰の裂け目を意味する」（『漢字の起源』）
②「象形。尾をまっすぐ伸ばしている獣の形」（『常用字解』）
③「尸（しり）＋毛の会意文字で、尻に生えた毛のこと。細く微妙な意を含み、眉《ビ》（細い毛の生えたまゆ）と同系のことば」（『学研漢和大字典』）
①では交尾から女陰を導いたのであろうが、尾に女陰という意味はない。②では見方次第では全体が象形（獣のしっぽ）に見えないことはないが、分析できる要素がある字では、部分の各単位に分析すべきである。③は字源と語源の両方を説明している。
改めて字源を見てみよう。「毛（イメージ記号）＋尸（限定符号）」と解析する。「毛」は「け」である。実体のイメージがそのまま用いられる。「尸」は尻と関係があることを示す限

［尾］

（篆）

定符号（尿・屁などと共通）。したがって「尾」は尻の毛を暗示させる。この図形によって、「しっぽ、お」を意味する古典漢語 miuər を表記する。
　動物のしっぽの意味だが、魚などの末端の部分にも拡大される。助数漢字としては魚を一尾、二尾と勘定する。柳宗元の「遊黄渓記」に「魚有り、数百尾」の用例がある。

## 【蹄】　音テイ　訓ひづめ

　こんな字源説がある。
①（『漢字の起源』にはない）
②「形声。声符は帝。帝に締めるの意がある。ひづめをいう。また、兎をとるわなで、その足にかけるもの」（『字統』）
③「帝は三本の紐を工印で一つにまとめたさまで、締（まとめる）の原字。蹄は足＋音符帝の会意兼形声文字で、爪が一つにまとまったひづめ」（『学研漢和大字典』）
　②では「締める」と「ひづめ」のつながりがはっきりしない。「締める」と「わな」のつながりは分かる。③では「一つにまとまる」のイメージと、「ひづめ」のつながりが明らか。馬の「ひづめ」を思い浮かべればなるほどと納得できよう。

［帝］

（甲）（金）（篆）

　改めて字源を見てみよう。「帝《テイ》（音・イメージ記号）＋足（限定符号）」と解析する。「帝」については「螻と滴の起源——助数漢字(33)」でも触れているが、もう一度振り返る。
　「帝」は三本の線を一つに締めくくってまとめることを示す象徴的符号である（実現される意味は、宇宙を統一する天上の至高神。地上世界では皇帝）。方角の違う三本の線（縦の線「|」と、斜めの線「/」と「\」の三本）を中央で締めて一本化すると、「——」（直線、まっすぐ）のイメージが現れる。最初から直線にしないのは、いくつかの物の存在を前提とし、これらが一本の線状に変化することを表現したいためである。漢字は静止画像しか表現できない。静止した図形から動画風に動きを見る必要もある。三本の線→一本の線という変化を見る。そうすると二つのイメージが捉えられる。一つは「いくつかのものを一つにまとめる」というイメージ、他は「直線状をなす（まっすぐ）」のイメージである。前者から締（引き締めて固く結ぶ）・蒂《テイ》（果実を引き締める蒂）などが生まれる。後者から商《テキ》（適・滴・敵などのコアを作る記号）が生まれる。
　さて馬・牛・羊など有蹄類の爪（日本語で「ひづめ」）を古典漢語では deg という。これを表記する視覚記号が「蹄」である。なぜ deg といい、「蹄」が考案されたのか。「ひづめ」は人間の足の爪のように一本一本分かれていないで、足指の先が一つにまとまった形の爪になっている。「一つにまとまる」

というイメージがあるため、締（締めて一つにまとめる）とのアナロジーを見出し、締と同音のdegと呼び、「蹄」の図形が生み出されたのである。

助数漢字としては馬・牛・羊などの数を数える。ただし蹄は一頭につき四つあるので、一頭を四蹄と数える。『史記』に「馬二百蹄」、注釈に「五十匹」とある。

## (3) 生活・文化と関わる助数漢字……

### 「家」と「邸」の起源——助数漢字(88)

建物を数える助数漢字には戸・軒・棟・宇・邸があるが（邸のほかは既述）、家は建物そのものを数えるのではなく、比喩的な用法である。

**【家】** 音カ・ケ　訓いえ

こんな字源説がある。

①「叚《か》が声符。この音の表す意味は暇（閑、間の意）。家は間居する家の意」（『漢字の起源』）

[家]

（甲）（金）（篆）

②「会意。家を示す宀（建物の屋根の形）の下に、犠牲として殺された犬を加える。家とは先祖を祭る神聖な建物である廟《みたまや》のことである」（『常用字解』）

③「宀（やね）＋豕（ぶた）の会意文字で、大切な家畜に屋根をかぶせたさま。廈《カ》（大屋根をかぶせた家）と最も近い。仮（仮面をかぶせる）・胡（上からかぶさって垂れる肉）とも同系のことば」（『学研漢和大字典』）

①は理解不能。②は図形的解釈をそのまま意味とするので、あり得ない意味を導いた。先祖を祭る廟から、人の住む「いえ」になったとは信じられない。「いえ」を意味する言葉は日常用語（基礎語）であり、先祖を祭る建物は特殊なもので、日常語とは言えない。③は図形の解釈と意味を区別している。意味はただ「人の住む建物」である。

古典漢語では人の住む建物（いえ）をkăgといった。この聴覚記号を視覚記号化するために考案されたのが「家」である。最古の古典の一つである『詩経』に「未だ家室有らず」（穴居の時代にはまだいえも部屋もなかった）という用例がある。

歴史的、論理的に「家」の造形法（成り立ち）を考えてみよう。

まず人の住む建物をなぜkăgと呼ぶのか。これは語源の問題である。kăgという語が先にあって文字が後にできた。言葉の意味のイメージを図形に表すのが漢字の原理である。ではkǎgはどんなイメージで捉えられたのか。

「いえ」の形態を図形に表すなら「宀」のような形が簡単である。しかしこれでkǎgを表記しなかった（ただし建物と関係がある字を作るための限定符号として利用される）。古人の発想は「いえ」の形態ではなく機能への着眼であった。「いえ」の機能とは何か。それは安らかに暮らすために雨露をしのぐことである。住めるようなものを作るには屋根をかぶせて壁でふさぐことが最低条件であろう。屋根をかぶせることに焦点を置いた言葉がkǎgである。

「いえ」を意味するkǎgの語源を解明したのは藤堂明保である。藤堂は家、下、仮、価、庫、居などを一つの単語家族にくくり、KAGという音形と、「下の物をカバーする」という基本義があるとし、「いえの最大の役目は人や家畜をカバーして雨露から守ることである」と述べている（『漢字語源辞典』）。

kǎgの語源は「下の物をカバーする」という共通の基本義（深層構造）をもつ語群から出た一員であることが分かった。「下の物をカバーする」は「上から覆いをかぶせる」と言い換えることができる。このコアイメージを図形化したのが「家」である。

「家」を分析すると「宀（屋根の形）＋豕（ブタ）」となる。ブタに屋根をかぶせる情景というのが図形的解釈である。なぜ人ではなくブタか。ブタは大切な家畜の一つとして選ばれたに過ぎない。家畜には牛や馬もあるが、放牧ではなく、囲いの中に飼育するのは主としてブタである。だから雨露を防ぐために覆いをかぶせるという生々しい実景がどこでも見られる。だから「覆いをかぶせる」というイメージを生き生きと表す情景として「宀＋豕」の図形が考案されたのである。

図形からストレートに意味を求める学派（文字学）にとって、「家」は豚小屋の意味になりかねないので、さすがにおかしいと考え、「豕」は豭《か》を省略した音符であるとか、「豕」ではなく「犬」であり、犬は祭祀の犠牲に用いられたから、犬を犠牲として埋めた建物であるなどの説が現れた。これらは図形に意味があり、形から意味が出てくるという誤った言語観がある。意味とは言葉の意味であって、字形にあるのではない。先ほど意味のイメージを図形に表すのが漢字の原理であると言ったが、図形を解釈したものと意味は別である。意味とは具体的文脈における語の使い方である。文脈がなければ意味とはいえない。

まとめると、人の住む建物（いえ）を意味する古典漢語はkǎgであった。この聴覚記号を視覚記号に変換する。ここに「家」が考案された。図形の意匠（デザイン）を推定すると、ブタに屋根をかぶせる情景を設定したものである。この意匠が「覆いをかぶせる」というイメージを表すことができる。なぜなら人が住むための最低の条件が覆いをかぶせて雨露をしのぐことにあるからである。かくて「家」という図形はkăgを代替することができる。「家」の字を見るとkăgという語を喚起し、その語の意味である「いえ」を想起する。

以上、「家」の起源をくどいほど述べたのは、漢字の理解の仕方の典型があるからである。漢字を「形→意味」の方向に見ると、「家」は豚小屋になってしまう。そうではなく、「意味→形」の方向、つまり、なぜその（言葉の）意味がその形に表されたかを考える。これが正しい漢字の見方である。

さて「家」は人の住む建物（いえ）の意味（家屋・民家の家）から、家を構えて血縁でまとまった単位の意味（家族・家庭の家）に展開する。また、学問・技芸で一派をなす人や、思想家の流派の意味にも転じる。

助数漢字としては家庭や、学派などを数える。古代中国に現れた思想家のグループを九流十家、諸子百家などという。

## 【邸】 音テイ 訓やしき

①「氏が声符。この音の表す意味は底（止居する家）の意。邸は京都における郷邑の主人の止宿する家」（『漢字の起源』）

［氏］

（金）

（篆）
［邸］

（篆）

②「形声。音符は氏。氏には把手のついた小さなナイフ（氏）で底部を削って平らかにするの意味がある。諸侯が都に参上したときに宿泊する屋敷をいう」（『常用字解』）

③「氏《テイ》は低い、下底に届くの意を含む。邸は邑＋音符氏の会意兼形声文字で、都に定置してとめおく諸侯の屋敷」（『学研漢和大字典』）

①は間違いではないが説明が分かりにくい。②では「底部を削って平らかにする」と「諸侯が宿泊する屋敷」とどう関係するのか分からない。③は低・底と同源と見て、「都下（都の底部）に止まる所」を導いたのであろうが分かりにくい。

改めて字源を見てみよう。「氏《テイ》（音・イメージ記号）＋邑（限定符号）」と解析する。「氏」は「氏（匙、スプーンの形）」に「一」の符号を付けた字である。いかなる意匠を表現するのか明確ではないが、単に「ある物の下部」を暗示させるだけと解釈することもできる。これは「これ以上は行けない末端（いちばん下の方）」というイメージである（「底」にこのイメージが生きている）。またこのイメージは「これ以上は行けない所まで来る」「AがBまでやって来てそこに止まる」というイメージにも展開する。したがって「邸」は地方から都にやって来る人が止まる所を暗示させる。この図形的意匠によって、都における諸侯の宿舎を意味する古典漢語terを表記する。

意味は諸侯（大名）の宿舎から、貴族や高官の住居（官邸・公邸）、大きく構えた家や屋敷（邸宅・豪邸）に転義する。
助数漢字の用法は邸宅を一邸、二邸と数える。

## 「門」と「問」の起源——助数漢字（89）

「問」は本項とは無関係だが、語源的に門・問は密接な関係があるので、ここで取り上げる。

**【門】** 音モン 訓かど

①「両戸相向かって、扉が閉じている象形字。牆壁の裂け目で、人の出入りする所の意」（『漢字の起源』）
②「象形。両開きの扉の形。〝かど、かどぐち、いりぐち〟を門といった」（『常用字解』）
③「左右二枚の扉を設けたもんの姿を描いた象形文字で、やっと出入りできる程度に狭く閉じているの意を含む。悶・問・聞などと同系のことば」（『学研漢和大字典』）

①では扉が閉じている形とするのは分かるが、牆壁の裂け目の意味とするのは分からない。③は語源を絡めた説明。門のグループ全体を見据えた解釈である。

［門］

（甲）（金）（篆）

字源は「戸」が向き合った形、あるいは二枚の扉を設けた形である。ここで探求をやめると門のグループ全体（問・聞・悶・捫）を理解する道を失う。これを実現させるのが語源の探求である。

古人は「門は聞なり」「門は問なり」「門は捫なり」などと言い、門・問・聞・捫の同源意識をもっていたようだが、それらに共通する深層構造を捉えていない。これを学問的に究明したのは藤堂明保である。③では「やっと出入りできる程度に狭く閉じている」、あるいは、「隠して分からない」（次の「問」の③）という基本義を捉えた。これは門の機能にほかならない。門は出入り口であるが、基本は閉じることによって内部を隠したり、見えなくすることにある。

「閉じて見えない」「隠れて分からない」が古典漢語 muən（門）のコアイメージである。イメージは転化するものである。見えないからこそ見ようとするのが人間の心理である。「隠れて見えない」というイメージから、「分からないものを、見たい、分かりたいと求める」というイメージに転化する。このイメージ転化現象は古典漢語の意味論的特徴の一つであり、莫（隠れて見えない）→慕（自分に無いものを求める、思慕の慕）・募（無いものを求める、募集の募）、亡（隠れて見えない）→望（見えないものを見ようとする、眺望の望。無いものを求める、希望の望）などの例がある。

さて「門」は家などの出入り口の意味であるが、換喩によって、家・家柄の意味（名門の門）に展開する。また、隠喩によって、学問や信仰の一団・一派の意味（門人の門）や、学問・事物の分類枠の意味（専門の門）に展開する。

助数漢字としては家柄・一族を数える。また、学問・技芸の分野などを数える。また、狭い出入り口のあるもの、特に火砲・大砲などを一門、二門と数える。

## 【問】 音モン　訓とう・とい

①「門が声符。この音の表す意味は冒攻の意。問はことばで攻める意」（『漢字の起源』）

②「会意。門（神を祭る戸棚の両開きの扉）と口（祝詞を入れる器）とを組み合わせた形。その扉の前に口を置いて祈り、神意を問い、神の啓示（お告げ）を求めることを問という」（『常用字解』）

③「門は二枚の扉を閉じて中を隠す姿を描いた象形文字。隠して分からないの意や、分からない所を知るために出入りする入り口などの意を含む。問は口＋音符門の会意兼形声文字で、分からないことを口で探り出す意」（『学研漢和大字典』）

［問］

（甲）

（金）

（篆）

①では門が冒攻の意味を表すというのが理解不能。堂々巡りの説。②はコアイメージの概念を欠く文字学なので、形声文字の解釈が原理的にできない。だから会意（Aの字とBの字を合わせて意味を導く方法）とするほかはない。「門」の項では入り口としながら、ここでは「門」を戸棚の扉とし、祭事に結びつけ、「神意を問い、神のお告げを求める」の意味を導いた。図形的解釈をストレートに意味とするため、余計な意味素を混入させている。

改めて字源・語源を見てみよう。

「門《モン》（音・イメージ記号）＋口（限定符号）」と解析する。「門」は右に述べたように、「閉じて見えない」「隠れて見えない」というイメージから、「分からないものを分かろうと求める」というイメージに展開する。したがって「問」は分からないことを口で尋ねて探る状況を暗示させる。この意匠によって、「分からないことを尋ねる」の意味をもつ古典漢語miuənを表記する。

「問」は日本語の「とう（とふ）」に当たる。「とふ」は「疑問・不明の点について、相手に直接にただして答えを求める意」という（『岩波古語辞典』）。英語のaskは「ことばを使って物や事を求める」がコアイメージで、「尋ねる」と「求める」の意味があるという（『Eゲイト英和辞典』）。漢語の「問」も

「(分からないことを知りたいと)求める」ことから「尋ねる」の意味になる。「求める」と「尋ねる」は分かちがたく結びついている。「問」と「とう」とaskは根底において共通の深層構造があると言える。②では神や祭事から「問」という語が生まれたとしているが、日常的な基礎語が宗教から発生したとは思えない。言語の出現が宗教よりも先であるに違いない。

さて「問」は尋ねるべき事柄やその内容(とい)という意味(設問・難問の問)にも展開する。ここから問《とい》、問題の数を一問、二問と数える助数漢字の用法が生まれる。

## 「堂」と「室」の起源――助数漢字(90)

堂と室は相対する語である。その違いは尚と至のコアイメージに根源がある。

### 【堂】　音ドウ

こんな字源説がある。

① 「尚が声符。この音の表す意味は上高の意。堂は土を高く盛り上げた平坦な所を言う」(『漢字の起源』)

[尚] (金) (篆)　[堂] (篆)

② 「形声。音符は尚。尚は神を迎えて神を祭る窓のところにかすかに神の気配が現れることをいう。土は土の壇で、土壇の上に築いた神を迎えて祀る建物を堂という」(『常用字解』)

③ 「尚《ショウ》は窓から空気が高く立ち上るさまを示し、広く高く広がる意を含む。堂は土+音符尚の会意兼形声文字で、広く高い土台のこと。転じて、広い高い台に建てた表御殿」(『学研漢和大字典』)

②では窓辺に神の気配がかすかに現れるという状況が理解し難い。また図形的解釈をストレートに意味とするため、余計な意味素が混入している。意味とは語の意味であり、文脈における語の使い方である。文脈がなければ意味とは言えない。

改めて字源を見てみよう。

「尚《ショウ》(音・イメージ記号)+土(限定符号)」と解析する。「尚」については「品・類・党の起源――助数漢字(62)」で述べているが、もう一度振り返る。

「尚」を分析すると「向+八」となる。「向」は空気抜きの窓の形。「八」は⇃⇂の形に(左右に)分かれることを示す記号。下から上の方向ならば、↿↾の形でもよい。「向」と「八」を合わせて、空気が抜けて空中に分散する情景を暗示させる。

この意匠によって「上に（高く）上がる」というイメージを表すが、分散の姿に視点を置くと、「平らに広がる」というイメージにもなる。したがって「堂」は土台が高く上がって、上が広々と広がった建物を暗示させる。

古代漢語で表座敷や表御殿を dang という。この聴覚記号に対する視覚記号が「堂」である。『論語』に「由《ゆう》や、堂に升《のぼ》れり。未だ室に入らず」（由［孔子の弟子の子路］の音楽は堂に達しているが、まだ室に入ってはいない）という用例がある。堂は室（居住空間）に対して、儀礼用の空間である。ここから広くて大きな建物の意味（講堂の堂）に展開する。

助数漢字の用法としては大きな建物（講堂など）を数える。

## 【室】 音シツ 訓へや

①「至が声符。この音の表す意味は人の止足する所の意。室は人の止足する宀（屋）」（『漢字の起源』）

②「会意。宀（廟の屋根の形）と至（矢の到達した地点を示す）とを組み合わせた形。そこ（矢の到達した地点）に祖先を祭る建物を建築するのである。室はもと祖先を祭る〝へや〟の意味」（『常用字解』）

③「至《シ》は矢がぴたりと目標まで届いたさま。奥まで行き詰まり、その先へは進めない意を含む。室は宀（やね、いえ）＋音符至の会意兼形声文字で、いちばん奥の行き詰まりのへや」（『学研漢和大字典』）

［室］

（甲）（金）（篆）

①は堂々巡りの字源説。②は形声文字の解釈の原理がないので、会意文字としている。しかし矢の到達した地点に祖先を祭る建物を建てるというのは理解に苦しむ。室が祖先を祭るへやというのも不可解である。③では「至」を「矢が届くさま」とするが、それを意味とは見ないで、「奥まで行き詰まり、その先へは進めない」というイメージだけを取る。矢という実体とは何の関係もない。基本義（筆者の用語ではコアイメージ）という概念が形声文字、ひいてはすべての漢字を理解する鍵である。

③は語源論の裏付けがある。藤堂明保は至のグループ（致・室・窒・桎・耋）を、真のグループ（塡・顚・慎・鎮）、㐱《しん》のグループ（診・珍）、身、実、質などと同源とし、これらの語群は **TER・TET・TEN** という音形と、「いっぱい詰まる」という基本義があるという（『漢字語源辞典』）。

改めて字源を見てみよう。「至《シ》（音・イメージ記号）＋宀（限定符号）」と解析する。「至」は「矢の逆形＋一」を合わせて、矢が地面に到達する情景を設定した図形。これによって「これ以上行けない所（究極点）に届く」「行き詰まり」「どん詰まり」「ふさがって通らない」というイメージを表すことができる（「握と掬の起源——助数漢字（102）」の項参照）。

したがって「室」はこれ以上は行けない奥まった部屋を暗示させる。古典漢語では居住空間である奥部屋をthietといい、「室」で表記する。『詩経』に「婦、室に歎ず」（女が寝室でため息をついている）という用例がある。

「室」は堂（表座敷）と対するので、学問や技芸が奥（究極）に達していることを「室に入る」という。『論語』の「堂に升り、未だ室に入らず」（初期の段階に達しているが、究極点には至っていない）に由来する。しかし日本では間違って「室に入る」を「堂に入る」という。

奥部屋の意味から、広く部屋の意味、また家・建物の意味に展開する。助数漢字としては部屋の数を数える。

## 「館」と「園」の起源——助数漢字（91）

館と園はⅡ「イメージ別助数漢字」の1に当たる。

### 【館】　(音)カン

こんな字源説がある。

［官］（甲）（金）（篆）　［館］（篆）

①「官が声符。この音の表す意味は舎の意。館は客人が食事する舎の意」（『漢字の起源』）

②「形声。音符は官。官は軍が出征するとき、軍社の祭りに供えた脤肉（祭りの肉）を捧げ持って出発し、軍が駐屯するときにそれを建物の中に安置する形。脤肉を安置した神聖な建物が官で、館のもとの字である。官は将軍たちが生活する所でもあったので館という」（『常用字解』）

③「官は宀（やね、いえ）＋𠂤（＝隊。集団、積み重ね）の会意文字で、公用人が隊をなしている家を表す。のち官が役人を表すことばとなったので、食印を添えて、公用者が食事する屋敷を表した。完（丸く囲む）・院（塀で囲んだ家）などと同系のことば。役人や用人たちが入る、周囲に塀をめぐらした建物」（『学研漢和大字典』）

②では官を証拠のない習俗からあり得ない意味を導いた。だから館の意味も必然的にずれてくる。③は字源と語源を区別した説明である。字源の解釈をストレートに意味とはしていない。

改めて字源・語源を考えてみよう。

字源は「官《カン》（音・イメージ記号）＋食（限定符号）」と解析する。「官」については「果と管の起源——助数漢字（16）」で触れているが、もう一度振り返ってみる。

「白」は師（集団の意）に含まれ、「たくさん集まる」というイメージを示す記号である。したがって「官」は「白（イメージ記号）＋宀（限定符号）」と解析する。この図形は集団（大勢の人）が集まった建物を暗示させるだけで、どんな建物なのかは分からない。図形から意味は出てこない。図形的意匠は意味のヒントにはなるが、意味そのものではない。これを取り違えると、②のような解釈が生まれる。では意味はどこにあるのか。具体的な文脈にある。語の使い方が意味である。

　字源はらちが明かないので、語源を先に究明すべきである。語源を探求するには意味を確かめる必要がある。意味を確かめるには古典しかない（周代以前には甲骨文字もあるが、用例が少ないし、図形から導かれる意味は確実性に欠ける）。

『詩経』には館や管はあるが「官」はない。しかし「官」が既にあったであろうことは当然予想される。館や管から逆に「官」の意味を推定できないだろうか。これは無理である。その代わりコアイメージを求めることができる。コアイメージは語の深層構造をなす根源のイメージであり、意味（具体的文脈における使い方）は時代とともに変化しても、コアイメージはほとんど変化しない。これは語の核であり、これが語の意味（具体的文脈における使い方）を生み出す根源になるからである。

　管を構成する「官」のコアイメージは「果と管の起源――助数漢字⑯」で述べた通り、「丸く取り巻く」というイメージである。これは古典に「官は宣（丸くめぐらす、行き渡る）なり」とある語源説ともよく合う。

「丸くめぐらす」「周囲を丸く取り巻く」というコアイメージをもつ古典漢語がkuanであり、これを「官」という図形で視覚記号化したと推測できる。だから周囲を丸く取り巻いた竹製の楽器を「管」といい、「くだ」を「管」という。また周囲を垣や塀で取り巻いた大きな建物を「館」という。このようにコアイメージから意味（具体的文脈における使い方）が実現される。

　では「官」とは何なのか。「官」は『論語』など春秋戦国時代の文献には多く現れる。『論語』では例えば「官事は摂《か》ねず」（役所「または役人」の仕事は掛け持ちしない）という用例がある。これから「官」は大勢の人（役人）が居住したり仕事をするために、周囲を塀などで囲んだ大きな建物という意味が推測できる。字源は「白（集団のイメージ）＋宀（建物）」によってそれを暗示させようとしたが、きわめて舌足らず（情報不足）な図形である。

　さて「館」は「官」に「食」の限定符号をつけたものだが、食事をする建物を意味するわけではない。意味は役人などの住む建物（官舎）である。『詩経』に「子《し》の館に適《ゆ》かん」（あなたのお住まい「やかた」に参ります）という用例がある。ここから客をもてなす宿舎の意味（旅館の館）にも転じるので「食」の限定符号がつけられたに過ぎない。

一般に公共性のある大きな建物の意味（公館・大使館などの館）も生まれる。助数漢字の用法は図書館や博物館などを数える。

## 【園】 音エン 訓その

①「袁が声符。この音の表す意味は樊（藩）。園は圃を囲む藩《かき》の意」（『漢字の起源』）
②「形声。音符は袁。袁は死者の衣の襟元に玉を置き、その枕元に之（足あとの形で、行く意）を加え、死者が死後の世界に旅立つのを送ることを意味する字で、遠のもとの字。園は墓地の植え込みをいう」（『常用字解』）
③「袁《エン》はゆったりと体を囲む衣。園は囗（囲い）＋音符袁の会意兼形声文字。周りを垣で囲んだ畑や庭」（『学研漢和大字典』）
①では袁が藩の意を表すというのが理解不能。②では袁に「死者が死後の世界に旅立つのを送る」という意味はないし、園とどう関わるのか不明。③は袁と園に「周りを囲む」という共通のイメージを見る。

［袁］（篆）　［園］（篆）

改めて字源を見てみよう。

「袁《エン》（音・イメージ記号）＋囗（限定符号）」と解析する。「袁」については『説文解字』に「長衣の貌《かたち》」とあるが、人名以外の用例がない。しかし園・遠などの要素になる重要な記号で、これらの音・イメージ記号になっている。ではどんなイメージか。手がかりになるのは、「袁」の図形が「衣の形」の中に「○」の符号を入れていることである。「衣」はただの衣ではなさそうで『説文解字』に長衣とあるようにコートやガウンのような体を覆うものらしい。要するに体をすっぽりと覆って、内部にゆったりした空間の空いた衣を暗示させる図形が「袁」と考えられる。この意匠によって「丸くゆったりと取り巻く」「周囲が丸くて中がゆったりとしている」というイメージを表すことができる。

かくて「園」は周囲に囲いを丸くめぐらせた所を暗示させる。

『詩経』に「我が園を踰《こ》ゆる無かれ」（私のうちのそのを越えて来ないで）という用例がある。古典漢語で垣をめぐらせて植物を植える所、つまり「その」を ɦiuăn といい、これを「園」で表記する。

ちなみに英語の garden は印欧祖語の gher-（enclose の意）に由来し、「囲まれた」が原義という（『英語語義語源辞典』）。漢語の「園」は周囲を囲むことが語源である。garden と「園」

は語源的に似ている。

「その」の意味（庭園・農園の園）から、何かの目的のために周囲を仕切った空間の意味（学園・公園の園）に転じる。児童を教育・保護する施設の意味（幼稚園・保育園の園）は日本的展開である。

助数漢字の用法は「～園」のつく施設（果樹園、動物園、幼稚園など）を数える。

## 「城」と「郭」の起源——助数漢字（92）

### 【城】
音ジョウ　訓しろ

①「成が声符。この音の表す意味は重。城は土を段々と築いて盛り上げたものの意」（『漢字の起源』）
②「形声。音符は成。成は戈に飾りをつけてお祓いをするの意味であるから、城は祓い清められた城壁、城壁の内の〝しろ〟をいう」（『常用字解』）
③「成は戈（ほこ）＋音符丁（打って固める）の会意兼形声文字で、とんとんとたたいて固める意を含む。城は土＋音符成の会意兼形声文字で、住民全体をまとめて防壁の中に入れるため、土を盛って固めた城のこと。成・城・盛は同系のことば」（『学研漢和大字典』）

［成］

（金）（篆）
［城］（篆）

①では成が重の意味を表すというのが理解不能。②では図形的解釈と意味が混然としており、理解するのが難しい。「城壁」なら分からないでもないが、「祓い清められた」が分からない。③は字源と語源を絡めた解釈をしている。
改めて字源を見てみよう。「城」を分析すると「成＋土」、「成」を分析すると「丁＋戊」となる。「丁」が基幹記号であり、コアイメージの源泉がある。

「丁」と「戊」は十干に使われる記号である（丁は四番目、戊は五番目）。この二つを組み合わせたのが「成」であるが、それぞれの記号の役割が違う。「丁」は語のコアイメージに関わる要素、「戊」は限定符号、またはイメージの補助的記号である。「丁」は釘の形であるが、釘の形態と機能の面から「┬の形に立つ」「┬の形に打ちつける」というイメージを表しうる（「丁の起源——十干（4）」「戊の起源——十干（5）」の項参照）。また「戊」は武器の形であるが、武器は殺傷の道具のほかに農具や工具にも転用できるので、工具の一種として限定符号に使える。

「成」がどういう意味で使われているかを古典に尋ねると、『詩経』に「武王之を成す」（武王がこれ［都］を完成した）という用例がある。この「成」は目的のものを最終的になし遂げる（仕上げる）という意味である。この意味をもつ古典漢語がdhiengであり、これの視覚記号が「成」である。

「仕上げてまとめる」がdhiengのコアイメージと考えてよい。これを表すための図形が「成」であるが、いったいどんな情景から発想されたのか。それは「丁」という記号に秘密がある。右に述べたように「丁」は「｜の形に打ちつける」というイメージを表す記号であり、「戊」は工具である。この二つの記号を合わせることによって、工具で｜の形に打ちたたく場面が連想される。これから具体化されるのは土を固める土木工事の場面である。これは町造りの場面である。

古代中国では周囲に壁を造り、その中に住民が住んだ。城壁で囲まれた所が「城」である。日本の「しろ」は山や平野に作った天守閣をもつ建造物で、領主の住まいであり、住民はその周辺に住むが、古代中国の「城」は全体が住民の住む町であり、都市である。

「成」の図形的意匠は土を打ち固めて城壁を造る情景と考えられる。つまり城壁を造る土木工事から発想されたのがdhiengという語であり、「仕上げてまとめる」というコアイメージがあり、最終的に目的のものをなし遂げるという意味が実現された。

かくて「城」もうまく説明できる。「成《セイ》（音・イメージ記号）＋土（限定符号）」と解析する。「成」は「打ちたたく」というイメージから「仕上げてまとめる」というイメージに展開する。したがって「城」は土を打ち固めて城壁を造る場面を連想させる。これは「成」と同じ意匠であるが、意味は、成し遂げる行為ではなく、その結果である。土を打ち固めて造ったもの、すなわち城壁である。

『詩経』に「赳赳たる武夫は、公侯の干城」（勇ましいもののふは、殿様のたてと城）という用例がある。この「城」は城壁の意味（城郭の城）。ここから、城壁に囲まれたまち（都市国家）の意味（都城の城）が生まれる。また「とりで」の意味にも転じる。「しろ」は日本的用法である。

助数漢字としては町やとりでを数える。『史記』に「白起、韓を攻めて九城を抜く」の用例がある。日本では「一国一城の主」などと「しろ」を数える。

## 【郭】

音 カク　訓 くるわ

①（『漢字の起源』にない）

②「形声。音符は𩫏《かく》。𩫏は城郭（とりで）の両端に遠くを見わたすための望楼（ものみやぐら）を設置している形。のち略して享となり、邑《ゆう》の省略形の阝《おおざと》を加えた。郭は城壁で

[𩫏]

（甲）

（金）

（篆）

[郭]

（篆）

四方を〝かこう〟という意味」（『常用字解』）

③「𩫖は墉（城）の原字で、真ん中に口印の城があり、その南北に城門の相対するさまを描いた象形文字。郭は邑（まち）＋𩫖の会意文字で、外壁で囲んだ町を表す。槨（外わく）・籰（わく）・獲（外から巻いてつかむ）などと同系のことば」（『学研漢和大字典』）

「郭」の左側は享受の享ではなく、𩫖（篆文の字体）である。「亠＋口＋回（◎）＋口＋亍」を上下に組み立てた形で、上下対称形である。「◎」は内城と外郭、「亠＋口」とその逆形の「口＋亍」は内城と外郭の両亭が相対する形と解釈されている。要するに都市の全形を描いている。古代中国の都市は外枠（塀や壁）で囲まれていた。この図形だけで、城（都市）の外側を取り囲む外枠を表したが、のちに限定符号の「邑」を添えて「郭」となった。したがってkuak（郭）という古典漢語は「外枠で囲む」というコアイメージをもつ語である。イメージを図示すると「⊙」や「⟳」の形である。

「郭」は都市の外側を囲う垣や壁の意味である（城郭の郭）。物の外枠という意味にも展開する（輪郭の郭）。

ある空間の一部を囲った所や地域を一郭という。これを助数漢字とするかは微妙である。二郭、三郭は多分あるまい。一円（一帯）や一環も二〜、三〜はないだろう。「一〜」だけの助数漢字を仮に「半助数漢字」と呼んでおこう。

## 「社」と「寺」の起源——助数漢字（93）

起源的には社と寺は何の共通性もない。

### 【社】 音シャ 訓やしろ

まず字源説を見る。

①（『漢字の起源』にはない）

②「形声。音符は土。土は古くは社の音で読まれ、社のもとの字。土は土を縦長の饅頭形に丸めて台上に置いた形で、土主（土地の神）の形。土がつちの意味に使われるようになって、示を加えた社がもとの〝やしろ〟の意味に使われるようになった」（『常用字解』）

③「土は地上につちを盛った姿。また、その土地の代表的な木を土地のかたしろとして立てたさま。社は示（祭壇）＋音符土の会意兼形声文字で、土地の生産力を祭る土地神の祭り。地中に充実した物を外に吐き出す土の生産力をあがめること。吐・奢（充実した力を盛大に外に出すこと）と同系のことば」（『学研漢和大字典』）

②では「土」は土地神の意味から「つち」の意味が出たという説。これは逆立ちの語源説。常識的に考えれば、「つち」

［土］（甲）（金）（篆）［社］（篆）

の意味からそれを神格化する観念が発生したと見るべきだろう。日常語（基礎語）が概念語（宗教語など）よりも先に生まれたに違いない。甲骨文字のような特殊な世界における文字を一般化して漢字の理論（文字学）を立てるのは危険である。

改めて字源・語源を見てみよう。

字源は「土《ト》（音・イメージ記号）＋示（限定符号）」と解析する。「土」は土を盛り上げた形。「示」は祭壇の形で、祭祀や神と関係のある意味領域に限定する符号。したがって「社」は土を盛り上げて土地の神を祭る情景を設定した図形である。

これは図形的な解釈だが、古典ではどんな意味で使われているのかを調べよう。『詩経』では「以て社し、以て方す」（土地の神を祭り、また、方位の神を祭る）、『論語』では「哀公、社を宰我に問う」（哀公が土地神のことを宰我に尋ねた）という用例がある。「社」は土地神を祭る、また、土地神の意味であることが明らかである。

なぜ「土」から「社」が生まれたのか。言い換えれば、なぜ「つち」から「つちの神」という観念が生まれたのか。古典に「土は吐なり」「社は土なり」「社は吐なり」とある。土・社・吐の三語の同源意識が古代では普遍的であった。古人の言語感覚は捨てたものではない。

これを学問的に究明したのは藤堂明保である。藤堂は土のグループ（吐・肚・社・徒）は者のグループ（都・諸・睹・堵・儲・猪・箸・書・奢）、庶、宁のグループ（貯・佇）、処、図、乇《たく》のグループ（宅・託）、石のグループ（拓・碩・妬）と同源で、これらの語群はTAG・TAKという音形と、「充実する、一所に集まる（定着する）」という基本義があるという。そして土・社・吐の関係について、「殷周の時代にも既に社を祭る習慣があった。彼らがなぜ盛り土を祀ったかと言えばそれは万物を生み出す大地の生育の力に神秘的なものを感じたからであろう。説文に〝土は地の万物を吐出するなり〟とあるのがその消息を伝えている。およそTAGの系統に属する単語家族は、中に物がいっぱいに充実し詰め込まれた意味を含んでいる」と述べる（『漢字語源辞典』）。

藤堂のいう「充実する、一所に集まる」という基本義は「中身が詰まって盛り上がる」というコアイメージと言い換えることができる。このコアイメージから実現される意味（具体的文脈における使い方）が土・吐・社などである。農業を開始した頃、土地から多くのもの（穀類など）が生み出されることから、土地に豊かなものが含まれていることを実感したであろう。また土地の形状は「つち」がたまって盛り上がっている。このような形態と機能の両面から、「中身が詰まって盛り上がる」のイメージをもつ語を tʻag といい、「土」の図形で視覚化した。

「中身が詰まって盛り上がる」のイメージは「中身が詰まる」と「盛り上がる」の二つの事態が原因・結果の関係になったイメージである。中身が詰まる事態から盛り上がるの事態に転化する。体内に入れた物が詰まって行き場を失うと、盛り上がってきて吐き出す。これを「吐」という。これと同じようなことが自然界にもあると考えたのが「土は吐なり」の語源説である。土地の中にいっぱい物が詰まると地上に吐き出す。これが「土」の機能、つまり生産力という考え方である。さらにこの「土」の機能を霊的な力の働きという考えが発生し、土地の神という観念が生まれる。これが「社」である。

　さて「社」は土地の神の意味から、土地神を祭る建物、また、土地神を祭る二十五戸の集まりの意味に転じる。

　ここからさらに転義し、共通の志を持ったり、共同の仕事をするグループや組織の意味（会社・結社の社）、世間一般の意味（社会の社）になった。

　助数漢字としては会社や神社を数える。

## 【寺】 音ジ 訓てら

[寺]  (金)  (篆)

①「止が声符。この音の表す意味は治める意。寺は手で処理する、すすんで処理する所の意」（『漢字の起源』）

②「形声。音符は之。之は趾《あしあと》の形。寸は又（右手の形）の指の下に一をそえた形である。寺はもつの意味で、持のもとの字」（『常用字解』）

③「寸（て）＋音符之（足で進む）の会意兼形声文字。手足を動かして働くこと。侍や待の原字。転じて、雑用をつかさどる役所のこと」（『学研漢和大字典』）

　①では止が治める意を表すというのが理解不能。②では趾（あしあと）が寺とどんな関係なのか不明。説明できないので、形声文字にしたのであろう。②はコアイメージの概念のない文字学なので、形声文字の解釈が原理的にできない。結局意符の「寸」から意味を導くため、寺を「持つ」の意味とした。基礎的な記号である「寺」の解析・解釈を間違えたから、「寺」を含む時・詩などにも影響が及ぶ。

　「寺」は「之」と「寸」に分析できるが、「之」が基幹記号であり、コアイメージの源泉である。

　「之」は「止」と「一」に分析でき、「止」がさらに根源のイメージを生む記号である。「止」は足（foot）の形である。「一」は「まっすぐ」のイメージを示す記号。足の機能は進むことにも止まることにもある。止まることは「止」で表し、進むことは「之」で表す。「之」は「止《シ》（音・イメージ記号）

＋一（イメージ補助記号）」と解析され、足が目標めざしてまっすぐ進む情景を暗示させる図形である。この意匠によって「之」は「まっすぐ進む」というイメージを表すことができる。

「寺」は「之《シ》（音・イメージ記号）＋寸（限定符号）」と解析する。「寸」は「又」と同じで、手の動作と関わる限定符号。したがって「寺」は仕事をまっすぐ進めていく様子を暗示させる。貴人のそばに仕えてまめまめしく働く人という意味の古典漢語 diəg（ziəg）を「寺」で表記する。『詩経』に「寺人にこれ令す」（側用人に指図する）という用例がある。この「寺」は貴人のそばに働く人の意味である。役人や役所の意味はその転義。

「てら」の意味が生じたのは漢代である。西域の僧侶が中国に渡来した際、鴻臚寺（外国の客をもてなす役所）を宿泊所とした。ここから「寺」に「てら」の意味ができた。最初の寺の名は白馬寺である。「寺」についた「てら」の訓はパーリ語とする説もある。

助数漢字としては「てら」を数える。

## 「台」と「機」の起源——助数漢字(94)

乗り物は台で数えるが、飛行機だけは機で数える。

**【台】** 音ダイ 訓うてな

旧字体は「臺」。こんな字源説がある。

①「台の形象と至とから成る。土を築いて作る高い物見櫓」（『漢字の起源』）

②「会意。高の省略形と至とを組み合わせた形。至は矢が到達することを示し、重要な建物を建てるとき、神聖な矢を射てその建設場所を選定することをいう。そのようにして選定された場所に建てられた高い建物を臺といい、〝うてな〟の意味に用いる」（『常用字解』）

③「土＋高の略体＋至の会意文字で、土を高く積んで人の来るのを見る見晴らし台を表す。のち台で代用する」（『学研漢和大字典』）

②では神聖な矢を射て建物を選定するという慣習に根拠があるのか疑問。またそのように選定された建物がなぜ「うてな」という意味になるのかも疑問。

「臺」の語源を探求したのは藤堂明保しかいない。藤堂は止のグループ（阯・趾・沚・歯・祉）、寺のグループ（峙・待・侍・塒・持）などが臺と同源で、これらの語群はTEG・TEK

［之］

（甲）

（金）

（篆）

［台］

（篆）

という音形と、「じっと一所に止まる」という基本義をもつといい、「高臺の臺はこれまた建物の基址または見晴らし台であって、じっと一所に停止する。臺・址・阯はほとんど同じ意味できわめて縁の近いことばと考えてよかろう」と述べている（『漢字語源辞典』）。

「臺」の字源は難しいが、篆文は「之」と「高の省略形」と「至」の三つの要素に分析できる。「之」は足の動作を表す記号で、足の機能から「之」は「進む」というイメージのほかに、「止まる」というイメージも表すことができる。「高」は高い建物の形。「至」は「行き詰まり」「（これ以上は行けない）行き止まり」というイメージを表す記号。

「臺」は「之《シ》（音・イメージ記号）＋至（イメージ補助記号）＋高（建物と関係があることを示す限定符号）」の組み合わせと解析する。「之」は「丅形にじっと止まって立つ」というイメージを示す。したがって「臺」は山の際（行き止まりの地点）に作った高く立つ建物を暗示させる図形である。この意匠によって、四方を見晴らすために作った丅形の建造物、つまり「うてな」を意味する古典漢語dəgを表記する。

「うてな」の意味（楼台の台）から、高く平らに作ったものや、物を載せるための平らなものの意味（台地・舞台の台）に展開する。

台は上が平らで、乗る所、載せる物であるので、助数漢字としては、乗り物や機械などを一台、二台と数える。

## 【機】 音キ 訓はた

機は時間漢字でも出しているが、ここでは助数漢字として取り上げる。こんな字源説がある。

①「幾が声符。この音の表す意味は糸を止める意。幾と機は古今の字で、織具の名」（『漢字の起源』）

②「形声。音符は幾。幾は邪悪なものを祓う力のある糸飾りのついている戈で、これを用いて悪霊などがひそむのを調べ、問いただすことができるとされた。〝しかけ、ばねじかけ〟や〝はたらき〟のある道具を機という」（『常用字解』）

③「幾は丝（細い糸、わずか）＋戈（ほこ）＋人の会意文字で人の首に武器を近づけて、もうわずかで届きそうなさま。わずかである、細かいという意を含む。機は木＋音符幾の会意兼形声文字で、木製のしかけの細かい部品、わずかな接触でかみあう装置のこと」（『学研漢和大字典』）

①では幾が糸を止める意というのが理解不能。②では幾の解釈が理解不能。悪霊を調べ問いただすことと「しかけ」の意味に何の関係があるのか分からない。②はコアイメージの概念のない文字学なので、形声文字の解釈ができない。その

［幾］

（金）

（篆）
［機］
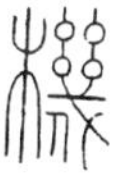
（篆）

ためAの字とBの字をストレートに組み合わせて意味を求める手法（これが伝統用語では「会意」とされる）が取られる。しかしこれでは恣意的な解釈に陥る危険がある。

③は幾と機が「細かい」という基本義（コアイメージ）の共通性で結ばれる。③は形声文字だけでなく、すべての漢字に基本義を設けている。そのため漢字を合理的に理解する筋道がつけられた。

改めて字源を見てみよう。「幾《キ》（音・イメージ記号）＋木（限定符号）」と解析する。「幾」については「概数の漢字②数・幾の起源——数漢字（27）」で述べたが、もう一度振り返る。

「幾」を分析すると「丝」と「人」と「戈」の三つの要素になる。「幺」は「糸」の上の部分で、「小さい」「わずか」のイメージを示す記号で、「丝」も同じである（これは幽にも含まれている）。「戈」は武器の「ほこ」。「丝（イメージ記号）＋人（イメージ補助記号）＋戈（限定符号）」を合わせたのが「幾」で、人に武器を限りなく近づける情景を設定した図形である。人を斬るという意味を表すのではなく、わずかな距離まで近づけるというイメージを暗示させるための意匠である。これによって「近い」の意味をもつ古典漢語kiərを表記する。これ

イメージ展開を考えると、ごく近くまで距離を近づけるイメージから、「近い」のほかに、「わずか」「小さい」「細かい」というイメージなどに展開する。

かくて「機」の図形的意匠が明らかになる。細かい仕組みで動く装置を暗示させるのが「機」である。具体的文脈では、弩《ど》（いしゆみ）を発射させる装置の意味や、織物を織る装置（はた）の意味が実現される。さらに細かい部品のかみ合う仕掛け（からくり）の意味に転じる。

ここから助数漢字の用法が生まれる。「機」が飛行機という意味に特化され、飛行機を一機、二機と数える。

## 「席」と「卓」の起源——助数漢字（95）

### 【席】　音セキ　訓むしろ

こんな字源説がある。

①「庶が声符。この音の表す意味は下に藉《し》く意。席は土上にしく筵」（『漢字の起源』）

②「会意。古い字形は厂《かん》（建物の形）と蓆《むしろ》の形とを組み合わせた形。その（建物の）巾にむしろを敷く形であるから、〝むしろ、せき〟の意味となる」（『常用字解』）

[席]

（篆）

③「巾＋音符庶《ショ》の略体の形声文字で、巾印をつけて座布団を示す。苴《ショ》（敷物）・藉《シャ》（敷き草）と同系のことば」（『学研漢和大字典』）

①は庶が藉の意を表すというのが理解不能。同語反復の字源説。②では「廿」が何なのかの説明がない。③は庶を単なる音符とする説。音符説は古来の通説であるが、少し疑問がある。

「席」を語源的に究明したのは藤堂明保である。藤堂は席は且のグループ（助・組・疽・岨・阻・祖・組・苴）、昔のグループ（錯・藉・借・措・籍）などと同源で、これらの語群は**TSAG・TSAK**という音形と、「重なる」という基本義があるとしている（『漢字語源辞典』）。

古典漢語でむしろや敷物をdiak（ziak）という。この語のコアイメージは藤堂の指摘するように「重なる」である。Aの上にBが乗る形状のBに視点を置いたのが「重なる」のイメージだが、Aに視点を置けば「敷く」のイメージになる。つまり「重なる」と「敷く」は可逆的（相互転化可能）なイメージであると言ってよい。下に敷くものを「重なる」のイメージで捉えた背景には、このようなイメージ転化現象がある。

改めて字源を見て見よう。

「廿（イメージ記号）＋广（建物を示すイメージ補助記号）＋巾（布と関わる限定符号）」と解析する。「廿」は革の上部と同じで、獣の革（毛皮）を示す記号である。堇や庶などにも含まれている（「多数の漢字②　衆・庶の起源——数漢字（22）」「少数の漢字②　僅・鮮・希の起源——数漢字（24）」の項参照）。

したがって「席」は家の中で獣の革を敷物にして敷く情景を設定した図形である。この意匠によって、むしろや敷物を意味するdiak（ziak）を表記する。『詩経』に「我が心は席《むしろ》にあらず、巻くべからず」（私の心はむしろではないから、他人が勝手に巻くことはできない）という用例がある。

むしろの意味から、座る場所の意味（座席の席）、会合などの場（宴席の席）に展開する。

助数漢字としては座席や宴席を数える。また優劣の順位を一席、二席と数える。

## 【卓】　音 タク

①「早が声符。この音の表す意味は偏蹇の意。卓は蹇者の身体の偏高の意」（『漢字の起源』）

②「象形。大きな早（匙）の形。大きい匙であるから、卓異・卓偉・卓越のように、〝すぐれる、まさる〟の意味となる」（『常用字解』）

［卓］

（篆）

③「人＋早の会意文字。早はひときわ早く目立つ意を示す意符。卓は人が抜きん出て目立つことを示す。擢（高く抜き出す）・的（ひときわ目立つまと）と同系のことば」（『学研漢和大字典』）

①は意味不明。②では大きな匙から「すぐれる」の意味が出るというのが理解不能。③は語源を絡めた解釈である。

藤堂明保は卓のグループ（踔・掉）は、勺のグループ（杓・酌・的・釣）、翟《てき》のグループ（濯・擢・躍・櫂）と同源で、これらの語群はTÔG・TÔKという音形と、「抜きん出る、抜き出す」という基本義があるという（『漢字語源辞典』）。

改めて字源を見てみよう。篆文は「匕＋早」に分析できる。「匕」は比に含まれており、右向きの人の形であるが、向きに意味があるのではなく、ただ「人」を表している。「早」にはイメージがある。「早」は時間が早いことを表す記号である。一日のうち朝の早い時刻が「早」である（「早の起源——時間漢字（24）」の項参照）。時間の流れを線で表すと、一日の最初の方が「早」であり、空間的な軸に読み換えると先端、前方に当たる。時間と空間のイメージは相互転化可能なイメージになることが多い。

「卓」は「早（イメージ記号）＋匕（＝人。限定符号）」と解析する。「早」は先端、前方のイメージを示す。したがって「卓」は人の先頭に出る情景を設定した図形である。この意匠によって、「先の方へ抜け出る」というイメージを表すことができる。水平の軸を垂直の軸へ視点を変えると、「上へ高く抜き上がる（抜きん出る）」というイメージに展開する。これが古典漢語tɔkの意味であり、これの視覚記号として考案されたのが「卓」である。

『論語』に「立つ所有りて卓爾たるが如し」（「孔子は」立脚点がしっかりしているから、誰よりも高く抜きん出ているように見える）という用例がある。

「卓」は他よりも高く抜きん出る（優れている）という意味（卓越の卓）であるが、別の意味が生まれた。「高く上がる」という空間的なイメージもあるので、高い脚のついた台やテーブルを卓という（後に桌とも書かれる）。

助数漢字としては台やテーブルを一卓、二卓と数える。

## 「食・膳・献」の起源——助数漢字（96）

### 【食】 音ショク 訓くう・たべる

こんな字源説がある。

［食］

（甲）

（金）

（篆）

①「皀に従い（意符）亼の声（声符）の形声字。亼は咀嚼の意を表す。食は豆・籩・簋に盛られた食物を咀嚼する意」（『漢字の起源』）

②「象形。食器として使用される皀《き》の形。食は食器の中の"たべもの"の意味となる」（『常用字解』）

③「亼（集めて蓋をする）＋穀物を盛ったさまを合わせた会意文字。容器に入れて手を加え、柔らかくしてたべることを意味し、飴《イ》（穀物に加工して柔らかくしたあめ）・飼（柔らかくしたえさ）・式（作為を加える）などと同系のことば」（『学研漢和大字典』）

①では亼を音符とするのが奇妙。しかも亼が咀嚼の意を表すとは理解不能。②では食の意味を「食器の中のたべもの」とするが、「食器の中の」は余計な要素の混入である。食は単に「たべもの」の意味である。

③は語源と絡めた解釈をしている。藤堂明保は食のグループ（蝕・飼）で一つの単語家族を立て、TĚKという音形と、「柔らかくして食べる」という基本義があるとしている（『漢字語源辞典』）。

改めて字源を見てみよう。「食」は「亼＋皀」に分析できる（「人＋良」ではない）。「亼」は「△」の形に近く、三方向から中心に向けて寄せ集めることを示す象徴的符号である。「皀」は即・既などにも含まれ、器に盛った食べ物の形。「亼（イメージ記号）＋皀（イメージ補助記号）」を合わせた「食」は、食べ物を器に寄せ集めて盛りつける情景を暗示させる。この意匠によって「たべる」ことや「たべもの」の意味をもつ古典漢語のdiakを表記する。

「（食べ物を）食べる」とはどういう行為か。これを考えるとdiakという言葉の深層構造が分かる。「食べる」とは自然物（素材）に人工を加え、人体に受け入れられるようにした物を体内に取りこむことである。自然物を人工化する、つまり「加工する」「手を加える」ということに焦点がある。これこそ「食」のコアイメージである。

助数漢字の用法は食事の回数を一食、二食と数える。

## 【膳】 音ゼン

①「善が声符で、美の意。膳は美食（ごちそう）の意」（『漢字の起源』）

②「形声。音符は善。説文に"具はりたるの食なり"とある」（『字統』）

③「善は羊＋言の会意文字で、ゆったりとゆとりがあるの意。もと亶《セン》（ゆったりと多い）と同系のことば。善は肉＋音符善

［善］

（金）

（篆）

（篆）
［膳］

（篆）

の会意兼形声文字で、いろいろと豊かにそろえた食事。転じて、おいしいごちそうをいう」(『学研漢和大字典』)

②では善を「解廌を中心に原告と被告の誓いの言葉をしるした字で、裁判用語。のち神の善意にかなうこと」という解釈をするために、膳と繕の説明ができない。

字源は「善《ゼン》(音・イメージ記号)+肉(限定符号)」と解析する。「善」がコアイメージを提供する基幹記号である。

「善」の古い字体は「譱」で、「誩+羊」に分析できる。「誩」は「言(ことば)」を二つ合わせて、言葉をそろえる(口々に言い合う)、あるいは言葉数が多いという状況を作り出し、これによって「たくさんそろえる、数量がたっぷりと多い」というイメージを示す記号とした。「羊」はめでたいものという象徴性のある動物である。したがって「誩(イメージ記号)+羊(限定符号)」はめでたいことがたくさんある様子を暗示させる。実現される意味は「(姿・性質・行いなどが)立派である、好ましい、よい」であるが、語の根底には「(いろいろなものや要素が)たっぷりとそろって多い」というイメージがある。

かくて「膳」の図形的意匠が明らかになる。肉(うまい食べ物)がそろってたっぷりと多いことを暗示させる。この意匠によって、ごちそう(うまい食べ物)を意味する古典漢語dhian を表記する。

食物を載せる台の意味(膳部・配膳の膳)は日本的展開である。ここから助数漢字の用法が生まれる。器に盛った料理(特に飯)を一膳、二膳と数える。また二本で一組の箸を数える。

## 【献】

音ケン・コン　訓たてまつる

「獻」が正字(旧字体)。

①「鬳が声符。この音の表す意味は高く捧げる意。献はお祭りに神の馳走としての犬を差し上げる意」(『漢字の起源』)

②「会意。鬳と犬とを組み合わせた形。犬牲で清められた鬲形の器を献といい、神に供え捧げる器であるから、献は〝たてまつる、ささげる、すすめる〟の意味となる」(『常用字解』)

③「鬳は虎+鬲(三本の袋足のついた煮炊きする器)の会意文字で、虎などの飾りのついた立派な食器。獻は犬+音符鬳の会意兼形声文字で、犬の肉を食器に盛って差し上げることを示す。高く捧げる、下から上へ上げるの意を含む。軒(高く上がる)・建(高くたてる)・乾(高い)などと同系のことば」(『学研漢和大字典』)

[鬳]

(篆)

[献]

(篆)

器と犬を合わせただけの舌足らず（情報不足）な図形である。これからなぜ「ささげる」の意味が出るのか、理解するのが難しい。図形から意味が出るのではなく、意味を図形に表すのが漢字の原理である。そうしてできた図形は往々情報不足か、さもなければ情報過多にもなりやすい。だからこそ図形的解釈をそのまま意味とすることはタブーなのである。

古典では「献」をどんな意味で使っているかを調べるのが先である。『詩経』では「公所に献ず」（［狩った獲物を］君主の所に差し上げる）という用例がある。「（下から上へ持ち上げて）ささげる、差し上げる」が最初の意味である。

次に語源であるが、古典に「献は軒なり」とある。藤堂明保は③で軒・建・乾と同源と見ている。これらには「高く上がる」というイメージがある。

古典の用法と、語源から検討すると、「献」は「高く上がる」というコアイメージをもつ語と推定できる。逆にこのコアイメージが「物を上へ差し上げる」という意味を実現させたと考えてよい。

図形の成立は語の成立の後である。語の意味をどのように図形に反映させるかの工夫が必要である。こうして造形されたのが「獻」である。分析すると「鬳＋犬」になる。「鬳《げん》」は「虍（連なることを示すイメージ記号）＋鬲（限定符号）」を合わせた図形で、鬲（蒸し器）の一種を表し、甗《げん》（こしき）の原字である。「こしき」や「かなえ」のような蒸し器は、イメージの捉え方によって名を異にする。上下に分かれた形態から「鬲」、上に重なるイメージから「甑」、各部分が連なって高くなっている形態から「甗」という。「鬳」は「高く上がる」というイメージを表す記号と考えてよい。

古典に犬羹という語があるように、犬の肉をあつものにすることがある。これは供え物であり、また食用でもある。「差し上げる」の意味の古典漢語 hiăn を図形化する具体的な状況を想定したのが、犬のあつものを供える場面であったと考えられる。この情景を暗示させるのが「鬳《ゲン》（音・イメージ記号）＋犬（限定符号）」を合わせた「獻」である。

「献」は物を差し上げる意味（献呈の献）から、主人が客に酒を進める意味（献酬の献）にも転じる。ここから助数漢字の用法が生まれる。酒を進める回数を一献、二献と数える。この場合はコンと読む。九献《くこん》は三三九度と同じ。

なお文献の献は右の意味から外れているように見える。しかしコアイメージを考慮する必要がある。「高く上がる」が献のコアイメージである。「高く上がる」を知能・能力の意味領域に限定すると、「才能・知力が人より高く優れている」という意味が実現される。古典では「献は賢なり」とされている。古代の文物をよく知る賢者・知者を献というのである。文献とは昔のことをよく伝える文章と知者の意味である。

## 「菜・彩・色」の起源——助数漢字(97)

### 【菜】

音 サイ　訓 な

①「采が声符。采は爪が声符で取る意を表す。采は木の果実を取る意。菜は采《と》って食う草」(『漢字の起源』)

②「形声。音符は采。采は木の上に手(爪)を加えて、手で木の実を摘み取るという意味。菜は〝な、やさい〟をいう」(『常用字解』)

③「艸+音符菜(=採。つみとる)の会意兼形声文字。つみなのこと」(『学研漢和大字典』)

①では采の音符が爪で、取る意とするのが理解不能。②では「木の実を摘み取る」と「な、野菜」とのつながりがはっきりしない。

改めて字源を見てみよう。「采《サイ》(音・イメージ記号)+艸(限定符号)」と解析する。「采」は「爪(下向きの手)+木」を合わせて、木の芽や葉を摘み取る情景を設定した図形。『詩経』に「参差《しんし》たる荇菜《こうさい》、左右に之を采《と》る」(ちぐはぐにそろわぬアサザ、右に左に摘んで取る)という用例があり、草などを摘み取る意味で使われている。

[采](甲)(金)(篆)　[菜](篆)

「摘み取る」という行為のコアには「一部を選び取る」というイメージが含まれている。「多くのものの中から一部を選び取る」というイメージが実現されたのが採用・採択の採である。

野草には食用になるものと、ならないものがある。多くの野草の中から食用になるものを選び取ったものが「な」である。これを表す漢字が「菜」であるが、前述の文献に既に出ているくらい起源は非常に古い。

助数漢字としては料理に出す野菜の数を数える。「一汁一菜」など。

### 【彩】

音 サイ　訓 いろどる・いろどり

①「采が声符。この音の表す意味は雑の意。彩は衆色を集めて飾るが本義」(『漢字の起源』)

②「形声。音符は采。采は木の上に手(爪)を加えて、木の実を手で採るの意味。采は草木から色をとる、色どりの意味にも用いられるようになる。彡(色が美しいことを示す記号のような文字)を加えて彩となり、〝いろどる、いろどり〟の意味に用いる」(『常用字解』)

[彩](篆)

③「采は爪（手の先）＋木の会意文字で、木の芽を手先で選び取ること。採の原字。彩は彡（模様）＋音符采の会意兼形声文字で、模様をなす色を選んで取り合わせること」（『学研漢和大字典』）

①では采が雑の意を表すというのが理解不能。②では采も彩と同じで使われることがあるが、「草木から色を取る」という意味はない。

字源は「采《イサ》（音・イメージ記号）＋彡（限定符号）」と解析する。「采」は右に述べたように「多くのものの中から一部を選び取る」というイメージを表す記号。したがって「彩」は模様にする色を選び取る様子を暗示させる。この意匠によって「いろどり」「いろどる」の意味をもつ古典漢語ts'əgを表記する。采・採・彩・菜は「選びとる」というコアイメージを共有する同源の語である。

助数漢字としては彩色の回数を数える。「唐三彩」など。

## 【色】 音ショク・シキ　訓いろ

［色］

（篆）

①「人に従い（意符）卩の声（声符）の形声字。卩の表す意味は属（性器連続、交合の意）。色は二人が取っ組んで連続して一つになる意」（『漢字の起源』）

②「会意。人と卩（跪く人の形）とを組み合わせた形。人の後ろからまた人が乗る形で、人が相交わることをいう」（『常用字解』）

③「かがんだ女性と、かがんでその上に乗った男性とが体をすり寄せて性交するさまを描いた象形文字。セックスには容色が関係することから、顔や姿、いろどりなどの意となる。また、すり寄せる意を含む。即（そばにすり寄ってくっつく）・則（くっつく）・塞（すり合わす、ふさぐ）などと同系のことば」（『学研漢和大字典』）

三説とも性交と解する点では同じだが、解剖の仕方が形声、会意、象形に分かれる。伝統的な分類にこだわらない方がよい。

字源は「卩（ひざまずく人）」を上下に配置した図形である。この意匠によってセックスを意味する古典漢語のsïəkを表記する。

『孟子』に「食と色は性なり」（食と性に対する欲望は誰もがもつ生まれつき［自然］のものである）という用例がある。セックス、性欲が最初の意味と考えられるが、『詩経』では「令儀令色、小心翼翼たり」（姿・顔色はうるわしく、心は細やかに恭しい）という用例があり、早い段階で「顔色」の意味に転義している。

さらに色彩の色の意味がその後に出現する。

いったいなぜ「セックス」から「いろ」の意味になるのか、その論理過程（意味の展開）を推測してみよう。

まずセックスの意味（色情・好色の色）が現れる。次は女性のセクシーな姿の意味（才色の色）となる。古典漢語は男性優位社会の言語なので女色が関心の的で、男性のセクシーは問題にならない。次に顔に表れる表情（かおいろ）の意味（血色の色）。次に外に現れた物の様子・姿の意味（景色・特色の色）。最後に「いろ、カラー」の意味（色彩の色）。論理的にはこの順に転義したと考えられるが、歴史的には必ずしもこの順序ではない。

ちなみに日本語の「いろ」は色彩→顔色→美しい色彩→女の美しい容色→色情・色欲→異性・遊女・情人に展開するという（『岩波古語辞典』）。

常識的に考えると色彩の「いろ」から顔色、容色、セックスと展開しそうなものだが（日本語の「いろ」のように）、漢語ではいきなりセックスの「色」から始まった。これはsïəkという言葉の成立と関係がある。藤堂が③で指摘するようにsïəkという語は即・則・塞などと同源で、「側にすり寄る」「くっつく」というイメージがコアにある。また藤堂は色・思・司・息・塞が同源で、SÊKという音形と、「狭い穴」「狭い穴をこする」という基本義をもつとも指摘している（『漢字語源辞典』）。「狭い穴をこする」や「くっつく」は性行為そのもののイメージである。だから古典漢語ではセックスの意味のsïəkを「色」で表記することが最初に起こったと考えられる。

助数漢字としては色（カラー）の数を一色、二色と数える。

## 「具・灯・炷・錠・塊」の起源——助数漢字(98)

### 【具】 音グ 訓そなえる

①（『漢字の起源』にはない）

②「会意。貝（古くは鼎）と廾（左右の手を並べた形）とを組み合わせた形。具は両手で鼎を捧げ持つ形。その鼎に入れて供える物をそろえて用意することを〝そなえる〟という」（『常用字解』）

③「上部は鼎（かなえ）の形、下部に両手を添えて、食物を鼎にそろえて差し出すさまを示す会意文字。そろえる、ひとそろい、そろえた用具などの意を含む」（『学研漢和大字典』）

②③はほぼ似た解釈。

[具]

（甲）

（金）

（篆）

「具」は算に含まれており、字源については「算の起源——数漢字（2）」でも触れている。「具」の古い字体は「鼎＋廾」に分析できる。「鼎」は煮炊きする道具の「かなえ」だけに限定するのではなく、家具や道具の代表として選ばれている。「廾」は両手の動作に関わる限定符号。したがって「鼎（イメージ記号）＋廾（限定符号）」を合わせた「具」は、家具や道具をそなえる場面を設定した図形である。この意匠によって、必要なものをそなえつけるという意味をもつ古典漢語のgiugを表記する。

「具」は必要なものをいろいろ取りそろえる（そなえる）の意味（具備の具）から、そなえつける器物の意味（家具・器具の具）に展開する。

助数漢字としてはひとそろいの物（衣服、鎧など）を一具、二具と数える。

## 【灯】 音トウ 訓ともしび

旧字体は「燈」。燈と灯は別字であるが音と意味が似ているので、灯を燈の俗字として用いた（現代では中国でも日本でも灯に統合されている）。

こんな字源説がある。

［登］

（甲）（金）（籀）（篆）

①「古くは鐙。登が音符。燈火の燭台である」（『漢字の起源』）

②「形声。音符は登。〝ともしび、ひ〟の意味に用いる」（『常用字解』）

③「登は両足＋豆（たかつき）＋両手の会意文字で、両手でたかつきを高く上げるように、両足で高く上ること。燈は火＋音符登の会意兼形声文字で、高く持ち上げる火、つまり、高く掲げるともしびのこと」（『学研漢和大字典』）

①と②では登と燈火に何の関係があるのは分からない。③では登と燈に「高く持ち上げる」の共通点（コアイメージ）を見る。

改めて字源を見てみよう。

「登《トウ》（音・イメージ記号）＋火（限定符号）」と解析する。「登」は古い字体（甲骨文字・金文・籀文）では「豆（たかつき。イメージ記号）＋廾（両手。イメージ補助記号）＋癶（限定符号）」を合わせた字。「癶」は両足を左右に開いた形で、足（両足）の動作に関わる限定符号（発に含まれている）。「登」はたかつきを持ち上げて祭壇にのぼる情景を設定した図形である。

篆文では字体が「豆（イメージ記号）＋癶（限定符号）」に変わった。この「豆」はたかつきの形態的特徴から、「┬の形にじっと立つ」というイメージを用いる。このイメージは「↑の形に立ち上がる」、さらに「上に上がる」というイメージに展開する。したがって篆文の「登」は両足で上に上がっていく様子を暗示させる。これらの図形的意匠によって、「登」は「上に上がる」というコアイメージを表す記号になる。かくて「燈」は上に掲げて辺りを照らす火を暗示させる。この意匠によって、「ともしび」を意味する古典漢語təngを表記する。

助数漢字としては灯火（現代では電灯・街灯など）を一灯、二灯と数える。

## 【炷】 音シュ

「主《ユシ》（音・イメージ記号）＋火（限定符号）」を合わせた字である。「主」が根源のイメージを表す記号である。「主」は「客」に対する語である。お客はよそからやって来て一時的に他人の家に止まる人のことであるが、主人（あるじ）は家の中にじっと止まって（座って）動かない人のことで、一家の中心である。したがって「主」には「中心になって動かない」「じっと立って動かない」というイメージがある。このコアイメージを表す古典漢語はtiugであり、蠟燭台やあぶら皿の類の照明具から発想された。⊤の形や⊥の形に灯心がじっと立って燃える姿から発想を得た。これを表すのがtiugという語であり、また「主」という図形である。「主」の上の「丶」は灯心の先端の炎が燃える部分、「王」は燭台や皿の形であるが、全体が燭台やあぶら皿の上に炎が立って燃えている姿を描いた図形と考えてよい（詳しくは「主と従の起源――順位漢字（16）」の項参照）。炎は揺れているものだが、灯心や蠟燭は⊥の形に立つ形状をしているので、「⊥の形や⊤の形にじっと立って動かない」というコアイメージを「主」で表すことができる。

「主」は主人の主を表象する記号である。ではそれの発想の元になった蠟燭や灯明皿の灯心はどういう表記を得たか。それが「炷」である。「主」と「炷」は分野を異にする語であるが、「じっと立って動かない」という根源のイメージが共通である。

「炷」は蠟燭や灯明皿の灯心の意味である。助数漢字としては線香を一炷、二炷と数える。線香は「じっと立って燃える」というイメージが灯心と似ている。

## 【錠】 音ジョウ

①（『漢字の起源』にはない）

②「形声。音符は定。豆とよばれる食器に脚のあるもの、いわゆる〝たかつき〟をいう」（『常用字解』）

③「金＋音符定（安定する、固定する）の会意兼形声文字。継ぎ

［定］

（甲）

（金）

（篆）

［錠］

（篆）

目に流し込んで固定する錫などの金属。また、足のついた座りのよい祭具（たかつき）」（『学研漢和大字典』）

②では定からどう意味が展開するのか不明。②の文字学は形声文字を解釈する原理がない。これこそコアイメージという概念である。

「定」がコアイメージと関わる基幹記号である。「定」は「正《イセ》（音・イメージ記号）＋宀（限定符号）」を合わせた字。「正」は「一＋止（足の形）」を合わせて、足が一線に向けて↑の形に進む姿を暗示させる図形。足の動作・行為と関係のある「止」「之」「寺」「正」は「進む」というイメージがあるが、反対に「止まる」というイメージも表す。足の機能は「進む」と「止まる」の双方に関わるからである。

水平の方向を垂直の方向に視点を変えると、「←の形や→の形にまっすぐ進む」のイメージは「↑の形にまっすぐ立つ」というイメージに転化する。「進む」と「止まる」のイメージは「まっすぐ」のイメージを介すると、可逆的（相互転化可能）なイメージになる。

「定」を構成する「正」は「↑の形、┬や┴の形にじっと止まる」というイメージを表している。したがって「定」は動いていたものが屋根の下で止まってじっと落ち着く状況を暗示させる図形である。「一所にじっと止まって動かない、落ち着く（さだまる）」という意味の古典漢語 deng の視覚記号になりうる。

かくて「錠」は┴の形にじっと安定させて置く金属製の器を暗示させる。

具体的文脈では足のついたたかつきという意味、また、灯心がじっと立って燃えるあぶら皿という意味が実現される。

また「定」には固定するという意味もあるので、型に入れて固定させた金属（餅や豆の形の金塊）の意味も生じた。また固形（塊状）にした薬剤の意味も生まれた。

助数漢字としては金・銀の塊や墨などを数える。また固形・粒状の薬剤を一錠、二錠と数える。

## 【塊】

音カイ　訓かたまり

①「鬼が声符。この音の表す意味はくるりと堅く丸くなる意。塊は堅く丸くなった土」（『漢字の起源』）

②「形声。音符は鬼。鬼は大きな頭をもつもので、大きなものという意味がある。土くれの大きなものを塊という」（『常用字解』）

③「鬼は丸い頭をした亡霊の姿を描いた象形文字。塊は土＋音符鬼の会意兼形声文字で、丸い形の土くれ」（『学研漢和大

［鬼］

（甲）

（金）

（篆）
［塊］

（篆）

字典』）

「鬼」がコアイメージの源泉である。日本では「鬼」を「おに」と読んでいるが、仏教のいわゆる赤鬼・青鬼の「おに」のことではない。「鬼」は古典漢語では亡霊のことである。また『詩経』では「鬼《き》たり蜮《よく》たり、則ち得べからず」（鬼なのか蜮［タガメを空想化した怪物］なのか、得体が知れぬ）という用例があり、鬼は亡霊のように得体の知れぬ怪物という意味でも使われている。

古人は亡霊をどういうイメージで捉えたのだろうか。古典漢語では得体の知れないものをカオスのイメージで捉えることがよくある。例えば鯤《こん》（空想的な怪魚）は混沌の混と同源の語である。のっぺらぼうなカオス（混沌・渾沌）自体が怪物とされることもある。のっぺらぼうなカオスは「〇」のイメージである。これは「丸い」というイメージである。亡霊も「丸い」のイメージで捉えられたと考えられる。

語源論的に究明したのは藤堂明保である。藤堂は鬼および鬼のグループ（魁・塊）を、昆のグループ（混）、怪、骨のグループ（滑）、回、韋のグループ（違・諱・囲・幃・緯・偉）、冑のグループ（彙）、尹・伊のグループ（君・群・郡・裙）、軍のグループ（運・暈・輝・揮）、匀のグループ（均）、旬のグループ（筍）、癸のグループ（葵・揆）などと同源とし、これらの語群はKUÊT・KUÊR・KUÊNという音形と、「丸い、めぐる、取り巻く」という基本義をもつとした（『漢字語源辞典』）。

古典漢語では死者の亡霊をkiuerと呼ぶ。この語は藤堂が指摘する単語家族の一員で、「丸い」というコアイメージをもつ。この語の視覚記号として考案された図形が「鬼」である。これは人の形の上に丸い頭を強調した「田」の符号を乗せた図形である（篆文では「〇」の変化した「ム」の形を添えている）。

さて「塊」は「鬼《キ》（音・イメージ記号）＋土（限定符号）」と解析する。「鬼」は「丸い」というイメージを示す。したがって「塊」は丸い土のかたまりを暗示させる。

意味は土くれであるが、丸いかたまり、かたまり状をなすものという意味（金塊の塊）に拡大される。助数漢字の用法はかたまり状のものを数える。韓愈の漢詩に「一塊の元気閉づ」の句がある。

## 「芸」と「能」の起源——助数漢字(99)

助数漢字として「芸」は身につけた芸の数を数え、「能」は能力や才能を数える。しかし一芸はあるが二芸以上はなさそうだ。「能」も同じ。もっとも万能はあるが、万は一万という数ではあるまい。「一」だけを数えるものを半助数漢字と呼びたい。

## 【芸】 ㊥ゲイ

「藝」が正字（旧字体）。こんな字源説がある。

①「埶が本字。坴に従い丮に従い（ともに意符）丮の亦声（声符）。丮《けき》は手を忙しく動かす意。埶は草木を植えている意。藝はそれに云を加えたもの。云は禾苗の根に土を盛る意で、農耕の意」（『漢字の起源』）

②「形声。音符は埶《げい》。埶は草木を〝うえる〟の意味。草かんむりと云を加えた藝の字となった」（『常用字解』）

③「原字は埶で、木＋土＋丮（人が両手を差し伸べたさま）の会意文字。人が植物を土に植え育てることを示す。不要な部分や枝葉を刈り捨てて良い形に育てること。刈と同系のことば。のち艸をつけて蓺と書く」（『学研漢和大字典』）

①は珍しく納得できる説。しかも②と③にない「云」の説明もある。

語源については藤堂明保の説しかない。藤堂は刈《がい》のほかに艾《がい》（よもぎ）や、歹《がつ》（切り取った残りの骨）、嶭《げつ》（切り取ったような険しい山）、蘖《げつ》（切り取った株から生えるひこばえ）、孼《げつ》（残された子孫）などと同源で、これらの語群はNGATという音形と、「切り取る」という基本義があるとしている（『漢字語源辞典』）。

［埶］

（甲）（金）（篆）

改めて字源を見てみよう。

「埶《イゲ》（音・イメージ記号）＋云（イメージ補助記号）＋艸（限定符号）」と解析する。「埶」が根源のイメージを提供する記号である。これを分析すると「坴＋丮（丸は変形）」となる。「坴」を分析すると「屮＋六＋土」となる。

「藝」を細かく分析すると「艸」「屮」「六」「土」「云」の五つの記号が取り出せる。今度はこれらを組み立ててみよう。

「屮」は草の形である。「六」は盛り上げた土の形で、「∩の形に盛り上がる」というイメージを示す記号である（「六の起源」の項参照）。「土」は「つち」。この三つを「六《クリ》（音・イメージ記号）＋屮（イメージ補助記号）＋土（限定符号）」の形で組み合わせる。これが「坴《りく》」となる。盛り上げた土の上に植物が生えている情景を暗示させる図形である。この記号は「陸」の構成要素となる記号である。ただし土に重点を置けば陸地の意味につながるが、植物に重点を置くと、次の新しい記号である「埶」が生まれる。これは「坴（イメージ記号）＋丮（両手を差し出す人。限定符号）」を合わせたもの。植物に手入れをしている情景を設定した図形である。この意匠によって、「自然のものに手を加えて形のよいものに整える」というイメージを表すことができる。古典漢語ではこのイメージをもつ語をngiadという。具体的文脈では「植物に手を加えて栽培する」という意味が実現される。

さて「埶」で十分にngiadという語を表記する視覚記号になりうるが、字体が複雑化した。まず限定符号の「艸」をつけて「蓺」の字体に変わった。これは『詩経』に「麻を蓺《う》うるに之を如何《いかん》せん」（麻を植えるにはどうしたらよいか）という用例で使われている。古典ではこの表記が普通である。しかしやがて「云」を添えた「藝」が成立した。「云」は芸《うん》や耘《うん》（くさぎる）に含まれており、植物栽培の作業の一つを暗示させる記号である。

以上の通り埶→蓺→藝と変わったが（日本ではいちばん大切な記号である埶を抜かして「芸」となった。中国では音を乙で表し「艺」に化けた）、どれも植物を栽培する意味である（園芸の芸）。その根柢をなすイメージ（深層構造）は「自然のものに手を加えて形を整える」というイメージである。

このコアイメージから、自然のものに手を加えて良い形に仕上げる技の意味（技芸の芸）、人間の質をより良いものにする技、つまり学問や教養の意味（芸術の芸）、さらに、人前で見せる娯楽的な技、つまりパフォーマンスの意味（芸能の芸）に展開する。

ここで助数漢字の用法につながってくる。一芸の芸とは人前で披露する何らかの技である。しかし語の根柢にあるイメージは手を加えて良いものに仕上げたものである。それがなければパフォーマンスの価値がない。

## 【能】

音ノウ　訓あたう

①「㠯（動物の象形）に従い肙《エン》の声の形声字。この音の表す意味は黤《えん》（真黒い意）。能は熊の意」（『漢字の起源』）

②「象形。水中にすむ昆虫の形。〃よくする、たえる〃の意味に用いる」（『常用字解』）

③「㠯《イ》（＝以）は力を出して働くことを示す。能は肉＋亀の足＋音符厶（㠯の変形）の会意兼形声文字で、亀や熊のように粘り強い力を備えて働くことを表す。熊（粘り強いクマ）の字の上部と同じ」（『学研漢和大字典』）

①では「厶＋月」《エン》を音符とするのが奇妙（こんな字はない）。②では水中にすむ昆虫と「よくする」の意味とのつながりがはっきりしない。③では㠯《イ》（＝厶・以）を音符と見るのが疑問。

字源は難しく、諸説紛々で、定説はない。筆者は①③と解釈は違うが、クマを描いた象形文字と見たい。熊（クマ）や羆（ヒグマ）の字に「能」が含まれている。「能」の左側は頭と体の部分、右側の「匕＋匕」は足の形である。「鹿」にも

［能］

（金）

（篆）

足の形の「比」が含まれている。

語源に関しては王力（現代中国の言語学者）の説が参考になる。王力は能・耐・任・忍を同源とし、「たえる」の意味が共通するという（『同源字典』）。「たえる」とは何かをするのに十分堪えられる、つまり能力が十分あるということである。古典漢語のnengは物事をなしうる力や働き、また、何かをするのに十分に力があるという意味である。これを「能」と表記した。クマの特徴は何といっても力強さである。「粘り強い」というイメージを表すことができる。

「粘り強い」のイメージは「何かをするのに堪えられる力」というイメージに展開する。ここから能力や才能の能の意味（物事をなしうる力や働き）が生まれる。助数漢字としては、能力や才能を数える。

## 「景・幕・場・齣」の起源——助数漢字(100)

この四字は芝居の段落を数える助数漢字だが、それ以外の使い方もある。

### 【景】 音ケイ　訓ひかり・かげ

こんな字源説がある。

①「京が声符。この音の表す意味は光。景は太陽の光線の意味」（『漢字の起源』）

②「形声。音符は京《けい》。京は出入り口がアーチ形の城門の形で、上に望楼がある。京は光のある状態をいうので、〝ひかり〟の意味となる」（『常用字解』）

③「京は高い丘に建てた家を描いた象形文字。高く大きい意を含む。景は日＋音符京の会意兼形声文字で、大きい意に用いた場合は、京と同系。日かげの意に用いるのは境（けじめ）と同系で、明暗の境界を生じること」（『学研漢和大字典』）

①は堂々巡りの字源説。②では城門や望楼と光に何の関係があるのか不明。③は「日かげ」だけでなく「光」を含めた意味か。「日光によって生じた明暗のけじめ。明暗によってくっきりと浮き上がる形。また転じて、日光」としている。

改めて字源を見てみよう。

「京《ケイ》（音・イメージ記号）＋日（限定符号）」と解析する。「京」は高い台地の上に楼閣が建っている図形である（古代文字は「大数の名」の「京」の項参照）。実現される意味は「大きな丘」の意味であるが、「高い」「大きい」というイメージ、さらに「明るい」というイメージも表すことができる。

［景］

（篆）

ここでイメージ展開を考える。「章と号の起源——助数漢字(109)」でも述べたように、「明るい」と「区切りをつける」は可逆的（相互転化可能）なイメージである。日の光に照らされると、明るい部分と暗い部分の境目がはっきりつく。この現象から、「明るい」のイメージは「区切り（けじめ、区別、境界）がはっきりする」というイメージに転化する。また逆に、区切り目がつくとはっきりとして、事態は明るく見える。

かくて「景」の図形的意匠が明らかになる。物の境界をはっきりさせる日の光を暗示させる図形である。この意匠によって、日の光を意味する古典漢語kiăngを表記する。

「景」と「境」（境目、区切り）を同源と見たのは漢代の語源学者劉熙（『釈名』の著者）の卓見である。③はこれを承けている。「明と暗の境目（区切り）がはっきりつく」のイメージが実現されるのは明の部分、つまり「光」の意味だけではない。暗の部分、つまり「かげ」の意味も実現される。「ひかり」と「かげ」はポジとネガの関係である。『詩経』では「汎汎たる其の景《かげ》」（水面に舟の影がゆらゆら揺れる）という用例があり、この「景」は「かげ」の意味である。後に「ひかり」には「景」、「かげ」には「影《えい》」と書き分けるようになった。

さて「景」は日光の意味から、日光に照らされてはっきり見える物の姿の意味（景観・光景の景）に展開する。

助数漢字としては景色を数える。富岳三十六景など。中国の瀟湘八景は有名（日本の「〜八景」はこれをモデルとしたもの）。日本では演劇の一区切り、一場面を数える。

## 【幕】 音マク・バク

①「莫が声符。この音の表す意味は覆（おおう）の意。幕は上を覆う布の意」（『漢字の起源』）

②「形声。音符は莫《ばく》。天幕、テントをいう」（『常用字解』）

③「莫はマク・バクは四つの中印（草）の間に日が隠れるさまを示す会意文字で、暮の原字。隠れて見えない意を含む。幕は巾（ぬの）＋音符莫の会意兼形声文字で、物を隠して見えなくする覆い布」（『学研漢和大字典』）

②は莫からの説明を放棄している。②の文字学ではコアイメージの概念がないので、形声文字の解釈が原理的にできない。

③は語源論の裏付けがある。藤堂明保は莫のグループ（漠・膜・幕・模・墓・暮）が、無のグループ（幠・蕪）、亡のグループ（芒・盲・氓・盲・忘・妄・荒）、罔のグループ（罔・網）などと同源で、これらの語群はMAK・MANGという音形と、

［莫］

（甲）

（金）

（篆）
［幕］

（篆）

「隠れて見えない」という基本義をもつという（『漢字語源辞典』）。

改めて字源を見てみよう。「莫《バク》（音・イメージ記号）＋巾（限定符号）」と解析する。「莫」は「茻＋日＋茻」と分析できる。「茻」は「屮（草）」を四つ重ねた形で、「葬」や「莽」に含まれ、草原を示す記号。「茻（イメージ記号）＋日（限定符号）」を合わせた「莫」は、草原の間に日が沈む情景を設定した図形。この意匠によって「隠れて見えない」というイメージを示す記号になる。「隠れて見えない」というイメージの前提には「覆いかぶさる」というイメージがある。「覆いかぶさる」→「隠れて見えない」というイメージ転化が予想される。

夜のとばりに覆われて辺りが暗くなり物が見えなくなる時間が日暮れの「暮」である（「暮・夕・昏・宵・晩の起源──時間漢字（29）」の項参照）。同様に、上から覆いかぶせて内部を隠して見えなくする布が天幕の幕である。

テントの意味から、垂れ幕（カーテン）の意味に展開する。

日本では映画や演劇の垂れ幕の意味（銀幕の幕）に使われる。ここから助数漢字の用法が生まれる。演劇の一まとまりの段落を一幕、二幕と数える。

## 【場】

㊥ジョウ　㊠ば

こんな字源説がある。

［昜］

（篆）

［場］

（篆）

①「昜が声符。この音の表す意味は除。場は邪魔物を取り除いて平坦にした地面」（『漢字の起源』）

②「形声。音符は昜《よう》。昜は玉を台の上に置き、玉の光が下方に放射する形。昜は霊の力を持つと考えられた玉によって、人の精気を盛んにし、豊かにする魂振りの儀礼をいい、その儀礼の行われる所を場という」（『常用字解』）

③「昜《ヨウ》は日＋丅（高く上がる印）＋彡（いろどり）で、太陽がいろどり美しく上るさま。場は土＋音符昜の会意兼形声文字で、日光の当たる高めの開けた地。陽（日なたの丘）・敞（高く開けた）と同系のことば」（『学研漢和大字典』）

①では昜が除の意味を表すとは理解不能。②では魂振りの儀礼の行われる場所の意味とするが、「場」にそんな意味はない。そもそも玉によって精気を盛んにするという魂振りの儀礼は根拠がない。

③は語源論の根拠がある。藤堂明保は上、尚のグループ（堂・敞）、党などが場・揚と同源で、これらの語群はTANGという音形と、「上、高い、大きい」という基本義があるという。一方、昜のグループの一部（陽・湯・蕩）、昌、章のグループ（彰）、唐、宕が一つの単語家族をなし、TANGという

音形と、「明るい、はっきり」という基本義があるという（『漢字語源辞典』）。これについては「章と号の起源——助数漢字（109）」でも触れている。

改めて字源を見てみよう。「昜《ヨウ》（音・イメージ記号）＋土（限定符号）」と解析する。「昜」は「日＋丂（上に伸びていくことを示す符号）＋彡（光が発散する形）」を合わせて、太陽が空高く上っていく情景を設定した図形である。この意匠によって、「高く上がる」というイメージを表すことができる。高い所に上がれば、はっきり現れて目立つから、このイメージは「明るい」「明るく開ける」「広く平らに開ける」というイメージに展開する。したがって「場」は平らに開けた土地を暗示させる。

図形にはこれ以上の情報は含まれていないが、具体的文脈で実現される意味は「農作業をする広場」や「庭」の意味である。『詩経』に「十月、場を滌《あら》う」（十月に籾打ち場を洗う）、『孟子』に「賤場師」（技術の下手な庭師）の用例がある。

ここから、からりと開けた場所の意味、人が集まって何かが行われる場所の意味に展開する。

助数漢字としては何かが行われる場面を数える。白居易の漢詩に「都《すべ》て是れ人間《じんかん》戯れ一場」の句がある。

また、演劇の一場面や段落を数える。この場合、日本では訓で「ば」と読む。区切りの長さでは幕—景—場の順である。

## 【齣】

㊥セキ　㊕こま

字源説は『学研漢和大字典』に「齒（並んだもの）＋句（くぎれ）の会意文字」とあるだけで、ほかにない。音は出（シュツ）と同音で、意味は「戯曲や芝居の場面を数えることば」としている。

「齣」は近世中国の小説類に現れる。普通は尺の音で、セキと読む字である（後に出の音で読む）。戯曲の段落を数える助数漢字である。語源はおそらく「尺」と同源であろう。「尺」は「⊓⊓⊓…の形に一つ一つと計る」ことを表し、「一回一回、一歩一歩と数珠つなぎに進む」というイメージがある。したがって小説や戯曲の回数を一回、二回と数えるのと同様に、戯曲や芝居の一段落を一齣、二齣と数えた。

これが日本に伝わり、「こま」の訓が生じた。「こま」の語源は「小間」だという。一つ一つに小間切れになっているから「こま」というのであろう。

漢字の「齣」も前述の字典にあるように、「句（くぎれを示すイメージ記号）＋齒（限定符号）」を合わせて「齣」が作られた。「齒」は比喩的限定符号で「□□□…」の形に並ぶものを歯に譬えている。

映画のフィルムの一場面や、講義・授業の一つの単位をコマというが、これも実は「齣」である。

## 「票」の起源――助数漢字（101）

ひらひらした紙片の意味から投票用紙に転義し、それを数えることに特化した助数漢字で、日本的展開である。

### 【票】　音ヒョウ

こんな字源説がある。

①「火に従い䙴の声の形声字。この音の表す意味は飛の意。票は火炎の上揚の意」（『漢字の起源』）

②「会意。囟《し》（人の頭部の形）と臼（左右の手を合わせた形）と火とを組み合わせた形。票は死者の頭部や死体を両手に持って焼く形で、その火の勢いによって屍が浮き上がることをいう」（『常用字解』）

③「要（細い腰）の略体＋火の会意文字で、細かい火の粉が軽く目立って飛び上がるさま。目立って軽々と浮き上がる意を含む。熛の原字」（『学研漢和大字典』）

①は理解不能。②では死者の頭部を焼く火の勢いで屍体が浮き上がるという解釈だが、「屍体が浮き上がる」が分からない。③では「要＋火」に分析するのがやや疑問。

［票］

（篆）

字源はかなり難しいので、語源を先に究明すべきである。「票」は古典の用例が少ないが、「票」をもとにした「漂」は最古の古典にある。『書経』では「血流れて杵《しょ》を漂わす」（戦死者の血が流れて杵がぷかぷか浮かんでいる）、また『詩経』では「蘀《たく》よ、蘀よ、風それ女《なんじ》を漂《ひるがえ》す」（落ち葉よ、落ち葉よ、風がお前を吹き上げる）という用例がある。「漂」は水の上にぷかぷか浮かぶ、また、風とともに空中にふわふわと浮かぶという意味である。後者は飄然の飄（ひるがえる、ひるがえす）と同じである。

以上から「票」は「軽くふわふわと浮き上がる」というのがコアイメージであろうと見当がつく。

「票」の語源を探求したのは藤堂明保である。藤堂は票のグループ全体（漂・飄・瞟・勡・標・瓢）が表、豹、暴のグループ（瀑・爆）、駁と同源で、これらの語群は**PÔG・PÔK**という音形と、「軽く上がる、表に出る、はじける」という基本義をもつという（『漢字語源辞典』）。

改めて字源を見てみよう。

「䙴《せん》」の下部の「㔾」を「火」に変えた形である。「䙴」については「移と遷の起源――時間漢字（75）」で詳述する。簡単に述べると、「䙴」は人が死んで、その魂が空中にふわふわと舞い上がる情景を暗示させる図形である。古代人は魂と魄の二種類の「たましい」があると信じ、天に上るものを魂、地中に帰るものを魄とした。魂が空中にふわふわと漂う状況から発想された図形が「䙴」である。この図形的意匠によって、「空中にふわふわと軽く浮き上がる」というイメージを表すことができる。仙人は死ぬと魂が抜け出て別の場所に移る人と考えられ、「僊」（後に「仙」）と書いた。

この「䙴」の「㔾」を「火」に変えたのが「票」である。字形は「䙴の略体（イメージ記号）＋火（限定符号）」と解析する。「䙴」のイメージを利用して、「票」は火の粉が空中にふわふわと舞い上がる情景を暗示させる図形である。火の粉の意味を予想させるが、この意味はない（使用例がない）。「軽く舞い上がる」「身軽である」「行動が速い」という意味が実現された。『漢書』に「票然として逝く」（ふわふわと軽く上がって去っていった）という用例がある。また漢代に、行動がすばしこいという意味で名付けられた「票騎（＝驃騎）将軍」という官名がある。

「ふわふわと軽く上がる」というイメージは「ひらひらとして軽い」というイメージに展開し、軽く薄い紙片という意味が生じた。これが伝票・軍票などの票である。

また、文字を書く小さな札という意味にも転じる。助数漢字の用法はこれから生まれる。意思表示をする紙片（投票用紙に書いたもの）を一票、二票と数える。

## (4) 行為・動作と関わる助数漢字……

巻と束はⅠ（基本的な助数漢字）で、行・包・張・座・乗・犯・把・拍・泊・編などはⅡ（イメージ別の助数漢字）で取り上げているので、ここではそれ以外の助数漢字を扱う。

### 「握」と「掬」の起源——助数漢字(102)

握は「にぎる」、掬は「すくう」という行為を表す漢字である。この行為から助数漢字の用法が生まれる。

**【握】** 音アク 訓にぎる

① 「屋が声符。この音の表す意味は五本の指でつかむ意。握は手でつかむ意」（『漢字の起源』）

② 「形声。音符は屋。屋は殯《かりもがり》のために板で作った小屋である。屋に狭く小さくまとめるの意味がある。指を折り曲げて強く持つことを握という」（『常用字解』）

③ 「屋は尸（おおいの幕）＋至（＝窒。ふさぐ）から成り、外から見えないように塞ぐ屋根。握は手＋音符屋の会意兼形声文字で、中の物が見えないように外から手のひらをかぶせ

［屋］

（篆）

［握］

（篆）

てにぎること」（『学研漢和大字典』）

①は堂々巡りの字源説。字源の説明になっていない。②では屋に「狭くまとめる」の意味があるというが、そんな意味はない。また「狭くまとめる」と「指を曲げて強く持つ」とのつながりが分からない。③は屋と握が「塞ぐ」という基本義をもつ同源語と見ている。

改めて字源を見てみよう。「屋《クオ》（音・イメージ記号）＋手（限定符号）」と解析する。「屋」を分析すると「尸＋至」となる。「至」は「矢の逆形＋一」を合わせて、矢が地面（あるいは対象）に届く様子を暗示させる図形（「堂と室の起源——助数漢字（90）」の項参照）。これによって「これ以上進めない所（どん詰まり、究極点）に到達する」というイメージを表すことができる。ここから「至」は「行き詰まる」「どん詰まり」というイメージや、「いっぱい詰まる、満ちる、ふさがる」というイメージ、また「（二点間に）隙間がない」というイメージに展開する。「尸」は垂れたもの（垂れ幕、屋根、軒、覆いなど）と関係があることを示す限定符号（屏・層や漏の右側の字などと共通）。したがって「屋」は「至（イメージ記号）＋尸（限定符号）」を合わせて、建物に隙間なく覆いかぶせる屋根を暗示させる。「屋」は実現される意味は屋根であるが、「隙間なく覆いかぶさる」がコアイメージである。

手で物をにぎることを古代漢語でŭkという。「にぎる」という行為はどんな行為か。親指と他の四本の指を（の形に曲げて、物の上を隙間なく覆いかぶせて物をつかむ行為である。一方、屋根を古代漢語でukという。この語は右のように「隙間なく覆いかぶせる」というコアイメージをもつ。このコアイメージの共通性により、「にぎる」ことを「屋」とほぼ同音でŭkといい、「握」の図形が考案されたのである。

助数漢字としては一握りの容量を数える。『詩経』に「爾《なんじ》を視ること荍《あおい》の如し、我に握椒《あくしょう》を貽《おく》れ」（アオイのようなかわいいお前、おれにサンチョウの実をおくれ）とある。この握は一握の略と見てよい。

また、長さの単位として、拳の幅（四寸）を一握とした。

## 【掬】

音キク　訓すくう

①（『漢字の起源』にない）

②「形声。音符は匊《きく》。匊が掬の初文。勹（人の側身形）と米とに従う。からだをかがめてものを受けとめるような形」（『字統』）

③「匊とは勹（つつむ）＋米から成る会意文字で、手を丸めて米や水を包むようにすくうこと。掬は手＋音符匊の会意

［匊］

（金）

（篆）

兼形声文字で、匊の原義を表す。また、丸く包んだ意を含む」（『学研漢和大字典』）

②では体をかがめて物を受け止めることと「すくう」とのつながりが不明。③では「丸く包む」という基本義を見、菊（丸く包んだ形をした球状のキクの花）・鞠《きく》（丸いたま）・球と同系のことばとしている。

改めて字源を見てみよう。「匊《キク》（音・イメージ記号）＋手（限定符号）」と解析する。「匊」を分析すると「勹＋米」となる。「勹」は「包」の「勹」と同じと見れば「中の物を周囲から○の形に包む」というイメージ、「旬」や「匀」（均の右側）の「勹」と同じと見れば「手を◯の形に回す」というイメージである。いずれにしても「周囲を丸くめぐらす」というイメージを表している。図示すると「◯」の形でもよいし、半円の「〕」の形でもよい。「匊」は「勹（イメージ記号）＋米（限定符号）」を合わせて、両手を）の形に丸めて米をすくい取る情景を暗示させる。具体は一切捨象して「すくい取る」という行為を「匊」また「掬」で表す。

助数漢字としては一掬いの量を一掬と数える。「一掬の涙」など。『詩経』に「一匊に盈《み》たず」（手のひら一杯にならない）とある。一匊は一掬と同じ。

また、掬は容量の単位（二升）にもなる。

## 「投」と「打」の起源——助数漢字（103）

主として競技などで使われる助数漢字である。

### 【投】　音トウ　訓なげる

まず字源説を見てみよう。

①「殳が声符。この音の表す意味は擿《てき》の意。投は手でなげつける意」（『漢字の起源』）

②「会意。殳（槍に似た武器のほこ）と手とを組み合わせた形。殳（杖ぼこ）を手に持って扱うことを投といい、杖ぼこで邪霊を殴ち祓うことをいう」（『常用字解』）

③「殳《シュ》は立てぼこを手で立てるさま。投は手＋音符殳の会意兼形声文字で、もと立てる動作のこと。先方のある所に立つように、また、じっと収まるようになげること」（『学研漢和大字典』）

①は堂々巡りで字源の説明にならない。②は図形的解釈をストレートに意味とするから、余計な要素が意味に紛れ込む。投に「ほこで邪霊を殴ち祓う」といった意味はあり得ない。
③は語源と絡めた解釈をしている。

［殳］（甲）（金）（篆）
［投］（篆）

藤堂明保は豆のグループ（頭・逗・豎）、主のグループ（柱・住・駐・注）、樹、蜀のグループ（属・嘱・触）、賣《いく》のグループ（読・続・贖）、豖のグループ（琢・啄）などが投と同源で、これらの語群はTUG・TUKという音形と、「じっと立つ、┴型」という基本義をもつという（『漢字語源辞典』）。

「じっと立つ」というイメージと「なげる」にどんな関係があるのか。藤堂は「持った物が、立ち止まるようにする」行為が投だという（投壺の投）。

改めて字源を見てみよう。

「殳《シュ》（音・イメージ記号）＋手（限定符号）」と解析する。「殳」は「几（たてほこの形）＋又（手）」を合わせて、たてほこを手に持つ図形。殳《しゅ》（戦車の前に立てる「たてほこ」）に原初的イメージが残っている。しかし「たてほこ」という実体に重点があるのではなく、「↑の形に立てる」「じっと立てて置く」という形態や機能に重点がある。

「なげる」という行為には何かを打つために物をなげる（なげつける、なげうつ）場合もあるが、ある所に収まるように物をなげる場合もある。ある所（限定された所）にすっぽりとはまると「↑の形にじっと立つ」というイメージが現れる。そのような行為の原因に視点を置いたのが「なげる」という動作、結果に視点を置いた動作が「じっと立てる」「ぴったりはまる」である。

『詩経』に「彼の譖人《しんじん》を取りて、投げて豺虎に畀《あた》えよ」（あの悪口を言う者を捕まえて、山犬やトラに投げ与えよ）という用例は、「放りなげる」の意味。また「我に投ずるに木瓜を以てす」（私にボケの実を贈ってきた）という用例では、枠の中に収まるようになげる意味である。これは投薬、投票、投宿の投である。「放り投げる」の意味では理解できない。また投機や意気投合の投は「ぴったりはまる」の意味で、右の二つの意味とも違う。

助数漢字の用法は、投げることを競う競技などで投げる回数を一投、二投と数える。

## 【打】 音 ダ　訓 うつ

こんな字源説がある。

① 「丁が声符。この音の表す意味は撻の意。打は撻《う》つ意」（『漢字の起源』）

② 「形声。音符は丁。丁は釘の頭の形。釘を打ちこむことを打という」（『常用字解』）

③ 「丁はもと釘の頭を示す口であった。直角にうちつける意を含む。打は手＋音符丁の会意兼形声文字で、とんとうつ動作を表す」（『学研漢和大字典』）

［丁］

（甲）

（金）

（篆）

［打］

（篆）

①は堂々巡りの字源説。②は釘という実体を意味の中に含めるのがおかしい。そんな意味はない。

「丁」については「丁の起源――十干（4）」で述べている。「丁」は釘の図形である。しかし実体に重点があるのではなく、形態や機能に重点がある。釘は平面に直角に（⊥の形に）打ちつける。また形態としては「丅」の形である。甲骨文字では「口」（四角の形）になっているが、篆文では「丁」の字体に変わった。これは「丅」の形のイメージをはっきりさせるための工夫である。

「丁《テイ》（音・イメージ記号）＋手（限定符号）」を合わせたのが「打」で、「丅の形や⊥の形に打ちつける」ことを暗示させる。この意匠によって「うつ」を意味する古典漢語těng（呉音はチャウ）を表記する。中世になって音がtaに変わった。日本ではこれを取り入れてダと読む。

助数漢字としては、野球などでボールを打つ回数を一打、二打と数える。

## 「戦」と「弾」の起源――助数漢字（104）

「戦う」と「弾《はじ》く」はもともと行為を表す語で、ここから助数漢字の用法が生まれた。

【戦】　音セン　訓たたかう・いくさ

「戦」が正字（旧字体）。次の字源説がある。

①「單が声符。この音の表す意味は闘の意。戦は両戈相闘う意」（『漢字の起源』）

②「会意。單は上部に二本の羽飾りのついた楕円形の盾の形。盾と戈とを組み合わせて、〝たたかう、いくさ〟の意味となる」（『常用字解』）

③「單とは平らな扇状をした麈たたきを描いた象形文字。その平面でぱたぱたとたたく。戦は戈＋音符單の会意兼形声文字で、武器でぱたぱたと敵をなぎ倒すこと」（『学研漢和大字典』）

①では單が闘の意を表すというのが理解不能。堂々巡りの字源説。②の文字学ではコアイメージの概念がないので、形声文字の解釈が原理的にできない。だから單を盾とし、戦を盾と戈の会意とするほかはない。しかしこれでは戦慄の戦が解釈できない。

改めて字源を見てみよう。「單《タン》（音・イメージ記号）＋戈（限定符号）」と解析する。「単」については「単数の漢字②

［單］

（甲）

（金）

（篆）

［戦］

（篆）

単・独の起源——数漢字（12）で述べているが、もう一度振り返る。

字源は諸説紛々で定説はない。「獸（＝獣）」に「單」が含まれているところから、獣を追い立てる際に用いる網に似た狩猟工具の図形と解したい（拙著『漢字語源語義辞典』参照）。ただし実体ではなく形態に重点を置くのが「戦」の造形に利用するアイディアである。それは何かというと、「薄く平ら」というイメージである。これは「薄くて平らなものがひらひら震え動く」というイメージにも展開する。

語源については藤堂明保が探求している。藤堂は単のグループ（禪・簞・禅・蟬・弾・憚・戦・殫）を、亶《たん》のグループ（顫・壇・氈・擅）や、坦、扇、展などと同じ単語家族に入れ、TANという音形と、「たいらか」という基本義があるとした。その結果、「単」の字源を「薄く平らなはたきの象形」とした（『漢字語源辞典』）。

以上のように、「單」は「薄くて平ら」というイメージから「薄くて平らなものがひらひらと震え動く」というイメージに展開する記号である。これと似たイメージ展開は扇（おうぎ）と扇風機の扇、また煽動の煽（ぱたぱたと震え動く、あおる）にも見られる。かくて「戦」は敵と武器を交えて、刃と刃が触れ合ってぱたぱたと震え動く情景を暗示させる。この意匠によって、「たたかう」を意味する古典漢語 tian を表記する。

コアイメージから、戦慄の戦（恐怖などで身震いする）への転義もスムーズに理解できよう。

助数漢字としては戦う回数を一戦、二戦と数える。また、日本では野球などの試合を戦争に見立てることがよくある。だから試合をする回数を数える。

## 【弾】 音ダン 訓はじく・たま

「弾」が正字（旧字体）。こんな字源説がある。

①「單が声符。この音の表す意味は丸・団の意。彈は弓で飛ばす団丸の意」（『漢字の起源』）

②「形声。音符は單。甲骨文字に弓の弦の中間に○を加えて弾丸をはじく形の字があり、弾丸をはじくの意味を示す」（『常用字解』）

③「單は両耳のついた平らなうちわを描いた象形文字で、ぱたぱたとたたく、平面が上下に動くなどの意を含む。彈は弓＋音符單の会意兼形声文字で、弓や琴の弦が上下に動くこと。転じて、張った紐や弦をはじいて上下に振動させる意」（『学研漢和大字典』）

①では「單」に丸や団の意味はあり得ない。②では甲骨文

［弾］

（篆）

字から説いているが、弾とのつながりがない。弾の出現は戦国時代である。

「單」については「単数の漢字②——数漢字（12）」でも述べているが、単一・単数などの「単」は「薄くて平ら」というコアイメージから、「一様で代わり映えがない」「込み入っていない」→「二つとなくただ一つきり」という意味が実現されたと説明した。実は「單」にはもう一つのイメージがある。「薄くて平ら」というイメージは、「ひらひらしている」「ぶるぶると震え動く」というイメージに展開するのである。

古典漢語で「はじき弓」という武器があり、これをdanといい、「弾」と表記する。これは「單《タン》（音・イメージ記号）+弓（限定符号）」と解析する。「單」は右の通り「薄くて平らなものがひらひらする」というイメージがあり、「ぶるぶると振動する」というイメージに展開する。したがって「弾」は弦を震わして石（たま）をはじき飛ばす弓を暗示させる。

はじき弓の意味から、「はじく」という動詞、「たま」という名詞に用いられる。日本では「弾」を「たま」と訓じたため、「玉のように丸い」というイメージで受け止められている。しかし「弾」という語にはそんなイメージはない。

助数漢字としては、弾丸のように発する（打ち出す）回数を一弾、二弾と数える。

## (5) 言葉と関わる助数漢字

言・語・講は別項で取り上げている。

### 「音」と「声」の起源——助数漢字（105）

物理的な音声を利用したのが言葉であり、聴覚的な記号である。「音」も「声」も言葉と関わる助数漢字となる。

**【音】**　音オン　訓おと

①「音と言は同字。イン・オンなる音は言《げん》から転じた。音は口から出る声の意」（『漢字の起源』）

②「会意。言と一とを組み合わせた形。言は口（祝詞を入れる器）の上に、入れ墨用の針（辛）を立てている形で、神に誓って祈ることばをいう。この祈りに神が反応するときは、口の中にかすかな音を立てる。そのひびきは口の中に横線の一を書いて示され、音の字となる。それで音は〝おと〟の意味となる。音とは神の〝音ない（音を立てること、訪れ）〟であり、音によって示される神意、神のお告げである」（『常用字解』）

［音］

（金）

（篆）

③「言の口の部分の中に•印を含ませた会意文字。言ははっきりとけじめをつけたことばの意を示す。音はその口に何かを含み、ウーと含み声を出すことを示す。暗（はっきりしない）・陰（ふさぐ）と同系のことば。口をふさいで出すウーという含み声」（『学研漢和大字典』）

①では音と言を同字とするのが疑問。②では祈りの言葉に神が反応して器の中でかすかな音を立てるという状況が神秘的で、理解を絶する。「音」が神のお告げの意味とは中国古典のどこにも証拠がない。用例がなければ意味とはいえない。意味とは文脈における語の使い方である。

③は語源論の裏付けがある。藤堂明保は音のグループ全体（喑・諳・瘖・暗・闇）が今のグループ（含・吟・衾・金・錦・唫・欽・銜・禽・擒・飲・頷・陰・蔭）、禁のグループ（襟）、咸のグループ（緘・感・憾・減）などと同源で、これらはKÊP・KÊMという音形と、「中に入れてふさぐ」という基本義があるという。そして「音とは口に何かを含んだように、もぐもぐして言葉の態をなさぬ言い方である。まともな調音はできず、ただ喉から声だけがウーウーと出てくる。それが音である」と述べている（『漢字語源辞典』）。

改めて字源・語源を見てみよう。古典漢語で「ことば」をngiănといい、「おと」をiəmといった。この二語の成立、およびそれらを表記する視覚記号（図形）の成立は密接なつながりがある。図形はまず「言」が成立し、ついで「音」が成立したが、「音」は「言」の下部の「口」の中に「一」を入れた図形になっている。ここに「言」と「音」の密接な関わり（類似とともに相違）がある。類似は音声と関係があること、相違は発声・発音の仕方である。

「言」については「言と節の起源——助数漢字（68）」で述べた通り、「辛（イメージ記号）＋口（限定符号）」に分析する。「口」はしゃべる器官としての口と関係があることを示す。「辛」は刃物の図形だが、実体に重点があるのではなく機能に重点がある。それは「断ち切る」「切り取る」というイメージである。何を切り取るのか。口がしゃべるのは言葉であるが、音声として出てくる。しかしこの音声は無意味なうなり声ではなく、対象を指示する内容をもっている。「切り取る」のは連続した音声を適宜に切り取って、対象を指示できるものにすることである。対象を指示できるものではなく言葉である。「切り取る」のは音声だけではなく、のっぺらぼうな対象世界でもある。対象世界を切り取って、それを指示できるように連続した音声を切り取って、切り取った世界の事物と、切り取った音声を一対一に対応させる。そのように切り取られた音声が「言」（ことば）にほかならない。

「言」の「口」に「一」を入れたのが「音」である。口が物を含むとまともにしゃべれない。ウーといううなり声になる。それは言葉ではない。言葉は連続した音声に切れ目をつけたものだが、「音」は切れ目のない音声、指示内容をもたない無意味な音声である。この「音」という図形によって「おと」を意味する古典漢語のiəmを表記する。『詩経』に「燕燕ここに飛ぶ、下上する其の音」（ツバメが飛んでいる、下に上に音だけ聞こえる）という用例がある。これは生物の出す音だが、一般に物の発する響き（楽器の出す音を含めて）を意味する。

無意味な音声の意味から有意味の音声にも転義する。人間が口でしゃべる言葉も音的な要素がある。これも「音」というようになった。これは言語の音である（語音・音韻の音）。漢語では一つの記号素全体の音声部分を「音」という。日本語では「か」や「な」などの一音節を「音」という。アルファベット大系では例えばmanという語ではm、a、nの一つ一つを「音」という。これは音素である。

助数漢字としては、一音節（漢字も一音節に対応する文字）や一音素を数える。

## 【声】　㊥セイ　㊢こえ

「聲」が正字（旧字体）。

①「耳に従い殸に従い（ともに意符）殸の声（声符）。耳に入る磬の音の意」（『漢字の起源』）

②「会意。殸（吊した磬を殴ち鳴らす形）と耳とを組み合わせた形。耳に聞こえるその鳴る音を聲という」（『常用字解』）

③「声は石板をぶら下げてたたき音を出す磬という楽器を描いた象形文字。殳は磬をたたく棒を手に持つ姿。聲は殸＋耳の会意文字で、耳で磬の音を聞くさまを示す。広く、耳を打つ音響や音声をいう」（『学研漢和大字典』）

①②は磬《けい》（古楽器の名）の鳴る音の意味とする。図形的解釈をストレートに意味としている。③は図形の解釈と意味を区別している。

改めて字源・語源を見てみよう。

古人は「聖」と「声」の同源意識があった。声・聖・聴は同源の語と考えられる。「聖」と「聴」の共通するのは呈・廷などにも含まれる𡈼《てい》という記号である。これは「↑の形や→の形にまっすぐ通る」というイメージを示す記号である（「挺と丁の起源——助数漢字（27）」の項参照）。「聖」は言葉が耳によく通って理解が早い人、物事によく通じている人の意味、「聴」は声がまっすぐ耳に通る（きく）という意味。「聲（声）」はこれらと同根から生まれた語である。

［声］

（甲）

（篆）

『詩経』に「鶏則ち鳴くにあらず、蒼蠅《そうよう》の声」（ニワトリが鳴いたのじゃなく、キンバエのこえだよ）、また「鐘を宮に鼓す、声は外に聞こゆ」（家の中で鐘をたたけば、声が外まで聞こえてくる）という用例がある。「声」は人や動物が口から発する音声、また、楽器の出す音声という意味である。

古典漢語で「こえ」の意味をもつ語がthiengで、これの視覚記号として「聲」が考案された。これを分析すると、「殸＋耳」となる。「殸」は「声（ᄉ形の石を紐で吊した楽器の形）＋殳（棒を手に持つ形）」を合わせて、磬という楽器を棒でたたいて鳴らす情景を設定した図形。磬は爽やかな音色を出す楽器として選択されたもの。「殸（イメージ記号）＋耳（限定符号）」を合わせたのが「聲」である。楽器の出す爽やかな音を耳で聞く情景を暗示させる図形。この意匠によって上記の意味をもつ語を代替する。

図形には「まっすぐ通る」というイメージはないが、まっすぐに耳に達する物の音声がtiengという語の中核である。

人・動物・楽器の出す音という意味から、一般に無生物の発する音や響きの意味に展開する。また、人間の言葉の音的要素（連声・声調の声）、言葉の意味（声援・声明の声）にも展開する。

漢語の発音では上がり下がりや詰まり音の調子を声調といい、平声、上声、去声、入声の四声があるが、現代中国では一声、二声、三声、四声と数える（平声は一声・二声、上声は三声、去声は四声とほぼ対応するが、入声は不定）。

また、声や音を発する回数を一声、二声と勘定する。

## 「説」と「話」の起源——助数漢字(106)

### 説　音セツ　訓とく

①「兌が声符。この音の表す意味は設。説は言語で己の意志を陳設する意」（『漢字の起源』）

②「形声。音符は兌《えつ》。兌は巫祝（兄）が神に祈り、その祈りに応えて神気がかすかに降ることを八の形で示したもの。説は神に祈り訴える、神にとくの意味」（『常用字解』）

③「兌《タイ》・《ダ》は八（解きはなす）＋兄（頭の大きい人）の会意文字で、人の着物を解きはなすこと。説は言＋音符兌の会意兼形声文字で、ことばでしこりを解きはなすこと」（『学研漢和大字典』）

①ではなぜ「設」が出るのか理解に苦しむ。②では兌の解釈が理解不能。「神気がかすかに降る」とは何なのか。また説に「神に祈り訴える」「神に説く」という意味があるとは

考えにくい。図形的解釈と意味を混同している。

　字源は「兌《タイ・ダ》（音・イメージ記号）＋言（限定符号）」と解析する。「兌」の字源は諸説紛々で定説がない。「八」と「兄」を合わせただけの極めて舌足らず（情報不足）な図形である。何とでも解釈できる。古典でどんな意味で使われているかを調べること、および語源を探ることが先立つべきである。

「兌」は『詩経』で「行道兌《たい》す」（「邪魔物を取りのけて」道が通じた）という用例がある。中身を抜き取って通りをよくするといった意味。また『老子』に「其の兌《だ》を塞ぐ」（「感覚器官である」人体の穴を塞ぐ）という用例がある。これは抜け出る穴の意味。これらの用例から「兌」という語は「中身を抜き出す」「中身が抜け出る」というコアイメージが想定できる。ちなみに兌換の兌は「抜き取る」「抜き出す」の意で、紙幣を別のもの（正貨）に取り換えることを兌換という。

　藤堂明保は兌のグループ全体（脱・説・悦・鋭・税・蛻）と奪を一つの単語家族に立て、TUAT・TUADという音形と、「抜け出る、ほぐす」という基本義があるとしている（『漢字語源辞典』）。

　ひるがえって「兌」の字源を考える。「八」は⇃⇂の形に（左右に、両側に）分けることを示す符号である（「八の起源」の項参照）。「兄」は頭の大きな子の形で、兄弟の中で比較的に大きい（年上の）子を表す。しかし長幼の序に重点を置かず、単に子どもを指すと考えてもよい。いったい「八」と「兄」を合わせた「兌」でどんな情景・状況を表そうとするのか。ここで上記のコアイメージを考慮すると、衣を脱ぐという日常的な場面を図形化したと考えられる。親が子どもの衣を着せたり脱がしたりすることはどんな時代でも国でも見られる普通の情景であろう。「中身を抜き出す」「中身が抜け出る」というイメージをもつ古典漢語のduadを表記するために考案された図形が「兌」である。「八（⇃⇂の形に分ける。イメージ記号）＋兄（子ども。イメージ補助記号）」を合わせて、親が子どもの身につけたものを⇃⇂の形に分けて脱がせる情景と解釈できる。

　「兌」のイメージは脱（ぬぐ）によく現れている。「脱」も「中身を抜き出す」「中身が抜け出る」というコアイメージをもつ。かくて「説」の解釈もできる。言語行為の場において、疑問や不明の点が抜け出るように述べる情景を「説」の図形で暗示させる。この意匠によって、分からないこと（不明・未知の事柄）を述べて明らかにする意味をもつ古典漢語thiuatを表記する。これが説明の説である。

　「説」の意味は、分からないことを説き明かすことから、考えや意見を述べる意味（演説の説）、意見や主張の意味（学説の説）に展開する。

助数漢字としては説かれた考えや内容（定説・異説・仮説など）を一説、二説と数える。

## 【話】 音ワ 訓はなす・はなし

①「𠯑《クワツ》が声符。この音の表す意味は善。話は善言の意」（『漢字の起源』）

②「形声。音符は𠯑《カツ》。舌のもとの字は𠯑で、把手のある小さな刀で口（祝詞を入れる器）を突き刺し、その祈りの効果を失わせることで、刮《けず》るの意味がある。そのように他人を害するように言うことを話という」（『常用字解』）

③「𠯑《カツ》は舌《ゼツ》とは別で、丸くえぐる刃物の形の下に口印を添えた字で、口に丸くゆとりをあけて、勢いよくものを言うこと。話は言＋音符舌の会意兼形声文字で、すらすらと勢いづいてはなすこと」（『学研漢和大字典』）

①は堂々巡りの説。②では図形的解釈をストレートに意味とするため、あり得ない意味を引き出した。

「言（いう）」と「舌（した）」を合わせて舌を振ってしゃべると解釈するのは典型的な俗説。

［氒］

（金）

（篆）
［𠯑］

（金）

（篆）
［話］

（篆）

「𠯑」は「氒＋口」を合わせた𠯑が変形したもので、「した」の「舌」とは関係がない。「話」の「𠯑」は活・括・憩・刮《かつ》・聒《かつ》・筈《かつ》・蛞《かつ》・闊《かつ》の基幹記号にもなっている。カツが主な音。話は呉音がワだが、漢音はカ（クヮ）である。

「氒《けつ》」はY形や∪形の工具（彫刻刀の類）の形である。その形態から「Y形や∪形をなす」というイメージ、その機能から「丸い穴を開ける」「穴が開いて空間的にゆったりする」「スムーズに通る」というイメージを示す記号となる。「氒（音・イメージ記号）＋口（丸い穴。イメージ補助記号）」を合わせた「𠯑」は、丸い穴を開けてスムーズに通す様子を暗示させる。「𠯑」は「氒」と同じイメージを表す記号である。

Y形のイメージは筈（Yの形をした矢のはず）に生きており、∪形のイメージは刮目の刮（∪の形に削り取る）に生きている。

さて「話」は「𠯑（𠯑）《カツ》（音・イメージ記号）＋言（限定符号）」と解析する。「𠯑」は「穴を開けてスムーズに通す」というイメージを示す記号。したがって「話」は言葉が口からスムーズに通って出てる様子を暗示させる。この図形的意匠によって、すらすらと勢いよく言葉を出してしゃべる、つまり「はなす」「かたる」の意味をもつ古典漢語 fuăd を表記する。

『書経』に「民の率いられざるを話《かた》る」（民が引率できないと語った）、『詩経』では「話を出《い》だすこと然《しか》らず」（話す言葉はうそだらけだ）という用例がある。

「話」は「はなす、かたる」の意味から「はなし」の意味に展開する。

助数漢字としては話（物語、ストーリーなど）の数や順番を一話、二話と数える。

## 「文」と「字」の起源——助数漢字(107)

聴覚的な言葉を視覚的図形に切り換えたのが文字。文と字を合わせたのが文字《もじ》である。しかし同じ文字でも文と字は違う。どう違うか、字源・語源から見てみよう。

### 【文】 音ブン　訓ふみ・あや

こんな字源説がある。

①「項の部分の襟と、襟が胸前で交叉した形。襟元の美しい意」（『漢字の起源』）

②「象形。文身（入れ墨）の形」（『常用字解』）

③「土器につけた縄文の模様のひとこまを描いた象形文字で、細々と飾り立てた模様のこと。紋の原字」（『学研漢和大字典』）

［文］

（甲）（金）（篆）

襟元、入れ墨、模様と説が分かれたが、三つを含めた解釈も成り立つ。すなわち襟元や胸元に入れ墨などの模様をつけた図形と解釈できる。主眼はあくまで「模様」にある。

『易経』に「大人は虎変す。其の文、炳《へい》なり」（人格者は虎の皮のようにはっきりと自分を変える。虎の皮の模様が秋になると色が鮮やかになるように）という用例がある。

模様・あやの意味から、文字の意味に展開する。なぜ文字を「文」というのか。これは漢字の特質と関係がある。漢字は言葉の意味のイメージを図形化する記号の大系である。イメージを表す手段として、具体的な物を象る場合と、物の形状を象徴化の手法で暗示させる場合がある。これらは全体が模様の一種といえる。「人」は人間という具体物を描いた模様である。「上」は）の形の上に－の形が乗っている状況を象徴的に示すもので、これも模様である（伝統的用語では前者を象形文字、後者を指事文字という）。

このように分割できない単体の文字を「文」という。一般に文字の意味から、文字で記したものの意味（文章・文書の文）に展開する。

助数漢字としては、文章を一文、二文と数える。また銅銭の枚数を数える（これは昔の日本でも使われた）。「一文《もん》銭」など。日本ではモンと読み、靴のサイズを計る単位に用いられる。

## 【字】 音ジ 訓あざな

こんな字源説がある。

①「子が声符。シの音は乳の音から来ている。字は乳屋、子を生む家、即ち産屋の意」(『漢字の起源』)

②「会意。宀(祖先の霊を祭る廟の屋根の形)と子とを組み合わせた形。子が生まれて一定の日数が過ぎて養育の見込みが立つと、廟に出生を報告する儀礼を行うことを示すのが字である。そのとき幼名をつける。それを字《あざな》という」(『常用字解』)

③「子は孳《シ》と同系で、子を生み繁殖する意を含む。孳は宀(やね)+音符子の会意兼形声文字で、屋根の下で大切に子を育て殖やすことを表す」(『学研漢和大字典』)

①では子が乳を表すというのが疑問。『説文解字』では「字は乳なり」とある。堂々巡りの字源説。②は字を儀礼の名としたが、証拠が乏しい。

字源は簡単なようで、三者三様である。まず語源を考える必要がある。古典では字・孳・滋の同源意識があった。藤堂明保はこれらのほかに、再、息、曽のグループ(増・層・贈・憎)などが子・孜・字と同源で、これらの語群TSÊG・TSÊNGという音形と、「増える・増やす」という基本義をもつという(『漢字語源辞典』)。

[子] (甲) (金) (篆)
[字] (金) (篆)

改めて字源を見てみよう。「子《シ》(音・イメージ記号)+宀(限定符号)」と解析する。「子」は「子ども」の意味であるとともに、「小さい」というイメージを示す記号である。「小さい」のイメージは「(小さいものが)ふえる」というイメージに展開する。物の発生や生長過程を観察すると、小さい状態からだんだんと量的に大きくなっていくし、小さいものはだんだんと増えて数的に多くなっていくから、このようなイメージの展開が可能になる(「子の起源──十二支(1)」の項参照)。

かくて「字」は子を生み殖やすことを暗示させる図形である。この意匠によって、「子を生む」「大事に養い育てる」の意味をもつ古典漢語dziəgを表記する。

『易経』に「女子、貞にして字せず、十年乃ち字す」(女子が貞操で子を生まない。しかし十年たったら子を生むだろう)、また『詩経』に「牛羊腓《かば》いて之を字《やしな》う」(牛や羊が捨て子をかばって育てた)という用例がある。意味の論理的な順序としては「子を生む」→「養い育てる」へ展開したと考えられる。

さて文字の意味はどうして生まれたのか。

「小さいものが増える」というコアイメージがその秘密を解く鍵である。人間の場合、親というもとになるものから小さい子が派生してくる。「生む」という行為が「字」である。また、名前の場合は本名がまずつけられる。これはもとになるものである。これから小さいものが派生してくる。これが本名以外につけられる名、つまり「あざな」である。これを「字」という。また、コミュニケーションの際に使われる記号（すなわち漢字）においては、もとになる親文字（右に述べた「文」）から小さいものが派生してくる。字形は文と文の組み合わせであって小さくはないが、親から生まれた子のようなものであるから、これを「字」という。

「文」は単体であるが「字」は複合体（伝統的用語では会意文字、形声文字）である。二つを合わせた総称が文字である。

助数漢字としては文字の数を数える。一字千金や四字熟語などの字は漢字だが、表音文字も「字」で数えることができる。『春秋左氏伝』の序に「春秋は一字を以て褒貶《ほうへん》を為す」という用例がある。

## 「筆」と「画」の起源——助数漢字（108）

筆も畫（＝画）も聿を含む。区画をつけて書くという共通性がある。

**【筆】**　㊅ヒツ　㊇ふで

こんな字源説がある。

①「聿《いつ》と同字。聿は手に一（筆の直立の意）を持つ形。直立の竹の意」（『漢字の起源』）

②「会意。竹と聿とを組み合わせた形。聿は筆を手に持つ形で、ふでの意味となる」（『常用字解』）

③「竹＋聿（手で⅄型のふでを持つさま）の会意文字。必（ぐっと締める）と同系のことばで、毛の束をぐっと引き締めて、竹の柄をつけたふで」（『学研漢和大字典』）

①と②は聿が「ふで」の意味とする。しかし音が違うから、聿と筆は別語である。③は字源と語源を区別した説明になっている。

字源は単純である。③で言う通り、「聿」は「⅄の形＋彐（＝又）」を合わせたもので、⅄形の棒を手に持つ形である。これをイメージ記号とし、限定符号の「竹」を添えたのが「筆」である。この図形によって「ふで」の意味をもつ古典漢語の piet を表記する。

語源は古典に「筆は述なり」とある。ほかには③の説があ

［聿］（甲）（金）（篆）　［筆］（篆）

るぐらい。毛束を締めて造るという筆の製造過程に着目し、「引き締める」を基本義と見ている。

「筆」は「ふで」の意味から、書いたものの意味（随筆の筆）、また、文字の書き方、筆の運び方という意味（筆順の筆）に展開する。

助数漢字の用法もここから生まれる。筆で書く回数を一筆、二筆と数える。一筆書きなどは訓で「ひとふで」とも読む。

また、筆は区画をつけて文字を書くので、区画（区切り）をつける機能がある。ここから土地の区画を数える用法が生まれた。

## 【画】 音カク・ガ 訓えがく

「畫」が正字（旧字体）。
①「聿に従い乂《がい》の声の字。乂の音の表す意味は絵《えが》くの意。畫は筆で絵く意。畫を絵くと訓ずるは全く借用にすぎない」（『漢字の起源』）
②「会意。聿と田とを組み合わせた形。田は周の最初の形で、周は四角の盾の形。画は盾に模様を〝えがく〟こと」（『常用字解』）
③「聿（筆を手に持つさま）＋田の周りを線で区切って囲んださまの会意文字で、ある面積を区切って筆で区画を記すことを表す。劃（区切る）・刲《ケイ》（区切る）・規（区切りをつけるコンパス）と同系のことば」（『学研漢和大字典』）

［画］

（金）

（篆）

①では乂が絵く意を表すというのが理解不能。堂々巡りの字源説である。画を「えがく」と訓じるのが借用というのも意味不明。②は図形の解釈をそのまま意味とする。③は字源と語源をかみ合わせた説。
③は語源論の裏付けがある。藤堂明保は画と劃は、規のグループ（窺）、圭のグループの一部（刲・畦・街）、熒《けい》のグループ（蛍・栄・営・縈・鶯）、賏《えい》のグループ（嬰・纓）などと同源で、これらの語群はKUEK・KUENGという音形と、「取り巻く、周囲に区切りをつける」という基本義をもつという（『漢字語源辞典』）。
改めて字源を見てみよう。

「畫」の下部にある「凵」は、左右上下（四方）を線で区切る形の下部だけが残ったもの。したがって「四方を区切る形（イメージ記号）＋聿（イメージ補助記号）＋田（限定符号）」と解析する。「聿」は上で述べたように筆を手に持つ図形である。筆の機能に重点を置き、「区画（区切り）をつける」というイメージを表す。したがって「畫」は田の周囲に区画をつける情景を設定した図形である。この意匠によって、「周囲を区切る」の意味をもつ古典漢語 ɦuĕk を表記する。

「区切りをつける」というコアイメージから意味が展開する。「周囲を区切る」が主たる意味（区画の画）。ここから比喩的な意味が生まれる。まだ形のないものに輪郭をつけて形をなそうと図る意味に転じる。これが企画・計画の画である。

また、線を引くこと、特に漢字を構成する線という意味を派生した。これが画数・字画の画である。助数漢字としては漢字を構成する線（一・L・ㄱなど、丶［点］以外で一筆で書く符号）を一画、二画と数える。

一方、輪郭をつけて形をなすというイメージから、絵をかく、また、絵の意味が生まれる。これが絵画の画《が》である。この場合は ɦuĕk の語尾を変えて ɦuĕg と発音した（後に呉音ではグヮ、またはヱ、漢音ではクヮイとなる）。

## 「章」と「号」の起源――助数漢字(109)

章は「あや」の意味で、文字と関わりがあり、号は呼び名の意味で、言葉と関わりがある。

**【章】** 音ショウ　訓あや・あきらか

① 「奴隷および罪人を傷つける箴」（『漢字の起源』）
② 「象形。入れ墨をするときに使う針（辛）の針先の部分に、墨だまり（日）のある形。入れ墨の美しいことから、〝あきらか、あや〟の意味となる」（『常用字解』）
③ 「金文は辛（鋭い刃物）＋⊕（模様）の会意文字で刃物で刺して入れ墨の模様をつけること。篆文は音＋十印（まとめる）の会意文字で、ひとまとめをなした音楽の段落を示す。いずれも、まとまってくっきりと目立つ意を含む」（『学研漢和大字典』）

［章］

①では「辛」と同字と見ているようだが、疑問である。②では入れ墨と「美しい」と「あきらか」を結びつけるが、この意味展開に必然性がない。③で指摘するように、字体が変わったことに注意すべきである。
『詩経』では「倬《たく》たる彼の雲漢、章を天に為す」（大きなあの天の川は、天上界にあやを作っている）という用例がある。はっきりと目立つ模様・あやという意味が最初の意味で、これを古典漢語で tiang といい、「章」で表記した。

金文の字体は「辛（刃物の形）」の中間に「曰（印や模様の符号）」を挿入した図形である。刃物で鮮やかな模様（入れ墨とは限らない）を現し出す情景を暗示させる。

tiang（章）の語源については、王力（現代中国の言語学者）は章・彰・著が同源で「明るい」の意味があるという（『同源字典』）。藤堂明保は昜《よう》のグループの一部（陽・暘・湯・蕩・盪）、昌、唐、宕が章・彰と同源で、TANGという音形と、「明るい、はっきり」という基本義があるという（『漢字語源辞典』）。「明るい」が「章」のコアイメージと見ることができる。「明るい」とは光が照らして物がはっきりと見える状態である。光が照らすと、照らされる物の周辺に明るい部分と暗い部分の境目ができる。のっぺらぼうな事態に境目・区切り目がつくと、はっきりと見え、はっきりと分かる。「明るい」のイメージと「境目・区切りがつく」のイメージは可逆的（相互転化可能）なイメージであると言ってよい。

「明るい」のイメージが「区切りがつく」というイメージに転化するので、新しい意味が生まれた。これが区切りをつけた音楽や詩文の一節、一くぎり、また文章の意味である（章句・章節の章）。また、人の行為に区切り（けじめ）をつけるもの、すなわちおきて・決まりの意味（憲章の章）も生まれた。意味の変化とともに字体も変化した。これが篆文の字体で、「音＋十（まとめることを示す符号）」となった（「十」については「十の起源」の項参照）。これは音楽のまとまった一区切りを暗示させる図形である。

以上の通り、「章」には「明るい」のイメージと「区切りをつける」のイメージが同居している。全く違うように見える二つのイメージはイメージ展開によるもので、このイメージ展開は他にも例があり、漢語意味論の特徴の一つである。

助数漢字としては文章や音楽の区切り・段落の数や、その順序を一章、二章と数える。また法律の条文を数えることもある。法三章は漢を建国した劉邦が、秦の煩わしい法律をたった三章だけにした故事。

## 【号】 音 ゴウ　訓 さけぶ

「號」が旧字体。

① （『漢字の起源』にない）

② 「形声。音符は号。号は口（祝詞を入れる器）の下に丂（木の枝の形）をそえた形。祈り願うことが実現するよう、大声で泣き叫んで神に訴えることを号という。号に虎を加えているのは、泣き叫ぶ大きな声を虎の咆哮するのにたとえたのであろう」（『常用字解』）

③ 「号は口（くち）＋丂（屈曲して出るさま）の会意文字で、大きな口を開け、声をかすらせてどなる意を示す。號は虎（虎のほえるような）＋音符号の会意兼形声文字で、虎のよう

［丂］

（甲）（金）（篆）

［号］

（篆）（篆）

な太い声でさけぶこと」（『学研漢和大字典』）

②では「祝詞を入れる器」と「木の枝」からなぜ「泣き叫ぶ」の意味が出るのか分からない。③では「屈曲する」「かすらせる」から「どなる」「さけぶ」の意味を導く。これは分かりやすい。

改めて字源を見てみよう。「號」は「号＋虎」に分析する。「号」は「口＋丂」に分析する。「丂」が根源のイメージを提供する記号である。

「丂」は考・朽などに含まれている。伸び出ようとするものが一線でつかえて曲がる様子を示す象徴的符号である。これによって「つかえて曲がる」というイメージを表すことができる。このイメージはさまざまな意味領域に存在する。人体のレベルでは究極まで寿命を極めた老人という意味（寿考の考）、精神の領域ではとことんまで突き詰めてかんがえる意味（思考の考）、草木のレベルでは草木が伸び切らずに腐る意味（腐朽の朽）が実現される。

音声を発する行為では、どなったり、歌ったり、叫んだりする（つまり大声を出す）場合、喉の状態を想像して、それらの行為を表す語が生まれた。これらに共通する喉の状態は、音声がスムーズに通らないで、喉元につかえたり、曲がったり、摩擦したりするという状況である。これを表す記号が「可」や「丂」である。「可」は呵（しかる、どなる）、歌（うたう）、何（誰何する）などの基幹記号となる。「丂」は「号」の基幹記号になる。

かくて「号」は「丂《コウ》（音・イメージ記号）＋口（限定符号）」と解析する。「丂」は「つかえて曲がる」というイメージを示す記号である。まっすぐ進むもの（この場合は音声）がつかえて曲がると、摩擦があって直進できないので、摩擦のため音がかすれる。要するに「つかえて曲がる」は「かすれる」のイメージに転化する。したがって「号」は息が喉につかえてかすれた音声を出す情景を暗示させる。この意匠で十分「大声で叫ぶ」の意味をもつ古典漢語 ɦɔg を表記しうるが、字体を「号《ゴウ》（音・イメージ記号）＋虎（限定符号）」に変えて「號」とした。トラがホーホーとうなり声を出す情景を暗示させることによって、「大声で叫ぶ」ことをはっきりした映像で表そうとするのである。別に「トラがほえる」の意味ではなく、虎は比喩的限定符号にすぎない。

『詩経』に「載《すなわ》ち号し載ち呶《どう》す」（宴会の客はわめいたり騒いだりする）という用例がある。また『老子』に「終日号《さけ》べども嗄《か》れず」（赤ん坊は一日中泣き叫んでも声がかれない）という用例がある。

意味は呼ぶ、呼び名、合図や印（符号・番号）と展開する。ここから順位や順番を数える助数漢字の用法が生まれる。

## (6)行政区画を数える助数漢字……

行政区画を数えるには行政区画に直接数字をつける。国と村には一か（箇）国、一か（箇）村のように「か」をつけることもある。しかし行政区画の単位は度量衡の単位と性質は違うが、一種の単位漢字でもあるから、直接数字をつける「直接法」でよい。なお国より下位の行政区画に中国では省、韓国・朝鮮では道がある。日本では北海道だけ。道と区についてはⅡ（イメージ別の助数漢字）で既述。都は数漢字の項で取り上げた。

### 「国」と「州」の起源——助数漢字(110)

**【国】** ㊮コク ㊯くに

「國」が正字（旧字体）。

①「囗に従い或に従い（ともに意符）或の声（声符）の会意に声を兼ねた字。或は畺の略形に従い弋に従い弋の声で、折木を以て標示した田界の意。或が別義に借用されたから、さらに囲境の意の囗を加えていっそう意味を明白にしたのが國字である」（『漢字の起源』）

［或］

（甲）

（金）

（金）

（篆）

［国］

（篆）

②「会意。或は囗（都市をとりかこんでいる城壁の形）の周辺を戈で守る形で、國のもとの字。或が〃或いは〃のように用いられたため、改めて囗を加えて國とし、武装した国の都をいう」（『常用字解』）

③「或は弋（くい）＋囗（四角い区域）の会意文字。金文の或の字は囗印を上下両線で区切り、そこに標識のくいを立てることを示す。弋はのち戈の形となり、ほこで守る領域を示す。國は囗（かこい）＋音符或の会意兼形声文字で、枠で境界を限る意を含む。境界で囲んだ領域。或・域・國は同系のことば」（『学研漢和大字典』）

①では或の解剖の仕方がおかしい。弋を音符とするのも変。もっとも②はコアイメージの概念がなく、形声文字を解する原理をもたない文字学だから、会意とするほかはない。また、国が「武装した国の都」というのも変。図形的解釈をストレートに意味とするため、余計な意味素が混入している。

改めて字源を見てみよう。「或《クヮ》（音・イメージ記号）＋囗（限定符号）」と解析する。「或」

の古い字体（金文）は、「口」（場所や範囲を示す符号）の上下に横線を添えた形、または、四方（左右上下）を縦線と横線で区切った形と戈（ほこ）を合わせて、ここが自分の領土だと区切って境界線をつけ、武器を立てて目印とする様子を暗示させる図形である。これは一定の土地を区切る情景であり、「枠を区切る」というコアイメージを表すことができる。したがって「國」は周囲を境界線で区切った領土を暗示させる。この意匠によって、「くに」を意味する古典漢語kuəkを表記する。

「国」と「域」はイメージが非常に似ており、双子のような字である。政治的に支配し統治する領土が「国」、一定の区切った特定の場所が「域」であるが、「枠を区切る」という共通のイメージがある。

「或」は或るいは、或る人、或る時などと使う語であるが、その意味の由来を説明できるのはコアイメージの概念である。「国」も「域」も「枠を区切る」というコアイメージが通底しているが、「或」も同じである。物が存在する場は特定の区切られた範囲の中である。Aという物はある区切られた枠の中に存在する。だから、ある物が存在することを「或」というのである。つまり「或」は「有（ある）」と同じ意味である。だから「或」を「ある」と読む。

文法では「或A～」という表現で「～するAが或（あ）る」という意味を表すが、Aを略した「或～」の形でもって「～することがある」「或るいは～する」「或る～」というような使い方になった。

さて「国」は助数漢字として「くに」を勘定する。『詩経』に「維《こ》れ此の二国、政獲《え》られず」（この二つの国は、政治にしくじった）とある。

戦国時代には六国があった。三国時代には三国があった。唐の次に五代十国が興った。

## 【州】　音シュウ　訓す

字源はあまり異説がない。川の中に土砂が堆積した所（中州）を描いた図形である。

語源については藤堂明保の研究がある。藤堂は舟、周、手、丑、肘、守、収、受、獣、畜、討、囚、衆、充などが州と同じ単語家族に属し、TOG・TOK・TONGという音形と、「ぐるりと取り巻く」という基本義があるとしている（『漢字語源辞典』）。

『説文解字』にも「水中の居るべきを州と曰う。（水）その傍らを周遶す（めぐる）」と、周で説明しており、水が周囲をぐるりと取り巻いた所だからtiogと呼ぶという語源意識が

［州］

（甲）

（金）

（篆）

古くからあったことが分かる。

水中の島（なかす）の意味から、大きな陸地の意味に拡大された。また古代では中国大陸を九つの州に分けた。これが九州の由来であり、行政区画の単位の名ともなった。

助数漢字としては州の数を数える。現代では特に米国などの州を数える。

## 「郡・県・府」の起源——助数漢字(111)

### 【郡】 音グン 訓こおり

①「君が声符。この音の表す意味は薀（積聚の意）。郡は邑の聚まった意である」（『漢字の起源』）
②「形声。音符は君。君は古くは里君と呼ばれる村落の統治者で、その支配する地域を郡といったのであろう」（『常用字解』）
③「邑＋音符君（丸くまとめる）の会意兼形声文字。群と同系のことばで、城市を中心に一団をなして取り巻いた村や町」（『学研漢和大字典』）

［君］

（甲）

（金）

（篆）
［郡］

（篆）

①では君が薀の意味を表すというのが理解不能。②では君をストレートに里の君主の意味として、君主の支配する地域とするが、これでは国との違いが分からない。③は君の基本義と群の同源関係から説明している。
漢字の見方は形→意味の方向ではなく、意味→形の方向に見るのが正しい。これが歴史にも論理にも合う。なぜなら言葉が先にあり、次に文字ができたのは明白な事実だからである。

古典漢語で行政単位の一つを表すのがgiuənという言葉である。この聴覚記号を視覚記号に換えたのが「郡」という文字である。なぜこの言葉が生まれ、なぜこの文字が考案されたのか。前者は語源の問題、後者は字源の問題である。

語源については『釈名』（漢代の語源学書）に「郡は群なり。人の群聚する所なり」とある。古人の語源論は正当なものが多い。多くの人の集まる地域の単位、言い換えれば多くの村落や都市を集めたより大きな単位が郡という考えである。秦の始皇帝が郡県制を施行する以前に「郡」と「県」は存在した。

『春秋左氏伝』に「敵に克つ者、上大夫は県を受け、下大夫は郡を受く」（敵に勝てば上級の大夫は県を、下級の大夫は郡を受け取る）という記述がある。県の方が郡よりも大きな単位であった。

ではなぜこの単位をgiuənというのか。藤堂の指摘するように、「丸くまとめる」というコアイメージをもつ「君」という語から発想された（派生した）と考えられる。「君」については「複数の漢字②　群・雑の起源——数漢字（19）」と「軍・群の起源——助数漢字（18）」で述べた通り、「全体をうまくまとめる」というコアイメージがある。このコアイメージから実現されるのが君主の君（国の統治者）であり、群（多くの物が一つにまとまった群れ）である。ここから「郡」も生まれる。町や村など小さな居住地をひとまとめにした行政区画を群と同音のgiuənと名付け、それに対する視覚記号を「君《クン》（音・イメージ記号）＋邑（限定符号）」を合わせた「郡」が考案されたのである。

秦代になって「県」よりも大きな単位を「郡」とし、全国に三十六郡を置いた。漢代には朝鮮半島に楽浪郡など四郡が置かれた。

現代日本では県よりも小さな単位を郡とし、県に複数の郡がある。

## 【県】 音ケン　訓あがた

旧字体は「縣」。

①「県はケウ、縣はケンで、転音の関係で、もとは一音で系（木に系ける）であったろう。県・縣は首を木に系ける意である」（『漢字の起源』）

②「会意。県《きょう》（首を逆さまに懸けている形）と系（紐）とを組み合わせた形。縣は木に紐で首を逆さまにぶら下げている形で、〝かける、つりさげる〟の意味となる。縣がのちに行政の単位の県の意味に使われたので、別に懸が作られた」（『常用字解』）

③「県《キョウ》は首を逆さにした形で、首を切って見せしめのため、高い所からぶら下げることを示す指事文字。縣は県（宙づりにぶら下げる）＋系（紐でつなぐ）の会意文字で、中間にぶら下げること。懸（かけてぶら下げる）と同系のことば。中央政府と郷村との中間にぶら下がっている行政区」（『学研漢和大字典』）

①では県と縣を同一視するのが疑問。県と縣は全く別字である。②は縣が懸の原字というだけで、行政単位の説明ができない。③は行政単位とする理由の説明はうまくできているが、中央政府と郷村の間の単位とするのが、少し疑問。

秦代以前は郡よりも大きな行政区画の単位であった。字源・語源を考えるにはこれを念頭に置く必要がある。上で述べたように、郷村をまとめた行政単位が「郡」である。「縣」

［県］

（金）

（篆）

はそれより大きな単位だから、中央政府と「郡」のつなぎになる単位と見るべきである。

そこで字源を改めて見てみよう。「縣」を分析すると「県＋系」となる。「県」は「首」の逆さ文字である。首をさらすことを梟首というが、この梟《きょう》と県《きょう》は同じである。「系」は「丿（延ばし引く符号）＋糸」を合わせて、糸をつないでずるずると延ばす様子を示す図形で、「（紐などで）つなぐ」という意味が実現される。したがって「縣」は首を逆さにして紐でつないで木にひっかけて吊す情景を設定した図形である。この意匠によって、「途中で宙づりになる」「途中でひっかける」「中間でひっかかる」というイメージを表すことができる。

「縣」は行政単位に用いられる前に「何かにひっけてぶら下げる」「ひっかかる」という意味が実現された。『詩経』に「狩りせず猟せずんば、胡《なん》ぞ爾の庭に縣鶉《けんじゅん》有るを瞻《み》んや」（狩りをしないと、お前の庭にウズラ一羽も吊せまい）という用例がある。「かける」「かかる」の「縣」は後に「懸」とも書かれるようになる。

なぜ行政区画の単位に「縣」が用いられたのか。おそらくまず「郡」が生まれ、「郡」よりも大きく、国（中央政府）との間をつなぐ単位が必要になった際、「縣」を使うようになったと考えられる。「縣」は「途中でひっかかる」「中間でひっかかる」というコアイメージをもつ語である。「郡」と国（政府）の中間にあって、両者にかかるというイメージから「縣」と名付けられたわけである。

中国では秦代以後、郡よりも小さな行政単位となっているが、今の日本では秦以前に戻り、郡よりも大きな単位としている。日本には四十三県がある。

## 【府】 音フ 訓くら

①「付が声符。この音の表す意味は聚まる意。付は文書財物を付託委致する家の意」（『漢字の起源』）

②「形声。音符は付。説文に〝文書の蔵なり〟とあり、〝くら〟の意味とする」（『常用字解』）

③「付は人の背に手をぴたりとくっつけるさま。府は广（いえ）＋音符付の会意兼形声文字で、物をぴっしりとくっつけて入れるくら」（『学研漢和大字典』）

②は付から説明ができない。②はコアイメージの概念を欠く文字学なので、形声文字の解釈が原理的にできない。また②は形から意味を引き出す文字学で、基本は会意文字の手法（Aという字は、Bの意味とCの意味の組み合わせと見て、両者を合わせた意味をAの意味とする）に向いている。これで解釈がつかない

［付］

（金）

（篆）
［府］

（篆）

と形声文字とするほかはない。しかし漢字は圧倒的に形声文字が多いのである。②の文字学は限界がある。

コアイメージは言葉に属する概念である。語の深層構造をなすイメージがコアイメージである。コアイメージが意味（具体的文脈における使い方）を実現させる。

「付」はどういうコアイメージをもち、どういう意味を実現させるのか。

これを究明したのは③の藤堂明保の語源学である。藤堂は付のグループ（府・符・拊・腐）は丰《ほう》のグループ（邦・封・峰・鋒・逢・縫・蜂・蚌・蓬・烽・奉・捧・俸・棒・豊）と同源で、これらは**PUG・PUNG**という音形と、「両方から∧型にくっつく」という基本義があるという（『漢字語源辞典』）。

改めて字源を見てみよう。「付」（音・イメージ記号）＋广（限定符号）」と解析する。「付」は「人＋寸（手）」を合わせて、人の方へ手を寄せて近づける情景を設定した図形である。AがBに近づいていくと最終的にはくっつくことになる。二つのものが近づいてくっつく状況を図示すると、「〇→⊏」の形や「↓↑」の形である。

「〇→⊏」の形に焦点を置くと、AをBの手につけて渡すという意味（付与の付）が実現される。またAという物がBという物の側や下部にくっついているという意味（附属の附）が実現される。

一方、「↓↑」の形に焦点を置くと、二つがぴったりとくっついた状態になる。これが実現されたのが「符」である。これは割り符の意味である。二つに割ったものをくっつけてぴったり合わせることで証明するのが割り符である。

また二つ以上になると、「□・□・□・□…」の形にびっしりとくっついて並ぶというイメージが生まれる。このイメージが実現されたのが「府」である。

古典漢語で物を貯蔵する建物（くら）をpiugという。貯蔵される物の状態に着眼すると、物と物は隙間なくびっしりと置かれる。多くの物をびっしりとくっつけるというイメージがあるので、「□・□・□・□…の形にびっしりとくっついて並ぶ」というイメージを表す「付」が利用され、「付」と同音で名付けられ、「府」の視覚記号が考案された。

一方、くらは多くの物を貯蔵するので、「多く集まる」というイメージが生まれる。「付」は「くっつく」のイメージであるが、「多く集まる」に転化するのは二次的イメージである（「付」にはなかったイメージ）。二次的に生じたイメージから、多くの役人の集まる役所の意味、また役所（政府）のある所、すなわち「みやこ」の意味が発生した。

首府や都府の府は「みやこ」の意味である。行政区画の単位ともなった。府は県よりも上位の単位である。

# 「市・町・村」の起源――助数漢字（112）

日本では大阪府と京都府の二府のみの行政単位とする。

## 【市】　音シ　訓いち

①「兮に従い（意符）之《し》の声（声符）の形声字。兮は平の意、止は止まる意を表す。市は甲と乙との物資の相互に適当な交換の割合の定まる所である」（『漢字の起源』）

②「象形。市の立つ場所を示すために立てる標識の形」（『常用字解』）

③「兮（平）＋音符止の会意兼形声文字で、売り手・買い手が集まって、足を止め、平衡の取れた価を出す所の意を表す」（『学研漢和大字典』）

①では音符を最初は之といい、後では止といい、あいまいである。②では市が分析困難なため、全体を象形とするが、疑問である。

「市」の字源は諸説紛々で定説はないが、①と③で「兮＋止」に分析するのが参考になる。「兮」は「平」の上部の「丿」を省いた形である。「乎」は「小（小さな三つの点）＋丂（上に伸び出ようとして、つかえて曲がる形）」を合わせて、息が曲がりつつ発散して出ていく情景を暗示させる図形。「乎」は「呼」（大声でよぶ）の原字である。

かくて「止《シ》（音・イメージ記号）＋乎の略体（イメージ補助記号）」を合わせて、売り手が買い手に声をかけて呼び止める場面を設定した図形と解釈できる。

商品の取引をする「いちば」を古典漢語ではdhiəgといい、これを「市」と表記した。「市」の登場は非常に古い。既に『詩経』に「市に婆娑《ばさ》たり」（［踊り子たちが］市場でひらひらと舞っている）という用例がある。

市場や井戸に人が集まるから、市井という語が生まれた。「市」だけでも大勢の人が集まり住む所（まち）の意味に使われる。

行政区画の単位もここから生まれた。

［市］

（金）（篆）

## 【町】　音チョウ　訓まち

①「丁が声符。この音の表す意味は踏。町は田界の践む所、即ち畦である」（『漢字の起源』）

②「形声。音符は丁。田の〝あぜ道、あぜ〟の意味とする」

［丁］

（甲）（金）（篆）

［町］

（篆）

(『常用字解』)

③「丁は⊥型に押し当てた釘の頭を描いた象形文字。篆文は丅字型に押し当てたさまを示す。町は田＋音符丁の会意兼形声文字で、丅字型になった田のあぜ道」(『学研漢和大字典』)

①では丁が踏を表すとは理解に苦しむ。②は丁からの説明を放棄している。

字源は「丁《テイ・チョウ》(音・イメージ記号)＋田(限定符号)」と解析する。「丁」がコアイメージの源泉である。「丁」については「丁の起源——十干(4)」「投と打の起源——助数漢字(103)」でも述べているが、もう一度振り返る。

「丁」は釘の形である。ただし釘という実体に重点があるのではなく、その形態と機能に重点がある。釘の形態的特徴は「丅」の形であり、その機能は平面に「丅」の形や「⊥」の形に打ちつけることにある。だから「丁」は「丅」の形や「⊥」の形のイメージを表すことができる。

古典漢語で「あぜ」を表す語に「畦」や「畔」があるが、最も古い語は「町」である。『詩経』に「町疃《ていたん》は鹿場」(田のあぜ道は鹿の遊び場)という用例がある。田のあぜをt'engといい、これを「町」と表記した。この図形は「丅の形や⊥の形をなす」というイメージをもつ「丁」を利用して、田と田を丅の形や⊥の形に区切る道を暗示させるのである。

「町」の展開義としては、物事の区切り(境目、けじめ)という意味や、面積を表す単位漢字の用法がある。

一方、日本では別の展開を見せる。「町」に丁字形というイメージを読み取り、丅の形や┐の形や十の形(いずれも区切る形)をした道の通る街並みを意味する「まち」という語に「町」を用いた。

ここから行政区画の単位も生まれた。

## 【村】 音ソン 訓むら

①(『漢字の起源』にない)

②「形声。音符は寸。古くは邨に作る。屯《とん》は織物の純飾りの形で、織り留めのところを結び固めた形で、糸を集めるの意味がある。邑は城中に人がいるの意味で、〝みやこ、まち、むら〟をいう。邨は人の集まり住む〝むら、いなか〟の意味に用いる」(『常用字解』)

③「寸は手の指をしばし押し当てること。村は木＋音符寸の会意兼形声文字で、人々がしばしば腰を落ち着けた木のある所を表す。忖《ソン》(心をしばしとどめる)・蹲《ソン》(腰を落ち着ける)と同系のことば」(『学研漢和大字典』)

[屯]

(金)

(篆)
[村]

(篆)

②は邨から、③は村から説明している。『説文解字』には村はなく、邨があるから、邨が古いようにも見えるが、断定できない。村は『史記』に出ており、邨はそれ以後のようである。

まず「村」の字源を見てみよう。「寸《スン》（音・イメージ記号）＋木（限定符号）」と解析する。「寸」については「寸・尺・丈の起源――単位漢字（2）」で述べている。字源は「又（手の形）＋一」を合わせたもの。手の指一本幅の長さを暗示させる図形で、単位漢字に使われる。

一方、手首の近くで脈診をする所を「寸」という。長さを計るときも、脈を診るときも指をそっと押さえる。この動作から、「寸」は「（上から下に）そっと押さえる」というイメージを表すことができる。このイメージは「じっと落ち着く」というイメージに展開する。

かくて「村」の図形的意匠が見えてくる。木の柵や牆壁で囲み（危険を避けるため）、住民が腰を落ち着けて住む場所を暗示させるのが「村」の図形である。この意匠によって「むら」を意味するtsʻuenを表記する。

次に異体字の「邨」を見てみよう。「屯《トン》（音・イメージ記号）＋邑（限定符号）」と解析する。「屯」と「乇」（宅・托・託などの基幹記号）は非常に似ている。「乇」は植物が地下に根を張り、地上に芽を出している情景で、地上（↑の方向）に視点を置いて、「ある物の上に乗せる」「定着する」というイメージを取る（托は手の上に乗せる意、託は人に物をあずける意、宅は定着する家の意）。一方、「屯」は地下に根がずっしりと蓄えられ、芽が地上に出かかる情景で、「乇」とほとんど同じだが、地下（↓の方向）に視点を置いて、「多くの物を蓄えて集まる」「ずっしりと重い」というイメージが取られる（「四季の起源① 春の起源――時間漢字（14）」の項参照）。

駐屯の屯は人や兵士が集まる意。このように「屯」は「多くのものが一所に集まる」というイメージがあるので、「邨」は多くの人を集めて住まわせる地域を暗示させる。この意匠によって「むら」を意味するtsʻuenを表記する。

結局「村」と「邨」は同じである。

「村」は行政区画の単位にも用いられる。これは日本的展開である。

［第五章］

# 単位漢字の起源

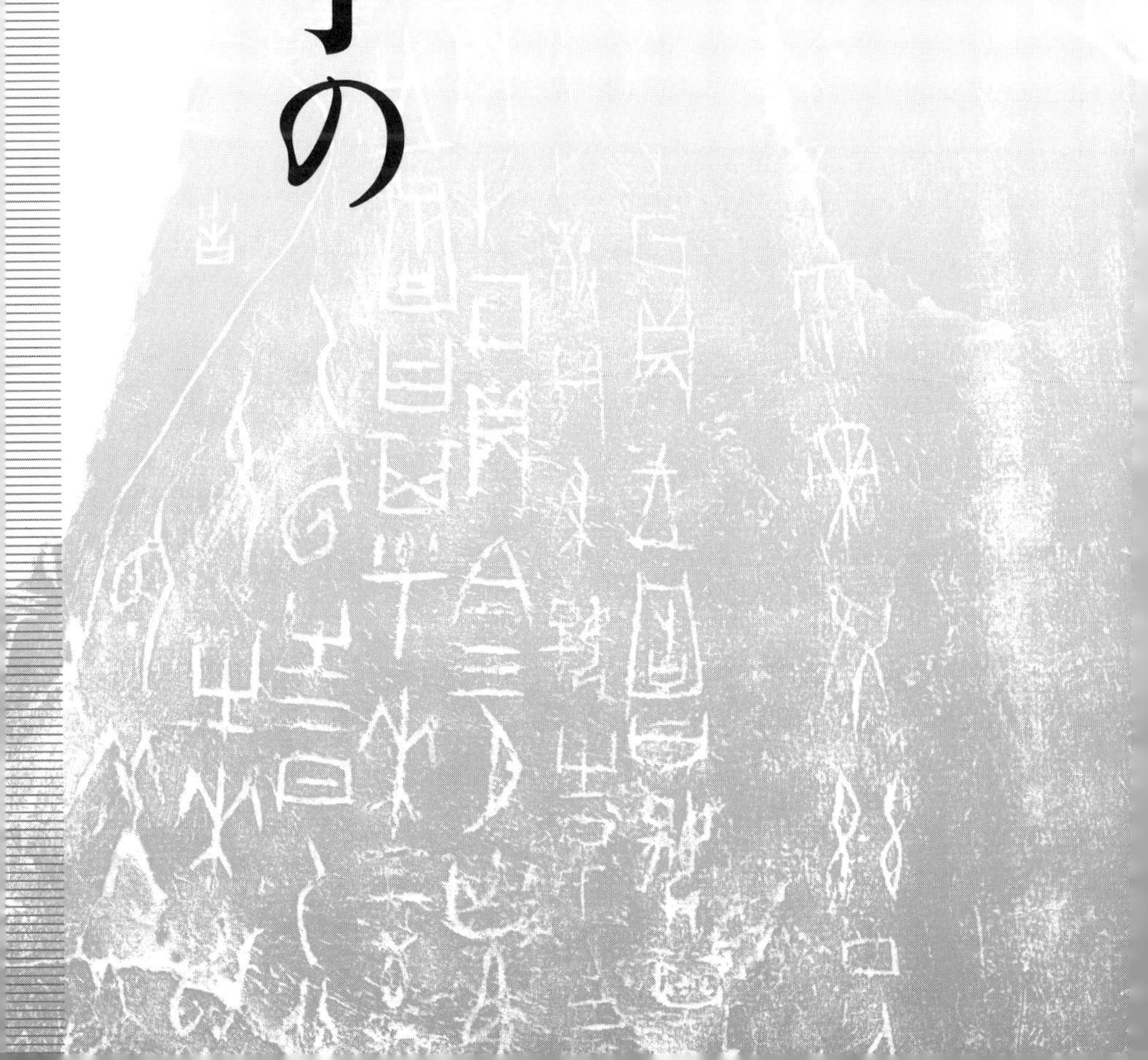

「十」「百」「千」などは十進法で数える場合の単位漢字であるが、量を計って数を数える場合、つまり度量衡の単位になる場合を特に「単位漢字」とする。歴史上出現する単位漢字の起源を述べる前に、度・量・衡とは何かについて、字源・語源から調べてみよう。

## 「度・量・衡」の起源――単位漢字（1）

度量衡という制度の起源ではなく、単位漢字を統括する度・量・衡の字源・語源を究明する。

### 【度】　音ド　訓はかる

度は助数漢字、時間漢字でも出しているが、ここでは単位漢字を規定する語として取り上げる。

こんな字源説がある。

①「庶の省声で、尺の意を表す。手を渡して尺取り虫の歩くごとき操作で計る意」（『漢字の起源』）

②「会意。席の省略形と又とを組み合わせた形。度は手で敷物の席《むしろ》をひろげる形で、席の大きさをものさしとして長さをはかることをいう」（『常用字解』）

［度］

（篆）

③「又（て）＋音符庶の略体の形声文字。尺と同系のことば。尺とは尺取り虫のように手尺で一つ二つと渡って長さを計ること」（『学研漢和大字典』）

①では庶が尺の意を表すか疑問。②ではむしろの大きさを物差しとするというのが理解しにくい。③は庶を単なる音符と見る説。『説文解字』以来の古説である。

筆者は「廿（イメージ記号）＋广（家を示すイメージ補助記号）＋又（手の動作と関わる限定符号）」と解析する。「廿」は庶や席にも含まれているが、「革」の上と同じで、もともと獣の頭を示す符号である（「多数の漢字② 衆・庶の起源――数漢字（22）」、「少数の漢字② 僅・鮮・希の起源――数漢字（24）」の項参照）。「度」では革や敷物というイメージを作り出すための記号である。したがって「度」は家で敷物とする革を手で計る情景を設定した図形。図形はただ革と家と手を配置しただけの極めて舌足らず（情報不足）なもので、何とでも解釈できる。

図形から意味を導くのは間違いで、意味がどのような図形に表されているかを見るのが正しい漢字の理解である。では「度」はどんな意味か。『詩経』では「其の原隰《げんしゅう》を度《はか》る」という用例がある。「長さを計る」が最初の意味と考えてよい。ここから遡って筆者は右のように解釈した。歴史的、論理的に言うと、「長さを計る」を意味する古典漢語 dak を「度」

で表記するのである。

しかしこれだけでは語を説明したことにならない。語源的探求がないと、語の深層構造が分からない。古くは「度」を渡や尺と同源とした説もあるが、学問的に究明したのは藤堂明保である。藤堂は渡や尺だけではなく、睪《えき》のグループ（択・駅・繹・訳・沢・釈）、亦《えき》のグループ（弈・夜・腋）、夕なども同源とし、これらの語群はTAK・TAGという音形と、「数珠つなぎ、—・—型」という基本義があるという（『漢字語源辞典』）。

これで「度」の深層構造が明らかになった。手の指をシャクトリムシが這うような形にして計る行為は「⊃⊃⊃…」の形のイメージである。これを図形化したのが「尺」である。「度」は尺と同源の語である。尺 t'iak と度 dak は音が似ているだけではなく、「⊃⊃⊃…の形に一つまた一つと進む」というコアイメージを共通にもつ。「度」は「⊃⊃⊃…の形に一回一回と長さを計る」ことである。ちなみに「渡」は一歩一歩と水を渡ることである。

「度」は「長さを計る」の意味から、ものさし（尺度）、基準となるもの（法度）、標準・程合い（限度）、目盛り（温度）などの意味に展開する。度量衡の「度」は長さを計る単位のことである。

## 【量】

音リョウ　訓はかる・かさ

①「曰に従い重の声。豆を用いて計量物を入れてさらに空ける操作をする意」（『漢字の起源』）

②「象形。上に注ぎ口のついている大きな橐《ふくろ》の形。それで"ふくろではかる、はかる、はかり、ますめ"の意味に用いる」（『常用字解』）

③「⊙（穀物）＋重の会意文字で、穀物の重さを天秤ではかることを示す」（『学研漢和大字典』）

①は意味不明。②は図形から意味を求める学説であるため、「ふくろ」が意味素に紛れ込んでいる。「量」はただ「はかる」であって、「ふくろ」は意味素に入らない。③は図形の説明だけである。意味は「かさ・重さ・大きさなどをはかる」としている。

楷書や篆文の「量」は解剖が難しい。金文に遡ると「⊙＋重」になっている。「⊙」は「良」にも含まれており、良・量・糧を同源とする藤堂明保の説が注目される。「良」に含まれる「⊙」は器に入れた穀粒の形である。穀粒を研いで綺麗にする情景を設定した図形が「良」である。「良」は穀粒

［量］

（金）

（篆）

から発想され、良—量—糧の三セットの語が誕生したと考えられる。

では「量」とは何か。「⊙」は「良」の一部を取ったもの。したがって「良《リョウ》の略体（音・イメージ記号）＋重（イメージ補助記号）」と解析する。「良」は「汚れがなく綺麗に澄む」がコアイメージであるが、そのイメージは穀粒から発想されているので、研いで綺麗にした食用になる穀粒を表すこともできる（「糧」にもこのイメージがある）。「重」は「上から下に突く」というコアイメージから、「上から重みが加わる」というイメージと、「上から段々と加わって（点々と、次々に）重なる」というイメージに展開する。前者から「おもい・おもさ」、後者から「かさなる」という意味が実現される。「量」では「上から段々と加わって重なる」のイメージが用いられている。したがって「量」は穀粒を（何かの入れ物の中に）段々と重ねて入れる情景を設定した図形と解釈できる。この図形的意匠によって、かさ、容量、分量の意味をもつ古典漢語liangを表記した。

『論語』に「唯酒は量無きも、乱に及ばず」（私は酒に関する限り、飲む量を決めていない［いくらでも飲める］が、乱れるほど飲むことはない）という用例がある。

「かさ、容量」の意味から「容量をはかる」の意味に展開するのは自然である。度量衡の量とは容量をはかる単位である。

## 【衡】　㊨コウ　㊊はかり

①「⿱角大《そく》に従い行の声。この音の表す意味は横の意。牛角に付着して人に触れるのを防ぐ横木のこと」（『漢字の起源』）

②「会意。行（交叉する道）と角（牛の角）と大（牛の体を上から見た形）とを組み合わせた形。衡は道にいる角木をつけた牛を正面から見た形。衡は牛車や馬車の轅の前端につける横木、〝くびき〟。横木であるから〝よこ、よこにわたすもの〟の意味となる」（『常用字解』）

③「角＋大＋音符行の会意兼形声文字。人にけがをさせないよう、牛の大きな角に横にまっすぐ渡した棒のこと。転じて、広く横木や、はかりの横棒のこと。行（まっすぐ）・桁（まっすぐ渡したけた）などと同系のことば」（『学研漢和大字典』）

①では「行」が横の意とは解せない。②では「行」を道の意とし、道にいる牛の横木と解釈するが、なぜ「道にいる牛」なのか理解に苦しむ。③は伝統的な解剖。ただし「行」を単なる音符としないところが違う。

［衡］

（金）

（篆）

字源は「行《コウ》（音・イメージ記号）＋角＋大（二つともイメージ補

助記号)」と解析する。「行」は十字路の図形である。これによって「(縦や横に)まっすぐな筋をなす」というイメージを表すことができる(「行と桁の起源――助数漢字(26)」の項参照)。したがって「衡」は牛の角に大きな棒をまっすぐに架け渡す情景を暗示させる。この意匠によって、牛の角を縛る横木の意味をもつ古典漢語 ɦăng を表記する。

この意味は『詩経』に用例があるので確かめられる。一般に横木を「衡」という。これを抽象化すると「よこ」という方位漢字にもなる。合従連衡の衡はこれである。

竿秤の横木も「衡」というので、目方(重量)をはかるという意味も生まれた。度量衡の衡はこの意味である。

## 「寸・尺・丈」の起源――単位漢字(2)

度量衡のうち度(長さ)に関わる単位漢字が分・寸・尺・丈・仞・尋・常などである。これらの成り立ちを尋ねる。「分」の字源・語源については既に「小数の起源」「整数と分数の語源――数漢字(10)」で述べた。

### 【寸】 音スン

字源は極めて簡明で、「又(手の形)+一」を合わせたもの。手の指一本幅の長さを暗示させる図形。

[寸]

(篆)

古典漢語でいちばん小さい長さの単位を「分」とし、「分」の十倍を tsʻuən といい、これを「寸」で表記する。現代の単位に翻訳すると、一寸はほぼ2・25センチである(時代によって変わる)。

語源については『漢書』律暦志に「寸は忖《そん》なり」とある。藤堂明保は忖だけではなく存、尊のグループ(蹲・遵)、夋《しゅん》のグループ(竣・逡・俊・駿・酸)、孫のグループ(遜)、率、帥、卒のグループ(粋・翠・酔)などと同源で、TSUĔN・TSUĔT という音形と、「くびる、すらりと細い、小さい」という基本義があるという(『漢字語源辞典』)。

「寸」と「尺」は手を基準とした長さの単位だが、「寸」は指の幅なので「小さい」というイメージがあるのは明白である。

### 【尺】 音シャク

『大戴礼記』に「手を布《し》きて尺を知る」とあり、これが字源のヒントになる。指の幅を基準にしたのが「寸」であるが、手の幅を基準にしたのが「尺」である。「尺」は親指と他の

[尺]

(篆)

指を∩の形に曲げた様子を暗示させる図形である。布地などを計る際、手指を使って⊃⊃⊃…の形にシャクトリムシが這うように計っていく。∩の形に手指をいっぱい広げた幅（ほぼ指十本分の幅）を「尺」とする。

「尺」の語源を明らかにしたのは藤堂明保である。前に述べたように（「度・量・衡の起源――単位漢字（1）」の項参照）、「尺」は度と同源であり、「⊃⊃⊃…の形に一つ一つと（一回一回、一歩一歩と）小刻みに進む」というイメージがある。ちなみにシャクトリムシを尺蠖《せきかく》（蚇蠖）という。

「尺」は「寸」の十倍の長さである。『老子』に「敢えて寸を進まず、尺を退く」（理想の兵法は一寸も進もうとはせず、逆に一尺を退くのである）という用例がある。

男性の手の場合は「尺」が22・5センチだが、女性の手の場合はこれより短い。この長さを「咫《し》」とする。だいたい18センチである。「咫尺の間」とは間隔や距離が短いことをいう。

### 【丈】　音ジョウ

楷書は分析困難だが、篆文は「十＋又（手の形）」と分析できる。字形からは寸の十倍なのか、尺の十倍なのか判断できない。したがって語源を検討する必要がある。

[丈]

（篆）

古典に「丈は長なり」とある。藤堂明保は長だけでなく、長のグループ全体（帳・張・棖・萇）に拡大し、さらに腸、常、唱、章とも同源とし、「長い」という基本義があるとしている（『漢字語源辞典』）。

「丈」は「長い」「長く伸びる」というコアイメージがあるので、長く伸びた棒（つえ）を「杖」という。ここから「丈」の図形は尺の十倍を表していると逆推できる。立派な成人男子を丈夫というが、もし一丈の男と解釈すると、二メートルを超える大男になってしまう。「丈」は「たけが長い（高い）」という意味に取ればすっきりする。

## 「尋」と「常」の起源――単位漢字（3）

昔の教育制度に尋常小学校・尋常中学校があった。尋常とは普通という意味である。「尋常ではない」（普通ではない、変わっている）などとも使う。この「尋」と「常」は実は長さを表す単位漢字である。どんな長さなのか、その字源・語源を見てみよう。

### 【尋】　音ジン　訓ひろ

こんな字源説がある。

［尋］（篆）

①「左右に従い（意符）彡《さん》の声（声符）の形声字。彡の音の表す意味は伸ばす意。尋は左と右の手を伸ばす意」（『漢字の起源』）

②「会意。左と右とを組み合わせた形。左は左手に呪具の工を持つ形。右は右手に口（祝詞を入れる器の形）を持つ形。神に祈るとき、工と口を持った両手で舞いながら神のあるところを求め尋ねるので、神を〝たずねる〟の意味となる」（『常用字解』）

③「左＋右＋寸の会意文字で、左手と右手を伸ばした長さ（八尺）を表す。次々と両手で長さを計り、分からない寸法を探ること。探と同系のことば。もとは音符の彡《さん》をつけた字もあった」（『学研漢和大字典』）

①では彡が伸ばす意味を表すというのが理解不能。②では「左」と「右」を合わせただけの図形から、「舞う」や、「神を求める」などを導くが、論理的必然性がない。また図形的解釈をストレートに意味とするので「神」などという余計な意味素が紛れ込む。③は字形の解剖に少し問題がある。

「尋」は古来分析の仕方に問題のあった字であるが、「左右＋彡」に分析した①が長年の疑問を解いた。「彐」は「又」と同じで、「口」と合わせると「右」の字になる。また「寸」は「又（て）＋一」を合わせた形で、手の動作に関わる符号になるが、右手でも左手でもよい。「彐」が右手なので、「寸」は左手とする。左手は「ナ」（音はサ）である。「ナ」と「工」を合わせると「左」になる。つまり「尋」は「右」と「左」の符号をばらばらにして配置換えをした字である。別にパズルを意識したのではなく、図形の構成上の美を考えてのことであろう。篆文では三段に分け、上段に「彡」「又」が並び、中段に「工」「口」が並び、下段に「寸」を置く。これで方塊字といわれる漢字らしいデザインになった。「彡」は篆文で登場する符号で、文字の構成上の飾りか、あるいは彡（siam）でもって尋（ziam）の音を暗示させるのかもしれない。深く考えるに及ばない。

　さてこの図形によって何を表そうとするのか。その前に「尋」は古典でどんな意味に使われているのかを調べる必要がある。最古の古典の一つである『詩経』では「是れ尋、是れ尺」（尋の長さに、尺の長さに［材木を切る］）とあるように、長さの単位が古い用法である。これから逆に「尋」の図形を見る。長さを計る際、指を使うのが「寸」、手を使うのが「尺」である。コココ…の形に（シャクトリムシが這うように）一つ一つと進んで計る姿が「尺」である。これに対して両手を使うのが「尋」と考えられる。左右の手を広げて長さを計る姿を図形化したのが「尋」である。両手を広げて長さを計る動作は一回きりではない。この動作を繰り返して計っていく。ここに「前のものの後を継いで段々と進む」というイメージがある。このイメージは「段々と奥深く入り込む」というイメージに展開する。このコアイメージから、段々と後をたどっていく意味や、段々と探り求める（たずねる）意味が実現される。

左右の手を広げた幅は約八尺である。「尋」は八尺（約180センチ）の長さの単位である。日本では「ひろ」と読む。「ひろ」は広げるの「ひろ」と同根で、左右の手を広げる長さという。ただし水深などに使い、五尺または六尺とされる。

## 【常】 音ジョウ 訓つね

①「尚が声符。この音の表す意味は障。常は下裳の意。長い布を用いたところから転用されて、時間の長い意となる」（『漢字の起源』）

②「形声。音符は尚。尚に巾（帯から垂らした衣）を加えて常となり、衣裳の裳《もすそ》の意味となった。もすその長さは一定であるから、〝つね、さだめ、のり〟の意味となる」（『常用字解』）

［尚］

（金）

（篆）

［常］

（篆）

③「巾（ぬの）＋音符尚《ショウ》の形声文字。もとは裳と同じで、長いスカートのこと。のち時間が長い、いつまでも続くの意となる」（『学研漢和大字典』）

①では尚が障の意を表すか疑問。②では「巾」に重きを置いているが、「巾」は限定符号であって、語の中心（根幹）になる記号ではない。また「もすその長さが一定」だから「つね」の意が出るというが、スカートの長さが決まっているとは根拠に乏しい。

筆者は「常」の字源を『尚《ショウ》（音・イメージ記号）＋巾（限定符号）』と解析する。「尚」は単なる音符ではない。音（記号素の読み方）とイメージ（記号素の意味のイメージ）を示す根幹の記号である。語の深層構造に関わる記号である。

いわゆる「音符」は発音符号ではない。発音符号は音素を表記するものだが、漢字は音素ではなく記号素のレベルの文字なので、いわゆる「音符」は音素に分析しておらず、記号素の全体の読みを暗示させるだけである。「音符」という用語は誤解を与えかねないので使わないほうがよい。

前述の「尋」では彡（siam）は尋（ziam）を正確に表していないが、尚（dhiang）は常（dhiang）の音を完璧に再現させる。だからこの二つは同源語と言ってさしつかえない。音よりもイメージの表出が重要である。

　では「尚」はどんなイメージを表すのか。「尚」は「向＋八」と分析できる。「向」は空気抜きの窓の形である。古代に空気という概念はないが、気（ガス状の気体）が空間（物体や人体を含めて）内にあると考えられていた。「八」は左右に分かれることを示す象徴的符号で、気のようなものが分散するさまを示すこともできる。したがって「尚」は気（空気）が抜けて空中に分散する情景を暗示させる図形（「堂と室の起源――助数漢字（90）」の項参照）。この図形的意匠によって、「高く上がる」というイメージを示す記号になる。「高く上がる」は「長い」「長く伸びる」というイメージに展開する。かくて「常」は丈の長い布や衣を暗示させる。

　図形的解釈と意味は異なる。「常」は長いもすそ（スカート）という意味ではない。これを表す漢字は「裳」である。「常」は「（空間的に）長い」というコアイメージをもつ語である。空間のイメージは時間のイメージに転用できる。時間を空間によって捉えるのが漢語意味論の特徴の一つでもある。そこで「常」は「時間的に長い」「いつまでも長く続く」「いつも変わらない」という意味が生まれる。これが恒常の常である。『詩経』に「天命は常なし」（天命はいつまでも長く続かない）という用例がある。

　また「いつも通りで変わらない（普段通りであり、普通である）」という意味に展開する。これが日常・通常の常である。

　「常」は長さを計る単位にも用いられるが、これは「空間的に長い」というコアイメージから展開した意味である。寸―尺―丈は十進法だが、それと違う単位もあった。仞は四尺、尋はその二倍で八尺、常は尋の二倍で十六尺である。

　「常」は「長い」というイメージがあるから、長い長さの単位になった。一丈六尺は3メートル60センチである。尺や丈と比べると確かに長い。しかし距離の単位である里などと比べるとはるかに短い。「常」という語自体にも「普通」という意味がある。だから「尋」と「常」は普通の長さという語感となり、尋常の熟語で普通という意味になった。『春秋左氏伝』に「尋常を争い、以て其の民を尽くす」（諸侯たちは小さな土地を争って、住民を失ってしまった）という用例がある。尋常は短小なものの比喩にもなる。

## 「仞」と「咫」の起源――単位漢字（4）

　見慣れない字であるが、咫は八《や》咫鏡《たのかがみ》などで使われている。

### 【仞】　㊝ジン

　唱歌「箱根八里」に「万丈の山、千仞の谷」の句がある。極めて高い山、極めて深い谷を意味する。仞は深さの単位である。仞《じん》と尋《じん》は似ていて紛らわしいが、上古音では尋は

d(z)iəm、仞は nien で、全く違う。尋が水平方向に長さを計るのに対し、仞は垂直方向に深さを計る。

こんな字源説がある。

①（『漢字の起源』にない）

②「形声。声符は刃。尋と声義同じ。仞は一ひろの長さをいう字に用いる」（『字統』）

③「刃は刀の刃にあたる部分を、印で示した指事文字。高さ・深さを測るとき、体を横にねじ曲げ、右手を上に左手を下に伸ばすと、半月形のD型となる。その弦（右手先から左手先まで）は手尺で測って七尺になる。半月形は刀に似ており、その弦は刀の刃にあたる部分だから、これを仞という」（『学研漢和大字典』）

③は傾聴に値する説である。深さ・高さは縦に計る。手を使って縦に計る際は左右の手の位置は、片方の手を下（底）に固定し、もう一方の手を上（頂き）に伸ばしていく。このようにして両手をいっぱいに伸ばし切った長さを古典漢語で nien といい、「仞」と表記した。この語、および図形は刀の刃である「刃」から発想された。刃は粘り強く鍛えたものである。柔の中に強のある状態なので、nien という語は「粘り強い」というコアイメージがある。これは物理的なイメージである。これを「粘り強く保持する」という体の姿勢のイメージに転換させる。左右の手を縦に広げる姿勢は体をひねるから、かなりバランスが崩れている。だから「ねばり強く保持する」というイメージが計測の前提にある。この姿勢を保つことによって縦の方向に計測することができる。かくて「粘り強い」というイメージをもつ nien という語でもって縦に計った長さの単位を表し、これを「刃《ジン》（音・イメージ記号）＋人（限定符号）」を合わせた「仞」でもって表記する。

［仞］

（篆）

「仞」は七尺とされる。横の方向に長さを計る「尋」は八尺である。「仞」は計測の姿勢が緊張を要する分、「尋」よりも一尺足りない。

『書経』に「山を為《つく》ること九仞、功を一簣に虧《か》く」という用例がある。簣は土などを運搬する道具「もっこ」（「あじか」ともいう）である。もっこ一杯分の量を数える助数漢字としても用いられる。九仞（六十三尺、約14メートル）の土山を築くのに一もっこ分の土が足りない。苦労して成し遂げようとする功績が最後のわずかなつまずきで失敗することを「九仞の功を一簣に虧《か》く」という。

ちなみに「仞」には「満ちる」という意味もある。粘り強く片方の手を一方の端まで伸ばし切って計測することから、「いっぱい（十分に）満ちる」という意味が生まれる。

## 【咫】 音シ

尺と咫は対応する。尺は十寸、咫は八寸である。なぜ二寸足りないのか。尺は男の指、咫は女の指を基準とするからである。

字源は「只《シ》（音・イメージ記号）＋尺（限定符号）」と解析する。「只」にコアイメージの源泉がある。「只」は「口＋八（左右に分かれることを示す符号）」を合わせて、口から息が出ていく情景を設定した図形。

口から出る息はどこまでも延びることはない。途中で消える。まっすぐに出ていくが、距離は短い。だから「只」は「まっすぐで短い」というイメージを表す記号に用いられる。矢・指は「只」と音が近く、イメージも「まっすぐで短い」である。これらは同源の語である。

「まっすぐで短い」というイメージをもつ「只」を利用して、「咫」が生まれた。男の指の幅を基準とした「尺」よりも短い長さを「咫」とする。女の指の幅を基準としたのが「咫」である。日本では「咫」を「あた」に当てた。「あた」は親指と中指を広げた長さという。

「尺」と「咫」は二寸の違いしかないので、わずかな距離や長さを「咫尺《しせき》の間」という。「咫尺を弁ぜず」という表現はわずかな距離も分からない、つまり真っ暗闇という意味である。

ちなみに「只」の具体的文脈における意味は「ただ」である。「まっすぐで短い」というイメージが「一筋」というイメージにつながり、「ただそれ一筋に」という副詞的用法が生じた。無料という意味の「ただ」に用いるのは日本的展開である。

［咫］

（篆）

## 「跬・歩・里」の起源——単位漢字(5)

伊能忠敬は全国を歩いて日本地図を完成させたが、距離の測量は歩幅で数えたという。寸・尺・尋は手で計る単位であるが、距離の場合は足の歩幅が始まりである。これから生じた単位が「歩」である。

片足をA点に置いて次の足をB点に進めた場合、足がAB間をまたぐことになる。この歩幅を普通は「歩」と言っている。万歩計の「歩」はこれであろう。

ところが単位名としては、この歩幅は「歩」ではなく、「跬《き》」という。「跬」は半歩で、三尺（67・5センチ）である。「跬」が二つで一歩、つまり六尺（135センチ）である。

まず「跬」について字源・語源を見てみる。

## 【跬】 音キ

ケイではなくキと読む。古い諺に「跬歩《きほ》休まざれば、跛鼈《はべつ》も千里」がある。半歩や一歩を休むことなく歩き続ければ、足の悪いスッポンでも千里を行くことができる、つまり「塵も積もれば山となる」と同じ意味。

「圭」は⌂の形をした玉器の名で、先端が尖っているので、「∧形をなす」というイメージを表すことができる。したがって「跬」は「圭《ケイ》（音・イメージ記号）＋足（限定符号）」を合わせて、足を∧の形にまたぐ情景を暗示させる。股を∧の形に広げたときの片足から別の足までの距離、つまり半歩の長さを「跬」で表す。

ちなみに人名漢字の「奎《けい》」は「圭《ケイ》（音・イメージ記号）＋大（イメージ補助記号）」を合わせた字。「圭」は「∧」の形のイメージ、「大」は大の字形に立つ人の形。したがって「奎」は∧の形に股を開く情景を暗示させる。「奎」は端的に「股」の意味である。

次に「歩」の字源・語源を見る。

片足を踏み出した歩幅、つまり半歩が「跬」である。

## 【歩】 音ホ・ブ 訓あるく・あゆむ

「歩」が正字で、これは人名漢字に入っている。

[歩]

（甲）（金）（篆）

「歩」は「止」と、その左右反転形（「止」の鏡文字）とを合わせたもの。「止」は足（foot）の形である。「止」の上部は左側に親指、右側に他の分かれた指が描かれているから、「止」は右足の形と言ってよいだろう。その反転形は左足である。したがって「歩」は右足と左足を上下に配置した図形である。これは左右の足を交互に踏み出してあるく情景を暗示させている。

「歩」の図形から語源をうかがうことはできない。語源については「歩は捕なり」という古典の説があるくらいである。藤堂明保は甫のグループ（捕・補・輔・舗・匍・浦・蒲・薄・博・縛・敷・傅）のほかに、布、白のグループの一部（拍・迫）、巴のグループ（把・杷）などとも同源で、これらはPAK・PAGという音形をもち、「平ら、薄くくっつく」という基本義があるといい、「右足を踏み出し、さらに左足を踏み出すのが一歩（6尺ある）であり、それをbagというのは、足の裏面が平らに地表に当たるからである」と述べている（『漢字語源辞典』）。

これで「歩」の字源・語源だけでなく、長さの単位になる理由も明らかになった。

ちなみに英語にはfoot（複数はfeet）という単位（約30センチ）

がある。これは足の幅（つま先から踵までの長さ）に由来するという。漢字の「歩」と発想は似ているが、足幅と歩幅の違いがある。

## 【里】 音リ 訓さと

「里」は村里の意味であるが、距離の単位にも使われる。一里は三百六十歩とされる（周代の場合）。現代の単位に直すと405メートルほどである。

「里」の字源・語源については「小数の起源」の「釐（厘）」で触れているが、もう一度振り返る。

こんな字源説がある。

①「田に従い土に従う。田を分疆する畦道の意」（『漢字の起源』）

②「会意。田と土とを組み合わせた形。土は社《やしろ》のもとの字であるから、田の神を祭る社のあるところを里という」（『常用字解』）

③「田（四角く区切りをつけた井田）＋土の会意文字で、区切りの筋を入れて整理された畑や居住地のこと」（『学研漢和大字典』）

［里］

（金）（篆）

字源の前に語源が先立つべきである。形は何とでも見える。また古典でどんな意味に使われているかを見る必要がある。『詩経』では「我が里を踰《こ》ゆる無かれ」（私の村［の境界］を越えては駄目だ）とあり、これがいちばん古い用法である。①のような畦道の意味も、②のような「田の神を祭る社のある場所」の意味もない。

語源については藤堂明保しか述べていない。藤堂は里のグループ全体（理・裏・鯉・釐［＝厘］）が、吏、力のグループ（防・肋・勒）、夌《りょう》のグループ（陵・綾・凌・菱）と同源で、LĚK・LĚNGという音形と、「筋、筋目を立てる」という基本義をもつという（『漢字語源辞典』）。

改めて字源を見てみよう。「田（イメージ記号）＋土（限定符号）」と解析する。「田」は「□」（四角形）に「十」（縦横の線）を入れた形である。これによって、「縦横に筋（筋道）を通す」というイメージを表すことができる。縦横に道を通した土地というのが「里」の図形的意匠である。

図形の解釈と意味は同じではない。字形から意味が出るのではない。論理的に説明すると、古典漢語 liəg は人の居住する場所、すなわち「むらざと、村落、町」の意味である。この意味をもつ liəg という聴覚記号を視覚記号に換えたのが「里」である。

村里は必ずしも縦横に道を通しているとは限らない。曲がった道もある。だから右のような解釈は一面的だ、という批判があるかもしれない。しかし自然発生的な居住地ならその通りであろうが、古代中国の町造りは周囲を壁などで囲うのが普通である。前述の詩句に「里を越えるな」とあるのは里の周辺に壁や塀があることが予想される。計画的に造営されたのが里である。だからこそ「筋道を通す」というコアイメージによって命名されたのである。

距離や長さの単位に使われる「里」も計画的な都市造営と関係があると思われる。ある区画の一辺の長さ（直線距離）を「里」とし、これを三百六十歩と定めた。

ちなみに日本では「町」という距離の単位がある。一町は$\frac{1}{36}$里。日本の里は約3927メートルなので、町は約109メートルである。

## 「舎」の起源——単位漢字(6)

変わった単位漢字に「舎」がある。

「三舎を避ける」は相手にかなわないと認めて身を退くという意味で、『春秋左氏伝』から出た故事成語である。

春秋五覇の一人である晋の桓公が公子（世子）だった頃、お家騒動に巻き込まれて他国に亡命した。楚（南方にあった国）に至った時、楚の君主のもてなしを受けた。楚の君主が「お返しに何かしてくれますか」と言うと、「もしあなたの力で故国に帰れたら、晋と楚が戦になった時に三舎を避けます。これがお返しです」と答えた。

「舎」とは一日の行軍距離の単位で、三十里である。だから三舎は九十里（約36キロメートル）である。これだけの距離を退却することが「三舎を避ける」である。

「舎」の字源・語源を見てみよう。

### 【舎】　音シャ　訓やどる

「舎」が正字（旧字体）。こんな字源説がある。

①「余が声符。この音の表す意味は舒緩（ゆるむ）。舎は口の呼吸の緩む意」（『漢字の起源』）

②「仐（把手のついた長い針の形）と口（祝詞を入れる器の形）とを組み合わせた形。害（そこなう）と同じように、長い針で口を突き刺し、祈りの働きを傷つけ、祈りの効果をすてさせることを舎という」（『常用字解』）

③「余の原字は土を伸ばすスコップのさま。舎は口（ある場所）＋音符余の会意兼形声文字で、手足を伸ばす場所。つ

［余］

（甲）（金）（金）（篆）

［舎］

（金）（篆）

まり、休み所や宿舎のこと」（『学研漢和大字典』）
①は意味不明。②では図形的解釈をそのまま意味とするので、余計な意味素が紛れ込む。意味はただ「すてる」であろう。しかしこの解釈では宿舎の舎の説明ができない。

字の形は何とでも説明できる。まず古典における用法を調べ、それから語源を究明し、その後に字源を考えるべきである。

古典では『周礼』に「王の会同の舎」（王が諸侯を集めて会合する宿舎）、『詩経』に「亦《また》舎《やす》むに遑《いとま》あらず」（また休むひまもない）などとあり、「宿る所」「宿る」「休息する」という意味で使われている。これが最初の意味である。

語源については古典に「射は舎なり」とあり、舎と射を同源としている。学問的に跡づけたのは藤堂明保である。藤堂は舎を余のグループ（舒・除・舎・捨・途・塗・餘・徐）に入れ、また射のグループ（謝）のほかに、赦、予のグループ（豫・紓・序・抒・野）とも同源とし、これらの語群はTAGという音形と、「緩んで伸びる」という基本義があるという（『漢字語源辞典』）。

改めて字源を見てみよう。金文の字体から「余+口」に分析できる。「余」の字源は諸説紛々である。「鋤の刃の形」や「田を耕す刀の形」などの説があるが、スコップ型の道具説（藤堂）が比較的よい。土をのけたり伸ばしたりする機能があるので、「平らに押し伸ばす」「緩んで伸びる」というイメージを表すことができる。このイメージは「空間的・時間的に間延びしてゆとりができる」というイメージに展開する。

「口」は「くち」ではなく、場所を示す符号である。したがって「余ヨ（音・イメージ記号）+口（イメージ補助記号）」と解析し、手足をゆったりと伸ばしてくつろぐ場所と解釈する。この図形的意匠によって、「休息する場所」や「休息する（休む）」ことを意味する古典漢語thiăgを表記する。

「舎」を行軍の距離の単位に用いるのは、行軍を開始して休止するまでを区切りとするので、一日の距離を「舎」といい、これを三十里とするのである。

## 「勺・合・升・斗・石」の起源——単位漢字（7）

度量衡のうちの量（嵩、容量）を計る単位が勺・合・升・斗・石である。連続量は基準になるものを設けて数えることができる。長さは物差し（原始的には手や足の幅）で数えることができるが、嵩は容器を利用すれば数えられる。

どんな容器を使うかが量の目安になる。古典で容器の名として現れるのは升や斗が古いので、まずこれを基準にしたと考えられる。「升」と「斗」の関係は「升」の十倍が「斗」

である（あるいは斗の1／10を升と定める）。「升」以下の単位は、「升」の1／10を「合」、その1／10を「勺」とした。現代の単位に直すと、「升」は0・194リットルである。

これらの単位の字源・語源を尋ねてみよう。

## 【勺】

音シャク

[勺]

（篆）

字源は液体を入れた柄杓の図形。古典漢語dhiɔkは「高く上がる」というコアイメージがあり、「高く上がって目立つ」というイメージにも展開する。酌（くむ）・灼（火が燃え上がる）・的（高く掲げる「まと」）・釣（つり上げる）などに「勺」のコアイメージが生きている（「約の起源――数漢字（8）」の項参照）。

液体をくみ上げるのが柄杓である。「勺」は杓（容器の一つ）の意味に使われたので、「勺」はいちばん小さな容量の単位になった。

## 【合】

音ゴウ　訓あう

「亼（蓋の形）＋口（くぼみ、入れ物の形）」と分析できる。容器に蓋をかぶせた情景を暗示させる図形である。この意匠によって、「隙間なくぴったり合う」というイメージを表すことができる（「合と蓋の起源――助数漢字（71）」の項参照）。

「合」が容量の単位になったのは、「合」に飯盒の盒（容器の一つ）の意味もあったからと説明できそうだが、これは事実に合わない。その意味が発生したのは六朝時代以後であるが、容量の単位の「合」の出現は漢代である。

「勺」の前に「龠《やく》」という単位があった。「龠を合わすを合と為す」と『漢書』律暦志にある。十龠が「合」とされた。後に「龠」は使われなくなり、その代わりをなすのが「勺」である。

## 【升】

音ショウ　訓ます

金文は「斗＋一」、篆文は「斗＋丿」に分析できる。「斗」は柄杓を描いた図形。したがって「升」は柄杓を持ち上げて物を量る情景を暗示させる図形。この意匠によって、「高く上がる」というイメージを表すことができる。『詩経』では「ます」の意味と、「（高い所に）のぼる」の意味で使われている。昇（空中に上がる、のぼる）・陞《しょう》（位などが上がる）は升と同源の語である。

「ます」は容量を量るための容器であるから、容量を量る単位の意味も同時に発生したと考えても不自然ではない。

[升]

（甲）

（金）

（篆）

## 【斗】 音ト 訓ひしゃく

［斗］

（金）

（篆）

「斗」は柄のついた柄杓を描いた図形。『詩経』では柄杓の形の酒器の意味で使われている。また柄杓の形に似た星の名にも使われている（北斗の斗）。

「斗」が容量の単位になったのは、柄杓形の酒器にちなむものであろう。これは升（ます）よりは大きいので、十升が「斗」とされた。

## 【石】 音セキ・コク 訓いし

セキと読む。ただし容量の単位としては、現代の中国ではdàn と読み、日本ではコクと読んでいる。もともと「いし」を表すことは言うまでもない。

こんな字源説がある。

①「〇に従い（意符）厂の声（声符）。厂（セキ）の音の表す意味は釈。石は大巌から分解した小石の意」（『漢字の起源』）

②「会意。厂（山の崖）と口（祝詞を入れる器）とを組み合わせた形。大きな岩石の類は神霊の宿る所とされることが多かったから、石とは祝詞を入れた器を供えて祭られる大きな〝いし、いわ〟の意味をいう」（『常用字解』）

③「がけの下に口型のいしのあるさまを描いた象形文字」（『学研漢和大字典』）

［石］

（甲）

（金）

（篆）

単純と思われた「石」の解釈にもこんなに説が違う。①は形声文字にしたのがおかしい。②では図形的解釈をそのまま意味とするので、余計な意味素が混入する。意味はただ「いし」である。「口」を何でも祝詞を入れる器に結びつけるから、神霊を持ち出すことになる。

『説文解字』に「山石なり、厂（がけ）の下に在り、口は象形」とあるのが単純明快である。これが古来の通説と言ってよい。

単位名としての「石」はもともと重さの単位で、本来は「柘《せき》」と書かれた。「石」は「中身が充実する」というコアイメージがあり、「重みがある」というイメージにもなりうる。だから「鈞」（三十斤）の四倍（百二十斤）を「柘」と称した。後、偏が取れて「石」となった。

また官吏の俸給を「石」で表す用法が生まれた。これは禄高である。例えば二千石《せき》は地方長官の禄高である。

俸禄（穀物の扶持）は重量よりも容量で量るのが普通なので、「石」は容量の単位に用いられるようになった。一石は十斗

（19・4リットル）である。この場合の「石」は「斛《こく》」と同じになった。日本で「石」をコクと読むのは「斛」の音を借りたものである。

## 「撮」の起源――単位漢字(8)

撮影の撮だが、古代では容量の単位であった。二つはどんな関係があるのか、字源・語源から尋ねてみよう。

### 【撮】

音サツ　訓つまむ・とる

こんな字源説がある。

① 「最と撮は一字。取が声符。その意味は〝手につかむ〟。冃即ち冒の意を合わせた最の意は、他人のものを犯してつかみ取る意」（『漢字の起源』）

② 「形声。音符は最。取は戦場で討ち取った者の左耳を手柄の証拠とするために切り取るの意味。切り取った多くの耳を覆って取り集めることを最、指先でつまむようにして取ることを撮という」（『常用字解』）

③ 「最は冃（おかす）＋取から成り、ごく少量をおかして取ること。のち副詞（もっとも）に転用された。撮は手＋音符最の会意兼形声文字で、最の原義を表し、親指・人さし指・中指の三本でごく少量をつまみ取ること」（『学研漢和大字典』）

［最］

（篆）

［撮］

（篆）

①では最と撮の区別がつかない。②では戦場で耳を切ることから説明している。②の文字学は形から意味を引き出す方法で、言葉という視点が抜け落ちている。

改めて字源を見てみよう。「最《サイ》（音・イメージ記号）＋手（限定符号）」と解析する。「最」を分析すると「冃＋取」となる。「冃《ぼう》」は「冂（覆い）＋二（何らかの物）」を合わせて、上から覆いをかぶせることを示す象徴的符号。冒険の冒に含まれている。覆いかぶさるもの（頭にかぶせるもの）が帽である。また、上から↓の方向に覆いかぶさると、それをはねのけようとする力が働く。「覆いかぶさる」のイメージは「覆いをはねのけて↑の方向に出ようとする」というイメージに転化する。これが「冒す」（冒険の冒）の意味である。したがって「最」はかぶさったものをはねのけて無理に指で取る様子を暗示させる。「最」を手の動作に限定したのが「撮」である。

これはどんな取り方か。図形からは読み取れない。語源を考える必要がある。「取」も指を使う取り方で、「引き締める」「縮める」というコアイメージがあり、手の指全部を引き締めて物をつかみとることである。しかし「撮」はこれとは違う。古典には「最は聚なり」という語源説がある。王力（現代の言語学者）は最は纂・攢と同源で「集める」の意味があるという（『同源字典』）。③で言っているように、親指・人差し指・中指の三本を集めて物をつまみ取ることが「撮」の意味である。

「撮」は少量を取る取り方である。だから「撮」は「指や爪でつまみ取る」という意味から、「全部ではなく一部だけを取る」という意味に転じる。ここから、ごくわずかな量の意味が生まれる。「一撮の土」（一つまみの土、わずかな土地）の語がある。また容量の単位として千分の一升を撮という。「撮」を「とる」と読み、撮影の撮（写真をとる）に使うのは日本的展開である。

一方、「最」は別の使い方が生まれた。ごく少量を極端に抽象化すると「ごく」（この上もない）という意味になる。これが「もっとも」と訳された。最小であろうが最大であろうがこれ以上はない数量である。これが「最」の意味である。

## 「両・斤・貫・鈞」の起源——単位漢字（９）

度量衡のうちの衡は重さ（重量、目方）の単位である。これには両・斤などがある。両は16グラム、斤は16両で、２５６グラムである（時代によって変わる）。「貫」は日本独自の単位名であるが、これの字源・語源についてもここで触れておこう。

### 【両】　㊧リョウ　㊀ふたつ

「双数の漢字①　双・両の起源——数漢字（14）」「双・対・両の起源——助数漢字（36）」でも出している。字源については諸説紛々であるが、権衡（はかり）の形とする朱駿声の説が比較的よい。はかりは重量を量る器具だから、「両」が重さの単位になる理由がスムーズに理解できる。

ただし単位名の由来については別説がある。『漢書』律暦志に「一龠《やく》は千二百黍《しょ》を容《い》れ、重さ十二銖《しゅ》。之を両《ふた》つにするを両と為す。二十四銖を両と為す。十六両を斤と為す」とある。龠は勺と同じ。一勺（容量の単位）は黍（きび）の粒１２００個を入れる量で、重さが12銖（重量の単位）である。これを二つ（二倍）にした24銖が「両」だという。そうすると、「両」は天秤ばかりからではなく、「二つ」という意味によることになる。

漢字の見方は「何」（実体）ではなく、「如何（いかん、どのよう）」（形態・機能）に重点を置くべきである。古典漢語の liang は「対をなす」というコアイメージがある。藤堂明保は両は量、梁、各のグループの一部（略・絡・路）と同源で、「二つ対をなす」という基本義をもっている（『漢字語源辞典』）。

「両」は「二つ」「二つで一組になるもの」の意味である。意味は形から来るのではなく、古典の文脈にある。『易経』では「二つ並んで組みをなすもの（ペア）」の意味、『詩経』では「二つ」「二輪の車」の意味で使われている。

重量の単位の起源が『漢書』の言う通りであれば、また、天秤ばかりが周代初期に発明されたという証拠がなければ、「両」の字源は実体にこだわらなくてもよい。「両」のコアイメージを図示すると「▯-▯」の形である。二つのものが左右対称に並ぶ、対をなすというイメージである。このイメージを表すための「両」を、二つのものが左右対称に▯-▯の形に並ぶ情景を暗示させる象徴的符号と解釈することもできる。

## 【斤】 音キン 訓おの

こんな字源説がある。

①「丅に従い（意符）厂の声（声符）。厂の音の表す意味は蚯蚓のごとく曲がっている意。斤は柄の曲がった斧」（『漢字の起源』）

②「象形。斧の形」（『常用字解』）

③「ある物に、「型の斧の刃を近づけて切ろうとするさまを描いた象形文字で、斧のこと。また、その石斧をはかりの分銅に用いて、物の重さを計ったため、目方の単位となった」（『学研漢和大字典』）

［斤］

（金）

（篆）

①の形声文字説は奇妙。「斤」は斧の意味があるから、②のように字形も斧の形であろうと推測する説もあるが、少し違う。

『説文解字』では「木を斫《き》るなり」とあり、段玉裁は「木を斫るの斧なり」と注釈している。「斤」は斧そのものを描いた図形ではなく、斧の機能を図形化したものである。斧の機能とは木を切ることである。したがって、斧が木を切ろうとする直前のプロセスを暗示させる図形となっている。「斤」の金文は「厂」の部分と「丅」の部分の二つの符号からできている。この図形的意匠によって、「わずかな距離にまで近づく」というイメージを表すことができる。「近」にこのイメージがはっきり残っている。斧の機能面から発想された語が古典漢語kianである。

「斤」が重量を計る単位に用いられる理由は③で言う通りであろう。

## 【貫】 音カン 訓つらぬく

字源は「毌《カン》（音・イメージ記号）＋貝（限定符号）」と解析する。「毌」は丸いものを横の線で貫いた様子を示す象徴的符

［毌］

（篆）

［貫］

（篆）

号である。これによって「突き通す」というイメージを表すことができる。「貫」は貝に紐を通す情景を暗示させる。この意匠によって、「つらぬき通す」という意味をもつ古典漢語 **kuan** を表記する。

「貫」にはぜにさし（穴開き銭に紐を通したもの）という意味も生まれた。ぜにさしに千の銭を挿したものを一貫とした。

この用法は日本にも伝わった。ただし江戸時代には960文を一貫としたという。ここから目方の単位に転用された。現代の単位に直すと一貫は3・75キログラムである。

## 【鈞】 音キン

千鈞の重みと言えば非常な重さのことである。鈞は重さの単位で、三十斤（7・68キログラム）をいう。

字源は「匀《イン》（音・イメージ記号）＋金（限定符号）」と解析する。「匀」は均の右側と同じで、「勹＋二」と分析する。「勹」は「旬」にも含まれ、腕をぐるりと回す形で、「ぐるりと回る」というイメージを示す記号になる（「旬の起源——時間漢字(13)」の項参照）。「二」は二つ並べる→並べそろえるというイメージを示す記号。したがって「匀」は「全体に渡って並べそろえる」「全体に平均（バランス）が取れている」というイメージを表すことができる。平均が取れた状態を図示すると「○」の形であり、また「□-□」の形である。「○」のイメージを用いて、陶器を造るろくろを「鈞」という。また、「□-□」のイメージを用いて、秤で重さを計ることを「鈞」という。後者から重さを計る単位の「鈞」が生まれた。

『史記』に「千鈞の重みを鳥卵の上に乗す」という用例がある。千鈞（7トン以上）を鳥の卵の上に乗せればひとたまりもない。圧倒的に強いものが弱いものを攻めれば、弱いものはあえなく潰れてしまうということだ。

［匀］

（金）

（篆）

［鈞］

（篆）

## 「畝」の起源——単位漢字(10)

度量衡には面積を表す語が含まれていないが、面積の単位名も当然あった。歩・里・畝《ほ》・頃《けい》などがある。歩と里は長さの単位の転用である。歩は六尺なので六尺平方の面積をまた歩という。里は三百歩であるから、1800尺平方である。

「畝」は田畑の「うね」の意味から面積の単位になった語である。語史は相当古く、すでに『詩経』に「十畝の間」（十畝の畑の中）という用例がある。「畝」の音はホ、訓は「せ」である。

「畝」の字源・語源を見てみよう。こんな字源説がある。

### 【畝】 音ホ 訓うね

①「田に従い毎の声。または、田に従い、田界の十に従い、久の声。ボウの音の表す意味は壟（小高い）。久の音の表す意味は丘。畝は田の大うねの意」（『漢字の起源』）

②「形声。毎が音符。耕地面積百歩をいう」（『常用字解』）

③「田＋十（十歩歩いて計る）＋久（人が背をかがめて歩くさま）の会意文字で、十歩平方の田畑を区切るさまを示す。作物を生み出す畑地のうね、またはいくつも並んで生じたうねを意味する」（『学研漢和大字典』）

字体が「畮」から「畝」に変わったことに注意すべきである。字体が変わるのは語のイメージが変わるか、または意味が変化してそれに対応するためであることが多い。

最初は「畮」と書かれた。「毎《マイ・バイ》（音・イメージ記号）＋田（限定符号）」と解析する。「母《ぼ》」が根源のイメージを提供する記号である。母（はは）は子を生む存在である。「生む」とは無から有を出現させることである。したがって「母」は「（有を）生み出す」というコアイメージがある。「母《ボ》（音・イメージ記号）＋屮（草に関わる限定符号）」を合わせたのが「毎」で、草木がどんどん生じて殖える情景を暗示させる（草木が次々に生える様子を「毎毎」という）。「毎」は「次々に生まれる」「どんどん生み殖やす」というイメージを示す記号になる。

かくて「畮」は田の、作物を繁殖させる所、つまり「うね」を暗示させる。

次に字体が「畒（＝畝）」に変わった。これは「十（イメージ記号）＋久（イメージ補助記号）＋田（限定符号）」と解析する。「十」は計に含まれる「十」と同じで、「数をまとめる」というイメージを示す（「十の起源」の項参照）。「久」は腰をかがめた人の形。したがって「畝」は人が田の面積を計る情景を暗示させる図形である。

「畝」は田畑の面積を数える単位を表すための字である。語史的に見ると、まず「うね」の意味をもつmuəgという古典漢語があり、これを「畮」と表記したが、後に面積の単位の意味が出たので、「畝」に変えたが、やがて「うね」も単位名も「畝」に統合させた。

［畝］

（金）

（篆）

（篆）

## 「金」と「銭」の起源——単位漢字⑪

貨幣は主として枚で数えるが、重量を基準として金や銭で数える単位漢字がある。

## 【金】 音キン 訓かね・こがね

金は貨幣を数える単位で、黄金一鎰《いつ》（二十両）、または一斤（十六両）の重さである。字源説を見てみよう。

①「今が声符。この音は土中に鉱石の光輝ある意を示したと思う」（『漢字の起源』）

②「象形。鋳込んだ金属の形。金は金属のことをいったが、古くは銅のこと」（『常用字解』）

③「今は亼（押さえた蓋）＋━から成る会意文字で、何かを含んで押さえたさまを示す。金は点々の印＋土＋音符今の会意兼形声文字で、土の中に点々と閉じこもって含まれた砂金を表す。禁（押さえて閉じ込める）・含（ふくむ）などと同系のことば」（『学研漢和大字典』）

これらの説では「金」は最初は金属、特に銅や青銅のことを言ったとしている。しかし最古の古典の一つである『詩経』では「金の如く錫の如し」（［君子の完成度は］金や錫のように美しい）という用例がある。金属の名として銀、銅、鉄、錫、鉛があるから、「金」もgoldの専用名であった可能性が大きい。

［金］

（金）

（篆）

字源は『説文解字』では「左右の注（点、印）は金の土中に在るに象る、今の声」とあり、「今」が音符で、それ以外は土の中に金が在る状況を描いたものと見ている。要するに土の中に砂金がある情景である。これによれば「金」の字源は「今《キン》（音・イメージ記号）＋八（小さな二つの点。イメージ補助記号）＋土（限定符号）」と解析できる。「今」は「中にとざす、とじこもる」というイメージがある（「今と古の起源――時間漢字（22）」の項参照）。したがって「金」は地中に点々と閉じ込められた砂金を暗示させる図形と考えてよい。金属はその形態的特徴や用途から命名されているが、「金」は存在環境（生産場所）による命名である。

古人も「金は禁（閉じ込める）なり」という語源意識をもっていた。藤堂明保は金は今のグループ（含・吟・陰・禽など）に属し、また禁のグループ（襟・噤など）や音のグループ（暗・闇・諳・暗など）とも同源で、これらはKÊP・KÊMという音形をもち、「中に入れてふさぐ」という基本義があると見ている（『漢字語源辞典』）。

日本語の「こがね」はクガネ、ク（黄）カネ（金）で、黄色い色に由来する。英語のgoldもyellow metalが原義という。古典漢語のkɪəm（金）は土中に含まれる砂金に由来する語であろうが、黄金という二音節語も普通である。金の価値が他の金属より高いので、貨幣（金貨）として利用されたのは世界共通である。だから貨幣（金貨）への転義は多くの言語で共通の現象である。

古典漢語では貨幣の意味から、一鎰《いつ》（二十両）の重さをもつ金貨を数える単位として使われた。『戦国策』にこんな話がある。ある君主が名馬の購入費として千金を使者に持たせて派遣したが、名馬は既に死んでいたのでその骨を五百金で引き取って帰国した。残骸である骨にさえ価値を認めた方針が評判になり、多くの賢人・才人がこの国に売り込みに来たという。この話は「死馬の骨を買う」という故事成語の出典となった。

貨幣の単位としての金は現代では死語となっているが、日本では「金一封」とか「一金千円也」などと使うことがある。単位名としての金の痕跡を留めている。「十八金」などの金は黄金の含有率を表す単位で、カラットともいう。

## 【銭】

㊥セン ㊊ぜに

銭もお金の意味のほかに貨幣の単位とされている。こんな字源説がある。「錢」が正字（旧字体）。

［戔］（甲）（篆）［錢］（篆）

①「戔《せん》が声符。この音の表す意味は剗《さん》（先端の薄く剗削された意味）。尖端の鋭い鍬である。銭の意に使うのは借用」（『漢字の起源』）

②「形声。音符は戔。戔は細長い戈を重ねた形で、薄い物を積み重ねた状態をいう。銭は〝銅貨、ぜに〟の意に用いるが、もとは農具の名であった」（『常用字解』）

③「戔《センセ》は小さく削る（剗）、小さいの意を含む。銭は金＋音符戔の会意兼形声文字で、もと、小さな銅片のこと」（『学研漢和大字典』）

②では「薄い物を積み重ねた状態」と「ぜに」および農具との関係が不明。

中国の中世から近世にかけて漢字の解釈に新風が起こった。漢字は右側の要素（音符の部分）に意味があるとする見方（これを「右文説」という）である。宋の王安石（有名な政治家、学者）は「戔」のグループには「小さい」の意味があると指摘している。その後多くの学者が同じことを述べている。「右文説」の走りに「戔」の研究があったが、なぜ「小さい」の意味があるのかの理由は説明していない。これを学問（言語学、音韻論、意味論）的に深めたのは藤堂明保である。藤堂は戔のグループ全体（残・賤・浅・綫［＝線］・銭）が、沙のグループ（娑）、殺、散のグループ（黴・霰）、灑［＝洒］、鮮のグループ（癬）などと同源で、これらの語群はSAR・SAT・SANという音形と、「ばらばら、小さい、そぎとる」という基本義を共有するという（『漢字語源辞典』）。

改めて字源を見てみよう。「戔《セン》（音・イメージ記号）＋金（限定符号）」と解析する。「戔」はなぜ「小さい」というイメージを表しうるのか。もともと「戔」は『易経』の「束帛戔戔たり」の注釈に「戔戔は浅小の意」とあるように、「小さい」の意味がある。「戔」の字源は「戈（刃物）＋戈」によって、物を削って小さくする様子を暗示させる図形と考えられる。「削る」と「小さい」の結びつきは「小」の字源・語源にも存在する。また「肖」のグループは「小」から派生し、これにも「削る」と「小さい」の二つのイメージがある（「暮・夕・昏・宵・晩の起源――時間漢字（29）」の項参照）。

物を削った結果、物が小さくなるのは理の当然である。だから二つのイメージは結びつく。かくて「銭」の図形的意匠が明らかになる。土や石を削って小さく砕く鉄製の農具を表すのが「銭」の図形である。これによって鍬の類を意味する古典漢語 tsian を表記する。古い文献である『詩経』にはこの意味の用例がある。

一方、鍬の刃に似た貨幣が鋳造された際、この貨幣を dzian（tsian を少し変えた音）と称し、同じ字の「銭」を用いて表記した。このように貨幣の意味は農具との形態的類似性によって転義した。この用例は春秋戦国時代の文献に見える。

更に時代が降って宋代になってから、重量の単位名として使われるようになった。両の十分の一が銭とされた。その根拠は「銭」が「小さい」というイメージをもつ語だからである。

日本でもこれを取り入れ、貨幣の単位に用い、円の百分の一を銭としたが、もはや重量とは関係がない。

## 「匹」と「端」の起源――単位漢字（12）

織物や布の長さを数える単位である。一端は二丈、一匹は二端（四丈）である。

### 【匹】　音ヒキ・ヒツ

既に「双数の漢字②　匹・対の起源――数漢字（15）」で出している。「匹」のほうが「端」よりも早く登場する。『詩経』に「群匹《ぐんひつ》に率由《そつゆう》す」（多くの夫人に従っている）という用例があり、一対のもの（ふたつ）、配偶（カップル、ペア）が最初の意味である。

字源は「匚（区画をつけることを示す符号）＋八（二つが両側に分かれて並ぶ形）」を合わせて、物を二つに区切って並べる情景を暗示させる図形である。この意匠によって、二つで一組になるものを意味する古典漢語 p'iet を表記する。

p'ietのコアイメージは「▯-▯の形に並ぶ」である。これから、並んだ相手、釣り合う相手（匹敵の匹）、布地を数える単位（二端）、馬などを数える助数詞に展開する。

布地は二丈を一端とし、二端を一匹とする。なぜ「匹」という語が単位名として選ばれたのか。なぜ「二つ並ぶ」というイメージなのか。おそらく古代の衣服は衣（上半身に着るもの）と裳（下半身に着るもの）に分かれていたから、衣裳を仕立てる布地を「二つ並ぶ」というイメージをもつ言葉p'iet（匹）で数えたのであろう。

## 【端】 音タン 訓はし

「はし」の意味であるが、布地を数える単位にもなった。この転義はどうして起こったか、字源・語源から考えてみる。こんな字源説がある。

①「耑は草の発芽の先端の意の象形字」（『漢字の起源』の「耑」の項）

②「形声。音符は耑《たん》。耑は頭髪をなびかせている巫祝の形。而は頭髪を切って髻《まげ》のない巫祝の形。端は定められた位置に端然として坐る巫祝の形で、〝ただしくすわる、ただしい、ただす〟の意味となる。儀場における巫祝の位置は上位の左端に位置している。それで端は〝はし、はた〟の意味となり、そこから数え始めるので、〝はじめ、いとぐち〟の意味となる」（『常用字解』）

③「耑《タン》は布の端がそろって┃印の両側に垂れたさまを描いた象形文字。端は立＋音符耑の会意兼形声文字で、左と右とがそろってきちんと立つこと」（『学研漢和大字典』）

②では頭髪をなびかせる巫女と頭髪を切った巫女を合わせた耑に何の意味があるのか分からない。「定められた位置に端然と坐る」も形から読み取れるのか不明。また「端」に「正しく坐る」という意味はない。

［耑］

（金）

（篆）

［端］

（篆）

改めて字源を見てみよう。「耑《タン》（音・イメージ記号）＋立（イメージ補助記号、また、限定符号）」と解析する。「耑」の字源については『説文解字』に「物の初生の題（額の意）なり。上は生ずる形に象り、下は其の根に象る」とあり、植物の芽生えの状況を描いた字とする。これが通説である。筆者は「植物が地上に芽を出し、地下に根を両側に平均して垂れ下げている姿」と解釈した（『漢字語源語義辞典』）。この意匠によって「はし」を表すのが「耑」である。しかし意味が展開する。展開義に対応するため、「立」を添えた「端」が作られた。「立」は両足をそろえて地上に立つ人である。これをイメージ補助記号（また限定符号を兼ねる）として加え、人が左右にバランスを取って立つ情景を設定した。

「左右に平均して垂れ下がる」というイメージは、視座を中心点に置くと、一↑○↓一の形のイメージである。左右を上下の軸に換えても同じ。中心から両側に出ている場所や位置が「はし」の意味である。一方、両側の「―」に視点を置けば「バランスよく整っている」というイメージになる。これが端正・端麗の端である。また、本体の中心から端の方に出てくるということに重点を置けば、本体から出てくる先端、すなわち「いとぐち」の意味（端緒）になり、物事の始まりの意味（発端）が生まれる。

さて「端」には「□-□の形にバランスよくそろっている」というイメージがあるから、布地を数える際、二丈分をまとめて数える単位として「端」を使うようになった。ある種の衣類の素材一着分を勘定するのに便利だったからである。

日本でも「端」が使われたが、表記を「反」（タンと読む）とすることも多い。「反」は「段」の草書体に由来するという。「段」は距離や土地面積の単位であるが、「端」と音が通じて転用されたものである。

# 〔第六章〕

# 順位漢字の起源

漢数字は個数を数える数詞であるとともに、順番を数える序数詞を兼ねる。三男は三人の男であるとともに、三番目の男（兄弟の三番目）でもある。この「～番目」を別の言い方では「第～」という。もっとも「第三の男」というと別の意味になってしまうが。

数詞の頭に「第」を冠して序数を表す用法は中国古典に由来する。例えば『論語』のトップは「学而第一」となっている。最初の篇である「学而」が一番目ということである。「第」は序数の補助漢字と定義できる。なぜそのような用法が生まれたか、字源・語源から見てみよう。

## 「第」の起源――順位漢字（1）

「第」は「弟」から発展した字である。二つは共通のコアイメージで結ばれている。

### 【第】　音ダイ　訓ついで

「第」の字源説は次の通り。

①「弟は杙に韋《なめしがわ》を巻く形。それを巻くのに次第・順序があったから、次第の意になった」（『漢字の起源』）

[弟]

（金）　（篆）

②「形声。音符は弟を省略した形。弟は韋の紐でものを束ねる形。竹簡を順序よく束ねることを第といい、〝しだい（順序）〟の意味となる」（『常用字解』）

③「弟はY（くい）に蔓の巻いたさま。巻いた蔓は一段一段と段階をなす。第は竹＋音符弟の略体の会意兼形声文字で、竹の節が順序よく一段一段と並ぶことを示す」（『学研漢和大字典』）

語源については藤堂明保の説がある。藤堂は弟のグループ（第・娣・悌・涕）を、矢のグループ（雉・薙）、尸《し》のグループ（屍・屎）、豕《シ》、氐《てい》のグループ（柢・底・低・邸・砥）、夷《い》のグループ（痍・姨）、指、示のグループ（視）などと同源で、これらはTERという音形をもち、「まっすぐで短い、低い」という基本義があるといい、「一連の物のうち末端を弟という。竹札を連ねた簡冊の末端を第という。転じて次第（順序）の意となった」と述べる（『漢字語源辞典』）。

なめしがわの巻き方から順序の意味が出たか、竹簡の束ね方から順序の意味が出たか、竹簡の末端の意味から順序の意味が出たか。改めて字源を見てみよう。

「弟《ダイ》（音・イメージ記号）＋竹（限定符号）」と解析する。「弟」は「弋（いぐるみ）＋弓（巻きつける符号）」を合わせた図形。いぐるみとは鳥などを捕らえる道具で、矢に糸をつけて獲物に当て、絡めて捕らえる。いぐるみに紐を巻きつけた情景を暗示させるのが「弟」である。これによって何を表すのか。棒に紐をぐるぐると巻いた形状に焦点を当てる。螺旋状になっている。段々でもある。「上から下に段々と垂れ下がる」というイメージ、また視点を変えれば、「下から上に段々と上がる」というイメージ、これを表すための工夫が「弟」の図形的意匠である。

　兄弟の序列では「おとうと」は兄の下になる。だから「おとうと」をderといい、「弟」で表記する。「はしご」は段々と上がる道具であるから、「弟＋木」を合わせた「梯」で「はしご」を表す。

　竹は節を持つ植物である。節は一段一段に区切れている。したがって「竹」は比喩的限定符号にすることができる。かくて「竹の節のように、一段一段と切れ目がついて順序をなす」というイメージを「第」で表現する。

　もともと「弟」に「段々と順序をなす」というイメージがあり、具体的文脈では兄―弟というぐあいに順位のある兄弟の序列の下の方（おとうと）の意味、また、単に「順序、次第」という意味で用いられたが、後に「竹」という比喩によって、後者の意味に限定したのが「第」である。

　ちなみに試験の成績は上から下に段々と順序がある。合否を判定する際、段々とつけられた最低ラインがある。これを「第」という。これの上になれば登第、下になれば落第である。また、昔、貴族の屋敷に甲第、乙第、丙第のランク付けがあったという（この場合の「第」は序数詞の下につける）。ここから「第」に屋敷の意味が生じた。聚楽第の第はこれである。

　このように「第」はなめしがわとも竹簡とも関係がない。漢字の見方は「何」（実体）にこだわらず、「如何（いかん、どのよう）」（形態、機能）に重点を置くべきである。これで漢字の見方は一変するだろう。

## 一番目の漢字①　「元」の起源——順位漢字(2)

　一番目を表す漢字は、数字では「一」、干支では「甲」と「子」であるが、ほかに「はじめ」の意味をもつ漢字が一番目の意味に使われる。元、首、頭、端、緒、魁などがある。字源・語源で確認しよう。

### 【元】

㊥ガン・ゲン　㊇こうべ・はじめ・もと

　平成元年は平成一年のことだが、元号の最初の年は「元年」といい、普通「一年」とはいわない。「元日」は一月一日である。ただし一月は「正月」といい「元月」といわない。

　「元」の字源・語源については「元・院・冠の起源——助数漢字（17）」で既述。「元」の字源が人の頭を表すとするのは、ほぼ定説である。ただし象形文字ではなく、人体を表す「兀」の上に「一」を加えて、人体の上の部分（つまり頭）を暗示させる図形である。これによって「あたま」を意味する古典漢語**ngiuăn**を表記する。

**ngiuăn**（グヮン）の語源は頭の形態的特徴を捉えたものである。藤堂明保によれば、「元」は果実の果、渦、丸、垣、環、巻、圏などと同源で、「丸い、取り巻く」という基本義があるという（『漢字語源辞典』）。

「あたま」を意味する語はほかに「頭」や「首」があるが、それぞれイメージが違う。

「丸い」が「元」のコアイメージである。しかし意味の展開はコアイメージによらず、人体における頭の位置関係による。つまり頭はいちばん上にあるから、トップ、かしらという意味（元首の元）、物事の始まり、始めの意味（元祖の元）、物事の根本の意味（根元の元）が生まれる。

人間の認識は時間の「はじめ」と空間の「もと」を同一視する。始原も根元も物事の最初であり、一番目の存在である。「一番目」の意味はこうして生まれる。

数学では一元一次方程式などの言い方がある。これは未知数が一つある一次方程式の意味である。二元なら未知数が二つである。もともと中国の数学書で西洋数学の**unknown**（未知数）を「根」と訳したらしい。「根」が後に「元」に改められたという（片野善一郎『数学用語と記号ものがたり』）。方程式を立てて解を求めるための根元になる数だから「元」といったのであろう。

## 一番目の漢字②　「首」と「頭」の起源——順位漢字（3）

首位、首席の「首」は始め、トップの意味から一番目の意味に転じた。「首」は「あたま」が本来の意味だが、「元」や「頭」とはイメージが違う。何が違うか、字源・語源から見てみよう。

### 【首】　音シュ　訓こうべ・かしら・はじめ

首は助数漢字で既に出しているが、ここでは順位漢字として取り上げる。

「首」は頭髪のある頭を描いた図形である（「首と道の起源——助数漢字（66）」の項参照）。しかし字源からは「元」や「頭」との違いが分からない。語源を見る。

「首」の語源に言及しているのは藤堂明保のみである。藤堂は、首は由のグループ（抽・冑・軸・紬・油・釉・迪・笛）、中、融、竹のグループ（竺・筑）などと同源で、これらは**TOK・TOG・TONG**という音形をもち、「抜き出す、抜け通る」という基本義があるとしている。特に甲冑の冑（胴巻き）と縁が深く、胴巻きを着けた時、頭だけがその上に抜け出た印象があるので「首」というと述べている（『漢字語源辞典』）。

甲冑の冑と首を関連づけるのは普遍性があるとは思えない。それより「あたま」の形態的特徴を捉えた語と考えたほうがよい。「元」は「あたま」の丸いという形状を捉えた語であったが、「首」は頭部と胴体との関係から発想された語であろう。「あたま」は「くび」で胴体とつながれており、「くび」が上方に向かっていく方向にあるものである。人体の特徴は直立にある。A（胴体）→B（くび）→C（あたま）というぐあいに、上へ向かって伸び出て直立する。このように上方に向かって伸び出た部分を捉えた語が「首」である。

古典に「頭の向かう所を首という」とあるのは見事に「首」のイメージを捉えている。「首」は「ある方向に延び出る」がコアイメージである。「首」に「向かう」という意味があるのはコアイメージの実現といってよい（注）。「ある方向に向かう」というイメージから「道」と「導（みちびく）」という語が成立する。

上方に延び出た部分が「あたま」の意味になる。また「あたま」は人体の上方にあるから、トップの意味、始めの意味に展開する。こうして「一番目」の意味が生まれる。

日本では「首」を「くび」と読んだが、誤解である。「くび」は漢語では「頸《けい》」という。「くび」と読んでは一番目の意味の由来が分からなくなる。

（注）「狐《きつね》死して丘に首《むか》う」という成語（諺）がある。キツネは死ぬと丘（生まれた所）に頭を向けるという意味で、故郷を忘れないことに譬える。

## 【頭】　音トウ　訓あたま・かしら・かみ

頭は助数漢字でも出ているが、順位漢字でもあるので、ここで再び掲げる。頭初、年頭の「頭」は始め、最初の意味だから、一番目の含みはあるが、順位を表すわけではない。順位の一位に使うのは日本語である。日本では「頭」を「かみ」と読むことがある。古代の官僚制に四等官があった。各役所の幹部は「かみ（長官）」「すけ（次官）」「じょう（判官）」「さかん（主典）」の四階級から成り、寮の第一位が「頭《かみ》」である。ちなみに署の第一位を「首《かみ》」と書く。

「頭」の字源・語源を見てみよう。

「豆《トウ》（音・イメージ記号）＋頁（限定符号）」と解析する。「豆」は「まめ」ではなく、「たかつき」という器の形。「たかつき」という実体ではなく、その形態、つまり「丅の形に立つ」というイメージを捉えるのが重要である。この記号によって、胴体に対して「丅の形」をなして立つ部分を「頭」によって暗示させる。意味はただ「あたま」であるが、その根底には「丅の形や⊥の形にじっと立つ」というイメージがある。藤堂によれば、逗留の逗（じっと止まる）、駐車の駐（止まる）、樹立・樹木の樹（立つ、立てる、立ち木）などと同源という。

### 一番目の漢字③　「長」の起源——順位漢字(4)

兄弟の序列で一番目は「長男」、二番目は「次男」である（女の場合は「長女」「次女」）。最近は次男の代わりに「二男」（女は「二女」）ということが多いが、二人の男なのか、二番目の男なのか区別がつかない。

なぜ「長」が一番目、「次」が二番目なのか、字源・語源から見てみよう。

**【長】**　音チョウ　訓ながい

字源は髪の長い人を描いた図形。これには異説がほとんどない。

漢字の見方は「何（なに）」（実体）よりも「如何（いかん、どのよう）」（形態、機能）を重視すべきである。この図形は「長い」という形状に焦点を置く。この図形的意匠によって、「長い」を意味する古典漢語diangを表記する。

[長]

（甲）（金）（篆）

語源については、古典に「長は常（時間が長い、とこしえ）なり」とある。王力（中国の言語学者）は長を暢《ちょう》（ながい）と同源とする（『同源字典』）。藤堂明保は長のグループ全体（帳・張など）が、常・暢のほかに、丈・腸・章・唱なども同源で、TANGという音形と、「ながい」という基本義があるという（『漢字語源辞典』）。

語の転義現象はコアイメージやメタファー（比喩）によって引き起こされることが多い。「長」のコアイメージは「長く伸びる」である。「空間的に長く伸びている」という状態、これが「長い」の最初の意味として実現される。

次に長期・長久の「長」、時間が長いという意味に転化する。時間は空間化されて表現されることが多い。これはメタファーである。「時間が長い」は過去から現在までの距離が長いということである。人の場合では、先に生まれた者が後で生まれた者より時間が長いのは当然である。ここで年長（年かさが上である）という意味に転じる。かくて長兄・長男などの「長」、首位、一番目の意味が生まれる。

### 二番目の漢字①　「次」と「亜」の起源——順位漢字(5)

「次」が二番目であることは明白だが、「亜」はなぜ二番目か。これは語源と深く関わる問題である。「次」は助数漢字としても出している（「位・次・度の起源——助数漢字（40）」の項参照）。

## 【次】 音ジ 訓つぎ・つぐ

語源については藤堂明保しか探求していない。藤堂は次のグループ（茨・恣・資・姿）は、斉のグループ（剤・斎・済・臍）、妻のグループ（萋・凄）、自、此のグループ（雌・柴・疵・紫・嘴・眦）、姉・柿などと同じ仲間（単語家族）に属し、**TSER**という音形と、「そろって並ぶ」という基本義があるという（『漢字語源辞典』）。

「次」が「順序」の意味をもつ理由を、藤堂明保は、字源の説明のあと、「のち、物をざっと順序づけて並べる意に用い、次第順序を表すことばになった」と述べている（『学研漢和大字典』）。

字源を振り返って見てみよう。「二（イメージ記号）＋欠（限定符号）」と解析する。「二」は数字の2ではなく、「二つ並べる、並ぶ」というイメージを示す記号である。「欠」は飲・歌などでは口を開けて何かをする動作に使われる限定符号だが、大口を開けて欠伸をするという意味もあり、歇《けつ》（休む）では体を弛緩させて休息する動作を示す限定符号にもなる。

「次」は人が並んで休む情景を設定した図形と解釈できる。「旅」という字は「从」（人が並ぶ形）を含み、並んで行進する一団（旅団）を表しているが、そのような一団が行進を休止する場面を想定したのが「次」と考えられる。

古典に「次は止なり」「次は舎（やどる）なり」とあるのは右の解釈が間違いではないことを証拠立てる。

藤堂は「そろって並ぶ」というイメージを捉えたが、これは「▯・▯・▯…の形に点々と並ぶ」と言い換えてもよい。これは行列のイメージである。トップの後につぎつぎに続くという意味が実現される。A（トップ）の後に続くBに焦点を当てれば、二番目の意味になる。古典に「次は副弐（二番目）の名なり」とある。

## 【亜】 音ア 訓つぐ

一流は技芸において第一等の人物の謂いである。だから亜流とは第二等で、言い換えれば二流である。三流、四流もこれに含めてよいが、一流の次を「亜流」というのである。なぜ「亜」というのか、字源・語源から見てみよう。

「亞」（旧字体）については次のような字源説がある。

墓穴の四面に台階のある形…徐中舒
囲炉裏（暖炉）の形…朱芳圃
宮中の道…陳独秀

［亜］

（甲）

（金）

（篆）

竪穴穴居の地下室の意…加藤常賢

建物や墓をつくるために地下に四角く掘った土台の形…藤堂明保

中国古代の、王や貴族を埋葬した地下の墓室の平面形…白川静

諸説紛々のありさまである。字源よりも先に語源を考えたほうがよい。「亜」を語源的に解明したのは藤堂明保である。藤堂は亜のグループ全体（悪・啞・堊）が於のグループ（菸・淤・瘀）、烏のグループ（鳴・歍・隝）、央のグループ（盎・泱・殃・秧）と同じ仲間（単語家族）であり、AG・AK・ANGという同じ（似た）語形をもち、「おさえる、つかえる」という基本義があるとした（『漢字語源辞典』）。また意味の展開について、「表に出ない下の支えの意から、転じて、つぐことを意味する」と述べる（『学研漢和大字典』）。このように語源的に語の基本義から「つぐ」の意味を導いた。

ちなみに白川は「死者を埋葬する儀礼など、霊に対する儀式をとり行う執行者を亜といった。（…）亜職の人は聖職に従事する神官であるので、族長に次ぐ第二番目の人とされた。それで亜は〝つぐ、第二〟の意味になった」という（『常用字解』）。証拠のない言語外のことから「つぐ」の意味を導いた。形は何とでも解釈できる。語源の究明は形の恣意的解釈に歯止めをかけることができる。

改めて字源を見てみよう。

「亜」が建築物と関係があるらしいことは右の諸説から見て取れるが、土台の形と見る説がよい。要するに建物の基礎である。

何のために建物の基礎を図形化したのか。それは古典漢語のagのコアイメージを表現するためである。藤堂の解明した通り、「（上から下のものを）押さえる」がこの語のコアイメージである。基礎は建物を支えるから、建物の重力を受ける。重く下のものに圧迫を加える。ここに「押さえる」のイメージが捉えられる。

漢字の見方は「何」（実体）ではなく「如何（いかん、どう）」（機能）を重視すべきである。実体に執着すると語の解釈を見失う。墓室にこだわると宗教儀礼の意味になってしまう。そうではなく建物の存在様式、土台や基礎の機能に着目すれば、語の意味がすっきり理解できる。

歴史的・論理的に「亜」の成り立ちを述べよう。古代漢語でagという語があった。これは「つぐ」という意味で使われた。古典に証拠がある（注）。「つぐ」とはトップ（一番目）ではなくその次の位（二番目）になるということである。二番目は下に押さえられてトップに出られない。ここに「押さえる」というイメージがある。これを図形化することによっ

てagという語を表記する。そのために考案されたのが建物の基礎を暗示させる「亜」の図形である。

（注）『儀礼』に「豆《とう》の東に設け、魚は之に亜《つ》ぐ」（「俎を」豆《たかつき》の東に設け、魚を次に置く）とある。

漢字は形から意味が出るのではなく、意味のイメージを形に表して、語の代替記号とするものである。これが漢字の原理である。

以上、「亜」が二番目になる理由を漢字の原理から説明した。

## 二番目の漢字②　「準」の起源——順位漢字（6）

準優勝は優勝の次だから、二位である。なぜ次〜や亜〜ではなくて「準」なのか。字源・語源から尋ねてみよう。

【準】　音ジュン　訓なぞらえる

こんな字源説がある。

①「隼が声符。この音の表す意味は縄をぴんと引いてまっすぐにする意。準は水平準の意」（『漢字の起源』）

②「形声。音符は隼。水平を測る器をいう」（『常用字解』）

[隼]

（篆）

[準]

（篆）

③「隹《スイ》はずんぐりと下体の太った鳥を描いた象形文字。准《ジュン》は水＋音符隹の会意兼形声文字で、水がずっしりと下にたまること。準は十印（そろえる）＋音符准の会意兼形声文字で、下にたまって落ち着いた水の水面を基準として高低をそろえることを示す」（『学研漢和大字典』）

①は堂々巡りの字源説。②は隼からの説明ができない。③は字形の解剖にやや問題がある。

改めて字源を見てみよう。「隼《シュン》（音・イメージ記号）＋水（限定符号）」と解析する。「隼」を解剖すると「隹＋一」となる。「隼」の下部は「十」ではなく、「隹」の左の「｜」が下に延びて、「一」と合わさって「十」のような形になったもの。「一」は数字の一ではなく、「一直線、（横に）まっすぐ」というイメージを示す符号である。「一（イメージ記号）＋隹（限定符号）」を合わせて、一直線にまっすぐ飛ぶ鳥を暗示させる。この図形的意匠によって表されるのは古典漢語でsiuənと呼ばれる鳥、ハヤブサである。ハヤブサは獲物を見つけると急速度で一直線に飛んで、獲物に襲いかかる。この習性から発想されたのが「↓の形にまっすぐ」というイメージによって図形化された「隼」である。「隼」の字は『詩経』にも出ており、語史が古い。

イメージ展開を考える。「（横に）まっすぐ」というイメージは「平ら」というイメージに展開する。廷などでも見られる漢語特有の意味論的特徴である。平面の形状を考えると、「平らな」状態は水平方向に「まっすぐ」である。だから「まっすぐ」と「平ら」はイメージが結びつく。かくて「隼」は「まっすぐ」のイメージから「平ら」のイメージに転化する。

「準」の図形的意匠は何であろうか。「水が（あるいは水面のように）平らである情景」、あるいは「水平にする様子」と単純に解釈してよい。この意匠によって表される言葉は古典漢語のtiuənである。これは『管子』に「準なる者は五量の宗なり」（準というものは五つの尺度の大本である）とある「準」、すなわち「みずもり」である。これは面が水平であるかどうかを定める道具である。大工道具に規矩準縄（コンパス、定規、水盛り、墨縄）があるが、この一つである。これらの道具は計る際の尺度になるから、すべて「手本、模範、法則、基準」という意味が生まれる。「規矩準縄」という四字熟語もこの意味である。

Aが手本、基準になるものとすると、BがAを手本にする事態がある。これをまた「準」という。つまり基準・標準の意味から「手本とする、倣う」という意味に転化する。ここまでは古典漢語にある意味である。

試合で優勝した者をAとすると、Aに負けたBは優勝できず次位に甘んじた者である。そこでBの待遇を「準優勝」とする。いったいなぜ「準」という必要があるのか。Bにとって二位は屈辱である。この屈辱感を和らげるための心遣いが「準」という言葉を発明させた。「準」はAを手本としてBがそれに倣うという意味があった。ここから、AではないがBをAと同等のものとして扱うという意味が生じて、これを「準《なぞら》える」「準じる」という。準優勝の「準」はまさにこの意味である。屈辱感を和らげるにはBをAと同等の待遇をするに限る。「準優勝」という言葉を与えられるとあたかも（あるいは、ほとんど）優勝したような錯覚を味わえる。

「準える」という意味の場合、「準」は「准」とも書かれる。トップや正式ではないがそれに近い待遇を受けるのが「准～」である。准三后、准看護士、准将などの准はこれである。準や准のこのような使い方は日本的展開である。

## 「孟・仲・季」の起源——順位漢字(7)

セットで順位を表す漢字がある。各季節を三つに分け、一番目を「孟」、二番目を「仲」、三番目を「季」という。

一月—孟春　二月—仲春　三月—季春　四月—孟夏　五月—仲夏　六月—季夏　七月—孟秋　八月—仲秋　九月—季秋　十月—孟冬　十一月—仲冬　十二月—季冬

## 【孟】 音モウ 訓はじめ

古典に「孟は長なり」「孟は始なり」とある。長男や長女を「孟」という。年長の意味から、始め、トップ、一番目の意味に転じる。

字源説を見てみよう。

①（『漢字の起源』にない）

②「会意。子と皿に従う。生まれた子に産湯をつかう形。生まれて最初の儀礼であるから、始めの意となる」（『字統』）

③「子＋皿（かぶせる皿、覆い）の会意文字で、覆いをおかして子どもが成長することを示す。季節の始め、兄弟の順番の始めを孟というのは、勢いよく伸びる先端に当たるからである」（『学研漢和大字典』）

②は形から意味を導く説である。字形の表面をなぞると、「子」と「皿」で産湯を使うという解釈が生まれる。しかし漢字の解釈は形→意味の方向ではなく、意味→形の方向でないと往々間違いが起こりやすい。

古典では「孟」は長（長男、長女）や、始めの意味で使われている。これを「子＋皿」の組み合わせで表記したが、「皿《べい》」は音・イメージ記号と考えられる。なぜ「皿」を選んだのか。一つは音の類似である。孟はmăng、皿はmiăngである。もう一つの理由はイメージを表すために選ばれた。食物を盛るのが皿の用途である。食物を盛りつけたら、食物が器を覆う形状になる。ここに「（上から下のものを）覆う」というイメージがある。

[孟]

（金）

（篆）

一方「孟」は子どもの成長を念頭に置いて発想された語と考えられる。兄弟のうちいちばん早く生まれ、いちばん早く成長したのが長男（あるいは長女）である。弟や妹に比べて年かさが上だけではなく、体の発達が大きく、背丈も伸びている。つまり古典で「孟は長なり」「孟は大なり」の訓は成長の大きさを言い表している。

ここで漢語の意味論における特徴が関係してくる。「上から覆う」というイメージは「上からかぶさったもの（覆いや障害になるもの）をはねのけて出ようとする」というイメージに転化するのである。冒険の冒はかぶさるもの（「帽」によく現れている）をはねのけて突き進むこと、これが「おかす」の意味である。犯罪の犯（おかす）もかぶさる枠（つまり法）からはみ出る行為である。

「孟」の造形にもこのような意味論（イメージ転化現象）が働いている。子どもの成長ぶりを、覆い（障害）をはねのけて勢いよく伸び出ていくと捉えて、「皿《べい》（音・イメージ記号）＋

子（限定符号）」の組み合わせとしたのである。

　勢いよく伸び出る、押しのけて突き進むというイメージは猛烈の猛（荒々しい、たけだけしい）によく現れている。

## 【仲】　音チュウ　訓なか

　これは文字通り真ん中である。A―B―CのうちBを「仲」という。人間の場合は、三人兄弟を想定して、次男を「仲」という。時間の場合は、一つの季節（三か月）を三つに区分したうちの真ん中の月である。

　「仲」は「中《チュウ》（音・イメージ記号）＋人（限定符号）」と解析する。「中」がコアイメージに関わる記号である。「中」は命中・的中のように「突き通す」「突き通る」というコアイメージがある。AとBの間にあるCの空間を突き通ると、突き通ったAB間の軌跡、つまりCの部分が「なか、まんなか」ということになる。このように「中」はA点からB点までの途中の空間を指す。具体的には、上下・左右に対してはそのまんなか、外に対してはその内部という意味である。「中」は空間のイメージだが、時間のイメージにも転用できる。人間の場合、年齢で序列をつける。兄弟のうち年上の人と年下の人の中間を「仲」という。これを季節の順序にも使い、春ならば孟春、仲春、季春というぐあいにちょうど真ん中の時間を「仲」とする。ちなみに日本語の「なか」はナ（中の意）＋カ（場所の意）で、「端ではない所が原義。二つの物に挟まれた空間。三つに区分されたときの中間」の意味という（『古典基礎語辞典』）。漢語の「仲」もこれとほぼ同じ。

［仲］

（篆）

## 【季】　音キ　訓すえ

「すえ」「末子」の意味だが、三人兄弟の場合は三番目である。時間の場合は一つの季節を三区分したうちの三番目の月である。

　次の字源説がある。
①「稚が声符。稚は植物のおくての意。季は幼子の意」（『漢字の起源』）
②「会意。禾と子とを組み合わせた形。禾《いね》は禾の形の被り物で、稲魂の象徴であろう。季は稲魂を被り、稲魂に扮装して農作物の豊作を祈る田の舞をする子どもの姿である。季は舞に出る末の子をいう字であろう」（『常用字解』）
③「禾（穀物の穂）＋子の会意文字。麦やあわの実る期間。作物のひと実りする三か月間。また、収穫する各季節のすえ。禾に子を加えてすえの子を意味する」（『学研漢和大字典』）

［季］

（甲）

（金）

（篆）

①では稚を音符とするのが解せない。②は図形的解釈をストレートに意味とする。舞に出る子と末の子がなぜ結びつくのか分からない。

「禾」と「子」を合わせただけの極めて舌足らず(情報不足)な図形である。稲という実体に重きを置くと②のような奇妙な解釈も出てくる。

古典ではどんな意味で使われているかを調べるのが先である。『詩経』では「母曰く、ああ予が季よ」(母さんは言った、ああ私の末っ子よ)、また「季女これ飢えたり」(若い女はひもじい思い)という用例がある。兄弟のうち年齢が下のもの、また年齢が若いというのが「季」の最初の意味である。

この意味をもつ古典漢語kiedを表記する視覚記号として「季」が考案された。「子」が限定符号であることは明らかだが、「禾」は造形の意匠作りにどんな役割をもつのか。それは時間や年齢に関わるイメージを表現する働きであろう。「禾」は穀物の穂の形である。穂は実が生っているが、穀物の前段階である。だから「禾」は「小さい」「小さいもの」を象徴的に表現できる。かくて「禾(イメージ記号)+子(限定符号)」を合わせて「季」が造形され、これによって、小さい子を暗示させる。きわめて単純な解釈であるが、これ以上の情報を図形から引き出すことはできない。「季」に「小さい」というイメージがあることは、動悸の悸(小刻みに震える)によく現れている。

古典に「季は小なり」「季は少子なり」「季は末なり」などの訓がある。兄弟のうち小さい子がすなわち末子である。ここから期間の「末」の意味(季世、季春の季)、一年を四区分した期間の意味(季節の季)に展開する。

兄弟の三分類では「季」は三番目であるが、兄弟を四分類する順位記号もある。これが伯・仲・叔・季である。この場合「季」は四番目となる。

## 「伯・仲・叔・季」の起源——順位漢字(8)

「孟・仲・季」は3点セットの順位漢字である。兄弟の序列と、季節内の月の順番を表している。兄弟の場合は4人を想定した4点セットの順位漢字がある。これが「伯・仲・叔・季」である。この順序に兄弟の一番目、二番目、三番目、四番目を表す。日本では「伯」と「叔」が伯父(おじ)・伯母(おば)や叔父(おじ)・叔母(おば)に使われるぐらいで、他はあまり使わない。

「仲」と「季」は3点セットの順位漢字に含まれており、既に説明したので、ここでは「伯」と「叔」の起源を述べよう。

## 【伯】 音ハク

こんな字源説がある。

①「白は擘（親指）の形で、大あるいは親方の意。伯は多数の親方、またはそのうちの大なる指導者、長者の意」（『漢字の起源』）

②「形声。白は白骨になった頭蓋骨の形。偉大な指導者や討ち取った敵の首長の頭は白骨化した髑髏として保存した。すぐれた首長の頭骨にはすぐれた呪霊があると信じられたので、そのような首長は伯とよばれた」（『常用字解』）

③「白は単なる音符。昔、父と同輩の年長の男をパといい、それを表すのに当てた字。父・夫と同系のことば」（『学研漢和大字典』）

「白」の解釈で三通りの説（親指説、髑髏説、音符説）に分かれた（ほかにも諸説があるがここでは問題にしない）。

字形から意味を導くのは限界がある。何とでも解釈できるからである。語源の探求が先立つべきである。

古代からさまざまの語源説がある。「伯は白なり」では徳が明白（顕著）な者という解釈。「伯は把なり」では政事や家政を把持する者という解釈。「伯は覇（はたがしら）なり」は一般的な説。現代の言語学者王力も伯と覇を同源としている（『同源字典』）。

[白]（甲）（金）（篆） [伯]（篆）

全面的に漢語の語源を研究したのは藤堂明保である。藤堂は父・夫・伯・甫の四字を同源の単語家族にくくり、これらは**PAK・PAG**という音形と、「長輩の男」という基本義があるという。そして、同族の長輩の男子の意味から、男兄弟の最長の者の意味に転じたという（『漢字語源辞典』）。

問題はやはり「白」の解釈である。筆者は「白」を音・イメージ記号と考える。どんなイメージを表すのか。

漢字の見方は実体よりも形態・機能を重視すべきである。形態や機能がイメージを表すからである。

「白」については「百の起源」や「把・拍・泊の起源――助数漢字（52）」の項で既に述べている。「白」は「くっつく」というイメージを表す記号である。「くっつく」とはAとBの間隔が迫って近づくことである。「迫」が「白」から成り立っているのは偶然ではない。

ここで古人の語源説が浮かび上がる。古典に「伯は迫なり」「伯なる者は子の最長にして父に迫近するなり」、また「覇」の語源に関して「覇は迫なり、把なり。諸侯を迫脅し、王政を把持す」などとある。古人の語源意識では、父に迫るのが伯であり、諸侯に武力で迫るのが覇（また伯）であるとされている。

藤堂の語源説と古人の語源意識を折衷させると「伯」の起源が見えてくる。すなわち、上に立って下の者に力（威力や武力）を加えて従わせる者（ボス）という解釈が生まれる。武力で迫る者が諸侯の長（はたがしら）であり、威力で上に立つ者が同族や兄弟の長という意味になる。

## 【叔】 ㊥シュク

字源説を見てみよう。

①「象形字。尗は地下の芋と地上の断絶された茎の形。叔は芋を一つ一つ幾度も引き続いて拾う意」（『漢字の起源』）

②「会意。尗は戚《まさかり》の頭部で、下に白く刃から光を放っている形。叔は尗を手で持つ形。少と音が近いので、〃わかい、年下〃の意味に用いる」（『常用字解』）

③「蔓の巻いた豆の形＋小＋又（て）の会意文字で、菽（小豆）の原字。小さい豆やそばの実を手で拾うことを示し、のち、細く小さい末の兄弟の意に用いる」（『学研漢和大字典』）

［叔］

（金）

（篆）

古典に「叔は拾なり」とあり、『詩経』では「ひろう」の意味で使われている。しかし古典に「叔は小なり」「叔は少なり」とあり、兄弟の序列で伯仲より下位の者の意味もある。これも『詩経』に用例がある。

いったい「ひろう」と「少（年少）」にどんな関係があるのか。

二つを結ぶ根元のイメージは「小さい」というイメージである。「叔は小なり」の訓はこれである。「小さい」は数が小さいだけでなく、量が小さい、容積が小さいことでもある。物を細く締めつけると容積は小さくなる。したがって「小さい」のイメージは「細く締める」「縮める」というイメージに展開する。

物を拾うときの手の形態はどんな姿かを想像する。当然指を引き締める、あるいは縮めるという形状になる。ここに「細く締める」「縮める」のイメージがある。「小さい」と「細く締める」は可逆的なイメージである。

改めて「叔」の字源を見る。「尗《シュク》（音・イメージ記号）＋又（限定符号）」と解析する。「尗」は蔓を出した豆の形と解釈できる。「尗」に草冠をつけた「茉」（後に「菽」と書かれる。ダイズの意）に原初的イメージが残っている。「尗」は豆の形態から「小さい」というイメージを表すことができる。これは右に考察したように「細く引き締める」というイメージに展開する。「又」は手の動作に関わる限定符号。したがって「叔」

は手の指を引き締めて（縮めて）物を取る、つまり「ひろう」ことを暗示させる。

「小さい」というイメージは「細い」「引き締める」「縮める」というイメージにつながり、次の語群を構成する。

叔《シュク》…兄弟のうち小さい方の弟。四人兄弟では三番目。

戚《セキ》…小さなまさかり。また、心配で心が縮まる。

淑《シュク》…ほっそりと引き締まって美しい。「淑女」

督《トク》…目を細めてよく見張る。「監督」

寂《セキ》…音が小さくひっそりとしている。「静寂」

椒《ショウ》…小粒の種子の生る木、サンショウ。

惄《デキ》…心細くなる。うれえる。

踧《シュク》…身を縮めるさま。

蹙《シュク》…眉の間隔を縮める。しわを寄せる。「顰蹙《ひんしゅく》」

## 「公・侯・伯・子・男」の起源——順位漢字(9)

公侯伯子男は5点セットの順位漢字である。この順序で一位、二位、三位、四位、五位の爵位とされる。現在はもちろん存在しないが、歴史などでは必要な知識であろう。五等爵はもともと古代中国（春秋戦国時代）に発生したものだが、明治期の日本でも借用された（太平洋戦争後に廃止）。

これらの漢字に順位の必然性があるのだろうか。「伯」は既に4点セットの順位漢字「伯・仲・叔・季」の項で述べたように、一番目であることには根拠がある。しかし三番目とする理由は言語そのものにはない。その他はどうか、調べてみる。

### 【公】 音コウ 訓きみ・おおやけ

次のような字源説がある。
①「ム（囲）と口（個人牆屋）から成る。公はだれも自由に出入りしうる公開屋敷のこと」（『漢字の起源』）
②「象形。宮廷の中の儀礼を行う式場の平面形。宮殿や祖先を祭る廟の前で儀礼を行う場所を公という」（『常用字解』）
③「篆文の下部は私の原字で、三方から取り囲んで隠すことを示し、上部の八印は反対に左右に開くさまを示す。甲骨・金文は八印（開く）＋口の会意文字で、入り口を開いて公開すること。個別に細分して隠さずおおっぴらに筒抜けにして見せる意を含み、工・空・攻などと同系のことば」（『学研漢和大字典』）
①は公開屋敷、②は儀礼を行う場所という意味とするが、こんな意味はない。

［公］

（甲）

（金）

（篆）

形は見ようによっては何とでも見えるから、言葉の意味を確かめるには語源的研究が先立つべきである。

藤堂明保は公のグループ（訟・頌）を、口、后、侯のグループ（喉・候）、谷のグループ（欲・容）、工のグループ（攻・空・腔・江・項・虹・恐・功・貢・肛）、凶のグループ（匈・胸）、孔、巷のグループ（港）などと同じ仲間（単語家族）に入れ、KUG・KUK・KUNGという同じ（似た）音形と、「穴、突き抜ける」という共通の基本義をもつとした（『漢字語源辞典』）。

改めて字源を見てみよう。「八（イメージ記号）＋ム（イメージ補助記号）」と解析する。「八」は数字の8ではなく、「（左右に、両側に）分ける」ことを示す記号である。「ム」は「口」や「○」の形が変わったもので、囲い込むことを示している。「私」の「ム」と同じで、自分の物として囲い込むこと、つまり私有物をこの記号で表している。したがって、囲い込んだ私有物を左右に開いて見せる情景を設定したのが「公」である。この図形的意匠によって、社会全体に開かれていること（つまり「おおやけ」）の意味をもつ古典漢語kungを表記する。

社会全体に開かれていることが「公」であるが、全体に突き通っているというイメージでもある。またそれは隠れておらず透き通っていて、あからさまに見える状態でもある。公明正大、公正の公はまさにこのイメージである。「私」（プライベート）を否定して成り立つ概念が「公」（パブリック）である。パブリックの代表は朝廷や役所である（公儀の公）。ここに携わる人が君主や諸侯である（王公の公）。このように意味が展開する。

五等爵の一番目に「公」が位置づけられる理由は、君主が人の上に立つ人だからと考えられる。

## 【侯】 音コウ

次の字源説がある。

①「矦が声符。この音の表す意味は曲がる意。侯は句曲人の意」

②「会意。古い字形は厂（屋根のひさしの形）と矢を合わせ、屋根の下に矢を放って、弓矢で家の周辺の邪気を祓う侯禳とよばれる儀礼を示す字。この儀礼につき従う人を加えたのが侯」（『常用字解』）

③「原字は、的の幕を垂らしたさまを示す厂と、矢を合わせた会意文字。その上に人の字を乗せた侯は、弓の射手。転じて、近衛の軍人のこと」（『学研漢和大字典』）

①も②も図形からあり得ない意味を導いた。

［侯］

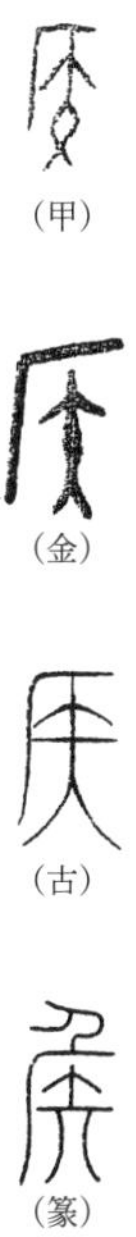
（甲）（金）（古）（篆）

語源については右に述べた通り、公・口・谷・侯などを同源とする藤堂の説がある。これらはKUG・KUK・KUNGという語形をもち、「穴、突き抜ける」という基本義があるという。これは「(狭い穴を)通る」と言い換えてもよい。「喉(のど)」はこのイメージが明白である。

改めて字源を見てみる。矦の形(甲骨・金文・古文の字体)が古い。「厂」(垂れた布)と矢を合わせた単純な図形だが、矢を的に射る情景と考えてよい。的に当てた結果に焦点を当てれば、「突き抜く」というイメージを捉えることができる。これは「穴を通る」というイメージにも展開する。したがって矦を音・イメージ記号、人を限定符号とする「侯」は、人が的を突き抜く情景を暗示させる。

しかし図形の解釈をストレートに意味とするのは間違いである。古典漢語のɦug(呉音グ、漢音コウ)は「突き抜く」「突き通る」「狭い穴を通す」がコアイメージで、この深層構造が表層に現れると、的(突き通されるもの)の意味が実現される。『詩経』に「終日、侯を射る」(一日中的を射る)という用例がある。これが最初の意味である。そこから武人(弓矢を扱う人)、武人を束ねるもの(君主や諸侯)という意味に展開する。

「侯」を五等爵の二番目に用いるのは諸侯が王公よりは地位が低いと考えられたからであろう。言葉自体は公と侯は同源であり、ともに人の上に立つ人(君主)であるが、社会的な立場の違いが爵位に絡んでいるのかもしれない。『春秋左氏伝』では「天子の三公は公と称し、王者の後は公と称す。其の余の大国は侯と称し、小国は伯・子・男と称す」とある。

## 【伯】　㊥ハク

字源・語源については既に述べた。兄弟の序列でトップが「伯」であるから、一番目である。二番目が「仲」。だから実力伯仲と言えば、実力がほとんど同じで、一番か二番か決められないという意味である。「伯」を三番目の爵位としたのは、言語外の理由からであろう。つまり「伯」の転義である長官が公・侯よりも低い地位だったからと考えられる。

## 【子】　㊥シ　㊀こ

「子」は十二支の一つでもある(「子の起源――十二支(1)」の項参照)。十二支は序数詞であるから、順位と関係がある。

しかし「子」は十二支の一番目である。これを四番目の爵位とする。これも言語外の理由からであろう。「子」は子どもの意味から転じて、男子、子弟、公子の意味、さらに尊称の使い方が生まれ、孔子の「子」のように先生、学者(諸子百家)の意味にもなる。これらの転義の間に爵位の「子」の用法が生まれた。

## 【男】 音ダン　訓おとこ

まず字源説を見よう。

①（『漢字の起源』にない）

②「会意。力は耒《すき》の形。農地（田）と農具の耒とを組み合わせて、耕作のことを示すが、古くは農地の管理者を男といった」（『常用字解』）

③「田（はたけ、狩り）＋力の会意文字で、耕作や狩りに力を出すおとこを表す。ただしナムnəmという音で表されることばは、納nəpや入niəpと同系のことばで、入り婿として外から母系制の家に入ってくるおとこのこと」（『学研漢和大字典』）

②では力を鋤の形と見るので、農地の管理者という意味を導いたが、実証できない。

「田」と「力」を合わせただけの、きわめて舌足らず（情報不足）な図形である。何とでも解釈できる。恣意的解釈に陥らないためには、語源を先に探求する必要がある。

古典に「男は任なり」とあり、これが古人の普遍的な語源意識である。藤堂明保は壬のグループ（任・妊・袵・紝・賃）のほかに、入のグループ（内・納）、南なども男と同源とし、これらはNÊP・NÊMという音形をもち、「中に入れ込む」という基本義があるとしている（『漢字語源辞典』）。

［男］

（金）

（篆）

藤堂は殷代の中国を母系制社会と見、「男」とは「入り婿」の意味とした。しかし別の解釈もありうる。

改めて字源を見てみよう。「田（イメージ記号）＋力（限定符号）」と解析する。「田」は「た」と「狩り」の意味がある（甲骨文字にも二つの意味がある）。これらは言うまでもなく力仕事であり、労働である。したがって力仕事に力を尽くす情景を暗示させるのが「男」の図形である。図形にはこれ以上の情報はない。余計な情報を付け加えると恣意的な解釈に陥る。

しかし語源的探求はnəmという古典漢語が「中に入れ込む」というコアイメージをもつことが究明された。これは古人の語源意識と合う。では図形と語源の関係をどう解釈するか。

「中に入れ込む」とは内部に貯えることである。貯えるのは抽象的なものでもよい。それは「力」である。肉体労働をするのに十分な力を貯えた人、これがnəmの意味であり、これは「女」と対比される男性のイメージと考えられる。漢語の「女（niag）」は「柔らかい肉体をもつ人」のイメージである。

「男」が「子」より下位の爵位に用いられる理由は、「子」は尊称になるが、「男」はそうではないからかもしれない。

## 「秀・優・良・可」の起源——順位漢字(10)

成績評価のランク付けに甲・乙・丙・丁のほかに、秀・優・良・可がある。優・良・可の3セットにする場合もある。

また、「不可」を加えて5段階や4段階にする場合もある。ただ「不可」は「可」を否定しただけで、一語（記号素）ではないので、ここではセットに含めないことにする。

甲乙丙丁は序数詞なので順位を表すことは当然であるが、秀優良可はなぜこの順序で一番目、二番目、三番目、四番目を表すのか、これを字源・語源から調べてみよう。

### 【秀】　音シュウ　訓ひいでる

次の字源説がある。

①「乃が声符。この音の表す意味は出の意。禾が穂を出す」（『漢字の起源』）

②「象形。禾穀（稲などの穀物）の穂の部分が垂れて花が咲いている形。花咲くときは最も美しく、秀でた状態のときであり、〝ひいでる〟の意味に用いる」

③「禾（禾本科の植物）＋乃（なよなよ）の会意文字。なよなよした稲の穂がすらりと伸びることを示す」（『学研漢和大字典』）

［秀］

（篆）

②では穀物の花が咲いた状態が最も美しいから、「ひいでる」の意味になるというのは解せない。梅や桜なら分からないでもないが。

形声文字、会意文字、象形文字とする違いはあるが、稲の穂が出るという解釈では共通である。

語源的に究明したのは藤堂明保である。藤堂は秀を、秋のグループ（愁・啾）、焦、酉のグループ（酒・鰌）、就、修、羞、戚のグループ（寂・蹙）、宿のグループ（縮）、夙、粛のグループ（嘯・蕭）、叟のグループ（溲・瘦・艘・嫂）などと同じ仲間（単語家族）にくくり、これらはTSOG・TSOKという音形と、「しぼる、縮む、細い」という基本義があるとし、「秀」とは「細長く伸び出た穂」の意で、秀才とは「一段長く人の上に抜き出た才人」と述べる（『漢字語源辞典』）。

「秀」がトップになる理由はこれで明らかになったが、改めて字源・語源を見てみよう。

字源は「乃（イメージ記号）＋禾（限定符号）」と解析する（注）。「乃」は曲がって垂れることを示す象徴的符号、「禾」は穀物に関わりがあることを示す限定符号である。したがって「秀」は稲の穂が垂れ下がる情景を暗示させる図形である。これは図形的解釈であって、「穂が垂れ下がる」という意味ではない。穂が出れば重みで垂れ下がることもあるので、このような図形が考案されたまでである。古典漢語の siog はあくまで「作物が穂を出す」という意味である。穂は本体から上に出るものであるから、この語のコアには「上に抜け出る」というイメージがある。このコアイメージがあるため、「人の上に抜け出る」という転義が可能になる。これが「(他人より)ひときわすぐれている」という意味である。

訓は「ひいでる」。これは「ほ(穂)いづ(出づ)」の転である。日本語の「ひいでる」も漢語の「秀」も発想が似た言葉である。

(注)漢字を六書(象形・指事・会意・形声・転注・仮借)で説明するのが従来の文字学であるが、筆者はこの用語を使わない。混乱の元であり、漢字の理解の妨げにしかならない。

# 優

[音]ユウ [訓]すぐれる・まさる

[悳] (篆)(篆)
[憂] (篆)
[優] (篆)(篆)

まず字源説を見てみる。

① 「憂が声符。この音の表す意味は擾(じょう)(手を動かして跳る意)。優は跳り舞う人、俳優の意」(『漢字の起源』)。

② 「形声。音符は憂。憂は喪に服して、頭に喪章をつけた人が哀しんで佇む姿。喪に服して哀しむ人の姿を優といい、またその所作をまねする者を優という」(『常用字解』)。

③ 「憂の原字は人が静々としなやかなしぐさをするさまを描いた象形文字。憂はそれに心を添えた会意文字で、心が沈んだしなやかな姿を示す。優は人+音符憂の会意兼形声文字で、しなやかにゆるゆると振る舞う俳優の姿」(『学研漢和大字典』)。

①は憂が擾の意を表すというのが疑問。②は喪に服する人とその所作をまねる人の間に、意味上の必然的な関係がない。

字形は何とでも解釈できる。語源の裏打ちがないと恣意的な解釈が生まれる。

俳優の優と憂愁の憂にどんな関係があるのか。字形のうわべをなぞると、憂愁の人(葬式の喪主)のしぐさをまねるのが俳優(わざおぎ)といった解釈になるが、語の転義の説明にならない。語の深層構造こそ問題である。コアイメージを捉えることができれば転義現象がスムーズに理解できる。

藤堂明保は憂と優は、幺のグループ(幼・幽・窈)、天のグループ(妖・沃)、奥のグループ(澳)、杳などと同源で、OG・OKという音符と、「細い、かすか」という基本義があるとし、か細い心が憂、しなやかな動作をする人が優だという(『漢字語源辞典』)。

改めて字源を見てみよう。悳→憂→優と展開する。「悳」

は「頁（イメージ記号）＋心（限定符号）」と解析する。「頁」は人体のうち頭部を強調する字である。顔も頭部にある。顔は心が表情として現れる部分である。したがって「㥑」は顔に何かの表情が現れることを暗示させる図形。「㥑《ウユ》（音・イメージ記号）＋夊（限定符号）」を合わせたのが「憂」。「夊」はひきずる足の形で、すたすたと進むのではなく、すり足でゆるゆると歩く、あるいは、もたついてなかなか進みにくい状況を示す場合に使われる。「愛」にも「夊」が用いられている（切なくて進みがたい場面を設定した図形）。したがって「憂」は物思いに沈んだ表情ですり足で歩く情景を設定した図形である。この意匠によって、「動作がゆったりしている」というイメージを表すことができる。「優」は「憂《ユウ》（音・イメージ記号）＋人（限定符号）」を合わせて、ゆったりと（しなやかに）動作をする人を暗示させる。この意匠によって、しなやかなしぐさをする芸人を意味する古典漢語 iog を表記する。

「憂」と「優」の深層構造は「（動作・心理が）ゆったりしている、しなやかである」というイメージである。ゆったりしてしなやかな様子は優雅、優美という美的感覚につながる。ここから美しく秀でているという意味が生まれる。

しかし他より飛び抜けてすぐれているという意味ではなく、性質がよくてすぐれているという意味である。だからランクとしては「秀」の下位になる。

## 【良】 音リョウ 訓よい

次の字源説がある。

①「計量物を豆（計量器）から空ける形。豆で量る意」（『漢字の起源』）

②「象形。長い嚢《ふくろ》の上下に流し口をつけて、穀物などを入れ、その量を量る器の姿」（『常用字解』）

③「○型の穀粒を水で洗い、きれいにしたさまを表す会意文字」（『学研漢和大字典』）

ほかにも説がある。諸説紛々で定説はないと言ったほうがよい。字源説は袋小路に入ってしまった。語源の究明が先立つべきである。しかし藤堂明保以外にまともな語源説はない。

藤堂は良のグループ全体（郎・朗・浪・糧［＝粮］）が、各のグループの一部（露・落・鷺）と同源で、LAG・LANG という音形と、「透明な」という基本義があるという（『漢字語源辞典』）。また、「良」は「粮（＝糧。けがれのない穀物）の原字で、亮（けがれのない）・涼（けがれのない）・諒（けがれのない）などと同系のことば」という（同書）。

改めて字源を見てみよう。器に入れた穀粒を水で研いで汚

［良］

（金）

（篆）

れを洗い流している情景を設定した図形と解釈したい。この意匠によって、「汚れがなくきれいに澄む」というイメージを表すことができる。不純物（混じりけ、汚れ）のない状態が「良」の意味である。

「良」が「優」の下位に置かれる理由は、物の本来の性質がうるわしい状態（優）に対して、入りうる混じりけがなくてすっきりした状態（良）という違いがイメージとしてあるからであろう。日本語の「ひいでる（秀）」「すぐれる（優）」「よい（良）」がそのまま順位を決めたとも考えられる。

## 【可】 音カ 訓よし・よろし

字源説を見てみよう。

①「丂が声符。この音の表す意味は許の意。可は口で許す、即ち〝よろしい〟と口で表す意」（『漢字の起源』）

②「会意。口（祝詞を入れる器）と丁（木の枝）とを組み合わせた形。その器を木の枝で殴《う》ち、祈り願うことが実現するように神にせまる。それに対して神が〝よし〟と許可する（ゆるす）」（『常用字解』）

③「屈曲したかぎ型＋口の会意文字。訶や呵の原字で、のどを屈曲させ声をかすらせること。屈曲を経てやっと声を出す意から、転じて、さまざまの曲折を経てどうにか認める意に用いる」（『学研漢和大字典』）

［可］

（甲）

（金）

（篆）

①は同語反復の字源説。②では神が許可する意味とは奇妙である。

字源説からは「可」の順位の位置が見えてこない。語源を見てみよう。藤堂明保は可のグループ（河・阿・柯・何・呵・訶・苛・歌・奇・椅・踦・寄・倚・畸）と匃《かい》のグループ（曷・喝・渇・遏・歇・竭）は同じ仲間（単語家族）で、KAR・KATという音形と、「かぎ型に曲がる（┐型・└型）」という基本義があるという。そして古典における「可」の用法を分析して、「どうにかこれでよろしいと許容することばが可である。すらりと通すのでなく、屈曲を経て、曲がりなりに承知することである」と述べる（『漢字語源辞典』）。

改めて字源を見てみる。「丂（イメージ記号）＋口（限定符号）」と解析する。「丂」は伸び出ようとするものが上でつかえて曲がる様子を示す象徴的符号である（「章と号の起源――助数漢字（109）」の項参照）。「つかえて曲がる」「┐形に曲がる」というイメージを表すことができる。まっすぐ行かないで、摩擦や障害にぶつかり、つかえつつ進む。喉をかすらせて声を出す場合はこんなイメージである。「可」が呵（しかる）や歌（節をつけてうたう）、誰何の何（誰だ何だと不審者をどなる）の音・

イメージ記号になるのは「可」が上記のコアイメージをもつからである（「荷と騎の起源——助数漢字（22）」の項参照）。

「可」の単独用法は、どなって「よし」「よろしい」とたたきつける言葉である。それは相手の言うことをすなおに聞き入れるのではなく、不満はあるが「まあまあよい」としぶしぶ認める口調である。ここから「何かをしてよい」と許可を与える用法に転じる。

以上の通り、「可」は「よい」という訓があるが、「良」とは全く違う。「まあまあ（どうにか）よい」と限定つきの承認・許可である。「可」が順位として「良」より落ちるのは当然である。

## 「上・中・下」の起源——順位漢字（11）

数字（数詞、序数）と直接に関係があるのではないが、空間的、また時間的な順番を含意する一組の漢字がある。端末、前後、終始など。三つ組では上中下、初中後など。これらの字源・語源を見てみよう。

### 【上】 音ジョウ 訓うえ

大部の書物を量（ボリューム）で分ける際、上編、中編、下編とすることがある。これは一番目の巻数、二番目の巻数、三番目の巻数という意味でもある。数字との違いは三つで完結し、四番目がないことだ。

「上」の字源説には次のものがある。

①「⌒なる何物かの上に－なる何物かを乗載した形」（『漢字の起源』）

②「指事。掌の上に指示の点をつけて、掌の上を示し、〝うえ〟の意味を示す」（『常用字解』）

③「ものが下敷きの上に乗っていることを示す指事文字。うえ、うえにのるの意を示す」（『学研漢和大字典』）

漢字の見方は「何」（実体）よりも「如何（いかん、どう、どのよう）」に重点を置くべきである。また形は見ようによっては何とでも見えるから、まず語源を考え、それから字形を解釈すべきである。語源的究明が字源の勝手な解釈に歯止めをかける。

古典に「上は尚なり」の訓があり、王力（中国の言語学者）も上・尚を同源としている（『同源字典』）。藤堂明保は尚だけでなく、尚のグループの一部（堂・敞・党）や、また昜《よう》のグル

［上］

（甲）（金）（古）（古）（篆）

ープの一部（揚・場・颺）とも同源とし、TANGという音形と、「うえ、高い、大きい」という基本義があるという。この語源論を踏まえて、藤堂は「上」を「一線の上に点をのせて、〝うえ、うえにのせる〟などの意味を表した指事文字である」と述べる（『漢字語源辞典』）。

古典には「上は升なり」の訓もある。また古典に「乗は上なり」「乗は升なり」「乗は登なり」などの訓がある。古人は上・乗・升・登などの同源意識があった。藤堂は上をTANG、乗・升などをTENGという音形に概括し、同じ単語家族に入れていないが、筆者はこれらは音とイメージが非常に近い関係にあると考える。したがって「上」は尚・升・乗・登・蒸などと同源と見、それに共通するコアイメージを「上に（高く）上がる」と捉える。

改めて字源を見てみよう。篆文や楷書は変形したため理解しがたいが、甲骨文字や金文では「二」のような形になっている。上に短い線（または点）、下にそれよりやや長い線がある。つまり、下の長い線の上に短い線が乗っている状況を暗示させる図形と解釈できる。筆者は漢字の造形法に「象徴的符号」という概念を導入している。「何」にこだわるとさっぱり分からないが、「如何（いかよう）」に着目すれば、表そうとするイメージがぴったり捉えられるのである。漢字はコアイメージをつかまえることが大切である。これによって語の意味を正しくつかむことができる。

「上」は「上に（高く）上がる」がコアイメージで、空間的に基準の位置よりも高い、また、高く（高い所に）上がるという意味が実現される。空間のイメージは時間や、地位・等級・価値など抽象的な順位（始め、一番目）にも転用される。

## 【中】　音チュウ　訓なか

こんな字源説がある。

①「二形がある。中心に木があって周囲に竹を革で巻きつけた旗竿。または、|と口からなる字で、口で数を読む意」（『漢字の起源』）

②「象形。旗の形。殷王朝の軍は左軍・中軍・右軍の三軍で編成されていた。この旗は中軍の旗で、中軍の将は元帥として全軍を統率した。それで中は〝なか、まんなか〟の意味となる」（『常用字解』）

③「もとの字は、旗竿を枠のまんなかに突き通した姿を描いた象形文字で、まんなかの意を表す。また、まんなかを突き通すの意をも含む」（『学研漢和大字典』）

［中］

（甲）

（甲）

（金）

（金）

（篆）

実体にこだわると、中軍の旗だから「まんなか」の意味が出たとする説も出現する。中軍の「中」という概念は何なのかが分からなくなる。もともと「中」は「まんなか」であって、中軍の中はそこから生まれた語ではないのか。

文字の形から意味を引き出すと、いろいろな矛盾が生じる。発想を転換させる必要がある。すなわち、「まんなか」を意味する古典漢語tiongを表記したのが「中」という図形であると考える。これが漢字発生の歴史的過程である。このように漢字を理解することが論理的筋道である。

「まんなか」の意味はどこから来たのかという反論がありそうだが、それは古典の文脈にあると断言して差し支えない。漢字の意味と言っているのは実は漢語の意味にほかならない。形から意味は引き出せないし、引き出してはならない。「意味」とは語の意味だからである。

意味を形に表現するのは事実である。だからと言って、形が意味を表すとは言えない。A→Bの図式は成り立つが、逆の図式は成り立たない。例えば「おおきい」の意味を手足を広げた人である「大」で表しうるが、「大」から「手足を広げた人」の意味を引き出すと間違ってしまう。これは誰にでも分かることだが、形の解釈をもって意味とすることを一般化する（理論化する）と、誰もが信じ込んで疑問を持たなくなる。根本的に発想の転換が必要だというのはその「常識」を打破するためである。

さて「中」はもともと「まんなか」の意味である。字源についてはここでも象徴的符号の概念が当てはまる。すなわち「縦棒が枠の中を突き通ることを示す象徴的符号」である。「何」（実体）にこだわる必要はない。

『詩経』に「宛《えん》として水の中央に在り」（いつのまにか川の真ん中にいた）という用例がある。「中」は空間的にはある範囲（上下や左右）の中間である。これを時間、つまりある時期を区分した中間の意味に転用できる。三つを区分したものを数える場合は二番目ということになる。兄弟の順序を数える場合は次男を「仲」という。

## 【下】 音ゲ 訓した・しも

「上」と対になるので、字源説はだいたい予想がつくが、次に挙げておく。

①「⌒なる何物かをもって一なる何物かを覆うた形」（『漢字の起源』）

②「掌を伏せ、その下に指示の点をつけて掌の下を示し、

〔下〕

（甲）（金）（古）（古）（篆）

〝した〟の意味を示す」（『常用字解』）

③「覆いの下にものがあることを示す指事文字で、した、したになるの意を表す」（『学研漢和大字典』）

語源について探求したのは藤堂明保のみである。藤堂は家のグループ（稼・嫁）、仮、夏、胡のグループ（湖）、賈《か》のグループ（価）、沽、庫、居のグループ（裾・踞・倨・据）などが下と同源で、KAGという音形と、「したの物をカバーする」という基本義をもつ単語家族としている（『漢字語源辞典』）。

語源論から古代の空間観念を見てみよう。ある基準線の上に乗っかって↑の方向に上がっていく位置がdhiang（上）という語である。これに対し、ある基準線がかぶさって↓の方向に下がっていく位置がɦag（下）という語である。「上」と「下」は対称的な関係になる。基準に乗っかるのが「上」、基準がかぶさる（基準に覆われる）のが「下」という空間認識を生む。

改めて字源を見てみよう。今度も象徴的符号の概念が当てはまる。「上」とは反対に、短い線（または点）の上にやや長い線（⌒の形や一の形）がある。すなわち「ある物（−）を⌒の形にかぶせている象徴的符号」と解釈できる。

「下」も「上」と同じような転義をする。空間的な位置関係が低い方の意味から、時間や地位・等級・価値などの順位が低い方という意味に転用される。

## 「右」と「左」の起源——順位漢字(12)

「右に出る者がない」という言葉は「右に出づるもの無し」という故事成語に由来し、その人よりも優れた者がいない、つまりその人がいちばん優れているという意味。古典漢語（古代中国の古典に使われた言語）では、「右」は上位を表す。これに対し、「左」は下位を表す。古典世界は右優先の社会であった。

ところが日本では左大臣が上位、右大臣が下位であった。左右の観念が中国と日本では逆であったようだ（これは古代の話）。

「右」と「左」の成立はどうであったか、字源・語源から考えてみよう。

### 【右】 音ユウ・ウ　訓みぎ

こんな字源説がある。

［又］

（甲）

（金）

（篆）

［右］

（金）

（篆）

①「又が声符。寄り添って口で勧助するが原義」（『漢字の起源』）

②「会意。又は右手の形。口は神への祈りの文である祝詞を入れる器の形。右手に口を持って祈り、神のある所を尋ね、神の佑助を求めることを右といい、〝たすける〟の意味となる」（『常用字解』）

③「又は右手を描いた象形文字。右は口＋音符又の会意兼形声文字で、かばうようにして物を持つ手、つまり右手のこと。その手で口をかばうことを示す」（『学研漢和大字典』）

「たすける」の意味とするのは三者共通である。しかし歴史的、論理的に語の成立を考えよう。甲骨文字に出現するのは「又」である（「右」はない）。「又」は四つの意味に使われている。①みぎ。②また。③ある。④たすける。

「又」は右手を描いた図形である。「みぎ」という方位観の成立が最初の出発点と考えてよい。しかも人体のみぎ手という具体物から「みぎがわ」という方位の観念が発生したと考えても何ら不思議ではない。

古典漢語では「みぎ」をɦiuəgという（殷代では不明だが、遡らせて考える）。この語源を究明したのは藤堂明保である。藤堂は又のグループ全体（右・佑・祐・有・賄・宥・囿・友）が或のグループ（国・惑・閾・摑）、また丘、亀、久のグループ（柩・疚）、臼のグループ（旧・舅）などと同源で、これらの語群はKUÊK・KUÊGという似た音形と、「かばう、かこう」という共通の基本義をもつとした（『漢字語源辞典』）。

右手が出発点なので、ɦiuəgという語の成立は右手の機能と密接な関係がある。右手は普通は利き手である。右手優先社会では右手の働きを重視したと考えてよい。右手の働き（機能）は専ら物を取ったり摑んだりすることにある。その際、腕を回したり、指を曲げたりして、その中に物を収めようとする。したがってɦiuəgという語に「枠を作ってその中に物を囲う」というコアイメージが捉えられる。このイメージは「中の物を周囲からかばって助ける」にも展開する。これは藤堂のいう「かばう、かこう」の基本義とほぼ一致する。

殷代で「又」に四つの意味があったのは、このコアイメージが四つの意味（具体的文脈における使い方）に展開したと考えることができる。物を囲ったりして取る機能をもつ手が「みぎ」という意味①であり（そこから「みぎがわ」という方位観が生まれる）、ある物に枠をかぶせて加える→その上にもう一つ加えてという意味②が「また」であり、枠の中に物を囲い込む、また、ある空間に物が囲い込まれて存在するという意味③が「ある」であり、中の物を周囲からかばって助けるという意味④が「たすける」である。四つの意味がともにɦiuəgという音形で呼ばれたが、視覚記号としては後に①右、②又、③

有、④佑（祐）の四つに分化した。

改めて字源に戻ると、「右」は「又《ユウ》（音・イメージ記号）＋口（イメージ補助記号）」と解析する。「又」は「枠を作ってその中に物を囲う」というコアイメージを表す記号。「口」は「くち」ではなく、「石」「各」などの「口」と同じように何らかの物を示す符号である。したがって「右」はある物をみぎ手で囲う情景を暗示させる図形である。この意匠によって、「みぎ」を意味する古典漢語 ɦiuəg を表記するのである。

以上の通り、「右」は「みぎ」が原義（最初の意味）ということになる。

## 【左】 音サ 訓ひだり

字源説を見てみよう。

①「ナが声符。この音の表す意味は助の意。左は工事を佐助する意」（『漢字の起源』）

②「会意。ナ（左手の形）と工（巫祝が持つ呪具）を組み合わせた形。左手に工を持って祈り、神のいる所を尋ね、神に佑助を求めることをいう。それで左は〝ひだり、たすける〟の意味となる」（『常用字解』）

③「ひだり手＋工の会意文字で、工作物を右手に添えてささえ助ける手」（『学研漢和大字典』）

［ナ］

（甲）

（金）

（篆）

［左］

（甲）

（金）

（篆）

白川静は「右」について「右手に口を持って祈り、神のある所を尋ね、神の佑助を求めること」といい、「左」について「左手に工を持って祈り、神のいる所を尋ね、神に佑助を求めること」という（『常用字解』）。右も左も「神に佑助を求めること」で、区別がない。これでは「みぎ」と「ひだり」の正反対の方位の起源は何なのか分からない。

語源を究明したのは藤堂明保だけである。藤堂は左のグループ（佐・差・瑳・槎・嵯・縒）は叉《さ》のグループ（杈・釵）、祭のグループ（際・察・擦）、賛と同源で、これらの語群は **TSAR**・**TSAT**・**TSAN** という似た音形と、「Y型、ささえる、ぎざぎざ」という共通の基本義をもつという（『漢字語源辞典』）。

「左」という方位観は「右」が右手を出発点としたのと同じように、左手の機能から発想されたと考えられる。右優先社会では左手は右手の補助的な役割しかない。つまり「ささえる」がその機能である。主たるものを支えることを図示すると、↗や↖の形、また小の形になる。後者は中心のものを両脇から支える姿である。このような形に支えることを古典漢語で tsar というのである。「右」が「かばって（かばい守るようにして）助ける」であるのに対し、tsar（左）は「ささえて（中心のものを脇から支えて）助ける」である。右手と左手の機能の差がこのような違いを生むのである。

改めて字源を見てみよう。「ナ（音・イメージ記号）＋工（イメージ補助記号）」と解析する。「ナ」は左手を描いた図形で、既に甲骨文字でも「ひだり」の意味、また「補佐する」の意味で使われている。左手の機能から発想された語が「ナ」であるので、この語のコアイメージは「⺌の形にささえる」と捉えることができる。したがって、「左」は工作などの仕事をする際に右手を支える働きをする手、つまり「ひだり」を暗示させる図形である。

「左」は「右」と反対の方位を表すが、「右」を上位とし、「左」を下位とするのは右優先社会で右が優勢とされたという言語外の理由による。

「左」は「支えて助ける」という意味にも展開し、補佐の「佐」に分化した。

日本では律令制の四等官のうち、次官を「すけ」というが、五衛符の「すけ」を「佐」と書く。長官を補佐する役目である。古代日本は左優先社会だったようだが、漢語の「左」に「主たるものを支える」というイメージがあるので、第二位という順位が「佐《すけ》」に現れたわけである。

## 「初」の起源——順位漢字(13)

「初」は「はじめ」「はじめて」の訓がある。物事の最初の意味である。校正の場合は初校、再校、三校…と数える。最初→一番目の順位になる。裁判では最初の審判を一審のほかに初審、始審ともいう。二回目は二審または再審である。

季節では初春、中春、晩春に分ける。孟春・仲春・季春に分けることもある（「孟・仲・季」の起源については既述）。

時代区分では、唐代を初唐、盛唐、中唐、晩唐に四区分する。ただし「盛」は国力や文化が盛んということで「盛」自体は順位とは関係がない。

碁・将棋や書道など、段位制のある芸事では、初段、二段、三段…と実力が段々と低い位から高い位に上がる順に数える。ただし一級、二級…は数字が小さいほど実力が上である。初級と一級は意味が違う。碁は九段が最高である。十段は九段の上ではなく、タイトルの名（称号）である。

学校教育では、初等、中等、高等の順に、レベルが高くなる。

「初」は一番目であるが、「初」の次（二番目）の言い方は「二」「再」「中」「次」などで決まっていない。「初」の字源・語源を尋ねてみよう。

## 【初】 音ショ 訓はじめ

次の字源説がある。

①「衣の裁ち緒《はじめ》」（『漢字の起源』）

②「衣と刀とを組み合わせた形。刀（はさみ）で布を裁ち切って衣を作るの意味である。初めての衣を作ることで、赤ん坊の産衣として着せる着物を作ることをいう」（『常用字解』）

③「刀＋衣の会意文字で、衣料に対して最初にはさみを入れて切ることを示す。また、最初に素材に切れ目を入れることが人工の開始であることから、はじめの意に転じた」（『学研漢和大字典』）

「衣」と「刀」を合わせただけの極めて舌足らず（情報不足）な図形で何とでも解釈できる。だから語源の探求が先立つべきである。語源的に「初」を探求したのは藤堂明保のみである。藤堂は乍《サ》のグループ（作・詐・怍）、昔のグループの一部（斮・措）、所、朔のグループ（愬［＝訴］・泝［＝溯］）、創、爿《しょう》のグループ（戕・将）、匠などが初と同源で、これらの語群はTSAK・TSAG・TSANGという似た音形と、「切れ目を入れる、はじめる」という共通の基本義をもつ単語家族だという。そして「素材に刃物を入れることは、始めて人為を加えることであるから、〝はじめて〟という副詞となった」と述べる（『漢字語源辞典』）。

［初］

（甲）（甲）（篆）

従来「衣を裁つの始めなり」（『説文解字』）といったぐあいに、形から意味を読み取るのが主流であったが、語源の探求は「初」の意味は「衣」とも「刀」とも関係がないことを明らかにした。では「衣」と「刀」は何なのか。改めて字源を見てみよう。

歴史的、論理的に「初」の成立を考えよう。最古の古典の一つである『詩経』に「我が生の初め」（私の人生のはじめ）、「民の初めて生ずるは」（最初に生まれた民は）という用例があり、物事の起こり（はじめ）の意味であることは明白である。これ以外の意味はない。

古典漢語では物事の起こりはじめをどんなイメージで発想したのか。言い換えれば、どんなイメージから ts'ïag が造語されたのか。古代神話などでは世界や宇宙の始まりをカオス（渾沌）として空想している。これは未分化の状態である。言うなればのっぺらぼうの白紙状態である。渾沌が分裂して世界が発生する。これが宇宙開闢神話である。物事の起源を未分化→分化の過程として捉えるのは人類の普遍的な認識であろう。古典漢語においてもこのような論理構造、言い換えれば意味論が存在したと考えられる。例えば「才」「裁」「哉」などは「はじめて」という意味がある。これらの語は「才」を基幹記号（音・イメージ）としている。「才」は「途中で断ち切る」というコアイメージがある（詳しいことは拙著『漢字語源語義辞典』に譲る）。「断ち切る」から「はじめる・はじめて」という意味に展開する。作や創ものっぺらぼうな材料に人工を加えて（断ったり切ったりして）、存在しない物を始めて作る行為である。

のっぺらぼうな状態、未分化な白紙状態に切れ目をつけることが物事の起こりはじめという観念を生み、作や創などと似た音形が作られ、この語が「はじめ」「はじめて」の意味をもつようになった。これが聴覚記号のts'ïagの成立である。

次に、どんな発想から「初」という視覚記号に変換されたのか。ここから字源の問題になる。

のっぺらぼうな状態（白紙状態）に切れ目をつけるというイメージは抽象的である。形に表現するには具体性が必要である。古代神話では未分化→分化の過程が渾沌の分裂（擬人化して渾沌という化け物を斬り殺すという神話もある）という具体的形象が描かれた。文字の創作も同様の手法が用いられる。これが衣の製作という日常的な場面である。まだ形をなさない材料を裁ち切って、縫い合わせて、目的の衣を作るのは一連の工程である。その工程の最初の一撃が「切る」という行為である。ここに「切る」と「はじめる」の接点がある。かくて「衣＋刀」を合わせた図形「初」が考案され、ts'ïagの代替記号としたのである。

以上の通り、語源・字源の究明から「初」は衣も刀も意味に含まれないことが明らかになった。「衣」と「刀」はts'ïagの意味のイメージを表現するための図形的意匠に利用されるだけである。形の解釈をストレートに意味とする文字学の方法は再考の余地があると言わざるを得ない。

## 「序」の起源――順位漢字(14)

選挙などの長丁場を序盤、中盤、終盤と分ける。いつからいつまでと決まった時間ではないが、だいたい始めの頃、中ほど、終わり頃である。盤は碁や将棋の盤なので、勝負事などの情勢について言うのが普通である。

序・破・急の三段階で区分することもある。これは雅楽など日本の伝統芸能の用語で、曲の調子の三段階を指す。「序」は拍子がなく、「破」は緩やかな拍子、「急」は急速な拍子。言い換えれば「序」は導入部、「破」は転調部、「急」は終結部に当たる。

論文を書く際の形式として、序論、本論、結論がある。これらの「序」は「はじめ」の意味だが、終わりを予想して「序」を立てる。もともと「序」は順序・秩序の序のように、最初から最後まできちんとした並び方という意味であった。それが「はじめ」の意味になった。始め良ければ終わり良しで、始めが肝心である。「序」の字源・語源を見てみよう。

## 【序】 音ジョ

こんな字源説がある。

①「予が声符。この音の表す意味は牆の意。序は广屋の牆の所」(『漢字の起源』)

②「形声。音符は予《よ》。予に杼《じょ》(ひ)・紓《じょ》(ゆるやか)の音がある。序は堂の前の東西に廂《ひさし》のある垣の部分で、廊下のような横長の建造物。予は杼の形。順序を追って杼を通すことから、〝順序、ついで〟の意味となる」(『常用字解』)

③「予は機織りの杼《ひ》を描いた象形文字で、杼は糸を押し伸ばす働きをする。序は广(いえ)+音符予の会意兼形声文字。母屋の脇に伸び出た脇屋。また、心の中の思いを押し伸ばして展開する意」(『学研漢和大字典』)

①では予が牆の意を表すとは、全く理解不能。②では「予」と「序」の関係が不明。「順序、ついで」の意味を「序」からではなく「予」から導いているのも理解しがたい。また①と②では「はじめ」の意味を叙の仮借としている。①と②の文字学はコアイメージという概念がないから、語の意味の展開をうまく説明できない。まず語源の探求が先立つべきである。

[予]

(篆)

[序]

(篆)

古典に「序は射なり」「序は舒なり」「序は叙なり」「序は抒なり」などの語源説がある。これを学問(言語学)的に高めたのは藤堂明保である。藤堂は予のグループの全体(豫・紓・序・抒・野)が、射のグループ(謝)、余のグループ(舒・除・舎・捨・途・塗・餘・徐)、赦などと同源で、これらの語群はTAGという音形をもち、「緩んでのびる」という基本義をもつという(『漢字語源辞典』)。

固定した位置に幅や余裕ができると空間的にずれる。また空間的に延びていく。視座をある物に置くと、「主たるもの(中心)から横に延びる」というイメージが生まれる。これを言語的に捉えたのがd(y)iagという語である。この聴覚記号を視覚記号化したのが「予」という図形である。これは藤堂や白川の言う通り、機織りの杼《ひ》の図形であろう。実体ではなく機能や形態に重きを置くのが漢字の造形法である。では杼の機能とは何か。この道具は縦糸の間を行ったり来たりして横糸を引き出す。ここに「横に延びる」というイメージがあり、「幅や余裕があって延びる」「主たるものから横に延びる」というイメージに展開する（「予・預・逆の起源――時間漢字(69)」の項参照）。

かくて「序」は「予《ヨ》（音・イメージ記号）＋广（建物を示す限定符号）」と解析する。古代建築に正堂（母屋）から東西に延び出た建物（脇屋）がある。東序、西序という言葉が『書経』などに出ている。中心から横に延びた形をした建物なので、「予」のコアイメージ「横に延びる」を利用したのである。

意味の展開はコアイメージやメタファー、アナロジーなどによることが多い。「序」は「予」のコアイメージによって成り立ち、「序」自体がこのコアイメージをもつ。これが「序」の深層構造と言える。コアイメージが具体的文脈に実現された意味の一つが脇屋であるが、ほかにも転義する。「主たるものから横に延びる」というイメージを図示すると、A→B→Cという形であるが、視点を変えるとA―B―Cという形であり、これは順をなして並ぶというイメージである。かくて「序」に「順々にきちんと並ぶ」「基準に従った並び方」という意味が生まれる（順序・秩序の序）。

さらにA・B・C…という並び方において順序の出発点に視点を置くと、「序」に発端、始めという意味が生まれる。これが序文、序幕などの「序」の意味である。

## 「正」と「副」の起源――順位漢字(15)

「天下の副将軍」と言えば江戸時代の徳川光圀である。当時の将軍は徳川綱吉である。将軍にわざわざ「正」をつけないが、第一位の正式の地位であることを示すのが「正」、それに対する二番手が「副」である。

正使に対しては副使、正本に対しては副本、正賞に対しては副賞である。ただし「正」と「副」が対応しないこともある。副将には主将、副食には主食、正室には側室が対する。

「正」と「副」の字源・語源を尋ねてみよう。

### 【正】 音 セイ　訓 ただしい

字源については既に「正と負の起源――数漢字(4)」で述べているが、簡単に振り返る。

「正」は「一（「まっすぐ」を示すイメージ記号）＋止（足と関わる限定符号）」と解析する。足が一線をめざしてまっすぐ進む情景を暗示させる図形である。ゆがみや乱れなどがなくまっすぐであるという意味をもつ古典漢語のtiengを「正」という図形（視覚記号）で表記する（日本語の「ただしい」に当たる）。また、何か（目的や対象）に向かってまっすぐ当たっているというイメージもあるので（正面の正はこのイメージ）、まともに当たるもの、中心的なもの、本筋のものという意味が生まれる。

これが正式・正統の正である。暦法では一年のうち一月が中心の主たる月に当たるので、一月を正月という。主たるものの下位に就くのが「副」であり、これに対して主たる位置にあるものを「正」という。

## 【副】　㊇フク　㊊そえる・そえ

こんな字源説がある。

①「畐《ふく》が声符。この音の表す意味は開く意。副は刀をもって開披する意」（『漢字の起源』）

②「形声。音符は畐《ふく》。畐は酒樽のように器腹がふくらんだ器の形で、みちるの意味がある。畐を刀で二つに分けることを副といい、〝さく、わかつ、わける〟の意味となる」

③「畐《フク》は腹がふくれ、いっぱい酒の入るとっくりを描いた象形文字。副は刀＋音符畐の形声文字で、畐の原義とは関係がない。剖と同じく、もと二つに切り分けることであるが、むしろその二つがぴったりとくっついてペアをなす意に専用される」（『学研漢和大字典』）

「切り分ける」を原義と見るのは三者共通であるが、①では畐を「開く」の意とするのが、理解不能。②では畐を「みちる」の意とし、それから「二つに分ける」の意を導くが、理解するのが難しい。③は畐を単なる音符とするが、疑問がある。

［副］

（金）

（篆）

「副」の語源については藤堂明保が探求した。藤堂は北のグループ（背）、負、不のグループ（否）、咅《ほう》のグループ（剖・倍・部）、朋のグループ（崩）、冫《ひょう》のグループ（氷・馮）などが副と同源と見、これらはPÊK・PÊG・PÊNGという似た音形と、「二つに割れる」という共通の基本義をもつ単語家族という。そして「二つになることより、主副の副の意を生じる」と述べる（『漢字語源辞典』）。

改めて字源を見てみよう。問題は「畐」の解釈とイメージ展開にある。藤堂と白川の言う通り、「畐」は腹のふくれた徳利状の器の図形である。漢字の見方は「何」（実体）よりも「如何（いかん、どのよう）」（機能や形態）に重点を置くべきである。「畐」は器という実体ではなく、どのような形状をしているかに着目しないといけない。形状に視点を置けば、「ふくれる」というイメージが捉えられる。しかしイメージは固定したものではない。柔軟性がある。視点の置き所によってさまざまのイメージを派生する。外面に視点を置けば「ふくれる」のイメージだが、内面に視点を置けば「いっぱい満ちる」というイメージである。「満ちる」とは物が詰まった状態である。物と物の間に視点を置けば、「↓↑の形に隙間なくっつく」というイメージになる。「↓↑の形」のイメージは「↑↓の形」のイメージにも転化する。これは「二つに分かれる」というイメージである（これは漢語の意味論的特徴の一つ）。このように「畐」という記号はさまざまのイメージを表すことができる。「いっぱい満ちる」のイメージは幸せがいっぱい満ちる（福）、財産や金がいっぱい満ちる（富）、「くっつく」のイメージはすねにくっつける当て布・ゲートル（幅）、腹を地面につけて這う（匍匐の匐）などの意味を実現する。

　かくて「副」は「畐《クフ》（音・イメージ記号）＋刀（限定符号）」と解析する。「畐」は右に述べたイメージ展開により、「二つに分ける」というイメージを示す記号である。したがって「副」は刀で二つに切り分ける情景を暗示させる図形と解釈できる。ただし意味は単に「二つに分かれる（裂ける、割れる）」である。『詩経』に「先生、達の如し、坼《たく》せず副《ふく》せず」という用例がある。「最初に生まれた赤ちゃんは羊の子のようで、胞衣（えな、胎盤）に包まれて、破れることも割れることもなかった」という意味である（中国神話で、周の始祖の生誕を述べた詩の一節）。

　この「副」から転義するのが副将・副食などの「副」の使い方である。なぜこの意味になるのか。「↑↓の形に分かれる」は「↓↑の形にくっつく」と表裏一体のイメージである。AとBという事物があり、Aという本体から分かれたB、あるいは、本体・主体であるAに寄り添うようなBという関係がある場合、Aを「正」（あるいは「主」）、Bを「副」（あるいは「従」）というのである。

　古典に「正は長なり」「副は弐なり」とあり、順位としては「正」は一番目、「副」は二番目とされている。ちなみに日本の律令制の四等官では長官を「かみ」、次官を「すけ」と呼び、司と監の「かみ」を「正」、神祇官の「すけ」を「副」と書く。

## 「主」と「従」の起源——順位漢字（16）

　「主」と「従」は対になる語である。主犯に対しては従犯という。「主」と「従」がいつも対になるとは限らない。主題に対しては副題、主食に対しては副食、主演に対しては助演という。また、律令制の官位で、正《しょう》一位に対するのが従《じゅ》一位である。同じ等級の順位で「正」を一番目とし、「従」を二番目とする。

　「主」と「客」が対になることもある。主体に対して客体、主観に対して客観という。ただし順位からは離れる。

　「主」と「従」がなぜ順位を表せるのか、その成り立ちを字源・語源から見てみよう。

## 【主】 ㊥シュ ㊫あるじ・ぬし

こんな字源説がある。

①「油の燭台中で灯火の燃えている象形で、炷《ともしび》の意。主人などの意として使われるのは、火を支配するは、一家の権力者であったから」（『漢字の起源』）

②「象形。灯火の火主の形。古代の人は火を神聖なものと考え、その火を持つ人は氏族や家の中心になる人であり、物事を主《つかさど》る人であった。それで主は〝ぬし、あるじ、おも、おもに〟の意味となる」（『常用字解』）

③「丶はじっと燃え立つ灯火を描いた象形文字。主は灯火が燭台の上でじっと燃えるさまを象形文字で、じっと一所に止まるの意を含む」「所を変えて転々と寄留する者を客というのに対して、一所にじっととどまって動かない者を主という」（『学研漢和大字典』）

灯火の形とするのは三者共通であるが、「あるじ」の意味の捉え方が異なる。①は権力者説、②は神聖説、③はイメージ説である。①と②は言語外の観念から火と「あるじ」を結びつける。しかし「ともしび」は照明具であって、「火」そのものではない。原始時代ならともかく、火の神聖性から一家や氏族の長の意味を導くのは時代錯誤というほかはない。

［主］

（篆）

漢字の見方は「何」（実体）よりも「如何」（いかん、どのよう）」（機能や形態）を重視すべきである。実体に囚われると袋小路に入ってしまい、勝手な解釈を生み出す。語源が字源に先立つべきである。語源が字源を制約し、勝手な解釈にブレーキをかける。

「主」は最古の古典の一つである『詩経』に、「曽孫はこれ主なり」（曽孫が宴を取り仕切る主人だ）という用例があり、客をもてなす人（あるじ）の意味で使われている。一家の長や、中心人物などの意味はそれからの転義である。

いったい古典漢語において「あるじ」に対する根源のイメージは何であろうか。それは「客」に対するものであることは言うまでもない。

「主」と「客」の語源を究明したのは藤堂明保である。「客」については、「各はひっかかってとまる意を含み、客は他人の家にしばし足がつかえてとまること、またその人」と解釈している（『学研漢和大字典』）。一方、「主」の語源については、「主」のグループ全体（柱・住・駐・注）が、豆のグループ（頭・逗・豎）、樹、殳《しゅ》のグループ（投）、蜀のグループ（属・嘱・触）、賣《いく》のグループ（読・続・黷）、豖《ちょく》のグループ（啄・琢）などと同源で、これらの語群はTUG・TUKという音形と、

「じっと立つ、┴型」という基本義をもつという。そして「他所から到来し、偶然にある所にひっかかって居候するのが客であり、いつも定位置を動かないのが主人である」と述べる（『漢字語源辞典』）。

これで「主」の根源のイメージ（筆者の用語ではコアイメージ）が明らかになった。「（一所に）じっと立って動かない」が tiug という古典漢語のコアイメージであり、あちこち移動してやってくる「客」に対して、一所にとどまって動かずに客に対応する人という意味が実現されるのである。tiug という聴覚記号を視覚記号に変換するために考案された図形が「主」である。これは果たして「じっと立って（定位置に）動かない」というイメージを表せるのか。図形は右の三者が言うように灯火（燭台の上に燃える火）を描いている。炎が燃えるから、ゆらゆれて動くのではないか、こんな疑問が起こる。しかし火や炎に重点があるのではない。「ともしび」の形態・形状に視点を置くのである。その照明具は地面に対して「┴」の形を呈している。また灯火自体は定位置にあるものである。したがって「主」という図形は「┴の形にじっと立つ（定位置にあって動かない）」というイメージを表すことができるのである。

さて「客をもてなすあるじ」→「一家の長」→「国や組織の中心人物」と意味が展開し、「中心として取り仕切る（つかさどる）」「中心として（おもに）」などの意味も生まれる。主犯の「主」は中心となって何かをするもの、中心的な立場にあるものの意味である。それに対するのが「従」である。「従」はどんなイメージの語か。次に「従」の字源・語源を見てみよう。

## 【従】

音 ジュウ　訓 したがう

「從」が正字（旧字体）。こんな字源説がある。

①「从《しょう》が声符。この音の表す意味は後を追う意。從は順って歩いて行く意」（『漢字の起源』）

②「形声。音符は从《じゅう》。从は左向きの人が前後に並ぶ形。前の人に後ろの人が従って歩くことを従という」（『常用字解』）

③「从《ジュウ》は前の人の後に後ろの人がつきしたがうさま。從は止（あし）＋彳（いく）＋音符从の会意兼形声文字で、つきしたがうこと」（『学研漢和大字典』）

「从」を原字とするのは三者共通である。「从」は左向きの人が二つ並び、「比」は右向きの人が二つ並ぶ形であるが、向きは意味とは関係がない。「从」は dziung という古典漢語、

［从］

（甲）

（金）

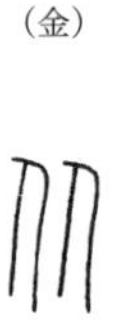
（篆）

［從］

（金）

（篆）

「比」はpierという古典漢語を表記する。前者は「Aの後にBがしたがう」、後者は「AとBが並ぶ」という意味を表している。ただし図形から意味が出てくるのではなく、語の意味のイメージを図形化したのが「从」と「比」である。

「從」の字源は「从《ジュウ》(音・イメージ記号)+辵(限定符号)」と解析する。「从」は前の人の後に次の人がしたがう様子を示す図形。楷書の「從」は「彳」と「止」が分離しているが、篆文では「彳」と「止」が合わさった形になっている。これは「辵」(音はチャク)である。「辵」は歩行と関係があることを示す限定符号で、「辶」(しんにゅう)と同じである。

古典漢語のdziungを最初は「从」で、後に「從」で表記するようになった。甲骨文字では「从」が使われている。Aの後にBがついて行くことを「从」(後に従)で表した。図形から意味を引き出すと、「AとBが並ぶ」とも解釈できないことはないが、dziungという語の図形化と考えれば右の解釈が取られる。あくまで語があってこその図形である。語源を先に究明し、それから字源を検討するのが正しい筋道である。

語源が後になったが、「従」はどんなイメージをもつ語かを考えよう。藤堂明保は従は足のグループ(促・捉)、取のグループ(趣・聚)、走、趨、束のグループ(速)、族などが同源で、これらはTSUG・TSUK・TSUNGという音形をもち、「ぐっと縮める、一所に集めそろえる」という基本義があるとしている(『漢字語源辞典』)。

しかしAの後にBがついてくる状況を図示すると、「A→B」の形である。二つは列をなしてつながっていくイメージである。したがって古典漢語dziung(従)のコアイメージは「縦にまっすぐ延びる」と考えてよい。縦(たて)、蹤《そう》(縦に交互に連なる足跡)などにこのイメージがよく現れている。

「従」はAの後にBが連なるように続く(したがう)意味なので、主たるものAに対し、それに従属するものであるBを「従」という。順位としては付属的な位置、二番目の位である。従三位《じゅさんみ》は正三位の下につく等級である。

## 「起・承・転・結」の起源——順位漢字(17)

漢詩の作法の要は平仄と押韻であるが、絶句では起承転結も重要である。絶句とは四詩行を配列する詩形である。一詩行が五音節(漢字が五つ)の場合を五言絶句、七音節(漢字が七つ)の場合を七言絶句という。絶句の作法に起承転結がある。起(起句)は第一句、承(承句)は第二句、転(転句)は第三句、結(結句)は第四句である。なぜ起・承・転・結というかと言うと、第一句で最初の発想を起こし、第二句でそれと関連する詩想で承け、第三句で発想を転換させ、第四句でテーマを結ぶからである。具体的な例を挙げよう。次は杜甫の「絶句」という題の五言絶句である。

江碧鳥逾白　江碧にして鳥いよいよ白く
山青花欲然　山青くして花然《も》えんと欲す
今春看又過　今春みすみす又過ぐ
何日是帰年　何《いず》れの日か是れ帰年

起句は川の風景から発想を起こす。承句は山の風景で承ける。両句には生物も詠み込まれる。まず鳥という動物、次に花という植物が続く。これらは自然空間における点景である。転句では空間ではなく、時間へ発想を変える。春という季節があっという間に過ぎ去ることを述べる。ここで自然空間における景物の不変性に対する人間世界の時間の短さへの感興が打ち出される。結句では帰郷の願望がかなわぬ自己の境遇というテーマを暗示して詩を結ぶ。

やさしい語を使いながら、作者の思いが読む者の胸にひしひしと伝わる。まことに一字も無駄のない詩である。これこそ絶句たるゆえんである。絶は截《せつ》（切る）で、律詩を半分に切り取ったから絶句という。あるいは、この上もないほど短く言い切った詩という解釈もできる。

絶句はこのように起承転結の作法で作られるので、少ない語で極めて密度の高い表現が可能になる。

本書は詩論が目的ではない。順位を表す起・承・転・結の語の由来を尋ねることが目的である。

## 【起】　㊤キ　㊥おきる・たつ

こんな字源説がある。

①「巳が声符。この音の表す意味は止の意。起は走るのを止めて立ち止まる意」（『漢字の起源』）

②「形声。音符は巳《し》。巳は蛇の形で、走は走る、行く意味であるから、起は蛇が頭をもたげて進むの意となる」（『常用字解』）

③「己《き》は曲がりつつ起き上がるさま。または、注意を呼び起こす己型の目印。起は走（足の動作）＋己の会意兼形声文字で、下に休んでいたものや目立たなかったものが起き上がること」（『学研漢和大字典』）

①は「巳」が「止」の意を表すというのが理解不能。②では図形の解釈をストレートに意味とするので、蛇などといった余計な意味素が入り込む。

篆文では「起」は「巳」に従う字になっている。しかし中国の昔の文字学者が指摘する通り「巳」は「己」の間違いとするのが妥当である。

「己」の字源・語源については「己の起源――十干（6）」

で述べているので、繰り返さない。「己」は「(伏せたものが)起き上がる」というイメージを表す記号である。したがって「起」は「己《キ》(音・イメージ記号)+走(限定符号)」を合わせて、伏せたものが起き上がって、はっきりと姿を現す情景を暗示させる図形。この意匠によって、「伏せたもの(横になっていたもの)が立ち上がる」の意味をもつ古典漢語のk'ïəgを表記する。起立の起はこれである。

意味はコアイメージから展開する。「(伏せたものが)立ち上がる」から「活動をやめていたものが姿を現す」「(活動を)立ち上げる」、さらに「活動や行動をやり始める」「あることから始まる、始め、始まり」と意味が展開する。最後の「始め、始まり」が起点・起源や起句の起である。

## 【承】 音ショウ 訓うける

字源説を見てみる。

①「丞《しょう》が声符。この音の表す意味は升の意。承は手の上に升す、手で承ける意」(『漢字の起源』)

②「会意。卩(ひざまずく人の形)と廾(左右の手を並べた形)とを組み合わせた形。承は身を屈《かが》めている人を左右の手で捧げ上げている形である」(『常用字解』)

[丞]

(甲)

(金)

(篆)

[承]

(篆)

③「人+廾(両手)+手の会意文字で、人がひざまずいて、両手でささげうけるさま。上へ持ちあげる意を含む」(『学研漢和大字典』)

筆者はこの三者とは違い、「承」の篆文を「丞+手」と分析する。「丞」は「卩(ひざまずいた人。イメージ記号)+凵(くぼみ。イメージ補助記号)+廾(両手に関わる限定符号)」を合わせて、穴に落ちた人を両手ですくい上げる情景を設定した図形。この意匠によって、「上に持ち上げる」というイメージを表すことができる。かくて「丞《ジョウ》(音・イメージ記号)+手(限定符号)」を合わせた「承」は、両手で捧げて持ち上げる様子を暗示させる。

「捧げて持ち上げる」が「承」の意味である。下から上に捧げ持つという状況を、上から下への視点に変えると、上のもの(前のもの)を下のもの(次のもの)が受けつぐ形になる。だから「うける(うけつぐ、引きつぐ)」という意味が生まれる。これが継承や承句の承である。

## 【転】 音テン 訓ころぶ・うつる

「轉」が正字(旧字体)。こんな字源説がある。

①「専が声符。この音の表す意味は遷(移る、変易)の意。轉は車で物をこちらからあちらへ遷す意」(『漢字の起源』)

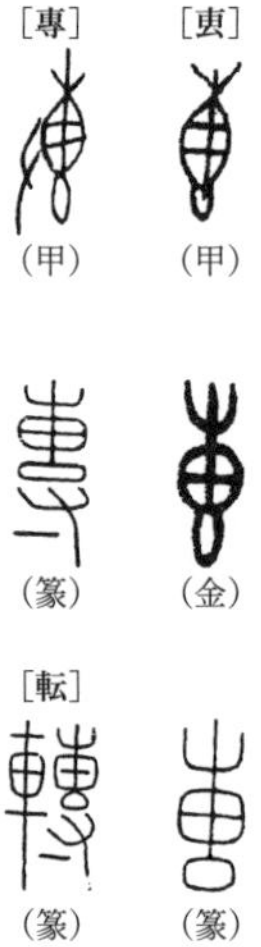


②「形声。音符は專《せん》。專は橐《ふくろ》の中に物を入れ、手（寸）で摶《う》って固めることをいい、まるめるの意味がある。まるめたものはまわりやすく、ころびやすいものであるから、車輪のまわることを轉という」（『常用字解』）

③「專の原字は丸い紡錘の重りを描いた象形文字。專はそれに寸（手）を添えたもので、丸く回転するの意を含む。轉は車＋音符專の会意兼形声文字で、車のように回転すること」（『学研漢和大字典』）

①では專が遷の意味を表すというのが分からない。②では專に「手で打って固める」や「まるめる」の意味があるというのが分からない。

「専」が「轉」の深層構造に関わる大切な記号である。「専」の字源については紡錘説が古くから出ている。これがほぼ通説と言ってよい。正確に言えば「専」は「叀《セン》（紡錘）＋寸（手）」の組み合わせである。紡錘は糸を紡ぐ際に、回転させて糸を巻き取る装置である。したがって「専」は「丸く回る」というイメージを表すことができる。

かくて「轉」は「専《セン》（音・イメージ記号）＋車（限定符号）」を合わせて、車の輪のように丸く回る情景を暗示させる図形である。○の形（円を描くように）くるくる回るというのが古典漢語 tiuan の意味であり、この聴覚記号を「轉」の図形で表記する。車は比喩的限定符号であって、意味の中に車も輪も含まれない。

イメージ展開を考える。○の形のイメージは○が連鎖する形、つまり○○○…の形にも展開する。これが「ころがる、ころがす」の意味である。転々と移るの意味（移転の転）もこの展開である。また○は↺の形、すなわちぐるりと回って向きを変えるというイメージにも展開する。これが転換、反転の転である。発想を転換する転句の用法はこれである。

## 【結】 音ケツ 訓むすぶ

こんな字源説がある。

①「吉が声符。この音の表す意味は屈の意。結は縄あるいは糸の終末に糸止めの丸を作る意」（『漢字の起源』）

②「形声。音符は吉。吉は神への祈りの文である祝詞を入れる器の上に、小さな鉞の頭部を置いて祈りの効果を閉じ込めることをいう。吉には閉じ込めるという意味があるが、

結ぶということも、そこにある力を閉じ込めるという意味があった」（『常用字解』）

③「吉《ツキ》は入れ物の口にしっかりと蓋をしたさまを描いた象形文字。結は糸＋音符吉の会意兼形声文字で、糸や紐で入り口をしっかりとくびること。中身が出ないように締めくくる意を含む」（『学研漢和大字典』）

①では「吉」が「屈」の意を表すというのが理解不能。②は「吉」の項目では「口（祝詞を入れる器）の上に神聖な鉞を置いて、祈りの効果を守ることを示しているのが吉である」とあり、「閉じ込める」や「結ぶ」の意味が見当たらない。なぜ「結」では「吉」が「結ぶ」の意味になるのかの論証がなされたとは言いがたい。

「吉」は大字の「壱」でも述べたように「中身がいっぱい詰まる」がコアイメージである。「吉」の図形は藤堂の言う通り、容器に物を詰め込んで蓋をかぶせる情景を設定した図形と解釈できる。

ここでイメージ展開を考える。「中身がいっぱい詰まる」というイメージは「満ちる」というイメージにも展開する。内部が満ちた状態は塞がった状態であるから、「満ちる」は「塞がる」「塞ぐ」というイメージに展開する。「塞がる」は物と物が詰まって締まった状態である。かくて「詰まる」「満ちる」「塞がる」「締まる」は密接な関連のあるイメージと言ってよい。

かくて「結」の字源・語源にたどりつく。「吉」は「いっぱい詰まる」から「締まる」「締めくくる」というイメージに展開する。したがって「吉《ツキ》（音・イメージ記号）＋糸（限定符号）」を合わせた「結」は、袋に物を詰めて入り口を締めくくる様子を暗示させる図形である。これは図形的意匠であってそのまま意味ではない。意味は「糸や紐で締めくくる（むすぶ）」ということである。

「むすぶ」からの意味展開を考える。「締まる」というイメージから固く引き締まる意味（凍結・凝結）が生まれる。また、締めて一つにまとめる意味（結合・妥結）や、物事を締めくくって終わりにする意味（終結・総結）にも展開する。結句の結は終結・結論の結と同じである。

## 「首・頷・頸・尾」の起源——順位漢字（18）

絶句の作法に起承転結があったが、律詩の作法に首聯《しゅれん》、頷《がん》聯《れん》、頸聯《けいれん》、尾聯《びれん》がある。これは句の順番を数える語である。

律詩とは詩行が絶句の二倍、八詩行で構成される詩形である。各詩行が五音節（漢字が五つ）は五言律詩、七音節は七言律詩という。

絶句との作法の違いは次の点である。第一・二句を首聯、第三・四句を頷聯、第五・六句を頸聯、第七・八句を尾聯という。聯は二つ並べたもの（対、対句）の意であるが、これらの聯のうち頷聯と頸聯は厳密な対句が要求される。これから外れると律詩ではなくなる。例を挙げよう。次は杜甫の「岳陽楼に登る」と題する五言律詩である。

1　昔聞洞庭水　　昔聞く洞庭の水
2　今上岳陽楼　　今上る岳陽楼
3　呉楚東南坼　　呉楚東南に坼《さ》け
4　乾坤日夜浮　　乾坤日夜に浮かぶ
5　親朋無一字　　親朋一字無く
6　老病有孤舟　　老病孤舟有り
7　戎馬関山北　　戎馬《じゅうば》関山の北
8　憑軒涕泗流　　軒に憑《よ》りて涕泗《ていし》流る

律詩は四つの聯を結合したものだが、3・4の頷聯と、5・6の頸聯がそれぞれ対偶法という手法を用いる。要するに対句であるが、漢字一字ごとに左右が対偶をなさないといけない。対になるのは必ずしも反対語ではなく、類語、関連語でもよい。3・4では、呉・楚が二つの国名の並列、これに対するのが乾・坤という易の卦名の並列（乾坤は天地と同義）。東・南は方位語の並列、これに対する日・夜は時間語の並列（日夜は昼夜と同義）。坼と浮は動詞の対比。また5・6では、親しい朋に対するのが老いた病者、一字（一つの文字）と孤舟（一つの舟）が対比される。無と有の対立は言うまでもない。

このように頷聯と頸聯は厳密な対偶法を取る。本詩では首聯も対偶法になっている。昔―今、聞―上、洞庭―岳陽、水―楼が対をなす。

このような一字・一語ごとに対比される対偶法は高度の言語芸術の世界を作り出す。世界の詩法の中で最も美しい形式と言っても過言ではないだろう。

さて本題の首・頷・頸・尾の順位に戻る。字源・語源からそれを尋ねてみよう。

## 【首】

音シュ　訓こうべ・かしら

字源・語源については「一番目の漢字②――順位漢字（3）」で述べたので繰り返さない。「首」は「あたま」の意味である。だからトップ、始め、一番目の意味が生まれる。日本では「首」を「くび」と読むが、「くび」では一番目にならない。

なお首聯は起聯ともいう。「起」は「起・承・転・結の起源」で述べた通り「始め、始まり」の意味がある。

## 【頷】

音ガン　訓あご

「含」が音・イメージ記号である。さらに「含」の根底に

［含］（篆）　［頷］（篆）

は「今」のイメージがある。「今」の詳しいことは時間漢字で説明することにし（「今と古の起源——時間漢字（22）」）、ここでは「かぶせて塞ぐ」がコアイメージとだけ押さえておこう。物を口の中に入れて回りからかぶせるようにして塞ぐ状態を含《がん》（ふくむ）という。

古典漢語で「あご」の言い方に頷《がん》（あご）・頤《い》（おとがい、あご）・顎《がく》（あご）があるが、「あご」の働きをどう捉えるかによって命名が異なる。口に入れた物を塞ぐ働きという観点から「頷」が生まれた。

頷は頭のいちばん下に位置するから、首聯の次を頷聯という。

## 【頸】　㊐ケイ　㊋くび

これが「くび」を表す漢字である。「くび」は頭と胴体をつなぐ位置にある。しかも頭と胴体がぴったりくっついた状態ではなく、延びた形をなす。猪首ならともかく頭よりは細い。棒状とまではいかないが、縦にまっすぐのイメージがある。このイメージを表すのが「巠《けい》」という記号である。

「巠」は織機に縦糸を張った姿を図形にしたものである。

［巠］（篆）　［頸］（篆）

この意匠によって、「縦にまっすぐ通る」というイメージを表すことができる（「経・歴の起源——時間漢字（76）」の項参照）。人体の中でまっすぐな棒状をなす部分として「すね」がある。これを「脛《けい》」という。植物では「くき」を「茎」という。「経」は文字通り「縦糸」の意味である。

「くび」を古典漢語でkiengといい、「頸」という視覚記号で表されるのは「くび」の形態的特徴をうまく捉えている。

「頸」は頷の下の方に位置するから、頷聯の次を頸聯という。

## 【尾】　㊐ビ　㊋お

人間にしっぽはないが、動物（獣だけではなく鳥、虫、魚など）のしっぽになぞらえて尻の位置を「尾」という。だから「尾」は順序の終わりの方という意味をもつので、頸聯の次を尾聯という。

字源は「尾と蹄の起源——助数漢字（87）」で述べたように、「毛（イメージ記号）＋尸（尻や体と関わる限定符号）」と解析する。尻の毛を暗示させる図形。しかしこれだけでは動物の「しっぽ」の意味にはならない。形から意味を引き出すのは間違いである。したがって語源を考える必要がある。

『釈名』には「尾は微なり。脊の末を承けて稍《やや》微殺するなり」とある。「尾」は「微」と同源で、背から末の方に段々と細くなっていく部分といった解釈である。古代の語源説を学問に乗せたのは藤堂明保である。藤堂は微のグループ（徽・黴）のほかに、未のグループ（味・昧・寐・妹・魅）、眉のグループ（媚）、美、没、勿のグループ（物、忽）、門、文のグループ（紋・紊）、民のグループ（罠・眠・泯）、昏のグループ（惛・婚）などが尾と同源で、これらの語群はMUÊR・MUÊT・MUÊNという音形と、「小さい、よく見えない、微妙な」という基本義をもつという（『漢字語源辞典』）。

これで古典漢語で動物のしっぽをなぜmiuərというかが明らかになる。それは『釈名』の言う通り、体から後方へ段々と細く小さくなっていく部分である。末端の細くて見えにくい部分に焦点を置いてmiuərというのである。これの視覚記号化が「尾」の図形である。人の尻の毛も細くて見えにくいから、こんな図形が考案されたと言ってよかろう。

## 「殿」の起源——順位漢字（19）

殿の訓に「との」と「しんがり」がある。「しんがり」とは「シリ（後）カリ（駆）の転」で、「退却の際、軍の最後尾を守ること。また、その軍隊」（『岩波古語辞典』）の意味。一般に、軍を離れて、隊列・序列などの最後の意味で使われている。「との」と「しんがり」は同じ漢字だが、いったいどんな関係で結ばれているのか、字源・語源を尋ねてみよう。

こんな字源説がある。

**【殿】**　音デン　訓しんがり・との

①「𡱒が声符。てんてんという音を表す。殳すなわち積竹杖でてんてんと音をさせてたたく意。宮殿の意は借用」（『漢字の起源』）

②「会意。𡱒は丌（こしかけ）に腰かけている形で、臀（しり）のもとの字。殳は杖のように長いほこを持つ形であるから、殿は臀たたきの俗を示す字であろう」（『常用字解』）

③「𡱒は臀（しり）の原字で、尸（からだ、しり）＋兀（こしかけ）＋丌（台）の会意文字。大きい尻をずっしりと台上に乗せたさまを示す。殿は殳（動詞の記号）＋音符𡱒《デン》の会意兼形声文字で、尻をむちで打つこと。ただし、𡱒はもとずっしりと大きく重いの意を含んでいるので、殿はずっしりと土台を構えた大きい建物の意に転用され、また、𡱒は人体の後部にあるため、しんがりを務めるの意となった」（『学研漢和大字典』）

①は擬音語説。しかし𡱒という特殊な字が擬音語とは解せない。②では𡱒たたきの習俗とは何のことか分からない。③は「との」と「しんがり」の意味を同時に説明している。

［𡱒］  （篆）　［殿］  （篆）

改めて字源を見てみよう。「殿」の左側は「尸＋丌＋几」が変わったもの。「尸」は人の尻。「丌」は足のついた台の形で、「其」の下部に含まれている。「几」は小さな机や床几など。「丌」と「几」はともに腰を下ろす道具である。「𡱂」は臀部（しり）を意味する古典漢語 duən を図形化するために考案されたレアな記号で、尻を腰掛けに乗せる情景を設定した図形。尻を物の上に乗せると、底部に重力が加わる。臀部の坐るときの特徴を捉えたのが duən という記号素であり、これを図形に変換したのが「𡱂」である。したがって「𡱂」は「底部にずっしりと重みがかかる」「ずっしりと重い」というイメージを表す記号になりうる。このイメージが「殿」を成立させる。

「殿」は「𡱂《トン》（音・イメージ記号）＋殳（限定符号）」と解析する。「殳」は動作に関する限定符号である（打つ動作も含まれるが、これに限らない）。「殿」は底部にずっしりと重みをかけて押さえる様子を暗示させる。具体的文脈でどんな使われ方（すなわち意味）があるのかを見てみよう。

『詩経』に「楽しいかな君子、天子の邦を殿《でん》す」（喜びあふれる君子は、天子の国の重鎮）という用例がある。「殿」は動詞として使われ、底部にずっしりと重みをかけて押さえて安定させるという意味である。毛伝（詩経の古注）に「殿は鎮なり」とある。文鎮のように上から重力をかけて押さえることが鎮である。動かないように重みをかけて押さえると物事は安定する。殿と鎮は極めて近い語である。

「底部で重みをかけて押さえる」というイメージから、軍隊が無事に退却できるように、最後尾で敵と対峙し、押さえや鎮めの役割をするという意味が生じた。『論語』に「孟子反は伐《ほこ》らず、奔《はし》りて殿《でん》す」（孟子反は功を誇らず、軍が敗走した時しんがりについた）という用例がある。これも動詞だが、最後尾で押さえや鎮めにつく部隊という名詞にもなった。これが「しんがり」である。

一方、宮殿、御殿という意味に展開する。なぜこんな意味が生まれたのか。宮殿とは高くて大きな建築物である。下部や底部に大きな重力がかかる建物である。ここに「底部に重みがかかる」というイメージがあるので、「殿」は高く大きな建物の意味に展開する。日本語では「との」である。「との」は「貴人の邸宅。御殿」の意味。そこから敬称の「との」になった。古典漢語の「殿」も同じ意味展開をする。

かくて「との」と「しんがり」は日本語では無関係であるが、漢語では「底部で重みがかかる（重みをかける）」というコアイメージで結ばれていた。

ちなみに古典漢語では功績や成績の最上位を「最」といい、最下位を「殿」という（「最」の字源については「撮の起源――単位漢字（8）」の項参照）。

# 第七章
# 時間漢字の起源

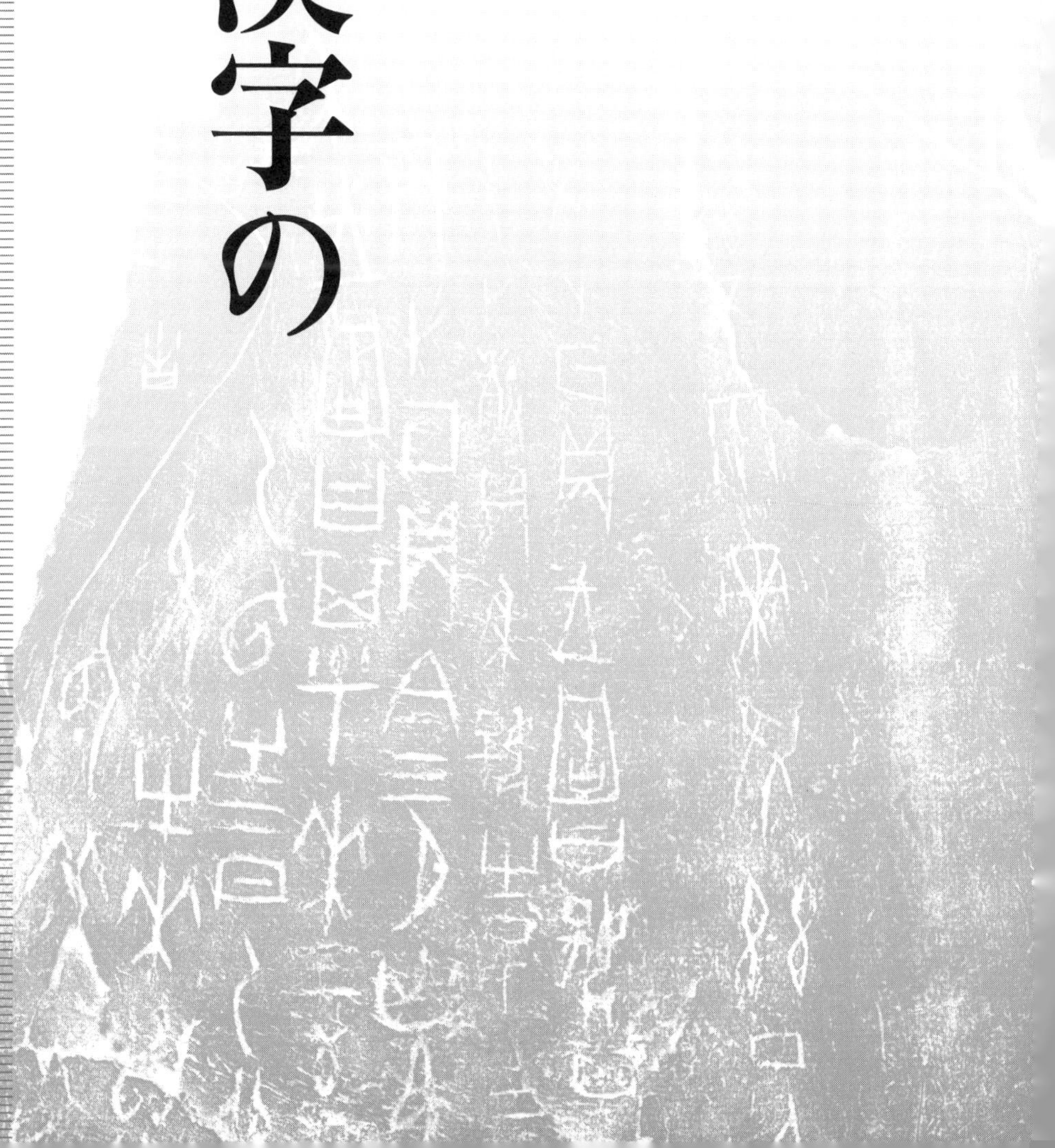

時間を表す漢字を「時間漢字」と呼ぶことにする。時間は数量として捉えるので、「時間漢字」は数漢字の一つである。年・月・日などの名詞は数と密接なつなりがあるから分かりやすいが、動詞・形容詞や副詞にも時間の観念を含む語がある。例えば過・去・経・歴などの動詞、永・遠・恒・久などの形容詞、偶（たまたま）・暫（しばらく）・俄（にわか）などの副詞も時間漢字と見ることができる。

# Ⅰ「とき」を表す漢字

## 「時」の起源——時間漢字（1）

「時」は時間という概念を表すとともに、時間の単位でもある。まず「時」の成立から見ていこう。

**【時】** 音ジ 訓とき

従来の字源説は次の通り。

①「寺が声符。この音の表す意味は徙（うつる）の意。時は太陽の移行」（『漢字の起源』）

②「形声。音符は寺。寺にものを保有し、またその状態を持続するの意味があり、持のもとの字である。手に持ち続けることを持といい、時間的に持続することを時という」（『常用字解』）

③「之（止）は足の形。寺は寸（て）＋音符止（あし）の会意兼形声文字で、手足を働かせて仕事すること。時は日＋音符寺の会意兼形声文字で、日が進行すること」（『学研漢和大字典』）

①では寺が徙の意を表すというのが理解し難い。②では寺に持つ意味があるというが、もともとこんな意味ではない（きわめて稀に持の略体として使用された例はある）。時の観念を持続で捉えるのは誤りである。③は語源をかみ合わせて、進行というイメージで時を解釈した。これが正しい。

「時」はすでに殷代の甲骨文字にもある。甲骨文字では「之＋日」となっている。この字体は古文（戦国時代の書体の一つ）と同じである。しかし篆文では「寺＋日」の字体に変わった。

「之」とは何か。これは「止」と「一」を合わせたもの。「止」は足(foot)の形である。「一」は「まっすぐ」のイメージを示す記号。足の機能は進むことにも止まることにもある。止まることは「止」で表し、進むことは「之」で表す。「之」は「止《シ》(音・イメージ記号)+一(イメージ補助記号)」と解析され、足が目標めざしてまっすぐ進む情景を暗示させる図形と解釈できる。

一方、「寺」は「之《シ》(音・イメージ記号)+寸(限定符号)」と解析する。「寸」は「又」と同じで、手の動作と関わる限定符号。したがって「寺」は仕事をまっすぐ進めていく様子を暗示させる。貴人のそばに仕えてまめまめしく働く人という意味の古典漢語diag(zieg)を「寺」で表記する(「社と寺の起源——助数漢字(93)」の項参照)。

「之」も「寺」も「まっすぐ進む」というコアイメージがあるので、「時」は太陽(日時)がまっすぐ進むという図形的意匠が読み取れる。これによって「とき」を表現する。「とき」というつかみどころのない抽象概念を比喩的に、あるいは擬人化してつかまえたと言える。

「之」のグループには「止まる」と「進む」の正反対のコアイメージがある。これを最初に指摘したのは藤堂明保である。藤堂は漢字を単語家族(似た語形と、共通の基本義をもつ語の集合)に分類し、223家族を設けたが、No.1が「じっと一所に止まる」、No.2が「まっすぐ進む」と、「止」と「之」のグループを二分割している。No.1には止のほか趾・歯・祉・待・持などが属し、No.2には之のほか志・寺・侍・詩・時が属する。しかし藤堂は二つは本来は同語源なので、統一することもできると言っている(『漢字語源辞典』)。

時間を進行というイメージで捉えたのが「時」という一般概念であるが、現実として時間を数える(または計る)のは区切られた時間であり、ある一点(時点)である。一定の幅をもつ区切りのある時間は年や月や日という語で捉えられる。もっと短い場合は時《じ》(一日を二十四等分したその一つ)、分、秒が生まれる。これらは時間を、進行という連続した流れの中で、ある範囲に区切ったもので、それぞれ一つの単位となる。

## 「刻」の起源——時間漢字(2)

「時」は「とき」という一般概念のほかに、単位記号として一日の二十四分の一の数量を表す。後者にも二通りあり、量としては「時間」(中国では「小時」)、数としては「時《じ》」(中国では「点」)という。

これは現在の話だが、昔は「刻」が使われた。水時計(漏刻)に刻んだ目盛りを数えたので「刻」という。「刻」の字源・語源を見てみよう。

## 【刻】 音コク 訓きざむ・とき

まず字源説を挙げる。

①「亥が声符。この音の表す意味は画の意。刻は刀で木に画する意」（『漢字の起源』）

②「形声。音符は亥。亥はもと獣の形であるから、獣の死体を刀を使って切り解く、きざむことをいう字であろう」（『常用字解』）

③「亥はごつごつした豚の骨組み、骸の原字で、核と同系のことば。刻は刀＋音符亥の会意兼形声文字で、かたい物を刀でごつごつと彫るの意」（『学研漢和大字典』）

①では亥が画の意とするが、こんな意味はない。同語反復の字源説。②では図形の解釈をストレートに意味としている。獣の死体も刀も刻の意味素には入らない。意味はただ「きざむ」である。

王力（中国の言語学者）は刻と契を同源としている（『同源字典』）。古典では「刻は鏤《ろう》なり」の訓がある。契は「刻み目をつける」、鏤は金属などに彫り込む意である。物の表面に∨の形に刻み目や彫り込みを入れるのが古典漢語 k'ək の意味

［亥］ 
（甲）（金）（篆）［刻］（篆）

である。この聴覚記号をなぜ「刻」という視覚記号に変換したのか。改めて字源を見てみよう。

「亥」の字源については既に「亥の起源——十二支（12）」の項で述べた。藤堂が言うように、動物の骨格（骨組み）を描いた図形が「亥」である。骨格はその全形に視点を置けば「全体に張り渡る」というイメージであるが、一部だけに視点を置けば「ごつごつとして固い」というイメージがある。⋙…の形や、⋘…の形、つまり「じぐざぐ」「ぎざぎざ」のイメージと捉えることもできる。かくて「亥《ガイ》（音・イメージ記号）＋刀（限定符号）」を合わせた「刻」は、刀でぎざぎざの形をつける、あるいは⋙の形に切り込みを入れるという情景を暗示させる。この図形的意匠によって「きざむ」を意味する k'ək を表記した。

さて古代中国で時間を計る装置として漏刻が発明された。壺の中に刻み目をつけた棒（「箭《せん》」という）を立て、水を壺の中に漏らして、その量を量って時間を計算する装置である。一昼夜を百刻としたという。したがって一刻はだいたい現在の15分である。英語で quarter は15分であるが、中国ではこれを音訳して「刻」としたといわれるが、意味も兼ねるようである。

『漢書』武五子伝に「夜漏未だ一刻を尽くさず」（夜の漏刻がまだ一刻もたたないうちに）という用例がある。

# 「期」の起源──時間漢字（3）

時期、期日、最期《さいご》の「期」と「時」は何が違うか。「時」は太陽の進行から発想された一般的な「とき」の概念である。これに対し、「期」は限定的な「とき」の概念である。「基と期の起源──助数漢字（19）」でも出しているが、ここでは時間漢字として取り上げる。

【期】 音キ

こんな字源説がある。

①「其が声符。この音の表す意味は規（一回り）。期は丸一箇月の意」（『漢字の起源』）

②「形声。音符は其《き》。其は箕（四角形のちりとり）の形で、方形の、一定の大きさの意味がある。それで時間の一定の長さを期という」（『常用字解』）

③「其《キ》はもと四角い箕を描いた象形文字で、四角くきちんとした、の意を含む。期は月＋其の会意兼形声文字で、月が上弦→満月→下弦→朔を経てきちんと戻り、太陽が春分→夏至→秋分→冬至を経て、正しくもとの位置に戻ること」（『学研漢和大字典』）

［其］

（甲）

（金）

（古）

（篆）

［期］

（篆）

①では其が規の意を表すというが理解不能。②では其に方形、一定の大きさの意味があるというが、そんな意味はないし、方形と「一定の大きさ」が結びつかない。円形にも「一定の大きさ」はある。「其」という図形に「方形」というイメージがあるというなら話は分かる。③で「四角くきちんとした、の意を含む」というのは、「其」がそのイメージをもつということである。「□（四角形）」はきちんと区切った形というイメージがある。

藤堂明保は「其」のグループ全体（箕・旗・期・欺・基など）を一つの単語家族にまとめ、KÊGという音形と、「四角い」という基本義があるとしている（『漢字語源辞典』）。

改めて字源を見てみよう。「其」は藤堂と白川が言う通り、箕の形である。箕は穀類などのごみをふるい落とす道具である。漢字の見方は「何」（実体）よりも「如何（いかん、どう）」（形状、機能）に重きを置くべきである。箕の形態はほぼ四角な形をしている。だから「其」は「四角い」というイメージを表すことができる。

イメージ展開を考えると、□（正方形）は四点を線で結んだ形であり、「角をつけてきちんと区切る」「きちんと区切られて整っている」というイメージに展開する。

以上によって、「期」は「其キ（音・イメージ記号）＋月（限定符号）」と解析する。「其」は「四角にきちんと区切る」というイメージを示す記号。したがって「期」は月が上弦→満月→下弦→新月という四つのポイントを経て一巡することを暗示させる図形である。

かくて古典漢語のgiəgの時間観念が明らかになる。のっぺらぼうに流れる時間ではなく、いつからいつまでと区切られた時間をgiəgといい、この聴覚記号を「期」という視覚記号によって表記するのである。

最古の古典の一つである『詩経』では「其の期を知らず」（帰りの日時が分からない）、「桑中に期す」（私と桑畑でデートした）というぐあいに、「ある決まった日時」の意味と、「日時を決めて会う」という二つの意味で使われている。

ちなみに基礎の基、碁盤の碁や棋には「四角い」というイメージが明白に現れている。旗もそのイメージに由来する。想像上の動物である麒麟《きりん》の麒（雄の麒麟）には格子縞の模様があるとされる。

## 星霜・光陰の語源——時間漢字（4）

時間を意味する漢字は「時」であるが、熟語では歳月、年月、日月、春秋、星霜、光陰などがある。歳・年・月・日は時間の流れを区切る単位で、これらを組み合わせることで時間という概念を表すことができる。四季のうち特に秋は「一日千秋」「千秋万歳」のようにとしつき（時間）の意味がある。「危急存亡の秋（「とき」と読む）」は切羽詰まった時の意味である。また「春」は一年の意味に使うことがあり、秋と結んだ「春秋」は時間、年月の意味になる。夏と冬にはこのような用法はない。

時間と直接関係のない星と霜、光と陰をそれぞれ結ぶと時間という意味が生まれる。これはなぜか。各漢字の字源・語源を尋ねてみよう。

### 【星】 音セイ 訓ほし

こんな字源説がある。

①「星の象形である晶に生の声符を伴った字。生の音の表す意味は光の清明な意である。清明な光を放つ星の意」（『漢字の起源』）

②「形声。音符は生。日は星の形。晶は多くの星が輝く形である。それで星は〝ほし〟の意味となる」（『常用字解』）

③「きらめく三つのほし＋音符生の会意兼形声文字。晶《ショウ》・

［星］

（甲）

（金）

（篆）

（篆）

《セイ》と生《ショウ》・《セイ》のどちらを音符と考えてもよい。生は生え出たばかりのみずみずしい芽の姿。晶（清らかな光）・青（澄み切ったみず色）・清（澄み切った水）などと同系のことばで、澄んで清らかに光るほし」（『学研漢和大字典』）

①は③と似ているが、①で「生」が「光の清明な」という意味を表すというのが変である。これでは同語反復の字源説である。「生」に「みずみずしい」「清らか」「澄み切る」というイメージがあるというなら分かる。「ほし」とは正にそのようなイメージをもつ天体だからである。②では「生」の解釈がない。②の「文字学」にはコアイメージという概念がないので、形声文字の解釈が原理的にできない。だから会意的に解釈するほかはない。しかし「生」を「人がうまれる、そだつ、いきる、いのち」の意味とするため、星と生が結びつかない。③は語源を絡めて字源を説く。「澄んで清らか」という基本義が生・星・青・清などに共通だとする。これが明解である。

改めて字源を見てみよう。古い字体は「曐」である。これは「生《セイ》（音・イメージ記号）＋晶（限定符号）」と解析する。「生」は「中（くさ）＋土」を合わせて、草が生え出る情景を暗示させる図形である。芽が出たばかりの草はみずみずしい印象を与える。だから「生」は「汚れがなくすがすがしい」「清らかに澄み切っている」というイメージを表すことができる。「晶」は三つのほしの形で、これが限定符号になる。したがって、すがすがしく澄み切った光を放つほしという図形的意匠によって、「ほし」を意味する古典漢語 seng の視覚記号とした。

## 【霜】 音ソウ 訓しも

①（『漢字の起源』にない）

②「形声。音符は相」（『常用字解』）

③「雨＋音符相（縦に向かい合う、別々に並び立つ）の会意兼形声文字。霜柱が縦に並び立つことに着目したもので、相・疎（別々に並ぶ）などと同系のことば」（『学研漢和大字典』）

③は霜・相・疎などを同源と見、「別々に並び立つ」という基本義を見る。「しも」という気象を、降りた霜柱の形状から解釈している。

改めて字源を見てみよう。「相」にコアイメージの源泉がある。古典漢語では二人が互いに関わり合いになる事態を siang といい、「相」と表記する。相互の相である。「相」を分析すると「木＋目」となる。目は見るもの（主体）、木は見

［相］

（甲）

（金）
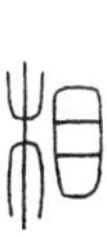
（篆）
［霜］

（篆）

られるもの（客体）であり、二つのものが「□-□」の形に向き合う」というイメージを表している。具体的文脈では、二人がA⇅Bのように関わり合うという意味が実現される。一方、二つのものの関係に視点を置くと、□-□の形は並ぶ状態でもあるが、一定の間隔を置いて離れた状態でもある。ここから、□↕□の形に離れるというイメージや、□・□・□…の形にばらばらになるというイメージに展開する。「□↕□の形に離れて並ぶ」のイメージは「箱」に実現されている。車の両側に仕切りの板を□-□の形に並べた荷台が「箱」である。また「□・□・□…の形にばらばらになる」というイメージが実現されたのが「霜」である。『詩経』に「白露、霜と為る」とあるように、古人は「しも」は露が凍った粒状のものと考えた。だから「相（音・イメージ記号）＋雨（限定符号）」を合わせて、水分（露）が凍ってばらばらな粒状をなす自然現象という図形的意匠が考案された。

星と霜を合わせて時間という意味が生まれる。日（太陽）と月が時間に従うことは言うまでもないが、星の出現も一日や季節の時間に従う。霜は毎年寒くなる時節に降るものである。だから星霜という複合語によって時間、年月の意味になる。霜は一年の間隔を置くので、「霜」だけでも一年を表すことができる。唐の賈島《かとう》の詩に「并州に客舎して已《すで》に十霜」の用例がある。

# 【光】

㊥コウ　㊙ひかり・ひかる

①「火に従い㕵の声。㕵の音は大の意を表す。大火の意」（『漢字の起源』）

②「会意。火と人（儿）とを組み合わせた形。頭上に大きな火を書き、火を強調して見せている字である。古代の人びとにとって火は神聖なものであったから、火を守って神に仕える人がいた。光はそのような火を扱う聖職者を示す。のち火の〝ひかり〟そのものを光という」（『常用字解』）

③「人が頭上に火を載せた姿を示す会意文字。晃（ひかり）・煌（光が四方にかがやく）・黄（炎の光→きいろい）と同系のことばで、四方に発散するの意を含む。また、広・横（ひろがる）・往（どんどん進む）とも縁が近い」（『学研漢和大字典』）

①では㕵が音符の形声文字とするのが奇妙。さらに㕵が大の意味を表すとか、光が大火の意味というのも理解不能である。②では聖職者の意味から火のひかりの意味になったというのが理解し難い。図形的解釈をストレートに意味とするのは誤りである。③では字源と語源を区別して説明している。「四方に発散する」という基本義を捉え、「明るく輝く」「明るく輝くひかり」を本義としている。

［光］

（甲）

（金）

（篆）

改めて字源・語源を見てみよう。字源は「火＋儿（人）を合わせただけの極めて舌足らず（情報不足）な図形である。何とでも解釈できる。語源の探求を先にしないと字源の勝手な解釈に歯止めがかからない。語源については古人は光・晃・広を同源と見ている。藤堂明保は光・黄・晃・煌・曠を同源とし、KUANGという音形と、「四方に広がるひかり」という基本義を設ける。一方、王のグループ（皇・徨・往・汪・枉）、永のグループ（詠）、広のグループ（横・拡）などを一つの単語家族にくくり、HUANGという音形と、「大きく広がる」という基本義があるとする。そしてこれら二つの単語家族は一つにまとめられる公算が大きいという（『漢字語源辞典』）。以上によって「ひかり」を意味する古典漢語kuangは「四方に発散する」というコアイメージをもつといえる。この聴覚記号を視覚記号に変換したのが「光」である。人が頭上に火を掲げている情景を暗示させる図形である。これ以上の情報はこの図形にはない。神聖な火を扱う聖職者といった解釈は勝手な深読みである。「光」は始めから「ひかり」の意味である。『詩経』に「月出の光」、「庭燎（庭のかがり火）の光」という用例がある。

## 【陰】 ㊨イン　㊞かげ・くもる

①（『漢字の起源』にない）

②「形声。音符は侌《いん》。侌は云（雲気）に今（蓋、覆う意）を加えて、気を覆い、閉じ込めるの意味を表す。阜（阝）は神が天に陟り降りするときに使う神の梯。陽はその神梯の前に日（玉）を置き、その玉の光をいう。陰はその光を閉ざし、神気を閉じ込めるの意味」（『常用字解』）

③「原字は侌で、云（雲）＋音符今（＝含。閉じこもる）の会意兼形声文字。湿気がこもってうっとうしいこと。陰は阜＋音符侌《イン》の会意兼形声文字で、陽（日の当たる丘）の反対、つまり、日の当たらないかげ地のこと。中に閉じこめてふさぐの意を含む。含・禁（出入りを防ぐ）・暗（ふさがってくらい）と同系のことば」（『学研漢和大字典』）

②では天に昇り降りする梯とは何のことか。空想の産物ではないだろうか。しかも神梯の前に置いた玉に神気を閉じ込めるのが陰の意味とは理解を絶する。図形的解釈と意味が混乱している。意味とは言葉の意味、語の使い方であって、それ以外にない。③は「中に閉じこめてふさぐ」という基本義を捉え、⑴暗くてうっとうしい、⑵空がくもる、⑶日の当たらない丘、物のかげで、見えない所、⑷山の北側、と意味を展開させる。これらの意味には「中に閉じこめてふさぐ」という基本義が通底している。実に明解である。

［侌］

（篆）

［陰］

（篆）

改めて字源を見てみよう。今→会→陰の三段階を経て造形された字である。「今」という記号にコアイメージの源泉がある。これは「亼（覆い、蓋）＋一（ある物）」を合わせて、物に蓋をかぶせて押さえ込む情景を設定した図形。これによって「かぶせる」「押さえ込む」「中にふさぐ」というイメージを表すことができる（「今と古の起源――時間漢字（22）」の項参照）。「今《キン》（音・イメージ記号）＋云（雲を示すイメージ補助記号）」を合わせた「会」は、雲がかぶさって下界を覆う情景を設定した図形。これで「下の物や中の物を覆いかぶせて閉じ込める」というイメージを表せる。したがって「会《イン》（音・イメージ記号）＋阜（限定符号）」を合わせて、山の峰が覆いかぶさるため日が当たらずかげになった所（山の北側）を暗示させる。この図形的意匠によって、日の当たらない山の斜面や、山のかげになる場所（山の北側）の意味をもつ古典漢語 iəm を表記する。『詩経』に「其の陰陽を相《み》る」（山の南北をよく観察する）という用例が最も古い。山陰地方、山陽地方という場合の陰と陽はこの意味である。山がある場合は北側が陰だが、川の場合は南側が陰である。日本では使わないが、中国では河陰（黄河の南側）、淮陰（淮水の南側の地方）などの地名がある。

さて光の現象はいろいろあるが太陽、月、星の光が自然界の代表であろう。現代では光速、光年などは時間の観念を含むが、古代でも日や月のとつながりから光と時間の結びつきが生まれた。また日時計で時間を計る際に陰が目安になるので、陰にも時間とのつながりが生まれた。したがって光と陰を合わせた複合語「光陰」は時間、歳月という意味になった。また陰だけでも寸陰（わずかな時間）のような使い方ができる。

## 「機・節・程・度」の起源――時間漢字（5）

「とき」を表す漢字は普通は時であるが、ほかに機会・時機の機、時節・季節の節もある。訓読みの漢字には程《ほど》、度《たび》、際《きわ》、瀬《せ》、折《おり》、潮《しお》、砌《みぎり》などがある。程・度・際は漢語にも時間的用法があるが、瀬、潮、折、砌は日本的展開である。これらがどうして時間漢字の用法をもつようになったかを、字源から尋ねてみよう。

節・度は助数漢字として既に出しているが、ここでは時間漢字として取り上げる。

### 【機】 音キ 訓はた

字源は「幾《キ》（音・イメージ記号）＋木（限定符号）」の組み合わせで、「幾」にコアイメージの源泉がある。「幾」の字源・語源は「概数の漢字② 数・幾の起源――数漢字（27）」「台と機の起源――助数漢字（94）」で述べているが、もう一度振り返ってみる。

「幺」は小さな糸の形で、これを二つ並べた𢆶は「小さい、わずか、細かい、かすか」などのイメージを示す記号である。「幾」は「𢆶（イメージ記号）＋人（イメージ補助記号）＋戈（限定符号）」を合わせて、人にわずかな距離まで武器を近づける情景を設定した図形である。人を攻撃することを意味するのではなく、わずかな距離まで近づけることを表そうとするのが図形にこめられた意図である。これによって、「わずか、小さい、細かい」だけでなく、「近い」というイメージを表すことができる。「幾」の具体的文脈における意味は、「近い」「わずかなきざし」「かすか」などであるが、主として数や時間がわずかである意味や、小さな数を問う言葉に用いられる。これが幾何《いくばく》、幾人《いくにん》、幾日《いくにち》の幾である。「幾」は時間漢字でもある。

さて「機」は「幾」から展開する。「幾」は「小さい、細かい、かすか」、さらに「（わずかな距離まで）近づける」「近い」というコアイメージをもつ記号である。小さい部品どうしを近づけて、わずかな力で動かせるようにした細々した仕掛けのある装置を古典漢語でkierといい、「機」の図形で表記した。具体的文脈では、弩《ど》（いしゆみ）を発射する装置や、織物を織る装置（はた）という意味が実現された。

意味は仕掛け・からくり（機械）、複雑な仕組みや巧みな働き（機能）の意味に展開する。また、「近づく」というコアイメージから、何かに近づく（出会う、触れ合う）きっかけ、チャンスという意味が生まれる。これが機会の機である。きっかけをつかんで利用することを「機に乗ずる」という。時機・危機の機は出会う時の意味。

## 【節】 音セツ　訓ふし

字源については既に「言と節の起源——助数漢字（67）」の項で述べているが、もう一度振り返る。「卩《セツ》（音・イメージ記号）＋皀（イメージ補助記号）＋竹（限定符号）」と解析する。「卩」はひざまずく人を描いた図形。ひざまずくと足は∠の形になる。「一」の形が「∠」の形になることは折れ目（節目）がつくことである。だから「卩」は「∠の形に折れる」「折れ目がつく」というイメージを表すことができる。このような抽象的なイメージを具体的な物で表現するのが人のひざまずく姿であるが、もっと具体的な場面を造り出したい。そのために「皀」というイメージ補助記号が添えられた。器に盛ったごちそうの図形である「皀」を挿入して、ごちそうの前に人がひざまずく情景を造ることによって、イメージをはっきりと想起させることができる。かくて「折れ目（節目）がつく」という抽象的なイメージがごちそうの前でひざまずくという具体的な場面に転換して、表現されたのである。

古典漢語で竹などの「ふし」やふし目のあるものをtsetと

いった。この聴覚記号を視覚記号に換えたのが「節」である。意味はふし（枝葉末節）、ふし目のあるもの（関節）、音楽や文章の切れ目（音節・文節）、時候の変わり目で区切った時間（季節・節季）、一年のふし目となる日（節供・節分）などに展開する。祝日を節日という。正月のお節《せち》料理の節もこの意味。また、だらだらと流れる時間をある時点で切り取って、区切りをつけた一定の時間を示す用法もある。当節・苦節の節はこれである。「その節は」などと節を単独で使うこともできる。

## 【程】　音テイ　訓ほど

こんな字源説がある。

①「呈が声符。呈の音の表す意味は整の意。禾を整頓する意。数量単位に従って整頓するところから、数量単位、従って物を数える原則の意となった」（『漢字の起源』）

②「形声。音符は呈。呈は口（祝詞を入れる器）を高く掲げて神に捧げることをいい、豊作を神に祈るの意味となる」（『常用字解』）

③「壬《テイ》は人間のまっすぐなすねを一印で示した字。呈はそれに口を添えて、まっすぐにすねを差し出すこと。一定の長さを持つ短い直線の意を含む。程は禾（作物）＋音符呈の会意兼形声文字で、もと禾本科の植物の穂の長さ。一定の長さ→基準→はかるなどの意となった。梃（まっすぐな棒）・正（まっすぐ）などと同系のことば」（『学研漢和大字典』）

［壬］

（甲）

（篆）
［呈］

（篆）
［程］

（篆）

①では呈が整の意味、程が禾を整頓する意味とする。呈にも程にもそんな意味はない。同語反復の字源説。②では図形の解釈から「豊作を神に祈る」の意味を導くが、そんな意味はあり得ない。②の文字学はコアイメージの概念がないので形声文字の説明原理をもたない。そのため会意的に解釈するから、意味を取り違えるか、または余計な意味素を混入させる傾向がある。意味とは文脈に使われる語の意味であって、形にあるわけではない。③では基本義を「まっすぐ」→「一定の長さを持つ短い直線」と展開させて、「一定の長さ」の意味とする。説明がやや分かりにくい。

改めて字源を見てみよう。「呈」がコアイメージを提供する基幹記号である。「呈」のさらなる根源に壬《てい》がある。壬は呈・徴・望・聖では王に変わり、廷では壬に変わり、聴（聽の新字体）では抜け落ちている。壬については別項で説明しているが（「挺と丁の起源――助数漢字（27）」の項参照）、もう一度振り返ってみる。壬は人がかかとを上げて背伸びして立つ姿を描いた図形である。この意匠によって、「まっすぐ伸びる」「まっすぐ（直線的で曲折がない）」というイメージを表すことができる。垂直軸で「まっすぐ伸びる」は「↑」の形のイメージだが、水平軸では「→」の形に延びていくというイメージである。「壬《イテ》（音・イメージ記号）＋口（限定符号）」を合わせた「呈」は、言葉で内容をまっすぐに（ストレートに）表し出す様子を暗示させる。しかしこんな意味を表すわけではない。古典漢語では、中身をまっすぐに外側に現し示すことをdiengといい、この語を代替する視覚記号として「呈」が考案されたものである。言語に関わる限定符号をつけたのは、言葉が内容を表現するのにふさわしいので、言語の分野に場面を設定したのである。この具体的場面を設定した図形的意匠が「呈」である。

「呈」には「まっすぐ現し示す」というイメージがある。これを利用したのが「程」である。「呈《イテ》（音・イメージ記号）＋禾（限定符号）」と解析する。作物（穀物）に関わる場面を設定している。これで何を表すのか。古典漢語の用例を調べてみる。『韓非子』に「能を程《はか》りて事を授く」（能力をはかって仕事を授ける）という用例がある。「はかる」の意味だが、具体的には重さや長さをはかることである。また、『詩経』では「先民をこれ程とするにあらず」（昔の人を手本にはしない）という用例がある。文献は『詩経』が古いが、意味は「重さ・長さをはかる」から「基準・手本・法則」の意味に転じたと考えるのが合理的である。

「重さや長さをはかる」が最初の意味であったとすれば、「程」の図形はどのような意匠がこめられているのか。「まっすぐに現し示す」が「呈」のコアイメージである。したがって、穀物の場面に設定すると、穀物をはかりなどを使ってストレートにその内容（すなわち重さや容量）を現し示す状況を暗示させる図形と解釈できる。長さも含めて度量衡（長さ、容量、重さ）の基本となる行為（それをはかるという行為）を「程」で表したのである。

意味は重さ・長さなどをはかることから、はかる前提になる目盛りなどの基準の意味（規程）、基準を設けて比べられる大小・優劣などの度合い（程度）、目盛りのように順々に区切りをつけて行う仕事の量（工程）、一つ一つ区切りをつけて進行するもの、道のりやコース（道程・行程・課程）という意味に展開する。最後の意味は一段一段と区切れた時間（日程）という時間漢字の用法につながる。

日本では「程」に「ほど」の訓がつけられた。日本語の「ほど」は「動作が行われているうちに時が経過推移して行くことの、はっきりと知られる、その時間をいう。道を歩くうちに経過する時間の意から、道のり・距離、さらには奥行き・広さなど空間的な意味にも使われた」という（『岩波古語辞典』）。時間→空間→物事の程度と転じたらしい。漢語の「程」は度量衡のはかる行為→基準→程度→空間（道のり）→

時間（日程）と転化した。意味転化の仕方が「ほど」と「程」は逆である。

## 【度】 音ド 訓たび

字源については「度・量・衡の起源」で既に述べたが、もう一度振り返ってみる。「度」は「廿（イメージ記号）＋广（イメージ補助記号）＋又（限定符号）」と解析する。「廿」は「革」の上部だけを切り取って、獣の革（毛皮）を示す記号。その用途に着目したもので、席に含まれているように、敷物というイメージを示している。「广」は家、建物。「又」は手の動作に関わることを示す限定符号。したがって「度」は敷物にする革を手尺ではかる様子を暗示させる。図形には計測の行為は含まれていない。語の意味から逆に計測する場面を設定したのであろうと推定したに過ぎない。

「度」は古典でどんな意味で使われているかを調べるのが先である。『詩経』に「其の隰原《しゅうげん》を度《はか》る」（その沢と原を測量する）という用例がある。また、同書に「帝、其の心を度る」（天帝は彼の心を推し量ってみる）という用例がある。前の「度」は長さを計る、後の「度」は心理を推し量るという比喩的な意味である。このように「度」は長さを計測することが最初の意味である。「度」の図形的意匠は家の調度を設置する際の敷物の計測の情景を想定したと見てよいであろう。もちろんそんな意味を表すのではなく、意味はただ「（長さを）はかる」である。古典漢語では「はかる」という動詞ではdak（呉音でダク、漢音でタク）、ものさしや目盛りという名詞や、その他の意味ではdag（呉音でド、漢音でト）という。

長さを計る→計るための器具（ものさし）→基準となるもの（手本、法則）→物事の標準・程合いの意味に展開する。一方、ものさしは目盛りで計るから、目盛りの意味（温度・高度などの度）が生まれる。また、目盛りは一つ一つ順を追って進むから、一回、二回と回数を順に数える助数漢字の用法が生まれる。「二度あることは三度ある」の度は回数を数える。毎度・今度は毎回・今回と言い換えられる。

日本では「度」に「たび」の訓を与えた。「たび」は度数・回数の意味で、漢語の「度」と共通である。しかし「たび」のもう一つの意味はおり・時である。「この度は」「～する度に」などの「度」は日本的展開である。

# 「際・瀬・潮・折」の起源——時間漢字（6）

「際」は「この際《さい》」などは音読み、間際《まぎわ》、往生際《おうじょうぎわ》などは訓読みにする。他の字は訓読みだけ。潮《しお》・折《おり》の時間的用法は日本的展開であるが、元の漢字の字源を尋ねて、その用法との関わりを尋ねてみよう。

## 【際】　㊅サイ　㊊きわ

こんな字源説がある。

①「祭の声符。祭の音の表す意味は会の意。両牆壁の相会する縫会を際と言ったのであろう」（『漢字の起源』）

②「会意。阜は神が天に陟り降りするときに使う神の梯の形。その前の祭壇（示）に手（又）で肉を供えて祭ることをいう。そこは天から降りて来る神と人とが相接する所で、際とは神人の際、〝きわ〟をいう」（『常用字解』）

③「祭は肉＋手＋示（まつり）の会意文字で、お供えの肉をこすって汚れを取ることを示す。こすり合わせるの意を含む。際は阜（かべ）＋音符祭の会意兼形声文字で、壁と壁がこすり合うように、すれすれに接することを表す。察（こすって汚れを取って見る）などと同系のことば」（『学研漢和大字典』）

①では祭に会の意味はない。「出会う」というイメージはある。意味とイメージを区別しないと、漢字の正しい解釈はできない。際の意味を「両牆壁の相会する縫会」とするが、「出会い」だけが意味であって、他は余計である。②では神が天に昇り降りする梯とは空想の産物。そんな所で神と人が接するから、神人の際《きわ》という意味が生まれたとは理解を絶する。②の文字学にはコアイメージという概念がないので形声文字の説明が原理的にできない。だから会意的に形を解釈し、ストレートに意味を導く。これは誤った方法である。意味は図形にあるのではなく、語の使用される文脈にある。③では「こすり合わせる」という基本義から際を解釈する。ただし図形の解釈と意味を区別している。意味は「相接して互いにすれ合う」としている。

［祭］

（金）

（篆）

［際］

（篆）

改めて字源を見てみよう。

「際」は古典でどのように使われているか。『易経』に「剛柔際《さい》するなり」（剛と柔が出会うのである）という用例がある。AとB（二つのもの）が出会うという意味である。際会のように動詞的用法が最初である。二つがすれすれに接するから、交わるという意味にも展開する。これは交際の際である。

「際」という語の深層構造は「AとB（二つのもの）が触れ合う」というイメージである。このイメージを表す記号が「祭」である。なぜ「祭」がこんなイメージを表すことができるのか。「祭」を分析すると、「肉＋又（手の形）＋示（祭壇の形）」の三つの符号からできている。肉を祭壇の上に供える情景を設定した図形である。これによって「まつる」「まつり」を意味する古典漢語 tsiad の視覚記号とした。ただし図形からはこの語のコアイメージは見えてこない。

「まつり」という行為の前提をなすのは汚れを清めるという行為（斎戒沐浴）である。また「まつり」の目的や効能は汚れを祓うことにある。いずれにしても「汚れを取る」というイメージがある。汚れを祓うは抽象的だが、具体的な場面では、汚れたものを水で洗ったり、手や道具を用いてこすり取ったりするのが普通である。ここに、AとBが接触する、触れ合うというイメージの根拠がある。かくて「祭」は「二つのものが触れて擦れ合う」「触れ合う」というコアイメージをもつといえる。古典では「祭は際なり、人と神交際するなり」と語源を説いている。しかし語の派生の仕方は際から祭へではなく、祭から際へと展開する。

「祭《サイ》（音・イメージ記号）＋阜（限定符号）」を合わせたのが「際」である。「阜」は盛り土、丘、山、階段、壁など、土と関係がある物やその状態、状況を示すための限定符号である。したがって「際」は壁と他の壁が接触する所を暗示させる図形である。しかし①で言うような両壁の出会いといった意味を表すのではなく、AとBがすれすれに接する（出会う、触れ合う）という意味の古典漢語tsiadを表記するのである。際と祭は全く同音であり、コアイメージも同じである。「祭」から「察」にも展開する。「察」は曇りなく見分ける、はっきり見てとるという意味（観察・洞察の察）。これには「汚れを清める」というコアイメージがある。また後世に「擦」が生まれた。これは「こする」という意味。「二つのものをこする」「二つのものが接触する」「汚れを清める」は連合するイメージである。

「AとBが触れ合う」というイメージを図示すると、A|Bの形である。中間の|の部分に視点を置くと、二つのものが接触する所や時という意味が生まれる。空間的にはAという所とBという所の境界である。天際は天地の境目（果て）の意味。また、Aという時間とBという時間の境目を「際」という。『論語』に「唐虞の際」（帝尭と帝舜の境目）という用例がある。巡り会うちょうどその時の意味はその転義である。実際の際はこの意味。

日本では「際」に「きわ」の訓を与えた。「きは（きわ）」とは「先が切り落とされているぎりぎりの所、断崖絶壁の意が原義」で、空間的には「物の垂直面と水平面とが接する所」「境界すれすれの所」「境目」の意味、時間的には「大きな変化をまさに遂げようとする瞬間、まぎわ」「事件のちょうどその折」の意味という（『岩波古語辞典』）。漢語の「際」と原義は違うが、意味の展開は似ている。

時間用語としての「際」は現在の日本では、単独では「この際《さい》」「〜する際《さい》」「今際《いまわ》の際《きわ》」など音読みと訓読みがある。間際、瀬戸際などの熟語では訓読みにする。

# 【瀬】

音ライ 訓せ

「瀬」が正字（旧字体）。

①「頼が声符。頼の音の表す意味は利疾（鋭く突き進む意）。水流の鋭く突き進む意である」（『漢字の起源』）

②「形声。音符は頼。浅瀬、〝せ〟をいう。頼はその流れる音を写したものらしい」（『常用字解』）

③「水＋音符頼の形声文字。頼の原義とは関係がない。激しく水の砕ける急流のこと。洌（急流の浅瀬）・瀨（浅瀬、急流を渡る）・励（はげしい）などと同系のことば。厲《レイ》（はげしい）・烈（はげしい）と縁が近い」（『学研漢和大字典』）

①では頼が利疾の意味を表すとは理解不能。②は擬音語説。③は純粋の形声文字説。語源から意味を導く。②と③は肯定も否定もできないが、頼のコアイメージを捉えると、瀬の意味がスムーズに理解できる。

「頼」にコアイメージの源泉がある。「頼」（旧字体は賴）の字源説を見てみよう。

①「（剌が声符）。剌《らつ》の音の表す意味は利の意。頼は余分な貨幣が原義。依頼の意味は借用」（『漢字の起源』）

［剌］

（篆）

［頼］

（篆）

［瀬］

（篆）

②「形声。剌《れつ》が音符。剌には光烈（てがら）の意味がある。頼は功績があり、貨財があるの意味となり、〝たのむ、たのもしい、たよる〟の意味に用いる」（『常用字解』）

③「人＋貝（財貨）＋音符剌の略体から成る形声文字で、財貨の貸借に際して、ずるずると責任を他人になすりつけることを表す。連・爛・嬾などと同系のことば。また列（つらなる）とも縁が近い」（『学研漢和大字典』）

①では剌に利の意味はない。頼が余分な貨幣の意味というのもおかしい。②では剌にレツの音はないし、光烈の意味もない。功績と財貨があることから「たのむ」の意味を導くのはあまりにも場当たり的である。③は字形の解剖に問題がある。

改めて頼と瀬の字源を見てみよう。

剌→頼→瀬と展開する。根源のイメージを提供するのは「剌《らつ》」という記号である。「剌」のイメージは辛辣《しんらつ》の辣によく表れている。「辣」は辣油《ラーユ》の辣、つまりぴりっと舌を刺激する味である。「激しく跳ね返る」が辣のイメージである。「剌」のコアイメージもこれと同じ。図形は「束（イメージ記号）＋刀（限定符号）」を合わせたもので、束になったものを刀で切る情景を設定している。これによって「（まとまっていたものが）ばらばらになって跳ね返る」というイメージを表すことができる。これには二つイメージが含まれる。まとまったものは中心に向けて↓の力が働くが、それを↑の形に跳ね返すから、一つは「（反対方向に）跳ね返す」というイメージがある。もう一つは「↑↓の形に分かれる、分散する」というイメージである。「二つに分かれる」「ばらばらに分散する」は「激しく飛び散る」に連合する。同様のイメージ転化は列（二つに分かれて並ぶ）・裂（二つに分かれて裂ける）・烈（四方に分散する、激しい）のセットに例がある。

二つのイメージのうち「（反対方向に）跳ね返す」というイメージを用いたのが「頼（賴）」である。これは「剌《ラツ》（音・イメージ記号）＋貝（限定符号）」と解析する。「貝」は財貨や貨幣と関係のある状況に限定する符号。こちらに（↓の方向に）来た負債を相手に（↑の方向に）跳ね返して、相手に押しつける情景を設定したのが「頼」である。この図形的意匠によって、自分ではやらないで他人に任せることを意味する古典漢語 lad を表記する。自分ではやらず他人を当てにすることが「たよる」ということである。「たよる」は「何かの手がかりに寄りかかって、相手に依存する意」という（『岩波古語辞典』）。漢語の「頼」とほぼ一致する。自分ではやらないから、「なまける」という意味も派生する（後世では嬾《らん》、懶《らん》という）。「頼」には「たのむ」の訓もつけられたが、人に物をたのむという意味は日本的展開である。

一方、「剌」に「激しい」のイメージがあり、「頼」にもこのイメージが引き継がれた。右に述べたように「跳ね返す」「分散する」「激しい」は連合する三つ組イメージだからである。「頼《ライ》（音・イメージ記号）＋水（限定符号）」を合わせた「瀬《らい》」は、川底が浅く（あるいは石が多く）水が激しく跳ね返る所を暗示させる。この意匠によって、水勢の激しい急流の意味をもつ古典漢語 lad を表記する。頼と瀬は同音であり、共通のコアイメージをもつ同源語である。日本では「瀬」に「せ」の訓を与えた。「せ」は「川の浅い所」「川の水の浅い流れ」、また「（渡るための狭い所の意から）逢う場所」「ふし。点」「機会」の意味という（『岩波古語辞典』）。前者の意味は漢語の「瀬」と似ている。後者の時間的な用法は漢語の「瀬」にはない。

## 【潮】 音チョウ　訓うしお・しお

①「（朝と潮は同字）。淖《ちょう》の原義は水の高く上がる意」（『漢字の起源』）

②「形声。音符は朝。朝は朝あけの時をいう。朝の金文の字形には、月に代えて水を書く字があるが、朝の潮の満ち引きを示した字である」（『常用字解』）

[潮]

（篆）

③「朝は中（くさ）の間から日が出るさま＋音符舟の形声文字。潮はもと、草の間から日が出るさま＋水の会意文字であったが、楷書は水＋音符朝の会意兼形声文字で、朝しおのこと。朝と同系のことば」（『学研漢和大字典』）

①では朝と潮を同字とするのが疑問。②では「朝あけの時」と「朝の潮の満ち引き」のつながりに必然性がない。共通するのは「朝」だけで、「満ち引き」は結びつかない。③では朝と潮を同源とするが、「しお」とは何かの説明がない。

改めて字源・語源を見てみよう。「朝」を語源的にどう捉えるかが「潮」とは何かを解明する鍵である。「朝」の字源・語源については「朝昼夜の起源① 朝の起源――時間漢字（25）」でも述べている。

古典漢語の時間観念では、昼は人間の活動する時間帯で、一日の中心に位置する時間である。朝は中心に向かう過渡期の時間である。夜は朝を含めた昼の両側に位置する時間である。このように、古典漢語の「朝」という時間は、夜が終わって中心の時間に向かっていく途中の時間である。したがってtiog（朝）という語のコアイメージは「中心に向かう」であるといえる。だが「朝」という図形にこのイメージは反映されているだろうか。

字体は「𠦝＋月」（甲骨文字）→「𠦝＋巛」（金文）→「倝＋舟」（篆文）と変わった。「𠦝」は草の間から日が出かかる情景。日の出と月を合わせて、夜明けの頃を暗示させる。この図形には「中心に向かう」というイメージは読み取れない。「巛」は水の流れの形。日の出と水流を合わせて、日の出の頃に潮が流れる（満ちてくる）情景を暗示させる。潮は沖から海岸（陸地）に流れてくるから、「中心に向かう」のイメージが含まれていると考えてよい。篆文では「倝」は太陽が空高く上がる情景。舟は「進む」「移動する」ことを象徴的に示す。「前」の原字である「歬《せん》」にも進むことを示すイメージ記号として「舟」が用いられている。したがって「倝＋舟」を合わせた「朝」は太陽が中天に向かって進んでいく情景を暗示させる。この図形には明白に「中心に向かう」のイメージがある。

以上のように語源的にも字源的にも「朝」は「中心に向かう」というイメージをもち、夜明けから昼に向かう途中の時間帯であることが分かる。「中心に向かう」というコアイメージは二つのことの説明ができる。一つは「朝」の転義の説明。周辺から中心（中央）に向かっていくという意味が生まれる。これを朝宗という。周辺国や地方から中央に貢ぎ物をもってくることが朝貢である。ここから政治の中心、中央政府を朝廷・王朝という。

もう一つは「潮」の字源・語源が説明できることである。

「朝《チョウ》（音・イメージ記号）＋水（限定符号）」と解析する。「朝」は「（周辺から）中心に向かう」というイメージを示す記号。したがって、沖から海岸に向かって押し寄せる水を暗示させる図形が「潮」である。流動する海水、また、満ち引きする海水を「潮」という。一般に海水の干満の現象を「潮」というが、朝と夕方に起こる場合を分けて言うなら、朝しおを「潮」、夕しおを「汐《せき》」といって区別する。

　潮は流動するものであるから、物事の移りゆきという意味に展開する。思潮・風潮の潮はこれである。潮の干満は時間に従う自然現象だから、「潮」には時間の観念も含まれている。日本語の「しほ（しお）」は「海水の満ち干、また、さし引きする海水」「海水」「（さし引きする微妙な動きの意から）適当な機会、好機」の意という（『岩波古語辞典』）。潮時のように、「機会、好機」の意味は日本的展開である。

## 【折】 音セツ　訓おる・おり

① （『漢字の起源』にない）

② 「会意。二つの屮と斤とを組み合わせた形。屮は草木の芽が出た形。草木を斤（おの）で切ることを折といい、〝たつ、おる〟の意味となる」（『常用字解』）

［折］

（金）（金）（篆）（篆）

③ 「木を二つに切ったさま＋斤（斧で切る）の会意文字で、ざくんと中断すること」（『学研漢和大字典』）

「折」の左側は手偏の「扌」ではなく「屮」を上下に重ねた形で、「𣂚」が本字である。「斤」は斧。「屮」は草。したがって、草を二つに断ち切る情景というのが「折」の図形的意匠である。この意匠によって、「途中で切り離す」というイメージを表すことができる。古典漢語の tiat は「途中で切り離す」という意味である。『詩経』に「我が桑を折る無かれ」（私の植えたクワの木を断ち切ってはだめよ）という用例がある。「一」の形（直線状のもの）が「- -」の形（分裂・分割の状）になるのが「折」のイメージである。しかし「一」の形が「∧」の形や「∠」の形になるというイメージにも転化する。これは「途中でおれ曲がる」という意味である。このように「折」には「途中で切り離す（おって断つ）」の意味と、「途中で曲がる（おれ曲がる）」の意味の二つがある。前者は折檻・骨折の折、後者は曲折・屈折の折である。

　日本語の「をる（おる）」は「直線状のものを、一点を支点として曲げ、あるいは曲げた結果別々に離す」が基本で、「（鋭角的に）曲げかがめる」と「曲げて二つに切り離す」の意味に展開するという（『岩波古語辞典』）。日本語の「おる」は曲げる→切り離すに転じたようであるが、漢語の「折」は逆に切り離す→曲げるに転じた。

一方、「をり（おり）」は時間を表す用法が生まれた。「時の流れの中で、まがりめ、変わりめとなる時点」の意で、「（その）時、場合」「機会」「季節」の意味になるという（『岩波古語辞典』）。折々、折節、～の折などの使い方がある。この用法は漢字の「折」にはない。「折《おり》」は日本的展開である。

## 「頃」と「暇」の起源——時間漢字（7）

「頃」と「暇」は特殊な時間である。「頃」は本来は短い時間を表す語であるが、日本では「あの頃」「この頃」など漠然と「とき」を指す用法が発生した。なぜそんな意味が生まれたのか、字源・語源から見てみよう。

### 【頃】 音ケイ 訓ころ

従来の字源説は次の通り。

① 「匕が声符。匕《し》の音の表す意味は偏倚の意。頃は体の不正（身体が偏倚している）の意」（『漢字の起源』）

② 「会意。匕（神霊の上よりあらわれる形）と頁（礼装して神を拝する形）とに従う。上から降りて来る神を迎え、姿を正し、身をかがめて拝む形。身を前に傾けて礼をするので、頃にかたむくの意味がある。少頃（しばらく）の時の意があるのは、頃首の姿勢は長く保ちがたいからであろう」（『字統』）

③ 「匕は化の原字で、妙な形に姿を変化させること。頃は匕＋頁（あたま）の会意文字で、頭をかしげることを表す。傾の原字。掛（∧型にかける）・危（∧型に切り立つ）と同系のことばで、∧型、ななめになるの意を含む」（『学研漢和大字典』）

［頃］

（篆）

①では匕《し》を音符とする形声文字とするのが奇妙。匕にこんな音はないし、頃《けい》とあまりにも懸け離れている。また匕が偏倚の意を表すというのも理解不能。②では匕が「神霊の上よりあらわれる形」というのが分からない。だいたい神霊は見えるのだろうか。形があるのだろうか。神霊を拝することは「おがむ」の意味になりそうなものだ。なぜ「かたむく」の意味になるのか。必然性がない。字形→意味の方向に見ると恣意的な解釈が生まれる。意味→字形の方向に見るべきである。③は字源と語源を区別して説明している。語源的には「∧型、ななめになる」という基本義をもち、これが図形として「匕（姿を変える）＋頁（あたま）」の組み合わせで表されるというのが趣旨。論理にかなう説である。

改めて字源を見てみよう。「匕（イメージ記号）＋頁（限定符号）」と解析する。「匕」は「人」の鏡文字である。逆さ文字は反対のイメージを作り出す造形法だが、鏡文字も同じような働きがある。「人」は正常に立つ人の形なので、「匕」は異常な（変わった）姿になった人のイメージを作り出す。―（まっすぐ）の形が変わると、「く」や∠のような形になる。これは斜めの形であり、傾いた形でもある。「匕」は「斜めに傾く」というイメージを示す記号になりうる。「頁」は人の頭部を強調した形で、頭部や人体、また人と関わることに限定する記号になる。かくて「頃」は頭を（あるいは体を）斜めに傾ける情景を暗示させる図形である。この意匠によって、「かたむく」の意味をもつ古典漢語k'iuengを表記する。『詩経』に頃筐《けいきょう》（∠の形に斜めに傾いたかご）の用法がある。これが最初の意味である。

「頃」は時間漢字や単位漢字に転用された。なぜこんな使用法（つまり意味）が生じたのか。その理由を考えてみよう。意味の展開はメタファーやアナロジーが契機になるが、コアイメージによることも多い。「頃」という語のコアイメージは「斜めに傾く」である。これを図示すれば「∠」の形である。これは「∧」の形のイメージにも転化する。時間はまっすぐ進むというイメージで捉えられた（「時の起源――時間漢字(1)」の項参照）。「―」の形に進んでいくものが「∧」の形になるのは途中で折れ曲がることである。何らかの原因のために時間の進行が折れ曲がるという感覚（あるいは意識）が発生する事態が起こることがある。これが緊急の事態、つまり「にわか」「切羽詰まる」というイメージである。急で切羽詰まる時間は短い時間でもある。このように、「∧」の形→「途中で折れ曲がる」→「急で切羽詰まる」というイメージ展開を経て、「頃」は「短い時間（しばらく）」の意味に展開した。

ある時点を中心にして、その前後の比較的短い範囲の時間を頃日《けいじつ》（このごろ）、頃者《けいしゃ》（さきごろ）という。日本ではこの「頃」に「ころ」の訓をつけた。「ころ」とは「経過して行く時間・季節について、およその見当をつけ、一点を中心に、その前後をひとかたまりとして把握する語」という（『岩波古語辞典』）。ただし「ころ」には古典漢語の「頃」の短い時間（頃刻、食頃、少頃）という意味はない。

以上は時間語の「頃」だが、単位漢字としての用法もある。ついでにここで述べておく。

「∧」の形のイメージは空間にも転用される。人が歩く際、足を∧の形にして、交互に踏み出して歩く。右足を∧の形に踏み出し、次に左足を∧の形に踏み出す。これを「歩」という。一歩、二歩と数える助数漢字は本来は∧∧（ふたまたぎ）の距離である。これに対し、∧（ひとまたぎ）の距離、つまり半歩を「頃《き》」という。これは後に「頍《き》」「跬《き》」とも書かれる。

「圭」にも「∧」の形のイメージがある。

「歩」は長さの単位（六尺）であるとともに面積の単位でもある。「頃」も長さと面積の単位になる。「頃」は長さの単位（普通は蹞・跬と書く）としては「歩」の半分であるが、面積の単位としては百畝を一頃とする。「歩」は畝の十分の一である。歩が頃よりも小さい。理由は分からないが、「頃」には∧の形のイメージがあり、紐などを使って∧∧∧…の形（あるいは⌒⌒⌒…の形）に計測することから「頃」を面積の単位としたのであろう。

## 【暇】 音カ 訓ひま・いとま

こんな字源説がある。

①「叚が声符。この音の表す意味は間（すきま）である。暇はすきのある日、何事もない空きの日の意」（『漢字の起源』）

②「形声。音符は叚。叚は岩石を切り取る形で、まだ磨いていない原石のままをいう。それで未知数のものであるとか、遠い、大きいなどの意味を含んでいる。時間の関係でいえば〝暇《ひま》〟となり、〝ひま、いとま〟の意味に用いる」（『常用字解』）

③「叚《カ》は厂印（かぶる物）＋二（下に置いた物）＋又（手で行う動作）の会意文字で、下に物を置いて、上にベールをかぶせるさま。暇は日＋音符叚の会意兼形声文字で、所要の日時の上にかぶせた余計な日時のこと。仮（本物の上にかぶせた余計な水増し）と同系のことば」（『学研漢和大字典』）

［叚］

（金）

（篆）
［暇］

（篆）

①では叚の音が間の意味を表すというのが理解不能。②では叚の解釈が問題だが、それを置くとしても、「未知数、遠い、大きい」と「ひま」に何の関係があるのか、理解し難い。③は語源と絡めて説くので、理解できる。

②の「文字学」は「音」とは何かを定義していない。音を漢字の読み方としか考えていないふしがある。音とは漢字の読み方ではなく、古典漢語における記号素の音声部分である。これをはっきりさせない文字学では「意味」が何であるかも分からない。意味とは記号素の概念・イメージ（意味の部分）である。語（古典漢語）が具体的文脈で使われるときに現れるのが意味である。

③は語源論の裏付けがある。暇は仮と同源としている。藤堂は仮（假）の語源について、下・家・夏・胡・価・庫などと同源で、KAGという音形と、「下の物をカバーする」という基本義があるという（『漢字語源辞典』）。「下の物をカバーする」→「中身がからで表面だけ、一時だけ、見せかけ」の意を含み、「内容を見せないようにカバーをかけてあること。

見せかけ。また、一時だけの間に合わせであるさま」の意味になるという。この語源論を根拠にして、「暇」を上記のように解釈した。

改めて字源を見てみよう。「叚《カ》（音・イメージ記号）＋日（限定符号）」と解析する。「叚」を分析すると「厂（垂れた布）＋〓（ある物）＋爪（下向きの手）＋又（上向きの手）」の四つの記号を合わせたもの。ベールのようなものを両手で物に覆いかぶせる情景を設定した図形である。この意匠によって、「覆いかぶせる」というイメージを表すことができる。このイメージは「カバーして実体を隠す」「実体が覆い隠されて見えない」というイメージに展開する。古代漢語で仕事を休んでいる時間をɦăgといい、「暇」と表記する。この図形にはどんな意匠がこめられているのか。仕事をする時間は人前に姿を現しているが、仕事を休む時間は人前から退いて家に身を隠す状態になる。だから「実体が隠れて見えない」「一時的に身を隠す」というイメージがある。このイメージを表現するのが「叚」である。これに限定符号の「日」（時間と関係があることを示す）をつけて「暇」とした。仕事をする場（公の場）から退いて、一時的に家（私的な場）に身を隠すというのが「暇」の図形的意匠である。これにより「一時的に仕事を休む時間」を表すことができる。日本語では「いとま」に当たる。何もしない時間は「ひま」である。「暇」は両者を含む。

## 「暦」の起源——時間漢字(8)

暦法の起源ではなく、「暦」という漢字の起源である。「暦《こよみ》」は「とき」の概念を表すわけではないが、年代・寿命という意味があるので、ここで取り上げる。

**【暦】** 音レキ 訓こよみ

「暦」の正字（旧字体）は「曆」である。

こんな字源説がある。

① 「厤が声符。厤の音の表す意味は歴（規則正しい間隔で歩く意）である。暦は太陽が規則正しい間隔で歩く意」（『漢字の起源』）

② 「会意。厤《れき》と曰《えつ》とを組み合わせた形。秝《れき》は軍門に立てる標識の木である禾を並べた形で、軍門の形。厓（厂）の下に両禾を立てて軍門とすることを厤といい、軍の本陣をいう。その前に曰（祝詞を入れる器の中に祝詞のある形）を置いて、戦争で立てた手柄を表彰することを暦といい、〝いさおし（手柄、功績）〟の意味となる」（『常用字解』）

［秝］

（甲）

（篆）

［厤］

（金）

（篆）

［曆］

（金）

③「厤《レキ》は禾を並べたさま＋厂印（やね）の会意文字で、順序よく次々と並べる意を含む。暦は日＋音符厤の会意兼形声文字で、日を次々と順序よく配列すること。歴（次々と順序よく各地を歩いて回る）・麗（きちんと並ぶ）などと同系のことば」（『学研漢和大字典』）

①では暦と歴を結びつけたのはよい。しかし「太陽が規則正しい間隔で歩く意」とは奇妙である。暦は太陽と関係はあるだろうが、太陽の運行を表す記号ではない。②では禾を並べた形が軍門を表すとか、崖の下の軍門が本陣の意味だというのは理解するのが難しい。さらに戦争で立てた手柄を表彰することが「暦」の意味とは奇妙である。古典では「暦」にこんな意味は見当たらない。「手柄」と「こよみ」の関係も不明。②の「文字学」はストレートに形から意味を導く方法で、言葉がすっぽり抜け落ちている。②で言う「意味」とは言葉の意味とは考えられない。言葉がないから、コアイメージという概念もない。このことが形声文字の理解に支障を来す。②の「文字学」は形声文字を解釈する原理がないので、会意的に解釈するほかはない。②は「歴」では「厤」を音符としているからには、「暦」でも「厤」を音符としないと矛盾である。「こよみ」を意味する「暦」を形声文字とすると解釈がつかないので、会意文字としたように見える。しかしそうすると図形的解釈が奇妙な意味を生み出す。図形的解釈と意味の混同は「暦」だけの問題ではない。②の「文字学」の必然的な結果である。

③では「厤」を音符とする形声文字とし、「厤」に「順序よく次々と並べる」という基本義があると見、「暦」を「日を次々と順序よく配列すること」と解釈する。ただしこれは図形的解釈であって意味ではない。意味は「こよみ」である。「厤」は音を示すと同時に、基本義と関わるので、③では暦を「会意兼形声文字」と規定する。しかし「会意」というのはAの意味とBの意味を合わせてC（A＋B）の意味を作るという文字学用語である。③でいう基本義は意味ではなく、意味の深層にあるイメージであるから、「会意」という用語はふさわしくない。漢字の成り立ちを象形、指事、会意、形声に分類するのは正確とは言えないので、筆者は旧来の用語を使わないことにしている。

改めて字源を見てみよう。「厤《レキ》（音・イメージ記号）＋日（限定符号）」と解析する。「厤」にコアイメージの源泉がある。これはどんなイメージか。コアイメージは図形に表現されることが多いので、図形にヒントが隠されていることもある。「厤」を解剖してみよう。「厂＋秝」に分析できる。「厂」は覆いや屋根の形。「秝」は「禾」（稲であるが、稲束と考えてよい）を二つ並べた形である。「秝」は用例のないレアな記号で、

「歴」や「暦」の造形のために考案された記号と考えられる。『説文解字』では「秝」を独立させて「稀疏適なり」という説明があるが分かりにくい。二つのものが□-□の形にまばらに(間を置いて)並び、その並び方がきちんとしてはっきり見える状態(歴々、歴然の歴の意)という解釈らしい。上の③にある「順序よく次々と並べる」という基本義はこれを踏まえている。「□-□」の形に二つ並ぶというイメージは□-□-□…の形に次々に並ぶというイメージに展開するのである。古典漢語のlekは「順序よく□-□-□の形にならぶ」というコアイメージをもち、歩行や進行の意味領域に限定したのが「歴」で、各点を□-□-□…の形に(言い換えればA→B→C…というぐあいに)次々に通過していくという意味を実現させる。これが経歴・履歴の歴である(「経と歴の起源——時間漢字(76)」の項参照)。日時の意味領域に限定したのが「暦」であり、日付が順序よく□-□-□…の形に並んだもの、すなわち「こよみ」の意味を実現させる。

最初は「厤」だけで「こよみ」を表していた。『易経』に「君子は厤を治めて時を明らかにす」(知識人はこよみを作って時間を明確に定める)という用例がある。また『論語』には厤数(順にめぐる月日の運行)の用例がある。「日」の限定符号をつけて「暦」が生まれたのはそれ以後である。

# Ⅱ 区切られた時間

## 「年」の起源——時間漢字(9)

「とし」を表す漢字には年、歳、載、稔などがある。何が違うのか。古人は時代によって言い方が違うと見ている。それによると、夏の時代は歳、殷の時代は祀、周の時代は年と称したという。ほかにも説があり、定かではない。字源・語源から調べてみよう。

### 【年】 (音)ネン (訓)とし

次の字源説がある。

①「人が声符。この音の表す意味は熟する意。年は禾穀の稔り」(『漢字の起源』)

②「会意。禾(禾の形をした被りもの、稲魂の象徴)と人とを組み合わせた形。田植えのとき、豊かな稔りを願って田の舞をする男の人の形を年といい、〝みのり〟の意味となり、禾は一年に一度稔るので〝とし〟の意味となる」(『常用字解』)

[年]

(甲)

(金)

(篆)

③「禾（いね）＋音符人の会意兼形声文字。人《ニン》はねっとりとくっついて親しみ合う意を含む。年は作物がねっとりと実って人に収穫される期間を表す。穀物が熟して粘りけを持つ状態になるまでの期間のこと」（『学研漢和大字典』）

作物の実りとするのは三説とも同じだが、解釈が異なる。①は「人」が「熟する」の意味を表すというが、「人」にこんな意味はない。②は形の解釈から意味を導く。実りを祈ることから、「みのり」の意味が出たという。意味は言葉にあるのか、形にあるのか。どこにあるのか。根本的なところが欠けている。③は年と人を同語源と見て、語源から字源を解釈する。

改めて字源を見てみよう。「人《ニン》（音・イメージ記号）＋禾（限定符号）」と解析する。篆文では「千＋禾」になっているが、甲骨文字では「千」ではなく「人」である。「人」をストレートに「ひと」としてよいだろうか。甲骨文字は原始的な文字ではない。数を表す文字（数詞の代替記号）でさえ高度の抽象化による造形が行われていた。「人」も表層的な意味は「ひと」だが、深層構造を見る必要がある。「人」を貫く根底のイメージが「年」の造形を可能にしたと考えられる。それはどんなイメージか。

ここで語源が絡んでくる。語源を前提にしないと、字形の解釈が恣意的になるからである。語源が字源の解釈を制約する。

「人」と「年」の語源を解明したのは藤堂明保である。これらは数詞の「二」と同源である。すでに「二の起源」の項で **nier**（二）は「ふたつくっつく」というイメージがあると述べた。藤堂は二だけではなく、弐のグループ（膩）、爾のグループ（邇・璽）、尼のグループ（昵・泥）、仁のグループ（佞）、日のグループ（衵・捏）なども、**NER・NET・NEN** という似た音形と、「二つくっつく」という共通の基本義をもつ単語家族であるという。そして、「人」は「自分の身辺にある近い間柄の仲間」を意味し、「年」は「穀物が成熟して粘りけをもつこと」と述べている（『漢字語源辞典』）。

イメージ展開を考えると、「二つのものが□-□の形にくっつく」というイメージは「近づく」というイメージ、「粘着する」というイメージに展開する。人間関係においてくっつく（あるいは、近づく）ことは親しむ（むつみ合う）というイメージを生み出す。空間的なイメージと、物理的なイメージと、心理的なイメージは互いに連合する（これは漢語意味論の特徴の一つでもある）。親しみ合う仲間を **nien**（人）、近い人間関係を **nier**（爾）、他人を愛することを **nien**（仁）、ねんごろになることを **niet**（昵懇の昵）というのは、「くっつく」というイメージからの展開なのである。作物が成熟することは種子が成長してねちねちとくっついた（粘りけのある）状態と見ることができる。だから「人」を音・イメージ記号とし、「禾」（稲などの作物）を限定符号として、「年」という図形が考案された。もちろん爾・仁・昵などの現れるのは甲骨文字以後であるが、人・年・二は甲骨文字にもあり、共通の深層構造をもつ語群が早くも出現していたのである。

　甲骨文字では「年」は作物の実りの意味で用いられ、「とし」の意味はない。周の最古の文献（『詩経』など）では「みのり」のほかに「とし」の意味が現れている。これは稲の成熟の周期を一まとめに数えて、三百六十五日を一年としたものである。

## 「歳・載・稔」の起源——時間漢字（10）

　「とし」を表す漢字に、年のほかに歳・載・稔・祀がある。歳は甲骨文字にあるくらい非常に古い。しかし「年」と「歳」は同じ意味なのか。何か違いがあるのか。字源・語源から見てみよう。

### 【歳】　音サイ　訓とし

　正字（旧字体）は「歳」。字源については、古くは『説文解字』に「木星なり。歩に従い、戌の声」とあるが、それ以後諸説紛々として定説がない。日本にはこんな説がある。

①「戌《じゅつ》が声符。この音の表す意味は周の意。歳は寒暑の一周」（『漢字の起源』）

②「会意。古い字形は戉（鉞）の形。のち戉の刃部に止（あしあと）を上下に書く。今の字形は戉と歩とを組み合わせた形。歳はもと鉞で肉を切って祭る祭祀の名で、おそらくその祭祀が年一回行われたので、その祭祀をもって年を数えたのであろう」（『常用字解』）

③「戉（刃物）＋歩（としの歩み）の会意文字。手鎌の刃で作物の穂を刈り取るまでの時間の流れを示す。太古には種まきから収穫までの期間を表し、のち一年の意となった」（『学研漢和大字典』）

　①では戌を音符とするのが解せない。②では鉞で肉を切って祭る祭祀が年一回行われたから「とし」の意味が出たというが、実証性が乏しい。

　「歳」の甲骨文字を戉（鉞）の原字としたのは中国の文字学者（郭沫若など）であるが、実体にこだわると袋小路に入ってしまう。実体よりも機能に重点を置くべきである。「歳」は必ずしも「まさかり」ではなく、単に刃のある道具と考えて

［歳］

（甲）

（金）

（篆）

よい。「歳」は刃物の機能による造形である。刃物の機能は武器になれば人を殺傷することであるが、農具として使用すれば農作物を刈り取る働きをする。後者を念頭に置けば、作物の収穫を表すために刃物の図形化が考案されたと解釈できる。では作物を収穫するという意味かというと、そうではない。作物の収穫を目安とする時間の周期を表すのである。そのため刃物の図形だけでは舌足らず（情報不足）なので、これに「止」（foot の形）を二つ添えた図形も考案された。

篆文はこれを受け継ぐもので、「戌（イメージ記号）＋歩（イメージ補助記号）」と解析できる。なぜ「歩」を加えたのか。時間を表象するために比喩や擬人化によって「進行」というコアイメージを作り出したのが「時」の起源である（「時の起源——時間漢字（1）」の項参照）。同じように、周期という時間を表象するために「歩」を利用して、「進行」「歩行」のイメージを付け加えた。これも比喩であり、擬人化である。

なお篆文に使われた「戌」は刃物の形であり、農作物の収穫と関係があることは十二支の解説ですでに述べた（「戌の起源」の項参照）。

語源については古典に「歳は遂なり」とあるぐらいである。藤堂明保は歳は穂《すい》に近いという。遂は「最後まで（奥まで）推し進める」というコアイメージをもつ語である（「終・了・遂の起源——時間漢字（70）」の項参照）。作物が生長して最終段階に達するのは穂が生じて実ることであり、また刈り取るにふさわしい時期に達することでもある。作物が刈り取られる時期を一周と見て、これを「歳」と称したと考えられる。

殷代では一年（十二か月）は「歳」と言い、「年」とは言わなかった。「年」は穀物の実りの意味であった。しかし周代になると「年」も「歳」と同じ使い方が生まれた。それは作物の成熟も収穫と同様周期性があるので、「年」が一年の意味に転じたのである。

## 【載】 音サイ 訓のせる

王の即位からの年数や年号で「〜初載」「〜二載」などと使われた。千載一遇（めったにないチャンスの意）でも載が年と同じ意味で使われている。載は積載や記載の載（のる、のせる）が普通の意味だが、なぜ年の意味にもなるのか。これはコアイメージと深く関係する。

字源説を見てみよう。

①（『漢字の起源』にない）

②「形声。音符は𢦏《さい》。𢦏は戈の上に才（神聖な標）をつける形で、ものを祓い清め、ことを始めるという意味がある。載はおそらく兵車を祓い清める儀礼で、軍が出発するときに

［𢦏］

（甲）

（金）

（篆）
［載］

（篆）

実施したのであろう。それで〃はじめる、はじめ〃の意味となる」（『常用字解』）

③「才《イサ》の原字は川の流れを断ち切る堰《せき》の形。𢦏《イサ》は戈（ほこ）＋音符才から成り、カットして止めること。載は車＋音符𢦏の会意兼形声文字で、車の荷がずるずると落ちないように枠や縄で止めること。輜《シ》（枠で荷をせき止める荷車）・裁（カットする）・栽（伸びすぎた枝を切って止める）と同系のことば」（『学研漢和大字典』）

②は根拠のない臆測の説。②の文字学は形声文字の説明原理をもたないので、すべて会意的に解釈する。そのため図形的解釈からストレートに意味を引き出す。②は年の意味の説明ができない。③は語源論を根拠とし、才・𢦏・載に共通する基本義が「切って止める」だとする。年月の切れ目→年の意味になるという。

改めて字源を見てみよう。才→𢦏→載の三段階で展開し、「才」にコアイメージの源泉がある。「才」は川の流れをせき止める堰《せき》（ダム）の図形である。しかしそんな意味を表すのではない。漢字は実体よりも形態や機能に重点を置く。堰の機能は流れを止めることにある。連続したものを途中で止める状況を図示すると、─|の形や→|の形になる。これは「途中で断ち切る」「切って止める」というイメージである。「𢦏」は「才《イサ》（音・イメージ記号）＋戈（限定符号）」を合わせて、刃物で断ち切る情景。これも「才」と同じイメージを示す記号になりうる。裁縫の裁（布をたつ）にこのイメージが明白にある。

古典漢語で車などの上に荷物などをのせることを tsəg といい、「載」と表記した。『詩経』に「其の車既に載せたり」（その車は荷物を既にのせている）という用例があり、この用法がいちばん古い。「途中で断ち切る」「途中で止める」というイメージをもつ「𢦏」を利用して、車にのせた荷物が荷台の箱で→|の形に止められている状況を想定して、「𢦏《イサ》（音・イメージ記号）＋車（限定符号）」を合わせて「載」が造形された。この図形的意匠によって、車などに物をのせる意味の tsəg を再現させるようにしたのである。

意味はメタファーやコアイメージから展開する。メタファーとしては、文字を紙などの上にのせるという意味（記載の載）に転義する。一方、「途中で断ち切る」というコアイメージが契機になって、全く別の意味が発生した。時間は連続して流れるもので、本来は切れ目がないが、最初に切れ目を入れて数えるようにしたのが「とし」である。一年を古典漢語では「年」という。ちょうど切れ目のよい一年を特に取り出して言う場合に「載」という。切れ目となる年という意味である。『詩経』に「文王の初載」（文王の一年目）という用例がある。君主が即位して一年たった年が初載である。以後、二載、三載と数える。「載」は助数漢字でもある。

【稔】 音ジン・ネン　訓みのる・みのり・とし

こんな字源説がある。

①（『漢字の起源』にない）

②「形声。声符は念。年穀の熟するをいう」（『字統』）

③「禾（作物）＋音符念（中に含む、いっぱい詰まる）の会意兼形声文字。吟（口中にこもる）と同系のことば」（『学研漢和大字典』）

②は形声文字の説明原理がないため説明を放棄した例の一つ。③は「中に含む」という基本義を読み、「穀物の実が入る」を稔の意味と解釈する。

改めて字源を見てみよう。今→念→稔と展開し、「今」が深層構造に関わる記号である。「今」は「中にふさぐ」というイメージがある（「今と古の起源——時間漢字（22）」の項参照）。「中にふさぐ」は「中に閉じ込める」と言い換えることができる。「今《コン》（音・イメージ記号）＋心（限定符号）」を合わせた「念」は心の中に思いをこめる様子を暗示させる。この意匠によって、一途に思いをこめる意味をもつ古典漢語nemを表記する。「中に閉じ込める」が「念」のコアイメージである。かくて「念《ネン》（音・イメージ記号）＋禾（限定符号）」を合わせた「稔」は、作物の穂の中に実がいっぱい閉じこもる（詰まる）情景を暗示させる。この意匠によって、作物が実る意味の古典漢語niəmを表記する。

作物が実る意味から、「とし」の意味に転じた。作物から発想されて「とし」を表す言葉には「年」と「歳」もある。

［稔］

（金）

（篆）

（篆）

## 「閏」の起源——時間漢字（11）

太陽暦では四年に一度閏年を設け、二月に二十九日を置く。漢字の「閏」はどんな起源をもつかを尋ねてみよう。

【閏】 音ジュン　訓うるう

こんな字源説がある。

①「玉（斠）に従い門（音は陳、餕〈食いのこり〉の意）の声の形声字。調整をした余分の日を閏という」（『漢字の起源』）

②「形声。声符はおそらく壬《じん》。壬には壬大（大きい）・潤余（あまる）の意がある。閏もおそらくその意であろう」（『字統』）

［閏］

（篆）

③「門＋王の会意文字で、暦からはみ出た日には、王は門の中に閉じこもって政務を執らないことを表す。定数からはみ出る、不正規なものの意を含む。一年の日数または月数が決まった数からはみ出て平年より多いこと」（『学研漢和大字典』）

①では𡈼《ちん》を音符とするのが変である。また𡈼が餕（食いのこり）の意を表すというのも理解不能。②では壬を音符とするのがおかしい。しかも壬は niəm であって、閏 niuən の音符になりそうにない。また壬に「あまる」の意味があるというのも疑問である。

③の字源説は古説に基づいている。『説文解字』には「告朔の礼、天子、宗廟に居り、閏月門中に在り。王、門中に在るに従う」（暦を授ける儀礼では天子は宗廟に居るが、うるう月には門の中に居るので、王と門を合わせた字とする）とある。しかしこんな習慣は証拠がないから、この字源説は否定されている。

では「閏」はどう解剖すべきか。馬叙倫（中国の文字学者）は「王」は「玉」の間違いだという。「王」と「玉」の篆文は非常に似ていて紛らわしい。例えば「全」の下部は「王」になっているが本来は「玉」である。また理・球・珠・環などの偏は楷書では「王」になっているが、これらの限定符号は「玉」である。「閏」の「王」も「玉」と見てよいだろう。「門＋玉」の組み合わせはどんな意匠なのか。「門」は換喩によって家を表している。したがって「閏」は家の中にたっぷり玉（財宝、財産）がある情景を設定した図形と解釈できる。この意匠によって「たっぷりと余りがある」というイメージを表すことができる。

形は何とでも解釈できる。いくら字形をこねくり回しても意味は出てこない。意味は図形にはなく、語にある。字源の前に語源の究明が先立つべきである。語源の探求が字源の勝手な解釈の歯止めになる。

しかし「閏」の語源的研究はこれまでになかった。筆者は冗 niung と閏 niuən は非常に縁が近いと考える。冗は「余分なものがはみ出る」がコアイメージである。冗漫・冗長の冗は無駄なものが多すぎる、余計なものが有り余るという意味である。したがって「閏」も「（余計なものが余って）はみ出る」というのがコアイメージと考えてよいだろう。「閏」にこのイメージを想定すると湿潤の潤、利潤の潤がスムーズに理解できる。水分が有り余ることが湿潤の潤である。これは日本語の「うるおう」に当たる。利潤の潤は余分な利益、「うるおい」の意味である。

以上の語源的考察から「閏」は「余分なものが有り余る、はみ出る」というコアイメージをもつ古典漢語を表記する記号と分かる。またこれによって、「門＋玉」を組み合わせて

「有り余るほどたっぷりと有る」という図形的意匠を考案したと推定できる。

陰暦では一年が三百六十五日余に満たないため、調整する必要が起こる。そこでほぼ三年ごとに同じ月が二回繰り返される。これを「閏」という。余分にはみ出た日数をもう一度数に入れて月数を数えるのである。

ちなみに訓の「うるう」は潤の訓「うるふ」を転用したものという（『岩波古語辞典』）。

## 「日」と「月」の起源――時間漢字(12)

「とし」を表す漢字は造形に工夫が要ったが、「日」と「月」は苦労は要らない。太陽と「つき」を図形化すればよいからだ。したがって字源は象形文字で、異説がない。

注意すべきは、象形文字が必ずしも意味を表すとは限らないということだ。「日」は太陽、「月」は「つき」の意味と言っているのは、あくまで便宜的な言い方だ。本当は「日」は太陽を意味する古典漢語 niet の視覚記号、「月」は「つき」を意味する古典漢語 ngiuăt の視覚記号というべきだ。便宜的にAという漢字はａの意味と言えるのは漢字と語の意味が一対一に対応する場合に限られる。つまり図形的解釈がそのまま意味となれる場合である。「年」は「作物が実る」が図形的解釈で、「とし」とはストレートに対応しない。しかし「日」や「月」は図形的解釈と意味がストレートに対応する。

ストレートに対応するのは少数の漢字に限られる。漢字の解釈をストレートに意味に置き換えるのが文字学の方法だが、これが誤りであることは、以上のことから明らかである。

「Aという漢字はａの意味を表す」という言い方から、「ａという意味をもつ古典漢語を表記するためにAという図形が作られた」と、発想を逆転させないといけない。

発想を逆転させた場合、ａという意味はどこから来るのかという疑問が起こるかもしれない。答えはこうである。意味というのは語の意味である。漢字の意味と言っているのは実は漢語の意味である。漢語とは古典（紀元前の中国で書かれた）で使用された言語である。古典漢語は現代の中国語の遠い祖先であるが、日本語や韓国語でも取り入れられ、三者は古典漢語と等距離にある。否むしろ日本語や韓国語（純粋の漢字語）のほうが古典漢語に近いと言ってよい。

漢字の意味というのは古典漢語の意味である。だから古典における使い方の中に意味がある。意味とは語の使い方にほかならない。だから用例がなければ意味の捉えようがない（注）。

（注）意味は古典漢語の意味であるが、字源・語源を探求する際、古典以前の甲骨文字を参考にすることもある。

甲骨文字を古典の延長（時代を少し遡る）と考える。語形（語音）も上古音の延長と仮定する。

「日」と「月」は字源は明白だが、語源が問題である。

## 【日】

㊥ニチ・ジツ ㊞ひ

「日は実なり」が古代の普遍的な語源意識である。しかし日（niet）と実（diet）は同源の語とはいえない。藤堂明保は二・爾・尼・年の系列、すなわちNER・NET・NENという語形をもつ語群と同源で、「二つくっつく」という基本義があるという（「二の起源」「年の起源──時間漢字（9）」の項参照）。「くっつく」が根元のイメージで、これが「近い」「べたべたとくっつく」「親しみ合う」というイメージにつながる。「冷たい風に背を向けて、暖かい日光に親しむのは、人間生活の心理である。太陽をnietと称したのは、むしろ肌近く親しむ陽光に対する命名であろう」と藤堂は述べている（『漢字語源辞典』）。

肌着を「衵《じつ》」（訓は「あこめ」）というのは肌近く着るものだからで、「日」のコアイメージが生きている。黒い泥を「涅《でつ》」という。泥はねちねちとくっつくものである。手でこねる動作にも「ねちねちとくっつける」というイメージが含まれている。これを「捏《ねつ》」（捏造の捏）という。

「日」は太陽→太陽が出ている時間（昼）→一昼夜（二十四時間）と、意味が展開する。

［日］

（甲）

（金）

（篆）

## 【月】

㊥ゲツ・ガツ ㊞つき

古代の普遍的な語源意識は「月は闕《けつ》なり」である。「日は実（満ちる）なり」「月は闕（欠ける）なり」は対の表現である。太陽は日食以外は常に満ちているものだが、月は満月以外は常に欠けていくものである。

藤堂明保も「月」は闕と同源としている。闕（厥《けつ》のグループ）だけではなく、夬《かい》のグループ（抉・決・欯［＝欠］・玦・訣）、戉《えつ》のグループ（越）、戈、歳、外なども同源とし、これらはKUATという音形と、「コ型にえぐりとる」という基本義があるとしている（『漢字語源辞典』）。

古代の刑罰に肉刑があった。そのうち鼻を切る刑を劓《ぎ》、耳を切る刑を刵《じ》、足を切る刑を刖《げつ》といった。刖には「月」の「えぐりとる、欠ける」というコアイメージが使われている。

「月」は天体の「つき」→時間の「つき」（一年を十二分した単位、30日前後）と、意味が展開する。

［月］

（甲）

（金）

（篆）

## 「旬」の起源——時間漢字（13）

上旬、中旬、下旬は一か月三十日のうち、最初の十日間、次の十日間、最後の十日間の意味である。したがって「旬」は一月の三分の一日ということになる。「旬」はなぜこんな意味があるのか、字源・語源を調べてみよう。

【旬】 音ジュン

次の字源説がある。

①「甲骨文字は蛇の丸くなった形。金文・古文は勻《いん》が声符。篆文は勹が声符。日の一巡りの意」（『漢字の起源』）

②「会意。勹《ほう》と日とを組み合わせた形。甲骨文字は尾を巻いた竜の形。一旬（十日間）の旬がもと竜の形で示されているのは、一旬の吉凶を支配するものがこの竜形の神であると考えられたからであろう」（『常用字解』）

③「勻《イン》の原形は手を丸く一巡りさせたさま。旬は日＋音符勻の略体の会意兼形声文字で、甲乙丙…の十干を一回りする十日の日数のこと。勻（一巡り）・均（丸く全部に行き渡る）などと同系のことば」（『学研漢和大字典』）

［旬］

（甲）

（金）

（篆）

三説とも十日の意味とするのは共通だが、蛇に由来するのか、竜神に由来するのか、十干に由来するのか、解釈が違い、真相が分からない。字形は何とでも見える。字源の前に語源を究明しないと、袋小路に入ってしまう。

古典に「旬は均なり」という語源説がある。藤堂明保もこれを受け継ぐが、これだけではなく、非常に多くの同源語を見出している。すなわち、旬のグループ（筍・恂）と勻《いん》のグループ（均）は、骨のグループ（滑）、血、回、帰、韋のグループ（違・諱・囲・緯・偉）、鬼のグループ（魁・塊）、怪、貴のグループ（匱・饋）、胃のグループ（彙）、位、懐、尹《いん》のグループ（伊・君・群・郡）、困のグループ（梱）、軍のグループ（運・暈・輝・揮）、昆のグループ（混）、癸《き》のグループ（葵・揆）などと同源で、これらは KUET・KUER・KUEN という似た音形と、「丸い、めぐる、取り巻く」という共通の基本義をもつ単語家族としている（『漢字語源辞典』）。

古典漢語の dziuen（旬）は「ぐるりと回る」「丸く取り巻く」がコアイメージと考えてよい。図示すると○の形である。これは「満遍なく（欠け目なく）全体に行き渡る」というイメージにもなる。平均の均はこのイメージである。また○は「一巡する」というイメージにもなる。これが「旬」の意味、すなわち十日の意味を生む。

なぜ十日なのか。古代では日数を数えるのに序数詞を用いたことはすでに指摘した。十干（甲乙丙…）と十二支（子丑寅…）を組み合わせた六十進法で日付を記した。一月はほぼ三十日である。30は10で割り切れるが12では割り切れない。だから一月は10でうまく分割でき、しかも十干が3回めぐってくる。つまり一月を三分の一の分割でまとめることができる。かくて三分の一日を「旬」と名づけたのである。

改めて字源を見てみよう。「旬」は「日」を欠いた形で甲骨文字に存在する。「勹」は包む形の「勹」とは全く違う。竜蛇の形とか、体を地に伏せる形、人身を旋回させる形等々、諸説紛々であるが、肘を曲げる形（丁山）や、手を丸く回す形（藤堂）という説が妥当である。この図形的意匠によって、「ぐるりと回る」「丸く取り巻く」というイメージを表すことができる。

なぜ十日を一区切りとする単位があるのか。それは言語以外の理由があるのかもしれない。例えば十日ごとに祭りが催されたとか、あるいは、十日間のことがらをまとめて占いをしたとか。『易経』に次の文句がある。

（原文）雖旬無咎、過旬災也。

（訓読）旬に咎《とが》無しと雖《いえど》も、旬を過ぐれば災いあり。

（現代語訳）この先の十日間はとががないとしても、十日を過ぎると災いがあるだろう。

将来を占う場合、特に十日間をまとめて占うというのは、何か意味があるのかもしれない。

## 四季の起源① 「春」の起源——時間漢字(14)

春夏秋冬は基礎語彙であるにもかかわらず、起源が難しい。字源は諸説紛々である。ここで詳しく字源・語源を見ていこう。

### 【春】 音 シュン 訓 はる

日本の代表的な字源説を紹介しよう。

①「桑と日の合字。シュンの音は推・出の転音。春は桑の若芽の出る日という意」（『漢字の起源』）

②「形声。音符は屯。屯は織物の縁の糸を結びとめた房飾りの形であるが、この字の中では、寒い冬の間、閉じ込めた草の根を意味している。それが日の光を受けてようやく芽を出そうとする意味で、艸を加えて萅（春）となる」（『常用字解』）

③「屯《トン・チュン》は生気が中にこもって、芽が生い出るさま。春はもと、艸冠＋日＋音符屯の会意兼形声文字で、地中に陽気がこもり、草木が生え出る季節を示す。頓（ずっしりと頭

［屯］

（金）

（篆）

［春］

（篆）

を下げる）・純（ずっしりと垂れた縁取り）・蠢（中にこもってうごめく）などと同系のことばで、ずっしりと重く中に力がこもる意を含む」（『学研漢和大字典』）

①と②は「文字学」を称しているが、文字は言葉の表記法であって、言語学の中の表記論（文字論）として扱うべきもので、言語から離れて、「文字学」という独立した科学は本来あり得ない。言語から文字だけを切り離した「文字学」では音というものをどう扱うのか。①②とも「音は漢字の読み方」という見方らしい。言葉がすっぽりと抜け落ちているのが「文字学」の特徴である。その結果、形（字形、図形）から意味を引き出すのが、もう一つの特徴である。

そもそも漢字の音とは何か。「漢字の音」という言い方に既に問題がある。国語学者も漢字音とか、字音という用語を使っているが、「音は漢字の読み方」という常識が牢乎として抜き難く支配しているのが実情である。「音は漢字の読み方」は本来は非常識であって、本当は「音は漢語（古典漢語）の読み方」が正しい。音とは文字の読み方（呼び方）ではなく、言葉の読み方と言い換えれば納得できよう。文字の読み方（呼び方）とはAをエーと、αをアルファと読む類である。「漢字の音」といっているのは、古典漢語の読み方である。「人」をジンとかニンと読むのは、古典漢語の nien の日本的読み方なのである。音は漢字につけられた符牒ではない。古典漢語由来の読み方である。だから音は言葉そのものであると言ってもよい。

言語学や記号学では意味をもつ最小単位を記号素という。記号素は意味するもの（能記）と意味されるもの（所記）の合体である。前者は音声部分であり、後者は概念・イメージ（つまり意味的要素）である。古典漢語は単音節語で、一つ一つが記号素に当たる。記号素は聴覚記号として成立するが、これを視覚記号に変換したのが記号素文字であり、その代表的なものが漢字である。「漢字の音」というのは漢語という記号素の音声部分にほかならない。だから「漢字の意味」というのも必然的に記号素の意味的部分ということになる。

これによって、形（字形）から意味を引き出す「文字学」の誤りもはっきりする。意味というのは形（字形）にあるのではなく、言葉（言い換えれば音）にあるのである。図形から意味を導くのが誤りとするならば、意味はどのようにして知るのか。意味は言葉の意味である。言葉（古典漢語）を表記するのは漢字である。だから古典において漢字を使用した文脈から意味を知ることができる。漢字の使用というのは漢語の使い方にほかならないから、使い方を調べれば漢語の意味が分かる。形を分析して意味を知るのではなく、漢字の用例から意味を知るのである。「漢字の意味」とは具体的文脈における漢字（つまり漢語）の使い方にほかならない。

以上、漢字における音と意味の本当の在り方を述べた。これを押さえておかないと、漢字は正しく理解できない。そうでないと形からとんでもない意味を引き出しかねない。①では「春」を「桑の若芽の出る日」の意味としたが、とんでもない解釈である。「春」は日本語の「はる」、英語のspringに当たる言葉である。②では「屯」を房飾りの形とし、それが「寒い冬の間、閉じ込めた草の根」の意味、さらに「日の光を受けてようやく芽を出そうとする意味」と展開させるが、それらの間に必然性が感じられない。これは単なる図形的解釈であって、意味ではない。意味とは言葉の意味であり、「春」の使われる古典の文脈では「はる」の意味しかない。字源はあくまで図形的解釈を求めるものであって、図形的解釈と意味は同一ではない。意味は古典の中にあり、この意味がどのような図形的意匠によって視覚記号化されているのかを探求するのが字源説である。字源から意味を求めるのではなく、意味から字源を検討するのが正しい字源説である。従来の文字学では形→意味の方向に向かうが、発想を転換させて、意味→形の方向に変えないといけない。これが正しい漢字の理解の仕方である。

③は基本的に筆者と同じ方法である。つまり言語学を根拠とし、文字を言語と切り離さない。③は字源と語源を区別して記述している。まず「春」を分析して「屯」を取り出し、「屯」から図形の解釈を進め、次に語源的に春・頓・純・蠢を同源とし、「ずっしりと重く中に力がこもる意を含む」とする。これが「春」という語の基本義である。藤堂の文字論（漢字論）は語源論と同時進行で行われ、同じ（似た）語形と共通の基本義をもつ単語家族を探求するものである。

筆者はすべての漢字にコアイメージを設定する。コアイメージとは語の意味を実現させる深層構造である。深層構造が具体的文脈（表層）に現れたのが意味である。「春」は「はる」の意味であることははっきりしているが、どのような図形的意匠で「春」が考案されたのか。つまり「春」の字源はどう解釈すべきか。

楷書の「春」は篆文の「萅」が変わったものである。これは三つの符号を合わせたもので、「屯」にコアイメージの源泉がある。t'iuən（春）はduənあるいはtiuən（屯）から派生した語形と考えられる。そこで「屯」のコアイメージを考える。図形にヒントが隠されている。「屯《とん》」は「乇《たく》」と非常に似た図形で、「屯」は地下に根が蓄えられ、芽が地上に出かかる情景、「乇」は地下に根を張り、地上に芽を出している情景で、上から↓の方向に視点を置くのが「屯」、下から↑の方向に視点を置くのが「乇」である（「市・町・村の起源——助数漢字（112）」の項参照）。したがって「屯」は「（上から下にずっしりと重みが加わって）中にこもる」というイメージ、「乇」は「（下から上に出て）物の上に乗っかって安定する」というイメージを表すことができる。住宅の宅、信託の託、托鉢の托などは「上に乗る、乗せる」というイメージが共通である。これに対し、「屯」は「重々しく下に沈んで中にこもる」というイメージである。多くの物が蓄えられた状態、多くのものが一つの所に寄り集まった状態もduenという語で捉えられる。駐屯の屯はこれである。人々が一緒に寄り集まって住む場所が邨《そん》（＝村）、ずっしりと重々しく下に頭を下げるのは頓首の頓である。

このように「屯」は「ずっしりと重く垂れる」「中にこもる」というコアイメージがある。かくて「屯《トン》（音・イメージ記号）＋艸（イメージ補助記号）＋日（限定符号）」を合わせて「春」ができた。「屯」は基幹になる記号（音・イメージ記号）である。植物の情景を設定するために「艸（くさ）」という補助記号を添える。また季節と関係があることを示すために限定符号の「日」を添える。したがって、地下にこもっていた植物がやっと活動し始める情景というのが「春」の図形的意匠である。この図形によって、「はる」を意味する古典漢語のtʻiuenを表記する。

図形から意味が出てくるのではなく、語の意味を暗示させる図形的意匠が工夫された。このような解釈こそ正しい漢字理解の筋道である。

## 四季の起源② 「夏」の起源――時間漢字(15)

**【夏】** 音カ・ゲ 訓なつ

こんな字源説がある。

① 「人が舞踊をしている形。カの音は仮で、仮面を冠って踊るところからきた音である。夏は仮面舞踊の意」（『漢字の起源』）

② 「象形。舞楽用の冠をつけ、両袖を振り、足を前にあげて舞う人の形。古い楽曲の名には、九夏・三夏のようにいうものが多い」（『常用字解』）

③ 「頭上に飾りをつけた大きな面をかぶり、足をずらせて舞う人を描いた象形文字。仮面をつけるシャーマンの姿であろう。大きな覆いで下の物をカバーするとの意を含む。もと、仮（仮面をかぶる）・下（覆いをかぶるそのした）・庫（屋根で覆う）と同系のことば。転じて、大きいの意となり、大民族を意味し、また、草木が盛んに茂って大地を覆う季節を表す」（『学研漢和大字典』）

［夏］

（篆）

「夏」の字源を、舞う人の形と見るのは三者共通であるが、意味の解釈が違う。①と②は「夏」がなぜ「なつ」の意味になるのかの説明がない。意味の解釈がつかない場合は仮借説を取らざるを得ない。仮借説とは、例えば「われ」という人称代名詞を字形に表せない場合、武器の象形文字である「我」を借りて「われ」に用いるというものである。この伝でいくと、季節の「なつ」は舞人の形である「夏」を借りたものであって、「夏」には「なつ」の意味はないということになる。

しかし仮借というのはBという語を表すのに既に存在するAを借用することであるが、AがもともとBの意味を表すならば借用というのは変である。例えば「我」はもともと「われ」という意味であって、それ以外の意味はなく、まして武器という意味もない。ではなぜ武器の象形文字である「我」を人称代名詞に使うことができるのか。これは語源の問題、語の深層構造に関わる問題である。要するに語源を研究することによって字源に光を当てることができるのである。語の意味の解釈がつかないから仮借とするのは、語の探求の放棄に等しい。語の深層構造を探ることによって、意味が解明でき、意味の展開が理解しうるのである。

③はなぜ「夏」が「なつ」の意味になるのかを説明している。重要なことは語のイメージである。「大きな覆いで下の物をカバーするとの意を含む」とは語のイメージ、つまり深層構造におけるイメージを指摘したものである。これを筆者はコアイメージと呼んでいる。コアイメージは意味とは違う。意味は具体的文脈における語の使い方であるが、コアイメージは深層構造を貫くもの、語の根底にあるものであり、これが表層において意味を実現させるのである。

藤堂明保は基本義という用語を使っているが、基本（根底）にあるものはイメージであって義（意味）ではないから、この用語はふさわしくない。だから筆者はコアイメージと名付ける。コア（核、根底）にあるイメージである。

③は語源論の裏付けがある。藤堂は「夏」の語源を究明している。藤堂によれば、ɦăg（夏）という語は、下・家・仮・湖・価・庫などと同源であり、これらの語群はKAGという語形に概括され、「下の物をカバーする」という共通の基本義をもつといい、かつ「夏は大きな頭をした人が両手を振り、足を開いているさまを示す。おそらくシャーマンの演じる仮面踊りのさまであろう。大きい仮面をかぶる点では仮と同系である。かぶる仮面は大きくて、下をすっぽりと覆わねばならない。大きいという派生義はそこから生じてくる。ナツは万物が盛大に育って大地を覆う季節である。中夏は中でも盛大な時である。天下の中央に住む大きい人種を中夏の人といい、盛大な王朝の名をたたえて夏というのは、すべてこの派

生義である」と述べている（『漢字語源辞典』）。

以上によって、「夏」になぜ「なつ」の意味があるのかが明らかになった。「夏」が「なつ」の意味をもつのは、夏と同源のグループ（藤堂はこれを「単語家族」と呼ぶ）に「下の物をカバーする」という基本義があり、この基本義から人種の名である「夏（中夏）」と、季節の名である「なつ」の意味が派生・展開するというのである。季節の「なつ」は草木が繁茂して大地を覆うという特徴があるから、「下の物をカバーする」という基本義にかなう。逆に言えば、「下の物を覆う」という基本義をもつ語（記号素）があり、この基本義（筆者の用語ではコアイメージ）の具体的文脈における実現の一つとして季節の「なつ」の意味が生まれたといえる。

## 四季の起源③　「秋」の起源——時間漢字(16)

### 【秋】　音 シュウ　訓 あき

こんな字源説がある。

①「火が声符。シウは熟の転音。秋は禾を収する意。これを延長して、禾穀の収する時」（『漢字の起源』）

［秋］

（籀）　（篆）

②「会意。もとの字は龝に作り、禾（いね）と龜（いなごなどの虫の形）と火とを組み合わせた形。秋になるといなごなどが大発生して穀物を食い、被害をうけるので、いなごなどの虫を火で焼き殺し、豊作を祈る儀礼をしたのであろう。その儀礼を示す字が龝で、〃みのり〃の意味となる」（『常用字解』）

③「もと、禾（作物）＋束（たばねる）の会意文字で、作物を集めて束ね収めること。第二字は、禾＋龜＋火の会意文字で、亀を火で乾かすと収縮するように、作物を火や太陽で乾かして収縮させることを示す。収縮する意を含む。揪（引き締める）・緧（締める）・愁（心が縮む）と同系のことば。また、縮とも縁が近い」（『学研漢和大字典』）

①では火を声符（音符）とするのが奇妙である。漢字の「意符」と「音符」は常識化している用語であるが、いったい意符とか音符というのはどういうものか。意味を表すのが意符、音を表すのが音符というのが一般的な理解であろう。「秋」の場合、禾（いね、作物）は「秋」の意味（正確に言えばts'iogという記号素の意味部分）に含まれるだろうか。「秋」は季節の名（すなわち「あき」）であって、作物という意味は直接含まれていない。ただし後述するように「作物の成熟（みのり）」という意味を派生するので、作物と関係はある。した

がって「禾」は意符ではなく、限定符号と見るべきである。限定符号とは聴覚記号を視覚記号に造形する際、図形的意匠がどんな場面・情景を設定するのかを限定する符号である。「あき」の特徴の一つは作物のみのりと関係があるので、図形化の際に、作物を示す限定符号の「禾」が使われたわけである。一方、「鯉」のような字では「魚」は「うお」という範疇（カテゴリー）を表している。これは語の意味領域を限定する符号である。限定符号の一般的な機能は範疇を示すことにある。「秋」の「禾」は範疇ではないが、限定符号の一種と見ることができる。いずれにしても「意符」という用語はふさわしくない。

では音符はどうか。「火」（huar に近い音）を音符とするのは論外であるが、「春」では「屯」が音符とされている。しかし「屯」は duən または tiuən の音、「春」は t'iuən の音で、「屯」が正確に「春」の音を表していないのは明らかである。アルファベットなどでは音を表す記号を発音記号と呼んでいる。漢字の音符というのは発音記号ではない。もし記号素の音声部分を正確に表すには、音素に分析する必要がある。しかし漢字は記号素文字であって音素文字ではない。漢字は音素のレベルに掘り下げて音を表すのではなく、記号素のレベルで音を暗示させるだけである。「屯」は「春」の音を暗示させるだけである。しかし「屯」の機能は音の暗示に止まるものではない。最も重要な機能はコアイメージを暗示させるのである。前に述べた通り「屯」は「中にこもる」というコアイメージを表す記号である。以上から音符という用語はふさわしくないことが分かる。したがって筆者は音符ではなく「音・イメージ記号」と呼んでいる。音を暗示するとともに、コアイメージを表すのが「音・イメージ記号」である。

②では「龜」をいなごなどの虫とするのが疑問。また「豊作を祈る儀礼」とするのも疑問。「あき」に祭礼が多いのは言うまでもないが、ts'iog という言葉にはそんな意味はない。図形的解釈をストレートに意味とするのは②の「文字学」の方法である。しかし図形的解釈と意味は同じではない。なお古典で「秋」を作物の成熟（みのり）の意味に使った用例はある。「あき」は作物の成熟の季節だからであり、「みのり」は「あき」の展開義と見るのが素直である。日本語の「あき」は語源未詳のようだが、展開義に「収穫。みのり」がある（『岩波古語辞典』）。なお英語の autumn は「収穫の時期」が原義という（『英語語義語源辞典』）。印欧語には「あき」と「収穫」の意味が同居しているらしい（例えばドイツ語の Herbst）。言葉の意味の展開には普遍性があるようである。

③では「秋」の特徴を「収縮」というイメージで解釈している。ts'iog という言葉自体に「収縮」「引き締める」という基本義があると見、このイメージを「秋」という図形に表現

したと見ている。稲などの収穫は束にまとめて取り入れる行為であり、また稲束を天日で乾かすと藁は自然に収縮する。これが季節の「あき」の特徴の一つであるので、「秋」や「龝」の図形が考案され、「あき」を意味する古典漢語 ts'iog を表記する視覚記号とするのである。

改めて字源を見てみよう。籀文の字体は「禾＋龜＋火」の組み合わせである。⿱龜火(音はショウ)は『説文解字』に出ている単独字である。「亀焦げて兆さず」と説明がある。亀は占いに用いられ、その腹の甲に火箸を入れ、ひび割れの形によって吉凶を占ったといわれる。亀が焼け焦げて吉凶を現さないというのが図形の解釈らしいが、用例のない字なので意味は不明である。「龝」においてはただ「焼いて焦がす」という行為だけを取ったのかもしれない。物を焼いて焦がすと物は縮む。このようなイメージ展開を利用して、秋の風物・風景を「龝」という図形で表現したのであろう。秋には作物を取り入れ、稲束を引き締めたり、藁を乾燥させたり、畑の雑草を焼いたりする風景がどこでも見られる。だから「あき」を意味する古典漢語 ts'iog の視覚記号として、「⿱龜火《ショウ》(音・イメージ記号)＋禾(限定符号)」を合わせた「龝」が考案されたわけである。「禾」を限定符号とするのは「あき」という季節が作物と関わるからである。「龜」を省略した「秋」も同様に解釈できる。

## 四季の起源④ 「冬」の起源——時間漢字(17)

こんな字源説がある。

**【冬】** 音トウ 訓ふゆ

①「仌に従い(意符)夂の声(声符)の形声字。夂の音の表す意味は凍であると思う。夂と東は転音。氷の凍るが冬の本義」(『漢字の起源』)

②「象形。編み糸の末端を結びとめた形。のちその下に仌(氷)を加えて冬となった。音を借りる仮借の用法で〝ふゆ〟の意味に用いられる」(『常用字解』)

③「もと、食物をぶら下げて貯蔵したさまを描いた象形文字。のち冫印(氷)を加えて、氷結する季節の意を加えた。物を貯蔵する時節のこと。音トウは蓄(たくわえる)の語尾が延びたもの」(『学研漢和大字典』)

①では夂《ち》(tier)が冬(tong)の音符とは論外の沙汰。夂が凍の意味を表すというのも理解不能。さらに「冬」が「氷の凍

[冬]

(甲)

(金)

(金)

(古)

(篆)

る」の意味とは奇妙である。意味とは何であろうか。意味はそれだけ独立して存在するものではないし、字形や文字にあるのでもない。意味は「言葉の意味」である。言葉のほかに意味を見るのは比喩に過ぎない。言語学の定義では記号素の所記（概念・イメージ）が意味と関わる部分である。もっと簡明に言えば、文脈における言葉の使い方が意味にほかならない。

古典漢語では季節の名である「ふゆ」をtongといい、この聴覚記号を視覚記号に変換したのが「冬」である。最古の古典の一つである『詩経』で「冬と無く夏と無く」（冬・夏にかかわりなくいつでも）の用例があり、「冬」は最初から「ふゆ」の意味であり、そのほかの意味はない。

②では仮借説が取られる。字形を編み糸の末端を結んだ形と解釈したため、「ふゆ」との接点を見失い、結局仮借説に逃げた。仮借説とは、Bという語のbという意味を表すすべ（造形法）がないため、aの意味を表す図形AがBの音と同じ（似ている）ので、Aを借りてbを表すという方法である。しかし「冬」は最初から「ふゆ」の意味で、それ以外の意味はないから、何から何を借りたのかさっぱり分からない。そもそも借りる必要はない。仮借説は成り立たない。仮借説は図形の解釈の間違いというしかない。

③では食物を貯蔵する形に「冫」を付け加えたのが「冬」と解釈した。これは「ふゆ」という季節との接点がある。冬期には食物を貯蔵するのは普通の生活習慣であり、物が氷結するほど寒い時期であるから、「ふゆ」という季節を表すtongの図形的意匠として「冬」は理にかなう。これも一説として十分成り立つ。

改めて字源を見てみよう。字源については諸説紛々で定説はないが、筆者は、越冬用の果実（干し柿の類）を干している情景で、それに「冫」（寒さを示す限定符号）を添えたのが「冬」の図形と解釈した（拙著『漢字語源語義辞典』）。この解釈には語源が含まれていない。語源は別に考える必要がある。

語源については③の藤堂明保の説がある。藤堂は冬は蓄（たくわえる）と同源で、「物を蓄える季節」が「冬」であるとした。一方、古人は「冬は終なり」とか、「冬は中なり、中は蔵なり」という語源説をもっていた。一年が終わって万物が地中に収蔵される季節というのが古人の語源意識である。春は草木の根が地下に蓄えられて、やがて芽が地上に出ようとする情景から発想され、夏は草木の繁茂の情景から発想され、秋は作物の成熟と収穫から発想されたが、植物が地下に種子を蓄えている情景から発想されたのが冬と考えられる。そうするとtongという語のコアイメージは「いっぱいに蓄える」と想定してよいだろう。「蓄える」とはある空間の範囲を十分満たすことである。十分に満たしたら、空間的余裕はなくなり、限界に達する。ここから「尽きる」「終わる」というイメージに転化するのは自然である。「冬」という記号は「いっぱいに蓄える」→「限界に達して尽きる」というコアイメージを表すことができる。「冬（音・イメージ記号）＋糸（限定符号）」を合わせた「終」は「いっぱいになって（限界に達して）尽きる」という意味を表している。これは日本語の「おわる」に当たる。「ふゆ」は植物が種子を地下に蓄える季節であるとともに、一年が極まって尽きる時期でもある。冬は一年の終わりだから「おわる」「おわり」を「終」と書くというのは俗説である。

## 「世」と「紀」の起源——時間漢字（18）

世紀は百年であるが、「世」は三十年、「紀」は十二年である。世と紀を合わせて百年としたのは英語の century の訳語なのである。「世」と「紀」のそれぞれの字源・語源を見てみよう。

### 【世】 音セ・セイ　訓よ

こんな字源説がある。

［世］ （金） （篆）

①「十を三つ併合し、卅と同字。三十年のこと」（『漢字の起源』）

②「象形。分かれた木の枝に芽が出ている形。新しい芽が生えてくることから、〝人の一生、生涯、寿命、よ、よのなか〟などの意味に用いる」（『常用字解』）

③「十の字を三つ並べて、その一つの縦棒を横に引き延ばし、三十年間にわたり期間が延びることを示した会意文字。長く延びた期間を表す」（『学研漢和大字典』）

　中国の文字学者には「世」を「卅」と同じとする説、「葉」の原字とする説がある。しかし『説文解字』に「三十年を一世と為す。卅に従い、之を曳長す」というのが素直な解釈である。

　「卅」は甲骨文字にもある。「十」を三つ合わせて三十（数の30）を表す。音は sep（ソフ、サフ）と推定される。「世」(thiad) とは音が違う。形も少し違う。「葉」には「世」が含まれているが、「葉」の音は d(y)iap と推定され、「世」とは結びつかない。

　「世」は「卅」をもとにして、少し変形させた図形と考えられる。篆文は「卅」の左の縦棒を下に引いて、次に右方向に延ばした形になっている。ただし図形から意味が出てくるわけではない。意味のイメージを図形に表現するのである。

では「世」のどんなイメージが表現されたのか。これは語源の問題である。

語源を究明したのは藤堂明保しかいない。藤堂は世だけではなくそのグループ（泄・抴・貰）を、移、它《た》のグループ（蛇・拕・佗・沱・他・池）、帯のグループ（滞）、延のグループ（筵・涎・羨）、曳《えい》のグループ（洩）など、TAR・TAT・TANという似た音形と、「うねうねと伸びる、伸ばす」という共通の基本義をもつ単語家族に入れている（『漢字語源辞典』）。

これによれば「世」という語のコアイメージは「長く延びる」と考えてよい。このコアイメージが「三十年」という意味を実現させるのである。いったいなぜか。人間が生まれてからの時間的経過を考えると、子の立場から見ると親からの継承の期間、親の立場から見ると子を生んで次の期間への移行が一つの節目になる。親から子に引き継がれる期間がほぼ三十年である。これを「世」という。一世代である。親から子へ移る時間は「長く延びる」というイメージで捉えられたといえよう。移行の移は「うねうねと延びていく」というイメージ、漏洩の洩（もれる）もこのイメージ、帯もこのイメージ、涎（よだれ）もこのイメージ、蛇もこのイメージである。これらは同源の語である。

「世」は三十年→人の一代（世代）→時代→世の中と、意味が展開する。『論語』に「如《も》し王者有らば、必ず世《せい》にして後仁ならん」（もし王者が現れたら、きっと三十年後に仁の世界が達成されるだろう）とある世は三十年の意味である。

英語では世代をgenerationという。これは「親、子、孫といった世代、および一世代の平均年月としての30年間」の意という（『英語語義語源辞典』）。漢語の「世」とほぼ同じである。

なお世代の代も時間漢字であるが、助数漢字で出している。

## 【紀】 音キ　訓のり・しるす

まず字源説を見てみよう。

①「己は糸の端緒の形。紀は糸の端緒の意」（『漢字の起源』）

②「形声。音符は己。己は糸を捲き取る糸巻きの形。紀は糸巻きに糸を捲き取ること、おさめるの意となる」（『常用字解』）

③「己とは曲がって起き立つさま。または、曲がった目印。紀は糸＋音符己の会意兼形声文字で、糸の始めを求め、目印をつけ、そこから巻く、織るなどの動作を起こすこと」（『学研漢和大字典』）

「己」の字源については「己の起源——十干（6）」で既に述べている。そこでは「己」を、伏せたものが次第に起き上

［己］（甲）（金）（篆）　［紀］（篆）

がって、はっきりとした姿を現す様子を示した象徴的符号と解釈した。この意匠によって、「起き上がって目立つ姿が現れる」のほかに「目立つ形や印」というイメージを表すことができる。したがって、繭から糸を取る工程において、糸を引き出すための目印、つまり「いとぐち」を暗示させるのが「紀」である。

「いとぐち」は物事を整理する端緒であるから、「紀」は糸口→端緒（始め）→きちんとした筋道→筋道を立てて整理する（順序立てて記す）→秩序づけるための基準→何かを基準にした年と、意味が展開する。最後の年を表す使い方では、十二年の意味となる。唐の孔穎達は「十二年とは天の大数なり。歳星太歳は皆十二年にして天を一周す。故に十二年を紀と曰う」と述べている。木星の周期を基準にしたようである。

日本ではcenturyを始め百年と訳したが、明治20年頃から「世紀」が定着したという（『日本国語大辞典』）。centuryはラテン語のcentum（百の意）に由来し、キリストの生誕を基準にして百年を単位とする紀年法である。「紀」は十二年が一紀だが、１５００年を一紀としたこともあるらしい。『史記』では「天運は三十歳は一小変、百年は中変、五百歳は大変、三大変は一紀」とある。centuryの訳語として「世」に「紀」を合わせて百年としたのはあまり根拠がないようである。

## 「曜」と「週」の起源 ――時間漢字(19)

一月のうち十日でまとめる単位が「旬」であるが、七日でまとめる単位が「週」である。各日を表すのが「曜」または「曜日《ようび》」である。「週」と「曜」の由来を字源・語源から見てみよう。文字の発生順に「曜」を先に述べる。

### 【曜】 音ヨウ

次の字源説がある。

①「翟（ヤウ）が声符。この音の表す意味は照り輝く。曜は日が照って明るく輝く意」（『漢字の起源』）

②「形声。音符は翟。翟に燿《よう》（かがやく）・耀《よう》（かがやく）の音がある。曜は日光のかがやくこと」（『常用字解』）

③「翟《テキ》はキジが高く目立って尾羽を立てること。擢《テキ》（高く抜き出す）・躍《ヤク》（高くあがる）と同系のことば。曜は日＋音符翟の会意兼形声文字で、光が目立って高くかがやくこと」（『学研漢和大字典』）

①と②は「翟《てき》」にヨウの音と「かがやく」の意味があるとしているが、「翟」にこんな音はないし意味もない。①②の学説には基本義あるいはコアイメージという概念がないため、

［翟］

（金）

（篆）

形声文字の解釈ができない。漢字は圧倒的に形声文字が多いのである。

「翟」が「翟」のグループの根底（深層構造）をなす基幹記号、すなわち音・イメージ記号である。どんなコアイメージを表すのか。藤堂明保によれば、翟のグループ（濯・擢・躍・櫂）は勺のグループ（杓・酌・的・釣）、卓のグループ（掉・踔）と同源で、TÔG・TÔKという音形と、「抜きん出る、抜き出す」という基本義があるという（『漢字語源辞典』）。「抜きん出る」は「高く上がる」「抜き上げる」のイメージと言い換えてもよい。

改めて字源を見る。「翟」は「羽＋隹（とり）」という極めて舌足らず（情報不足）な図形であるが、ヤマドリをdɔkといい、翟（後に鸐）と書いたことが参考になる。古代中国ではヤマドリの尾羽を冠に挿すのに使った。宮廷人は冠の後ろにヤマドリの尾羽を高々と挙げて威厳を示したのである。ヤマドリの羽の用途から、dɔkという語のもつイメージを「翟」という図形に表現したのである。

かくて「翟」を音・イメージ記号、「日」を限定符号とする「曜」が、いかなる語の代替記号（視覚記号）となるのかが分かる。それはdiɔgという語の「光が高く上がる」、つまり「光り輝く」という意味である。最古の古典の一つである『詩経』（檜風・羔裘篇）に次の用例が出ている。

羔裘《こうきゅう》は膏《あぶら》の如し　黒い毛皮はあぶらのようで
日出《い》でて曜たる有り　日に照らされててかてか光る

「光り輝く」という動詞から「光り輝くもの（天体）」という名詞的用法が生まれた。光る天体が七つある。日と月、そして五星をひっくるめて七曜という。五星は次のように方位と五行によって結ばれ、木星・火星などの名称が生まれる。

東方…木…歳星
南方…火…熒惑《けいわく》星
中央…土…鎮星
西方…金…太白
北方…水…辰星

さて「曜」がなぜ七日の単位となるのか。古代中国では七曜（七つの天体）と人の運命を結びつける占星術があった。これを七曜歴（＝暦）とか七曜歴術といった。六朝の一つの王朝宋（五世紀）の歴史を記した『宋書』（梁の沈約撰）に初出する。

時代が降って、『素問』の注釈（唐の王冰の注）に、「七曜は日月五星を謂う。今、外蕃（外国）多く此の歴（＝暦）を以て、挙動吉凶の信を為す」とある。西域あたりの国では七曜で吉凶禍福を占ったという。同じ唐の時代にインドから伝わった『宿曜経』が翻訳され、空海がこれを日本に伝え、日本の暦法に取り入れたという。日本では平安時代に七曜が登場する。

七曜が中国本来の起源なのか、インド伝来のものなのか明らかではないが、本来は一月を七日の単位に分ける記時法ではなく、星によって寿命や運を占う占星術の一種だったようである。

七曜が現在のような使い方になったのは明治の初期である。これはバビロニア起源で、広く西欧で行われた。「週」の呼び名もweekの訳語として日本で生まれたと思われる。

## 【週】 ㊂シュウ

この字が出現するのはかなり遅い（六世紀頃）。「周」の「めぐる、まわる」の意味を受けた後起の字である。「周」の字源については「回・周・巡の起源――助数漢字（15）」で述べた。「周」は「まわりを回る」というコアイメージがある。したがって「周《シュウ》（音・イメージ記号）＋辶（限定符号）」を合わせた「週」は一回りすることを表している。一周は一週とも書かれた。

「周」の語源について藤堂明保は二つの単語家族に分けている。一つは周（めぐる）・舟・州・手・守・収・受などが同源で、「ぐるりと取り巻く」という基本義をもつ語群。もう一つは周（あまねし）・稠・彫・調・陶・築・鋳・酬・毒・熟・篤・討などが同源で、「まんべんなく行き渡る、平均する」という基本義をもつ語群である。

周囲の周と周知・周到の周は何の関係もないだろうか。筆者はイメージ展開を重視する。tiogという古典漢語は藤堂の言う通り「ぐるりと取り巻く」がコアイメージであろう。これを図示すると○の形である。これは「丸くまわる」のイメージに展開する。回りの外枠に視点を置くと「ぐるりと取り巻く」であるが、囲まれた内部に視点を置くと、「平面いっぱいに行き渡る」「枠の中全体に欠け目なく（満遍なく）行き渡る」というイメージに展開する。このようにイメージ展開を考えると、周囲の周と周知の周は連続した意味であることが分かる。また「ぐるりと回る」は「回って元に戻る」のイメージに展開するから、一周・周期の周の意味も生まれる。「週」はまさにこれである。進行と関係があるから「辶」という限定符号をつけて「週」が作られた。

干支の最初の序数である甲子は六十で循環し、最初に戻る。この周期を一週といった。年を数える場合は一週は六十年である。ただし月の場合は十二月で一周するから一週は一年である。

weekを「週」というのは昔の中国では使ったらしいが、おそらく日本の影響であろう。現在は星期という複合語を使う。日本語との対応は、星期天または星期日（日曜日）、星期一（月曜日）、星期二（火曜日）、星期三（水曜日）、星期四（木曜日）、星期五（金曜日）、星期六（土曜日）である。

## 「分」と「秒」の起源——時間漢字（20）

「時」よりも短い時間単位は「刻」である。一刻はほぼ十五分で、四刻がだいたい一時間に当たる。

『渾蓋通憲図説』（明の李之藻撰）に次の記事が出ている。

「四刻を以て一時と為す。以て推算に便なり。毎時共に六十分、毎刻一十五分を得たり。しかして一分を六十秒と為し、一秒を六十忽と為す」

これは現代の「分」「秒」と全く同じである。古代では「時」の下位単位は「刻」のみで、「分」と「秒」はなかったので、明代に始めて登場したと考えてよい。西欧の科学を紹介した明の徐光啓の『新法算書』にも「分」と「秒」が出ているから、西欧の時間単位の影響によるものと推測される。

もっとも「分」と「秒」は小数の単位として、また長さ・容量の単位として使われていた。時間単位としての「分」「秒」はこれの転用なのである。

「分」については「小数の起源」と「整数と分数の語源——数漢字（10）」の項で既に述べているので、ここでは「秒」の字源・語源について述べる。

### 【秒】 音ビョウ　訓のぎ

［秒］

（篆）

語源について、王力（中国の言語学者）は秒・杪・眇・渺・妙・藐《びょう》を同源とし、「小さい」「微妙」という意味があるとする（『同源字典』）。藤堂明保はこれだけではなく、もっと範囲を広げ、毛のグループ（耗・髦・旄・毦）、苗のグループ（猫）、貌のグループ（邈）、廟なども同源とし、MÔG・MÔKという音形と、「細い、かすかな」という基本義があるとする（『漢字語源辞典』）。

古典漢語のmiɔgは「小さい・細い」がコアイメージと考えてよい。このイメージは「微かで見えにくい」というイメージに展開する。このイメージが具体的文脈で実現されると、「細くて見えにくい穂先」、すなわち「のぎ」という意味になる。稲などの穂先の形状を「細くて見えにくい」というイメージで捉えてmiɔgというのである。この聴覚記号を視覚記号に変換したのが「秒」という図形である。

ここで始めて字源の問題になる。「細かい、小さい」というイメージをもつ「少」を利用し、「少（イメージ記号）＋禾（限定符号）」を合わせた「秒」が作られた。「妙」や「眇」にも「少」が利用され、これもmiɔgというため、同じ記号が使われたのである。

「秒」は「見えにくいほど小さい」というイメージをもつので、ごく小さな単位に転用されるのは自然である。『孫子算経』という本（王念孫が『広雅疏証』で引用）に「十忽を秒と為す」とあるらしい。そうすると「秒」は「糸」(0.0001)と同じということになる。小数は十進法である。この「秒」が時間単位に転用されたが、時間の小さな単位は六十進法である。この矛盾は六十進法が西欧の時間単位の影響と考えれば納得がいく。

## 「昔」と「昨」の起源——時間漢字(21)

過去を表す漢字のうち、「古」よりも長くはない時間を表すのが「昔」と「昨」である。「昔」は今日よりも以前に遡った時なので、数日前から昨日まで含まれた。一般的には已往（過ぎ去った時）を「昔」という。これに対し「昨」は今日の一日前（きのう）である。ただし「昔」と同じ意味に使うこともあった。字源・語源で見てみよう。

### 【昔】 音セキ 訓むかし

こんな字源説がある。

①「巛が声符。昔は累積した日の意」（『漢字の起源』）

②「仮借。うすく切った肉片を日に乾かした乾肉の形で、腊《せき》（ほじし）のもとの字。仮借して時の関係を示す語となった」（『常用字解』）

③「日＋敷き重ねる印の会意文字で、時日を重ねたこと」（『学研漢和大字典』）

［昔］

（甲）

（金）

（篆）

①では形声説。存在しない字が音符とは奇妙である。②は象形説。「仮借」とあるのは文字の応用を述べただけ。

乾し肉の形とするのは『説文解字』の説。近代の文字学者の説では、日の上の波形（巛を重ねた形）は洪水を表しており、古代の洪水神話を取り入れて「むかし」の意味を表すといった説もある。

乾し肉や洪水のような実体にこだわると解釈が行き詰まるか、曲がった解釈に陥ってしまう。漢字の見方は「何」（実体）ではなく「如何（いかん、どう）」（機能や形状）に重きを置かないと、語の意味との関連性が分からなくなる。「龷」は「（二つ、または二つ以上のものが上に）重なる」ことを示す象徴的符号と解すべきである。乾し肉も肉を重ねた形状を捉えれば必ずしも不自然ではない。洪水も水が重なると見えないことはない。いずれにしても実体にこだわる必要はない。

古典漢語のsiăkが「重なる」というイメージをもつと指摘したのは藤堂明保である。藤堂は昔のグループ（錯・耤・藉・籍・借・措）は、且のグループ（助・租・疽・岨・阻・祖・組）、昨、席などと同源で、これらの語群はTSAG・TSAKの音形と、「重ねる」という基本義をもつという（『漢字語源辞典』）。

改めて字源を見てみよう。「昔」は「龷（イメージ記号）＋日（限定符号）」と解析する。「龷」は「いくつも上に重なる」というイメージを示している。したがって「昔」は日数がいくつも上に重なる様子を暗示させる。この図形的意匠によって、「今日の上に（前に）重なって積もった時間（已往、従前）」の意味をもつ古典漢語siăkを表記する。その時間の幅（数量）は文脈によっていろいろである。「古」と同じ時間から、数日前、昨日までの幅がある。

古典に「昔は古なり」「昔は往日なり」「昔は昨日なり」などの訓がある。また「昔は夕なり」「昔は夜なり」もあり、夜（一晩）の意味でも使われている。日数だけではなく、時間が重なった場合も「昔」と言えた。用例を挙げる。

『詩経』の「昔我往きしとき」（むかし私が戦に行ったとき）の「昔」は「むかし」の意味。『孟子』の「昔者《きのうや》疾めり、今日愈《い》えたり」（きのうは病気だったが、今日は治った）の「昔」は「きのう」の意味。『荘子』の「通昔寐《い》ねられず」（一晩中眠れなかった）の「昔」は「よる」の意味。

## 【昨】　音サク　訓きのう

字源説を見てみよう。

［乍］

（甲）（金）（篆）　［昨］（篆）

①「乍が声符。この音の表す意味は積（積み重ねる意）。昨は一日前の日のことではなく、幾日も前のことである」（『漢字の起源』）

②「形声。音符は乍《さく》。乍は古くは徂《そ》（ゆく）と音が近く通用したのでたちまちの意味がある。昔は古くは夕（ゆうべ）の意味に用いた。音符の関係から、日を加えて〝きのう〟の意味となった」（『常用字解』）

③「日＋音符乍の形声文字。乍（切れ目を入れる）は音符であって、意味には関係がない。昔（日が重なったむかし）と同系のことば」（『学研漢和大字典』）

①では乍が積の意味を表すというが、そんな意味はない。②では乍の「たちまち」がなぜ「昨」の「きのう」の意味になるのか、よく分からない。③では乍を単なる音符とするが、やや疑問がある。

「昔」は甲骨文字にあるくらい語史が古いが、「昨」は周代にはない。周代では「きのう」は「昔」が用いられた。右に述べたように、「昔」は今日より以前の幅のある時間を表す語であった。「昔」から「きのう」の意味を分化させたのが「昨」である。藤堂の言う通り「昨」は「昔」と同源の語である。

「昨」の図形が生まれた背景には漏刻の発明があったと考えられる。漏刻については「刻の起源――時間漢字（2）」で述べている。水量を目盛りで量って時間を表す装置であるが、目盛りは箭《せん》と呼ばれる竿に刻み目をつけたものである。時刻の意味はこの刻み目に由来する。

ところで「昨」の造形に利用された「乍《さ》」は「作」の基幹記号である。「乍」は刃物で∨形や∧形の切れ目をつける図形で、「ぎざぎざの形（∧∧…の形、あるいは∨∨…の形）に切れ目を入れる」というイメージを示す記号である。これは「∧∧…の形に刻む」と言い換えることができる。また「∧∧…」の形や「∨∨…」の形のイメージは視点を変えれば「次々に重なる」というイメージにも展開する。

かくて「乍」は「ぎざぎざに刻み目をつける」というイメージのほかに、「次々に重なる」というイメージを獲得し、これが「昔」と同じイメージでもあるため、「昔」の意味のうち「きのう」を表記するため、「乍《サ》（音・イメージ記号）＋日（限定符号）」を合わせた「昨」が創作された。この意匠によって、「今日の前に重なった時間」を暗示させる。しかも「乍」に「ぎざぎざの刻みをつける」というイメージもあるから、漏刻の刻み目が重なって時間がたったことも暗示させることができる。もっとも、目盛りを刻むのは必ずしも実際に刃物でぎざぎざに刻まなくてもよいが、刻み目をつけることは刻むという行為になぞらえているのであるから、「∧∧…の形に刻む」というイメージは成り立つ。

## 「今」と「古」の起源――時間漢字（22）

「月」「日」や「年」とは違う時間の観念を古人はどう捉えたのであろうか。「時」と「期」については既に述べた。今度は現在と過去という時間を古人はどう発想で捉えたのか、造語法（語源）と造形法（字源）から見てみよう。

### 【今】 音コン・キン 訓いま

こんな字源説がある。

①「屋蓋の下に物を陰蔽した形象。現今の意は借用」（『漢字の起源』）

②「壺形の器や瓶の蓋の形。いまの意味に用いるのは仮借の用法」（『常用字解』）

③「亼印（蓋で囲んで押さえたことを示す）＋一印（取り押さえたものを示す）の会意文字で、囲み閉じて押さえるの意味を表す。のがさずに捕らえ押さえている時間、目前に取り押さ

［今］

（甲）（金）（篆）

えた事態などの意を含む」（『学研漢和大字典』）

①と②では時間の用法（「いま」の意味）を仮借とする。筆者は序章で仮借という文字学用語を否定した。仮借とはAという文字がaという意味を表さないので、Aを仮借（仮物であって本物ではない文字）とする。しかしaという意味を表すためにAが創造されたという事実は紛れもない。要は解釈の問題である。Aの解釈がaと結びつかないから、やむなく仮借説に逃げているだけである。

A（「今」）とa（「いま」）に関連があることを主張するのが③である。この字源説の前に語源論があった。藤堂明保は「今」のグループ全体（含・吟・衾・金・錦・唫・欽・衘・禽・擒・飲・頷・陰・蔭）が、及のグループ（吸・汲・急・級）、合のグループ（翕・給・洽・給・閤）、邑《ゆう》のグループ（挹・悒）、禁のグループ（襟）、音のグループ（喑・諳・瘖・暗・闇）、鷹《よう》のグループ（応）、咸《かん》のグループ（緘・鹹・感・憾・減）などと同源で、これらの語群はKÊP・KÊMという似た音形をもち、「中に入れてふさぐ」という共通の基本義をもつという。そして「不断に過ぎて行く時間に対して、一瞬ぱっと覆いをかけて捕らえ留めたのが今という時間である」と述べている（『漢字語源辞典』）。

時間は抽象的なものだが、現在、いま、この瞬間という時間は全く捉えどころがない。古典漢語ではこれをkiəmという音形に造語し、「今」という図形で表象するのである。早くも甲骨文字に出現しており、語史が古い。

改めて字源を見てみよう。甲骨文字や金文を参考にすると、「亼（覆い、蓋の形）＋一（ある物を示す符号）」と解析できる。楷書では「一」が「フ」に変形している。物に蓋をかぶせて押さえ込む情景を暗示させる図形である。網をかぶせて鳥を捕まえることを表す禽《きん》（「今」が含まれている）の情景と酷似する。動くものを取り押さえて瞬間的につかまえることを表すのが「今」の図形的意匠である。これによって、現在、いま、この一瞬を意味する古典漢語kiəmを表記する。

『詩経』の詩にこんな一節がある。

「我を求めむる庶士よ、其の今に迨《およ》べ」（私を求めている男達よ、いまこの時を外さないで）

結婚願望の女性が婚期を逸するのを恐れ、男たちに対して「もう後がないから、この（プロポーズの）一瞬を外さないでちょうだい」と挑発する文句である。「今」という一語に万感の思いがこめられている。ただし戯れ歌であって、悲愴な失恋の歌ではない。

## 【古】

音 コ　訓 いにしえ・ふるい

字源説を見てみよう。

［古］

（金）

（篆）

①「冑の形。コの音は枯頭から来ている。模造頭形の意」（『漢字の起源』）

②「会意。十（干の省略）と口とを組み合わせた形。口（祝詞を入れる器の形）の上に聖器としての干《たて》を置いて、口を守り、祈りの効果を長い間保たせることを古といい、〞ふるくからのもの、ふるい、むかし、いにしえ〝の意味となる」（『常用字解』）

③「口印は頭、その上は冠か髪飾りで、祭ってある祖先の頭蓋骨を描いた象形文字。ひからびて固い昔のものを意味する」（『学研漢和大字典』）

①の「模造頭形」とは「頭蓋骨に模した魌頭（鬼の面）」ということらしい。字形は冑、音は枯頭、意味は模造頭形といい、支離滅裂の感は否めない。②では「祈りの効果を長い間保たせる」の意味から「ふるい」の意味が出たというが、理解し難い。「古」にそんな意味があったとはとうてい思えない。図形的解釈と意味が混乱している。

「古」の字源は諸説紛々で定説はない。形は何とでも解釈できる。字源より前に語源が先立つべきである。古典では「古は故なり」「故は固なり」などとあり、古・固・故などの同源意識があった。古のグループから範囲を拡大し、単語家族として立てたのは藤堂明保である。藤堂は古のグループ（枯・辜・固・涸・詁・故・姑・箇）は、各のグループ（格・客・閣・骼・額）、行のグループ（衡・桁）、亢のグループ（抗・航・忼）、岡のグループ（剛・綱）などと同源で、KAG・KAK・KANG という音形と、「かたい、まっすぐ」という基本義をもつという（『漢字語源辞典』）。

改めて字源を見てみよう。語源論的研究によって古典漢語 kag の深層構造は「かたい」というイメージであることが明らかになった。語源は字源を制約する。では kag を表記する「古」はどう解釈するのがよいか。藤堂は「kag ということばは固く枯れたものを表している。たとえば殆・辜はいずれも死体を磔（はりつけ）にして、固く乾くまで枯らすことである。各の系列のうち、骼（固い骨）・觡（固い角）・頟［＝額］（固いひたい）などは、やはり古の系列と同系だと考えられる」と述べ、これから逆推して「古」を頭蓋骨の形と解釈した。「骷《こ》」は比較的新しい字であるが、意味がされこうべであるのは、「古」の解釈の補強になるかもしれない。

イメージの展開を考える。古典漢語の kag のコアイメージは「かたい」であるが、この語は干からびて固いものから発想されたと考えられる。具体的には枯れ木でもよいし、されこうべでもよい。何でもよかったが、たまたま図形化しやすかったのがされこうべであったに過ぎない。「干からびて固い」は時間の経過とともに観察される物の変化である。生物が死ぬとこのような状態になる。ここに時間の経過が捉えられる。「今」のような瞬間ではなく、比較的長い時間である。これが「いにしえ」という時間の起源である。甲骨文字には「今」はあるが時間漢字の「古」はない（「古」に比定される字はあるが、同定に疑問がある）。古典では最古の古典の一つである『詩経』に「古より年有り」（昔から豊作であった）とあるように、「いにしえ」の意味で使われている。

「固く干からびている」というコアイメージにおいて、長い時間の経過に焦点を置けば「長い時間の経過した時（いにしえ、昔）」の意味が実現されるが、生気を失って固くなった状態に焦点を置けば、「時間がたってふるびている（ふるくさい）」という意味に展開する。これが新に対する古（ふるい）である。「いにしえ」と「ふるい」は同じコアイメージから展開する二つの意味である。しかも語史から見ると、「いにしえ」が先、「ふるい」は後に出現する。

## 「翌」の起源――時間漢字（23）

「今」、今日を基準にして前（過去）の方に目を向けた時間漢字が「古」や「昔」「昨」であるが、後（未来）の方に目を向けたのが「翌」である。「翌」は「昨」に対する語である。

ただし「翌」は日だけではなく、現在では週・月・季節・年もカバーするから、「昔」と対するとも言える。「昨」と「昔」は「重なる」というイメージから生まれた語であるが、「翌」はどういうイメージから生まれたのか、字源・語源から見てみよう。

### 【翌】 音ヨク

こんな字源説がある。

①（『漢字の起源』にはない）

②「形声。音符は立。古い字形では翼の象形のままの字があり、のち音符として立を加えた字形となる。古くは翊に作り、のち翌の形となった。翊は甲骨文字に祭日の名としてみえており、五祀周祭の中の明日の祭りの名であるため、のち〝あくるひ、あす〟の意味に用いる」（『常用字解』）

③「甲骨文字はつばさを描いた象形文字。翼の原字。金文は日＋立＋音符羽（＝翼）の字。昱（もう一つ別の日→あくる日）は金文を省略した字。翌は立＋音符翼の略体の会意兼形声文字で、昱（別にもう一つある日）と全く同じ意味を表す」（『学研漢和大字典』）

②では立を音符とするが、立 liəp は翌 d(y)iək の音符であ

［翌］

（甲）

（金）

（篆）

り得ない。また「明日の祭りの名」から「明日」の意味が出たというが、「明日の祭り」とは何なのかよく分からない。しかも「明日」という時間観念が先にあってこそ、「明日の祭り」ということが言えるのではなかろうか。祭りの名から時間観念を導くのは論理的におかしい。

「翌」「翊」「昱」の三つの字体があってややこしいが（注）、実は翼から発想された一つの語、一つの字があっただけである。コアイメージという概念がないと、語と字形の関係、および三つの字体の関係が分からない。逆に言えば、コアイメージを捉えればすべてが一挙に解決する。

（注）篆文までは「翊」であるが、隷書または楷書の段階で「翌」となった。

では古典漢語の d(y)iak はどういうコアイメージをもつ語か。殷代の語音は不明であるが、上古音を遡らせて考える。甲骨文字の文法は後の漢文（古典漢語の文章）とほとんど同じである。だから語音も上古音と類似したものと推測しても大きな誤りはない。

さて甲骨文字の「日」や「立」を除いた部分が翼の形と解釈したのは中国の文字学者であるが、なぜ翼の形で明日を表すかの理由については納得した説明がない。この理由を説明したのが、右の③である。すなわち藤堂明保は「別にもう一つある日（すなわち明日）」と翼との類似性を指摘した。翼は二つあるものであり、だから「もう一つ別にある」というイメージをもつのである。

藤堂明保は字源の前に語源的な研究を行っている。藤堂は異・翼・翌（翊）・昱を同じ単語家族にくくり、DÊK・DÊNG という似た音形と、「もう一つ別の」という共通の基本義を抽出した（『漢字語源辞典』）。

これでなぜ翼の図形でもってなぜ明日を表せたかの理由が明らかになる。鳥の翼は対をなすものである。「Aのほかに同じようなBがもう一つ別にある」というイメージを表すことができる。歴史的、論理的に述べると、「Aのほかに同じようなものがもう一つある」というコアイメージをもつ d(y)iak という聴覚記号があり、これを視覚記号に変換する際、「翼」の図形が考案された。

字体は甲骨文字の段階で複数現れている。翼の形が最初で、その後、異体字として、「羽（イメージ記号）＋立（イメージ補助記号）」を合わせた「翊」（のちに「翌」と書かれた）と、「羽（イメージ記号）＋日（限定符号）」を合わせた「昱」が生まれた。なぜ「立」をイメージ補助記号として用いたかと言うと、「立」は両足を広げて立つ人の形で、「二つ並ぶ」というイメージがあるからである（「粒と陣の起源——助数漢字（41）」の項参照）。今日の次が翌日であり、今日と翌日は二つ並ぶ日である。

周代の古典でも「翼」は翼日（＝翌日）のような使い方がある。これは甲骨文字にもあったように、対をなす翼から「明日」という時間が発想されたから当然である。「翼」のイメージ記号である「異」は「ことなる」という意味であるが、その根底にあるのは、「AのほかにA別にBがある」というイメージである。

以上のように「翼」も「異」も、Aと、それとは別にあるもう一つのBが並んで存在するという根源のイメージをもつ記号であり、これらが「明日」という時間を成立させるのである。

## 「早」の起源——時間漢字（24）

「早」は本来は朝のはやい時刻の意味で、「時刻がはやい」はその転義である。

日本語では「はやい」は「時刻がはやい」と「速度がはやい」の二通りの意味があるが、漢語では「早」と「速」で全く違う。英語でも early と quick（あるいは speedy）で全く違う。なぜ日本語は両方とも「はやい」というのか。大野晋によると、「はやし」は「おそしの対。ハヤシ（囃）・ハヤリ（流行）と同根。ハヤは活動力をもって前へ進む意。時間に転用して、時の経過が少なくて済む意」という（『岩波古語辞典』）。これによると、時間の流れを直線で想像した場合、Aの時点とBの時点を比較して、Bよりも時間の流れ（数量）が小さい方が「時刻がはやい」という意味。一方、速度を考えるにはどうしても距離の概念が必要である。二点間の距離を進むのに、Aの時刻で出発してBの時刻で到着すると仮定すると、要する時間が小さい（短い）のが「速度がはやい」という意味である。日本語はこれら二つとも「経過する時間が少ない」という共通の認識で捉えて「はやい」と表現する。

では古典漢語の「早」はどんな成り立ちがあるのか、字源・語源から尋ねてみよう。

### 【早】 音ソウ　訓はやい・つとに

こんな字源説がある。

①「十（＝甲）が声符。この音の表す意味は開披である。早は夜の帷幕が破れて日の光の指し始めた意」（『漢字の起源』）

②「仮借。匙の形。その音を借りて〝はやい、あさ、わかい〟の意味に用いる」（『常用字解』）

③「くぬぎや、はんの木の実を描いた象形文字。皁とも書き、その外皮は黒い染料に用いる。黒い意より転じて、朝の暗い時をさす」（『学研漢和大字典』）

［早］

（篆）

「早」は周代（戦国時代）に出現する字であるが、字源説は分かりにくい。語源説では『釈名』（漢、劉熙撰）に「皁《そう》は早なり」があるくらいである。藤堂明保は早と皁の二語を一つの単語家族にくくり、「黒い、暗い」という基本義があるとしている（『漢字語源辞典』）。

改めて字源を見てみよう。『説文解字』では「草」を説明して「草は草斗、櫟実《れきじつ》なり。一に曰く象斗《しょうと》」と述べている。櫟実とはクヌギの実、つまりドングリ、象斗とは殻斗、つまり外皮のついたドングリのことである。これは「草」の限定符号（くさかんむり）を除いた「早」の説明と考えられる。殻斗の意味をもつ「皁」は「早」から派生した字である。

ところで「皁」を構成する「白」に注目したい。「白」は「百の起源」や「伯・仲・叔・季の起源——順位漢字（8）」で述べたように、ドングリの象形文字である。したがって「皁」はまさに殻斗の象形文字と言ってよい。「白」はドングリ、「早」は殻斗から発想された色の概念を表す語であり、字である。

ではどんな色か。ドングリは漂白して食用にしたと考えられる。水にさらした場合、ほとんど無色に近い色になる。これが白色の起源である。一方、殻斗は染料に利用され、外皮の色を移した。これが「くろ」の色である。「くろ」はかまどの煤の色から発想された「黒」が古い語であるが、「皁」もくろ色の意味で用いられた。

「早」を時間語として用いるのはイメージ展開が絡んでいる。「黒い」のイメージが「暗い」のイメージに展開するのは容易に理解できる。「黒」も暗黒のように「暗い」のイメージに転化する。

ちなみに日本語の「くろ」と「くらし」の語根クラは同源ではないらしい。「クロはクラ（暗）に由来するものではなく、むしろ染料として黒色に用いるクリ（涅）と同根かと思われる」という（『古典基礎語辞典』）。染料から発想されたという点では漢語の「皁」と似ている。

漢語においては「黒い」と「暗い」がイメージのつながりがあるので、日の出前の暗い時刻を「早」で表したのは理にかなう。古典漢語で一日の朝方のはやい頃を tsog といい、この聴覚記号に対して、黒の染料になる殻斗を描いた「早（=皁）」の図形が考案されたのである。

## 朝昼夜の起源① 「朝」の起源——時間漢字（25）

古典漢語では一日の時間帯を「朝」「昼」「夜」の三つに区分するが、朝と夜はいくつかの名称がある。日本では二つの時間区分法があったという。大野晋によると、「上代には昼を中心にした時間の言い方と、夜を中心にした時間の言い方とがあり、アサは昼を中心にした時間の区分の、アサ→ヒル→ユフの最初の部分の名」「アシタは夜を中心にした時間の区分のユフベ→ヨヒ→ヨナカ→アカツキ→アシタの最後の部分の名」という（『岩波古語辞典』）。

古典漢語の時間区分を字源・語源から尋ねてみよう。

## 【朝】

㊥チョウ ㊞あさ・あした

まず字源説を挙げる。

①「中（タウ）が声符。この音の表す意味は出・登の意。朝は日の初めて登る意」（『漢字の起源』）

②「会意。艸（草）と日と月とを組み合わせた形。草の間に日が出ているが、残月がなおかかる形で、朝あけの時をいう」（『常用字解』）

③「金文は草＋日＋水の会意文字で、草の間から太陽が昇り、潮が満ちてくる時を示す。篆文は幹（旗が上がるように日が昇る）＋音符舟の形声文字で、東方から太陽の抜け出るあさ。抽（抜き出す）・冑（頭が抜けるよろい）と同系のことば」（『学研漢和大字典』）

「朝」の字体は甲骨文字、金文、篆文、隷書で変化した。

［朝］

（甲）（金）（篆）

しかし形や音が変わっても、語の深層構造はなかなか変わらないものである。「語の深層構造は変わらない」を漢字論の原則の一つに据える（原則であって、例外はある）。この原則がないと字形の変遷が分からないし、字形の勝手な解釈が発生する。

「あさ」を意味する古典漢語は tiŏg である。この語形が一応の目安になる（周代以前はこの語形と類似したものと見なす）。藤堂明保は tiŏg の語源について、由のグループ（抽・冑・軸・紬・油・笛・迪）や、中、融などと同源で、「抜き出す、抜け通る」という基本義があるとし、「なぜアサを tiŏg というのか…おそらく抽出の抽と同じく、太陽が東方の扶桑から抜け出て大空に昇ると考えたものであろう」と述べている（『漢字語源辞典』）。太陽の運行に関してこのような古代神話があり、古代人の通念でもあった。

しかし筆者はなぜ朝廷の朝と、時間の「あさ」が同じ「朝」で表されるのかに着目し、「中心に向かう」というコアイメージを想定する。これを保証するのは『詩経』における「朝」の用例である。小雅・沔水篇に

「沔《べん》たる彼の流水、海に朝宗す」（溢れ流れる川の水、海に向かって流れゆく）

という詩句がある。

『書経』でも「朝宗」が使われており、小水が大水に入る

ことを諸侯が朝廷に来るのに譬えたというのが普通の解釈であるが、逆であろう。このことはなぜ「朝」が朝廷の意味を獲得したのかと関係がある。上の②では「殷代には日の出を迎えて朝日の礼を行い、その時に政治上の大事を決定したので、…〝まつりごと〟の意味」になったというが、朝に政治を行ったから政治や朝廷の意味が出たというのは、意味の展開の必然性がない。

言語の意味は語の必然的な論理に従う。一般に語の中心的な意味からメタファー（隠喩、換喩、提喩など）やアナロジーによって転義する。古典漢語ではコアイメージから意味が展開することも多い。

「朝」のコアイメージは「朝宗」の用例から、「中心に向かう」と考えられる。したがって周辺や地方から群臣や諸侯が中心に向かって集まること、そして彼らの集まってくる政治の中心、すなわち朝廷という意味に展開する。

甲骨文字では「朝」はあるが、「昼」も「夜」もない。文字がないからと言って言葉がなかったとは言えない。甲骨文字は日常用語（基礎語彙）がきわめて少ないという事情がある。周代になって「朝」「昼」「夜」の三つ組が現れる。「昼」は三つの区分の中心に位置する時間帯である。したがって「朝」とは中心に向かって流れていく（進んでいく）時間帯である。夜明け頃の暗いうちを「早」といい、「早朝」という。だから「朝」は日の出の前後の時間帯である。

改めて字源を見てみよう。

甲骨文字は「𠦝+月」と分析できる。「𠦝」は「中（草）+日+中（草）」を合わせて、草の間から日が出ようとする形。「𠦝（イメージ記号）+月（限定符号）」を合わせて、日が昇る頃に月が出ている情景を設定した図形。図形にコアイメージは全く反映されていない。

金文は「𠦝（イメージ記号）+巛（水の流れ。イメージ補助記号）」を合わせて、日の出の頃に潮が満ちてくる情景を暗示させる図形。

篆文は「倝（イメージ記号）+舟（イメージ補助記号）」を合わせた字。「倝」は「㫃（旗を揚げる形）+昜（太陽が上がる形）」を合わせて、「高く上がる」というイメージを示す記号（乾・幹に含まれる）。「舟」は「進む」というイメージを添える記号。したがって「朝」は太陽が上がって進んでいく情景を暗示させる図形である。

隷書では金文の一部と篆文の一部を取り、「𠦝+月（=舟）」を合わせて現在の「朝」の字形となった。

字形はこのように変遷した。どれから解釈しても「あさ」を表すことは間違いないが、語の起源はこれでは分からない。語源的に研究して初めて「あさ」をなぜ古典漢語でtiŏgというのかが明らかになる。

## 朝昼夜の起源②　「昼」の起源――時間漢字(26)

**【昼】**　音チュウ　訓ひる

「晝」が正字(旧字体)。字源説を見てみよう。

①「𦘔《カイ・クワク》が声符。この音の表す意味は赫の意。晝は太陽が光を放って天地の明白になる意」(『漢字の起源』)

②「会意。聿と日とに従う。日の周辺にそれぞれ小線が加えられていて、暈のある形、すなわち昼の晦い状態をあらわす」(『字統』)

③「筆を手に持つ姿＋日を四角に区切った形の会意文字。日の照る時間を、ここからここまでと筆で区切って書くさまを示す。株(中心となる木の幹)・朱(木の中心の赤い木質部)・主(中心となって動かぬ者)・柱(じっと立つはしら)などと同系で、一日のうち、主となり中心となる時のこと」(『学研漢和大字典』)

①の音符説は奇妙である。②は「昼の晦い状態」の意味というのが理解不能。③は語源を絡めた解釈になっている。

『説文解字』では「晝は日の出入、夜と界を為す」とある。

［昼］

(篆)

日が出てから、日が入り、夜と境界になる時点までが「晝」だという。

基本は日の出から日の入りまでの、太陽の出ている時間帯が「晝」とされたようである。これは太陽を意味する「日」が昼間の意味になるのと見合ったものである(ただし「晝」と「日」は同源の語ではない)。日本語の「ひる」は「ヒ(日)」と同根で、アサ(朝)とユフの間の中心に当たる時間だという(『岩波古語辞典』)。古典漢語の「晝」も同じように中心になる時間という観念に由来していると考えられる。

古典漢語では「あさ」は「朝」のほかに「早」「旦」「暁」「曙」「晨」、「よる」は「夜」のほかに「暮」「夕」「宵」「晩」など、細かく分ける。「ひる」は比較的長い時間帯だが「昼」だけである(後世では午前、正午、午後に分けられる)。「昼」は細かい時間に分ける必要がなく、中心になる時間という大摑みの時間観念があったと考えてよいだろう。

改めて字源を見てみよう。『説文解字』では「晝＋日」と分析している。「晝」(画の旧字体)は「四方を区切る形(イメージ記号)＋聿(イメージ補助記号)＋田(限定符号)」と解析する。「聿」は筆を手に持つ形。筆は筆記用具であるが、区画をつける手段にもなる。したがって「晝」は田の周囲に区画をつける情景を暗示させる図形である(「筆と画の起源――助数漢字(109)」の項参照)。「田」を「日」に換えたのが「晝」である。

したがって「晝（イメージ記号）の略体＋日（限定符号）」と解析する。「晝」は田という具体物を捨象して、ただ「区切りをつける」というイメージのみを示す。したがって「晝」は一日の時間に区切りをつける様子を暗示させる。日の出と日の入りという二つの現象に区切りをつけ、その中間の時間を「晝」で表している。一日のうち活動の中心になる時間帯である。

## 朝昼夜の起源③　「夜」の起源——時間漢字(27)

「朝」は「中心に向かう」のイメージ、「昼」は「中心」のイメージから造語された時間概念であるが、「夜」はどんなイメージに由来するのか、字源・語源から尋ねてみよう。

### 【夜】　音ヤ　訓よる・よ

こんな字源説がある。

①「夕が声符。舒身して休止する意。舒身して休息するのは「よる」であるから、昼夜の夜となったのであろう」（『漢字の起源』）

②「会意。大（手足を広げて立つ人を正面から見た形）と夕（夕方の月の形）とを組み合わせた形。人の脇の下から月が現れている形で、月が姿を現すような時間帯を夜といい、〝よる、よ〟の意味に用いる」（『常用字解』）

③「亦《キェ》は人の体の両脇にある脇の下を示し、腋の原字。夜は月＋音符亦の略体の会意兼形声文字で、昼（日の出る時）を中心にはさんで、その両脇にある時間、つまりよるのことを意味する」（『学研漢和大字典』）

①では「舒身して休息する」を原義としたが、「夜」にこんな意味はない（用例がない）。②では「大＋夕」と分析したが、「大」の左下の点の解釈がつかない。

字源は『説文解字』が「夕に従い、亦の省声（亦の略体が音符）」としたのがよい。「亦」の右下の点の代わりに「夕」を配置した図形である。②では「月が姿を現す時間帯」の意味とするが、月が出ていなくても「夜」である。「月」は「夜」の意味素には入らない。

「亦」が語の根幹（深層構造）に関わる重要な記号である。藤堂明保は亦のグループ（奕・夜・液・掖・腋）を尺や、度のグループ（渡）、睪《えき》のグループ（択・駅・訳・沢・釈・繹）などと同源で、TAK・TAG という音形と、「数珠つなぎ、—・—型」

という基本義をもつとしている。「夜」については、「人間の生活では、昼が中心となり、ヨルは昼の両脇に配される時間である。一日一夜と繰り返し連なるさまは、・―・―・―型と考えられる」と述べている（『漢字語源辞典』）。

改めて字源を見てみよう。「亦《キェ》（音・イメージ記号）＋夕（限定符号）」と解析する。「亦」がコアイメージに関わる記号。「夕」は意味が何と関わるかを示す符号である。限定符号とは意味の領域、カテゴリーを限定する符号であって、普通は意味素とは無関係である（これが原則だが、例外もある）。「夕」は「夜」が出現する前に「ゆうがた」を表す記号として既に成立していた（甲骨文字に「夕」はあるが「夜」はない）。

藤堂のいう「数珠つなぎ」のさらなる根底にあるのは「▯-▯の形に並ぶ」というイメージである。A・Bと並ぶ姿が連鎖すると、A・B・C…とつながっていく。これが「数珠つなぎ」のイメージである。

「亦」は大の形に立つ人の両脇に点々をつけて、「▯-▯の形に並ぶ」というイメージを示す記号である。これは「同じ物が両側にもう一つある」と言い換えることができる。

さて一日の時間を三区分するのが古典漢語の時間の捉え方である。「中心」に置かれるのが「昼」であり、中心に向かって進む時間が「朝」である。中心をOとするとA→Oというイメージである。次に日の入りを境にして別の時間が始まる。中心の左にあるのが「朝」、ちょうど反対の右側に「よる」が位置する。Oを中心にしてA―O―Bの形を呈する。Aが「朝」と命名されたので、それに対する時間帯のBを、Aとペアをなすものと捉えて「夜」と命名された。「夜」という時間を「同じ物（時間として同じ類）がもう一つある」「（中心をはさんで）二つが並ぶ」というイメージで捉えたのである。

「朝」は日の出前後の暗い（あるいは薄暗い）時間である。「夜」は日の入り後の暗い（あるいは薄暗い）時間である。したがって二つの似たような時間が「昼」の両側に存在すると捉えて、「亦」のコアイメージ、「同じ物が両側にある」というイメージで命名したと考えることもできる。

## 「旦・暁・曙・晨」の起源――時間漢字（28）

古典漢語では一日を朝・昼・夜に三区分するが、「あさ」と「よる」にはさまざまな時間相があり、それぞれ漢字表記が違う。「あさ」は一般に「朝」だが、その中には「旦」「暁」「曙」「晨」など細かい表現がある。

日本語では「あした」「あかつき」「あけぼの」がある。大野晋によると、「アシタは夜を中心にした時間の区分のユフベ→ヨヒ→ヨナカ→アカツキ→アシタの最後の部分の名」「夜の白んでくる時刻はアケボノといい、アカツキの次の段階」という（『岩波古語辞典』）。

漢字の場合、「暁」に「あかつき」、「曙」に「あけぼの」、「晨」に「あした」の訓があるが、日本語のような時間の順序があるのだろうか、字源・語源から見てみよう。

## 【旦】　音タン　訓あした

字源は明白で、「一（イメージ記号）＋日（限定符号）」と解析する。日が一線（水平線または地平線）の上に姿を現す情景を暗示させる図形。この意匠によって「夜明け」の時間を表す。甲骨文字にもあり、語史は古い。

藤堂明保は旦のグループ（但・袒）を綻・丹・誕などと同源とし、TANという音形と、「外に現れ出る」という基本義があるとする（『漢字語源辞典』）。言い換えれば、「暗い所から明るい所に現れる」というイメージである。胎児が母胎から生まれ出るのが「誕」、衣服を脱ぎ肌をあらわに出すことが「袒」（左袒の袒）である。太陽が地上に現れ出る時間が「旦」である。これらにはイメージの共通性がある。「暗い所から明るい所に現れる」がコアイメージなので、「旦」は「明るい」という意味もある。「あさ」の時刻のうち「明るさ」の出現に重点を置く語である。

［旦］

（甲）

（金）

（篆）

## 【暁】　音ギョウ　訓あかつき

「曉」が正字（旧字体）。次の字源説がある。

①「堯が声符。この音の表す意味は白の意。暁は太陽の光の明白になる意」（『漢字の起源』）

②「形声。音符は堯。堯は土器を焼くときに、竈の棚の上に土器を積み重ねた形で、高いという意味に用いる。暁は日が高く昇り始める〝あかつき（夜明け、明け方）〟をいう」（『常用字解』）

③「日＋音符堯の形声文字。皦（白い）・皓（白い）・皜（白い）・杲などと同系のことばで、東の空がしらむこと」（『学研漢和大字典』）

③の藤堂明保の説は語源論が裏付けになっている。藤堂は高のグループの一部（槁・塙・膏・縞・敲）、皓、確、敫《きょう》のグループ（皦・激・覈・檄）などが暁と同源で、これらの語群はKÔG・KÔKという音形と、「乾いた、白い、固い」という基本義があるという（『漢字語源辞典』）。藤堂によれば「暁」は「白い」というイメージをもつ語であるから、「高い」の意味をもつ「堯」は単なる音符ということになる。

［垚］

（篆）
［堯］

（篆）
［曉］

（篆）

改めて字源を見てみよう。「堯《ギョウ》（音イメージ記号）＋日（限定符号）」と解析する。「垚」は「土」を三つ重ねて「高く上がる」というイメージを示す記号。「垚《ギョウ》（音・イメージ記号）＋兀（人や人体に関わる限定符号）」を合わせた「堯」は背の高い人を暗示させる。これも「高く上がる」というイメージを表すことができる。したがって「曉」は日が高く上がる情景を設定した図形。これが「あかつき」を意味するわけではない。「曉」は「（光が高く上がって）明るい」という意味の古典漢語hɡを表記するのである。戦国時代の文献（『荘子』など）に用例がある。「あかつき」の意味は、「明るい」からの転義である。これは漢代以後に現れる意味である。

語史を調べることも字源・語源を検討する際、おろそかにできない。

## 【曙】 音ショ 訓あけぼの

王念孫（清代の古典学者）は「曙の言は明著なり」と述べている（『広雅疏証』）。曙と著を同源とする。「曙」に「はっきりと明るい」というイメージを捉えた。一方、藤堂明保は赭《しゃ》（あかあか）・彰（明るい）・昌（明るい）などと同源とする。これらを参考にすると、「明るい」というイメージから「夜明け」の意味を派生したと考えられる。

漢語では「暁」と「曙」はほとんど同義であり、「あかつき」と「あけぼの」に対応させる根拠が乏しい。

［曙］

（篆）

## 【晨】 音シン 訓あした

字源は「辰《シン》（音・イメージ記号）＋日（限定符号）」と解析する。「辰」は「辰の起源——十二支（5）」で説明したように、シャゴウという貝から発想された字で、蜃気楼の蜃の原字である。この貝は、殻を開くと、大きな舌を出して震えているように見える。だから「辰」は「弾力性があって震え動く」というイメージを表す記号になる。振・震にはこのイメージが明白である。かくて生物が活動を開始する時間、つまり早朝、明け方を「晨」で表す。

日の出る前のまだ暗い時刻でもよい。闇を破って生物が動き始める頃を目安とする時間である。いちばんの目安は鶏が時を告げることである。『書経』に「牝鶏《ひんけい》の晨《しん》」という言葉がある。この「晨」はまさに「ニワトリが時を告げる」の意味である。

日本語の「あした」は「あかつき」の後の時間のようだが（大野晋の説）、漢語では晨→暁（または曙）の順と考えられる。

［辰］

（甲）

（金）

（篆）

［晨］

（篆）

孔穎達（唐代の学者）は「夜の明に向かうを晨と為す」と述べている（『春秋左氏伝』の注釈）。

## 「暮・夕・昏・宵・晩」の起源――時間漢字(29)

「よる」に対する時間相としては「暮」「夕」「昏」「宵」「晩」がある。「夕」は「ゆう」「ゆうべ」、「宵」は「よい」の訓がある。

日本語では「ユフは昼を中心にした時間の区分の、アサ→ヒル→ユフの最後の部分の称」、ヨヒは「上代の夜の時間区分、ユフベ→ヨヒ→ヨナカ→アカツキ→アシタの第二の部分」という（『岩波古語辞典』）。

漢語の「夕」「宵」などはそのような区分があるのか、字源・語源から見てみよう。

### 【暮】 音ボ 訓くれる・くれ

字源は「莫《バク・ボ》（音・イメージ記号）＋日（限定符号）」と解析する。「莫」は「艸＋日＋艸」を合わせて、草（くさむら）の間に日が沈む情景を設定した図形。「莫」だけで日暮れの時を表す。すでに甲骨文字にもある。「暮」はさらに限定符号の「日」を添えた字で、「日」がダブっている。

「莫（暮）」は「旦」と見合った字である。「旦」は日の出から発想されたが、この語のコアには「暗い所から明るい所に現れる」というイメージがある。「莫」は日の入りから発想された語で、「暗くてはっきり見えなくなる」というイメージがある。「見えなくなる」を極端に抽象化すると、「ない（無）」という否定詞が生まれる。これが莫逆の友（逆らわない友）の莫、莫大（これより大きいものがない→いちばん大きい）の莫である。

「莫」はmag（日暮れ、暮れる）とmak（無い）の二つの語に対応するが、もともと同根であった。それが分化してmagには「暮」の表記が生まれた。

[莫]

（甲）

（金）

（篆）

### 【夕】 音セキ 訓ゆう・ゆうべ

字源は明白で、三日月を略画的に図形にしたもの。月が出る（見える）情景から発想されているが、「月が出る時間」という意味ではなく、意味はただ「よる」である。王力（中国の言語学者）と藤堂明保は「夕」と「夜」を同源としている。そうすると「夕」は日本語の「ユフ」に当たる。ユフは昼を中心にした時間区分で、アサ→ヒル→ユフの最後の部分であ

[夕]

（甲）

（金）

（篆）

る（大野晋の説）。『詩経』に「今夕は何の夕ぞ、此の良人を見る」（今夜は何てすてきな夜だろう、このいい人に出会うとは）という用例がある。この「夕」は「よる」の意味である。

一方、『詩経』に「日の夕べ、羊牛下り来る」（夕方になると、羊と牛はねぐらに帰る）という用例があるが、この「夕」は「ゆうがた」の意味である。これは日本語の「ゆうべ」と対応している。ユフベは夜を中心とする時間区分で、ユフベ→ヨヒ→ヨナカ→アカツキ→アシタの最初の部分という（大野晋の説）。要するに漢語の「夕」は二通りの意味がある。

## 【昏】 音コン 訓くらい

黄昏を「たそがれ」と読んでいるが、「昏」の一字で「たそがれ」の意味である。『詩経』に「昏を以て期と為す」（たそがれに会う約束をした）という用例がある。

字源には問題がある。「氏＋日」と分析する説、「氐＋日」と分析する説、「民＋日」と分析する説がある。『説文解字』の一説にある「民の声（音符が民）」を支持する学者も多く、湣—涽、緡—緍などが異体字であるのを見ても、「昏」と「昬」は同形であろう。「氏＋日」の「氏」は姓氏の氏ではなく、「民」の省略形であった可能性が強い。

［昏］

（金）

（篆）

以上の考察から「昏」を「民《ミ》（音・イメージ記号）＋日（限定符号）」と解析する。「民」は序章で述べた通り、目を突いて見えなくする情景を暗示させる図形で、「（目が）見えない」というイメージを示す記号である。「見えない」と「暗い」は転化しうるイメージである。「見えない」⇅「暗い」のように、相互転化可能（可逆的）なイメージの例である。したがって「昏」は物が見えないほど暗くなってきた時間を暗示させる。ただし真っ暗闇ではなく、夕暮れの薄暗い時間を「昏」で表す。

ちなみに、日本語の「たそがれ」は「たそかれどき」に由来し、「〝誰そ、彼は〟といぶかる頃の意。うすぐらくなって人の顔が見分けにくい時分」という（『岩波古語辞典』）。「昏」はまさに「たそがれ」に当たる。

さて「昏」は別の使い方がある。『詩経』などでは婚姻を昏姻と書いている。つまり「昏」を結婚するという意味で使っている。古代では「婚は昏（暗い）である。婚礼が昏時に行われるからだ」といった解釈がある。しかし意味の転化を儀礼などといった言語外的事実から導くのは意味論の正道ではない。

意味の展開はまずコアイメージから考えるべきである。「昏」のコアイメージは「（暗くて）見えない」である。「見えない」は視覚的イメージだが、知覚にも適用できる。「見えない」は「よく分からない」のイメージに転化する。また、見えない、分からないと、見たい、分かりたいと求めるものである。よく分からない（知らない）からこそ求めたいと思う。ここから、互いに分からない（知らない）男女が互いを知りたいと求めて結ばれるという事態が起こる。これを「婚」というのである。

## 【宵】　音ショウ　訓よい

字源は「肖《ショウ》（音・イメージ記号）＋宀（限定符号）」と解析する。「肖」は「小（音・イメージ記号）＋肉（限定符号）」と解析する。小→肖→宵と展開するが、いずれの段階にも「ばらばらになって小さい」というイメージがある。「小」については既に「小数の起源」と「少数の漢字① 小・少の起源——数漢字(23)」で述べた。「小」は三つの点々によって、「小さいものが点々と散らばる」「ばらばらになる」というイメージがある。ある人物に似せたもの（肖像）、また似せる・似る（不肖）という意味を表す字が「肖」であるが、「小」のイメージを用いて、原物を小型化する様子を暗示させる図形である。

かくて「宵」という時間語が生まれる。「ばらばらになる」は「消える」というイメージに展開する。家の中に光が消えた状態を設定した図形が「宵」である。古典では「宵は陽気消するなり」とある。光が消えるのは暗い時刻を暗示させるが、陽気が消えるのは昼の時間の終了を暗示させる。いずれにしても夜の時間を「宵」で表す。

［肖］

（篆）
［宵］

（金）

（篆）

日本語の「よい」はユフ→ヨヒ→ヨナカの順序の二番目という（大野晋の説）。漢語の「宵」は「夜」とほぼ同義で、夜間の意味である。しかし「夜」と対比させて、夜の前半部を指すこともある。この場合は日本語の「よい」にほぼ当たる。『詩経』に「粛粛として宵に征く」（いそいそと夜間に出かける）という用例があるが、女性が男性のもとに通うことを歌っているので、「よい」の意味に取れる。

## 【晩】　音バン　訓くれ・おそい

語源について王力は暮・冥と同源とする（『同源字典』）。藤堂明保は昏・微・昧・没などと同源で、MUÊR・MUÊT・MUÊNという音形と、「小さい、よく見えない、微妙な」という基本義があり、晩とは「暗くて物の見えない時」の意味という（『漢字語源辞典』）。そうすると、「昏」とほぼ同義ということになる。『説文解字』では「晩は莫（暮）なり」としている。いずれにしても日暮れ時の意味である。

［免］

（篆）
［晩］

（篆）

藤堂は「免」を単なる音符としたが、筆者は「免《メン》（音・イメージ記号）＋日（限定符号）」と解析する。「免」は「⺈（しゃがむ人）＋宀（穴）＋儿（人体）」を合わせて、女性がお産をする情景を設定した図形（分娩の娩の原字としたのは藤堂の説）。この意匠によって、「無理を冒して出る」「やっと通り抜ける」というイメージを表すことができる。

お産は狭い産道を胎児が通り抜けることであるから、困難を乗り越えてやっと抜け出るというイメージが強い。いやなことや、悪いことからどうにかしてやっと抜け出ることを「免」というのはこれに由来する（免罪・放免の免）。日本語では「免」を「まぬかれる」と読む。「まぬかる」とは「危険・災難など、自分にとって好ましくない不利な状況に遇わずにすむ意」という（『古典基礎語辞典』）。

「晩」が時間語になったのは「（困難な事態を）やっと抜け出る」というイメージを用いるのである。このイメージは「（暗い中を）どうにかしてやっと通り抜ける」というイメージに展開しうる。一日の時刻が遅くなっていくと日が落ち、あたりが暗くなる。薄暗さを通してやっと物が見える状態になる。この時間を「晩」というのである。したがって「晩」は夜の時間帯の比較的前の方、日暮れ時に当たる。

「晩」は遅い時間という意味もある。夜の遅い時間ではなく、一日の遅い時間である。意味を拡大して、春の遅い時間を晩春、年の遅い時間を晩年という。『老子』に「大器晩成」という言葉がある。大人物は遅くに大成するという意味。この「晩」は人生の遅い時期である。

以上をまとめると、漢語では夜間を夕―宵―夜の三段階とし、夕の前後に暮・昏・晩が入る。ただしこれは決まった分類ではなく、かなり流動的である。

## 五更の起源――時間漢字(30)

上杉謙信の漢詩に「霜は軍営に満ちて秋気清し、数行の過雁月三更」の句がある。三更は真夜中の時間で、午前零時前後の二時間である。

夜の時間を五つに区分するのは中国の周代（春秋戦国時代）に始まる。十干の始めの五つを用いて、甲夜、乙夜、丙夜、丁夜、戊夜とした。十干は序数詞なのでこの順に一番目、二番目…の順位を表せる。

漢の頃から「夜」の代わりに「鼓」や「更」も使われ、一鼓、二鼓、三鼓、四鼓、五鼓、また、一更（初更）、二更、三更、四更、五更と称されるようになった。この漢数字は序数詞（順位を数える）である。これらを総称する「五鼓」「五更」の五は普通の数詞（数量を数える）である。

「鼓」は太鼓の鼓（つづみ）か、あるいは漏鼓（水時計）の鼓であろうが、「更」とは何か、字源・語源から尋ねてみよう。

## 【更】 音コウ 訓あらためる・さらに・ふける

こんな字源説がある。

①「丙が声符。この音の表す意味は反の意。更は別物とする意」(『漢字の起源』)

②「会意。丙(武器などの器物を置く台座の形)と攴とを組み合わせた形。金文は二つ重ねた台座を下から敲つ形で、これによってその器の機能が更改され、継続されることを意味するのであろう」(『常用字解』)

③「丙は股が両側に張り出たさま。更は丙＋攴(動詞の記号)の会意文字で、たるんだものを強く両側に張って、引き締めることを示す」(『学研漢和大字典』)

①は「丙」が反の意を表すというが、そんな意味はない。②では台座を打つことと「更改する」の意味に必然的なつながりがない。「更」とは何かの説明に「更改する」という語を用いているので、「更」の根本的な意味が分からない。③では語の意味を、㋐たるんでいるものを引き締める。今までのものを新しく良いものにする。㋑物事の順序やあり方をかえる。㋒前者に入れ代わって後を受け継ぐ、としている。

[更]

(篆)

③による意味展開は「五更」の更をうまく説明できる。

改めて字源を見てみよう。「㪅」が本字(篆文の字体)で、「丙＋攴」に分析するのは『説文解字』以来の伝統的な説である。「丙」については既に「丙の起源——十干の起源(3)」で述べた。「丙」は二股に分かれた状態を暗示する象徴的符号である。「丙」が何であるかにこだわると袋小路に入ってしまう。「何」(実体)ではなく「如何(いかん、どのよう)」(形状や機能)に重きを置くのが漢字の正しい見方である。「丙」は「左右に(⇃⇂の形や⟷の形に)ぴんと張り出る」というイメージを示す記号なのである。柄(とって、え)にはこのイメージがよく現れている。

なぜこんな記号を用いたのか。それは古典漢語のkăngを視覚記号化するためである。これはどんな意味か。字形から意味が出るのではなく、意味を字形に表すのである。だからまずどんな意味かが分からないと、字形の解釈が恣意的になってしまう。

『論語』に「更《あらた》むるや、人皆之を仰ぐ」(君子が間違いを改めると、人はみな彼を仰ぎ見る)という用例があり、「更は改なり」という注釈がある。ほかに「更は革なり」「更は易なり」「更は変なり」などの訓もある。

改めるとは古くなったものを新しく変えることである。古いものは現実に合わなくなったもの、旧弊である。たるんだ状態を新しく立て直すことを「改」、また「革」という。「更」はこれと同じで、「たるんだ状態を改める」「古いものを新しい状態に変える」という意味である。王力（中国の言語学者）は更・改・革を同源としている（『同源字典』）。

この意味をもつ古典漢語kǎngの視覚記号として「丙（イメージ記号）＋攴（限定符号）」を合わせた「更」が考案された。これはどんな意匠によってkǎngの意味を暗示させようとするのか。「丙」は「左右にぴんと張る」というイメージである。緩んだものをぴんと張ってたるみをなくするというのが図形的意匠と解釈できる。

注意したいのは、図形の解釈と意味は違うということである。図形の解釈をストレートに意味に置き換えるのが文字学の方法だが、これは根本的に間違っている。文字の解釈と意味が一致するのは象形文字の一部に限られる（「馬」は「うま」の形で、「うま」を意味する、など）。「更」の図形的意匠は「緩んだものをぴんと張ってたるみをなくす」だが、意味（語の意味）は「たるんだ（古くなった）状態を新しい状態に変える」ということである。意味は図形からは出てこない。語の使われる文脈から出るのである。

さて「更」の意味のイメージを図示すると、A（古い状態）→B（新しい状態）である。A→Bの過程には当然時間と順序が含まれる。ここから、「時間が経過する」という意味を派生する。A→Bだけでなく、B→C、C→Dなども当然予想される。したがって夜の時間を五つに区分して一更（初更）、二更、三更、四更、五更という用法が生まれた。『顔氏家訓』で五更を説明して、「更は歴なり、経なり」と述べている。

「五更」は現在の時間に照らし合わせると次の通り。

一更（初更）…午後七時〜午後九時
二更…午後九時〜午後十一時
三更…午後十一時〜午前一時
四更…午前一時〜午前三時
五更…午前三時〜午前五時

ちなみに「更」に「ふける」の訓がある。「ふける」とは「夜が深くなる」という意味である。しかし漢語の「更」に「ふける」という意味があるわけではない。漢語では五更の更が深くなる時分を深更といった。これは深夜の意味である。これが日本語の「よふけ」に当たるので、「更」に「ふける」の訓をつけたと考えられる。

## 「朔・望・晦」の起源——時間漢字（31）

陰暦で一日を「朔《さく》」、十五日を「望《ぼう》」、三十日を「晦《かい》」という。

『荘子』に「朝菌は晦朔を知らず」という言葉がある。朝菌というキノコは朝に発生して晩に死ぬので、月の初めから終わりの時間、つまり一月を知らないということから、短命の譬えとされる。

月相の観察から「朔」「望」「晦」という時間語が生まれた。これがなぜ「ついたち」「もち」「みそか」と読まれるのか、字源・語源を尋ねてみよう。

## 【朔】 音サク 訓ついたち

字源は「屰（イメージ記号）＋月（限定符号）」と解析する。「屰《ぎゃく》」は「大」を逆さにした形で、「逆さ」「逆方向に行く」というイメージを示す記号である。「逆」にこのイメージが生きている（「予・預・逆の起源――時間漢字（69）」の項参照）。「逆方向に行く」とは「↓の方向に対して↑の方向に逆らって行く」ということである。

一月における月の満ち欠けの相を観察すると、新月↓上弦↓満月↓下弦となり、新月に戻る。月の満ち欠けに焦点を置くと、欠↓満という方向に向かって進むが、次は満↓欠の方向に逆転する。ここに「逆方向に進む」というイメージがある。かくて新月に戻った時間、つまり月の初め（一日、ついたち）を、「屰＋月」を合わせた「朔」で表記した。

[朔]

（篆）

「朔」も「逆方向に行く」というイメージ記号になる。川や流れなどをさかのぼることを「遡《そ》（＝溯）」という。お上などにあえて逆らって告げることを「愬《そ》」（うったえる）という。「愬」は後に「訴」と書かれる。

## 【望】 音ボウ 訓のぞむ・もち

古人は月は満ちれば欠けるものだという観念があった。いつも欠けた月を見ることが多い。だから「日《じつ》は実なり」「月《げつ》は闕《けつ》なり」という語源意識があった（「日と月の起源――時間漢字（12）」の項を参照）。

月の位相は新月↓上弦↓満月と変わる。欠けた状態がだんだんと無くなり、極限に至ったのが満月である。満月を古典漢語でmiangという。これを表記するのが「望」である。

ただし「望」はもともと満月という意味ではない。「のぞむ」（眺望、希望）という意味である。なぜ「望」にこれらの意味があるのか、字源・語源を見てみよう。

「亡《ボウ》（音・イメージ記号）＋王（イメージ補助記号）＋月（限定符号）」と解析する。「亡」は人をついたて状のもので遮る情景を図にしたもの。この意匠によって、「姿を隠す」「隠れて見えなくなる」というイメージを表すことができる。「見えな

[望]

（金）

（篆）

（篆）

くなる」を極端に抽象化すると、ただ「無い」というイメージに転化する。また「無い」は「無いものを求める」というイメージに転化する。このようなイメージ転化現象は漢語意味論の特徴の一つで、ほかにも例がある。

「望」の下部は「王」でも「壬」でもなく、「𡈼」の形。人がつま先立つ図形である。呈では「王」に、廷では「壬」に変形している。

かくて、「望」はまだ見えない月を見ようとしてつま先だっている（つまり、遠くを眺めている）情景を設定した図形と解釈できる。ただし意味はただ「のぞむ」であって、月は意味素に入らない。ではなぜ満月という意味に用いるのか。

『書経』の注釈では「日月相望む、之を望と謂う」とある。つまり太陽と月が望み合う、つまり向かい合う状態になることだという。月が太陽と向かい合って、欠けた所が全く無くなる状態が「望」である。陰暦では月の半ばに起こるので十五夜の月、また十五日という意味が「望」に加わった。

訓の「もち」の語源については、『大言海』に「持《もち》の義、月満ちて、日と相当ると云ふ」とある。「望」の由来と似ている。

## 【晦】

㊥カイ　㊙みそか・くらい

「毎《イマ》（音・イメージ記号）＋日（限定符号）」と解析する。「毎」のコアイメージを提供するのは「母」という記号である。

［毎］（甲）（金）（篆）［晦］（篆）

「母」の表層的な意味は「はは」であるが、深層構造にあるのはどんなイメージか。母は子を生む存在である。「無から有を生み出す」というのが根源のイメージである。有が生まれる前提に無がある。何も無い状態から、物が出てくる。「何も無い」「見えない」「暗い」は関連のあるイメージ（可逆的イメージ）である。

「毎」は「母（音・イメージ記号）＋屮（草と関わる限定符号）」と解析できる。草が暗い所（地下）から明るい所（地上）に現れ出る情景を暗示させる図形である（「毎・偶・稀の起源——時間漢字（62）」の項参照）。「毎」も「無い」「暗い」というイメージを現すことができる。

古典漢語では「うみ」は遠い果てにあるという観念があったので、「毎」の「暗い」というイメージで捉えて「海」という。また、失敗して心理的に暗い状態になることを「悔」（くやむ）という。道理に暗い（道理が分からない）人を分かるように教えることを「誨《かい》」（教誨の誨）という。これらは「毎」の「暗い」のイメージをもとにした語群である。この語群に「晦」を付け加えることができる。日の光が無くて暗くなることが「晦」である。

意味は中心的な意味から転化する。「暗い」が「晦」の中心的な意味なので、日光から月光に換えても成り立つ。これは意味の拡大である。月相は満月→下弦を経て次第に欠けて、光を失う。この状態を「晦」という。陰暦の月末に当たる。

「晦」の訓は一つは「みそか」。これは「三十日」の意。またの訓は「つごもり」。これは「ツキコモリ（月籠）の約」という。

# III 年齢漢字

## 「歯」と「齢」の起源——時間漢字(32)

生きてきた年数、つまり「とし」「よわい」を数える単位は「歳」であるが、「とし」そのものは「年」「齢」という。「歯」も「よわい」の意味がある。順序として「歯」から字源・語源を見てみよう。

### 【歯】 音シ 訓は

「齒」が正字（旧字体）。「止」を除いた部分が「は」を描いた形である。甲骨文字や古文（周代の書体の一つ）はこれだけで「は」を表した。篆文の段階で「止」の記号が加えられた。

［歯］

（甲）（古）（篆）

いったい何故か。何を表すのか。

加藤常賢は「止」は矢や肆（陳列の意）を表すという。白川静は「止は声符」としか言わない。藤堂明保は「物をかむとき、上下のハでじっとかみ止める働きに着目した命名である」という。

藤堂は単に「齒」における「止」の役割を指摘したにとどまらず、「止」のグループ、及びそれと同源の仲間（語群）について詳細に探求している。すなわち「止」のグループ（歯・趾・祉）は寺のグループ（峙・待・侍・持）や、得、已などと同源で、**TEG・TEK**という音形と、「じっと一所にとまる」という基本義があると述べている（『漢字語源辞典』）。

この語源説は漢字の見方を完全に変えるものである。「齒」は〝は〟の象形文字に音符の止をつけたもの」といった単純な見方ではなく、「は」の機能から「止」の意味と「齒」の関係を解き明かすのである。歯の機能の一つは食べ物を食べる際にすぐさますとんと飲み込むのではなく、いったん食べ物を受け止めて、砕いたりして飲み込める状態にすることにある。これが「止」という記号のつく理由であるとともに、古典漢語で「は」をなぜtiəgというのかの説明にもなっている。

「歯」を意味する「tiəg」と「止める」を意味する「tiəg」の同源意識から、「齒」という字が成立したのである。

意味の展開はコアイメージによってなされることが多いが、メタファーやアナロジーによって転義することもある。歯の形態は□□□□…の形に並んでいる。年齢も一歳、二歳…というぐあいに点々と順序よく並ぶものである。形やイメージの類似性から、「歯」が「よわい」の意味に転義する。一説では、牛や馬は年ごとに一本の歯が生え、歯によって牛馬の「とし」を数えるという（『漢語大字典』）。ここから「歯」に人の年齢の意味が生じる。これはメタファーである。

ちょっと余談。「尚歯会」という言葉がある。「尚歯」は年齢を尊ぶの意。高齢者を尊敬してもてなす集まり（敬老会のようなもの）である。江戸時代、渡辺崋山と高野長英らは尚歯会というグループを結成し、幕府を批判した。

## 【齢】 (音)レイ　(訓)よわい

「齡」が正字（旧字体）。こんな字源説がある。

①「令が声符。この音の表す意味は数の意。歯の数をもって年の多少を知るところから、年を齢と言った」（『漢字の起源』）

②「形声。音符は令。〝とし、よわい〟の意味に用いる。獣畜の類は、歯をみて容易にその年齢を知ることができるので、歯を字の要素として含んでいる」（『常用字解』）

③「齒（とし）＋音符令の形声文字。数珠つなぎに並ぶ年月。零（数珠つなぎに落ちるしずく）・囹（囚人を並べてつなぐ牢屋）と同系のことばで、次々に並ぶ意を含む」（『学研漢和大字典』）

［令］（甲）（金）（篆）　［齡］（篆）

「歯」に重きを置くと、「歯」に既に「とし」の意味があるから、「齢」も「とし・よわい」の意味となる。しかしこれでは漢字の説明にならない。漢字は音符の部分、筆者のいう「音・イメージ記号」に重きを置くべきである。ここに語の深層構造があるからである。したがって「齢（齡）」は「令《レイ》（音・イメージ記号）＋齒（限定符号）」と解析する。

では「令」とは何か。「零は漢数字か」で既に述べたが、もう一度振り返ってみよう。図形は「亼＋卩」と分析できる。「亼」は『説文解字』に「三合の形に象る」とあるように、三つ（たくさん）のものを合わせて集めることを示す象徴的符号である。「卩」はひざまずく人の形。したがって「令」はたくさんの人を集めてひざまずかせる場面を設定した図形である。これだけでは何のことか分からないが、古典で「令」

は指図する（言いつける）という意味で使われているから、上の者（君主や上司など）が下位の者を集合させて指図（お達し、命令）をする情景が念頭に置かれていると考えてよい。命令を与える場面はたぶん厳粛であろうから、人は雑然と集まるのではなく、整列するものと想像できる。したがってlieng（令）という語の根底に「□-□-□-の形に整然と並ぶ」というイメージが捉えられる。

藤堂は令のグループの一部（齢・零・笭・囹・蛉）は粦《りん》のグループ（隣・憐）、麗のグループ（儷）、厤《れき》のグループ（歴・暦・瀝）などと同源で、これらはLENG・LEKという音形をもち、「数珠つなぎ、…型、…型」の基本義があるという（『漢字語源辞典』）。藤堂は「令」をこの単語家族に含めていないが、上記の考察から、「令」もこれに入れるべきである。

「令」のコアイメージは「□-□-□-の形に整然と並ぶ」である。藤堂のいう「数珠つなぎ」の基本義とほぼ同じと見てよい。人が生まれてから経過する年数を数える場合、一年というまとまった時間を一歳、二歳、三歳…と順序よく数えていく。ここに「□-□-□-の形に整然と並ぶ」というイメージがある。だから「とし」をlengという聴覚記号で呼び、「齢」という視覚記号で表記するのである。

年齢の数え方に二通りある。

①基数詞による数え方。これは実質年齢、すなわち満年齢である。

②序数詞（順序数）による数え方。これは数え年である。後者は干支による数え方が代表的。順序数は0がなく1から始まる。生まれた干支は一番目で一歳と数える。干支は六十周期なので、次の干支は順位としては六十一番目である。これを還暦という。しかしゼロの概念を獲得した近代人は順序数で勘定する仕方に不合理を感じるようになり、数量で数える満年齢が定着した。だから還暦の意味も変化した。

## 「考」と「寿」の起源——時間漢字(33)

古い漢字語に寿考という言葉がある。長生きという意味である。考は長生きの老人という意味だが、「かんがえる」という意味もある。長生きの人は思慮深いからというのは俗説。ではなぜ「かんがえる」という意味が生まれたのか。字源・語源から尋ねてみよう。

### 【考】 ㊅コウ ㊊かんがえる

こんな字源説がある。

①「丂が声符。この音の表す意味は身体の句曲の意。考は老

［考］

（甲）

（金）

（篆）

人である」(『漢字の起源』)

②「形声。音符は丂《こう》。耂は老の上部と同じで、長髪の老人の形。これに音符の丂を加えたのが考。亡父が考のもとの意味。〃かんがえる、くらべる、しらべる〃という意味は校と音が同じで、通用の意味である」(『常用字解』)

③「丂《コウ》は一線が上につかえて曲がりくねった形。考は老(長髪の老人)+音符丂の会意兼形声文字で、腰の曲がった老人。かんがえるの意に用いるのは攷に当てた用法で、曲がりくねりつつ奥まで思い進むこと。朽(木が曲がる)・究(曲がりつつ奥へ進む)などと同系のことば」(『学研漢和大字典』)

①では丂は「身体の句曲の意」というのがおかしい。こんな意味はない。②では丂とのつながりが説明されていない。また「かんがえる」の意味を「校」の仮借とするのが分からない。②の文字学にはコアイメージの概念がないから、形声文字の説明原理を欠く。③では丂の基本義を「曲がる」と捉えて、考を老人の意味とする。「かんがえる」の意味を攷の当て字としたが、「曲がる」からの意味展開を説明しているから、仮借とするまでもない。考と攷は同源の語である。

改めて字源を見てみよう。

『詩経』に「寿考万年」(いついつまでも長生きを)という用例があり、長生きの老人が最初の意味である。これを古典漢語でk'ogといい、それに与えられた視覚記号が「考」である。「考」を分析すると「耂+丂」となる。「耂」は「老」の下部を省略し、老人に関係のあることを示す限定符号として使われる。したがって「丂《コウ》(音・イメージ記号)+耂(限定符号)」と解析する。

「丂」については「章と号の起源——助数漢字(109)」で説明しているが、もう一度振り返ってみる。「丂」は伸び出ようとするものが一線でつかえて曲がる様子を暗示させる象徴的符号である。この意匠によって「曲がる」「つかえて曲がる」というイメージを表すことができる。生命あるものが老化すると形がいびつに曲がる。これを表す言葉が「朽《きゅう》」(草木などが腐る、くちる意)である。ここには時間の経過が含まれている。だから「曲がる」のイメージは「長い時がたつ」というイメージに転化する。かくて「考」は長い時を経た老人というのが図形的意匠である。これによって、長生きの老人を意味するk'ogを代替する視覚記号となった。

一方、「つかえて曲がる」は進んでいったものが究極に達してそれ以上は進まないことでもあるから、「とことんまで(究極まで)突き詰める」というイメージに展開する。これは空間的イメージだが心理的イメージに転用される。とことんまで物事を突き詰める心的行為が思考の考で、日本ではこれに「かんがえる」という訓をつけた。

## 【寿】 音ジュ 訓いのちながし・ことほぐ・ことぶき

旧字体は「壽」。

①「老の省に従い（意符）𠷎の声（声符）の形声字。𠷎の音の表す意味は久である。壽は老人の受年の久長の意。進んで受年の久長の意となった」（『漢字の起源』）

②「形声。音符は𠷎《ちゅう》。𠷎は田の疇《うね》の間に口（祝詞を入れる器）を置いて豊作を禱《いの》るの意味で、禱《とう》のもとの字。壽は老の一部を省略した耂と𠷎とを組み合わせた形で、人の長寿を祈ることをいう」（『常用字解』）

③「𠷎は長く曲がって続く田畑の中のあぜ道を表し、長い意を含む。壽は老人を示す耂印＋音符𠷎（トウ・チュウ）の会意兼形声文字で、老人の長命を意味する。禱（長く声を伸ばして祝詞を告げる）・疇（長いあぜ道）・道（長いみち）などと同系のことば」（『学研漢和大字典』）

［寿］

（金）

（金）

（篆）

①では𠷎が久の意味を表すというのが分からない。同語反復の字源説である。②では田のうねに祝詞の器を置くとは何のことか。これが豊作を禱るという意味になるのか。さらに壽が長寿を祈るという意味になるのか。すべて疑わしい。②の文字学は形声文字を解釈する原理がないので、会意的に解釈し、図形の解釈をストレートに意味とする。図形的解釈と意味は全く別である。意味とは具体的文脈における語の使い方である。③では「長い」という基本義を捉えて、壽・禱・疇が「長い」という共通の基本義をもつとする。

改めて字源を見てみよう。

『詩経』に「南山の壽の如く、騫《か》けず崩れず」（南山のとこしえの命さながら、欠けもせず崩れもしない）という用例があり、長生き（長命）を古典漢語でdhiogといい、「壽」と表記する。字体は「老＋𠷎」、「耂（＝老）＋𠷎」、「耂（＝老）＋𠷎」などいろいろだが、「老＋𠷎」がいちばん古い。𠷎は田んぼの畦を描いた図形である。畦は境界を区切る線（道）である。これはうねうねと長い形状をしているので、「長く延びる」というイメージを表すことができる。田んぼの畦という具体物は捨象して、「長く延びる」というイメージだけが取られる。畦という実体に重点があるのではなく、その形態に重点がある。実体に囚われると、②のように田のうねに祝詞の器を置いて豊作を禱るなどといった解釈が生まれる。形声文字の説明原理はコアイメージという概念である（ただし形声文字だけではなくすべての漢字の説明原理である）。

「長く延びる」というコアイメージをもつ𠷎が「壽」の基幹記号として用いられた。「長く延びる」は空間的イメージだが、空間的イメージが時間にも適用されるのは漢字においても普通である（言語における普遍的現象といってもよいだろう）。したがって「壽」は、「𠷎《チュウ》（音・イメージ記号）＋老（限定符号）」と解析する。この図形は老人の年が長く延びていることを暗示させると解釈できる。この図形的意匠によって、長生きを意味するdhiogを表記する。

寿は長生きの意味（長寿の寿）から、年の意味（万寿の寿）、長命の祝いの意味（寿辰の寿）に展開する。日本では「ことほぐ」（祝いの言葉を述べる）と読むこともある。動詞的意味は日本的展開である。

## 「老」と「若」の起源——時間漢字（34）

生まれてからの年数の経過の多少によって、日本語では「わかい」や「おいる」の語が生まれている。漢字では幼・稚・夭・弱・若・少・青・壮・老などがある。弱・少・壮・老についてはすでに述べているが、老はもう一度取り上げることにする。

### 【老】 音ロウ　訓おいる

①「長毛の老人が杖をついて立つ象形字。ラウの音は身体傴僂から来ている。老人である」（『漢字の起源』）

[老]

②「会意。耂は長髪の垂れている形。匕《か》は人を逆さまにした形で、横たわっている死者の形。この字の場合は死に近いという意味を表している。長髪の年老いた人を老という」（『常用字解』）

③「年寄りが腰を曲げて杖をついたさまを描いた象形文字で、体が固くこわばった年寄り。牢（固い）・留（凝り固まる）などと同系のことば」（『学研漢和大字典』）

『説文解字』では「人」「毛」「匕」の三つに分解し、「鬚髪変白を言うなり」と解釈した。匕は変化の化で、毛髪が白に変化したのが老（七十歳）であるという解釈であろう。しかしこの字形解剖は誤りで、甲骨文字の形から「老人が杖をつく形」と解釈するのが通説になっている。甲骨文字や金文では「老」の下部は「丨」や「卜」の形になっており、これが篆文で「匕」に変形したに過ぎない。②は甲骨文字の大家の説であるが、なぜ古説に戻ったのか分からない。「匕」が横たわっている死者の形で、死に近い意味を表すというに至っては理解に苦しむ。形は何とでも解釈できるが、語源の制約が必要である。

③は語源論の裏付けがある。老・牢・留が同源で、「固い」

という基本義があるとし、「体が固くこわばる」という肉体的特徴を捉えた語と見ている。ただし図形からはこのイメージは読み取れない。

　改めて字源・語源を見てみよう。

　その前に古典でどんな意味に使われているかを確認しよう。『詩経』に「爾と偕《とも》に老いん、老いて我をして怨ましむ」（あなたと共白髪までと誓ったのに、老いた私に恨みが残る）という用例がある。これは年を取る（おいる）の意味。また『詩経』に「彼《か》の故老を召す」（世故にたけた長老を召し出す）とある。これは年を取った人（老人、年長者）の意味。「年を取る」「年を取った人」が最初の意味であることが明らかである。この意味をもつ古典漢語はlogであり、これの視覚記号が「老」である。

　語源については藤堂明保の研究がある。藤堂は老と牢および留のグループ（瘤・溜）が同源の単語家族を構成し、これらの語群はLOGという音形と、「固く囲む、丸く固まる」という基本義をもつといい、「老人をlogと称する理由は（…）老人の身体が固くこわばり、背が曲がって行動しにくい点に着目した命名かと思われる」と述べている（『漢字語源辞典』）。

　logという語のコアイメージは「固い」である。生命体が時間の経過とともに固くなるのは自然の摂理である。最初は柔らかいがだんだんと固くなっていく。古典漢語における老若を表す語は、年数が少ない場合は「柔らかい」のイメージで捉えられ、長い時間がたった場合は「固い」のイメージで捉えられることが多い。「古」が「固い」のイメージから、長い時間がたってふるいの意味になるのもこの例。年を取る（おいる）ことをlogというのも同じである。

　logという聴覚記号を視覚記号に換えたのが「老」である。これは髪が長く腰の曲がった人が杖をついている情景を暗示させる図形である。図形にはコアイメージが反映されないこともある。字源だけに頼ると語の把握を誤ることもある。字源だけではなく語源の探求が必須である。

## 【若】

㊜ジャク・ニャク　㊞わかい

①「芋が声符。この音の表す意味は柔である。口（ことば）で順従の意を言う意である。わかい意味に使うのは借用」（『漢字の起源』）

②「象形。巫女が長髪をなびかせ、両手を挙げて舞いながら神に祈り、神託を求めている形。のちに口（祝詞を入れる器）を加え、祝詞を唱えて祈ることを示す。伝えられた神意をそのまま伝達することを〝若《かく》のごとし〟といい、神意に従

［若］

（甲）

（金）

（篆）

（篆）

うことから、〝したがう〟の意味となる。神託を求める巫女が若い巫女であったので、〝わかい〟の意味にも用いられるようになったのであろう」(『常用字解』)

③「しなやかな髪の毛をとく体の柔らかい女性の姿を描いた象形文字。のち、草冠のように変形し、また口印を加えて若の字となった。しなやか、柔らかく従う、遠回しに柔らかく指さす、などの意を表す。女(しなやかな女性)・茹(柔らかい菜)・弱(柔らかい)などと同系のことば」(『学研漢和大字典』)

①では芀が従の意味(「芀」の項目では「柔弱」の意味)を表すというが、若の意味がよく分からない。②では図形的解釈をストレートに意味としている。

②で「巫女が神託を求めている形」という解釈は深読みである。わずかな図形に過多な情報を読もうとする。想像力が豊かであるには違いないが、形から意味を導くのは科学(言語学)的方法ではない。神託を求める巫女が若い巫女なので、「わかい」の意味が出たというのも言語外から意味を求めるもので、言語の意味展開とはいえない。だいたい古典漢語の「若」に「わかい」という意味はないのである(後述)。③は語源を絡めた字源説。「しなやか」「柔らかい」を語の基本義として捉え、意味を説明している。図形から意味を導くのではなく、意味がどのような図形に表されているかを探求するのが字源である。

改めて字源を見てみよう。

古典での「若」の使い方(すなわち意味)を調べてみる。『詩経』に「天子に是れ若《したが》う」(天子様の意のままに)という用例がある。これは「従順に従う」の意味。『論語』に「有れども無きが若《ごと》し」(有っても無いかのようだ)とある「若」は、「aはbだ」と断定しないで「aはbのようだ」と婉曲に言う用法。

古典漢語では従順に従うことをniakというのである。③で述べている通り、女・如・弱などと同源で、「柔らかい」がコアイメージである。相手に従うのは従順であり、「柔らかい」というイメージが根底にある。物事を判断する際、強く断定しないで、「どうやら〜のようだ、似ている」と婉曲に言う。ここにも「柔らかい」のイメージが根底にある。このような判断を表現するスタイルが「a若b」(aはbの若《ごと》し)という形式である。「若し」は「如し」とも書かれる。若と如は同源の語だから通用する。

niakという語を視覚記号化したのが「若」である。非常に字形が変わったが、芀は「叒《じゃく》」と同じである。「叒」は人が手を挙げ跪く形と解釈されているが、①は「柔弱な身体の巫が被髪の神聖な形で踊っている形」(②もほぼ同じ)とした。

しかし③のように「しなやかな髪の毛をとく体の柔らかい女性の姿」と見るのが妥当である。実体に重点を置くと巫女の行為の意味になってしまうが、こんな意味はあり得ない（証拠がない）。実体ではなく機能や形態に重点を置くべきである。女性の姿態の柔らかさに視点を置いたのが「叒」であり、「柔らかい」というイメージを表すために造形されたのである。もっとも「叒」は特殊な記号で、「若」と「桑」以外に使われない。「桑」は蚕の飼料となる柔らかい葉をもつ木、クワ（中国原産のクワ）である。扶桑に生えているという神話的なクワの木を若木《じゃくぼく》という。若と桑はつながりがある。

さて、「若」は「叒《ジャク》（音・イメージ記号）＋口（限定符号）」と解析する。「叒」は「柔らかい」というイメージを表す記号であるから、物柔らかく言いなりになる情景というのが「若」の図形的意匠である。この意匠によって、「従順に従う」という意味をもつ古典漢語niakを表記する。

「若」から派生した語に「諾」がある。これは相手の言い分に素直に従う（承知する）という意味である。応諾・承諾の諾はこれである。

日本では「若」に「わかい」の訓をつけた。しかし古典漢語の「若」にはこの意味がない。いったいなぜ日本人は「若い」と使うようになったのか。漢語では「わかい」に当たる語は何か。夭・少・稚・嫩のほかに弱もある。弱冠の弱はこの意味。弱は音もコアイメージも「若」と同じである。日本人は弱と若を取り違えて「若」に「わかい」の訓をつけたと考えられる。弱と若はイメージが似ているので漢語でも「若」が「わかい」と解釈されそうな場合がある。『詩経』に「桑の未だ落ちざるとき、其の葉、沃若《よくじゃく》たり」（桑のたけなわのとき、葉はみずみずしく若い）という用例がある。もっとも沃若の沃が「みずみずしく若い」の意味で、「若」は形容詞につける語尾である。「若」に「わかい」の意味があるわけではない。このような例も誤解を与えたのかもしれない。

それはとにかく「若」に「わかい」の意味を与えたのは日本的展開といえる。

従来、もともと漢字にない意味は国訓といって、漢字の普通の意味展開とは外れた扱いをされる。しかし古典漢語は朝鮮、日本に伝わって、本来の意味を残すと同時に新たな展開を見せ始めた。したがっていわゆる国訓も漢字の語用論の正常なありかたとして記述する必要がある。筆者は国訓など中国とは異なった使い方を「日本的展開」と称している。

## 「夭・幼・稚・青」の起源——時間漢字（35）

「わかい」を表す漢字に夭・幼・稚・少・弱・嫩《どん》などがある。青も比喩的に「わかい」を表すことがある。本項では夭・幼・稚・青の四字を扱う。

## 【夭】 音ヨウ 訓わかい

こんな字源説がある。

①「人が首を傾けてしなを作る形。エウの音は妖と同じく、美しい容の意を表す。人が首を傾けて美しい容《かたち》をする意。幼少の意は借用」（『漢字の起源』）

②「象形。人が頭を傾け、身をくねらせて舞う形。若い巫女が身をくねらせながら舞い祈る形で、その手を挙げ髪を振り乱している形は笑の初文、その前に口（祝詞を入れる器）を置く形は若。いずれも若い巫女のなすところであるから、夭若の意がある」（『字統』）

③「人間のしなやかな姿を描いた象形文字。幼（細く小さい）・妖（しなやかな女性）・優（しなやかな動作をする俳優）などと同系のことば。しなやかでわかい意」（『学研漢和大字典』）

①では図形的解釈と意味を混同している。②では若い巫女の行為・動作から「わかい」の意味が出たとする。意味の展開に必然性がない。夭を若い巫女が舞い祈る形とするのは恣意的解釈である。③は語源から「しなやか」という基本義を捉え、字源を説明している。全く無理がない。

［夭］

（金）（篆）

改めて字源を見てみよう。「夭」は体をくねらせ、頭をかしげる人を描いた図形である。「若い巫女」などという情報は含まれていないが、こんな姿態をするのは女性のしぐさと想定できる。だから「しなやか」「しなやかで、か細い」というイメージを表すことができる。妖艶の妖（セクシー、色っぽい、なまめかしい）にはこのイメージが生きている。

一方、「しなやか」には「柔らかい」というイメージも含まれている。物は水分で潤うと柔らかくなる。これは「みずみずしい」というイメージである。これを表す語が「沃」である。土地が柔らかくて肥えているという意味（肥沃の沃）にも展開する。生命体が生まれてから時間を経ていないときは柔らかく、また、みずみずしい状態を保っている。ここから、時間があまりたっていない、つまり「わかい」という意味が生まれる。『詩経』に「夭《わか》くして沃沃たり」（［お前は］若くてみずみずしいよ）、また、「桃の夭夭たる、灼灼たり其の華」（桃は若いよ、輝く花よ）という用例がある。夭折（若くて死ぬ）という言葉もある。このように「夭」は「しなやか」「柔らかい」というコアイメージから「わかい」という意味が実現された。

## 【幼】 音ヨウ 訓おさない

①「幺が声符。幺の音の表す意味は微小である。力の微小のものの意」（『漢字の起源』）

［幺］

（金）

（篆）
［幼］

（篆）

②「象形。糸かせに木を通して拗じっている形。幼は拗（ねじる）のもとの字。〝おさない〟の意味に用いるのは仮借の用法」（『常用字解』）

③「幺《ヨウ》は細く小さい糸。幼は力＋音符幺の会意兼形声文字で、力の弱い小さい子。幺（なよなよとして弱い）・幽（かすか）と同系のことば。いとけない。また転じて、知恵や学問の未熟なさま」（『学研漢和大字典』）

①では図形的解釈をストレートに意味とするから、余計な意味素が混入し、意味をゆがめる。幼はただ「おさない」の意味であって、力は余計である。限定符号に囚われている。

②では字形の解剖に問題がある。「おさない」を説明できないから仮借説に逃げた。

③は語源論の裏付けがある。藤堂明保は幺のグループ（幼・幽・窈）と夭のグループ（妖・沃）、憂のグループ（優）、奥のグループ（澳）、また杳を同じ単語家族にくくり、これらは・OG、・OKという音形と、「細い、かすか」という基本義をもつという（『漢字語源辞典』）。これから「幺」を「細く小さい糸」という解釈が生まれ、「幼」の図形的解釈を「力の弱い小さい子」とする。これは意味ではなく、あくまで図形の解釈である。意味は「いとけない」である。形→意味の方向に見るのではなく、意味→形の方向に見るのが漢字理解の正道である。③は字源を先に語源を後に記述しているが、これは辞書の体裁に従っているだけである。

改めて字源を見てみよう。「幺《ヨウ》（音・イメージ記号）＋力（限定符号）」と解析する。「幺」は細く小さな糸を縒り合わせた形で、「小さい、細い、わずか、かすか」というイメージを表す記号になる。

ちなみに「幺」から「糸」（ベキと読む）に発展し、「糸」を二つ並べると「絲」（シと読む）となる。「絲」（糸は略字）についてはすでに述べている（「小数の起源」の項）。

さて「幼」は力がか細くて弱い状況を暗示させる図形である。この図形的意匠によって、まだ小さくて未熟なさま（おさない）を意味する古典漢語・iogを表記する。まだ肉体的に小さく成長していない人間の状態に視点を置いた語である。『論語』に「幼にして孫弟ならず」（［この人は］小さい頃から従順でなかった）という用例がある。

## 【稚】

㊥チ　㊧いとけない

①（『漢字の起源』にない）

［稚］

（篆）

②「形声。もとの字は稺。音符は屖《い》。屖に遅《ち》の音がある。まだ生長していない小さな禾（いね、穀物類）の意味」（『常用字解』）

③「もと禾（作物）＋屖（＝遅。成長がおそい、小さい）の会意文字。稚はその俗字。成長がおくれて小さい作物」（『学研漢和大字典』）

②では「屖《い》に遅《ち》の音がある」というのがよく分からない。「屖に遅いという意味がある」なら分からないでもない。屖から稚への展開が説明不足の感は否めない。これはコアイメージという概念がないため形声文字の説明原理を欠くことに原因がある。③では屖に「成長が遅い、小さい」という基本義を読むので、「成長が遅れて小さい作物」という解釈がスムーズに出てくる。

改めて字源を見てみよう。字体の変化に注意すべきである。篆文では「稺」、楷書では「稚」に変わった。「屖」は「犀」と同じである。「辛」は刃物の形によって、「∧の形に尖る、鋭い」というイメージを示す記号。「尸」は犀の一部を省略した形。「辛《シン》（音・イメージ記号）＋尸（＝犀。限定符号）」を合わせた「屖」は鋭い角をもつ動物、サイを暗示させる。しかしサイという実体に重点があるのではなくサイの生態的特徴に重点を置く。それは「進み方がのんびりしている、ゆったりする」というイメージである。古典漢語で「のんびりする」ことを表現する語に屖遅《せいち》（＝棲遅）という二音節語があり、これに使われる記号である。そこで「屖」は「遅い」というイメージに転じる。かくて「稺」は「屖《セイ》（音・イメージ記号）＋禾（限定符号）」を合わせて、作物の生長がのんびりと遅い様子を暗示させる。この図形的意匠によって、幼い苗を意味する古典漢語の dier を表記する。『詩経』に「彼《かしこ》に穫《か》らざる稺《ち》有り」（あそこには刈っていない幼い苗がある）という用例がある。

「幼い苗」の意味から、まだ成長しきっていない（おさない、いとけない）の意味に転じた。『詩経』に「衆《おお》いに稺にして且つ狂なり」（[自分の行動は] 幼稚な上にむちゃだった）という用例がある。

「稺」の字体は旁を「犀」に代えて「穉」となり、また、音・イメージ記号を「隹」に代えて「稚」になった。「隹」はずんぐりした小鳥を描いた図形で、「小さい」というイメージを表しうる。だから「稚」は小さな稲を暗示させる。ただし意味はもはや稲とは関係がなくなり、ただ「おさない」「いとけない」の意味である。

## 【青】　音 セイ　訓 あお・あおい

「靑」が旧字体。

［青］

（金）

（篆）

①「丹に従い生の声。生の音は草の色を表している。青は石の青なるもの」（『漢字の起源』）

②「形声。音符は生。下部の丹は丹を採取する井戸の形で、青丹・朱丹はその井戸から採取された。丹は各種の色のものがある。青色の絵の具はこの丹を材料として作られた。青は〝あお、あおい〟の意味に用いる。生は草の生え出る形で、草の色は青色に近い色である」（『常用字解』）

③「生（あおい草の芽生え）＋丼（井戸の中に清水のたまったさま）の会意文字で、生《イセ》・丼《イセ》のどちらを音符と考えてもよい。あお草や清水のような澄み切ったあお色。清・晴・睛・精などと同系のことば」（『学研漢和大字典』）

①では丹を意符とするため、青を「石の青なるもの」としたが、こんな意味はない。②でも丹にこだわっている。青色の絵の具の材料が丹を材料とするので、あおの意味が生まれたという。「生」が青い草の色ならば、「青」は青い丹の意味になりそうなものである。②の文字学はコアイメージの概念がないから、すべて会意的に解釈し、図形の解釈と意味の区別が曖昧模糊としている。③は青とそのグループを通底する基本義を「澄み切っている」と捉え、青を「澄み切ったあお色」と解釈する。丹などという鉱物とは何の関係もない。

改めて字源を見てみよう。「青」は非常に形が変わったが、上部は「生」、下部は「丼」である。「丼」は井桁の中に点を入れた形で、「丹」と似ているが、むしろ「井」の中に点を入れた形に近い。だから「丼」に当てるが、もちろん「どんぶり」ではない。井桁の中に点を打つことによって、水が井戸にたまっている状況を暗示させる。井戸水は汚れがなく澄んでいるというイメージがある。一方、「生」は「中（くさ）＋土（つち）」を合わせて、土の上に草が芽を出す情景を暗示させる図形。生え出たばかりの草はみずみずしい。「汚れがなく澄み切っている」というイメージを表すことができる。かくて「青」は「生《イセ》（音・イメージ記号）＋丼（イメージ補助記号）」と解析する。この図形によって「汚れがなく澄み切っている」というイメージをもつ古典漢語 ts'eng の視覚記号とすることができる。「生」だけでそのイメージを表すことができるが、水の澄み切った色という具体的イメージを付け加えることによって、自然界におけるイメージの共通する意味領域を生き生きと捉えることができる。

色の意味領域では限定符号はつけないで「青」だけで、汚れがなく澄み切ってすがすがしい印象を与える色の名とする。これが「あお」という色である。古典漢語では「あお」をts'eng といい、「青」で表記する。『詩経』に「我を庭に俟《ま》つ、充耳は青を以てす」（［彼が］私を庭で待っている、青色のイヤリングをして）、また「青青たる子《し》の衿」（すがすがしいあなたの衿の色）という用例がある。

「青」から次のように語が造形され、意味が展開する。

水の意味領域では「水」の限定符号を添えた「清」で、水（液体）が汚れがなく澄み切った状態を表す。これが清水の清である。液体の意味領域を超えて清潔、清純、粛清などと意味が広がる。

気象の意味領域では「日」の限定符号を添えた「晴」で、空が晴れる意味が実現される。

米の意味領域では「米」の限定符号を添えた「精」で、玄米を搗いて白くしたもの（精白米）を表す。これも、「不純物を除いてきれいにする」や「汚れのないエキス（純粋な気、生命力、たましい）」などの意味に展開する。

精神の意味領域では「心」の限定符号を添えた「情」によって、混じりけのない純粋な気持ち（自然に発露する気持ち）の意味が実現される。心情・性情の情はこれである。

コミュニケーションの意味領域では「言」の限定符号を添えた「請」で、雑念を交えず物事を一途に頼む意味が実現される。請願・請求の請はこれである。

ほかに靖・静・睛・錆・倩・圊・菁・蜻などが生まれている。これらのグループには「汚れがなく澄み切っている」というコアイメージが通底する。

生命体が時間とともに進行していく際、初期の段階はみずみずしい状態である。人間の場合は若い時期である。これを表現する語に青春や青年がある。このように「あお」を表す言葉が「わかい」というイメージと連合する。これは「青」に「みずみずしい」「すがすがしい」というイメージがあるからである。同じ「あお」でも「蒼」はイメージが異なる。「蒼」は黒みがかった青色、また、青ざめた色である。古色蒼然、顔面蒼白のような使い方をする。「すがすがしい」のイメージは「青」に限る。

## 「弱・強・壮」の起源——時間漢字（36）

弱冠は二十歳の異名になっているが、『礼記』曲礼篇の次の文章に基づく。

「人、生まれて十年を幼と曰い、学ぶ。二十を弱と曰い、冠《かん》す（元服する）。三十を壮と曰い、室有り（妻をめとる）。四十を強と曰い、仕う（出仕する）。五十を艾《がい》と曰い、官政に服す。六十を耆《き》と曰い、指使す（人を使う）。七十を老と曰い、伝う（子孫に伝える）。八十九十を耄《もう》と曰い、惛忘す（ぼけて物忘れする）」

これによると「弱」が二十歳のことである。同様に、三十歳が「壮」、四十歳が「強」、五十歳が「艾」、六十歳が「耆」である。以後は「老」がぴったり七十歳という意味ではなさそうで、だいたい五十歳を過ぎれば「老」とされた。「耄」も七十～九十歳ぐらいの幅がある。また「耋《てつ》」という語もあり、六十～八十歳ぐらい。なお「幼」は十歳以前の幼い子どもの意味で必ずしも年齢漢字ではない。

「弱」などが年齢漢字になるわけは、語のイメージと関わっている。「弱」と「強」の字源・語源については「概数の漢字③ 強・弱の起源――数漢字（28）」で述べているので、繰り返さない。「弱」は柔と同源の語で、「柔らかい」がコアイメージなので、体が柔軟性を保っている年頃である二十歳とされる。「強」は「固くてがっしりしている」がコアイメージなので、体がやや柔軟性を失い、強固になった年頃、四十歳とされる。次に「壮」の字源・語源を見てみよう。

## 【壮】 音 ソウ　訓 さかん

「壮」が正字（旧字体）である。

①「爿《しょう》が声符。この音の表す意味は成大の意。壯は成大な男子の意」（『漢字の起源』）

②「形声。音符は爿《しょう》。爿は脚のついた几（机）の形。爿は殷王朝の王子出身者の家である親王家を示す図象。壯は親王家出身の戦士で、戦士集団の中核となっていた者であろう。戦士の意味から、〝さかん、つよい、おおきい〟の意味となる」（『常用字解』）

③「爿《ショウ》は寝台にする長い板を縦に描いた象形文字で、長い意を含む。壮は士（おとこ）＋音符爿の会意兼形声文字で、堂々とした背丈の長い男のこと。壮はまた、堂々と体格の伸びた姿から、勇ましい意を派生する」（『学研漢和大字典』）

①は爿に大の意味はあるが、成大とは妙である。「成長して大きい」はむしろ「壯」の意味であろう。AからBを導くのに、AにBを含ませているのが妙である。②は字形の解釈からストレートに「戦士」の意味とするが、甲骨文字に爿と壯の用例がないのを見ても成立しがたい。しかも『字統』では爿を「版築のとき、土の左右にあてる板の形」としており、本項と矛盾する。

字源説は限界があるので、語源論が先立つべきである。藤堂明保は「爿」のグループ全体を一つの単語家族にまとめ、TSANGという音形と、「細長い」という共通の基本義があるとしている。爿のグループには壯・牀（＝床）・牆・將・戕・妝（＝粧）・裝・狀・莊・臧（藏・臟）などが所属する。

［爿］（甲）（篆）［壯］（篆）

改めて字源を見てみよう。「壯」は「爿《ショウ》（音・イメージ記号）＋士（限定符号）」と解析する。漢字の見方は音・イメージ記号を重視すべきで、限定符号にこだわる必要はない。「爿」

が語の根幹（深層構造）に関わる記号で、これが意味（具体的文脈における使い方）を実現させる。「士（男）」は必ずしも意味素に含まれない。ではどんな意味を実現させるのか。

「爿」は藤堂の言う通り「細長い」がコアイメージである。イメージ展開を考えると、「細くて長い」は「（背丈などが）長い、高い、大きい」というイメージに展開する（「条と床の起源――助数漢字（35）」「末・将・来・明の起源――時間漢字（68）」の項参照）。美的感覚としては「ほっそりとしてスマートである、スリムである」というイメージも生まれる（化粧の意味の「妝」によく現れている）。したがって、背丈が高くてスリムな男のように体力や気力の大きく盛んな状況を暗示させる図形が「壮」である。この意匠によって「気力が盛んな年頃」を意味する古典漢語 tsïang を表記する。「士（男）」は図形的意匠を作る段階で利用される限定符号であって、意味の中には入らない。

以上の解釈により、「壮」がなぜ三十歳の意味をもつようになったかが明らかになった。体力・気力が最も充実した年頃が三十歳と考えられたからである。

## 年齢の異名「艾・老・耆・耄・耋」の起源――時間漢字（37）

年齢を表す一字漢字は「壮」のほかに艾《がい》・耆《き》・耄《もう》・耋《てつ》などがある。ちょっと難しいが、常用漢字との関連性があるので、字源・語源を尋ねよう。

複合語は数漢字の対象外であるが、年齢の異名として数が多いので、これの由来も紹介しよう。

### 【艾】　㊂ガイ　㊈よもぎ・もぐさ

「艾」は五十歳のことである。艾はチョウセンヨモギという草の名で、灸を据えるためのもぐさの原料になる。この草の色が蒼白色（灰白色）なので、色つやのなくなった髪の毛に譬えたという。一説では艾は刈に通じ、「治める」の意味があり、人を治める仕事に従事する年を五十歳とする。『礼記』では「五十を艾と曰い、官政に服す」とある。

なぜヨモギを「艾」と言ったのか、字源・語源を見てみよう。

「乂」は×形に交差することを示す象徴的符号である。「刈」に含まれており、「刈り取る」というイメージを表すことができる。このイメージは「余計なものを刈り取って整える」というイメージに展開し、「治める」の意味を実現し、これを「乂《がい》」という。かくて「乂（音・イメージ記号）＋艸（限定符号）」を合わせた「艾」は、病根を取り除いて体調を整える（病気を治める）薬効のある植物を暗示させる。

［乂］

（篆）

［艾］

（篆）

## 【老】

音ロウ　訓おいる

『説文解字』などでは七十歳を「老」としている。しかし別の古典では男が六十歳以上、女が五十歳以上を「老」としていて、一定しない。年齢漢字としないのが無難。「老」は以下の漢字の限定符号となっているので、ついでに字源・語源を述べておく（「老と若の起源——時間漢字（34）」の項参照）。

字源は、髪が長く、腰が曲がり、杖をつく人を描いた図形である。古典漢語では「おいる」こと、また「おいた人」をlogといい、これを「老」で表記する。logという語は牢乎の牢（がっしりと固い）や瘤（固まって動かないしこり、こぶ）などと同源で、「固くてスムーズに動かない」というコアイメージをもつ。老化・老人の老はまさにこのコアイメージから実現された語である。

## 【耆】

音キ

六十歳を「耆《き》」という。字源は「旨（音・イメージ記号）＋老（限定符号）」と解析する。

「旨」は「甘（口に物を入れて味わうさま）＋匕（スプーンの形）」を合わせて、食べ物をスプーンで舌に載せて味わう情景を設定した図形。食べ物を味わう行為は、食べ物を舌に載せて、時間をかけて味を深く浸透させることなので、「↓の形に深く進める」というイメージがある。縦の軸を横の軸に変えれば、「→の形に長く（まっすぐに）進む」というイメージにも展開する。前者のイメージから「うまい」（味わってうまいと感じる）の意味、後者のイメージから「むね」（まっすぐに指し示す内容）という意味が実現される（「指と題の起源——助数漢字（26）」の項参照）。

「耆」では前者のイメージが用いられている。長い時間を経て深い経験を積んだ老人を「耆」という。ちなみに嗜好の「嗜《し》」は「深く味わう（たしなむ）」の意味である。また長い時間をかけて深い味を出した魚の塩漬け（塩から）を「鮨《き》」という。日本では「鮨」に「すし」の訓を与えた。もともと「すし」とは「酸し」が語源で、塩で漬けて発酵させ、酸っぱくした食品のことである。現在の寿司の源流だが、少し違いがある。

[耆]

（篆）

## 【耄】

音ボウ・モウ　訓おいぼれる

『詩経』では八十歳、『書経』では九十歳、その他では七十歳が「耄」とされ、まちまちである。字源は「毛《モウ》（音・イメ

[毛]

（金）

（篆）

ージ記号）＋老（限定符号）」と解析する。「毛」は小数の単位にもなっているが、「小さい、細い、細かい」というコアイメージがある。実現される意味が「け」であるから、当然予想されるイメージである。体が細くなって衰えた老人を暗示させるのが「耄」である。七十を過ぎればたいていの人はこうなる。日本では耄碌《もうろく》（おいぼれる）と使い、語感が悪い。

## 【耋】　㊅テツ

『詩経』では八十歳、『易経』では七十歳、『左伝』では六十歳が「耋」とされ、これもまちまちである。字源は「至（音・イメージ記号）＋老（限定符号）」と解析する。「至」は地面に矢が届く形である。したがって「これ以上は進めない」「どん詰まり」というイメージを表すことができる。寿命がこれ以上は期待できない老人が「耋」ということになる。しかし実際は八十を超えた人はいくらでもいる。大変な長寿という願いをこめて八十歳ぐらいの高齢者をdietといい、「耋」と表記したと考えられる。

複合語では次のような年齢ことばがある。

志学　十五歳。『論語』の「吾十有五にして学に志す」から。

［至］

（甲）

（金）

（篆）

［耋］

（篆）

笄年《けいねん》　女の十五歳。女が笄《こうがい》を挿して成人になる年。

破瓜　女の十六歳。「瓜」の字を破《わ》ると「八」と「八」になる（少し無理はあるが、そう見えないこともない）。男の場合は六十四歳とする。

弱冠　二十歳。『礼記』の「二十を弱と曰い、冠す」から。

而立《じりつ》　三十歳。『論語』の「三十にて立つ」から。

不惑　四十歳。『論語』の「四十にして惑わず」から。

桑年　四十八歳。桑の異体字「桒」を分析すると、「十」が四つと「八」が一つになる。

知命　五十歳。『論語』の「五十にして天命を知る」から。

杖家　五十歳。『礼記』の「五十、家に杖つく」から。

耳順　六十歳。『論語』の「六十にして耳順う」から。

杖郷　六十歳。『礼記』の「六十、郷に杖つく」から。

還暦　六十一歳。六十年で干支が元に戻る。実質年齢は六十歳。

華甲　六十一歳。「華」の字（旧字体）を分析すると、「十」が六つと、「一」が一つになる。六十進法の一番目が甲子である。

古稀　七十歳。杜甫の詩の「人生七十古来稀《まれ》なり」から。

杖国　七十歳。『礼記』の「七十、国に杖つく」から。

喜寿　七十七歳。「喜」の俗字「㐂」が七十七に見えるから。

傘寿　八十歳。「傘」の略符号（商号などに使われる印）である「仐」が「八」＋「十」に見えるから。

杖朝　八十歳。『礼記』の「八十、朝（朝廷）に杖つく」から。

半寿　八十一歳。「半」の字（旧字体）を分析すると、「八」＋「十」＋「一」に見えるから。

盤寿　八十一歳（棋士）。将棋盤のます目が9×9で81あるから。

米寿　八十八歳。「米」の字を分析すると八十八に見えるから。

卒寿　九十歳。「卒」の俗字「卆」を分析すると「九」＋「十」になる。

白寿　九十九歳。「白」は「百」から「一」を引いた字形なので。

# Ⅳ　時間の範囲

## 「先」の起源——時間漢字（38）

先方は前方とほぼ同義である。「先」は「前」と同様空間のほかに時間にも使える。しかし訓は「前」が「まえ」、「先」が「さき」である。「前」と「先」とは何が違うか、字源・語源から見てみよう。

### 【先】　音セン　訓さき

こんな字源説がある。

①「止あるいは之が声符で、死の意を表す。先は死んだ人の意」（『漢字の起源』）

②「止と人（儿）とを組み合わせた形。止は足あとの形で、行くの意味。人の上に止を加えて、行くという意味を強調し、先行（他より先に行くこと。先頭を行くこと）の意味となる」（『常用字解』）

③「足＋人の形の会意文字で、跣（はだしの足さき）の原字。足さきは人体の先端にあるので、先後の先の意となった」（『学研漢和大字典』）

①では止が死の意味を表すというのが理解不能。②では「行く」の意味から「他よりも先に行く」の意味になるというのが理解しがたい。③では足さきから方位の「さき」の意味が出るという説明は分かりやすい。

［先］

（金）

（篆）

楷書の「先」は分析困難だが、甲骨文字では「止＋儿」と「之＋儿」の二形がある。金文と篆文では「之＋儿」になっている。「止」は足（foot）の形だが、足さきを略画的に描いた図形である。足は止まる機能もあれば進む機能もあり、「止」は「止まる」と「進む」の両方のイメージを表すことができる。「止（音・イメージ記号）＋一（イメージ補助記号）」を合わせたのが「之」である。この場合の「止」は「進む」のイメージを用い、目標を目指してまっすぐ進む様子を暗示させる。図形は足が上に一線が下に配置しているので、足が一線（出発点）から進んでいく情景と解釈してもよい。いずれにしても「之」は「まっすぐ進む」というイメージを表す記号である（実現される意味は「ゆく」）。目標をめざして（あるいは出発点から）進んでいく際は、当然足さきを踏み出す。ここに方向性のイメージがある。

「止（イメージ記号）あるいは之（イメージ記号）＋儿（人や人体を示す限定符号）」を合わせたのが「先」である。足さきを踏み出して進んでいく情景を設定した図形と解釈できる。

「止」や「之」は「進む」というイメージを表す記号だが、その更なる根源には足指の方向性のイメージがある。それは「←|」の形、本体（基点）の前の方向というイメージである。これが足さきである。足さきを踏み出して進む動作が「先」で表されるが、ここにも「←|」の形のイメージがある。「←|」の形のイメージが方位の「さき」という観念の起源である。

「先」は『詩経』では「先を以て啓行す」（先頭に立って出発する）と使われている。これは空間的な前の意味。また「我より先ならず、我より後ならず（「悪い時代は」私より前でもない、後でもない、ちょうど今だ）とも使われている。これは時間的な前の意味。

足指は方向性のイメージをもつが、別のイメージが意外な展開を示す。人間の足指は動物の蹄《ひづめ》や距《けづめ》と違い、先が分かれている。「止」は分かれている指先を描いている。古典漢語の**sen**は足指から発想され、その方向性を利用したが、一方では「分かれている」「ばらばらになっている」「分散する」というイメージを利用した語が生まれた。これが「洗」である。

「洗」は「あらう」の意味である。しかしあらい方によって語が、漢字が違う。物を上げたり下げたりしてあらう（ゆすぐ）ことは「濯《たく》」。たらたらと水を流してあらうのが「滌《でき》」。表面をこすったりして垢を取るのが「澡《そう》」。上から水をかぶせて髪をあらうのが「沐《もく》」、等々。

古典では「足を洗う」ことを「洗」としている。足に水をかけると、水は足指の間から分かれ出る。ここに「分散」のイメージがある。足だけではなく、水を分散させて（ぱらぱらとかけて）流してあらうことは、広く「洗」という。

## 「前」と「後」の起源——時間漢字（39）

日本語の「まえ（まへ）」は「マ（目）＋ヘ（辺）」で、「目の向いている方向」の意という（『岩波古語辞典』）。英語のfrontはラテン語frons（額の意）に由来するという。

また、日本語の「うしろ」はム（身）シロ（尻）の転で、人の背面の意。「あと」は跡（足跡）→うしろ足→うしろの意という。英語のbackは背や尻と関係があるらしい。

「まえ」と「うしろ」は人体のある部分から生まれた方位観念と言ってよいだろう。前・後は空間と関わるが、時間を表すこともできる。

では古典漢語では「前」と「後」はどういう成り立ちがあるのか、字源・語源から尋ねてみよう。

### 【前】 ㊅ゼン ㊆まえ

こんな字源説がある。

①「歬《せん》が声符。この音の表す意味は斉の意。前は斉《そろ》えて切る意」（『漢字の起源』）

②「会意。もとの字は歬《ぜん》、あるいは歬に刀を加えた形。止は足あとの形、舟は盤の形。盤中の水で足を洗い、さらに刀を加えて、足指の爪を切り揃えることをいう」（『常用字解』）

③「歬《ゼン》は止（あし）＋舟で、進むものを二つ合わせて、進む意を示す会意文字。前は刀＋音符歬の会意兼形声文字で、剪（そろえて切る）の原字だが、歬の字が廃れたため前の字を用いる。もと、左足を右足のところまでそろえ、半歩ずつ進む礼儀正しい歩き方。のち広く、前進する、前方などの意に用いる」（『学研漢和大字典』）

［歬］

（金）

（篆）

［前］

（篆）

①ではなぜ「まえ」の意味になるかの説明がない。②は図形の解釈をストレートに意味とするため、「盤」「足」「爪」「洗う」といった余計な意味素を混入させる。意味はただ「切る（切り揃える）」であろう。しかも「まえ」という方位の意味の起源を、「爪を切るのは旅立ちの前や旅から帰還したときに行う穢れを祓う儀礼であった」からという。この「まえ」は時間の「まえ」であって、空間的な方向の「まえ」ではない。根拠に乏しい習俗から「まえ」の意味が出たというのは理解しがたい。③では「そろえる」という基本義を介して、「切り揃える」と「（足を揃えつつ）進む」という意味が生まれ、「進む」から「まえ」の意味に転じたという。この説明は納得できる。

「前」の字源は難しい。楷書はほとんど分析不能である。篆文に遡ると「歬＋刀」と分かる。「前」のリ（＝刀）を除いた部分は「止＋舟」であった。細かく分析すると易しい記号からできているが、これらを組み立てると何を表しているのか分かりにくい。「まえ」は日常用語である。しかし図形の「前」は難解である。

古人はどう解釈したかを見てみる。『説文解字』では「前は斉断（そろえて切る）なり」、「行かずして進むを歬と謂う」とある。「前」が「切る」、「歬」が「進む」である。二つは何の関係があるのか、また、「行かずして進む」とはいったい何のことか。後世の文字学者は解釈に苦しんだ。これを解明したのは藤堂明保である。字源は語源の究明がないと半端なものになる。形は何とでも解釈できるからだ。語源が先に究明できればおのずから字源が見えてくる。

藤堂明保は前のグループ（剪・翦・揃・煎）は薦、践、餞、賛と同源で、TSANという音形をもち、「そろえる」という基本義があるという。そして『説文解字』の「歬」の解釈について、「周知のように、行とはどんどん前進することである。〝行かずして進む〟とは、左右の足ですたすたと歩くのではなく、まず片足を出して、次に他の足をそこまで進めて両足を揃える。しかるのち、また片足を出すという進み方」と述べている（『漢字語源辞典』）。

この歩き方は儀式などでよく見かける（階段を上るときもたいていこんな歩き方になる）。両足を交互に出して歩くのが普通の方法だが、両足をそろえつつ歩く方法もある。これは儀式ばった歩き方である。「前」と「歬」は「そろえる」というコアイメージで結びついていたのである。物を揃えて切る（あるいは、切り揃える）ことが「前」、両足をそろえつつ前進することが「歬」である。

改めて字源を見てみよう。「歬《ゼン》（音・イメージ記号）＋刀（限定符号）」と解析する。「歬」は「止＋舟」を合わせたもの。「止」は足（foot）の形である。足は止まる機能もあれば進む機能もある。「止」は「止まる」と「進む」の両方のイメージを表すことができる。「舟」は進むものである。主たるイメージは「止」にあり、「舟」は添え物である。かくて「止（イメージ記号）＋舟（イメージ補助記号）」を合わせた「歬」が作られた。止まったり進んだりする足の動作が主であり、それに進むものである「舟」を添えて（これは比喩である）、進んでは一旦止まり、また進むという動作を暗示させる。これによって、両足をそろえつつ進むことが表される。

「歬」で古典漢語のdzanを十分表記できるが、古典ではこれを使わなくなった。新たに「前」が作られ、これを「進む」と「まえ」の意味で使うようになった。「前」は刃物を進めて物を切り揃えることを表す記号である。しかし「そろえる」というコアイメージを介して、「前」を「進む」と「まえ」の意味に用いたため、今度は「前」の代わりに新たに「剪」が作られた。

歬→前→剪と展開する。また「そろえる」という動作は「揃」と書く。

『詩経』では「前の上の処」や、「前の王」というように、空間的な「まえ」と時間的な「まえ」の意味で使われている。古典漢語では、人体（足）が進む方向が「まえ」の観念の起源である。

## 【後】 音ゴ・コウ 訓あと・のち・おくれる

字源説を見てみる。

①「幺《よう》が声符。この音の表す意味は行く意。後は後に向かって進行する意」（『漢字の起源』）

②「会意。彳（道路）と幺（糸たばを拗じった形の呪具）と夂（後ろ向きにした足あとの形）とを組み合わせた形。後は道路で呪器の幺を使って、敵が後退することを求める呪儀である」（『常用字解』）

③「幺（わずか）＋夂（足を引きずる）＋彳（行く）の会意文字で、足を引いてわずかしか進めず、あとにおくれるさまを表す」（『学研漢和大字典』）

①では「幺」が音符というのは奇妙。しかも「幺」が「行く」の意を表すというのも理解しがたい。②では敵が後退することを求める呪儀から「うしろ」や「あと」の観念が生まれたというが、理解に苦しむ。③は図形の解釈を述べている。意味は「ある起点より見て、あとの方」とする。

［後］（甲）（金）（篆）

「後」の語源は難しい。語源に言及しているのは藤堂明保のみである。藤堂は後と后が同源という。また后は口・侯・工・孔などと同源の単語家族に属し、「穴、突き抜ける」という基本義があるという（『漢字語源辞典』）。しかし「後」は「后」と同源であっても、「穴、突き抜ける」の基本義と直接の関係はなさそうである。むしろ「穴」（Uの形のイメージ）から展開する「（一線から下方に）へこむ」というイメージと関係があると考えられる。視点を変えれば、「一↓の形（一線から下方に）」は「|→の形（一線から後方に）」のイメージにも展開しうる。

このように考えると、「前」と「後」が対の観念であることが理解できる。「前」は人体（足）が進む方向で、人体を起点として、「←|の形」のイメージである。これに対する「後」は人体を起点として「|→の形」の方向で、ちょうど「前」と反対向きになる。改めて字源を見てみよう。「幺（イメージ記号）＋夂（イメージ補助記号）＋彳（限定符号）」と解析する。「幺」は「幾」にも含まれているように「小さい」「わずか」「かす

か」などのイメージを示す記号である（「天・幼・稚・青の起源——時間漢字（35）」の項参照）。「夂」は足を引きずることを示す記号。足を引きずって遅く行く様子を夂夂《すいすい》という。「彳」は道や歩行と関わる限定符号。したがって「後」は足が少ししか進めず、定点よりうしろの方にある（おくれている）情景を設定した図形である。この意匠によって、空間的にあとの方（うしろ）、また、時間的にあとの方（のち、おくれる）を意味する古典漢語 ɦug を表記する。

定点（起点、基点）を基準にして←|の方向ならば「前」、|→の方向ならば「後」である。これは時間にも適用できる。『詩経』では「後軍」（うしろの軍隊）や「百歳の後」（百年後）などのように、空間と時間の両方に使われている。

## 「間・内・外」の起源——時間漢字（40）

時間の範囲を表す漢字に間・中・内がある。間は意味のうえで中・内と共通点がある。ある空間や範囲の外側ではなく内側である。しかしそれぞれ違いもある。何が違うか。内に対するのは外である。外も時間外、期間外などと比喩的に使うことがある。

中に対するのは上・下であるが、上・下も上代、下期のように時間に使える。上・中・下は順位漢字として出しているので、ここでは間・内・外の三字を扱う。

### 【間】 音カン 訓あいだ・ま

「間」が正字（旧字体）。こんな字源説がある。

①「月が音符。門の両戸を合わせた間隙の意」（『漢字の起源』）

②「金文は門の上に肉または外をおく形。祖先を祭る廟の門に肉を供えて何らかの儀礼を示す字であるらしく、内外をへだてるという意味がある」（『常用字解』）

③「門の扉の隙間から月の見えることを表す会意文字で、二つにわけるの意を含む」（『学研漢和大字典』）

①は「月」を音符とするが、理解しがたい。②は祭りの儀礼から内外を隔てるという意味が出たとするが、「間」を祭りと結びつけるのは突飛である。

③は「二つにわけるの意を含む」という。これはどういうことか。語源説を見てみる。藤堂明保は間のグループ（簡・瞯・澗）を丯《かい》のグループ（割・齧・契・喫・潔）、介のグループ（界・芥）、柬《かん》のグループ（揀・諫・闌）、幵《けん》のグループ（研・栞）、見のグループ（硯・俔）、看、遣などと同源とし、これらの語群はKAT・KAD・KANという音形と、「二つに分ける」、あ

［間］

（金）

（篆）

いだ」という基本義があるという（『漢字語源辞典』）。この語源説に基づいたのが③の字源説であるが、「門＋月」に分析するのは古来の通説である。

改めて字源を見てみよう。「月（イメージ記号）＋門（限定符号）」と解析する。「月」のコアイメージは「えぐり取る、欠ける」であるが（「日と月の起源——時間漢字（12）」の項参照）、「間」と「月」は音のつながりはないから（つまり同源ではない）、「月」は語のコアイメージではなく、実体である「つき」という具体物のイメージを用いている。門の隙間から月が見える情景という意匠を作り出すために「間」という図形が考案されたのである。以上は図形の解釈であって、語の意味そのものではない。図形的解釈と語の意味は全く別である。

では語の意味はどこにあるのか。これは古典の文脈にある。「間」は『詩経』では「十畝の間、桑者閑閑たり」（十畝の畑のなかで、桑摘み女はのびやかに）という用例がある。「間」はある空間の中（内部）を意味する。

藤堂の語源論によれば、古典漢語のkǎn（間）は「二つに分ける」が基本義だという。これを図示すれば「↑□↓」の形になる。これがkǎnという語のコアイメージである。意味はコアイメージから展開する。

「↑□↓」の形は「A↓□↑B」の形にも転化する。AとBの中間、二つの物の「あいだ」の意味が実現される。これはA・Bを線条的に見た場合である。時間への転用もこのイメージを用いる。時間・期間の間はこれである。

A・Bを含む平面と見た場合は、「ある空間や範囲の内側」という意味を実現させる（空間の「間」）。

一方、「↑□↓」の形（両側）に分かれた中間の「□」に焦点を合わせると、「すきま」という意味が実現される（間隙の「間」）。また「↑□↓」の形の「↑↓」の部分に焦点を合わせると、「分け隔てる」という意味が実現される（離間の「間」）。スパイのことを間者という。「間」とは隙間から様子をうかがうという意味である。

なお日本語の「あいだ」は「二つの物が近接して存在する場合、それに挟まれた中間の、物の欠けて脱けているところ」の意、「ま」は「連続して存在する物と物との間に当然存在する間隔の意。転じて、物と物との中間・すきま」の意という（『岩波古語辞典』）。漢語の「間」はこの区別がなく、両方とも「間」というのである。

## 【内】

音ナイ　訓うち

[内]

（甲）（金）（篆）

まず字源説を紹介しよう。

①「家の入り口の形で、すすんで、はいる意となった」（『漢

字の起源』)

② 「家屋の入り口の形。入り口から入った〝うち、なか〟の意味に用いる」(『常用字解』)

③ 「屋根の形と入とを合わせた会意文字で、覆いの中にいれることを示す」(『学研漢和大字典』)

①②は「入」も「内」も全体が象形文字で、入り口の形としており、二字の区別がつかない。

字形を論じる前に語源を考えるのが先である。古典では「入は内なり」「内は入なり」「納は内なり」「納は入なり」とあり、入・内・納の同源意識があった。これを学問的に跡づけたのは藤堂明保である。藤堂は入・内・納を壬のグループ(紝・妊・任・衽・賃)や、男、南などと同源とし、これらの語群はNÊP・NÊMという音形と、「中に入れ込む」という基本義があるとした(『漢字語源辞典』)。

改めて字源を見てみよう。「入《ニュウ》(音・イメージ記号)+冂(イメージ補助記号)」と解析する。「入」は入り口が開いて↑の形に中に入っていくことを示す象徴的符号である。「冂」は家でも屋根でもよいが、実体にこだわらず、枠と考えてよい。したがって「内」は枠の中に入っていく情景を設定した図形である。

甲骨文字では「内」は固有名詞に使われているので、意味の取りようがない。「入」は「はいる」の意味で使われている。『詩経』などの古典では「内」は「うちがわ」、「入」は「はいる」の意味で使われている。歴史的に見ると、「はいる」の意味をもつniәpという語を「入」で、「うちがわ」の意味をもつnuәb(語尾のbは推定)を「内」で表記したと考えてよい。

「はいる」と「うち」の意味は「中に入れ込む」というコアイメージ(NÊPの音形をもつ語のコアイメージ)から展開した二つの語であり、音も二つに分化し、図形も「入」と「内」で差別化したのである。

「内」は仕切られた一定の枠(ある空間や範囲)のうちがわという意味で、「外」と対する。「⊙」の形で示すと、「・」のある部分が「うち」、これに対して「・〇・」の形の「・」の部分が「外」である。だから「内」は「中」とも「間」ともイメージが違う。時間漢字としては年内・月内などと使うが、Aという時間の限界(範囲)を越えない、それまでにある時間が「内」である。年内は年中・年間と言い換えられない。

## 【外】

音ガイ　訓そと・ほか・はずす

こんな字源説がある。

[外]

(金)　(篆)

①「月が声符。この音の表す意味は闕・欠の意。外は亀卜の場合の釁欠(亀裂)の意」(『漢字の起源』)

②「夕(肉の形)と卜(占い)とを組み合わせた形。外は亀の甲羅を使う占いに用いる語であったが、のち内外の〝そと〟の意味に用いる」(『常用字解』)

③「月は欠(かける)の意を含む。外は卜(占い)+音符月の会意兼形声文字で、月の欠け方を見て占うことを示す。月が欠けて残った部分、つまり外側のこと。また、丸くえぐってかく、そのかけ残りの意を含む」(『学研漢和大字典』)

①は理解不能。外に亀裂という意味はあり得ない。②は甲骨文字からの解釈であろうが、字形と「そと」の意味の関連が不明。

「外」の字源は難しい。「夕」と「卜」でなぜ「そと」を表すのか、昔から文字学者を苦慮させている。甲骨文字では「卜」を「外」に当てることがあるが、これは固有名詞なので意味の取りようがない。金文では「月+卜」となっており、カールグレンは「月」を音符とした。しかし音と意味を兼ねるという③の説が妥当である。

藤堂明保は「外」と「月」を同源とするだけでなく、夬《かい》のグループ(抉・決・缺[=欠]・玦・訣)、厥《けつ》のグループ(闕・蹶)、戉《えつ》のグループ(越)、戈、歳なども同源とし、これらの語群は KUAT という音形と、「コ型にえぐり取る」という基本義があるといい、「外は月の派生語と考えてよい。(…)月にせよ、亀甲にせよ、抉られた部分は内側であり、抉り残された部分は外側である。外とは本来は〝抉り残した部分〟という意味であろう」と述べる(『漢字語源辞典』)。

これで「外」の字源に見通しがついた。歴史的、論理的に「外」の成立を考える。古典漢語では「内」に対する「そとがわ」を nguad(語尾のdは推定)と呼んだ。これは聴覚記号である。これを視覚記号に変換するために具体的な物の情景や形態が想定された。これが「月」である。月は「欠ける」「抉る」というイメージで捉えられ、ngiuăt と命名され、三日月の図形である「月」によって表記された。月を観察すると、欠けると中身が空白になり、弦だけが残るような状況になる。そと枠が残った形は「〇」の形のイメージである。このように「月」は「欠ける」「抉る」というイメージから、「中身が抉られて枠だけが残る」というイメージに展開する。かくて「月《ツガ》(音・イメージ記号)+卜(限定符号)」を合わせた「外」の図形が考案された。なぜ「卜」の限定符号をつけたのか。限定符号とは意味領域を指定する符号だが、語の意味に含まれるとは限らない。語の意味を暗示させるための図形的意匠を構成する場合もある。「外」では「そとがわ」の意味を暗示させる意匠を「卜」の分野に限定するのである。「卜」とは亀の甲による占いである。焼け火箸で腹甲を抉ると、中身が抉られてそと側の硬い部分が残る。これは月の中身と弦の関係に似ている。こうして月の形状から亀の形状に場面を移して「外」の図形が成立した。

中身を除いて残った枠というイメージから、中心を取り巻く枠から除かれた部分というイメージが生まれる。図示すると、「⦿」の「・」が「内」（うちがわ）とすれば、「・○・」の「・」がそとがわであり、これが「外」である。時間外という場合は、視点を置いたAという時間から除かれた時間を指している。

「中心を取り巻く枠から除かれた部分」というイメージから、「外」に「はずす」という訓が生まれた。中身を取り除く、外側に出すという意味である。これが除外・疎外の「外」である。

## 「顚」と「末」の起源――時間漢字（41）

顚は「いただき」で、空間的に最上部である。しかし顚末と熟すると始末、終始のように、始めと終わり、はじめから終わりまでという時間漢字の用法ができる。末も空間的イメージから時間的な用法に転じる。顚・末の字源・語源を尋ねてみよう。

### 【顚】 ㊂テン ㊇いただき・たおれる

この字を構成する「眞（＝真）」の解釈が問題である。「眞」にはこんな字源説がある。

①「首と人体を逆さにした形で、顚の原字。真逆さにひっくり返る意」（『漢字の起源』）

②「会意。匕《か》（人を逆さまにした形、死者の形）と県《けん》（首を逆さまに懸けている形）とを組み合わせた形。眞は顚死者、不慮の災難にあって命を落とした人をいう」（『常用字解』）

③「匕《ひ》（さじ）＋鼎（かなえ）の会意文字で、匙で容器に物を満たすさまを示す。充塡の塡の原字」（『学研漢和大字典』）

①と②は「眞」を顚（ひっくり返る）の原字と見ている。③は金文から解釈したもので、篆文については「顚」の項目で「人＋首の逆形の会意文字で、人が首を逆さにして頭のいただきを地につけ、たおれることを示す」と解釈している。字形から「逆さま」→「たおれる」と解釈するのは問題がある。

篆文や楷書では形が崩れて解釈が困難である。金文に着目した③が正しい解釈と考えられる。「眞」は「匕＋鼎」と解剖する。「匕」は匙《さじ》に含まれ、スプーンである。「眞」の下部

［眞］

（金）

（篆）

［顚］

（篆）

は「鼎」である。員や具にも「鼎」が含まれており、これらと「眞」の形が似ているのは偶然ではない。鼎（かなえ）にスプーンは付き物である。鼎は煮炊きする器であるから、スプーンの用途は素材を鼎の中に入れることにある。したがって、物を器の中にいっぱい詰め込む情景を暗示するのが「匕＋鼎」を合わせた図形である。③が「眞」を塡（うめる）の原字と見たのは「物をいっぱい詰め込む」「中身がいっぱい詰まる」というイメージがあるからである。しかし「眞」は「詰め込む、うめる」という意味ではない。もっと抽象化した意味である。嘘や偽りは中身がなく空っぽな状態であるが、これに対し、中身がいっぱい詰まって空っぽではない状態を「眞」というのである。これが「まこと」である。「実」が充実している（満ちる）→まことと転義するのと軌を一にする。

さて「顚」は「眞」とどんな関係があるのか。「眞」の原初のイメージに遡ると、物を器に詰め込む情景から「中身が詰まる」というイメージが生まれた。詰め込むとはどういうことか。物を下の方から段々と載せていくと、上でいっぱいになる。これが「詰まる」「満ちる」である。ここに「下や底から上がって頂点で極まる」というイメージが生まれる。「顚」で利用されるのはまさにこのイメージである。

「顚」は「眞《シ》（音・イメージ記号）＋頁（頭部と関わる限定符号）」と解析する。「眞」は右で述べたように「下から上がっていって頂点で極まる」というイメージを示す記号。したがって「顚」は頭のいちばん上の部分、つまり「いただき」を表す。山の「いただき」は「巓《てん》」、木の「いただき」は「槇《てん》」である。ただし「槇」は日本人が作った「眞と木」を合わせた「槇」（国字で、「まき」と読む）とは別である。

木のいただきとは「こずえ」のことである。「こずえ」を表す漢字としては、「槇」はほとんど使われず、梢・杪・末が使われる。顚の対語を末といい、顚末（始めから終わりまで、一部始終）という語がある。この場合の「末」は上部ではなく、下位、終わりの意味で、「いただき」ではなくなる。

このように顚末や本末の末はイメージが変わってしまう。「末」はどんなイメージか。「本」と「末」の字源を同時に見てみよう。「本」については助数漢字でも出している。

## 【末】

㊥マツ　㊞すえ

「本」と「末」は樹木から発想された語であり、図形である。

樹木のねもとの部分を古典漢語でpuənといい、「本」と表記する。これは「木」の下の方に「一」の符号を付けた図形である。これによって、木のねもとを暗示させる。

［末］

（金）

（篆）

一方、樹木の「こずえ」を古典漢語でmuatといい、「末」で表記する。これは「木」の上の方に「一」の符号を付けた図形である。これによって、木の先端の部分を暗示させる。

草木は下の方から段々と生長して頂点で極まる。最初の方である「ねもと」が「本」、木の頂点、いただき、つまり「こずえ」が「末」である。

本末は垂直のイメージで、下が「本」、上が「末」であるが、この関係は意味の転化によって逆転する。本と末はどういう意味に展開するか。

「本」は「ねもと」から、「根源、始まり」の意味（基本・根本）、「中心」の意味（本家・本庁）に展開する。「末」は「こずえ」から、「端、終わり、すえ」の意味（末端・末尾）、「非中心、非主要」の意味（末技・瑣末）に展開する。また「末」は兄弟の序列では、長子、次子、末子と数えて、最後の順位になる。

「こずえ」は「いただき」と関わる概念で、「槇」（木のいただき、つまりこずえ）の語が成立した。「末」も同様に樹木のトップ、いただきから「こずえ」の意味が生まれた。しかし意味の転化によって、「こずえ」は終わり、最後（末尾、末端）となって、トップ、最初ではなくなった。顚末の「末」は意味転化を経た後の用法である。

## 「始」と「肇」の起源——時間漢字(42)

「はじめて」は「はじめ」、「ついに」は「おわり」と関係がある。「はじめ」を表す漢字に初・始・元・本・孟・首・肇などがある。「はじめ」は時間の最初であるとともに、順序の最初でもある。すでに述べた字は別項に譲り、ここでは始・肇の二字を扱う。

### 【始】 音シ 訓はじまる・はじめ

こんな字源説がある。

①「台が声符。台の音の表す意味は最初の意。女兄弟相互間の年長者の称謂である」（『漢字の起源』）

②「形声。音符は巳《し》。巳は㠯《し》で耜《すき》の形。のち口（祝詞を入れる器の形）加えた。台は農耕の開始に当たって行う、口を供えて神に祈り、耜を祓い清める儀礼をいう。女子が厶（耜の形）と口とを持って出産の無事を祈ることを始という。それで出生することを始といい、〃はじめる、はじまる、はじめ〃の意味となる」（『常用字解』）

③「厶印はすきの形。台は以と同系のことばで、人間がすきを手に持ち、口で物を言い、行為を起こす意を含む。始は

女＋音符台《イ・イタ》の会意兼形声文字で、女性としての行為の起こり、つまりはじめて胎児をはらむこと。胎と最も近い。転じて、広く物事のはじめの意に用いる」（『学研漢和大字典』）

①では姉妹の間で妹が「おねえさん」と呼ぶ言葉が「始」だという。しかし古典にこんな用例はない。②では巳が㠯《し》と同じというのが理解不能。また図形的解釈をストレートに意味としている。②の文字学は基本義という考えがないので形声文字の説明原理を欠く。だから会意的に解釈するほかはない。語源の発想がないから、字形の解釈だけによりかかり、恣意的な解釈に陥る。③では始・以・胎の同源関係から字源を解釈する。「行為を起こす」という基本義を捉え、「はじめて胎児をはらむ」の意味とする。しかし意味の解釈に問題がある。

三者とも限定符号にこだわるから、女にまつわる意味としている。しかしそのような意味の用例はない。

意味とは文脈における語の使い方である。字形が意味を表すのではなく、語が意味を表すのである。

古典での「始」の用例を調べてみる。『詩経』では「爰《ここ》に始め、爰に謀る」（［国都の建設を］ここに開始し、計画する）と使われている。物事をしはじめる意味である。また同書に「旭日始めて旦なり」（朝日が出てやっと空が明けた）という用例がある。事態がある時点になってやっと起こる様子、つまり「はじめて」の意味である。『論語』に「始め有り卒《おわ》り有る者は其れ唯聖人か」（始まりと終わりが立派なものは聖人だけであろうか）とあり、「はじまり」の意味である。

古典漢語では「はじめる」「はじまり」「はじめて」を意味する語をthiəgという。この聴覚記号に対する視覚記号を「始」とする。これは「台《イ・イタ》（音・イメージ記号）＋女（限定符号）」と解析する。「台」が語のコアイメージを表す基幹記号である。漢字は音・イメージ記号が根幹であり、限定符号は添え物である。コアイメージは語の深層構造におけるイメージである。意味とは違う。意味とは深層構造が表層に現れたものである。コアイメージが具体的文脈で実現されたのが意味である。では「台」はどんなコアイメージを表すのか。

「台」は臺の新字体に使われているが、これとは全く別の字である。古くは一人称に用いられ（この場合イと読む）、また三台星という星の名に用いられた（この場合タイと読む）。しかし起源的には始・治・胎・怠・殆《たい》・冶《や》・怡《い》・飴《い》など、同源グループのコアイメージを表すために考案された特別な記号である。

「台」は「ム＋口」と分析する。「ム」は「以」の左側にも含まれており、「㠯《い》」と同じで、耜《すき》の形である。耜という実体に重点があるのではなく形態や機能に重点がある。耜は農耕のために土を掘り起こす道具である。耜の機能は自然に人工を加えることにある。だから「ム(＝㠯・以)」は「人工を加える」「道具を用いて手を加える」というイメージを表すことができる。このイメージは「道具を用いて動作や行為を起こす」というイメージにも展開する。「口」は場所や物を示す符号である。「ム(音・イメージ記号)＋口(イメージ補助記号)」を合わせた「台」は、物に対して手を加える、つまり何かの動作や行動を起こすことを暗示させる図形である。「ム(以)」も「台」も「(道具を用いて)手を加える」というイメージを表すことができる。手のつけられていない自然の物に人工的な働きかけをすることは、物事の起こりであり、はじまりである。

次になぜ限定符号が「女」なのか。これで何を表すのか。限定符号は一般に語の意味領域を限定する符号であるが、限定符号が必ずしも意味素に含まれるとは限らない。むしろ含まれないことが多い。その場合の限定符号はどんな働きをするのか。造形の際の意匠造りという働きである。つまり語を代替するための記号(これがとりもなおさず視覚記号、すなわち文字である)をこしらえる際、図形的意匠がどんな領域に設定されたかをはっきりさせる働きである。「はじめる」「はじまり」(物事の起こり)は極めて抽象的な言葉である。この語を図形に表すには、具体的な場面を設定しないと表現できない。具体的な場面造りが「女」という限定符号である。女に関係のある場面を設定して、抽象的な「はじまり」の概念を暗示させようとするのである。かくて考案されたのが「始」である。「台」は「自然物に人工を加える」というイメージを表す記号であるから、この記号自体にすでに物事のはじまりというイメージへの転化が内包されているが、もっと具体的な場面がほしい。それが女に関係のある場面である。女が女として意識する最初の出来事は初潮や妊娠であろう。これは女だけの特権である。「はじまり」の観念を表すには最もふさわしい。ただし「始」は初潮や妊娠という意味を表すのではなく、物事の起こりはじめという意味を暗示させるだけである。このようにして、「はじめる」「はじまり」を意味する thing の視覚記号として「始」が成立したのである。

## 【肇】

音チョウ　訓はじめる

①(『漢字の起源』にない)

②「会意。戸と攴と聿に従う。上部は啓と同じ。戸は祝禱や盟誓などを納める櫃の扉。攴はこれを啓《ひら》く形。啓は下に祝禱の器の口を置き、肇は聿、すなわち書を置く。肇とは啓

[肇]

(篆)

籥見書を示す字である」（『字統』）

③「⿰戸攵《イケ》は戸＋攴（動詞の記号）から成り、戸を手で左右に開くこと。肇は⿰戸攵＋聿の会意文字で、物事の糸口を左右に開くこと。啓（口を開く）・兆（きざし、左右に開く）と同系のことば」（『学研漢和大字典』）

②は字源も意味の説明もよく分からない。③は図形の説明だけであるが、意味は「左右に開く。入り口をあけて物事をはじめる」としている。

改めて字源を見てみよう。「肇」を分析すると、「戸＋攴＋聿」となる。「肇」の上部の⿰戸攵は「啓」と共通であるが、「啓」は「启《イケ》＋攴」から成るので、⿰戸攵という単独字は存在しない（啓の省略形としてなら存在する）。したがって「肇」は「戸（イメージ記号）＋聿（イメージ補助記号）＋攴（限定符号）」と解析する。「聿」は筆を手に持つ形で、「区切る」「区切りをつける」というイメージを示す。区画の画（＝畫）に含まれている。したがって「肇」は何事かを計画するために、門戸を押し開ける情景を暗示させる図形である。物事を開始する第一歩が門戸を開くことに喩えられている。「戸」は比喩に用いたイメージ記号である。

③で指摘されているように、肇と兆は同源の語である。「兆」はすでに述べたように（「兆の起源」の項参照）、「左右に開く」「左右に離れる」というイメージを表す記号である。「はじめる」ことを表す漢字に初・始・創・肇があるが、何もない状態に切り込みを入れることから発想されたのが初と創、自然に人工を加えることから発想されたのが始である。これに対し、入り口を押し開けることから発想されたのが肇である。『詩経』に「以て帰りて、祀《まつ》りを肇《はじ》む」（家に帰り、祭祀をはじめた）という用例がある。「肇」の語史は非常に古い。

## 「深」と「浅」の起源——時間漢字(43)

「深い」「浅い」は空間のイメージだが、時間のイメージにも転用できる。

### 【深】 音シン 訓ふかい

字源説を見てみよう。

①「罙は宀と又と火から成る。又が音符で導の意を表す。竈突（煙突）の意。深は河の名」（『漢字の起源』）

②「罙《しん》は穴の中のものを火で照らして捜す形。穴の中で火をかざしてさがすことを探といい、水中のものをさがすことを深といい、水がふかいの意味となる」（『常用字解』）

[罙]

（金）

（篆）

[深]

（篆）

③「罙《タン》は穴（あな）＋火＋又（手）の会意文字で、穴の中に奥深く手を入れて火をさぐるさま。探の原字。深は水＋音符罙の会意兼形声文字で、水の奥ふかいこと」（『学研漢和大字典』）

①では固有名詞とし、ふかいの意味は仮借としている。②では「水中のものをさがす」の意味とするのが奇妙である。「さがす」から「ふかい」への展開が分からない。

「ふかい」という普通のありふれた概念を図形によって表現しようとすると、いかに難しいかがよく分かる。「ふかい」は垂直のイメージ（例えば「深海」）であるが、奥行きのような水平のイメージ（例えば「深山」）にも転じうるので、図形化はその転義を念頭に置いたものらしい。改めて字源を見てみよう。

「罙《しん》」は「穴＋尢（曲げた手の形）＋火」と解析する。かまどの中に手を突っ込んで火をあしらう情景を設定した図形と解釈する。この意匠によって、「奥深く入る」というイメージを表すことができる。「罙（音・イメージ記号）＋水（限定符号）」を合わせた「深」は、水が表面から中の方（底や奥まで）入っている情景を暗示させる。これによって、表面から底まで垂直的に距離がある、つまり「ふかい」ことを表象する。かまどは水平方向だが、水は垂直方向である。最初はかまどの情景、次は水の情景によって図形化が行われた。

しかし語の意味は「垂直的に深い」から、「水平的に深い」に転じた。ちなみに英語のdeepのコアイメージは「垂直方向に深い、または水平方向に奥行きがある」であるという（『Eゲイト英和辞典』）。これは漢語の「深」と一致する。

空間のイメージは時間を表すことにも転用される。「空間的に奥や底まで達している」というイメージから、時間がかなりの時点まで経過しているという意味になる。漢文では「年が深い」などの表現がある。また夜の時間がかなり多く経過していることに使われ、深夜・深更という熟語がある。

## 【浅】

㊚セン ㊟あさい

「淺」が正字（旧字体）。これの字源説を見る。

①「戔が声符。この音の表す意味は尠（少ない）。淺は川の水の少ない意」（『漢字の起源』）

②「形声。音符は戔《せん》。戔は細長い戈を重ねた形で、薄いものを積み重ねた状態をいう。浅は水があさいこと」（『常用字解』）

③「戔《セン》は戈二つから成り、戈（刃物）で切って小さくすることを示す。淺は水＋音符戔の会意兼形声文字で、水が少な

［戔］

（甲）

（篆）
［浅］

（篆）

いこと」（『学研漢和大字典』）

三説は「戔」の解釈がそれぞれ違う。

中国では古くから「戔」をもつ字には「小」の意味があると指摘されていた。これを学問（言語学、音韻論、意味論）的に跡づけたのは藤堂明保である。藤堂は戔のグループ全体（残・賤・浅・綫〔＝線〕・銭）が、沙、殺、散、灑〔＝洒〕、鮮などと同源で、これらの語群はSAR・SAT・SANという音形と、「ばらばら、小さい、そぎとる」という基本義があるという（『漢字語源辞典』）。

改めて字源を見てみよう。

「戔」はなぜ「小さい」というイメージを表しうるのか。もともと「戔」は『易経』の「束帛戔戔たり」の注釈に「戔戔は浅小の意」とあるように、「小さい」の意味であった。「戔」の字源は「戈（刃物）＋戈」によって、物を削って小さくする様子を暗示させる図形と考えられる（「金と銭の起源――単位漢字（11）」の項参照）。「削る」と「小さい」の結びつきは「小」の字源・語源にも存在する。また「小」と「少」は密接な関連がある。

かくて「淺」は「戔《セン》（音・イメージ記号）＋水（限定符号）」と解析し、水かさ（水量）が少ない情景を暗示させる図形と解釈する。水の場面を設定したので、「深」とは違い最初から垂直のイメージである。「深」は水が底や奥まで達して幅が大きい状態だが、「浅」は水量が少ないため幅が小さい状態である。これが「深」と「浅」の起源である。

『詩経』邶風・谷風篇に次の用例がある。

其の深きに就きては　川が深けりゃ
之を方《いかだ》にし之を舟にす　いかだで渡る　舟で渡る
其の浅きに就きては　川が浅けりゃ
之を泳ぎ之を游《およ》ぐ　もぐって渡る　泳いで渡る

「浅」は「深」と同様に時間漢字に転用できる。『戦国策』に「寡人は年少、国に莅《のぞ》むの日浅し」（私は年が若く、国政を執る日が浅い）という用例がある。時間があまりたっていない段階が「浅」である。深春に対して浅春という語がある。

## 「高」と「低」の起源――時間漢字（44）

「高」や「深」を「たかい」「ふかい」と読めば形容詞だが、「たかさ」「ふかさ」と読めば名詞である。しかし古典漢語では「高」や「深」の一語あるのみで、一つの概念であって、品詞の区別がない。

高低、深浅は位置の状態を表す語だが、垂直のイメージであり、空間に関わる漢字である。しかし空間的イメージは時間的イメージにも転用できる。深浅についてはすでに述べたが、ここでは「高」と「低」の字源・語源を尋ねてみよう。

## 【高】 音コウ 訓たかい

こんな字源説がある。

①「台観の基台と入り口の形。高い台観の意味」（『漢字の起源』）

②「京（アーチ形の出入り口のある都の城門の形）の省略形と口（祝詞を入れる器の形）とを組み合わせた形。その城門に祝詞を供えて、悪霊などが入りこまぬようにお祓いすることを高という」（『常用字解』）

③「台地に建てたたかい建物を描いた象形文字」（『学研漢和大字典』）

『説文解字』に「台観（物見台）の高きに象る」というのがほぼ通説になっている。①は図形の解釈をそのまま意味としている。「高」は台観という意味はない。②は何の根拠もない説で、「悪霊が入らないようにお祓いをする」という意味があるわけがない。

漢字の形を見る場合、「何」（実体）にこだわると袋小路に入ってしまう。「如何（いかん、どのよう）」（形態、機能）に視点を置く必要がある。「高」は台観の図形であるが、台観に重点があるのではなく、その形態に重点がある。

［高］

（甲）

（金）

（篆）

古典漢語で「（空間的に）たかい」を表す語が kɔg であり、この聴覚記号を視覚記号に切り換えたのが「高」である。台観はあくまでイメージを表出するための意匠に過ぎない。実体にこだわる必要はない。

「↑の形に（下から上に、垂直に）高く上がっている」が kɔg（高）のコアイメージである。日本語の「たかい」はタケ（長・丈）と同根で、「地面から垂直に距離が長いのが原義」という（『岩波古語辞典』）。漢語の「高」もこれとよく似ている。

空間的に高い意味から、階級・年齢・能力・値段などの程度が上である意味に展開する。一般に意味論的にはメタファーによる転義であるが、漢語では深層のコアイメージが表層（具体的文脈）でさまざまに意味を展開させると言うことができる。

時間漢字としては、漢文で「年高し」という表現があり、年を多くとっているという意味である。高齢の高も同じ。『韓詩外伝』に「先生老いたり。春秋高く、遺忘（物忘れ）多し」という用例がある。また、王朝の最初の皇帝の諡《おくりな》は高祖、高宗とつけられる。この「高」は年代がいちばん上であることを示している。

# 【低】

音テイ　訓ひくい

こんな字源説がある。

① 「氏《てい》が声符。この音の表す意味は丘下の麓の地の意。低は丘下の麓の地に住む人」（『漢字の起源』）

② 「形声。音符は氏。氏は氏（把手のついた小さなナイフ）と一とを組み合わせた形で、底を削って低く平らかにするの意味となる。それで人の身長の低いこと、人が姿勢を低くすることを低という」（『常用字解』）

③ 「氏は積み土の下底を一線で示した指事文字。低は人＋音符氏の会意兼形声文字で、背の低い人を示す」（『学研漢和大字典』）

①では図形的解釈をそのまま意味とするから、あり得ない意味を作り出した。②も余計な意味素が混入している。③は図形的解釈を示しているだけである。

③は語源論の裏付けがある。藤堂明保は、氏のグループ全体（柢・底・邸・砥・低）が、矢のグループ（雉・薙）、尸《し》のグループ（屍・屎）、夷《い》のグループ（痍・姨）、弟のグループ（悌・第・涕）、示のグループ（視）などと同源で、これらの語群はTERという音形と、「まっすぐで短い、ひくい」という基本義をもつという（『漢字語源辞典』）。

［氏］

（金）

（篆）

［低］

（篆）

改めて字源を見てみよう。「氏《テイ》（音・イメージ記号）＋人（限定符号）」と解析する。「氏」は「氏（匙、スプーンの形）」に「一」の符号を付けた字である。いかなる意匠を表現するのか明確ではないが、ただ単に「ある物の下部」を暗示させるだけと解釈してもかまわない。ここから「これ以上は行けない末端（いちばん下の方）」「上（高い所）から段々と下がった行き止まり」「これ以上は行けない所まで来る」などのイメージに展開する（「家と邸の起源——助数漢字（88）」の項参照）。したがって「低」は身丈が下の方に下がっている情景を暗示させる。ただしこれは図形的意匠であって、意味はただ「ひくい」である。①や②では図形的解釈が意味に紛れこんでいる。

「ひくい」を表す漢字は「低」よりも「下」や「卑」が古い。『詩経』の正月篇では「山は蓋し卑《ひく》しといえども」「天は蓋し高しといえども」のように、「高」と対するのは「卑」となっている。『老子』では「高下相傾」と、高—下が対になっている。「高」と「低」が対になるのはかなり遅い。時間漢字としては「高」の用法は明確だが、「低」はあまり見かけない。日本で使われる低年齢ぐらいだろう。高学年に対して低学年というが、この「低」は等級（クラス）が下の方の意味である。

# V 長短の時間

## 「遅・徐・緩・慢」の起源——時間漢字(45)

「時間が長い」は時間が長くたっている(ひさしい、ふるい)というイメージと結びつくし、速度がゆるやか(おそい、ゆっくり)とも結びつく。「時間が短い」はその逆である。「おそい、ゆっくり」を表す漢字に遅・徐・緩・慢などがある。

### 【遅】 ㊊チ ㊒おそい

「遲」が正字(旧字体)。これの字源説を挙げよう。

①(『漢字の起源』にない)

②「形声。音符は犀。甲骨文字・金文の字形は遟に作り、音符は屖《い》。屖は人の後ろから辛(把手のついている刑罰用の大きな針)で罰を加える形。これに辵を加えて歩行が困難となることを遅といい、〝おそい、おくれる、のろい、はかどらない〟の意味となる」(『常用字解』)

③「犀はサイのこと。歩みのおそい動物の代表とされる。遅は辵+犀の会意文字。稚(伸びの遅い子ども)・窒(いきづまる)と同系のことば」(『学研漢和大字典』)

[犀]

(金)

(篆)

[遲]

(金)

(籀)

(篆)

②では遅の説明がつかないので、遟で説明しているが、その甲骨文字とされる字形は中国では「避」に同定されている。説の当否はともかく、刑罰を加えられて歩行が困難になる意味から「おそい」の意味が出たというのは、語の意味に余計な要素(意味素)を混入させたと言わざるを得ない。

dierという古典漢語はただ「おそい」という意味しかない。『詩経』に「道を行くこと遅遅たり」(道を行く足は進まない)という用例がある。藤堂明保は稚・窒のほかに真のグループ(塡・顚・慎・鎮)、㐱《しん》のグループ(珍・診)、身、至のグループ(致・室・桎)、実、質、秩なども同源とし、TER・TET・TENという音形と、「いっぱい詰まる」という基本義があるとしている(『漢字語源辞典』)。

ある空間内に物がいっぱい詰まる状態は、塞がった状態、通じが悪い状態でもある。「詰まる」「塞がる」「スムーズに通らない(滞る)」は関連のあるイメージである。古典漢語のdierは進み方や動きがスムーズにいかない(おそい)という意味である。この動作は時間がかかる。従って長い時間が経過している→時刻がおそいという意味に展開する。

　改めて字源を見てみよう。「犀（イメージ記号）＋辵（限定符号）」と解析する。「犀」は「尾（イメージ記号）＋牛（限定符号）」を合わせた字。形をそのまま解釈すると牛のしっぽだが、こんな意味を表すのではなく、動物のサイを表す。古代中国では黄河流域にサイが棲息していたという。サイの生態的な観察を通して、古人はその行動が比較的のろいと感じたらしい。この「犀」が「遲」の造形に利用され、動きや暮らしなどがのんびりしていることを意味する「棲遅」という言葉が生まれた（『詩経』に用例がある）。この棲遅の棲の音と動物のサイ（古音はserで、漢音はセイ）とは関係がある。

　「遅」は進み方や、活動や動作など動き一般がおそい意味で、時間がおそいは、その転義である。「早」と「速」は全く違う二語であったが、それらの反対である「速度がおそい」と「時刻がおそい」は「遅」という一語の両面である。この両義性は日本語の「おそい」と全く同じである。

## 【徐】　音ジョ　訓おもむろ

［余］（甲）（金）（篆）［徐］（篆）

　こんな字源説がある。
①「余が声符。余の音の表す意味は〝そろそろ〟、〝ゆっくり〟の意。徐はゆるやかな歩行である」（『漢字の起源』）
②「形声。音符は余。余は把手のついた大きな針の形で、患部の膿血を刺して取り除き、治療するのに使用する。余はまた道を安全にするために土中に刺して地下にひそむ悪霊を取り除くのにも使用する。これによって通行がやすらかになることを徐という。やすらかになることから〝おもむろ、ゆるやか〟の意味となる」（『常用字解』）
③「余は仐（スコップ）＋両手の会意文字で、両手でスコップを押し、土を向こうにゆるゆると延ばしやるさま。徐はイ（いく）＋音符余の会意兼形声文字で、ゆるゆると歩みを伸ばすこと。舒（伸ばす）と同系のことば。また舍（ゆったりとくつろぐ所）・敘（ゆるめる）とも近い。ゆっくり、そろそろと、ゆとりがあるの意」（『学研漢和大字典』）
　①は限定符号にこだわるので、歩行を意味素に含めるが、これは余計である。意味はただ「ゆるやか」である。②では余が医療の手術にも道路工事にも使用される針だというが、こんな針が現実に存在するのか疑問。道路の悪霊を除いて通行がやすらかになるから、「おもむろ、ゆるやか」の意味が出たという説明も首を傾げざるを得ない。
　③は語源論の裏付けがある。藤堂明保は余のグループ全体（徐・舒・除・舍・捨・途・塗・餘）が射のグループ（謝）、予のグ

ループ（豫・序・抒・野）、敍と同源の単語家族を構成し、これらの語群はTAGという音形をもち、「緩んで伸びる」という基本義があるという（『漢字語源辞典』）。この語源論から右のような字源説が出た。しかし字形の解剖には少し問題がある。

改めて字源を見てみよう。「余ヨ（音・イメージ記号）＋イ（限定符号）」と解析する。「余」については「舎の起源——単位漢字（6）」で述べているが、もう一度振り返ってみる。「亼」は鋤の刃の形とする説や、田を耕す刀の形とする説などがある。おそらく亼の形をした本体に柄のついた道具、つまり土を削る鍬のような道具（③に言うようなスコップの類）の形である。道具そのもの（実体）に焦点があるのではなく、その形態や機能に重点がある。この道具の機能は土を削ったり均したりすることにある。亼に「八」（左右に分ける符号）を加えたのが「余」である。これは土を左右に掻いて均して平らに伸ばす場面を想定した図形である。この意匠によって、「横に（平らに）伸ばす、伸びる」というイメージを表すことができる。A点からB点まで伸ばす（伸びる）のは空間的イメージだが、A時点からB時点まで延びてゆとりができるという時間的イメージにも展開する。時間的に間延びすることはゆったりと余裕があること、時間の進行がゆったりとすることである。したがって「徐」は時間的余裕を取って行く情景を暗示させる。「イ」を限定符号としたのは「歩く」や「行く」の意味を表すためではなく、行動などがゆったりしていることを暗示させるためである。この意匠によって、「ゆとりを取ってゆるゆるとしたさま、ゆったり、そろそろ」という状態を意味する古典漢語 d(z)iag を表記する。徐徐、徐行の徐はこれである。『孫子』に「其の疾《はや》きこと風の如く、其の徐《おもむ》ろなること林の如く、侵掠すること火の如く、動かざること山の如し」（〔軍の行動は〕時には風のように素早く、時には森のようにゆったりと、時には火のように進撃し、時には山のように動かない）という用例がある。

## 【緩】

音カン　訓ゆるい

① 「爰が声符。爰の音の表す意味は〝ゆったり〟である。緩は糸あるいは縄でゆるやかに締めるをいう」（『漢字の起源』）

② 「形声。音符は爰。爰は一つのものを上下から手で援《ひ》く形で、引くという意味がある。それで緩とは〝ゆるやか〟に糸を援くことをいう字であろう」（『常用字解』）

③ 「糸＋音符爰（間に仲介をはさむ、ゆとりを置く）の会意兼形声文字で、結び目の間にゆとりを開けること。換（するりと抜き取る）・寛（ゆとりがある）と同系のことば。空間的、時間的、精神的にゆとりのあるさま」（『学研漢和大字典』）

①は図形的解釈をそのまま意味としている。緩に糸や縄でゆるやかに締めるという意味はない。意味はただ「ゆるやか」である。限定符号にこだわると意味に余計な意味素が混入する。②も同様で、ゆるやかに糸を引くという意味はない。「引く」の意味は援にはあるが、緩にはない。②の文字学にはコアイメージという概念がなく、形声文字でも会意的に解釈するので、図形的解釈と意味の区別が曖昧模糊としている。③では爰に「ゆとりを置く」という基本義を捉え、緩は「(空間的、時間的、精神的に)ゆとりがある」という意味とする。「糸」は図形の解釈だけに止め、意味に入れない。これが正しい。

改めて字源を見てみよう。「爰《シェ》(音・イメージ記号)+糸(限定符号)」と解析する。「爰」にコアイメージの源泉がある。これはどんなイメージか。図形を解剖してみる。「爪(下向きの手)+于(紐状の物)+又(上向きの手)」からできている。上下から紐状の物を引っ張って、中間に隙間をあける情景と解釈できる。前半に視点を置くと、「(両側から)引っ張る」というイメージ、後半に視点を置くと、「(隙間をあけて)ゆったりさせる」というイメージになる。前者のコアイメージは援(ひく)に実現されているが、後者のイメージは「緩」で実現される。

「爰」は「引っ張った結果間延びさせる」→「空間的に幅やゆとりを持たせる」というイメージに展開する。かくて「緩」は紐の結び目に手や道具を差し入れて、間をあけてゆるめる情景を暗示させる。この図形的意匠によって、空間的に幅をあけてゆったりさせる(ゆるめる)という意味をもつ古典漢語 fiuan の視覚記号とした。

「隙間をあけてゆったりさせる」というイメージは空間的イメージである。空間的イメージは時間にも転用できる。時間的に幅を持たせる、つまり時間を延長して遅らせるという意味が生まれる。『春秋左氏伝』に「復《ま》た師を緩む」(再び出兵を遅らせた)という用例がある。緩急・緩慢の緩は時間が延びてゆったりしている意味である。

## 【慢】

音マン　訓おこたる・あなどる

①「曼が声符。曼の音の表す意味は〝のびのびする〟、〝緩〟である。慢は心が緩んでのびのびして締まりのない意」(『漢字の起源』)

②「形声。音符は曼。曼は冒(頭巾・帽子の形)と又とを組み合わせた形。頭巾に手(又)をかけて引き、流し目をする形である。さげすみの感情をこめて流し目で見ることを慢

[曼]

(金)
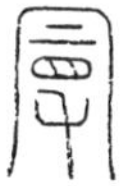
(篆)
[慢]

(篆)

といい、〝あなどる、かろんずる〟の意味となる」（『常用字解』）

③「曼は目を覆い隠すさま。長々とかぶさって広がる意を含む。慢は心＋音符曼の会意兼形声文字で、ずるずるとだらけて伸びる心のこと。幔（長く伸びる幕）・蔓（草がずるずると伸び広がる）・綿（長く伸びる糸）などと同系のことば」（『学研漢和大字典』）

①では曼が緩を表すというのが理解不能。②では頭巾を引くことがなぜ流し目で見ることになるのかが分からない。また、これがなぜさげすみの感情になるのかが分からない。軽蔑と慢心は違うのではないだろうか。③は語源を交えた字源説。慢・幔・蔓・綿に「ずるずると伸びる」という共通の基本義を捉える。

改めて字源を見てみよう。「曼《マン》（音・イメージ記号）＋心（限定符号）」と解析する。「曼」が語の深層構造に関わる基幹記号である。これを分析すると「冃＋罒（＝目）＋又」からできている。「冃」は物の上に覆いをかぶせることを示す符号である（冒や帽に含まれる）。「冃（イメージ記号）＋目（イメージ補助記号）＋又（手の動作を示す限定符号）」を合わせたのが「曼」。目の前に覆い（ベールや仮面など）をかぶせる情景を設定した図形である。このような具体的な場面を作ることによって、「広く覆いかぶさる」というイメージを表している。空間を広く覆うので、「ずるずると長く延びる」というイメージにも展開する。このイメージを精神現象の領域に限定したのが「慢」である。心に締まりや緊張がなくだらだらと長引く様子を暗示させる。この意匠によって、心に締まりがない（おこたる）という意味をもつ古典漢語 mǎn を表記する。怠慢の慢はこれである。

「ずるずると長く延びる」は空間的イメージで、これが心理的イメージになったのが怠慢の慢だが、時間的イメージにもなる。時間的イメージは「間延びして遅くなる、ゆっくりする」というイメージである。これが慢性・緩慢の慢である。『詩経』に「叔の馬は慢なり」（叔さんの馬はゆっくりしている［足をゆるめる］）という用例がある。この意味の慢も語史が古い。

「覆いかぶさる」というイメージは「見えなくなる」というイメージにも展開する。このイメージから、相手をわざと見ないようにするという意味が生まれる。人を無視する、馬鹿にする行為である。これは日本語の「あなどる」に当たる。慢心・傲慢の慢はこれである。

## 「俄」と「忽」の起源——時間漢字（46）

「俄」は「にわか」、「忽」は「たちまち」と読み、短い時間を表す副詞である。

こんな字源説がある。

【俄】 音ガ 訓にわか

①「我が声符。我は施身（身体の脊柱が直立せず、全身のくねくねした形の意）を表す。俄は身体をうねうねさせる人の意。にわかの意は間の借用」（『漢字の起源』）

②「形声。声符は我。我は鋸の象で、ふぞろいの義がある。俄は身を傾けること。のち時に移して須臾の義となる」（『字統』）

③「我は┐型に折れ曲がり、ぎざぎざの刃のついた熊手のような武器を描いた象形文字で、われの意に用いるのは当て字。峨（┐型の山）・岸（┐型のがけ）と同系のことば。俄は人＋音符我の会意兼形声文字で、何事もなく平らに進んだ事態が急に┐型にがくんと折れ曲がるの意を含む。急に、平らに進んできた事態ががくんと変わる場合に用いることば」（『学研漢和大字典』）

①では我が施身の意を表すというのが理解し難い。また俄に「身体をうねうねさせる人」という意味はない。字形の解釈から、あり得ない意味を作り出した。限定符号を意符（意味を表す符号）と考えるので、意符にこだわるあまり、人を意味素に入れた。限定符号は語の範疇（意味領域）を示すだけである。②では「身を傾ける」と「須臾（しばらく）」のつながりが不明。③は「┐型に折れ曲がる」という基本義を捉えて、「にわか」の意味になる理由を説明している。これは分かりやすい。

［我］（甲）（金）（篆）　［俄］（篆）

改めて字源を見てみよう。「我《ガ》（音・イメージ記号）＋人（限定符号）」と解析する。「我」はくの形（ぎざぎざ）の刃のある武器を描いた図形である。「我」は「∧の形を呈する」というイメージを表す記号になりうる。これは「∠」や「┐」の形のイメージにも転化する。「∧」や「∠」「┐」の形は「｜」や「―」（まっすぐな形）が変形して、途中で（斜めに）折れ曲がる形でもある。したがって「我」は「まっすぐなものが∧・∠・┐などの形に折れ曲がる」というイメージを示す記号になる。かくて「俄」はまっすぐ立っている人が斜めに傾く様子を暗示させる。『詩経』に「弁を側《そば》だててこれ俄《かたむ》く」（酔ったため冠が斜めに傾いた）という用例があり、「かたむく」の意味が最初である。

転義に「にわか」がある。なぜこんな意味が生じたのか。「頃と暇の起源――時間漢字（7）」でも説明したが、「折れ曲がる」というコアイメージから時間漢字に展開する。それは時間はまっすぐ進むというイメージがあるが、緊急の事態に直面すると時間が急転回するという感覚があるからである。かくて事態が急である状態を表現する「俄」の転義が生まれた。日本では「にわか」の訓がつけられた。俄然の俄はこれである。

## 【忽】

㊜コツ　㊟たちまち

①（『漢字の起源』にない）

②「形声。声符は勿《こつ》。極度の緊張・放心の状を忽という。忽然・忽略などの意は、みなそこから導くことができる」（『字統』）

③「勿《ツブ》は吹き流しがゆらゆらして、はっきりと見えないさまを描いた象形文字。忽は心＋音符勿の会意兼形声文字で、心がそこに存在せず、はっきりしないまま見過ごしていること。勿（ない）・没（見えなくなる）などと同系のことば。いつの間にか、うっかりしている間にの意」（『学研漢和大字典』）

②では勿の説明がない。また「緊張・放心」と「忽然（たちまち）」とのつながりがスムーズではない。②の文字学では基本義の考えがないので、形声文字の解釈が原理的にできない。③では「勿」の基本義を「はっきりと見えない」と捉え、「はっきりしないまま見過ごしているさま」→「うっかりしている間に」と意味を展開させる。これが忽然の忽（たちまち）の意味であるということがスムーズに理解できる。

［勿］

（甲）

（金）

（篆）
［忽］

（篆）

改めて字源を見てみよう。「勿」にコアイメージの源泉がある。「勿」の解釈には定説がないが、雑帛の旗の形という古説（『説文解字』など）が比較的よい。「勿」はいろいろな色の布を綴り合わせて吹き流しとした旗の図形と考えられる。旗は一色なら目立つが、雑多な色は特徴がないので目立たない。したがって「勿」は「（これといった特色がなくて）目立たない」というイメージを表すことができる。「目立たない」は「はっきり見えない」というイメージに転化する。「見えない」を極端に抽象化すると単に「ない」というイメージになる。勿論（論ずるなかれ→言うまでもない→もちろん）の勿は「ない」「なかれ」という意味である。「はっきり見えない」というコアイメージもつ「勿」を利用して、「勿《ツブ》（音・イメージ記号）＋心（限定符号）」を合わせたのが「忽」である。心がぼんやりして外界の様子が目に入らないということを図形的意匠として、うっかりして見過ごす意味をもつ古典漢語 huət を表記する。これが粗忽の忽である。忽然、忽焉という使い「たちまち」はその展開義である。

方がある。外界の動きが目に入らないほど、事態が速く、時間が短い状況を捉えたのが「忽」である。日本語の「たちまち」にあたる。

「忽《こつ》」は小数の名にも用いられる（「小数の起源」の項参照）。

## 「突」と「急」の起源——時間漢字（47）

### 【突】 ㊍トツ ㊯つく

「突」が正字（旧字体）。こんな字源説がある。

①「犬が声符。犬の音の表す意味は突き出た意。突は小高く突起した穴である」（『漢字の起源』）

②「会意。穴（犠牲の犬を供えて祀る竈の穴）と犬（犠牲として供える犬）とを組み合わせた形。竈から煙を出すための煙突である竈突をいう。それで〝つきでる、つく〟の意味となり、〝にわか〟の意味に用いる」（『常用字解』）

③「穴（あな）＋犬の会意文字で、穴の中から急に犬が飛び出すさまを示す。凸・出（突き出る）と同系のことば」（『学研漢和大字典』）

［突］

（篆）

①では犬を音符とするのが奇妙。犬が「突き出た」の意を表すというのも理解不能。「突」を「小高く突起した穴」の意味とするのも理解に苦しむ（こんな意味はない）。同語反復の字源説。②では図形から煙突の意味を導く。しかし竈と犬の組み合わせがなぜ煙突の意味になるのか分からない。③は字源と語源を区別して説明している。

語源は突・凸・出が同源のグループで、「突き出る」が基本義である。図形から意味が出るのではなく、意味を図形に表現するのである。こうして生まれたのが「突」。『説文解字』の説（「犬、穴中より暫く出づるなり」）は俗っぽいが、ユーモラスな解釈ではある。否定するに及ばない。

改めて字源を見てみよう。古典漢語で、ある物が平面上や一線上にひょっこり姿を現す、あるいは、ぽこっと出ていく事態を捉えた語がduətである。これには「急に（だしぬけに）つきでる」という動詞（動作を表す）と、「急に出てくるさま」という副詞（様態を表す）が同時に含まれる。これを表記する視覚記号が「突」である。すでに最古の古典の一つである『詩経』で「未だ幾《いくば》くもせずして見れば、突として弁せり」（［少年は］しばらく会わないうちに、あっという間に冠姿［大人になっていた］）という用例がある。

何かが予測がつかないうちに急に出る、また、事態がだしぬけである様子をduətといい、「突」と書いた。この図形を分析すると「穴＋犬」である。これは穴と犬を合わせただけの非常に舌足らず（情報不足）な図形である。何とでも解釈できるが、「（急に）つき出る」というイメージを表現するための工夫と見れば、「犬が穴からひょっこり飛び出す」という解釈も成り立つ。そんな意味を表すのではなく、ただ「ぽこっと出る」「急に出る」を表すための図形的意匠に過ぎない。

漢字は字源の前に語源を考えるべきである。字形を優先させて、図形→意味の方向に漢字を見ると、①や②のような解釈になる恐れがある。

## 【急】 音キュウ 訓いそぐ

「㤂」が本字。

①「及が声符。及の音の表す意味は緊約（引き締める意）。急は心の引き締まる意。それから急促あるいは促遽の通用義となった」（『漢字の起源』）

②「形声。音符は及。及は人の後ろから手を伸ばして前の人を捕らえようとする形で、およぶという意味がある。及の下に心を加えて、追いつこうとして急ぎはやる心を急といい、〝いそぐ、すみやか〟の意味となる」（『常用字解』）

③「及は人＋又（て）の会意文字で、逃げる人の後ろから手を伸ばしてがぶっと捕まえるさま。たるみなく追いかけてやっと届く意を含む。急は心＋音符及の会意兼形声文字で、せかせかと追いつくような気持ち、ゆとりなく迫るような気持ちのこと。吸（息を緩めずひたひたと吸いつく）と同系のことば」（『学研漢和大字典』）

［及］

（甲）

（金）

（篆）

［急］

（篆）

①では及が緊約の意を表すというのが理解できない。また急に「心の引き締まる」という意味はない。②では「追いつこうと急ぎはやる心」は図形的解釈であって意味ではない。①②とも図形的解釈と意味が区別されず、混乱している。意味は言葉の意味であり、言葉の使い方である。③では字源と語源を区別する。語源的に「たるみなく追いかけてやっと届く」が基本義で、「ゆとりがなくせかせかと物事をする」を意味としている。

改めて字源を見てみよう。いそぐことを古代漢語でkiəpという。これは聴覚記号である。視覚記号に変換して生まれたのが「急」である。『詩経』に「是《ここ》を以て急ぐ」（そのために急いでいる［心がせいている］）という用例があり、語史は相当古い。「急」はどんな図形か。これを分析すると、「及《キュウ》（音・イメージ記号）＋心（限定符号）」となる。「及」にコアイメージの源泉がある。どんなイメージか。「及」を分析すると「人＋又（手）」となる。これはあまりにも舌足らず（情報不足）である。図形から意味を考えるのではなく、意味から図形を見るのがよい。「及」は『詩経』に「瞻望《せんぼう》すれども及ばず」（遠く眺めても視線が届かない）とあり、対象や目標に追いつく（届く）という意味である。だから及（giap）という語は「追いつく」「追いついて届く」というのがコアイメージと分かる。このコアイメージを表現するのが「及」の図形である。「追いついて届く」は抽象的なので、具体的な場面を作ることによって表現するほかはない。かくて、人の背後に他の人の手が届く情景を作り出したのが「及」である。この図形的意匠によって、「A→Bの形に、AがBの点まで追いついて届く」というイメージを表すことができる（「等と級の起源――助数漢字（39）」の項参照）。

さて「A→Bの形に追いつく」が「及」のコアイメージである。AがBの点に追いつくとAとBの間隔は限りなく近づき狭くなっていく（最終的には間隔がなくなる）。空間的なイメージは時間的イメージにも転用できる。AとBの間隔がなくなるのは、時間的には切羽詰まってゆとりのない時間である。差し迫った時間は心理的に感じられる時間である。このように、Aがbに限りなく追いつくというイメージから、差し迫った心理状態（いそぐ、せく）を意味する語が成立する。これを古典漢語でkiəpといい、「急」と書く。「急」は「及」から派生・展開した語である。

## 「瞬」と「息」の起源――時間漢字（48）

「瞬」は「まばたく」、「息」は息をするの意だが、時間漢字に転用される。字源・語源を尋ねてみよう。

### 【瞬】 音シュン　訓まばたく・またたく

①「眣・瞚・瞬は同字。矢・寅・舜が声符。この音は目に矢を当てると瞼を動かすところから来ている。まばたきする意」（『漢字の起源』）

②「形声。寅は矢の両側に手をそえて、矢をまっすぐに正す形で、つつしむ意がある。瞚・眣はともに矢を目に当てている形で、矢によって思わず目を〝またたく、まばたく〟ことをいう。瞬はその形声字である」（『常用字解』）

③「舛は右足と左足とを開いて足踏みするさま。舜は炎（売れ動くほのお）＋匚印＋舛の会意文字で、炎の揺れや足踏みのようなすばやい動作を示す。瞬は目＋音符舜の会意兼形声文字で、目をすばやく動かすこと。蕣（咲いてすぐ散るむくげ）と同系のことば」（『学研漢和大字典』）

①では目に矢を当てると瞼を動かすことから、「まばたく」の意味が出たとするが、図形から意味を導くのは誤りである。

［舜］

（篆）

②の文字学はコアイメージの概念を欠くから形声文字の解釈が原理的にできない。だから①と同じように会意的に、目に矢を当てると思わずまたたくから、「またたく」の意味が出たと解釈する。しかし「まばたき」は生理的な現象であって、目に及ぶ危険を避けようと目を閉じることではあるまい。③は舜に「すばやい」という基本義があるとし、目をすばやく動かす動作が「瞬」であるとする。これは分かりやすい。

改めて字源を見てみよう。「舜《シュン》（音・イメージ記号）＋目（限定符号）」と解析する。「舜」は堯の後を継いだという伝説的な人物の名である（五帝のうちの一人）。しかし固有名詞の前に普通名詞の用法があったと考えられる。『詩経』ではムクゲという植物の名に舜が使われている。ムクゲは短命の象徴として有名である。朝開花すると夕方にはしぼむとされて朝開暮落花の異名がある。後世では槿《きん》と称される。槿は「堇」という記号に基づく命名である。「堇」は僅差の僅（わずか）や、飢饉の饉（食物が乏しい）などを構成し、「わずか、少ない、小さい」というコアイメージをもつ記号である（少数の漢字②僅・鮮・希の起源――数漢字（24）」の項参照）。だから花の命の短い植物の名に「堇」が使われた。「舜」の造形法にも共通の発想がある。

「舜」を分析してみよう。「⿷匚炎＋舛」から成る。⿷匚炎は単独字ではなく、あるイメージを表すための記号である。「匚（わく）＋炎（ほのお）」を合わせて、炉の中で炎がゆらゆらと燃える情景を作り出したと考えられる。「舛」は「夊（引きずる足の形）＋夊の鏡文字」とを合わせて、ステップを踏む両足を表している。舞の下部に含まれている。「舛」はダンスや両足の動作に関わる限定符号に用いられる。かくて「⿷匚炎（イメージ記号）＋舛（限定符号）」を合わせた「舜」は、ひっきりなしに足を動かす情景を暗示させる。この図形的意匠によって、「すばやく動く」というイメージを表すことができる。すばやい動作は機敏であるというイメージにつながる。これが人名の「舜」の命名の由来。また「すばやく動く」は時間的に短いというイメージにつながる。これが植物の名の由来である。

「舜」がこのようなイメージをもつ記号と分かれば、「瞬」もスムーズに理解できる。まぶたをすばやく動かして開閉する動作、すなわち「まばたく」という動作が「瞬」である。一回のまばたきは極めて短い時間である。だから瞬間、瞬時、一瞬など極めて短い時間を表す用法が生まれた。次の「息」と結んで瞬息という語も生まれた。

## 【息】 音ソク 訓いき

①「心が声符。空気の鼻中に進入する形である。空気が鼻の

［息］

（篆）

中へ進退するのはまさに呼吸にほかならぬ」（『漢字の起源』）

②「会意。自（正面から見た鼻の形）と心とを組み合わせた形。心の状態がいき、呼吸に表れることをいう」（『常用字解』）

③「自（はな）＋心の会意文字で、心臓の動きにつれて、鼻からすうすうと息をすることを示す。すやすやと平静に息づくことから、安息・生息などの意となる。塞（狭い所をこすって出入りする）と同系のことば」（『学研漢和大字典』）

①では形声文字というのが奇妙。しかも心の説明がなく、「空気の鼻中に進入する」とのつながりが分からない。②では「心の状態がいき、呼吸に表れる」とはどういうことか。鼻と心を合わせて、こんな意味が出てくるとは理解に苦しむ。図形的解釈をそのまま意味としている。③は語源を交えた解釈をしている。息と塞が同源で、「狭い所をこすって出入りする」という基本義を設ける。これは呼吸の生理的な特徴を捉えたもの。

改めて字源・語源を見てみよう。古典漢語で「いき」や「いきをする」ことをsiəkといい、「息」で表記する。『詩経』に「維《こ》れ子《し》の故に、我をして息すること能《あた》わざらしむ」（あなたのせいで、私は息ができません）という用例がある。乱暴に喉を締めつけて窒息させようとするのではなく、恋しい人が無視するため、息ができないほど苦しいと、熱烈な恋心を表明する詩の一節である。「息」は「いき」「いきをする」が最初の意味である。これを表記する「息」はどんな意匠をもつ図形か。「自」は鼻を描いた形、心は心臓である。鼻と心臓を合わせただけの舌足らず（情報不足）な図形である。図形から意味は出てこない。

まず語源を先に究明する必要がある。「息」の語源を明らかにした学者は藤堂明保である。藤堂はsiək（息）という語は思・司・塞・色などと同源で、これらはSÊKという音形をもち、「狭い穴、狭い穴をこする」という基本義があるとする（『漢字語源辞典』）。「息」はいきを出し入れする生理的な現象を表す語で、「狭い隙間を通して出入りする」というイメージが読み取れる。逆に言えば、「狭い穴をこすって出入りする」というコアイメージをもつ語（記号素）が具体的文脈で、「いきをする」の「息」、物をおもうの「思」、事務をつかさどるの「司」、穴をふさぐの「塞」、セックスの「色」などが実現されるのである。

呼吸の生理的特徴を「狭い中をこすって出入りする」というイメージで捉え、これを図形として表現するために工夫されたのが「息」である。呼吸と関係があるのは鼻と胸である。

鼻を表す形は「自」である。また心臓のあたりが胸である。かくて「自」と「心」を呼吸と関係があると見て、「息」という図形が造形された。

一呼吸は一まばたきほどではないが、短い時間であることに変わりない。だから「瞬」と「息」と結んだ瞬息は短い時間の意味を表している。

## 「暫」と「即」の起源——時間漢字(49)

「暫」は「しばらく」と読み、即は即時・即刻の即で、ともに短い時間を表す語である。

### 【暫】 音ザン 訓しばらく・しばし

こんな字源説がある。

①「斬が声符。斬の音の表す意味は纖・才(わずか)である。暫はわずかの日の意」(『漢字の起源』)

②「形声。音符は斬。斬は車を作るために木材を斬ることをいう。各部の木を斬るのに順序・次第があることから、次第に他に及ぶ時間を暫といい、〝しばらく、つかのま〟の意味となる」(『常用字解』)

[斬]

(篆)

[暫]

(篆)

③「斬は車+斤(おの)から成り、刃物で車に切り込みを入れることを示す。中間に割り込む意を含む。暫は日+音符斬の会意兼形声文字で、仕事の中間に割り込んだ少しの時間。漸(少しずつ中にしみ込む)・塹(丘に割り込んだ堀割)・攙(間に割り込む)と同系のことば」(『学研漢和大字典』)

①では斬が「わずか」の意味を表すとは理解できない。同語反復の字源説である。②では斬るのに順序・次第があるというのが理解しにくい。「次第に他に及ぶ時間」が「しばらく」の意味になるというのも理解しにくい。③は語源を絡めた字源説。斬に「中間に割り込む」という基本義を捉え、仕事の中間に割り込んだ少しの時間が「しばらく」の意味とする。これは分かりやすい。

改めて字源を見てみよう。古代漢語で少しの時間(間もなく、しばらく、しばし)をdzamといい、これを「暫」と表記する。『春秋左氏伝』に「婦人、暫くしてこれを国に免ず」(婦人はにわかに彼を故国に放免した)という用例がある。「暫」を分析すると、「斬《ザン》(音・イメージ記号)+日(限定符号)」となる。「斬」は「車」と「斤(おの)」を合わせただけの舌足らず(情報不足)な図形である。何とでも解釈できるから、「斬」の用例と語源を先に考える必要がある。「斬」は古典で「断ち切る」の意味で使われている。切る行為にはいろいろの語があるが、刃物を物体の隙間に差し入れて切る行為の前半に焦点を当て、「隙間に割り込む」というコアイメージをもつ語が tsăm である。讒言《ざんげん》の讒（人間関係に割り込んで悪口を言う）や椄《しょう》（隙間に別の木を割り込ませたつぎ木）と同源である。このコアイメージを「斬」で表現した。造形の意匠を考えると、車を造る際に素材に切り込みを入れる情景が「斬」と解釈できる。この意匠によって「狭い隙間に割り込む」というイメージが表せる。かくて「暫」は時の流れの中に割り込んだ狭い隙間のような時間を暗示させる。これが暫時の暫である。

## 【即】 音ソク 訓すなわち

「卽」が正字（旧字体）。次の字源説がある。

①「皀（意符）と卩（意符・声符）との会意に声を兼ねた字。食物の側に膝まずいた形である。ソクの音は就（シウ）の転音。即は食に就く意」（『漢字の起源』）

②「皀（食器）と卩（跪く人）とを組み合わせた形。即は食膳の前に人が跪く形で、食事の席に即《つ》くの意味となる。その場にのぞんですぐ事をすること、〝すぐさま、ただちに〟の意味になる」（『常用字解』）

③「人が座って食物を盛った食卓の側にくっついたさまを示す会意文字。則（そばにつく）・側と同系のことば。のち、副詞や接続詞に転じた。間を置かずすぐ続いてする意を表すことば」（『学研漢和大字典』）

［即］

（甲）

（金）

（篆）

①では卩《せつ》を音符とするのがおかしい。しかも卩ではなく就《しゅう》から意味を解釈するのもおかしい。支離滅裂の感は否めない。②では図形的解釈と意味が混同されている。「その場にのぞんですぐ事をする」から、「すぐさま」という意味が出たというのも場当たり的な説明である。②の文字学には言語学や意味論がないので、意味の展開（転義の現象）を説明できない。③では即の基本義「くっつく」から転義を説明している。「くっつく」→「間を置かずに続いて（すぐさま）」と転義したとする。これが明解。

改めて字源を見てみよう。

『詩経』に「豈爾《あになんじ》を思わざやんや、子《し》我に即《つ》かず」（私はあなたを思っているのに、あなたが私に寄りつかぬ）という用例がある。「つく」の意味が最も古い。「つく」とはAのそばにBが寄り添う（そばに就く、寄りつく）という意味で、tsiək という語は「くっつく」というコアイメージがある。これを表記するのが「即」である。具体的文脈では「Aという本体のそばにBが寄り添ってくっつく」という意味が実現される。

「即」の図形的意匠は食事という具体的場面を設定したも

のである。「皀」は食の下部に含まれており、器に盛ったごちそうの形。「卩」は跪く人の形。したがって、食物や食卓（本体）のそばに人が就く情景を暗示させる。この意匠によって、「A（本体）のそばにBがくっつく」というイメージを表すことができる。『説文解字』では「食に就く」とあるが、こんな意味を表すわけではない。意味はただ「就く」である。図形的解釈をストレートに意味とするのは旧来の誤った文字学の方法である。

　意味はメタファー（隠喩、換喩など）やアナロジーによって転義することが多い。古典漢語ではコアイメージによる転義が特徴である。意味論は普遍的なものだが、漢語特有の転義現象もある。コアイメージの転化が意味の展開の原動力になる。「即」の「（AのそばにBが）くっつく」というイメージは空間的なイメージである。これが時間のイメージに転化する。Aという時間の後にくっつくように（間を置かずに）Bという時間が起こる状況、これが「すぐさま、間を置かずに」という意味への展開である。即時の即はこれである。

　また論理的な意味への展開もある。Aという事態とBという事態が何のためらいもなく結びつけられる場合、A即B（Aは取りも直さずBである）という表現が生まれる。色即是空（現象世界は取りも直さず空虚である）の即はAとBの関係を論理的に結びつける働きをする。

## 「直」と「立」の起源——時間漢字(50)

「直」は「ただちに」、「立」は「たちどころに」という訓があるように、時間漢字の用法がある。これはどうして生まれたのか、字源・語源を尋ねてみよう。

### 【直】　音チョク　訓ただちに

こんな字源説がある。

①「十が声符。十の音の表す意味は正（まっすぐ）である。直は目でまっすぐに見る意」（『漢字の起源』）

②「会意。省《せい》と乚《いん》とを組み合わせた形。省は目の呪力を強めるために眉に飾りをつけ、地方を巡察して不正を取り締まることをいう。乚は塀などを立てている形で、隠れるの意がある。直はひそかに調べて不正をただすという意味であろう」（『常用字解』）

③「｜（まっすぐ）＋目の会意文字で、まっすぐ目を向けることを示す。植（まっすぐ立てて植える）・置（まっすぐ立てて置く）・勅（ととのう）・飭（まっすぐに正す）と同系のことば」（『学研漢和大字典』）

［直］

（甲）

（金）

（篆）

①では形声文字とするのが奇妙。十が正の意味を表すとい

うのも理解不能。しかも直に「目でまっすぐに見る」という意味はあり得ない。図形的解釈と意味を混同している。②は図形の解剖に問題がある。また①と同様、図形的解釈と意味が混同されている。直に「ひそかに調べて不正をただす」という意味はあり得ない。意味とは言葉（古典漢語）の意味であり、用例がなければ意味とは言えない。③では図形の解釈は「まっすぐ目を向けるさま」としているが、意味はただ「まっすぐなさま」となっている。意味は古典の具体的文脈における語の使い方である。

改めて字源を見てみよう。「十＋目＋乚」と分析できる。「十」は数字の「十」であるが、いちばん古い形（甲骨文字）では「｜」であった。のちに「｜」のなかほどが膨らんだ形（金文）に変わり、さらに「十」の形（篆文）に変わった。「直」の上部の「十」ももとは「｜」であった。「｜」は数詞の10を表すのではなく、まっすぐな線というイメージを表す記号として用いられている。「乚」は隅や角の形で、「（物を）隅に隠す」というイメージを示す記号である。したがって「直」は「｜（イメージ記号）＋乚（イメージ補助記号）＋目（限定符号）」と解析する。隠れたものを見ようと、まっすぐ視線を向ける情景というのが「直」の図形的意匠である。これによって、「まっすぐ」の意味をもつ古典漢語 diək を表記する。『詩経』に「周道は砥《と》の如く、其の直《なお》きこと矢の如し」（周への道は砥石のように平ら、矢のようにまっすぐだ）という用例がある。空間的にまっすぐというのが「直」の意味である。

空間的イメージは時間的イメージにも転用できる。これは一種のメタファーである。空間的にまっすぐな状態は曲がりのない状態である。曲がった形は距離が遠くなるが、まっすぐな状態は最短距離である。同じように、時間的に曲折がない状態は間隔が短い（間がない）状態である。したがって「間を置かずに、ただちに」という意味が生まれる。

## 【立】 音リツ 訓たつ

①「大（大人の形）の一（地）の上に立つに従うの象形字。リフの音は住の意を表す。立は人が止留して動かない意である」（『漢字の起源』）

②「会意。大（手足を広げて立つ人を正面から見た形）と一（その立つところの位置を示す）とを組み合わせた形。立は一定の位置に立つ人の形で、〝たつ〟の意味となる」（『常用字解』）

③「大（ひと）＋一線（地面）の会意文字で、人が両足を地につけて立ったさまを示す。両手や両足をそろえて安定する意を含む。笠（頭上にしっかり乗せるかさ）・拉（両手を対象にっ

［立］

（甲）（金）（篆）

けて捕まえる）と同系のことば」（『学研漢和大字典』）

①では立が「たつ」の意味であることは明白なのに、「人が止留して動かない」の意味とする。理解に苦しむ。

③は語源を絡めた解釈である。「立」には「両手や両足をそろえて安定する」というイメージがあり、「しっかりと両足を地につけて立つ。安定させて立てる」という意味とする。『論語』の「三十にして立つ」の「立つ」はただ立つ（stand）の意味ではなく、社会でしっかりと足場を定めるといったニュアンスがある。

古典漢語のliəpはしっかりと安定して立つという意味である。片足で立つと不安定だが、両足を踏みしめて立てば安定感がある。これがliəpという語の深層構造なので、古人は「立は林（並ぶ）なり」という語源意識をもっていた。これを学問的に発展させたのは藤堂明保である。藤堂は立のグループ（笠・粒・拉）は林のグループ（淋・霖・婪）や、臨のグループ（覧）などと同源で、これらはLÊP・LÊMという語形と、「同じものが並ぶ」という基本義があるという（『漢字語源辞典』）。

「同じものが並ぶ」は「▯-▯の形に並ぶ」と言い換えることができる。「▯-▯の形に並ぶ」というコアイメージは左右にそろった形でもあるから、これを図形化して「立」が考案された。人が両足をそろえて一線上（地上）に立つ情景である。この意匠によって、「（足場を定めて、しっかりと安定して）立つ」を表している。安定するのは傾かないことでもあるから、まっすぐに立つというイメージも含まれる。ある場所に立つというのは空間を前提とするが、これを時間の軸に置くこともできる。「直」にもあったように、メタファーによって空間を時間に転用するのである。立ったまま動かない事態はほとんど変化のない時間なので、立っている間→その場その時→即刻という意味に転じる。この「立」に日本では「たちどころに」という訓をつけた。『孟子』に「可立而待也＝立ちどころにして待つべきなり」（即刻待つべきである）という用例がある。

## 「卒」と「頓」の起源——時間漢字（51）

「卒」は卒然、倉卒などと使い、「にわかに」の意味がある。「頓」は「とみに」という訓があり、これも「にわかに、急に」の意味がある。これらの時間漢字の字源・語源を尋ねてみよう。

### 【卒】 音ソツ 訓にわかに・おえる

こんな字源説がある。

［卒］ （金） （篆）

①「衣に従い、丿はその題識に象ったという。ソツの音の表す意味は淬《さい》（染める意）である。卒は衣を色に染めて識《しる》しとし、隷人の職を示した。その染色衣が本義である」（『漢字の起源』）

②「象形。衣の襟を重ねて結びとめた形。死者の衣の襟元を重ね合わせて、死者の霊が死体から脱出することを防いだものとみられる。それで〝しぬ、おわる、つきる、ついに〟の意味となる。息を引き取ると取り急ぎ襟元を重ね合わせるので、〝にわか〟の意味に用いる」（『常用字解』）

③「衣＋十の会意文字で、法被のような上着を着て、十人ごと一隊になって引率される雑兵や小者を表す。小さいものという意を含み、砕（小さく砕いた石）と同系のことば。〝にわか〟の意は猝に当てたもの。また、小さくまとめて引き締める意味から、最後に締めくくる意となり、おわりの意を派生した」（『学研漢和大字典』）

①では染色衣の意味とするのが分からない。ソツの音が染める意を表すというのが理解し難い。音とは何なのか。①の文字学では音は漢字の読み方としか見ていないようだ。しかし音とは漢語の読み方、漢語の一記号素の音声部分であり、言い換えれば音は言葉そのものである。そうするとソツが染める意ならば、染色衣の意味と矛盾する。②では死者の襟元を合わせて霊が脱出するのを防いだ習俗（証拠があるか不明）から、「卒」に「死ぬ」「終わる」の意味が出たという。また死ぬと急いで襟元を合わせるから「にわか」の意味が出たという。②の文字学は図形的解釈から意味を導く方法である。図形は何とでも解釈できる。しかし勝手読みである。語源を先に考え、意味から図形を解釈すべきである。③では字源と語源を区別している。語源は「小さい」「小さく引き締める」を基本義として、意味の展開を説明している。ただし字源については形の解剖に問題がある。

改めて字源を見てみよう。「衣＋丿（一種の印）」と解剖する。『説文解字』では「古、衣に染めて題識す」と解釈している。印を染めた衣、つまり印半纏のような制服らしい。しかしそんな意味を表すのではなく、それを着た人を表している。『孫子』に「卒を視ること愛子の如し」（兵士を我が子のように見る）という用例がある。古代漢語で召使いや小者、また下級の兵士をtsuətといい、「卒」の図形で表記した。「卒」は身分や階級などを示すために衣服に印をつけた情景というのが図形的意匠である。図形からは語源は見えない。別に考える必要がある。

語源を究明したのは藤堂明保である。tsuət（卒）という語、およびそのグループ（粋・翠・酔・淬・砕）は、寸、存、尊のグループ（蹲・遵）、夋《しゅん》のグループ（竣・逡・俊・駿・酸）、孫のグループ（遜）、率などと同源で、TSUÊN・TSUÊT という語形と、「くびる、すらりと細い、小さい」という基本義があるという（『漢字語源辞典』）。

「卒」のコアイメージは「小さい、細かい、細い」と言い換えることができる。このコアイメージが実現されたのが「ある目的のために使われる小さな集団」という意味、具体的には小者や下級の兵士の意味である。雑用にこき使われる人間をひとまとめに「小さなものの集まり」と捉えた語が tsuət である。

tsuət という語は「小さい」というイメージのほかに「小さくまとまる」というイメージもある。ある事態が小さくなって一つに収束する（締めくくってまとまる）という意味に転じた。これを語形を少し変えて tsiuət（シュツ）という。これが卒業の卒（おわる、おえる）である。『詩経』に「何を以て歳を卒《お》えん」（何で歳が越せよう）という用例があるから、この語の語史も非常に古い。「卒」は死ぬという意味にも使われた。死を「おえる」と表現するのは婉曲語法である。

一方、「小さい」というイメージは空間的イメージだが、時間にも転用できる。「小さい」は間隔が小さいことだから、時間の間隔が狭まる→急な事態（にわかに）という意味になる。

卒然・倉卒の卒はこれである。

## 【頓】 音トン 訓とみに

①（『漢字の起源』にない）

②「形声。声符は屯。屯に行き止まるの意がある。頓首の礼をいう。頓挫などはつまずき倒れる意。また急頓の意に用いる」（『字統』）

③「屯は草の芽が出ようとして、ずっしりと地中に根を張るさま。頓は頁（あたま）＋音符屯の会意兼形声文字で、ずしんと重く頭を地につけること。敦（ずしんと重い）・屯（ずしんと重い）・豚（ずっしりと重いぶた）などと同系のことば」（『学研漢和大字典』）

②は「行き止まる」と頓首の礼（頭を地面につけて拝礼すること）とのつながりが不明。また頓挫や急頓との関係も分からない。③では屯に「ずしんと重い」という基本義を捉え、ずしんと頭を地につけてお辞儀する（頓首）→ずしんと重みをかける（頓仆）→ずしんと腰を下ろす（整頓）→ずしんと・どんと・にわかに（頓死）と意味の展開を説明している。

改めて字源を見てみよう。「屯《トン》（音・イメージ記号）＋頁（限

［屯］

（金）

（篆）
［頓］

（篆）

定符号)」と解析する。「四季の起源①　春の起源——時間漢字(14)」「市・町・村の起源——助数漢字(112)」でも説明したように、「屯」は地下に根が蓄えられ、芽が地上に出かかる情景を暗示させる図形である。上から↓の方向に視点を置いて、上から下にずっしりと重みが加わる、あるいは、ずっしりと重く下に垂れるというイメージを表す記号になる。したがって「頓」は↓の形に上から下の方に地面まで頭を下げることを暗示させる。これによって、頭を地面につける最高の敬礼である頓首の礼を表すことができる。

　意味はコアイメージによって展開する。「上から下に↓の形にずっしりと重く垂れる」というイメージは「⊥の形に下に落ち着いてじっと動かない」というイメージに展開する。停頓・整頓の頓はこれである。また、上から下に↓の形に前のめりになって倒れるというイメージにも展開する。頓躓《とんち》(躓いて倒れる)・頓仆《とんぼく》の頓はこれである。また、→の形に進行する時間が↓の形に転折するというイメージが生まれる。これは事態が急展開するありさまである。かくて「頓」に「急に、にわかに」という意味が生まれた。頓悟・頓死の頓はこれである。訓の「とみに」はトニの転で、トニは頓のtuenが日本語化したものである。フジバカマを古くはラニといったが、古典漢語の蘭lanに由来するのと似た現象である。

## 「快」と「速」の起源——時間漢字(52)

はやさと時間は密接な関係がある。「はやい」を表す漢字に快・速・疾・迅などがある。これらの字源・語源を尋ねてみよう。

### 【快】　音 カイ　訓 こころよい

こんな字源説がある。

①「夬が声符。夬の音の表す意味は開である。快は心の開いて、憂鬱の反対をいう」(『漢字の起源』)

②「形声。音符は夬《かい》。夬は又(手)で刃器を持つ形で、ものを抉《か》き取ることをいう。できものなどをこれで切り取って病気が治り、心が〝こころよい〟状態となったことを快という。気持ちよくなって物事を行う勢いが増すので、〝はやい〟の意味にも用いる」(『常用字解』)

③「夬《カイ》はコ印+手の形から成り、コ形に抉り取ることを表す。抉《ケツ》の原字。快は心+音符夬の会意兼形声文字で、心中のしこりを抉り取った感じのこと。もたもたとつかえるもののない爽やかな気持ちを意味する」(『学研漢和大字典』)

①では夬が開の意を表すというのが理解不能。「心の開い

[夬]

(篆)

[快]

(篆)

て、憂鬱の反対」とは舌足らずな表現だが、心が開くから憂鬱でなくなるということであろうか。②では「できものなどをこれ（刃器）で切り取って病気が治る」というのは図形的解釈であろう。図形的解釈と意味が混乱している。また「はやい」の意味になる理由の説明も場当たり的である。気持ちよい→勢いが増す→はやいへの展開に必然性がない。③では愉快の快は「もたもたとつかえるもののない爽やかな」感じという意味で、これから「もたもたとしない。速度がはやい」という意味に転じたという。この説明は分かりやすい。

改めて字源を見てみよう。古典漢語では「よろこぶ」や「たのしい」という感情を、心の中にある何らかの障害（しこりやストレスなど）を取り除くという発想から造語・造形することがある。例えば悦や愉など。k'uădという語も同じ発想と考えられる。この語は日本語の「こころよい」に当たるが、その気分を「夬《カイ》（音・イメージ記号）＋心（限定符号）」を合わせた「快」でもって造形した。『易経』に「其の心、快ならず」（その心はここちよくなかった）という用例がある。「夬《かい》」はゆがけ（弓を引くのに用いる道具）という意味があるが、この語はどういうコアイメージをもつ記号か。「夬」を分析すると、「｜＋コ＋又」となる。「｜（縦棒）＋コ（コ形の印）」は縦棒にコ形に引っ掛けることを示す記号。「ヰ（イメージ記号）＋又（限定符号）」を合わせた「夬」は指をコの形に曲げて縦棒に引っ掛ける様子を暗示させる。この意匠によって「ゆがけ」を表すが、「コ形をなす」というイメージから「コの形や凵の形にえぐる」というイメージを示す記号になる。凵の形にえぐることを「抉」、川の堤防が凵の形にきれることを「決」（決壊の決）という。かくて「快」の成り立ちも明らかになる。ストレスや病根など、心身によくないものをえぐり取るというのが「快」の図形的意匠である。これによって、いやな気分が取れてすっきりする（こころよい）という意味をもつ古典漢語k'uădを表記する。

イメージ展開を考える。「コや凵の形にえぐり取る」というのがコアイメージである。障害物をえぐり取ると、「（障害や摩擦が取れて）通りがよくなる」というイメージに展開する。A点からB点までスムーズに通るならば、時間的にはやいことになる。快速・軽快の快はこれである。また刃物などの通りがよければ、よく切れる意味になる。快刀乱麻の快はこれである。

## 【速】

㊔ソク　㊗はやい

①「束が声符。束の音の表す意味は促（せかせかとする意）で

［束］

（甲）

（金）

（篆）

［速］

（篆）

ある。速はせかせかと速く歩く意」（『漢字の起源』）

②「形声。音符は束。束は雑木をたばねてくくる形。古い字形には欶《そく》を要素として含むものがあり、欶（すう）は束ねるときの激しい息遣いをいう。その急速な息遣いの意味をとって、〝はやい、すみやか〟の意味となる」（『常用字解』）

③「束は木の枝を０印の枠で束ねたさまを示す会意文字。ぐっと縮めて間をあけないの意を含む。速は辵（足の動作）＋音符束の会意兼形声文字で、間延びしないよう間を詰めて行くこと。促（縮める、せく）・縮・蹙《シュク》（縮める）などと同系のことば」（『学研漢和大字典』）

①では「せかせかと速く歩く」の意味とするが、こんな意味はない。ただ「はやい」の意味である。図形的解釈を意味と同一視するので、余計な意味素が混入する。②では束ねる→束ねるときの激しい息遣い→はやいと意味を導くが、意味の展開に必然性がない。③では束に「ぐっと縮めて間をあけない」という基本義を捉え、間延びしないように間を詰める→はやいの意味に展開させる。これは意味の展開として合理性がある。

改めて字源を見てみよう。古代漢語ではスピードがはやいことをsukといい、「速」で表記する。『論語』に「速やかならんことを欲すれば則ち達せず」（事を速くしようと思うと、目的を達成しないものだ）という用例がある。「速」は「束《ソク》（音・イメージ記号）＋辵（限定符号）」と解析する。「束」は「木」に「０」の符号をつけたもので、木を締めつけて縛る様子を暗示させる図形である（「束の起源――助数漢字（10）」の項参照）。この意匠によって「たばねる」ことを意味するsiukを表記する。この語は古典に「束は促なり」とあるように、古くから「縮める」というイメージがあると意識されていた。促だけではなく、縮・粛、また皺《しゅう》（しわ）や顰蹙《ひんしゅく》の蹙（皺を寄せる）などとも同源で、「縮める」「締めつける」というコアイメージがある。したがって「速」は歩幅を縮めて歩く情景というのが図形的意匠である。しかしこんな意味を表すのではない。歩幅を縮めることは空間を縮めることで、時間の軸では、時間を短縮することにつながる。これが「はやい」という意味の語の成立である。

## 「疾」と「迅」の起源――時間漢字（53）

疾風迅雷の疾と迅はともに「はやい」の意味があり、時間漢字である。これらの字源・語源を尋ねる。

### 【疾】

音シツ　訓はやい・やまい

こんな字源説がある。

［疾］

（甲）

（金）

（篆）

①「契文（甲骨文字）・金文は人が矢に射られた形。篆文は疒（就床の意）と矢の声符の字。シツは矢《し》の声転。疾は臥床の病疾である」（『漢字の起源』）

②「甲骨文字・金文は大（手足を広げて立つ人）と矢とを組み合わせた形。人が腋の下に矢を受けた形で、矢の傷をいう。のち大を疒に改め、病床にある人の形とした。それで疾は矢創の意味から、すべての〝病気、やまい〟の意味となる」（『常用字解』）

③「甲骨文字は人をめがけて進む矢を示す会意文字。金文以下は疒＋矢の会意文字で、矢のように速く進む、また、急に進行する病気などを意味する」（『学研漢和大字典』）

①では矢が音符の形声文字で、シツは矢《し》の転音というのが解せない。疾が「臥床の病疾」の意味というのも分からない。②では矢を実体と見て矢創の意味に限定した。図形からそのまま意味を引き出すのが②の文字学の方法である。これでは「速い」の意味の解釈ができない。③では矢を比喩と見て、速く進む→速い、速く進む→速く進行する病気という二つの意味の解釈をうまくつけた。

改めて字源を見てみよう。甲骨文字・金文は「大（人の形）＋矢」を合わせて、人に矢が刺さる情景。具体的な場面を設定した図形によって、象徴的に病気を表象する。篆文では字体が「矢（イメージ記号）＋疒（限定符号）」を合わせた形に変わった。矢はまっすぐに飛んで目標に突き刺さるから、「まっすぐ速く進む」というイメージを表せる。したがって「疾」は病原が体を突き刺して病気を速く進行させる様子を暗示させる。この図形的意匠によって、急性の病気の意味をもつ古典漢語のdzietを表記する。

「疾」のコアイメージは「速く進む」であるから、「速い、急である」という意味に展開するのは容易に分かる。『論語』に「疾《と》く言わず」（早口でしゃべらない）という用例がある。「疾」の和訓に「やまい・やむ・はやい・にくむ・とし」がある。「とし」は㋑手きびしい、㋺進行がはやい、㋩時期的に早いの意味である（『岩波古語辞典』）。「疾」は㋺に当たる。

## 【迅】 音 ジン　訓 はやい

こんな字源説がある。

①（『漢字の起源』にない）

②「形声。音符は卂《じん》。卂は隼の飛ぶ形を写した字のようである。隼は鳥類の中で最も速く飛ぶ鶏であり、その速さは新

［卂］

（篆）
［迅］

（篆）

幹線と同じくらいの速さが出せるという猛禽である。それで迅は〝はやい、はげしい〟の意味となる」(『常用字解』)

③「卂は飛の一部で、速く飛ぶこと。迅は辵＋音符卂の会意兼形声文字。疾(急病、はやい)・信(さっと伸びる、速く進む)と同系のことば」(『学研漢和大字典』)

②は卂を隼の飛ぶ形とし、そこから「速い」の意味を導いたが、無理な解釈である。③では卂は飛の一部としている。これが妥当。

『説文解字』に「卂は疾く飛ぶなり。飛びて羽見えざるに従う」とある。「飛」は鳥が両翼を広げて上方に向かって飛ぶ姿を描いた図形である。あまりに速く飛ぶと翼や羽が見えない。この情景を図に表したのが「卂」である。「飛」の細かい部分を省略して、大雑把に一部だけ残した形が「卂」である。この意匠によって「速い」というイメージを表すことができた。「卂《ジン》(音・イメージ記号)＋辵(限定符号)」を合わせた「迅」は速く進む様子を暗示させる。ただし速く進むという行為を表すのではない、ただ「速い」という状況を表すだけである。限定符号はおおむね意味素に含まれない。

『論語』に「迅雷風烈には必ず変ず」(〔孔子は〕急に鳴る雷や突風があると、必ず態度を改めた)という用例がある。「迅」は速度が速いの意味である。

## 「永」と「短」の起源——時間漢字(54)

空間と時間は密接な関係がある。時間を表す語は空間のイメージによって表されることが多い。長・永は空間的にながいことであるが、時間的にながいことに転用される。長の反対の短も同様である。「長」の起源については順位漢字で述べたので、ここでは「永」と「短」を扱う。

### 【永】 音エイ 訓ながい

①「永(羕)・𠂢・派は本来一字。左向き右向きに意味の差別はない。本流から支流の別れる形。永は羕(水の長の意)の省形」(『漢字の起源』)

②「象形。流れる水の形。永は水が合流して勢いよく流れる所で、水の流れの長いことをいう。水の流れの長いことから、すべて〝ながい〟、特に時間の長く久しいの意味に使われる」(『常用字解』)

③「水流が細く支流に分かれて、どこまでも長く延びるさまを描いた象形文字。屈曲して細く長く続く意を含み、時間の長く続く意に用いることが多い。詠(長く声を引き伸ばす)・枉(曲がって伸びる)・横(どこまでも広がる)などと同系の

[永]

(甲) (金) (篆)

ことば」(『学研漢和大字典』)

①では永と𠂢《は》を同じとするのが疑問。音が違うということは言葉が違うということである。また永は羕の省略というのもおかしい。永が先にあって羕ができたのは明白である。②では水が合流して勢いよく流れる所から「水の流れのながい」の意味を導くのが変である。急流ではない所こそ流れがながいのではなかろうか。③は語源を絡めた字源説。語源的に「屈曲して細く長く続く」という基本義を捉えている。

改めて字源を見てみよう。古典漢語では空間的にどこまでも長く続くことをɦiuăngといい、「永」と表記する。『詩経』に「江《こう》の永き、方《いかだ》すべからず」(長江[揚子江]の長いことよ、いかだで渡れない)という用例がある。川の横幅がどこまでも(途方もなく)長いわけではないが、いかだでも渡れないというのは誇張表現である。

「永」の図形は起源的に川と関係がある。「永」と「𠂢」は互いに鏡文字(左右反転形)の関係になっている。文献に現れるのは「永」が古いから、「永」の鏡文字として「𠂢」が生まれたといえる。「永」は水が幾筋にも分かれて流れる情景を描いた図形である。川は本流があって支流が流れ込む。あるいは本流から分かれて別の方向に流れる。しかし本流は最後まで長く続いていく。この地理的な特徴を捉えて「永」の図形が生まれた。この意匠によって、空間的にどこまでも長く続くことを意味するɦiuăngという語の視覚記号とした。

ちなみに、本流から分かれることに視点を置いた図形が「永」の鏡文字である「𠂢」である。「𠂢」は派(本流から分かれる支流)や脈(枝分かれして血を通すルート、血管)などを構成する(「枝と派の起源——助数漢字(50㌻)の項参照)。

「永」は空間のイメージから時間のイメージに転用され、いつまでも長く続く(ひさしい)の意味になる。この意味展開も非常に古い。『詩経』に「永く以て好を為すなり」(いつまでも愛情をささげます)という用例がある。

## 【短】 音タン 訓みじかい

①「豆が声符。豆の音の表す意味は小・短の意である。短は丈の長くない、小さい意」(『漢字の起源』)

②「形声。音符は豆。豆は脚が高く頸の部分の短い食器である。それで短は短い矢をいい、すべて〃みじかい、ひくい〃の意味となる」(『常用字解』)

③「矢(短い直線)+豆(たかつき)の会意文字で、矢とたかつきのように、比較的短い寸法の物を合わせて、短いことを示した。端(短いはし)・喘(短い息遣い)などと同系のこと

[短]

(篆)

ば」(『学研漢和大字典』)

①では矢が物差しの意というのがおかしい。また豆を音符とし、豆が小・短の意を表すというのがもっとおかしい。同語反復の字源説である。②では豆を音符とするから、矢を意符と見るのであろう。だから短い矢という意味を導く。短い矢の意味から「みじかい」の意味が出たという。これは図形から意味を求める文字学の特徴である。しかし意味は形から出るのではなく、言葉にある。短の意味は矢とは何の関係もない。③では矢も豆も比喩と見ている。

改めて字源を見てみよう。「矢」と「豆」を合わせただけの極めて舌足らず(情報不足)な図形である。形は何とでも解釈できる。「短」で表記される言葉の意味を探るのが先決である。『荘子』に「鳧《かも》の脛《はぎ》は短しと雖も、之を続《つ》がば則ち憂えん」(カモのすねは短いけれど、無理に継ぎ足すと悲しむだろう)という用例がある。これは「みじかい」という状態を表している。『論語』では「右の袂を短くす」(仕事がしやすいように右のたもとを短くする)という用例があり、動詞に使われている。空間的にみじかいことを古典漢語ではtuanといい、「短」で表記する。これは「矢(や)+豆(たかつき)」を合わせた図形である。矢は武器の一つで、まっすぐな形状であり、武器としては比較的短い。豆は「まめ」ではなく、細い脚のついた「たかつき」という容器で、丅形にまっすぐ立つというイメージがある。矢と豆にはまっすぐな棒状のもので、それほど長大ではないものという共通性がある。まっすぐな線は端から端までの距離はいちばん短い。かくて、まっすぐで比較的短いものである「矢」と「豆」を組み合わせて「短」という図形が考案された。図形→意味の方向に見ると、短い矢の意味になりかねないが、意味から図形を見ると、意味は矢ともたかつきとも関係がなく、それらは単なる比喩であることが分かる。

空間的に短いは時間的に短い(Aの時点からBの時点までの間隔が小さい)の意味に展開する。短期・短命の短はこれである。

## 「遠」と「近」の起源――時間漢字(55)

「遠」と「近」は空間を表す語だが、時間にも転用される。

### 【遠】 音エン 訓とおい

こんな字源説がある。

①「袁が声符。この音の表す意味は延(長行)。遠は道を長い間歩く意」(『漢字の起源』)

②「形声。音符は袁。袁は死者の衣の襟元に人の精気を盛んにする魂振として玉(○)を置き、枕元に之(行くの意味)

を加え、死者が死後の世界に旅立つのを送ることを示す字で、遠のもとの字。袁に辵（行くの意味）を加えた遠は遠くへ行くの意味を表し、〝とおい〟の意味となる」（『常用字解』）

③「辵＋音符袁《エン》（間があいてゆとりがある）の会意兼形声文字。袁（ゆったりした外衣、ゆとりがある）・緩（ゆとりがある）・寛（ゆったり）と同系のことば」（『学研漢和大字典』）

①では袁が延を表すというのもおかしいが、「道を長い間歩く」の意味とするのもおかしい。長時間歩けば距離は遠いが、「遠」の意味はただ「とおい」である。②では「死者が死後の世界に旅立つのを送ること」から「遠くへ行く」という意味を導く。図形的解釈と意味が混乱している。意味とは言葉の意味であって、図形から出るのではない。③は語源と絡めた解釈。袁に「間があいてゆとりがある」という基本義を捉え、「間をあけて離れている」という意味とする。これは合理的である。「袁」の項目では図形を「○＋衣の会意文字で、体を丸く取り巻くゆったりした衣」と解釈し、「衣服のゆったりと長いさま」の意味としている。「遠」では衣服とは関係がなく、ただ「間があいてゆとりがある」というイメージだけが取られている。

［遠］

（金）

（篆）

改めて字源を見てみよう。空間が大きく離れている（とおい）ことを古典漢語でɦiuănという。この聴覚記号を視覚記号化したのが「遠」である。「袁」にコアイメージの源泉がある。これはどんなイメージか。A点からB点まで距離が大きく離れている状況を捉えるには二通りある。A点とB点の間の直線距離が長いことを表象するのが一つ。巨という字は工の形に上下の幅が長い状態を図形化している。ただし「巨」は「とおい」ではなく「大きい」の意味である。もう一つは、A点からB点まで直線距離ではなく、曲線的に回って行く方法がある。この場合は、時間がかかり、距離も遠くなる。古典漢語のɦiuănは後者の発想から生まれた語である。

「袁」を分析してみる。これについては助数漢字の「園」で述べている（「館と園の起源——助数漢字（91）」の項参照）。「袁」は「飾りのついた衣の形」の中に「○」の符号を入れた図形である。内部を広くして体にゆったりとめぐらす衣服（コートやガウンの類）を暗示させる。『説文解字』では「長衣の貌」とあるが、用例がない（人名に使われるだけ）。「袁」は「遠」や「園」などの造形のために考案された特別のイメージを表す記号と考えられる。ゆったりと体を包む衣類という図形的意匠によって、「周囲に丸くめぐらす」「丸くゆったりと取り巻く」というイメージを表すことができる。かくて「袁《エン》（音・イメージ記号）＋辵（限定符号）」を合わせた「遠」は、直線距離（近道）を行かないで、ゆったりと距離を取って遠回りする情景を暗示させる。この図形的意匠によって、ある地点から空間的距離が離れているという意味の ɦiuăn を表記する。

空間的イメージは時間的イメージに転用される。永遠・久遠の遠は時間的に間隔が離れている意味である。

## 【近】 音キン 訓ちかい

①「斤が声符。斤の音の表す意味は少ない意である。近は歩くことの少ない意」（『漢字の起源』）

②「形声。音符は斤。斤は鉞の類。往（神聖な鉞の礼の力を身に写して出発する儀礼）と同じような斤（鉞）に止（足）を触れて出発する儀礼である。都を中心とする王の直轄地を圻《き》というのは近の儀礼をして行動する範囲をいう。それで近は都から距離的に〝ちかい、ちかいところ〟という意味となる」（『常用字解』）

③「斤は二つの線が触れそうになったさま。または「型の物にく型の斧の先端が近づいたさまと見てもよい。近は辵（進む）＋音符斤の会意兼形声文字で、側に近寄っていくこと。祈（幸福に近づこうとする）・幾（近い）と同系のことば」

［斤］

（金）

（篆）
［近］

（篆）

（『学研漢和大字典』）

①では斤が「少ない」の意味を表すというのが分からない。②では鉞に足を触れて出発する儀礼とは何のことか理解に苦しむ。この儀礼を行う場所が都の近郊だから近に「ちかい」の意味が出たとは、迂遠な字源説である。図形的解釈と意味が混乱を極める。近の意味はただ「ちかい」「ちかづく」であって、都とは何の関係もない。③では近・祈・幾が同源で「ちかい」という基本義があると見ている。

改めて字源を見てみよう。「斤《キン》（音・イメージ記号）＋辵（限定符号）」と解析する。「斤」にコアイメージの源泉がある。「斤」は単位漢字として出している（「両・斤・貫・鈞の起源――単位漢字（9）」の項参照）。「斤」は斧という意味があるが、斧そのものを描いた図形ではない。斧の機能を捉えて図形化されたものである。斧は木などを切る際、刃先を近づける。AとBが接触する瞬間を捉えたのが「斤」である。「「」の形と「く」の符号の二つからできており、二つがまさに接触する寸前を「斤」で表現している。斧が物を切ろうとするプロセスを表現する図形的意匠によって、「限りなく（わずかな距離まで）近づける」というイメージを表すことができる。このコアイメージが木などを切る道具（斧）という意味として実現される。またこのコアイメージから、AがBにちかづく、あるいはA点とB点の距離がちかいの意味が「近」によって実現される。ほかに「いのる」の意味が「祈」によって実現される。「祈る」とは求める対象に限りなく近づこうと神に願う行為である。また都に近い土地を意味する「圻《き》」が生まれた。近畿の畿と同じで、「幾」にも「ちかい」という意味がある。

空間的にちかいは時間的にちかいの意味に転用される。近日・近年の近はこれである。

## 「悠」と「遼」の起源——時間漢字（56）

この二字も空間から時間へ転用される。

### 【悠】 音ユウ 訓はるか

こんな字源説がある。

①（『漢字の起源』にない）

②「形声。音符は攸。攸は人の背中に水をかけて滌《あら》う形で、みそぎをするの意味がある。みそぎによって身心が清められ、心がゆったりと落ち着くことを悠といい、〃ゆるやか、のどやか〃の意味となる。悠遠・悠久のように〃はるか、ながい〃の意味にも用いる」（『常用字解』）

③「攸《ユウ》は人の背中に細く長く水を注ぎかけているさまを示す会意文字で、滌の原字。長く続く意を含む。悠は心＋音符攸の会意兼形声文字で、思いが長々と続くこと。憂いが断ち切れないとき、ゆるゆると長く伸びるとき、また、年月や川の流れが長く遠く続く形容に用いる」（『学研漢和大字典』）

②では「攸」にみそぎをするという意味はない。みそぎをして心が落ち着くことから「ゆるやか」「はるか」の意味が出たという。図形から無理に意味を引き出す説である。しかもコアイメージの概念がないので、意味の展開の筋道がはっきりしない。③では攸に「長く続く」という基本義を捉え、これで意味の展開を説明している。これは分かりやすい。

改めて字源を見てみよう。「攸《ユウ》（音・イメージ記号）＋心（限定符号）」と解析する。「攸」については助数漢字の「条」でも説明したが（「条と床の起源——助数漢字（35）」の項参照）、もう一度振り返ってみる。「攸」を分析すると、「人＋…（篆文では「｜」）＋攴（手の動作に関わる限定符号）」となる。人の背中に水を点々と垂らしている図形である。「…」は点々の状態だが、連続すると「｜」（直線の状態）になる。これはイメージ転化である。だから「攸」は水を線条的に流している図形と解釈してもよい。この意匠によって「細長い」というイメージを表すことができる。条（條）は細長い木の枝である。「細長い」というイメージは「形がスマートである」というイメージにも展開する。形を美しく整えることが修整の修である。

「攸」は「線条的に連なる」というイメージもあるから、「細く長く続く」というイメージにも展開する。思いが長く続いて絶えない様子を「悠」という。『詩経』に「悠なる哉、悠なる哉、輾転反側す」（長く長く続く物思い、寝返り打ちてもだえつつ）という用例がある。これは心理的なイメージだが、空間的イメージにも転用され、『詩経』に「悠々たる蒼天よ」（はるかに遠い青空よ）という用例がある。空間は時間にも転用できる。悠久・悠遠の悠はこれである。

## 【遼】 音リョウ　訓はるか

こんな字源説がある。

①「尞が声符。尞の音の表す意味は長である。遼は遠行の意」（『漢字の起源』）

②「形声。尞にめぐる火の意があり、遼繞の意がある。尞にめぐる意があって、そこから遠・緩の義を生ずるのであろう」（『字統』）

［尞］

（甲）

（金）

（篆）
［遼］

（篆）

③「辵＋音符尞《リョウ》（長く連なる火）の会意兼形声文字。道や野原が長く遠くまで続いていくさま。燎（野火がずるずると燃え広がる）・瞭（遠くを見渡す）・僚（一連に連なる仲間）と同系のことばで、ずるずると長くつながる意を含む」（『学研漢和大字典』）

①では尞が長の意味を表すというのが理解できない。また遼が「遠行」の意味というのもおかしい。②では尞に「めぐる」の意味があるというのが理解し難い。「尞」の項目では「木を組んでこれを焚く形」で、燎（にわび）の初文とあり（『字統』）、「めぐる」の意味は見当たらない。③は尞に「長く連なる」という基本義を捉え、遼は道などが長く遠くまで続いていくさまの意味とする。尞については僚の項目で、「柴がずるずると続いて燃えることを表す。燎の原字。前後左右に連なるの意を含む」とある。語源的に尞のグループは「ずるずると長くつながる」というイメージが共通だという。これは分かりやすい。

改めて字源を見てみよう。「尞《リョウ》（音・イメージ記号）＋辵（限定符号）」と解析する。「尞」は火の粉を飛ばして燃えるかがり火の情景を設定した図形である（拙著『漢字語源語義辞典』参照）。薪に焦点を置くと、「□・□・□…の形に点々と並び連なる」というイメージを表すことができる。このイメージは同僚の僚（一緒に仕事をする仲間）や寮（棟や部屋の連なる住まい）に生きている。また火の粉に焦点を置くと、「四方に点々と発散する」というイメージを表すことができ、これは「光が発散して明るい」というイメージにも展開する。これらのイメージは治療の療（病根を発散させる→病気を治す）や明瞭の瞭（明らか）に生きている。

「点々と連なる」というイメージは「線条的に連なる」というイメージにも展開する。「遼」は道がどこまでも長く続く情景を暗示させる。この意匠によって空間的に遠い（はるかである）の意味を表せる。また時間のイメージに転用し、時間的に久しい意味に展開する。前途遼遠の遼遠は空間にも時間にも使える。阮籍の詠懐詩に「人生は長久を楽しむ、百年は自ら言う遼《はるか》なりと」という用例がある。

## 「恒」と「久」の起源——時間漢字（57）

恒久、恒常の恒・久・常は時間が長い（ひさしい）を意味する時間漢字である。常は別項で出しているので（「尋と常の起源——単位漢字（3）」の項参照）、ここでは恒と久を扱う。

### 【恒】 音コウ 訓つね

「恆」が正字（旧字体）。こんな字源説がある。

① 「亙が声符。亙の音の表す意味は固定して動かない意味。恒は一定して動かない心、または、心を動揺させない意味」（『漢字の起源』）

② 「形声。音符は亘。亘は上下の二横線の間に弦月（弓張り月）を書く字形であった。弦月の弓を張るような状態をいう。〝つね、ひさしい〟の意味に使う」（『常用字解』）

③ 「亙《コウ》は三日月の上端下端を二本の線で示し、その間の弦を示した会意文字。恒は心＋音符亙から成る会意兼形声文字で、月の弦のように、ぴんと張り詰めた心を示す。いつまでも緊張してたるまない意となる。克（張り切る）・極（上から下まで張った大黒柱）などと同系のことばで、kək の語尾が鼻音となって伸びたことばである」（『学研漢和大字典』）

①では亙が「固定して動かない」の意というが、こんな意味はない。「心を動揺させない意味」とするのも変である。②では「弦月を張るような状態」がなぜ「つね、ひさしい」の意味になるかの合理的な説明がない。③は語源を絡めた字源説。克・極と同源で、「ぴんと張り詰める」を基本義とし、「いつまでも緊張してたるまない」→「いつも変わりなく張り詰めていること。いつも一定しているさま」という意味とする。納得できる説である。

［恒］

（金）

（篆）

改めて字源を見てみよう。まず字体の問題がある。「恒」は「恆」と書くのが本来は正しい。「亘」と「亙」は別字であるが、字体が混乱して、常用漢字表では「恒」の字体を正式に採用した（中国や韓国でも同じ）。「亘《せん》」は「めぐる」の意味で、宣・垣・桓《かん》などの構成要素になるが、「亙《こう》」は「わたる」と読み、恆に使われるだけである。

さて「恆」は「亙《コウ》（音・イメージ記号）＋心（限定符号）」と解析する。「亙」は「二＋月」と分析できる。上端から下端までぴったりと張った月の弦を暗示させる図形である。これは弓張り月の形状である。上弦と下弦の月の形態は、上端から下端までたるみなくぴんと張り詰めている。上から下までゆるみや欠け目がない。この意匠によって弓張り月の弦を意味するkəngという語を「亙」で表記する。この語の根底には、「二線間にぴんと張り詰める」「一定の状態で張り渡る」というイメージがある。このイメージは「たるむことなくいつも変わらない」というイメージに展開する。したがって「恆」は心構えがいつも変わらずたるまない様子を暗示させる。心（精神）の領域に限定したのは精神状態の意味を表すためではなく、比喩である。緊張してたるまない精神を比喩として、「いつも変わらない」「いつまでも持続するさま、つねに」という意味をもつɦəngを表記するための工夫である。

「恆」は『詩経』で「恆《つね》に安息する無かれ」（いつまでものうのうと怠けているな）と用例がある。また同書で「月の恆《こう》の如し」（弓張り月の弦のように［いつも変わらぬとの比喩］）という使い方もある。この恆は亙の代用である。

## 【久】

㊀キュウ・ク ㊁ひさしい

①「丶が音が声符。この音の表す意味は住《ちゅ》・侸《しゅ》で、立ち止まる意。久は人が立ち止まる意。それから、遅れる、長い間の意と引伸される」（『漢字の起源』）

②「象形。人の死体を後ろから木で支えている形。動詞としては久す（支える）の意味である。久遠の意味になるのは、人の生は一時であるが、死後の世界は永遠であるという古代の人々の考えによるものである」（『常用字解』）

③「背の曲がった老人と、その背の所に引っ張る印の乀を加えた会意文字で、曲がって長いの意を含む。旧（長く時がたつ）・九（長く数えて行き詰まった数）・究（曲がりくねって奥深く入る）・考（背の曲がった老人）などと同系のことば」（『学研漢和大字典』）

①では「丶」を音符とするのが奇妙。「丶」はチュと読むのだろうか。しかしチュとキウ（久）はあまりにも懸け離れている。また久を「人が立ち止まる」の意味とするのも奇妙。

［久］

（篆）

②では「支える」と「ひさしい」に何の関係があるのか、理解不能。図形から死体→死後の世界→久遠と導くが、意味展開の説明としては場当たり的である。意味は図形にあるのではなく言葉にある。久は死とは関係がない。③は語源的に「曲がって長い」という基本義を捉え、曲がりくねってくねくねと伸びているさま→長く時がたっているさま、いろいろと曲折を経て延びるさまと意味を展開させる。

改めて字源を見てみよう。

「久」は最古の古典の一つ『詩経』に「何ぞ其《そ》の久しきや」（「彼が去ってから」なぜそんなに長い時間がたったのか）という用例がある。「久」は最初から長い時間がたつ（ひさしい）の意味である。②では「支える」の意味としているが、極めて特殊な文脈で出てくるだけで、本義ではない。

語源については、古人は「久は旧なり」「舅は久なり」などと言っている。藤堂明保は③にある通り久・旧・九・究・考が同源で、「曲がって長い」という基本義を見る。旧・舅の基幹をなす臼は「）形に曲がる」というイメージである。したがって「久」も同じように「）形や（形に曲がる」というコアイメージをもつと考えてよい。「久」の「曲がる」のイメージは疚《きゅう》（体が病んでかがまるさま）・柩《きゅう》（死体をかがめて収める棺桶）に生きている。

イメージ展開を考える。A点からB点までの直線距離は短いが、曲線で結ぶと距離は長くなる。これは空間のイメージであるが、時間のイメージにも転化する。時間的に長い、遠いというイメージになる。しかし「久」は最初から時間漢字であって、空間とかかわらない。「久」と同源の「旧」や「考」も時間漢字である。これらの語も「曲がる」がコアイメージであるが、「曲がる」というイメージから「長い時間がたっている」というイメージに展開する。これはなぜか。植物などが古くなる（老化する）と枯れたり曲がったりする。形の変化に時間の経過を見ることができる。だから「曲がる」と「時間がたつ」のイメージが連合するといえる。

以上のように久・旧・考は「曲がる」のコアイメージから生まれた時間漢字で、「長い時間がたつ」というイメージと連合して、「ひさしい」「ふるい」「長生き」という意味が実現された語である。

では視覚記号の「久」はどういう意匠で作られた図形か。「久」の字源は諸説紛々で定説はない。筆者は「ク（背の曲がった人の形）＋乀（支えることを示す符号）」を合わせたもので、体が古くなって曲がりつつもやっと命を支えている老人の姿を暗示させる図形と解釈する（拙著『漢字語源語義辞典』）。この図形的意匠によって、長い時間を経過している（ひさしい）という意味の古典漢語 kiuəg を表記する。

# Ⅵ 頻度の漢字

## 「再」と「復」の起源——時間漢字（58）

回数や頻度を表す場合、一回、二回…、一度、二度…などと単位語に漢数字をつけて表すことが多い。しかし漢文では「ひとたび」「ふたたび」…は漢数字（漢数詞）一字「一」「二」…を裸で使う。

「百聞は一見に如かず」は百回聞いても一回見ることに及ばない意味。

「千載一遇」は千年に一度会うだけのめったにない機会。

「三拝九拝」は三回、九回、つまり何度もお辞儀すること。

「百戦百勝」は百回戦って百回とも勝つこと。

「ふたたび」の場合は「再」という特別の語（字）がある。「二度、ふたたび」には「再」のほかに「復」もある。また「数回、しばしば」には「数」「屢」「頻」などがある。これらの字源・語源を見てみよう。

### 【再】 音サイ 訓ふたたび

こんな字源説がある。

［再］

（篆）

①「載台の意。ふたたびの意味は、上の容器と同形のものが下にあるから、台の意の再を当てた」（『漢字の起源』）

②「象形。組紐の形。その器具の上下に一を加え、そこから折り返して、また組み続けることを示す。折り返すことから、〝ふたたび〟の意味となる」（『常用字解』）

③「冓は前と後ろと同じ型に木を組んだ木組みの形。再は冓の下半分に一印を添えて、同じ物事がもう一つある意を暗示した指事文字」（『学研漢和大字典』）

三者三様であるが、まず語源を考える必要がある。古典に「再は重なり」「再は重複なり」「再は載と通ず」などの訓がある。Aの上にBを重ねて載せるのが「再」だという理解である。

古人の語源意識から逆に字源を見てみよう。「再」は「冓の略体（イメージ記号）＋一（イメージ補助記号）」と分析できる。「冓」の下部だけを利用したものだが、「冓」の全形は何か。上と下に同じ形のものが対称形になった情景を象徴的に表した図形である（「講の起源——助数漢字（43）」の項参照）。漢字の見方は「何」（実体）よりも「如何（どう、どのよう）」（形態・機能）に重点を置くべきである。「冓」の下部をイメージ記号として、これに「一」を加えて、同じものがもう一つ重なって載っている情景を暗示させるのが「再」の図形である。この意匠によって、「もう一度（ふたたび）」の意味をもつ古典漢語tsegを表記した。

## 【復】　音フク　訓また

『史記』に「壮士一去不復還＝壮士一たび去って復《また》還らず」（壮士は一度離れると二度と帰らない）という文句がある。「復」の訓は「また」であるが、意味は「二度、ふたたび」である。

字源説を見てみる。

①「復は[illegible]が重複の意とジュウの音を示す。复・復は進んだ方向と反対の方向に歩く意」（『漢字の起源』）

②「形声。音符は复。复は容量をはかる量器を逆さまにした形。復は道路を歩いて〝かえる、もとへもどる〟の意味となる」（『常用字解』）

③「复は夊（あし）＋音符畐《フク》の形声文字。畐は意味には関係がない。報復の報（仕返す）と同系のことばで、→の方向に来たものを←の方向にもどすこと。復はさらに彳（いく）を加えた会意兼形声文字で、同じコースを往復すること」（『学研漢和大字典』）

［复］（甲）　（金）　（篆）

［復］（金）　（篆）

「复」については「複数の漢字①　諸と複の起源——数漢字（18）」「報と腹の起源——助数漢字（69）」でも言及しているが、もう一度見てみよう。甲骨文字の「复」は、真ん中がふくれて上下が同じ形状をもつ器の形と「夊」を合わせたもの。前者は「同じ物が重なる」「ふくれる」というイメージを示す記号、「夊」は足の動作を示す限定符号。したがって「复」は道を←の方向に行って、同じ道をもう一度重ねて→の方向に行く（つまり「かえる」）ことを暗示させる図形である。「复」に限定符号の「彳」を添えたのが「復」で、←の方向に行ってから同じルートを→の方向に行く（かえる、もどる）という意味である。往復の復がこれである。

←の方向と→の方向が交差するから、「同じ事態が⇄の形（または二の形）に重なる」が復のコアイメージと考えてよい。ここから、同じ物事がもう一度（ふたたび、また）という意味が生まれる。

## 「数」と「屢」の起源——時間漢字（59）

回数や頻度を表す漢字に、「しばしば」の訓をもつ「数」

「屢」、「しきりに」の訓をもつ「頻」などがある。これらになぜそんな意味があるのか、字源・語源を調べてみよう。

## 【数】

音 スウ・サク　訓 しばしば

すでに「数の起源——数漢字(1)」「概数の漢字②　数・幾の起源——数漢字(27)」で述べているが、もう一度振り返る。

「數」は「婁《ロウ》(音・イメージ記号)+攴(限定符号)」と解析する。「婁」がコアイメージを提供する基幹記号である。「婁」の篆文を分析すると「毋+中+女」となる。「毋」は「母」の二点を一線に変えて、横(または縦)に貫くことを示す記号。「中」は枠の真ん中を縦に貫くことを示す記号。二つとも「(縦や横に)貫く」というイメージを示している。これらをイメージ記号とし、「女」を限定符号とした「婁」は、縄などを通して女をつなぐ情景を暗示させる。この図形的意匠によって、「紐を通してずるずるとつなぐ」、あるいは「物をずるずると引きずる」ことを表そうとする(「婁」の実現される意味は「つなぐ」「ひきずる」)。それらの意味の根底にあるのは、「数珠つなぎに連なる」「○・○・○…の形に並ぶ」というイメージである。かくて「かず」や「かずをかぞえる」を意味する古典漢語 siüg が「數」によって表記された。「かず」は大きさの順に並べることができるし、かぞえる際もかずを順序よく並べていく。数や数を数える行為には「数珠つなぎに(点々と、順序よく)並ぶ」という事態がつきものである。

「かず」「かぞえる」の説明はこれで十分にできたと思うが、「數」になぜ「しばしば」の意味があるのか。

「概数の漢字②」でも述べたように、「數」は「○・○・○…の形に点々と並ぶ」というイメージ、あるいは「□-□-□-の形に数珠つなぎに並ぶ」というイメージがコアにある。□-□の部分に視点を置くと、二つの間が隙間なく並ぶので、「間隔が縮まる」というイメージに展開する。古典に「数は速なり」「数は促なり」とある。速・促は「縮まる」というイメージをもつ語である。「縮まる」は空間だけではなく、時間にも適用できる。時間の間隔が縮まって次々に起こる状況が「しばしば」である。「数」が「しばしば」の意味をもつのは、「□-□-□-の形に並ぶ」というコアイメージからイメージ展開をするからである。

『老子』に「多言は数《しばし》ば窮す」(言葉が多いと、しばしば行き詰まる)という文章がある。この意味の数はサクの音で読む。

## 【屢】

音 ル　訓 しばしば

『論語』に「屢憎於人=屢《しばし》ば人に憎まる」という文章がある。「屢」は「しばしば」の訓がつけられ、「引き続いて」

[屢]

(篆)

「何度も」「しょっちゅう」の意味である。音は「ル」と読む。同じような事態が次々に起こることを「婁《ロウ》・ル（音・イメージ記号）＋尸（人に関わる限定符号）」を合わせた「屢」によって表記された。

「屢」の基幹記号が「數」と共通であることに注意したい。「○・○・○…の形に点々と並ぶ」というイメージ、あるいは「▯-▯-▯-の形に数珠つなぎに並ぶ」というイメージが「數」と「屢」に共通するのである。「しばしば」という頻度を表す語が「婁」から生まれたのは偶然ではない。

## 「頻」の起源——時間漢字（60）

「頻」は頻回、頻度、頻発などと使われ、「しきり」「しきりに」の訓がついている。日本語の「しきり」の「しき」は「後から後から追いついて前のものに重なる。事態が重なって起こる」の意という（『岩波古語辞典』）。漢語の「頻」は古典に「頻は数（しばしば）なり」などとあるように、「次々に続いて」「何度も」の意味である。「頻」になぜそんな意味があるのか、字源・語源を尋ねてみよう。

### 【頻】　音ヒン　訓しきり

「頻」が正字（旧字体）。こんな字源説がある。

①「頁と渉との会意字で、頭部に作る水紋のごとき叢皺。顔面をしかめて顰蹙するの原字」（『漢字の起源』）

②「会意。歩と頁（儀礼のときの衣冠を整えた人を横から見た姿）とを組み合わせた形。瀕は水ぎわでの儀礼をいう字であろう」（『常用字解』）

③「頁（あたま）＋渉（水をわたる）の略体の会意文字で、水ぎわぎりぎりに迫ること。浜（水と陸とがくっついた水ぎわ）・比（くっついてペアをなす）と同系のことばで、二つのものがぴったりくっついている意を含む」（『学研漢和大字典』）

①は「顔をしかめる」の意、②は「水ぎわの儀礼」とするが、「しきりに」の意味の説明ができない。③は「水ぎわ」と「ぎりぎりの所まで近づく」の意味とし、ここから「ぎりぎりにくっついて。間を置かずに物事が起こるさま」の転義を導く（『学研漢和大字典』）。最後の意味が日本語の「しきりに」に当たる。

「頻」は「歩」と「頁」を合わせただけの舌足らず（情報不足）な図形である。図形の解釈の前に語源の探求が先立つべきである。王力（中国の言語学者）は頻と比を同源とする（『同源字典』）。藤堂明保は比のグループ（妣・庇・牝・陛）だけでは

［頻］

（金）

（篆）

なく、必のグループ（秘・泌・秘・宓・密）、畢、匹、弼、鼻、賓のグループ（嬪・浜）などと同じ仲間（単語家族）にくくり、これらは**PER・PET・PEN**という似た音形と、「二つくっつく」という共通の基本義をもつとしている（『漢字語源辞典』）。

この基本義は「くっつく・接する・近づく」というコアイメージと言い換えることができる。

改めて字源を見てみよう。篆文では「歩＋水＋頁」となっている。楷書に直すと「瀕」である。「瀕」から「瀕」と「頻」に分化したと考えられる。音は全く同じである（現代中国では瀕をbin、頻をpinと読む）。だから意味の棲み分け現象である。「瀕」は「危機に瀕する」という場合の「瀕」、「頻」は頻繁、頻々など「しきりに」の意味で使われるようになった。

さて字形をどう解釈するか。最古の古典の一つである『詩経』では「頻」は「水際」と「差し迫る」の意味で、また『墨子』では「瀕」を「水際」の意味で使っている。したがって「水際」が最初の意味と考えてよい。そうすると「歩＋水（二つ併せてイメージ記号）＋頁（頭部・人体や人を示す限定符号）」を合わせた「瀕」は、水辺を歩く情景を設定した図形と解釈できる。これ以上の情報は図形に含まれていない。

「水際」を意味する古典漢語bienを表記する視覚記号が「瀕」である。水際は水と陸がぎりぎりに接する場所である。

右に述べた「くっつく・接する・近づく」というコアイメージが「水際」という意味を生む。空間的イメージは時間的イメージにも転用できる。「接する」「近づく」という空間的イメージを図示すると▯-▯の形である。このイメージが時間の軸では前の事態の後に次の事態がすぐさま続くというイメージに展開する。これが「危殆に瀕する」の「瀕」、つまり「差し迫る」の意味である。また▯-▯の形は▯-▯-▯-▯…の形に連鎖することもある。かくて頻々の「頻」、つまり「同じような事態が次々に続いて（しきりに）」という副詞的な用法が発生する。

以上で「頻」がなぜ頻回、頻度の使い方ができるのかという理由が説明できた。

## 「漸」と「愈」の起源——時間漢字（61）

「ようやく」に対応する漢字は漸、「いよいよ」は愈である。これらの時間漢字はどうして起こったかを字源・語源から尋ねてみよう。

**【漸】** 音ゼン　訓ようやく

① 「斬が声符。川の名」（『漢字の起源』）

② 「形声。音符は斬。斬は車を作るために木材を斤《おの》で斬るこ

とをいう。各部の木を斬るのに順序・次第があることから、水につかって次第に濡れることを漸という。のちには時間的な関係で、漸次（しだいに、だんだんに）のように、〝ようやく〟の意味に用いる」（『常用字解』）

③「斬《ザン》は車＋斤（おの）の会意文字で、車に斧の刃を食い込ませて切ること。割れ目に食い込む意を含む。漸は水＋音符斬の会意兼形声文字で、水分がじわじわと裂け目にしみこむこと。讒（裂け目に食い込む中傷）・櫼《セン》（食い込むくさび）などと同系のことば。寖《シン》（しみこむ、少しずつ、ようやく）ときわめて近い」（『学研漢和大字典』）

①では川の名とし、漸次の意に使うのは蹔（先に立って進行する意）の仮借としている。限定符号にこだわるから、川の名にした。川の名もあるが、別語と見るべきである。②では車の材木を切るのに順序・次第があるから、次第に濡れる→次第にという意味が出たという。木材の切り方に順序があることを斬の図形から読み取れるかが疑問。③では斬に「割れ目に食い込む」という基本義を捉え、水がじわじわとしみこむ→少しずつ・じわじわと（ようやく）の意味とする。斬は車や斤（斧）という実体を越えて、ただ「食い込む」というイメージだけが取られる。これは語源論から導かれた字源説である。

［斬］

（篆）

［漸］

（篆）

「斬」の字源については「暫と即の起源——時間漢字（49）」で述べているが、もう一度振り返る。「斬」は「車＋斤（おの）」を合わせただけの極めて舌足らず（情報不足）な図形である。何とでも解釈できるが、語源を先に考えることが字形の恣意的な解釈の歯止めになる。藤堂明保によれば、斬のグループ（塹・暫・漸）は挿や讒、また妾《しょう》のグループ（接・椄）、韱《せん》のグループ（殲・籤・纖）、尖などと同じ単語家族を構成し、これらの語群はTSAP・TSAMという音形と、「先が細い、細い物が割り込む」という基本義があるという（『漢字語源辞典』）。この基本義は「狭い隙間に割り込む」というコアイメージと言い換えることができる。このコアイメージが切る行為に限定されたのがtsămという語で、刃物を物体の隙間に差し入れて（割り込ませて）切る行為を表している。これを図形化したのが「斬」である。車を造る際に素材に切り込みを入れる情景が「斬」と解釈できる。

差し入れる（割り込ませる）隙間は狭く、細く、小さい。だから「斬」は「細い、小さい」というイメージを表すこともできる。A時点とB時点の間に割り込んだ小さい（少ない）時間が「暫」（しばし、しばらく）である。

一方、狭い隙間に物が入っていく状態に焦点を置くと、物はいきなり内部に入るのではなく、少しずつ浸入（進入）していく。「狭い隙間に割り込む」というイメージは「少しずつ割り込む（内部に入っていく）」というイメージにつながる。このコアイメージが実現されたのが「漸」である。「斬《ザン》（音・イメージ記号）＋水（限定符号）」と解析する。水が少しずつ内部にしみこむ情景というのが「漸」の図形的意匠である。この意匠によって、じわじわと（段々と）水に入る（しみこむ、ひたす）ことを意味する古典漢語tsiamを表記する。『詩経』に「車の帷裳を漸《ひた》す」（車の幌が水に濡れた）という用例がある。

「少しずつ割り込む（内部に入る）」というコアイメージから「次第に水に入る（ひたす）」という意味が実現されるが、行為は捨象して状態だけに視点を置くと、「少しずつ」↓「段々と、じわじわと」という意味を派生する。これに日本では「ようやく」という訓をつけた。「ヤウヤク」はヤヤク（稍）の転で、「次第に。だんだん」の意味という（『岩波古語辞典』）。「漸」と同じ意味である。

「しみこむ」から「ようやく」の意味に転じた語に「浸」がある。この字の右側は「帚（ほうき）＋又（手）」を合わせて、掃除する場面を設定した図形。箒で物を掃く行為は手前から段々と奥の方へ掃き進めていく。𠬶という記号には「段々と（奥まで深く）入り込む」というコアイメージがある。だから水が段々としみこむことを意味するtsiamという語を「浸」で表記する。浸入・浸透の浸はこれである。「浸」は「ひたす」「ひたる」の意味から、「段々と、ようやく」という意味を派生する。漸と浸は意味展開が極めて似ている。二つは同源語と見てよい。

## 【愈】 音ユ 訓いよいよ

① （『漢字の起源』にない）

② 「形声。声符は兪。愉と同音異構。兪は針で膿血などを除き、これを盤に移し取る意で、これによって病苦を除き、心の安らぐのを愉という」（『字統』）

③ 「兪《ユ》は中身を抜き取った丸木舟のこと。愈は心＋音符兪の会意兼形声文字で、病気や心配の種が抜き取られて、心が気持ちよくなること。癒の原字。ただし普通は踰（越える）・逾（越えて進む）と同系のことばとして用い、相手を越えてその先に出る意。また、先へ先へと越えて程度の進む意を表す」（『学研漢和大字典』）

②では愈は愉と同じとする。なぜ「いよいよ」の意味に用いるかの説明はない。③では「いよいよ」の意味は踰・逾から来ているという。愈との直接のつながりはないという見方らしい。しかし意味の展開はコアイメージによって説明でき

［兪］

（金）

（篆）

る。

改めて字源を見てみよう。「兪」が語のイメージの根幹に関わる記号である。これを分析すると「亼＋舟＋丿（または乀）」となる。「亼」は先端の尖った形で、物を削ったり切ったりするある種の道具である。「余」に含まれている道具の形と似ている（「舎の起源——単位漢字（6）」の項参照）。「丿（または乀）」は削り屑の形。したがって「兪」は木をくりぬいて丸木舟を造る情景を設定した図形である。この解釈は古くからあり、すでに『説文解字』に「木を空中にして舟を為《つく》る」とある。字書ではこの意味を記述しているが、古典には用例がない（「兪」は感嘆詞に借用される）。「兪」は愈・喩・踰・逾・諭・輸などの同源グループを表記するために造形された特別の記号である。これはどんなコアイメージを表すのか。それは「中身を抜き取ってよそに移す」というイメージである。木の中身をくり抜いて舟を造るという具体的な場面を設定することによって、このイメージを表すことができた。

「中身を抜き取る」に焦点を置くと、盗偸《とうちゅう》の偸（ぬすむ）にこのイメージがはっきりと読み取れる。「よそに移す」に焦点を置くと、運輸の輸（はこぶ）にそのイメージが明らかである。

精神現象の領域では、「よろこぶ」や「たのしむ」という感情を表す語が、心理に不快をもたらす原因を除去する結果として造形されることがある。これは古典漢語の意味論的特徴の一つである。快楽の快、悦楽の悦などはこの例。「愈」や「愉」も同様である。「兪ュ（音・イメージ記号）＋心（限定符号）」を合わせて、心の不快の原因（しこりやストレスなど）を抜き取って気分がよくなる様子を暗示させる。「愈」と「愉」は図形的意匠が同じだが、心理的なレベルで気分がよくなるという意味では「愉」、身体的なレベルで病根を抜き取って（病気が治って）心身がよくなるという意味では「愈」と使い分ける。『孟子』に「病愈《い》えたり」（病気が治った）という用例がある。この場合、「愈」は後世の癒と同じ（ただし中国では愈を使い、日本では癒を使うのが普通）。

しかし最古の文献である『詩経』では「政事愈《いよい》よ蹙《せま》れり」（戦のつとめがますます差し迫る）という用例がある。また『論語』には「女《なんじ》と回は孰《いず》れか愈《まさ》れる」（お前と顔回はどちらが優れているかね）という用例がある。「いよいよ」と「まさる」の意味が語史的には古いようである。これらの意味展開はどうして起こったのか。

「愈」のコアイメージは「中身を抜き取ってよそに移す」であるが、移されるものは障害になるもの、不要なものである。これらの不要なものをどんどん排除するので、進行のぐあいはゆっくりではない。中間の障害物が取れて進行が急速に速くなる状態が「いよいよ、ますます」ということである。また、要らないものを抜き取ると、余計なものが排除されるから、残ったものは質的に純化され、優れたものになる。これが「まさる」という意味である。このように「愈」は「中身を抜き取る」というイメージから、「いよいよ」という意味と、「まさる」という意味に展開するのである。「いえる」と「いよいよ」と「まさる」の三つの意味は一見何の関係もなさそうに見えるが、語の深層構造においてはつながっていたのである。

## 「毎・偶・稀」の起源——時間漢字(62)

毎は「いつも」「〜ごとに」、偶は「たまたま」、稀は「まれ」である。これらの時間漢字はどのようにして生まれたのか、字源・語源から尋ねてみよう。

### 【毎】 音マイ 訓ごとに

「毎」が正字(旧字体)。こんな字源説がある。

①「母が声符。母の音の表す意味は豊盛。草木の芽の豊盛である。毎日の毎は借用義。その本字は枚」(『漢字の起源』)

[毎]

(甲)

(金)

(篆)

②「象形。髪を結い髪飾りをつけた女の形。金文では〝いそしむ〟の意味。〝つねに、そのおりごとに〟の意味は仮借」(『常用字解』)

③「屮印(頭に髪を結ったさま)+音符母の会意兼形声文字で、母と同系であるが、特に次々と子を生むことに重点を置いたことば。次々と生じる事物を一つ一つ指す指示詞に転用された」(『学研漢和大字典』)

①②は仮借説。語の意味を説明できないと仮借説に逃げる。これは語の探求の放棄に等しい。③は「次々に生む(生じる)」という基本義から毎の意味を捉えている。

改めて字源・語源を見てみよう。

まず古典における「毎」の用法を調べる。『詩経』に「今や毎食余り無し」(今では食事のたびに余りがなくなった)という用例がある。昨日の食事でも、今日の食事でも、いつも皿に余りものがないと言っている。抽象化すると、「Aのたびに、Bのたびに…」「A・B・C…のどの時間においても」「何かをするたびにいつでも」といったことを表すのが「毎」である。これを古典漢語ではmuəgという。視覚記号に変換して「毎」で代替させる。これはどんな意匠によって造形された字か。

「毎」(旧字体)については「晦」で述べているが(「朔・望・

晦の起源——時間漢字（31）」の項参照）、もう一度振り返る。「毎」を分析すると、「屮＋母」となる。「屮」は草の芽の形で、「屮」を二つ合わせたのが「艸」（草と同じ）。「屮」だけでも草と関係があることを示す限定符号になる。「母」はコアイメージと関わる基幹記号である。だから「毎」は「母《ボ》（音・イメージ記号）＋屮（限定符号）」と解析する。

「母」は表層の意味は「はは」だが、深層のイメージは何か。母は生む存在である。母胎（子宮）から外界に子を現出させるのが生む行為である。ここに「無から有を生み出す」というイメージがある。また「見えない所（暗い世界）から見える所（明るい世界）に生まれ出る」というイメージがある。有の前提をなすのが無であり、明の前提をすのが暗である。このように「母」の深層構造は「（無から有を）生み出す」「無い」「暗い」というイメージである。このコアイメージをもつ古典漢語の記号素がmuəgであり、具体的文脈（表層）に現れた意味の一つが「はは」である。そしてこの聴覚記号を視覚記号に換えたのが「母」である。

「母」から派生する記号が「毎」である。「母」の「（無から有を）生み出す」「無い」「暗い」というコアイメージが具体的文脈で時間漢字として実現された。これは、毎日、毎回のように、A、B、C…と、同じような事態が次々に起こることを表す語である。これもmuəgといい、「毎」と表記される。「母」は「無から有を生み出す」というイメージだが、生み出されるのは一つだけではない。次々に生み出して数を増やすというイメージにも展開する。このイメージをはっきりさせるために、人間世界から植物世界に発想を換えて図形的意匠が考案された。これが「母」に限定符号の「屮」を添えた「毎」である。草が暗い世界から次々に明るい世界に生まれ出る情景を暗示させる。この意匠によって、muəgのもつ意味、すなわち「同じような事態が次々に起こって、そのたびにいつも」という意味を再現させる。

『春秋左氏伝』の「原田毎毎たり」（原や畑に草が次々に生い茂る）という用例に毎の原初的イメージがよく生きている。

## 【偶】

音 グウ　訓 たまたま

①「禺が声符。禺の音の表す意味は倶・逢。人が二人相合う意。木偶の意は具・倶の仮借」（『漢字の起源』）

②「禺はうずくまるような姿の獣の形。そのような形をした〝ひとかた〟を偶という」（『常用字解』）

③「禺は大頭の人まね猿。偶は、人に似た姿であることから人形の意となり、本物と並んで対をなすことから偶数の偶の意となる」（『学研漢和大字典』）

［禺］

（金）

（篆）
［偶］

（篆）

①②③ともなぜ「たまたま」の意味があるのかの理由を説明していない。

改めて字源を見てみよう。「偶」については偶数の意味の数漢字として既述している（「奇と偶の起源――数漢字（6）」の項参照）。ここでは時間漢字として取り上げる。

「禺」にコアイメージの源泉がある。字源はサルを描いた字である。しかし実体に重点があるのではなく、その機能や形態に重点を置く。サルは人間に似ているが、人間ではない。Aが本物とすればBはにせものである。「本物（A）とそれに似た物（B）がもう一つある、二つ並ぶ」というイメージを表す記号が「禺」である。人形（土偶）は人に似せた物であるから、「禺《ウグ》（音・イメージ記号）＋人（限定符号）」を合わせた「偶」によって図形化される。本宅のほかにある別宅が「寓」である（仮寓、寓居の寓）。

「偶」は人形の意味から、ペア、カップルの意味（配偶の偶）、二で割り切れる数（偶数）という意味に展開する。これは「二つ並ぶ」というコアイメージからの展開である。ほかに「たまたま」の意味がある。これはどのような転義法によるのか。AとBは似てはいるが、別物である。うわべは似ているが、本質が違う物である。違った二つのものが予期せずに（約束もなく）出会うことを「遇」という。配偶の偶も、人としては似ているが性の違ったもの、あるいは、見知らぬもの同士（男と女）が予期せずに結ばれたものである。かくて「偶」は「予期せずに、思いがけず」という意味が生じた。偶然の偶はこれである。日本語の「たまたま」に当たる。これは「予期もしなかったことに偶然出くわすさま」の意という（『岩波古語辞典』）。

## 【稀】 音キ 訓まれ

①「希は巾の形の刺繡を交互する意を示した字。チの音は紩《ちつ》（縫う意）から来ている。「まれ」「少ない」の意味に使うのは借用。その本字は稀」（『漢字の起源』の「希」の項）

②「形声。声符は希。希は葛布の織り目の粗いこと。稀とは禾穀が密生せず、まばらであること」（『字統』）

③「希は爻（交差した糸の模様）＋巾（ぬの）の会意文字で、まばらな織り方をした薄い布。稀は禾（作物）＋音符希の会意兼形声文字で、穀物のまばらなこと。古典では希で代用する。まばらで少ない」（『学研漢和大字典』）

「希」については「少数の漢字② 僅・鮮・希の起源――数漢字（24）」で既に述べているが、もう一度振り返ってみる。

[希]

（篆）

[稀]

（篆）

「希」は「爻＋巾」と分析する。「爻」は「乂」（×形の符号）を二つ重ねた形。「巾」は布と関係があることを示す限定符号。したがって「希」は「爻（イメージ記号）＋巾（限定符号）」と解析する。布を×の形に交差させて織る情景を設定した図形である。この意匠によって、びっしりと詰まっていず、小さな隙間があいている様子を暗示させる。かくて空間的にまばらな状態を意味する古典漢語hiərを「希」で表記する。

空間的イメージは数量や時間にも転用される。「小さな隙間があいている」というイメージは「小さい、わずか」というイメージに展開し、数量が少ない、チャンスが少ない、めったにないという意味に転じる。希少・希有の希はこれである。

一方、希望・希求の希にも展開する。これは「小さい、わずか」のイメージが「近い」のイメージに転化し、求めるものに近づこうとする（こいねがう）という意味を派生したものである。このような意味が生じたため、本来の「まばら」「まれ」の意味をはっきりさせる必要が生じた。「まばら」「まれ」に限定するために「稀」が考案された。

「稀」は「希《キ》（音・イメージ記号）＋禾（限定符号）」と解析する。「希」にはすでに「びっしりと詰まっていず、小さな隙間があいている」というイメージがある。このイメージを作物の場面に限定したのが「稀」である。稲（作物）が小さな隙間があってまばらに生えている情景を作り出した。布を織る情景から作物の情景に場面を切り換えて、「希」の本来の意味である「まばら」を明確に想起させようとした意匠である。「禾」は造形のための限定符号であって、語の意味に含まれるわけではない。

杜甫の詩に「人生七十古来稀《まれ》なり」の句があり、ここから古稀（七十歳）という年齢語が生まれた。

# Ⅶ 時間の諸相

「ふるい」「あたらしい」の形容詞、「すでに」「かつて」「いまだ」「あらかじめ」などの副詞は時間が含まれている。また「すぎる」「へる」などの動詞も時間の進行を表す。ここではこれらの時間語を扱う。

## 「旧」と「故」の起源――時間漢字（63）

【旧】 音キュウ 訓ふるい

旧と故はともに「ふるい」を表す時間語。古もあるが、別

[旧]

（甲）

（金）

（篆）

項（「今と古の起源――時間漢字（22）」）で述べている。

「舊」が正字（旧字体）。こんな字源説がある。

①「萑（毛角ある鳥）に従い臼の声（声符）。臼の音の表す意味は鳴き声から来たか。猫の頭に似て、夜飛ぶ鳥をいう。古の意に使われるのは借用で、その本字は久である」（『漢字の起源』）

②「会意。萑と臼《きゅう》とを組み合わせた形。萑はフクロウ科のみみずく。臼はうすではなく、鳥を捕らえるための道具。これにみみずくの足をからませて飛び去ることができないようにして捕らえることを舊という。みみずくが足をとられて動くことができなくなって留まるので、〝ひさしい（長い時間がたつ）〟という意味になり、長時間たって〝ふるい〟の意味となる」（『常用字解』）

③「萑＋音符臼の形声文字で、もと鳥の名。ただし普通は久（年月を経て曲がった）・朽（曲がってくちる）と同系のことばに当てて用いる」（『学研漢和大字典』）

①と③は旧を鳥の名とし、「ふるい」の意味は仮借としている。②は旧はみみずくを捕まえるという意味で、これから「ひさしい」「ふるい」の意味が出たとしている。しかし旧に「みみずくを捕まえる」という意味はないし、「ひさしい」「ふるい」への意味展開が不自然である。②の文字学にはコアイメージという概念がなく、会意的に解釈する原理を欠くので、会意的に解釈するほかはない。しかし臼《きゅう》は明らかに音符で、舊は形声文字である。

改めて字源を見てみよう。「臼《キュウ》（音・イメージ記号）＋萑（限定符号）」と解析する。限定符号を意符と考え、これに重きを置くと鳥の名になってしまう。すでに『説文解字』にこの解釈がある。しかし「萑」は限定符号であって、これが意味の中心ではない。古典漢語 giog の意味のコアイメージを表現するのは「臼」である。これが中心となる基幹記号である。

古典で「舊」はどんな意味で使われているかを調べてみよう。『書経』に「寵に席《お》ることこれ舊《ひさ》し」（寵愛を受けてから久しい）という用例がある。これは時を経て古くなっている意味。また『詩経』に「爾《なんじ》に舊を告げん」（君たちに昔のことを教えよう）という用例がある。これは今より以前、昔の事柄や状態の意味。また『論語』に「故舊遺《わす》れず」（古いなじみを忘れない）という用例がある。これは古くからの付き合いの意味。

「舊」は長い時間を経て古いという意味であることが明らかである。この語を視覚記号化したのが「舊」であるが、これはどんな意匠をもつのか。古典漢語の意味論では「曲がる」というイメージから「古い、古くさい」「長い時を経る」というイメージに展開する場合がある。前に述べた久のほかに、考や朽などはその例。「舊」の造形法もこのイメージ展開にならったものである。giogという語は「臼」と全く同音である。「臼」は穀物を搗く）形の道具である。「臼」は「)」形に曲がる」というイメージを表すことができる。「)」の形は視点を変えれば「(」の形にも「)」の形にもなる。草木などが古くなるといびつに曲がる。人は年を取ると背や腰が曲がる。こんな現象の観察から「曲がる」のイメージと「時を経る」のイメージが結びつく。舅《きゅう》（年長の男、夫の父）には「時を経て古い」のイメージが生きている。舅（しゅうと）に対するのは姑《と》（しゅうとめ）であるが、これも古（時を経て固くなる）のイメージが用いられている。

「臼」だけで「時を経て古い」のイメージを表すことができるが、生物という具体的場面を設定してイメージを生き生きと表現すべく考案されたのが「舊」である。どんな場面か。これを限定するのが「萑」（音はカン）である。これは珍しい限定符号である。「萑」は二本の毛角のある鳥の形で、ミミズクの意味である。ミミズクやフクロウの類は背中が「)」の形をしており、まるで老人を彷彿させる。この特徴に着目して、「萑」という限定符号が選択された。これは「舊」のほかに使われない特殊な限定符号である。限定符号は意味領域を指定する機能があるが、「舊」ではミミズクという実体よりもその形態的特徴を利用している。「萑」は比喩的限定符号である。漢字の解釈は限定符号に囚われてはならないが、比喩的限定符号の場合は比喩が用いられる理由を考える必要がある。

なお字体は中国の近世に「舊」が「舊」と書かれ、下だけ切り取って「旧」となった。ちなみに稻→稲、陷→陥、兒→児など、臼が旧になる。しかし「旧」は「舊」だけの専用となった。

## 【故】

音コ　訓ふるい・ゆえ

①「古が声符。古の音の表す意味は化で、変化する、作為の意である。故は変化させる、作為させるものの意」（『漢字の起源』）

②「会意。古と攴とを組み合わせた形。古は口（祝詞を入れる器の形）の上に、聖器としての干《たて》（盾）を置いて祈りの効果を長く保たせることをいう。古に打つという意味の攴を加えるのは、祈りの効果をことさらに（わざと）害することであるから、故は〝ふるい、もと〟が本来の意味」（『常用字解』）

［古］

（金）

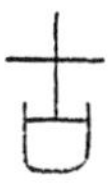

（篆）

［故］

（篆）

③「古は固くなった頭骨、または固いかぶとを描いた象形文字。故は攴（動詞の記号）＋音符古の会意兼形声文字で、固まって固定した事実になること。固（かたい）・個（固まった物体）などと同系のことば」（『学研漢和大字典』）

①では古が化の意味を表すというのが理解不能。故の意味もよく分からない。②では「祈りの効果を害する」とは何のことか理解し難い。これから「ふるい、もと」の意味になるというのも理解し難い。前にも指摘したように、②の文字学は形声文字の解釈の原理を欠くので、明らかな形声文字も会意的に解釈される。そのため図形的解釈をストレートに意味とする。③は語源と絡めた説明をしている。古は「固い」というのが基本義で、固まって固定した事実になること→以前にあった物・事柄という意味に展開させる。

改めて字源を見てみよう。

まず古典で「故」がどんな意味で使われているかを検証する。『詩経』に「君の故《こ》なかりせば、なんすれぞ中露にいんや」（あなたとのえにしがあればこそ、露にまみれて待ってます）とあり、以前と関わった事柄（特に古くからの付き合い）の意味。『論語』に「故《ふる》きを温めて新しきを知る」（古い事柄を温めなおして、新しいものを発見する）とある「故」は、時間がたって古びてしまった事柄（以前あった事柄）の意味。

以上から分かるように、時間がたって古くなった事柄、以前と関わった事柄というのが基本の意味で、その意味の古典漢語kagを代替する記号が「故」である。「古（音・イメージ記号）＋攴（限定符号）」から成り立っており、「古」にコアイメージの源泉がある。「古」については「今と古の起源——時間漢字（22）」ですでに述べているが、もう一度振り返ってみる。

「古」はされこうべ（枯れた頭蓋骨）を描いた図形である。この意匠によって、「干からびて固い」というイメージを表すことができる。「干からびて固い」は時間の経過とともに観察される物の変化である。生物が死ぬとこのような状態になる。ここに時間の経過が捉えられる。

このように、「干からびて固い」という物理的イメージから、「時間がたって古びている」という時間的イメージに展開する。前者の物理的イメージは「固」で実現され、後者の時間的イメージは「古」で表現される。一方、過去から現在に至る時間の流れに焦点を置くと、以前から今に至るまでの関係・縁故という意味が生まれる。これも「古」と同音でkagといい、「故」で表記するのである。「故」の図形的意匠は、長い時間がたって固定し、変えようもない事態になるということである。この意匠によって、以前からの関係や、時間のたった事柄を表象している。故旧・縁故の故は前者の意味、故郷・故事の故は後者の意味である。

一方、「固い」→「固くひっかかる」というイメージに転化し、固くひっかかりの生じた出来事（差し障りのある事柄）の意味が生まれる。『孟子』に「兄弟、故《こ》無し」（兄弟に事故がない）という用例がある。また、現在の事態に至った原因・理由の意味もある。これを「ゆえ」と読む。特殊な意味として故人・物故の故（死ぬ）がある。これは「固く干からびる」という原初のイメージが表層に現れたものである。

## 「新」と「陳」の起源——時間漢字（64）

新（あたらしい）に対する語は古や旧であるが、陳もある。新陳代謝という言葉で使われている。古と旧は既に述べているので、ここでは新と陳の字源・語源を扱う。

### 【新】 ㊀シン ㊁あたらしい・あらた

こんな字源説がある。

①「辛が声符。辛の音の表す意味は剪（きる）。斤で剪り斉《そろ》える意、あるいは斤で剪り斉えた木の意。新旧の新は鮮の代用字」（『漢字の起源』）

②「会意。辛と木と斤とを組み合わせた形。辛は把手のついた大きな針の形。位牌を作る木を選ぶとき、この針を投げて選び、針の当たった木を斤《おの》で切ることを新という。神意によって選ばれた木を新しく切り出すことで、〝あたらしい、はじめ〟の意味となる」（『常用字解』）

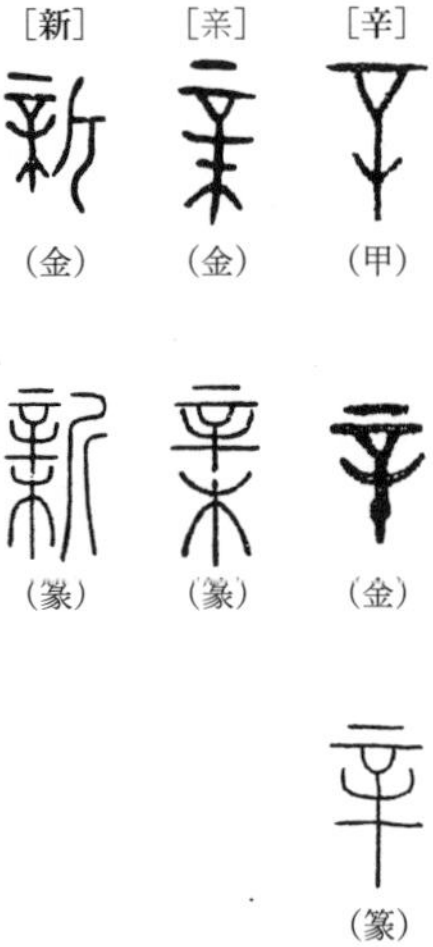


③「辛は鋭い刃物を描いた象形文字。亲《シン》は木＋音符辛の会意兼形声文字で、木を切ること。新は斤（おの）＋音符亲の会意兼形声文字で、切り立ての木、なまなましい意。薪（なま木、まき）と同系のことば」（『学研漢和大字典』）

①では辛が剪の意を表すというのが理解不能。新の意味の取り方もおかしい。②では位牌の木を作るために斧を投げて選ぶというのが不可解。なぜ位牌なのか。なぜ神意なのか。「あたらしい」の意味を導くために、神意を持ち出し、神意を言うために「木」を位牌を作る木とするのであろう。②の文字学ではコアイメージの概念がないから、形声文字を説明する原理を欠き、会意的に解釈するほかはない。そうすると図形的解釈がそのまま意味になってしまい、余計な意味素が

混入し、意味をゆがめてしまう。意味とは文脈における語の使い方である。「新」はただ「あたらしい」（③では「なまなましい」としている）の意味であって、それ以外の要素はない。

改めて字源を見てみよう。辛→亲→新と展開する。「辛」が語の深層構造に関わる基幹記号である。「辛」については既に述べている（「辛の起源――十干（8）」の項参照）。「辛」は刃物の形である。しかし刃物という実体に重点があるのではなく、機能に重点がある。刃物の機能は切ることにある。「切」とは「刃物を物に当ててこするようにして切る」という意味である。「辛」はこれと同源である。「刃物の鋭い先を物に接触させて切る」というイメージから、「（身近に接触して、あるいは、肌身を切るように）刺激を与える」というイメージに展開する。これが「辛」のコアイメージである。「辛」のグループには「切る」というイメージと、「（肌身を）刺激する」というイメージが通底している。

「切る」のイメージは「薪」に実現されている。「刺激する」のイメージは辛辣の辛（からい）、また比喩的に辛酸の辛（つらい）に生きている。「身近に接触する」のイメージは親（おや、したしい）に実現されている。

では「新」はどんなイメージから生まれているのか。「辛《シン》（音・イメージ記号）＋木（限定符号）」を合わせたのが「亲」で、木を切る情景を設定した図形。「亲《シン》（音・イメージ記号）＋斤（限定符号）」を合わせたのが「新」である。この図形は斧で木を切る情景を暗示させるが、そんな意味を表すのではない。切られて生々しい刺激を受けているというイメージを介して、まだ時間がたっていない、古びていないという抽象的な意味を表すのである。古典漢語であたらしいことをsienといい、この聴覚記号を視覚記号化したのが「新」である。抽象的な意味は図形化しにくいので、木を切る場面という具体的な状況を設定することによって、図形化を行ったわけである。

『詩経』に「其の命維《こ》れ新たなり」（天命が新しく下された）という用例がある。時間がまだたっていない、始まったばかりで間がないという意味である。ちなみに「維新」という語はこの詩句に由来する。

## 【陳】

㊌チン　㊍ふるい・のべる

① 「（東が声符）。テン・シンの音の表す意味は土で囲繞する。山上の形が、田の四囲の畦によって囲まれているごとく、四方が高く中央の低い丘の意。陳列の意の本字は敶」（『漢字の起源』）

② 「会意。阜は神が天に陟り降りするときに使う神の梯の形。

［陳］

（金）（篆）（篆）

その前に東（上下を括った嚢《ふくろ》の形）を置く形で、お供えを陳列する（ならべつらねる）の意味となる。〝ならべる、つらねる〟意味から、そのまま陳列しておくので、陳腐（古くさいこと）のように、〝ふるい、ひさしい〟の意味となる」（『常用字解』）

③「古くは東（袋の形）二つ＋攴（動詞の記号）の会意文字で、土嚢を一列に並べることを示した。陳は阜（土盛り）＋音符敶の略体の会意兼形声文字で、土嚢を平らに列をなして並べること」（『学研漢和大字典』）

①は理解不能。②は神梯の実在性が疑わしいから、この字源説も疑問である。供え物をそのまま陳列しておくから、「ふるい」の意味になったというのも納得し難い。③は図形の解釈と意味を区別し、意味は「一列に、または、平らに並べる」としている。しかし字形の解剖に難がある。

改めて字源を見てみよう。

「阜」と「東」を合わせただけの極めて舌足らず（情報不足）な図形で、何とでも解釈できる。古典の用例を調べるのが先である。『詩経』に「左右、行を陳《つら》ぬ」（左右に隊列をつらねる）という用例があり、列をなして敷き並べる（連ねる）という意味であることが明らかである。陳列の陳が最初の意味と考えてよい。意味から逆に字形を見るのが正しい漢字の見方である。意味→図形の方向を逆にして、図形→意味の方向に見ると、何とでも解釈でき、ゆがんだ意味に解しかねない。

「陳」は「阜＋東」と分析する。「阜」は土を段々に積み上げた形で、山・丘・段々・土盛りなど土と関係があることを示す限定符号である。語の重点は限定符号にあるのではなく、限定符号は意味が何にかかわるかを指定するだけである。意味と直接かかわらないことも多い。その場合は造形の意匠造りにかかわるだけである。どんな場面に設定して意匠を作るかを示すための符号である。だから限定符号に重きを置き、意味の中に含めると、意味を捉え損ねるし、意味に余計な要素を付け加えることになる。

次に「東」は土嚢の形で、主に堤防工事に使われる用具の類である。「東」はdienという音と関係がないので、「東」は基幹記号（音・イメージ記号）ではない。だから「東」にも語の重点があるわけでもない。しかし造形の意匠造りにおけるイメージ記号の働きをする。だから「陳」は「東（イメージ記号）＋阜（限定符号）」と解析する。かくて「陳」は堤防工事で土盛りをする際に土嚢を敷き並べる情景を設定した図形と解釈する。これはdienという語を代替させるための図形的意匠である。この意匠がdienという語の意味の根底にあるイメージ（コアイメージ）を暗示させる。どんなイメージか。それは「□・□・□…の形に敷き並べる」というイメージである。このイメージから「点々と並べ連ねる」「線条的に連なる」というイメージに展開する。「点々と並べ連ねる」「線条的に連なる」というイメージが具体的文脈において、右で述べた「列をなして敷き並べる」の意味を実現させる。

陳列は空間的なイメージである。空間的イメージは時間にも転用できる。時間は線条的に段々と経過していく。時間が経過していくと新しさがなくなる。ここに「ふるい」という意味に転じる契機がある。『詩経』に「我、其の陳《ふる》きを取る」（そのうち古いもの［古米］を取っておく）という用例がある。陳（ふるい）の語史は非常に古い。

現代では陳腐のほかに新陳代謝で使われている。この「陳」の意味が分かりにくくなっているが、語源を探ると「古い」という意味であることが分かる。文字面から、新しいものと陳《ふる》いものが代《かわるがわ》る謝《さ》っていくと解釈でき、だいたいの意味が推測できる。

## 「既」と「已」の起源――時間漢字(65)

既往と已往は過去の意味である。既と已はともに「すでに」と読む。既と已は何か違いがあるのか、字源・語源を尋ねてみよう。

**【既】** 音キ　訓すでに・つきる

「既」が正字（旧字体）。

①「旡が声符。旡の表す意味は終わった意で、食の終わった意。既は食物を食べて咽の詰まった意で、食し終えて満腹の意」（『漢字の起源』）

②「会意。皀と旡《き》とを組み合わせた形。食器（皀）を前にして、後ろを向いておくび（げっぷ）をする人の形で、食事が終わることをいう意味から、〝おわる、すでに〟の意味となる」（『常用字解』）

③「旡《キ》は腹いっぱいになっておくびの出るさま。既はごちそう＋音符旡の会意兼形声文字で、ごちそうを食べて腹いっぱいになること。限度まで行ってしまう意から、〝すでに〟という意味を派生する。漑（田畑に水をいっぱい満たす）・概（升に米をいっぱい満たす升かき棒）・慨（胸いっぱいになる）などと同系のことば」（『学研漢和大字典』）

①では旡が「食の終わった」の意を表すというのが疑問。同語反復である。「咽が詰まる」とか「食し終えて満腹」の意味とするのもおかしい。②では形声文字の説明原理がないため、会意とするが、旡と既は明らかに音のつながりがある

［既］

（甲）

（金）

（篆）

から形声である。③では「いっぱいになる」「限度まで行ってしまう」という基本義を押さえて、既が「すでに」の意味に発展したと見ている。

「既」の字源については「概数の漢字」の項でも述べたが（「概・凡の起源――数漢字（26）」の項参照）、もう一度振り返ってみる。「既」は「旡《キ》（音・イメージ記号）＋皀（イメージ補助記号）」と解析する。「旡」が語の深層構造にかかわる根源の記号であり、コアイメージの源泉である。「旡」は既のほかに愛にも含まれる重要な記号である。「旡」と「欠《けん》」は鏡文字の関係にある。「欠」は「人」の上部が左向き（口を左向きに開けている）、「旡」は上部が右向き（口を右向きに開けている）である。「欠」は気が口から放出されてあくびをする情景、「旡」は後ろを向いてげっぷをする情景を設定した図形。「欠」は「（腹が空っぽで）へこんでいる」というイメージであるが、「旡」はこれとは反対に、「（腹がいっぱいになって）満ちている」「詰まっている」というイメージである。このように「欠」と「旡」は正反対のイメージを表す記号である。「皀」は食・即にも含まれ、食べ物を器に盛りつけた形。これは食事の場面を作り出すための補助記号である。したがって「既」はごちそうを腹いっぱい食べてしまった情景を設定した図形である。この意匠によって、「食べ尽くす」と「すでに」を意味する古典漢語kiərを表記する。『春秋』（五経の一つ）に「日、之を食する有り、既《つ》くせり」（日食があって、すっかりなくなった）という用例がある。これは食べ尽くす、尽きてすっかりなくなるの意味。また『詩経』に「既に君子を見る」（もうすでに殿方に会えました）という用例がある。これは、あったものがすっかりなくなることから、事態がその時までに済んでしまったということを示す副詞的用法に転じたもの。「すでに」への意味転化は非常に古い。

なお「食べ尽くす」の意味は現在でも皆既日食という語に残っている。

## 【已】

㊂イ　㊁すでに・やむ

①（『漢字の起源』にない）

②「象形・仮借。已と以は同字で耜の象形。のち釈字の形が分化して、用義上の区別が生じた。已は〝ああ〟という感動詞、〝已《や》む〟という動詞に用いている」（『字統』）

③「古代人がすき（農具）に使った曲がった木を描いた象形文字。のち㠯《イ》・已・厶の三つの字体に分かれ、耜《シ》（すき）・以（＝㠯。工具で仕事をする）・已（やめる）などの用法に分化した。已（やめる）は止（とまる）・俟（とまって待つ）に

［已］

（甲）

（金）

（篆）

当てた用法」(『学研漢和大字典』)

②も③も已の「やむ」「すでに」の意味は仮借とする説。字形の解釈と意味が結びつかない場合に仮借説が取られる。筆者は仮借説を取らない。図形→意味の方向に漢字を見ると、意味と結びつかないことが多い。逆に意味→図形の方向に見る視点が必要である。

古典で「已」はどんな意味で使われているのかを調べてみる。最古の古典の一つである『詩経』では「鶏鳴已《や》まず」(ニワトリが鳴きやまない)という用例がある。また『論語』では「道の行われざる、已《すで》に之を知る」(世の中に道が行われなくなったことは、もうすでに知っている)という用例がある。前者は「やむ」「やめる」の意味、後者は「すでに」の意味である。二つの意味は前者から後者への展開である。だから「やむ」「やめる」が最初の意味である。古典漢語で仕事や行為を終えることをd(y)iəgといい、この聴覚記号を「已」という視覚記号で代替するのである。

王力(現代中国の言語学者)は已と止(tiəg)を同源の語としている(『同源字典』)。語源的にはこれで十分納得できる。

ではこの「已」という図形はどんな意匠で造形されたのか。これは字源の問題である。字源については王念孫(清朝の古典学者)の説が参考になる。彼は已は㠯と同じとしている(『広雅疏証』)。要するに「㠯」という図形が先行し、これを少し変形させて「已」が造形されたと考えられる。

では「㠯」とは何か。これは耜《すき》を描いた図形である。しかし実体に重点があるのではなく、用途や機能に重点を置くのである。耜という農具は土をすき返す用途がある。したがって、「自然に手を加える」「自然に働きかける」「道具を用いて仕事をする」などのイメージを表すことができる。ここから「仕事や行為を始める」というイメージに展開する。「㠯」は以・厶《い》の形にも変わる。「厶」から「始」に発展し、「始」も「自然に働きかける」というイメージから「はじめる」というイメージに展開する(「始と肇の起源——時間漢字(42)」の項参照)。ちなみに「以」は「(道具を)用いる」という意味から「~でもって」という意味に転じる。

このように「㠯(=以・厶)」、またそれを元にした「台《イタ》・《イ》」は、「仕事や行為を始める」というイメージを表している。この「㠯」を変形させて「已」が作られ、「やむ」「やめる」を意味するd(y)iəgを表記する視覚記号とした。「仕事や行為を始める」というイメージをもつ「㠯」に対して、「仕事や行為を終える」というイメージを「已」に付与したと考えられる。「已」という図形に「やむ」「やめる」の意味があるわけではなく、「やむ」「やめる」の意味をもつ語の表記法として考案されたのである。

仕事や行為をやめる意味から、事態がある時点で終わってしまったことを示す副詞的用法が生まれた。これが「やむ」「やめる」から「すでに」への意味展開である。已然形という言葉でも使われている。

## 「曽」と「嘗」の起源——時間漢字(66)

曽と嘗はともに「かつて」と読む。過去に何かがあった(何かをした)ことを示す言葉である。曽と嘗は人名漢字なので、常用漢字に準じて使える。

### 【曽】 ㊥ソウ・ソ ㊙かつて

「曾」が正字(旧字体)。

①「甑の象形字。この音は蒸から来た。二重になった蒸器(せいろ・こしき)の意」(『漢字の起源』)

②「象形。こしきの形で甑の初文。〝すなわち〟〝かつて〟などの用法はみな仮借義である」(『字統』)

③「八印(湯気)+㊉印(こしき)+曰印(こんろ)を合わせてあり、上にせいろを重ね、下にこんろを置き、穀物をふかすこしきを描いた象形文字で、層をなして重ねる意を含む。甑(こしき)の原字。層(幾重にも重なる)・(重なってふえる)と同系のことば。また、曾は前にその経験が重なっているとの意から。かつて…したことがあるとの意を示す副詞となった」(『学研漢和大字典』)

[曽] (金) (篆)

①では曾に「こしき」の意味はない。図形的解釈と意味を混同している。②は「かつて」の意味を仮借とする。仮借説は語源の視点がないため、意味論的探求を放棄するものである。③は「層をなして重なる」という基本義を捉え、展開義をうまく説明している。

「曾」についてはすでに「層」の項で触れているが(「層と重の起源——助数漢字(59)」の項参照)、もう一度振り返ってみる。上の三説にもあるように、「曾」はこしきの図形である。しかしこしきという実体に重点があるのではなく、形態に重点がある。こしきは蒸し器であるが、湯を沸かす部分の上に蒸籠が重なった形態になっている。「上に重なる」という状態に視点を置くのが「曾」の図形的意匠である。

「曾」はこしきから発想されたように、空間的なイメージをもつ。しかし空間と時間は密接なつながりがあり、時間を表現するのに空間のイメージを用いることが多い。世代の重なりを「曾」という。自分を中心にして、上の世代に重なる場合、父(母)—祖父(母)—曽祖父(母)という。自分より下の場合は、子—孫—曽孫という。

「曾」はAの上、またその上というぐあいに、幾重にも重なっている世代を表すのに使われたので、「時間が重なる」というイメージに転化する。現在の視点から振り返って、過去の方へ時間が重なっていること、つまり、ある事態が以前にあった（行われた）ということを示す用法が生まれた。これが「かつて」の意味である。『墨子』に「賢を緩《ゆる》がせにし、事を忘れて、能《よ》く其の国を以て存する者は、未だ曽て有らざるなり」（賢者をないがしろにし、務めを忘れて、国家を存立せしめた者は、いまだかつてない）という用例がある。未曽有《みぞう》という言葉は古くから使われていた。

## 【嘗】 音ショウ 訓かつて・なめる

①「尚が声符。尚の音の表す意味は試である。旨、即ちうまみを試す意」（『漢字の起源』）

②「形声。声符は尚。金文の字形は冂形の台下に旨を記し、上に小点を八字形に加えるもので、字形の全体は、髣髴として神がそこに臨み、その供薦を受ける意を示すものであろう。神が嘗めるのが原義。すでに嘗食したものは、〝嘗て〟という過去をいう語となる」（『字統』）

［尚］

（金）

（篆）
［嘗］

（篆）

③「旨（うまい味）＋音符尚（のせる）の会意兼形声文字。尚（上に乗せる）・賞（上に持ち上げる）と同系で、食べ物を舌の上に乗せて味を見ること。転じて、試してみる意になり、さらに、やってみた経験が以前にあるという意の副詞となった」（『学研漢和大字典』）

①では尚が試の意味を表すというのがおかしい。同語反復の字源説である。②では「髣髴として神が臨み供薦を受ける」という事態が理解を絶するが、「神が嘗める」という意味も奇妙。また、嘗めたことから「かつて」の意味になるという意味展開の説明も不自然である。③は「乗せる」を基本義とし、舌の上に乗せて味を見る（これが「なめる」の意味）→試してみる→やってみた経験がある（これが「かつて」の意味）へと意味展開を説明している。これは合理的であり、納得できる。

改めて字源を見てみよう。「尚《ショウ》（音・イメージ記号）＋旨（イメージ補助記号）」と解析する。「尚」が語の深層構造とかかわる基幹記号である。「尚」については堂・党・常の項でも触れているが、もう一度振り返ってみる。「尚」は「向＋八」と分析できる。「向」は空気抜きの窓の形である。古代に空気という概念はないが、気（ガス状の気体）が空間（物体や人体を含めて）内にあると考えられていた。「八」は左右に分かれることを示す象徴的符号で、気のようなものが分散するさまを示すこともできる。したがって「尚」は気（空気）が抜けて空中に分散する情景を暗示させる図形である。この図形的意匠によって、「高く上がる」「上に上がる」というイメージ、また、「平らに広がる」というイメージを示す記号になる。「上に上がる」は「（何かの）上に乗せる」というイメージに展開する。また、「平らに広がる」は「平らな面」というイメージに展開する。

次に「旨」は造形の意匠造りのための補助記号である。どんな場面や情景を設定するのか。「旨」の篆文は「甘（口の中に食べ物を含む形）＋匕（スプーンの形）」と分析できる。スプーンで食べ物を舌に乗せて味わう情景を設定した図形である。この意匠によって「味がうまい」を暗示させる。「旨」を補助記号としたのは、食べ物を味わう場面を作り出すためである。

かくて「嘗」の図形的意匠が明らかになる。それは、食べ物を舌の平らな面に乗せて旨いかどうかを味見する情景ということである。この図形的意匠によって、舌でなめて味わってみるという意味の古典漢語 dhiang を表記する。『詩経』に「其の旨きか否かを嘗む」（それ［イネ］の善し悪しを味見する）という用例がある。臥薪嘗胆（薪の上に寝、苦い胆をなめる）の嘗はこの意味。

旨いかどうかを味見する意味から、物事を試しにやってみるという意味に展開する。ここから、一度やってみたことがある→以前に（かって）という意味を派生する。『論語』に「嘗て之を聞けり」（以前それを聞いたことがある）という用例がある。

## 「方・正・現」の起源——時間漢字(67)

「まさに」「ちょうど今」を表す漢字に方、正、現、今などがある。「今」は時間漢字として既述（「今と古の起源——時間漢字(22)」の項参照）。「正」は数漢字として出しているが、ここでは時間漢字として取り上げる。

### 【方】 音 ホウ 訓 まさに・かた

次のような字源説がある。

①「耜《すき》の形。耜の先の意。四方の方の意は仮借」（『漢字の起源』）

②「横に渡した木に死者をつるした形。これを境界の所に呪禁として置いたので、〃外方（遠く離れた国）〃の意味となる」（『常用字解』）

［方］

（甲）（金）（篆）

③「左右に柄の張り出たすきを描いた象形文字で、⇄のように左右に直線状に伸びる意を含み、東↕西、南↕北のような方向の意となる」（『学研漢和大字典』）

「方」の字源は諸説紛々であるが、耜《すき》の形と見るのは徐中舒（中国の文字学者）の説である。

漢字を見る目は形（字形、文字）の前に語を見るべきである。形は語の表記手段に過ぎない。語の究明が先で、形の究明はその後である。形は何とでも見えるから、語を切り離して、形だけを扱うと袋小路に入ってしまう。また、形を扱う際も、「何」（実体）にこだわってはならない。「如何（いかん、どのよう）」（形状、機能）に重点を置くべきである。

①と②は実体にこだわるから、ゆがんだ解釈が生まれる。①は方位とは何の関係もない解釈。②は外国の意味から方位の意味が出たとするが、語という視点に立てば、方位の概念が先で、外国の意味は後であることは、理の当然というものであろう。

③は語源論の裏付けがある。藤堂明保は方のグループ全体（舫・房・傍・旁・膀・榜・妨・防・芳・放・訪・肪）が、並のグループ（普）、丙のグループ（柄・病・炳）、彭《ほう》のグループ（膨）、尃《ふ》のグループ（溥・博）と同じ仲間（単語家族）に属し、これらの語群はPANG・PAKという音形と、「ぱんと張り出る」という基本義をもつという（『漢字語源辞典』）。

「方」の成り立ちを歴史的、論理的に考えてみよう。古典漢語では方位（向き、方角）を意味する語をpiangといった。方位は何かを基準にしないと定まらない。もっとも普通の基準は人体を中心にした左右である。左は←の形に延長する。右は反対に→の形に延長する。いずれも直線のイメージだが、向きが違う。これを同時に表現できる具体物として「すき」が利用された。「↑▯↓」のイメージをもつ物はほかにもあるだろうが、日常生活でおなじみの物がまさに「すき」であった。「すき」は中心の棒から柄が左右に出ているから、そのイメージにぴったりである。かくて「方」の図形が発明された。「方」は耜の図形であるが、「すき」という実体に重点があるのではなく、その形態に重点があるのである。

「↑▯↓の形に（左右に、両側に）張り出す」がpiangという語のコアイメージと結論できる。しかしイメージは固定したものではない。視点を左右から上下に換えれば、「上下に張り出す」というイメージにもなる。これを組み合わせれば、「左右上下、つまり四方に張り出す」というイメージになる。方位とはまさにこのイメージである。

方位は基準つまり中心に位置するものが必要である。したがって「中心から四方へ向かう」というイメージが当然含まれる。方位の中心を自国とするならば、自国から四方の周辺にある国を「方」と称することもできる。甲骨文字では方位の方のほかに、外国の意味の方もある。②では後者を「方」の原義とするために、呪禁の境界という観念を導入して字形を解釈した。

「方」は方位・方角の方から次のような展開を見せる。

中心を一国の中心（首都）に置くなら、方言の方など、地方の意味になる。

「↑▯↓」の形のイメージは「両側に二つ並ぶ」というイメージに展開する。「方」には「並ぶ」という意味もある。「舫」は「もやいぶね」である。

「二つ並ぶ」のイメージは「二」の形や、「||」の形でも表せる。この形を合わせると「□」の形（左右上下に直線が並ぶ形）のイメージになる。方形の「方」は「四角形」の意味である。四角形はきちんとした角があるから、かど（廉）があって正しいという意味が生まれる。品行方正の方はこれである。

また、ある事柄が起こって、これがある時点に向き合って並ぶという事態が発生する場合、「ちょうどその時に当たる」という意味が生まれる。これを「方」という。「方」のコアイメージから展開した意味である。漢文ではこの「方」を「～にあたりて」「まさに」と訓読する。方今の方はこれである。『詩経』に「定の方《まさ》に中《ちゅう》す」（ペガサスがちょうど南を指すとき）という用例がある。方位漢字だけでなく、時間漢字としても「方」の語史は非常に古い。

## 【正】

㊮セイ　㊙まさに・ただしい

字源については既に「正と負の起源――数漢字（4）」で述べているが、もう一度振り返ってみる。「正」は「一＋止（足の形）」を合わせて、足が一線を目指してまっすぐ進んで行く情景を設定した図形である。この図形的意匠によって「（空間的に）まっすぐである」という意味の古典漢語 tieng を表記する。『書経』に「木は縄に従えば則ち正し」（木は墨縄を当てるとまっすぐになる）という用例がある。

「まっすぐ」は曲がり・ゆがみ・ひずみ・乱れなどがない状態である。ここから比喩的に、間違いや偽りがない（ただしい）の意味に展開する。また、ある地点や事態にまっすぐ向かっているので、まともに当たって、ずばりと当たって（まさに）という意味が生まれる。正視・正面の正はこれである。『論語』に「己を恭しくして正に南面するのみ」（［舜は］恭しい態度でまともに［まっすぐ］南に向かっているだけだった）という用例がある。

空間的イメージは時間にも転用できる。ちょうどその時刻に当たるという意味にもなる。正午の正はこれである。また一年の基準に当たる月を正月という。

# 【現】

音ゲン　訓あらわれる・うつつ

①「見は目に従い儿の声。ケンの音の表す意味は顕（出顕）。物が目の前に出現して、目にはいる意。後世の字を当てると現である」（『漢字の起源』）

②「形声。音符は見。古い文献に見えず、おそらく顕の形声の字として作られた字であろう」（『常用字解』）

③「玉＋音符見の会意兼形声文字。玉が見えることを示す。見は〝みる〟〝みえる〟を意味したが、特に〝みえる〟の意味を表すため、現の字が作られた」（『学研漢和大字典』）

①は見と現を同字とする。②は現を顕と同字とする。③は見の意味の一つを特化した字とする。

改めて字源を見てみよう。

古典漢語では「みる」「みえる」ことをkānといい、「あらわれる」ことをɦānといったが、どちらも「見」という一つの視覚記号であった。『論語』に「天下、道有らば則ち見《あらわ》る」（天下に道が行われていれば、世間に姿を現す）という用例がある。三国時代になって「あらわれる」の意味の「見」が「現」の表記に変わった。諸葛亮の黄陵廟記に「神像有りて影現る」（神の像の影がはっきり現れている）という文章がある。このように「現」は「玉」の限定符号をつけて「見」から分化させた字である。なぜ「玉」なのか。

［見］

（甲）

（金）

（篆）

「見」は「目＋儿（人体）」を合わせただけの単純な図形である。この意匠によって、物の姿が現れて目に入ることを暗示させる。物を見る行為は物の姿が現れている事態が当然含まれている。だから「見」という語は「はっきり現れる」というコアイメージをもつと考えてよい。「みる」「みえる」「あらわれる」はつながりのある三語であり、語源的に同じである。「みる」という意味からは、人に会う（まみえる）という意味が派生する（謁見・会見の見）。「（はっきりと）みえる」という意味から、はっきり分かる、考える、考えという意味が生まれる（見解・定見の見）。一方、物の姿がはっきり現れるという意味から、目の当たりに（現に）という意味が生まれるようになった。古典では「見《げん》に」と書かれていたが後に「現に」と書くようになった。これが現在の現の起源である。日本の平安時代の書物に『日本国見在書目録』がある。この見在は「現に在る」の意味である。

「見」に「玉」の限定符号をつけた理由は、玉は光るもので、はっきりと姿が目の前に現れて見えるものだからである。だから比喩として「玉」を用いた。「玉」は比喩的限定符号であって、意味の中に含まれるわけではない。

# 「未・将・来・明」の起源——時間漢字(68)

未来、将来の未と将はまだ来ていない時間、これから来るであろう時間を示している。来年、明年の来と明も同じである。これらの四字の字源を尋ねてみよう。

## 【未】

音ミ・ビ　訓いまだ

①「木の枝葉の繁茂の形。ビの音は茂から来ている。枝葉繁茂の意」(『漢字の起源』)

②「象形。枝が茂っている木の形。〝いまだ〜ず〟の意味に用いるのは仮借の用法」(『常用字解』)

③「木のまだ伸び切らない部分を描いた象形文字。まだ…していないの意を表す。妹(伸び切らない小さい女きょうだい)・昧(日のまだ出ない早朝)などと同系のことば」(『学研漢和大字典』)

③以外は否定詞や時間漢字の意味の説明ができない。「未」はすでに序数漢字として出しているが(「未の起源——十二支(8)」の項参照)、ここでは時間漢字として取り上げる。

「未」は否定詞であるが、ある事態が現在の時点で現れていない場合に、「まだその事態になっていない」「まだ…していない」と否定する言葉である。これには時間が含まれている。未婚は結婚を予想して、その時点ではまだ結婚していないことである。未定は「定める」という行為が予想されるが、その時点ではまだ定めていない状態である。その事態が現れていない状態、現実になっていない状態であるから、存在としては無であり、見ることはできない。古典漢語ではこのような状態を表す語をmiuədといい、「未」と表記する。この語は循環的序数詞(序数漢字)の十二支の一つに使われていた。これが最初の意味であるが、否定詞の用法に展開した。これはなぜ起こったのか。それを解く鍵はコアイメージにある。

十二支は植物の生長段階を象徴として順序の記号として成立した。十二支の中程の折り返し点が午(第七位)で、次の8番目に来るのが「未」である。これは植物の枝がまだ伸び切らない状態を象徴化し、植物の枝が十分に伸び切った状態を象徴化した「申」(9番目)の前に置かれた。

「未」は木の小枝を描いた図形である。小枝に焦点を置くことによって、「(十分伸び切っていないで)小さい」というイメージを表すことができる。「小さい」というイメージは「小さくてはっきり見えない」というイメージに展開する。「見えない」というイメージを極端に抽象化すると「無い」というイメージに転化する。このようなイメージ転化現象から否

[未]

(甲)　(金)　(篆)

定詞が生まれるのは古典漢語の意味論の特徴である。

以上のように、「小さくて見えない」というコアイメージを媒介して序数詞と否定詞が結びつく。これで十二支の「未」が「まだ…ない」という時間漢字に転じる理由が説明できた。

「未」は漢文では「いまだ…ず」と読む。『詩経』に「未見君子＝未だ君子を見ず」（まだ殿方の姿が見えません）という用例がある。予想される事態がまだ見えないことが未見である。未来とはこれから来るであろうと予想される時間がまだ来ていない状態を表す言葉である。

## 【将】 音 ショウ　訓 まさに

「將」が正字（旧字体）。

①「爿《しょう》が声符。爿の音の表す意味は上である。両手あるいは片手で肉を捧げ上げる意」（『漢字の起源』）

②「会意。爿《しょう》は脚のついた几（机）の形。その上に肉を手（寸）で供え、神に奨める形が將である。将とは（軍の出征にあたって）その肉を供えて祭りをし、祭肉を携えて軍をひきいる人、将軍をいう」（『常用字解』）

③「爿《ショウ》は長い台を縦に描いた字で、長い意を含む。將は肉＋寸（て）＋音符爿の会意兼形声文字。もと、いちばん長い指（中指）を将指といった。転じて、手で物を持つ、長となって率いるなどの意味を派生する。また、持つ意から、何かでもって処置すること、これから何かの動作をしようとするなどの意を表す助動詞となった」（『学研漢和大字典』）

[爿]  （甲）  （篆）

[将]  （篆）

①では爿が上の意味を表すというのが理解不能。また図形的解釈と意味が混同されている。②の文字学ではコアイメージの概念がないので、形声文字の説明ができない。だからすべて会意的に意味を求める。語源の発想がないから、図形の解釈をそのまま意味としている。だから意味に余計な意味素が混入する。③では爿に「長い」という基本義を捉え、将を長い指（中指）とし、そこから意味の展開を跡づける。③だけが時間漢字の用法を説明している。

改めて字源を見てみよう。「爿《ショウ》（音・イメージ記号）＋肉（イメージ補助記号）＋寸（限定符号）」と解析する。「爿」は「壮」の項でも触れたように（「弱・強・壮の起源——時間漢字（36）」の項参照）、ベッドを縦に描いた図形。これによって「細長い」というイメージを表すことができる。実体に重点があるのではなく形態に重点がある。「肉」は人体などのイメージを示す補助的な符号。「寸」は手と関係があることを示す限定符号。したがって「將」は細くて長い手の指（中指）を暗示させる図形である。しかし中指という意味を表すのではなく、それとは別の意味を表すための意匠造りである。図形自体が比喩の働きをする。中指は他の指よりも長く、先頭に立って率いる姿を呈する。中指を比喩として、他よりも先に立って率いることを表そうとした。古典漢語で先頭に立って率いること、また、軍を率いる人をtsiangといい、「將」で表記する。『詩経』に「何の人か将《ひき》いざる、四方を経営す」（率いられて行かない人はいない、四方の国を平らげに）という用例がある。

「細く長い」というコアイメージは「→」の形に一直線に進んで行くというイメージに展開する。これは「率いる」という意味を実現させるだけではなく、「進む」や「連れて行く」の意味も派生する。また「→」の形に進む先端に視点を置くと、時間的に先の方向、つまり未来の時点における行動を推測させる用法が生まれる。これから何かをしようとするという意味である。この「将」を訓読では「まさに…せんとす」と読む。『詩経』に「ここに将《まさ》に女《なんじ》を去り、彼《か》の楽土に適《ゆ》かんとす」（これからお前の元を去って、あの楽園に行こう）という用例がある。将来は漢文では「将《まさ》に来《きた》らんとす」と読むが、これから来る時間の意味で使われる。

## 【来】 音ライ 訓くる・きたる

「來」が正字（旧字体）。

［来］

（甲）

（金）

（篆）

① 「麦の象形字。ライの音の表す意味は斄・氂。斄毛、氂毛（芒）を有する穀の意」（『漢字の起源』）

② 「象形。麦の形。〃きたる、くる、もたらす〃の意味は仮借」（『常用字解』）

③ 「來は穂が垂れて実った小麦を描いた象形文字で、むぎ（麦）のこと。麥（＝麦）はそれに夊印（足を引きずる姿）を添えた形声文字で、〃くる〃の意を表した。のち麥をむぎに、來をくるの意に誤用して今日に至った」（『学研漢和大字典』）

字源を麦の形とすることでは三者共通であるが、「くる」の意味を②では仮借、③では「麥」（くる）と「來」（むぎ）が入れ代わったものとしている。

改めて字源を見てみよう。「來」の起源は古く、すでに甲骨文字にもある。殷代では「（空間的に）こちらへやってくる」「（時間的に）これからやってくる」、またムギの意味で使われたようである。これらの意味は古典時代の最古の文献でも受け継がれている。問題は「くる」と「ムギ」の意味がなぜ同じ視覚記号をもつのかということである。ムギは「麥」という記号でも書かれた。聴覚記号は「來」はmləg、「麥」はmluəkで、ml～という複声母をもつ同源語と推測されている。

もともとmləgまたはmləkのような音形から二つに分化したと考えられる。

栽培植物の歴史では新石器時代にムギが中国に伝播したとされている。オオムギは中央アジア、コムギは地中海沿岸が原産地という。どちらが先に伝播したかははっきりしないが、來（後に麳《らい》）はコムギ、牟（後に麰《ぼう》）がオオムギとされている。「麥」は汎称かもしれない。

古人はムギの登場を神話の形で伝えている。『説文解字』に「周の受くる所の瑞麦（…）、天の来す所なり。故に行来の来と為す」とある。ムギは天のもたらしためでたいものという信仰があったようである。殷代でもそのような信仰があったと推測される。だからムギを表す「麥」が「來（ムギの形）＋夂（足の形）」から構成されている理由が判明する。ムギが勝手にやってくるのではなく、神によってもたらされたものという意匠がこの図形にこめられている。

ここから「來」と「麥」のコアイメージがともに「もたらす」であると推量できよう。「もたらす」とはある物をこちらへ持って来させるということである。「もたらす」のイメージは賚《らい》（もたらす、賜う）に生きている。このイメージから「空間的にこちらにやってくる」という意味が実現される。これを表す言葉がmləgであり、これを「來」という視覚記号で代替する。この語は神によってもたらされたものであるムギを表すこともできたので、同じく「來」で表記される。一方ではmləgという語からmluəkという語も派生し、これを「麥」と表記するようになった。

空間的イメージは時間にも転用される。時間的にこれからやってくる意味、また、ある時点から後（今まで）の意味に展開する。『論語』に「これに往を告げて来を知る者なり」（過去のことを告げると未来のことが分かる人だ）という用例がある。来年・来月の来は「これからやってくる」の意味。また、古来・従来の来は「以前のある時点から今に至るまで」の意味である。

## 【明】

音メイ・ミョウ　訓あかるい・あける・あくる

① 「明は日と月を合わせた会意字。朙は月と音を表す囧を合わせた形声字。明は日月の光、朙は月の光の意」（『漢字の起源』）

② 「会意。もとの形は朙。囧は窓の形。窓から月明かりが入りこむことを明（朙）という」（『常用字解』）

③ 「もと囧（まど）＋月の会意文字で、明かり取りの窓から月光が差し込んで物が見えることを表す。あかるいこと。また、人に見えないものを見分ける力を明という。望（見え

［明］

（甲）（金）（古）（篆）

ないものをのぞむ）・萌（見えなかった芽が外に出て見える）などと同系のことば」（『学研漢和大字典』）

①で明を日月の光、朙を月の光の意味とするのは図形的解釈をそのまま意味とするもので、全く誤っている。②でも図形的解釈と意味を同一視している。意味とは語の意味であり、文脈における使い方である。③では「…を表す」が図形的解釈、「あかるいこと」が意味である。図形的解釈と意味を区別している。

改めて字源を見てみよう。

まず古典における「明」の使い方を調べる。『詩経』に「明となく晦となく」（明るい時も暗い時も関わりなく［昼も夜も］）という用例がある。これは光が差してあかるい意味。古典漢語では「光が差してあかるい」という意味をもつ言葉をmiăngという。この聴覚記号に対して、「明」と「朙」の二つの視覚記号が考案された。「明」は甲骨文字と古文、「朙」は金文と篆文の字体である。

「明」は二つの天体である太陽と月を光るものの代表として利用し、「日」と「月」を合わせて「明」という図形を造ったもの。日と月は実体に重点があるのではなく、形状や機能に重点がある。「日」と「月」を組み合わせると「日と月」という意味になりそうだが、そういう意味にならない。漢字に対する誤解はこんな基本的なところにある。AとBを合わせてもA・Bとは無関係なCの意味を表すことが多い。「あかるさ」は抽象的な概念である。記号素の意味のイメージを図形化するのが漢字の原理であるが、抽象的な概念は図形にしにくい。そのため具体的な物や情景、場面を設定することによって、抽象的なイメージを暗示させようとする。「日」と「月」という具体的な物を合体させた図形を造ることによって、「あかるさ」を暗示させ、「あかるい」という意味の言葉を代替する記号とする。これが漢字の造形法である。形から意味を引き出すと「日と月の光」という意味になりかねない。形→意味の方向に漢字を見ると間違うことが多い。意味→形の方向に見るのが正しい漢字の理解である。

「朙」の場合はどう解釈すべきか。「囧《けい》」は明かり取りの窓の形である。「朙」は「囧（イメージ記号）＋月（限定符号）」と解析する。月の光が暗い所を照らしてあかるくする情景というのが「朙」の図形的意匠である。窓から月明かりが入り込むというような意味ではない。「朙」の図形的意匠によって、「あかるくする」「あかるくなる」「あかるい」という意味を暗示させるのである。

「あかるい」という意味から「あかるくなる」という意味に転じるのは自然である。『詩経』では「東方明けたり」（東の空があけたよ）という用例がある。これは「（夜があけて）あかるくなる」の意味。

「光が差してあかるい」は物理的なイメージだが、「夜が明けてあかるい」は時間的イメージにつながる。天明・黎明は夜明けという時間を表している。また、Aという時間（年や日など）が終わって次の時間の段階に移行する、つまり「明けて次の」という意味の用法が生まれる。明年、明日、明春などはこれである。「翌」と意味が似ているが、語のイメージは違う。「Aのほかに同じものがもう一つある」というイメージをもつのが「翌」である（「翌の起源——時間漢字（23）」の項参照）。

## 「予・預・逆」の起源——時間漢字(69)

「あらかじめ」を表す漢字に予言の予、預言の預がある。日本ではめったに使わないが漢文に出る逆もある。これらはどんな時間漢字なのか、三字の字源・語源を尋ねてみよう。

### 【予】 音ヨ 訓あらかじめ

「豫」が旧字体。こんな字源説がある。
①（『漢字の起源』に予はあるが豫はない）

[予]

（篆）

[予]

（篆）

②「形声。音符は予。豫は象によって将来のことを占うの意味であろう。将来のことを占うことから、〝あらかじめ、かねて〟の意味に用いる」（『常用字解』）
③「予は丸い輪をずらせて向こうへ押しやるさまを描いた象形文字で、押しやる、伸ばす、のびやかなどの意を含む。杼《ヨジ》（横糸を押しやる機織りの杼）の原字と考えてもよい。豫は象（動物のゾウ）＋音符予の会意兼形声文字で、のんびりとゆとりをもつこと」（『学研漢和大字典』）
②では象による占いとは聞いたことがない。豫にそんな意味があるはずもない。さらに将来を占うことから「あらかじめ」の意味が出たというのも考えにくい。③では予に「押しやる、伸ばす、のびやか」という基本義を捉え、のんびりとゆとりを取る→ゆとりを置いて（前もって）と、意味を展開させる。これが分かりやすい。
もともと「予」と「豫」は別字である。「予」は「あたえる」の意味と、一人称の代名詞に用いる。「豫」は「のんびりする」（逸豫・不豫）、「ぐずぐずする」（猶豫）、「あらかじめ」の意味である。日本では豫を予に統合させているが、中国では二字を使い分けている。

「予」については「序」でも触れているが（「序の起源——順位漢字（14）」の項参照）、もう一度振り返ってみる。「予」は機織りの「ひ」（漢字では杼、または梭と書く）という道具を描いた図形である。しかし「豫」では「ひ」とは何の関係もない。実体よりも形態や機能に重点を置くのが漢字の造形法である。「予」は杼《ひ》という道具の機能に着目してイメージを表出するための記号なのである。では杼の機能とは何か。杼は縦糸の間を行き来して横糸を引き出す道具である。横糸に視点を置くと、A点からB点の方へ延びていく。これで「空間的に横に延びる」「空間的に幅や余裕ができる」というイメージを表すことができる。

「豫」は「予《ヨ》（音・イメージ記号）＋象（限定符号）」と解析する。「象」を限定符号とするのは、動物のゾウに関する意味領域を表すためではない。「豫」はどんな意味で使われているかを調べてみる。『詩経』に「逸豫、期無し」（気ままな楽しみが限りない）という用例がある。のんびりと楽しむという意味である。この意味をもつ古典漢語がd(y)iagで、この聴覚記号を視覚記号化したのが「豫」である。ではなぜ「象」を限定符号とするのか。それは「のんびりする」というイメージを表すためである。「のんびりする」、言い換えれば、「精神的にゆとりがある」「余裕があってのびのびする」は心理的イメージだが、「空間的に間があき、幅や余裕がある」というイメージとつながる。イメージは空間、時間、物理、心理などを越えて自由に飛び回るものである。「のんびりする」という心理的イメージ、「間があいて余裕がある」という空間的イメージは、「時間が間延びする」「ゆっくりする」という時間的イメージに連合する。「象」は時間的イメージを表すための限定符号である。ゾウに対する印象としては歩みがゆっくりしているということがある。「象」を比喩的限定符号として用いた「豫」は「ゾウの歩みのように、ゆったりとして時間的に間延びする」というのが図形的意匠である。この意匠によって、心身をゆったりさせてのびのびするという心理的な意味を表すことができる。また時間的イメージとしては、時間的に間延びしてぐずぐずするという意味にも展開する。「あらかじめ」という時間語がここから生まれる。何かをするために時間のゆとりを取って置くという意味になる。これが「あらかじめ」である。予言とは何かが起こることを、それが起こる前に述べることである。

## 【預】

㊀ヨ　㊁あらかじめ・あずかる

①「予が声符。予の音の表す意味は舒遅・舒緩の意。顔色舒緩が本義。他の意味は皆借用。あずかるの意の本字は与・儲、あらかじめの意の本字は早である」（『漢字の起源』）

②「形声。音符は予。頁は頭に儀礼用の帽子をつけて拝んで

［預］

（篆）

いる人の姿であるから、予（杼の形）を拝する形であろう。予（豫）と通じて、〃あらかじめ〃の意味に用いる」（『常用字解』）

③「頁（あたま、人員）＋音符予（ゆとりを置く、延ばす）の会意兼形声文字。人数にゆとりをもたせることを表す。舒（ゆとりをもつ）・抒（のばす）・豫（＝予。ゆったり）と同系のことば」（『学研漢和大字典』）

①では「顔色舒緩」の意味が理解しにくい。②では「杼《ひ》を拝する」という事態が何のことか分からない。①②とも「あらかじめ」の意味の説明ができないから、仮借説を取らざるを得ない。③では語源的に「ゆとりをもたせる」という基本義を捉え、「事前にゆとりを置いて」という意味を導く。これは納得できる説。

改めて字源を見てみよう。「予《ヨ》（音・イメージ記号）＋頁（限定符号）」と解析する。「予」は右に述べたように、「空間的、また時間的に、幅やゆとりができる」というイメージがある。「頁」は頭や人体に関係があることを示す限定符号である。「預」は時間的なゆとりを取って頭数（人数）を備えておく状況を暗示させる図形と解釈できる。ただしそんな意味を表すわけではない。頭数（人数）を示す「頁」は具体的な場面を設定するために利用される限定符号、つまり造形の意匠のための限定符号であって、語の意味領域を限定するのではない。①が顔色と言い、②が拝礼を言うのは、限定符号にこだわって意味に含めようとするからである。「預」はただ「あらかじめ」の意味を表出しようとするだけである。「あらかじめ」とは「（何かをする前に）時間的なゆとりを取って置く」ということである。『戦国策』に「太子、預《あらかじ》め天下の利なる匕首を求む」（太子は前もって天下に名のある鋭利なあいくちを求めた）という用例がある。

「預」は参与の与と同音であるため参預とも書かれた。そこから「預」に「かかわる、参与する」の意味が付加された。与は「あずかる」という訓がある。「あずかる」とは「かかわる」の意味だが、「あずける」と読むと物を人にゆだねるという意味になる。こんな意味は「預」にないが、日本では物をあずけるの「あずける」の漢字表記として「預ける」と書くようになった。預金の預（あずける）などの意味に使うのは日本的展開である。

## 【逆】

音ギャク　訓さからう・あらかじめ

①「辵に従い（意符）屰の声（声符）の形声字。ゲキの音の表す意味は迎である。逆は歩いて出迎えるが本義。順逆の意

［逆］

（甲）

（金）

（篆）

の本字は屰である」（『漢字の起源』）

②「形声。音符は屰。屰は大を逆さまにした形で、向こうから来る人を上から見た形。辵（道を歩く意味）を加えた逆は、進むとは逆の方向で逆（むか）えるの意味となる」（『常用字解』）

③「屰《ギャク》は大の字型の人を逆さまにしたさま。逆は辵＋音符屰の会意兼形声文字。さかさの方向に進むこと。顎（上下さかさまにかみ合うあご）・忤（さかさ）・誤（食い違い）などと同系のことば。↓の方向に対して、反対に↑の方向に出る」（『学研漢和大字典』）

①ではゲキが迎えるの意味で、逆は歩いて出迎える意だという。ゲキとは何か。漢字の読み方なのか。漢語の読み方なのか。言語学では音は漢語の読み方である（音は記号素の聴覚部分であり、言葉そのものである）。ゲキが迎えるの意味ならば逆も迎える意味であるはず。「歩いて」は余計である。図形的解釈と意味が混乱している。②では図形から意味を引き出す説。屰は「向こうから来る人を上から見た形」という。「上から」とは樹木や屋根などの高所から見下ろすことであろうか。これが「逆の方向で迎える」という意味につながるだろうか。迎える場面を想像しにくい。③では「屰」に「さかさま」という基本義を捉え、↓の方向とは反対方向（↑の方向）に出るというイメージに展開させる。これは「さからう」ことでもあり、迎えるという行為でもある。

改めて字源を見てみよう。「屰《ギャク》（音・イメージ記号）＋辵（限定符号）」と解析する。「屰」は「大」の逆さ文字である。「大」は正常に立つ人の形である。これの逆形は当然「さかさ、逆向き」というイメージを示す記号になる。人が逆立ちする形とか、人を上から見た形などといった解釈にならない。Aの逆さ文字はAとは反対のイメージを表すのである。↑の形に対しては↓の形が反対のイメージである。「⇅」の形や「↓↑」の形も二つが逆向きになっている。「屰」は「⇅の形や↓↑の形（逆方向）になる」というイメージを示すことができる。したがって「逆」は逆方向に行く様子を暗示させる。↓の形が普通とすれば↑の形は反対方向である。物事の順序や方向が普通とは反対になることを古典漢語ではngiăkといい、「逆」と表記する。『孟子』に「水逆行し、中国に氾濫す」（川の水がさかさに行き、国中が水浸しになった）という用例がある。川の水は上流から↓の形に下るのが普通だが、大洪水のため↑の方向（上流）に向かうことを述べている。『詩経』では「孔《はなは》だ淑《よ》く逆らわず」（［敵は］とても従順で、逆らわなくなった）という用例がある。これは正当な物事や道理にそむく（さからう）の意味。

一方、↓の方向から来るものに対して、↑の方向へ出向いていくという意味にも展開する。『孫子』に「丘を背にするは、逆《むか》うる勿れ」（丘を背にした軍を迎えて戦うな）という用例がある。これは「迎える」の意味。逆旅《げきりょ》は旅人を迎えることで、宿屋の意味になる。

ここから時間漢字の「あらかじめ」が生まれる。↓の方向から来るものに対して↑の方向に前もって対応する、前もって用意して（あらかじめ）という意味に転じる。

## 「終・了・遂」の起源——時間漢字（70）

「ついに」はしまいに、最後にの意で、「おわる」と関係がある。「ついに」を表す漢字に終・了・遂・卒・迄・竟・畢などがある。終・了・卒・竟は「おわる」という意味がある。これらの字源・語源を尋ねてみよう。卒については別項ですでに述べている（「卒と頓の起源——時間漢字（51）」の項参照）。

### 【終】　音シュウ　訓おわり・ついに

①「冬が声符。冬の音の表す意味は聚結の意。糸の終末に球結を作って止める意である」（『漢字の起源』）

②「形声。音符は冬。冬は編み糸を結び止めた形で、終のもとの字。糸の末端を結んで終結（おわり）とすること」（『常用字解』）

[冬]

（甲）

（金）

（篆）

[終]

（篆）

③「冬《トウ》は冬の貯蔵用の食物をぶら下げたさまを描いた象形文字。収穫物を蓄えた一年の終わり。中（なかにいっぱい）・蓄（中にいっぱいにたくわえる）と同系のことば。終は糸＋音符冬の会意兼形声文字で、糸巻に糸を始めからおわりまで、いっぱい巻いて蓄えた糸の玉。最後まで行き着くの意を含む」（『学研漢和大字典』）

①では冬が聚結の意を表すというのが分からない。冬は凍結する季節だから聚結と結びつけたのかもしれないが、冬は「ふゆ」であって聚結の意味はない。終はただ「おわる」の意味であって、糸の末端を結んで止めるといった意味はない。②は①と同じような意味の解釈。③は語源と絡めた解釈。しかし図形の解釈と意味を区別している。「最後まで行き着く」が基本義で、意味は「物事が最後の段階まで進行してそれでおしまいになる。最後まで行き着く」とする。

改めて字源を見てみよう。「冬（音・イメージ記号）＋糸（限定符号）」と解析する。「冬」についてはすでに述べたが（「四季の漢字④　冬の起源——時間漢字（17）」の項参照）、もう一度振り返ってみる。字形は何とでも解釈できるから、語源的探求が必要である。語源が字源の恣意的解釈に歯止めをかける。

古人は「冬は終なり」とか、「冬は中なり、中は蔵なり」と語源を説いている。一年が終わって万物が地中に収蔵される季節というのが古人の語源意識である。これを承けて学問(言語学、音韻論)的に語源を究明したのが藤堂明保である。③にあるように、冬(tong)は中(tiong)・蓄(tiok)と同源で、「物を収蔵する季節」「作物をしまいこみ蓄える季節」が「冬」であるという。この説に従えば、tong(冬)という語のコアイメージは「中にいっぱい蓄える」としてよい。「蓄える」はある空間の中にいっぱい満たすことでもある。十分に満たしたら、空間的余裕はなくなり、限界に達する。ここから「尽きる」「終わる」というイメージに転化するのは自然である。「冬」という記号は「いっぱいに蓄える」から、「限界に達して尽きる」というイメージに展開する。限界に達して尽きることが「おわる」ことである。「蓄える」「尽きる」「終わる」は連合する三つ組イメージである。

語源を究明することによって字源の解釈も可能になる。字形だけの解釈は諸説紛々のありさまで定説といったものはないが、語源の視角から字形を見ると別の解釈が生まれる。③では「冬の貯蔵用の食物をぶら下げたさま」としているが、筆者は、越冬用の果実(干し柿の類)を干している情景で、それに「冫」(寒さを示す限定符号)を添えたのが「冬」の図形と解釈した(拙著『漢字語源語義辞典』)。これが絶対に正しいと主張するつもりはないが、季節の「ふゆ」をなぜtongといい、なぜ「冬」の図形が考案されたかの理由が説明できる。さらに、「おわる」ことをなぜtiongといい、なぜ「終」の図形が考案されたかの理由も説明できる。

「冬」は「いっぱいに蓄える」がコアイメージである。したがって「終」は糸巻に糸をいっぱいに蓄える情景と解釈できる。しかしそんな意味を表すわけではない。限定符号を「糸」にしたのは、tiongという語の意味を暗示させるための意匠造りのために過ぎない。「糸巻に糸をいっぱい蓄える」は図形的意匠であって意味ではない。意味は語源的に探求された「いっぱいになって(限界に達して)尽きる」ということ、言い換えれば「最後の段階まで行き尽くす」ということである。これが日本語の「おわる」に当たる。最後の段階(おしまい、おわり)という名詞、最後に(おしまいに、ついに)という副詞的用法も生まれた。『詩経』に「終に兄弟を遠ざかる」(とうとう兄弟から遠く離れていった)という用例がある。語史は非常に古い。

## 【了】　音リョウ　訓おわる・ついに

[了]

(篆)

①「子の臂なきに従う象形字。レウの音の表すは繚(まつわ

る)。両手がなえて縄をなうごとく身体に纏わりつくを言う」(『漢字の起源』)
②「象形。ものを拗《ね》じる形。糸がもつれて、ここで終わるので、〝おわる〟の意味となる」(『常用字解』)
③「物がもつれてぶら下がるさま、また、ぶら下がった物をからげるさまを描いた象形文字。もと繚(ずるずるともつれる)と同系のことば。転じて、長く続いたものをからげて、けりをつけるの意となる」(『学研漢和大字典』)
①は図形的解釈と意味が混乱している。意味とすれば、そんな意味はあり得ない。意味とは具体的文脈における語の使い方である。②では糸がねじれて終わるから、終わるの意味が出たという。「ねじる」から「おわる」への意味展開に必然性がない。③は了と繚を同源とし、長く続くものをからげる→けりをつける(おわる)と解釈するが、少し分かりにくい。

改めて字源を見てみよう。「了」の篆文は○の下に亅をつけたような形(♀の横棒を省いたような形)である。もつれて絡まった状態が段々と解けていく様子を示す象徴的符号と見ることができる。もつれて絡まった状態は§のような形であるが、○はそれを単純化したもの。§が解けて∫のようなすっきりした状態になることを○と亅の組み合わせで示したと考えられる。漢字の図形は静止画像しか表せない。物事の変化を表す動画風の画像を表すことはできない。しかし同じ平面に二つ符号を組み込むことで動画的効果を表す場合がある。例えば危険の「危」は厂(がけ)の上に⺈(跪いて下を臨む人)と卩(落ちてかがまった人)を配して、上の人が下の人のような姿になる情景を暗示させている。これは動画風に読むとよく分かる。「了」もこれと同じ手法である。もつれた状態(○)からもつれが段々と解けた姿(亅)に変化していく情景を暗示させようとする。この図形的意匠によって、「もつれが解ける」というイメージを表すことができる。

「もつれが解ける」というイメージから、絡まった事態がすっきりと解けて決着するという意味が実現される。これが完了・終了の了である。ここから、事態がすっきりと決着して→ついにの意味を派生する。一方、訳が分からない事態が心の中ですっきりと解ける、つまり、はっきりと分かるという意味も生じる。これが了解・了察の了である。

## 【遂】

㊔スイ ㊂とげる・ついに

①「(㒸・遂は同字。㒸は八と豕の会意。遂は辵と㒸の会意)。スイの音の表す意味は推(推して前進する意)である。豕が群進する

[㒸]

(篆)

[遂]

(篆)

場合に推しのけて前進する意」（『漢字の起源』）

②「形声。音符は㒸。㒸は霊の力を持つ獣。この獣を用いて行為を継続するかどうかを占い、占いの結果、継続することを遂という。それで遂は継続して〝なしとげる、なす、とげる〟の意味となる。辵は歩くの意味であるから、遂は路上で占うのである」（『常用字解』）

③「㒸《イス》は重いぶたを描いた象形文字で、隊・墜などの音符として用いられる。遂は辵（進む）＋音符㒸の形声文字で、㒸の原義とは関係がない。道筋をたどって奥へ進むこと。追（ルートを追って進む）・水（低地に従って進むみず）・隧（ルートに従って奥へ入るトンネル）・邃（奥深い）などと同系のことば」（『学研漢和大字典』）

①では図形的解釈をストレートに意味とする。ぶたが他のぶたを押しのけて前進するといった意味はあり得ない。単に「前進する」の意味はある。②では占いの結果継続する意味から、なしとげる意味が出たというが、意味展開に必然性がない。②の文字学にはコアイメージという概念がないので、形声文字の説明原理を欠く。だから会意的に解釈するほかはないが、図形的解釈と意味が混同されて、意味に余計な意味素が入り込む。③は純粋な形声文字という説。語源的に「ルートに従って奥へ入る、奥へ進む」という基本義を捉え、「道筋をたどって奥までたどりつく。いけるところまでいく」という意味とする。

改めて字源を見てみよう。「㒸」は単独ではめったに使われないレアな記号である。隊のグループ（墜）と遂のグループ（隧・邃・燧）の同源語を表記するための特別な記号である。これらの音・イメージ記号として用いられる。「㒸」については「隊」の項で述べているが（「隊の起源——助数漢字（61）」の項参照）、もう一度振り返ってみる。

「㒸（㒸）」は「八＋豕」に分析できる。「八」は両側に⇃⇂の形に分かれることを示す記号。「豕」はブタ。「八（イメージ記号）＋豕（限定符号）」を合わせた「㒸」は、⇃⇂の形に腹の張り出た太ったブタ、腹が太って垂れたブタを暗示させる図形。ブタという実体に重点があるのではなく形態や機能に重点がある。物理的形態に視点を置くと、「集まったかたまり」「多くの物の集まり」というイメージがあるが、物理的な性質に視点を置くと、「↓の形に重みが加わる」「重力が加わって↓の形に垂れ下がる」というイメージがある。前者は軍隊の隊（集団）、後者は墜落の墜（おちる）に具体的な意味として実現される。

一方、後者の「重力が↓の形に加わる」というイメージは、視点を垂直軸から水平軸に換えると、「圧力が加わって→の形（横）に推し進める」というイメージに転化する。これと同じイメージ転化現象は追・推にも見られる。「圧力をかけて→の形に推し進める」というイメージは「何らかの力を加えて奥まで（最後の地点まで）到達させる」というイメージに展開する。このように「↓の形に力が加わる」というイメージから「→の形に推し進める」、さらに「とことんまで突き進める」というイメージに転じる。かくて「遂」は「㒸《イス》（音・イメージ記号）＋辵（限定符号）」を合わせて、力を推し進めて最後の地点まで行かせる様子を暗示させる。この図形的意匠によって、最後までやりとげることを意味する古典漢語のd(z)iuər を表記する。

最後の地点まで到達させることは空間的なイメージだが、物事の進行の最後だから時間的イメージでもある。ここから「ついに」という時間漢字の用法が生まれる。『論語』に「明日遂に行けり」（明くる日、とうとう立ち去った）という用例がある。

## 「迄」と「竟」の起源――時間漢字(71)

迄は「〜まで」の「まで」の表記に用いられる。普通は仮名表記にするが、現在は人名漢字になっているので常用漢字に準じて使える。竟はちょっと難しいが畢竟《ひっきょう》、究竟《くっきょう》に使われ、「おわる」「ついに」の訓がある。迄と竟の字源・語源を尋ねてみよう。

### 【迄】 音キツ 訓いたる・まで

①（『漢字の起源』にない）

②「形声。声符は乞。乞に〝もとむ〟と〝およぶ〟の両義があり、迄は〝およぶ〟の意の字として作られた繁文である」（『字統』）

③「辵＋音符乞《ツキ》（つかえて止まる）の会意兼形声文字で、行き詰まりになること。吃と同系のことば」（『学研漢和大字典』）

②では乞に「もとむ」と「およぶ」とあるが、「乞」の項では「神霊に祈ること」とあり、「およぶ」の意味は見当たらない。神霊に祈るは「求める」と縁があっても、「およぶ」とは縁がない。

③では乞に「つかえて止まる」という基本義を捉え、迄の意味を「行く所まで行って止まる」とする。

改めて字源を見てみよう。

「乞」（音はキツ、訓は「こう」）は常用漢字だが、使用頻度は多くない。音読みでは托鉢の別名である乞食《こつじき》ぐらい。訓読みでは「ご期待を乞う」「物乞い」などと使う。『論語』に「或

るひと醯《けい》を乞う」(ある人が酢を貸してくれと請うた)という用例がある。「乞」は物を請い求めるの意味である。

物を請い求めるという行為は相手を無理に引き止めてねだるということでもある。道中で人に物をねだる人を乞丐《きっかい》という。人を遮って(押し止めて)無理に物を求めるというイメージの強い言葉を古典漢語ではk'iatといい、これを「乞」と表記した。

「乞」は「气」(気・汽に含まれる)から分化した(音も形も少し変えた)字である。したがって「乞(k'iat)」と「气(k'iad)」は同源である。「气」はガス状のものがいっぱい立ちこめる情景を暗示させる図形である。「(ある空間内に)いっぱい満ちる」というイメージがある。全体に視点を置くと、「いっぱい満ちる」というイメージだが、部分に視点を置くと、「(前後が詰まって)つかえて止まる」というイメージである。「つかえて止まる」は「その場に押し止める」というイメージにも展開する。物乞いをする際、人を無理に押し止める状況に焦点を当てたのが「乞」という語である。

このようなイメージ展開を経て生まれたのが「迄」という語である。

『詩経』に「以て今に迄《いた》る」(そうして現在に至っている)という用例がある。終わりの所・時まで行き着く(いたる)という意味である。これを古典漢語ではhiatといい、「迄」と表記する。「迄」の成立は非常に古いから、「乞」も古いことが分かる。「乞」は右に述べたように「つかえて止まる」というのがコアイメージである。「乞キツ・コツ(音・イメージ記号)+辵(限定符号)」を合わせた「迄」は、終点まで来て(その場につかえて)止まる情景を暗示させる図形である。この意匠によって、空間的だけでなく時間的に終点まで来て止まる(いたる)ことを表すことができる。これから「ついに」(時間的に最後に、終わりに)の意味を派生する。

日本では空間・時間や程度の限界を示す「まで」に用いる。東京迄、今迄、これ迄などと使う。これは日本的展開である。

## 【竟】

㊥キョウ　㊦おわる・ついに

① 「儿が声符。儿は身体屈曲の醜人の形で、窮の意を表す。楽曲の終わるをいう」(『漢字の起源』)

② 「会意。音と人に従う。祝禱である言に対して、神の応答があるのを音という。いわゆる〃音なひ〃である。その神の応答があることを示す字が竟であるから、竟とは祝禱の竟《おわ》ること、その成就することをいう」(『字統』)

③ 「音+人の会意文字で、音楽のおわり、楽章の最後を示す。境(末端の切れ目、さかい)などと同系のことば」(『学研漢和大

[竟]

(篆)

字典』)

①では儿が音符で竆の意味を表すというのが理解不能。②は字源も意味も理解し難い。神に祈って、神が答えれば、祈りは終わる。だから神の応答から祝禱の終わりの意味が出たというのであろう。しかし竟に祝禱が終わるという意味はない。③は『説文解字』にもある説だが、「人」は何かの言及がない。

改めて字源を見てみよう。「竟」は境・鏡の基幹記号である。「竟」のコアイメージを理解することは重要である。境(さかい)と鏡(かがみ)という関係のなさそうに見える二つの語を結びつけるのが「竟」のもつコアイメージである。ではどんなイメージか。

「竟」は「音(おと)+儿(人)」という極めて舌足らず(情報不足)な図形である。形は何とでも解釈できる。語源が先立つべきである。語源の探求が字源の恣意的な解釈に歯止めをかける。また用例がないと意味は分からないので、古典の用法を確かめる必要がある。

『詩経』に「譖《しん》始めて竟《つい》に背《そむ》かる」(いつわりは結局背かれる)という用例がある。注釈に「終」「卒尽」の意とある。「竟」は「おわる」「ついに」の意味であることが分かる。「おわる」から「ついに」の意味に転じるのはすでに見た通りである(「終」「了」「卒」の各項参照)。

「おわる」を意味する古典漢語kiăngをなぜ「竟」で表記したのか。『説文解字』では「楽曲尽くるを竟と為す」と解釈している。音楽の終わりの意味とした。しかし「おわる」を表象するのに音楽を持ってきたのは図形的意匠の場面造りと考えられる。それは人が音を出して歌う場面である。音楽や歌は抑揚のないうなり声ではなく、リズムや節があり、一定の拍子で繰り返される。一定の区切られたリズムや拍子が歌や音楽を成り立たせる。このように、音楽や歌に区切りがあることを「音(イメージ記号)+儿(限定符号)」を合わせた「竟」の図形で暗示させたと考えられる。音楽という具体的なイメージを利用して、「区切りをつける」という抽象的なイメージを表そうとするのが「竟」である。

「竟」は音楽とは関係がなく、ただ「区切りをつける」というイメージを表す記号と結論づけられる。「境」と「鏡」はこのイメージで結びつく。

境　土地の区切り(さかい)。境界・国境の境。

鏡　明暗の境目をくっきりとつけて姿を映し出すもの(かがみ)。

「竟」はコアイメージから具体的文脈における使い方(すなわち意味)が実現される。ある事態に区切りがつくという意味が実現される。これを訓で「おわる」と読む。時間漢字の用法「ついに」(最後の区切りがついて、結局の意)はここから展開する。畢竟(ついに、結局)は畢も竟も「おわる」の意味から「ついに」の意味に転じた。

## 「進・歩・行・運」の起源——時間漢字(72)

時間を表現する場合、空間的に捉えることは普通である。時間が過ぎるの「過ぎる」は空間を通っていくことから、時間に応用される。これはメタファーである。日進月歩の進・歩、行年の行も同じである。歩は単位漢字、行は助数漢字として既述しているが、ここでは時間漢字として取り上げる。

### 【進】 音シン 訓すすむ

①「(隹が声符)。隹の音の表す意味は冓、即ち屨を穿いて出る意。進は屨を穿いて歩行前進する意」(『漢字の起源』)

②「形声。音符は隹《すい》。隹は鳥の形で、鳥占いによって軍の進退を決め、進軍させることを進といい、〝すすめる、すすむ〟の意味となる」(『常用漢字』)

③「辵+隹(とり)の会意文字で、鳥が飛ぶように前にすすむことを表す。信(すらすらとすすむ、偽りのないことば)と同系

[進]

(甲) (金) (篆)

のことば」(『学研漢和大字典』)

①では隹が靴を履いて出る意を表すというのが理解不能。同語反復の字源説。②では図形的解釈をそのまま意味とするから、余計な意味素が混入している。しかも図形的解釈は根拠が不明である。

③はまず図形的解釈では鳥を比喩とする。次に進と信の同源関係を指摘する。これには裏付けがある。藤堂明保は進は、信のほかに、疾、窃、晋、秦のグループ(蓁・臻)、卂《じん》のグループ(迅・訊・蝨[=虱])などとも同源で、これらの語群はTSET・TSER・TSENという音形と、「速く進む」という基本義をもつという(『漢字語源辞典』)。

改めて字源を見てみよう。「進」は「辵」と「隹(鳥の形)」を合わせただけの極めて舌足らず(情報不足)な図形である。何とでも解釈できる。図形→意味の方向ではなく、意味→図形の方向に漢字を見るのが正道である。意味は古典の文脈にある。だからまず古典の用法を調べる必要がある。『詩経』に「その虎臣を進む」(勇猛の臣を前進させる)という用例があり、「進」は前にすすむ、すすめる意味で使われている。

前にすすむことを意味する古典漢語はtsienという。この聴覚記号を表記するために考案されたのが「進」という図形である。「隹」は鳥を描いた図形である。動物は前にすすむ

ものだが、鳥は前に飛ぶだけで退くことはない。だから「隹」を利用して、「隹（イメージ記号）＋辵（限定符号）」を合わせた「進」が造形された。前へ前へとすすんでいく情景というのが「進」の図形的意匠である。鳥という実体に重点があるのではなく、その生態的特徴に重点を置くのである。しかし「とり」を表す記号には「鳥」もある。なぜ図形の意匠造りのために「鳥」ではなく「隹」が選ばれたのか。これには理由がある。それは言葉の違い、イメージの違いである。「鳥」はtögという音で、「尾が長く垂れ下がる」というイメージの語である。一方、「隹」はtiuərという音で、「体形が丸みを帯びてずんぐりしている」というイメージの語である。このイメージから「重みが加わってずっしりしている（ずっしりと重い）」「上から下にずっしりと重みをかける」というイメージに展開する。これは垂直（↓）の形に重力・圧力がかかるイメージだが、視点を水平（→）の軸に換えると、「横や前の方向に重力・圧力を加える」というイメージにもなる。推進の推（重みをかけてぐっと前におし出す、おし進める）はこのイメージが実現されている。「前にすすめる」を意味する語の視覚記号として「隹」を選んだ理由はここにあると言ってよい。

　以上のように考察すると、「進」の意味素としては「速く」よりも「推進力が加わって」がよいかもしれない。日本語の「すすむ」のススは「水平面で基点から先へ先へと伸びる勢い」を表し、ススムは「基点から勢いよく前進していく意」という（『古典基礎語辞典』）。漢語の「進」と日本語の「すすむ」は語源的に似ている。

　時間的用法としては日進月歩がある。日本語でも「月日が進む」「（時計が）一分進む」などと使っている。

## 【歩】

音ホ　訓あるく・あゆむ

　字源についてはすでに「跬・歩・里の起源――単位漢字（5）」で述べているが、もう一度振り返る。「歩」の上部は「止」であるが、下部が分かりにくい。旧字体は「步」である。「少」の右上の「丶」がない。「步」の下部は実は「止」の鏡文字（左右反転形）である。「止」は右の足（foot）の形で、その反転形は左の足である。だから左右の足を上下に配置したのが「步」である。足を交互に踏み出す情景を設定した図形である。この意匠によって、あるく意味の古典漢語bagを表記する。

　「あるく」は空間における動作であるが、これが時間的な経過、移りゆきを表すことがある。日本語でも「時の歩み」「歴史の歩み」「人生の歩み」のような使い方がある。『詩経』に「天歩艱難」（天の歩みは難儀なもの）という用例がある。天歩は文字通り天が歩行するわけではない。天は自然でもあるが、人間を含めた世界でもある。世界や国家や社会の時間的な移ろいが天歩である。

## 【行】

㊍コウ　㊞いく・ゆく・おこなう

「行」は十字路を描いた図形である（「行と桁の起源——助数漢字（25）」の項参照）。古典漢語の ɦăng は「道」「道をまっすぐ進む（いく・ゆく）」という意味で、この聴覚記号の視覚記号化として「行」が生まれた。

道は目的地にまっすぐ到達させるものであり、形態上も「まっすぐな筋」というイメージがある。これは空間的なイメージであるが、時間的なイメージにも転用できる。時間がまっすぐ進んでいく（経過する）という意味になる。『管子』に「城の粟《ぞく》、軍糧は、行くこと幾何《いくばく》年なるべきや」（城内の食料や兵糧は、何年経過できるだろうか）という用例がある。食糧が何年もつかということを言っている。この「行」は一定の時間の範囲を経過するという意味である。人の寿命の年数を数える際、「行年〜歳」ということがある。人が死ぬまでの間に経過した年数を行年という。享年も似たような意味。享は「受ける」という意味で、天から授かった年数（年齢）が享年である。

日本語の「ゆく」にも「時が経過する」「年齢が進む」の意味がある（『岩波古語辞典』）。

## 【運】

㊍ウン　㊞めぐる・はこぶ

「運」を「はこぶ」と読むと時間と何の関係があるのか分からなくなる。「運」の「はこぶ」は特殊な意味で、「めぐる」が本義である。めぐる→めぐりあわせと転義し、時運・機運という言葉が出てくる。

こんな字源説がある。

①「軍が声符。軍の音の表す意味は円で、車輪の円転する意。運は車輪が円転して道路を進行する意」（『漢字の起源』）

②「形声。音符は軍。軍は車の上に旗がなびく形。将軍の乗る兵車の旗の動きによって軍の行動は指揮された。全軍はその旗の動きによって兵車を運《めぐ》らし、移動させる。〝めぐらす、めぐる、うごかす、はこぶ〟の意味に用いる」（『常用字解』）

③「軍は戦車で丸く取り巻いた陣立て。運は辵（足の動作）＋音符軍（めぐる）の会意兼形声文字で、ぐるぐる回ること。渾（丸いかたまり）・群（丸く取り巻いたむれ）・円（まるい）などと同系のことば」（『学研漢和大字典』）

①では軍が「車輪の円転する意」を表すというのが不可解。こんな意味はない。同語反復の字源説。②では車の上になび

［軍］（金）（篆）　［運］（篆）

く旗→将軍が旗で指揮する→兵車をめぐらし移動させる→めぐらす・うごかす・はこぶという意味の展開に必然性がない。なぜ車上の旗が将軍の旗なのか、なぜ旗で指揮して兵車をめぐらすのか、図形から見えてこない（そんな情報は含まれていない）。③では語源的に「丸く取り巻く」という基本義を捉え、「ぐるぐる回る」という意味を導く。車や陣立ては図形の解釈で、意味に含めていない。これは合理的である。

改めて字源を見てみよう。「軍《グン》（音・イメージ記号）＋辵（限定符号）」と解析する。「軍」が語の深層構造とかかわる基幹記号である。「軍」については既に述べているが（「軍と群の起源――助数漢字（18）」の項参照）、もう一度振り返ってみる。「軍」の篆文は「勹＋車」となっている（隷書で勹が冖に変わった）。「勹」は包や旬に含まれ、「丸く取り巻く」「丸く回る」というイメージを示す象徴的符号である。したがって「軍」は周囲を丸く取り巻いて陣地を造る情景を設定した図形である。車や陣地という具体物に焦点があるわけではなく、「丸く取り巻く」「丸く回る（めぐらす）」という状況に焦点があるのである。抽象的なイメージを表現するには具体物を借りて表現するしかないので（象徴的符号は例外）、陣地の造営の場面を設定したのである。このような漢字の造形法が分からないと、図形的解釈をそのまま意味とする間違いが起こる。

さて「軍」は「丸く回る」がコアイメージである。したがって「運」は視座を置いた所（固定した物）をぐるぐる回る状況を暗示させる図形である。この意匠によって、ぐるぐる回る（回す、めぐらす、めぐる）という意味をもつ古典漢語 ɦiuən を表記する。

『孟子』に「天下は掌《たなごころ》に運《めぐ》らすべし」（天下を治めるのは、手のひらの上で物を回す［ころがす］ように簡単だ）という用例がある。「丸く回る」のイメージを図示すると、「↻」の形である。これが連鎖すると「↻↻↻…」の形になる。これは「丸いものが点々と転がるようにして移る」というイメージである。このイメージから、物事がスムーズに動く意味が実現される（運転・運動の運）。また、物事をスムーズに働かすという意味が実現される（運営・運用の運）。運搬の運はこの後に生じた転義である。物が移動する過程に移動の手段が入り込んで、「はこぶ」（運搬・運送）の結果として移すという意味を派生した。

時間的用法は「めぐる」という本義から転用される。『易経』に「日月運行し、一寒一暑」（日と月がめぐり行くと、寒くなったり、暑くなったりする［季節が変わる］）という用例がある。文字通りには、太陽と月が運動することであるが、比喩的に時が移りゆくという意味になる。天（自然、世界、世の中）の時間的移りゆきが天運である。また時運（時の移りゆき）、世運（世の中の移りゆき）などの言葉がある。運命の運はここから生まれる。時の経過とともに変転する社会や個人の成り行き（めぐりあわせ）が「運」である。

日本語の「めぐる」は「物の周囲を一周りするようにかこむ意。転じて、一つ方向に順次移動して、再び出発点に戻る意」で、さらに「時が移る。経過する」の意味がある（『岩波古語辞典』）。「月日のめぐり」はこの意味。

なお常用漢字表では「回」や「運」「周」に「めぐる」の訓がなく、「巡」にある。物の回りをぐるぐる回るの意味の「めぐる」は「回」「運」「周」を使うのが正しい。「巡」は見回る、あちこち回り歩くという意味である。「堂々巡り」は同じ所を回ることだから、別の場所を次々に回って歩くの「巡る」ではおかしい。しかし慣用されているので、「日本的展開」として認めるのがよかろう。

「めぐる」の訓をもつ回・周・巡については助数漢字で扱っている。

## 「逝」と「徂」の起源——時間漢字（73）

時間が歩行・進行のイメージで捉えられたことは前項の「進・歩・行・運の起源」で見たが、過（すぎる）・去（さる）もある。また推移の移（うつる）、変遷の遷（うつる）もある。

本項では逝と徂を取り上げる。時間が去って行くと、命あるものに終わりがくる。逝と徂に死ぬという意味が生まれる。

### 【逝】 音セイ 訓いく・ゆく

こんな字源説がある。

①（『漢字の起源』にない）

②「形声。音符は折。説文に〝往くなり〟とあり、古くはその場所に往き臨むことをいう」（『常用字解』）

③「辵＋音符折の会意兼形声文字。ふっつりと折れるように行ってしまうこと」（『学研漢和大字典』）

②は折の説明がつかないから、説文の「往」に引きずられて「その場所に往き臨む」という意味を導いた。そんな意味はない。

「逝」は歩行・進行に関する意味だが、視座は歩行者にある。しかし「行」とも「去」ともイメージが違う。何が違うか。それには「折」のコアイメージが深く関わっている。

「折」については「際・瀬・潮・折の起源——時間漢字（6）」で既に述べた。「折」は「—」（直線状）のものを「— —」の形に左右（または上下）に切り離すことを示す記号であ

［逝］

（金）（篆）（篆）（篆）

る。「途中で左右に切り離す」が「折」のコアイメージである。したがって「折《セツ》（音・イメージ記号）＋辵（限定符号）」を合わせた「逝」は、その（歩行者のいる）場所から離れて行く様子を暗示させる。この図形的意匠によって、「その場からどこかへ立ち去る」という意味をもつ古典漢語dhiad（呉音はゼ、漢音はセイ）を表記する。『詩経』に「汎汎として其れ逝く」（舟はぷかぷかと浮かんで行ってしまった）という用例がある。

立ち去ってどこかへ行けば元に戻らない。だから「逝」には「死ぬ」という意味が生まれる。逝去・急逝の逝である。

## 【徂】

㊅ソ　㊇いく・ゆく

「且《シャ・ソ》（音・イメージ記号）＋彳（限定符号）」と解析する。「且」は一段一段と上に重なることを示す象徴的符号である。垂直のイメージは水平でもよい。図示すると「□□□」の形であるが、これは「□・□・□」の形（点々と重なるように並ぶ）というイメージにもなる。したがって「徂」は一歩一歩と歩（ステップ）を重ねて進む様子を暗示させる。『詩経』に「我、東山に徂《ゆ》く」（私は東方の山地に行った）という用例がある。目的地に段々と進んで行ってそこに到るという意味。また「六月、暑に徂く」（六月は段々と暑くなる季節）という用例では時間の進行を意味する。時間が進行した究極の先に死がある。『史記』の伯夷列伝に「于嗟《ああ》徂かん、命の衰えたるかな」（ああ私は死ぬだろう。命が尽きた）という用例がある。

［且］

（甲）

（金）

（篆）

［徂］

（篆）

（篆）

## 「過・去・往」の起源——時間漢字（74）

過去は昔、以前の意味だが、過と去はどんな意味か。字源・語源を探ってみよう。

## 【過】

㊅カ　㊇すぎる・よぎる・あやまつ

こんな字源説がある。

①「咼が声符。咼の音の表す意味は〝多い〟である。道を歩いて、適当な所に止まらず、多く行くをいう」（『漢字の起源』）

②「形声。音符は咼。咼は冎《か》（人の上半身の残骨）に口（祝詞を入れる器の形）を添えて、禍を祓うことを祈るの意味となる。それに辵（歩くという意味）を加えた過は、特定の重要な場所

［咼］

（篆）

［過］

（篆）

を通過するために禍を祓う儀礼をいう字であろう。それで〃すぎる、すごす〃の意味がある」（『常用字解』）

③「咼は上に丸い穴のあいた骨があり、下にその穴にはまりこむ骨のある形で、自由に動く関節を示す象形文字。過は辵＋音符咼の会意兼形声文字で、両側にゆとりがあって、するすると障りなく通過すること。勢い余って、行き過ぎる意を生じる。滑（するりとすべる）はその語尾がtに転じたことば」（『学研漢和大字典』）

①では咼が多いの意味を表すとは理解不能。過の意味も分かりにくい。②では上半身の残骨と、祝詞を入れる器を合わせて、禍を祓うことを祈る意味が出るというのが分からない。また、なぜ辵が「特定の場所を通過する」ことになるのか、理解し難い。情報量の少ない図形から儀礼や習俗を読み取るのは無理がある。②はコアイメージの概念がなく、形声文字の説明原理をもたないから、会意的に解釈するので、図形的解釈をストレートに意味とする。そのため意味に余計な要素が紛れ込む。意味はただ「すぎる」であって、骨も禍も祈りも儀礼も余計である。③は「（ゆとりがあって）自由に動く」という基本義だけを用い、過をするすると障りなく通過する意味としている。

改めて字源を見てみよう。「咼《カ》（音・イメージ記号）＋辵（限定符号）」と解析する。「咼」が語の深層構造にかかわる基幹記号であり、コアイメージを表す記号である。「咼」とは何か。字源は諸説紛々だが、初めて関節の形と解したのは藤堂明保である。これが「咼」のグループ（過・禍・渦・鍋・堝・窩など）をうまく説明できる。「冎」は「骨」の上部と同じで骨の形。「口」は穴の形。したがって「冎＋口」を合わせた「咼」は穴にはまる骨、つまり関節を暗示させる図形である。漢字を見る目は実体にこだわってはならない。実体に重点があるのではなく、形態や機能に重点がある。これはなぜかというと、語のイメージ、特に深層構造をなすコアイメージは抽象的であり、これを図形化するには具体的な物のイメージを借りるほかはないからである。では「咼」はどんなコアイメージを表すのか。

関節は骨と骨のつなぎ目である。つながった骨はなぜ動くのか。関節腔の液が滑らかな動きを作るもとであるが、古人は上の骨の穴に下の骨がはまり込んで、くるくると自在に動くと考えたらしい。kuarという語のコアイメージがこれで明らかになる。つまり「丸い穴」「丸い」「くるくる回る」というイメージである。これらのイメージを図示すると、「○」や「↻」の形である。この形が連鎖すると、「○○○…」や「↻↻↻…」の形になる。漢語の意味論的特徴の一つに、「丸い」→「回る」→「くるくると回っていく」(点々と転がる、点々と移る)というイメージ転化現象がある(伝・転・運などはこの例)。

このように「咼」も「丸い」「回る」のイメージから「点々と回るように動いて移る」というイメージに転化しうる。したがって「過」は視座を置いた地点から別の地点に通って行く情景を暗示させる図形である。この意匠によって、ある地点を通って行くことを意味する古典漢語kuarを表記する。『論語』に「鯉《り》、趨《はし》りて庭を過《よぎ》る」(鯉［孔子の息子の名］は小走りで庭を通って行った)という用例がある。漢文ではこの意味の場合「よぎる」と読む。「よぎる」は「前を通りすぎる。通過する」の意味。一方、「すぎる」は「空間的には、止まるべき所、立ち寄るべき所に、止まらず、立ち寄らず、先に進む意。時間的には、ある特定の時点や、期間をこえて、その先へ時間がどんどん進む意」という(『古典基礎語辞典』)。「すぎる」は漢語の「過」とニュアンスが違う。「過」は視座を置いた地点を通って行く意味で(経過・通過の過)、視座を置いた所から離れていくから、ある範囲や程度の基準を超えてしまう(行き過ぎる)という意味に展開する(過剰・超過の過)。時間的には、ある範囲を時間が経過する意味である。過去は、現在から振り返って、ある範囲をすでに経過した時間(昔の意味)、過日は現在から少し前の経過した日時(先日の意味)である。

## 【去】

音キョ・コ　訓さる

①「飯器とその蓋の象形。キョの音は曲の音から来ている。曲げ物である」(『漢字の起源』)

②「会意。大(手足を広げて立っている人)と亼《きょ》とを組み合わせた形。亼は口(祝詞を入れる器の形)の蓋を外して、祝詞が無効であることを示す。古い時代には、裁判は祝詞を唱え、偽りがあれば罰を受けますと神に誓って行う神判の形式で行われた。神判に敗れた者(大)は殺され、祝詞が不正であったので、口の蓋を取った亼とともに棄てられた。去は〝すてる〟というのがもとの意味である」(『常用字解』)

③「蓋つきのくぼんだ容器を描いた象形文字で、⿱⺮去《キョ》(くぼんだかご)の原字。くぼむ・引っ込むの意を含み、却と最も近い。転じて、現場から退却する、姿を隠す意となる。胠(くぼんだ腋の下)・呿(口をくぼめる)とも同系のことば」(『学研漢和大字典』)

①ではあり得ない意味を導いている。②は根拠の乏しい習俗から「棄てる」という意味を引き出したが、「棄てる」は去の原義ではなく、取り去る、除く(撤去の去)からの転義である。③では語源を絡めた解釈。「くぼむ」という基本義を

［去］

(甲)

(金)

(篆)

捉えて、「引っ込める」「その場から引き下がる」を去の意味とする。これは退去・撤去・除去などをカバーする意味である。

改めて字源を見てみよう。「脚」の項で、却を説明する際に去の字源を検討しているが（「脚の起源——助数漢字（74）」の項参照）、もう一度振り返ってみる。「去」は「厺」が本字である。「𠙴《ヨキ》（音・イメージ記号）＋大（限定符号）」と解析する。「大」は人の形で、人に関する限定符号になる。「𠙴」は底のくぼんだかごを描いた図形で、「下方にへこむ」「くぼむ」というイメージを表すことができる。図示すれば「∨」の形や「∪」の形である。したがって「厺（＝去）」は人が一線から下方にへこんでいく様子を暗示させる。規準線を「一」とすると、一が∨の形に下方にへこむことは引き下がることである。「さる」という行為の根底にはこのようなイメージ、「一線から（下方や後方に）引き下がる」というイメージがある。だから「さる」を意味する古典漢語k'iagに対する視覚記号として「厺（＝去）」が造形された。

『詩経』に「鳥乃ち去る」（鳥は飛び去っていった）という用例がある。空間的に、その場から引き下がって離れていくという意味が最初である。これを時間的に転用して、『孟子』に「紂の武丁を去ること未だ久しからず」（殷の紂王は武丁の時代からそれほど離れていない）という用例があり、時間的に間が離れている意味に使われている。日本語の「さる」は「こちらの気持ちにかかわりなく、移動して来たり、移動して行ったりする意」で、時間的に移りめぐってくる→空間的に遠ざかるの意味に転じたらしい（『岩波古語辞典』）。漢語の「去」とは逆の転義の仕方である。

「去」のコアイメージは「へこむ」「引き下がる」なので、下方や後方というイメージが含まれている。空間の場合は退却の却にこのイメージが現れるが、「去」では時間的用法で後方のイメージが出てくる。現在に規準時点を置いて、前（未来）の方向に視点を移して、これからやって来る年（一年後）を来年という。後ろ（過去）の方向に視点を移して、その時点から現在まで過ぎ去った年（一年前）を去年という。

## 【往】

音オウ　訓いく・ゆく

日本語の「いぬ」を「往ぬ」「去ぬ」と書く。「いぬ」は「その場から消えて行ってしまう」の意味のほかに「（年月が）過ぎ去る」の意味がある（『岩波古語辞典』）。古典漢語の「往」も同じである。已往は過ぎ去った時間（昔、以前）の意味。往年、過年、去年はこの順に現在から離れている。

［㞷］

（甲）

（篆）

［往］

（金）

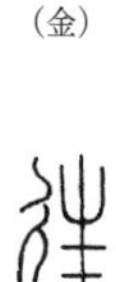

（篆）

「往」についてはこんな字源説がある。

①「王が声符。この音は行くの意を表す。人が足でここを去って先に進んで行くのが本義」（『漢字の起源』）

②「形声。音符は㞷。㞷は王（王位の象徴である鉞の頭部の形）の上に之（足あとの形で、行くの意味）をそえた字。王の命令で旅に出るときには王位の象徴である神聖な鉞の上に足を乗せる儀式をし、鉞の霊の力を身に移して出発した。それで㞷に〝ゆく〟の意味がある」（『常用字解』）

③「王は大きく広がる意を含む。往の原字は人の足＋音符王の会意兼形声文字。往はそれにさらに彳（いく）を加えた会意兼形声文字で、勢いよく広がるようにどんどんと前進すること」（『学研漢和大字典』）

①は王が「行く」の意味を表すというが、そんな意味はない。同語反復の字源説。②では証拠のない習俗（宗教儀礼）からの解釈。王、鉞という実体から「行く」の意味を引き出す。③は「王」に「大きく広がる」という抽象的な基本義だけを見る。

改めて字源を見てみよう。「往」の右側は主人の主ではなく、㞷が変形したもの。㞷は篆文の形であるが、甲骨文字は「止＋王」の形になっている。要するに字体が変わったのである。「止」は足（foot）の形。「王」は刃の部分の広がった斧《おの》あるいは鉞《まさかり》を描いた図形で、「大きく広がる」というイメージがある。「大きく広がる」は平面的だが、直線的には遠くまで延びていくというイメージにもなりうる。ある地点から前に進んだ結果、距離が延び広がった情景を設定したのが「王《ウオ》（音・イメージ記号）＋止（限定符号）」を合わせた㞷である。これに進行の動作に限定する符号「彳」を添えて「往」となった。したがって「㞷《ウオ》（音・イメージ記号）＋彳（限定符号）」と解析する。この意匠によって、前方に向かって進んで行くことを意味する古典漢語ɦiuangを表記する。

『詩経』に「往く莫《な》く来る莫し」（行くこともなく、来ることもない）という用例がある。往と来、あるいは往と復が対になる。往は空間的イメージだが、時間にも転用できる。これから来る時間である来に対して、すでに過ぎ去った時間を往という。『論語』に「これに往を告げて来を知る者なり」（「彼は」過去のことを告げると未来のことが分かる人だ）という用例がある。

## 「移」と「遷」の起源——時間漢字（75）

時間がたつことを漢語で移時（時を移す）ということがある。移とは物が移り変わることであるが、移ることの根底には時間が関わっているから、時間がたつ意味に転じる。日本語の

「うつる」にも「時が経過する」の意味がある。変遷の遷も同じである。

## 【移】 (音)イ (訓)うつる

①「多が声符。この音の表す意味は倚移（阿那《あだ》、柔順の意）。禾の風に靡いて柔軟（なよなよ）するが本義。遷移の意は借用」（『漢字の起源』）

②「会意。禾（穀物）と多（肉を重ねた形）とを組み合わせた形。この両者を供えて祭り、災いを他にうつすことを移という」（『常用字解』）

③「禾（いね）＋音符多の形声文字。多（おおい）には直接の関係はない。もと稲の穂が風に吹かれて、横へ横へとなびくこと。→型に横へずれる意を含む。舵（横へ引くかじ）・施（横へのばす）などと同系のことば」（『学研漢和大字典』）

①では多が倚移の意を表すとは同語反復である。②では穀物と肉を合わせた図形がなぜ「供えて祭る」ことになるのか、なぜ「災いを他にうつす」の意味になるのかよく分からない。図形的解釈と意味を混同している。②の文字学は形声文字の説明原理がないので会意的に解釈するほかはない。③では多が意味とは関係のない純形声とする。

[多]

（甲）

（金）

（篆）

[移]

（篆）

改めて字源を見てみよう。「多《タ》（音・イメージ記号）＋禾（限定符号）」と解析する。「多」の字源については既に述べている（「多数の漢字① 多・大・巨の起源――数漢字（21）」の項参照）。「多」は肉を二つ重ねた図形というのが定説。しかしこれで終わっては語の究明にならない。同じようないくつかの物を上下に重ねた状態が二つのイメージを生む。一つは「数量が増えてたくさんある」というイメージ。これが具体的文脈で実現されたのが「おおい」という意味である。奢侈《しゃし》の侈（ぜいたく）もこのイメージがコアをなす。もう一つはイメージ転化によるもの。縦（上下）に重なる状態を水平軸（横）に切り換えると（これは視点の移動である）、「□□□」の形になり、これは「□・□・□」の形、あるいは「□-□-□」の形、つまり「いくつかのものが点々と（次々に）重なるような姿でつながる、横に延びていく」というイメージに展開する。後者のイメージを用いたのが「移」や「迻《い》」である。「移」は稲の穂波が風に揺れて横になびく情景と解釈できる。鄭玄（後漢の古典学者）が「移の言は靡池《びい》（なびきうつる）なり」と解したのが的を射ている。

「移」とは結局どんなイメージなのか。物がA点からB点に移動する際、AからBへの移動の仕方はAからBに飛んでうつるのではなく、Aからずるずると這うようにしてBにうつるのである。A→Bが基本になり、次にB→C、さらにC→Dとつながっていく。A→B→C→Dと地点を変えて移動するので、「位置や状態が変わる」というイメージも生まれる。これは空間的なイメージだが、時間のイメージにも転用できる。時が経過する、移り変わるという意味である。推移の移はこれである。

## 【遷】 音セン 訓うつる

こんな字源説がある。

①「䙴が声符。䙴は天に挙がって棲む意。遷は高きに登陟する意」（『漢字の起源』）

②「形声。音符は䙴。䙴は死者（襾は頭、㔾は下半身が坐る形）を両手で抱えて遷す形。死者を一度板屋に納め、風化するのを埋葬する複葬の方法があり、古代中国の西方で行われた。遷は屍を板屋にうつすの意味から、すべて〝うつす、うつる、かわる〟の意味に用いる」（『常用字解』）

③「䙴は両手＋㔾（人のしゃがんだ形）＋音符西または囟（穴のあいた頭の泉門）の会意兼形声文字で、人が抜け去る動作を示す。遷は辵＋音符䙴《セン》（魂だけを抜き取る、抜けて去る）の会意兼形声文字で、そこから抜け出て中身が他所へうつること」（『学研漢和大字典』）

②は䙴の解剖に問題がある。また異民族の風葬の習俗から

[䙴]

（篆）

（篆）

[遷]

（篆）

漢字を解釈することが奇妙である。

楷書の「䙴」は形が崩れているが、篆文の字体から「囟＋舁＋㔾」と分析する。「囟《しん》」は赤ん坊の頭にある「ひよめき」（医学用語では泉門）の図形である。「ひよめき」は頭蓋骨がまだ縫合されていない部分で、隙間があり、押すと軟らかく、脈拍とともにひくひくと動く。そのため「囟」は「細い隙間」「細かい」「軟らかい」「ふわふわと軽い」などのイメージを示す記号となる。脳（＝脳）に含まれている。思や細の「田」は「囟」の変形である。次に「舁《よ》」は「臼（左右に向き合う両手）＋廾（𠬞形に物を持ち上げる両手）」で、四本の手の形。駕籠をかくという場合の「かく」は「舁く」と書く。「舁」は「上に上がる」というイメージを表す。「㔾」は「卩」と同じで、ひざまずく人の形である。

かくて「䙴」は「囟《シン》（音・イメージ記号）＋舁（イメージ補助記号）＋㔾（イメージ補助記号、また限定符号）」と解析する。人が死んで、その魂が空中にふわふわと舞い上がる情景を暗示させる図形と解釈できる。古代人は「たましい」に二種類あり、天に昇るものを魂《こん》、地中に帰るものを魄《はく》とした。魄は地中で骨にくっついて宿る「たましい」であるが、これに対して、肉体から抜け出て、空中に漂う「たましい」が魂である。魂が肉体から抜け出る状況を想定して「䙴」が造形された。こ

の図形的意匠によって、「䙴」は「ある場所を抜け出て別の場所に移る」というイメージを表すことができる。

この記号は単独では使われず、「䙴《セン》（音・イメージ記号）＋辵（限定符号）」を合わせた「遷」が使われた。『詩経』に「幽谷より出《い》でて、喬木に遷《うつ》る」（［鳥は］小暗い谷間から出て、高い木に移る）という用例がある。Aという場所を抜け出てBという場所に移るという意味である。Aという場所やポストから中身（人や政府機関など）がすっぽり抜けて、そのままBに移ることが遷都・左遷の遷である。AからよそのBに中身が移った結果、事態や状態が変わるので、移り変わるという意味が生まれる。これが変遷の遷である。「時代の変遷」などと時間の移り変わりの意味に使われる。

ちなみに仙人の仙は古くは「僊」と書いた。死ぬと魂が抜け出て別の場所に移る人である（これを尸解仙という）。この「僊」が「䙴」の原初的イメージに近いので、「䙴」は「僊」の原字に見えるが、「僊」の出現は戦国時代である（『詩経』の用例がきわめて古い）。

## 「経」と「歴」の起源——時間漢字（76）

「経」も「歴」も「へる」の意味。空間から時間へ転義する。

### 【経】

音ケイ・キョウ　訓へる

「經」が正字（旧字体）。次の字源説がある。

①「巠が声符。巠の音は縦糸の縦《しょう》から来ている。機織りの縦糸の意である」（『漢字の起源』）

②「形声。音符は巠。巠は織機にたて糸をかけ渡し、下部に工の形の横木をつけて糸を縦に張った形で、織機のたて糸をいう。経緯（事のなりゆき、すじみち）より経過・経験の意味となる」（『常用字解』）

③「巠《ケイ》は上の枠から下の台へ縦糸をまっすぐ張り通したさまを描いた象形文字。經は糸＋音符巠の会意兼形声文字で、縦糸の意を明示した字。径（まっすぐな近道）・茎（まっすぐなくき）・頸（まっすぐなくび）・脛（まっすぐなすね）などと同系のことば」（『学研漢和大字典』）

①では巠の音が縦に由来するというのが理解し難い。経（keng）と縦（tsiung）は音のつながりがない。②では経緯の意味から経過・経験の意味になったというのが分からない。②の文字学は形から意味を導く方法であり、言葉、語源という視点がないから、転義の説明に弱点がある。意味は形（字形）にあるのではなく、言葉（語音）にある。文脈における語の

［巠］

（金）

（篆）
［経］

（篆）

使い方が意味である。転義は意味論的に考究する必要がある。意味を展開させる原動力（契機）はメタファー、特に漢語ではコアイメージにある。③は「まっすぐ」「まっすぐに通る」という基本義を捉え、経過の経を「まっすぐ通りぬける。場所や時間を通り過ぎる」という意味としている。

　改めて字源を見てみよう。「巠《イケ》（音・イメージ記号）＋糸（限定符号）」と解析する。「巠」については助数漢字の「茎」、順位漢字の「頸」でも触れているが、もう一度振り返る。「巠」は機織りの機械の上に糸が縦に張ってある情景を設定した図形である。織る人から見ると、この糸は縦の方向に張ってある。したがって「巠」は「縦にまっすぐに通る」というイメージを表すことができる。縦にまっすぐに通る糸が「經」である。一般に「たていと」を古典漢語でkengといい、「經」と表記する。

　古人は「経は径なり」という語源意識をもっていたが、学問（言語学、音韻論）的に探求したのは藤堂明保である。藤堂は巠のグループ全体（経・径・軽・頸・勁・逕・踁・勁・剄・痙など）を一つの単語家族に立て、KENGという音形と、「まっすぐに張る」という基本義を設けた（『漢字語源辞典』）。これによって、これらの語群を共通のイメージで捉える視点ができたので、これらの漢字が容易につかめるようになった。もちろんこれに限らないが、単語家族に分類し、基本義を設けるという方法が、漢字理解の正しい筋道をつけたと言っても過言ではないだろう。

　さて「経」の意味の展開は「縦にまっすぐに通る」というコアイメージが契機になって起こる。「たていと」の意味もコアイメージという深層構造が文脈という表層に出現した意味なのである。これが歴史的に最初かどうかははっきりしないが、論理的には最初の意味である。次に「縦に通る筋・ルート」の意味に展開する。これが経線・経度の経。それから、「物事の筋道を通す」（筋道をつけて治める）という意味に展開する。これが経営・経理の経。「まっすぐ通る」に焦点を置けば、A点からB点へまっすぐ通っていくという意味が実現される。これが経由・経路の経。空間のイメージは時間にも転用できるので、Aという時点からBという時点へ通り過ぎるという意味になる（経年・経歴）。経過は空間にも時間にも使える。

## 【歴】

音レキ　訓へる

「歴」が正字（旧字体）。こんな字源説がある。

①「厤が声符。厤の音の表す意味は秝の形から、整然たる間

［歴］

（甲）

（金）

（篆）

隔の意。整然たる間隔の歩行である」(『漢字の起源』)

②「形声。音符は厤。厤は崖の下に両禾を立てて軍門とする形で、軍の本陣をいう。止は足あとの形で、かえる、とまるの意味がある。軍の行動において経験したこと、戦争で立てた功績を歴といい、またその功績を調べることを歴という」(『常用字解』)

③「厤《レキ》は厂(やね)+禾(いね)二つの会意文字で、禾本科の作物を次々と並べて取り入れるさま。順序よく並ぶ意を含む。歴は止(あし)+音符厤の会意兼形声文字で、順序よく次々と足で歩いて通ること。暦と同系のことば」(『学研漢和大字典』)

①では「整然たる間隔の歩行」は図形の解釈なのか意味なのか判然としない。②では「軍の本陣」と「かえる、とまる」を合わせて、「戦争で立てた功績」「その功績を調べる」という意味になるのか疑問である。だいたい歴に「戦争で立てた功績」という意味があるのか。戦歴は戦の経歴であって功績とは関係がない。また「功歴を数えることより、経歴・歴史の意となる」(『字統』)ともあり、歴史という語が戦の功績を数えることから生まれたという。大家の説だけにこれが真実とされかねない。③では厤に「順序よく並ぶ」というイメージだけを捉え、「並んだ点を次々と通る」の意味とする。これは納得できる。

改めて字源を見てみよう。「厤《レキ》(音・イメージ記号)+止(限定符号)」と解析する。「厤」が語の中心的な記号で、コアイメージを表す記号である。「止」は足(foot)の形で、足の動作・行為と関係があることを示す限定符号である。限定符号は必ずしも意味に含まれるとは限らない。むしろ意味を暗示させる図形の意匠作りのため場面を設定する働きをすることが多い。限定符号は語の中心の記号ではないから、これに重点を置くと意味の取り方(解釈)を誤ることがある。①と②の文字学は意符(限定符号)を重視する。しかし筆者はいわゆる音符、筆者の用語では音・イメージ記号を重視する。では「厤」はどんなコアイメージを表す記号なのか。

「厤」については「暦の起源——時間漢字(8)」でも触れているが、もう一度振り返ってみよう。

秝→厤→歴と展開する。歴から暦が派生する。「秝」は「禾」(稲であるが、稲束と考えてよい)を二つ並べた形である。「秝」は用例のないレアな記号で、「歴」や「暦」の造形のために工夫された記号と考えられる。レアな記号には独得の(特別な)イメージが付与される。『説文解字』では「秝」を独立させて「稀疏適なり」と説明がある。二つのものが▯-▯の形にまばらに(間を置いて)並び、その並び方がきちんとしてはっきり見える状態(歴々、歴然の歴の意)という解釈らしい。

「秝《レキ》(音・イメージ記号)+厂(限定符号)」を合わせたのが

「厤」である。「厂」は覆いや屋根とかかわることを示す限定符号。物をきちんと並べる状況を建物の内部に設定した図形である。「秝」も「厤」も似たようなイメージを示すと考えてよい。「□-□」の形に並ぶ」というイメージから出発して、並び方がはっきりしている（順序がある）というイメージを加えて、「□-□の形に順序よく並ぶ」というイメージに展開し、ここからさらに「□-□-□…の形に次々に並ぶ」というイメージに展開する。古典漢語のlekという語（記号素）は「順序よく□-□-□…の形に並ぶ」というコアイメージを持ち、これを「厤」という記号で表記したと考えられる。

このコアイメージから、A点、B点、C点…を次々に通過して行くという意味が実現される。これをlekといい、「歴」と表記する。歩行や進行と関係があるので「止」を限定符号とした。また、これとイメージの似た「こよみ」の意味も実現される。日付がA・B・C…と順序よく並ぶものが「こよみ」である。これをlekといい、「暦」と表記された。日時に限定するため「日」の限定符号がつけられた。

「歴」は空間的にA→B→C…と各点を通って行く意味である。『戦国策』に「天下を横歴す」（勝手気ままに天下を経めぐる）という用例がある。歴訪・遍歴の歴もこの意味。空間的イメージは時間にも転用される。早くも『書経』に「既に三紀を歴《へ》たり」（すでに三度の紀［一紀は十二年］を経過している）という用例がある。時間的に節目節目を通過する意味である。歴代・歴年の歴はこの意味。経歴・履歴や歴史の歴も時間漢字の用法である。人生の折り目（誕生・入学・就職・結婚など）を通過することが経歴・履歴であり、世の中の要の出来事を時間の系列ごとに記述したものが歴史である。

「歴」には「へる」の訓がある。日本語の「ふ（へる）」はへ（綜）と同根で、「機織りにおいて縦糸・横糸を一本ずつ丁寧に順次交差させていかねばならない動きをすることから、空間的に道を行く場合にも丁寧に一区切りずつ行き、時間的に一日一時を進む場合にも一区切りずつ時を過ごしていくことを、このフという動詞によって表した」という（『古典基礎語辞典』）。古典漢語の「歴」は日本語の「ふ（へる）」とイメージがよく似ている。常用漢字表では「経」に「へる」の訓があるが、むしろ「歴」が「へる」の訓にぴったりである。

## 「超」と「越」の起源——時間漢字(77)

「超過勤務」「越年」など、超と越は時間漢字の用法がある。これらの字源・語源を尋ねてみよう。

### 【超】 ㊥チョウ ㊋こえる

①（『漢字の起源』にない）

［召］

（甲）

（金）

（篆）

［超］

（篆）

②「形声。音符は召。召に迢（はるか）の音がある。説文に〝跳ぶなり〟とあるが、跳ねて越えるので、〝こえる、こす〟の意となる」（『常用字解』）

③「刀は反った形のかたなを描いた象形文字で、曲線を描いて曲がるという基本義を持つ。召は口＋音符刀から成り、手を曲げてまねくこと。超は走＋音符召の会意兼形声文字で、曲線を描く足の動作を示す。間にある障害物を曲線を描いてとびこえること」（『学研漢和大字典』）

②ではなぜ「はねる」から「こえる」になるのか分からない。②の文字学は形声文字の説明原理がないから、形声文字を会意的に解釈するほかはない。しかし超では会意的解釈もできないので説文を引用したが、これでも正しい解釈はできない。

③は「曲線を描いて曲がる」という基本義を捉えて超の意味を解した。藤堂明保は刀のグループ（召・招・到・沼・昭・照・超など）を単語家族としてまとめ、これらにはTÔGという音形と、「曲線状に曲がる」という共通の基本義があるという。そして跳と超については、「跳は地から離れてはねる点に重点があり、超は曲線を描いて障害を越える所に重点があり、同義ではない」と述べている（『漢字語源辞典』）。これで②の誤りははっきりした。

改めて字源を見てみよう。「召《ショウ》（音・イメージ記号）＋走（限定符号）」と解析する。「召」を分析すると「刀《トウ》（音・イメージ記号）＋口（限定符号）」となり、「刀」が根源のイメージを提供する基幹記号である。「超」は刀→召→超と、三段階を経て誕生した。刀→召→昭→照のように四段階を経た字もある。召と到は二段階である。何段階を経ようと、コアイメージは各段階の深層構造において共通である。

まず「刀」のコアイメージを考える。「刀」は中国独得の青竜刀のようなものを想起すればよい。「(」や「)」のような形を呈する。「(形や)形に曲がる」というのが「刀」のコアイメージである。「刀」を基幹記号とする「召」や「到」では「かたな」という実体に重点があるのではなく、その形態に重点があるのである。

「刀」の形態的特徴から「(形や)形に曲がる」というイメージが捉えられる。人を呼んだり、招いたりする際、手招きする動作がなされる。手首を曲げて「おいで、おいで」をする様子が「(」の形を呈する。ここに「刀」の形状と手首の形状の類似性が発見される。古典漢語で、「手招きをしてこちらに来させる」ことを意味する語（記号素）はtiɔgという。具体的文脈で使われるとき、この語は二つの意味に分化した。一つは「呼び寄せる」（呼んでこちらに来させる）という言語行為を伴う動作である。もう一つは「まねく」（合図をしてこちらに来させる）という身体の動作である。前者が「召」で表記され、後者が「招」で表記される。日本語では「めす」と「まねく」では全く別語であるが、古典漢語では tiɔg という同一語である。

さて「召」が成立して、招・昭・照・沼・紹・詔などが次々に生まれるが、「超」もこの仲間である。古典漢語で物の上を飛び越えることを t'iɔg といい、「超」で表記する。物の上を飛び越える際には「（」の形を呈する。「（形や）形に曲がる」というコアイメージをもつ語（記号素）は tɔg（刀）、または tiɔg（召）である。「（の形に飛び越える」という意味を表す語は tiɔg（召）から派生させ、音を t'iɔg、図形（視覚記号）を「超」とした。走行・歩行・進行など足の動作に関わることを示す限定符号を「走」とし、これを「召」に添えて「超」が成立した。「超」に走るという意味は含まれない。「超」の意味領域が足と関係があることを示すだけである。

『孟子』に「太山を挟《わきばさ》みて以て北海を超ゆるの類にあらざるなり」（泰山を小脇に抱えて北海を飛び越えるような［不可能な］話ではございません）という用例がある。「物の上を飛び越える」は空間的イメージであるが、時間的イメージにも転用できる。決まった時間の範囲の限界をこえるという意味に用いられる。超過勤務は一定の勤務時間の限度を突破した勤務の謂いである。

## 【越】

㊀エツ　㊁こえる

①「戉が声符。戉の音の表す意味は飛び揚がって跨ぐ意。走って飛び揚がって跨ぐ意である」（『漢字の起源』）

②「形声。音符は戉。戉は鉞《えつ》（まさかり）のもとの字。困難な場所を越えるときに、戉を呪器として使うことがあったのであろう。戉の呪力を身に受けて行くことを越といい、〝こえる、こす〟の意味に用いる」（『常用字解』）

③「戉《ツエ》はくびれた形をしたまさかりを描いた象形文字で、ぐっとひっかけるの意を含む。越は走（あるく）＋音符戉から成る会意兼形声文字で、体をかがめてぐっと足をひっかけ、乗りこえること。蹶《ツケ》（体をかがめてぐっと立つ）と非常に縁が近い」（『学研漢和大字典』）

①では戉が「飛び揚がって跨ぐ」の意味を表すというのが理解不能。同語反復の字源説である。②では「戉の呪力を身に受けて行く」ことがなぜ「こえる、こす」の意味になるのか、不可解である。「困難な場所を越えるときに戉を使うことがある」というが、これは偶然の要素であり、「こえる」

［戉］

（甲）

（金）

（篆）

［越］

（篆）

への転義の必然性がない。②の文字学では基本義という概念がないので実体にこだわる。だから鉞の呪力などという神秘的な要素を持ち出すことになる。③では戉に「ぐっとひっかける」という基本義を捉えて、越を「ぐっと踏ん張って乗りこえる。枠を乗りこえる」の意味としている。合理的な解釈である。

改めて字源を見てみよう。「戉《ツエ》（音・イメージ記号）＋走（限定符号）」と解析する。「戉」は先端が（形に反り返った武器の図形である。これは鉞（まさかり）であるが、まさかりという実体に重点があるのではなく、まさかりの形態に重点を置き、「（形に反り返る」という抽象的なイメージだけを取るのである。では「越」の図形的意匠はどう解釈すべきか。

古人は「越は蹶《けつ》なり」という語源意識を持っていた。蹶は蹶起・蹶然の蹶で、足先を何かにひっかけて、弾みをつけて、勢いよく起き上がることである。物の上を飛びこえる前の段階として、足先を何かにひっかけて（あるいは、足で地面を蹴って）弾みをつけるという事態がある。このように力をためて、次の段階で飛び上がって、物の上をこえていく。このような飛びこえ方が「越」である。

「戉」は「（形に反り返る」というイメージを表す記号である。反り返るとは｜や）の形が弾みや勢いで（の形になることである。したがって「戉」は「弾みや勢いをつけて跳ね返る」というイメージを表すこともできる。したがって「越」の図形的意匠は、足で地面を蹴って弾みをつけて跳ね返り、物の上を飛びこえる情景ということである。この意匠によって、ある空間の境界を飛びこえる意味の古典漢語 ɦiuăt を表記する。

『礼記』に「五十にして車無き者は、疆を越えて人を弔わず」（五十歳で車のない人は、国境を越えて弔問に行かなくてよい）という用例がある。これは当然空間に関わる語である。しかし時間にも転用される。『書経』に「越えて六日」という用例がある。越年・越冬などの用例もあり、一定の時間の境目をこえる意味で使われる。

「超」も「越」も物の上を飛びこえることでは同じだが、「超」は限度や程度をこえるという抽象化の進んだ用法が普通で、「越」は空間的（また時間的）な境界をこえるという具体性が保たれている。この点から「越える」と「超える」の使い分けが生じている。

## 「渡・亙・弥」の起源——時間漢字（78）

Aの時点からBの時点まで及ぶことを空間の用語を借りて「わたる」という。これを表す漢字に渡・亙・弥などがある。

これらの字源・語源を調べてみよう。

**【渡】** 音ト 訓わたる

①「度が声符。度の音の表す意味は手で丈尺を計るごとくに、この一端から他の一端に亘る意味。渡は川の水上をこの端からかの端に亘る意」（『漢字の起源』）

②「形声。音符は度。度は手で敷物の席《むしろ》を広げる形で、席の長さをものさしとして長さを計るの意味となる。また席を広げて端から端まで敷き渡すので、わたす、わたるの意味となる。水をわたることを渡という」（『常用字解』）

③「度は又＋音符庶の略体の形声文字で、手尺で一手、二手と―・―・型にわたって長さを計ること。渡は水＋音符度の会意兼形声文字で、川を一足ずつ―・―・型にわたること」（『学研漢和大字典』）

①は珍しくほぼ妥当。②では「席を広げる」から「長さを計る」の意味になるというのが必然性がない。また「席を広げる」と「端から端まで渡す」のつながりにも必然性がない。③は度と渡に共通する「―・―・型をなす」というイメージを捉えている。手で長さをはかるのも、足で川をわたるのも、このイメージが根底にある。「はかる」から「わたる」への

［度］

（篆）

［渡］

（篆）

意味の展開は語の深層構造をつかんで初めて理解される。

改めて字源を見てみよう。「度《ド》（音・イメージ記号）＋水（限定符号）」と解析する。「度」については「度・量・衡の起源――単位漢字（1）」「機・節・程・度の起源――時間漢字（5）」でも述べたが、もう一度振り返ってみる。「度」は「廿（イメージ記号）＋广（家、建物。イメージ補助記号）＋又（手の動作に関わることを示す限定符号）」から成る。「廿」は獣の革（毛皮）を示す記号。その用途に着目したもので、敷物というイメージを示している（席・庶などにも含まれている）。したがって「度」は敷物にする革を手尺ではかる様子を暗示させる。ただし図形には計測の行為は含まれていない。語の意味から逆に推定しただけである。図形からはコアイメージは読み取りにくい。語源的探求が必要である。

手の指を使って長さを計る情景を設定した図形に「尺」がある。親指と他の四本の指を∧の形、あるいは∩の形に広げて長さを計る。このようにして一回計った単位が一尺である（「寸・尺・丈の起源――単位漢字（2）」の項参照）。計測する際は、一回だけでなく∩∩…の形に二回三回と計っていく。藤堂明保は「度」の語源を「尺」と同源とした。「尺」は単位漢字として用いられるが、「度」は「尺」の根拠となる計測の行為そのものを表す記号なのである。藤堂は「尺」のほかに睪《えき》

のグループ（駅・択・繹・訳・沢・釈）、亦《えき》のグループ（夜・液・腋・跡）などとも同源とし、これらの語群はTAK・TAGという音形と、「数珠つなぎ、—・—型」という基本義があるという（『漢字語源辞典』）。

「度」と「尺」を同源と見れば、「度」のコアイメージが明らかになる。「⌒⌒⌒…の形に一つ一つ進む」というイメージである。藤堂の言う通り「数珠つなぎ、—・—型」でもよい。「⌒⌒⌒…の形に一つ一つ進む」というイメージから、長さを計る意味のほかに、一つ一つと（点状に）つけられた目盛りや、一回一回と数える回数という意味も実現される。また、A地点からB地点まで⌒⌒⌒…の形に一歩一歩とわたっていくという意味も生まれる。これは空間的イメージだが、時間にも転用され、Aの時点からBの時点まで時が経過する、時を過ごすという意味に転じる。唐の王勃の作品に「物換わり星移りて、幾秋を度《わた》る」（時代が変転し、何度秋が経過しただろうか）という詩句がある。漢文では、ある範囲の空間・時間を移動する（経過する）という意味では「度」がよく使われる。

「度」は「はかる」から「わたる」の意味へ大変身をとげた。一般に空間にも時間にも「わたる」の意味では「度」が使われたが、特に川をわたる場合に「渡」と書いて区別した。「渡」は「度」から分化した字である。

「度」の時間的な「わたる」の用法は「渡」にも受け継がれた。これが渡世（世を渡る）、過渡期などの渡である。ただし譲渡（譲り渡す）など、「受け渡す」の意味は日本的展開である。

## 【亙】

音コウ　訓わたる

人名漢字として「亘」と「亙」が採用されているが、二つを同じ字として扱っているのには問題がある。恒の新字体を恒としたため、混乱が起こっている。「亙」と「亘」は全く別字であり、一緒にできない。「亙」はコウと読み、「わたる」の意味。「亘」はセンと読み、「めぐる」の意味で、宣・垣・桓に音・イメージ記号として含まれている。「亙」と「亘」は完全に区別すべきである。

「亙」の字源は「恒」でも触れているが（「恒と久の起源——時間漢字（57）」の項参照）、もう一度振り返る。「亙」は「二+月」を合わせて、上端から下端までぴったりと張った月の弦を暗示させる図形である。これは弓張り月の形状である。上弦と下弦の月の形態は、上端から下端までたるみなくぴんと張り詰めている。上から下までゆるみや欠け目がない。この意匠によって弓張り月の弦を意味するkangという語を「亙」で表記する。この語の根底には、「二線間にぴんと張り

［亙］

（甲）

（金）

（古）

詰める」「一定の状態で張り渡る」というイメージがある。このイメージから「A点からB点まで隙間なく行き渡る」という意味に展開する。これは空間的なイメージであるが、時間に転用されることが多い。班固（漢の文人）の作品に「亙るに年歳を以てす」（長い年月をわたる）という用例がある。

## 【弥】

音 ビ　訓 わたる

旧字体は「彌」。

①「璽が声符。この音の表す意味は弛で、緩の意。紘を弓から解いてゆるめる意。長久の意は借用」（『漢字の起源』）

②「爾は女性の文身、彌の字の従う珠（日）は魂振り、弓も呪具としてその儀礼に用いるものであろうと思われる。もとは珠や文身（爾）による魂振り儀礼に関する字であろう。ゆえに弥久の意となる」（『字統』）

③「爾《ジ》は柄のついた公用印の姿を描いた象形文字で、璽の原字。彌は弓＋音符爾の形声文字で、弭に代用したもの。弭は弓のA端からB端に弦を張ってひっかける耳（かぎ型の金具）のこと。弭・彌は末端まで届く意を含み、端までわたる、遠くに及ぶなどの意となった」（『学研漢和大字典』）

①では璽が緩の意を表すというのが理解不能。②では魂振りの儀礼からなぜ弥久の意が出るのか分からない。③は純形声の説で、弭の代用とする。

［爾］

（篆）

［弥］

（金）

（篆）

彌《ビ》は弭《ビ》と同じではない。語が違い、意味が違う。しかし同音である。実は彌と弭は同源の語で、彌（行き渡る意味）という語は弭（ゆはずの意味）から発想されて成立した。

「ゆはず」は弓の上端と下端にあり、弦を止める金具である。上端から下端にかけて弦を張る。A点からB点にたるみなくいっぱいに張り渡す。これがそのまま**mier**という語のコアイメージになる。この語は二つの語に分かれる。一つは「ゆはず」の意味。「ゆはず」は弦を張り渡すための金具である。もう一つは「ある空間・時間を行き渡る」という意味。**mier**という聴覚記号が視覚記号化されて、前者に「弭」、後者に「彌」が考案された。

「弭」の字源は分かりやすい。両端にある金具を耳に見立てている。「彌」の字源が問題である。諸説紛々だが、「爾」に注目したい。「爾」の字源も諸説紛々で定説はないが、璽（印鑑、はんこ）の原字とする③の説がよい。ただし印鑑という実体に重点があるのではなく、機能や形態に重点がある。はんこは紙などに押しつけるものである。A→Bのように両者が近づき、くっつくという状況に視点を置くのである。ここから「二つのものが近づく」というイメージが捉えられる。

邇《じ》（近い）にこのイメージが生きている。また、「爾」が二人称に用いられる理由もここにある。「われ」（二人称）に近い相手、すなわち「なんじ」を「爾」と呼ぶのである。

さて「ゆはず」の形態と機能に着眼した語がmierであり、形態的特徴から耳に見立てて「弭」が造形されたが、「彌」はどんな特徴を捉えて造形されたのか。これは「爾」という記号を選んだ理由の説明でもある。「爾」は右のように「二つのものが近づく」というイメージを表すことができる。くっつかないまでも、空間的に近づくというイメージである。「ゆはず」の機能は弦を張ることだが、これで終わるわけではない。弓をつがえて弦がぴんとしなるほど張られなければいけない。強力に弓を引くと弦は引っ張られ、上端の「ゆはず」と下端の「ゆはず」は段々と近づく。「ゆはず」の機能は弦を止め、張り、弓を引くことまで含まれている。この最初の段階では耳の見立てが用いられたが、最終段階で「爾」という記号の出番がある。「二つのものが近づく」というイメージを用い、弓をつがえる際に二つの「ゆはず」が近づくほどいっぱいに弦を張る情景を想定して、「爾（イメージ記号）＋弓（限定符号）」を合わせた「彌」が生まれた。この図形的意匠によって、「A点からB点までいっぱいに行き渡る」という意味のmierを表記する。

『詩経』に「ここにその月を彌《わた》り、先ず生むは達の如し」（十月十日がたっぷり満ちて、まず生まれたのは羊のような子）という用例がある。民族の始祖の誕生を神話的に述べるくだりで、普通ではない子が生まれたと表現したもの。「彌」は妊娠から誕生までの日数が十分いっぱいになること、つまりAの時点からBの時点まで時間が十分行き渡っていることをいう。最後の段階まで行き渡ると、程度は段々と深くなるから、「いよいよ」という意味に展開する。日本語の古語では「いや」（極度に、非常にの意）という。弥生（陰暦三月）はイヤ（弥）オヒ（生）からヤヨイとなった。陰暦三月は陽春だから、植物がいよいよ生い出る頃というのが語源であろう。また人名で「や」と読むが、「や」もいよいよの意味の古語である。だから「や」は音ではなく訓である。

#【参考文献】

(1) 数・数字・数学

飯田朝子『数え方の辞典』(小学館、二〇〇四年)
イフラー、ジョルジュ『数字の歴史』(弥永みち代ほか訳、平凡社、一九八八年)
大矢真一・片野善一郎『数字と数字記号の歴史』(裳華房、一九七八年)
温少峰ほか『殷墟卜辞研究・科学技術篇』(四川省社会科学院出版社、一九八三年)
何丙郁ほか『中国科技史論文集』(聯経出版事業公司、一九九五年)
郭書春『中国古代数学』(商務印書館、一九九七年)
郭攀『漢語涉数詞問題研究』(中華書局、二〇〇四年)
郭正昭ほか(編)『中国科技文明論集』(牧童出版社、一九七八年)
片野善一郎『数学用語と記号ものがたり』(裳華房、二〇〇三年)
曲安京(編)『中国古代科学技術史綱・数学巻』(遼寧教育出版社、二〇〇〇年)
金岷ほか『文物与数学』(東方出版社、二〇〇〇年)
厳敦杰「中国使用数瑪字的歴史」(科技史文集8、一九八二年)
呉慧穎『中国数文化』(岳麓書社、一九九五年)
呉文俊(編)『中国数学史体系1』(北京師範大学出版社、一九九八年)
小泉袈裟勝『単位の起源事典』(東京書籍、一九八二年)
酒井洋『古代中国人の数観念』(つくも出版、一九八一年)
周法高『中国古代語法・称代編』(中央研究院歴史語言研究所、一九五九年)
鄒大海『中国数学的興起与先秦数学』(河北科学技術出版社、二〇〇一年)

銭宝琮『銭宝琮科学史論文集』（科学出版社、一九八三年）
伊達宗行『「数」の日本史』（日本経済新聞社、二〇〇二年）
張秉権「甲骨文字中所見的数」（中央研究院歴史語言研究所集刊 46-3、一九七五年）
丁山「数名古誼」（中央研究院歴史語言研究所集刊１－１、一九二八年）
杜石然『数学・歴史・社会』（遼寧教育出版社、二〇〇三年）
遠山啓『数学入門（上・下）』（岩波書店、一九八九年）
遠山啓『数学の学び方・教え方』（岩波書店、一九八三年）
ニーダム、ジョゼフ『中国の科学と文明４・数学』（芝原茂ほか訳、思索社、一九九一年）
三保忠夫『数え方の日本史』（吉川弘文館、二〇〇六年）
メニンガー、K.『数の文化史』（内林政夫訳、八坂書房、二〇〇一年）
藪内清『中国の数学』（岩波書店、一九七四年）
藪内清（責任編集）『中国の科学』（中央公論社、一九七九年）
吉田武『虚数の情緒　中学生からの全方位独学法』（東海大学出版会、二〇〇五年）
吉田洋一『零の発見』（岩波書店、一九九八年）
李継閔『九章算術校証』（陝西科学技術出版社、一九九三年）
李儼『中国古代数学史料』（上海科学技術出版社、一九六三年）
李迪『中国数学通史・上古到五代巻』（江蘇教育出版社、一九九七年）
ルーニー、アン『数学は歴史をどう変えてきたか』（吉富節子訳、東京書籍、二〇一三年）

（2）漢字・文字・言語

于省吾『甲骨文字釈林』（中華書局、一九七九年）
王力『同源字典』（商務印書館、一九八二年）

王力（編）『王力古漢語字典』（中華書局、二〇〇〇年）
大槻文彦『大言海』（冨山房、一九六六年）
大野晋（編）『古典基礎語辞典』（角川学芸出版、二〇一一年）
大野晋・佐竹昭広・前田金五郎（編）『岩波古語辞典』（補訂版第八刷、一九九六年）
Karlgren,Bernhard,GRAMMATA SERICA RECENSA,Stockholm,1957.
何九盈ほか（編）『中国漢字文化大観』（北京大学出版社、一九九五年）
加藤常賢『漢字の起源』（角川書店、一九八二年）
加納喜光『常用漢字コアイメージ辞典』（中央公論新社、二〇一一年）
加納喜光『漢字語源語義辞典』（東京堂出版、二〇一四年）
郭沫若『甲骨文字研究』（科学出版社、一九八二年）
裘錫圭『文字学概要』（商務印書館、一九八八年）
小島義郎ほか（編）『英語語義語源辞典』（三省堂、二〇〇四年）
高亨『中国古文字学通論』（文物出版社、一九八七年）
高亨『文字形義学概論』（斉魯書社、一九八一年）
下宮忠雄ほか（編）『スタンダード英語語源辞典』（大修館書店、一九九〇年）
周法高（編）『金文詁林』（香港中央大学出版、一九七四年）
徐中舒（編）『漢語大字典（縮印本）』（湖北辞書出版社・四川辞書出版社、一九九五年）
白川静『字統』（平凡社、一九八四年）
白川静『常用字解』（平凡社、二〇〇四年）
ソシュール、フェルディナン・ド・『一般言語学講義』（小林英夫訳、岩波書店、一九七三年）
宗福邦ほか（編）『故訓匯纂』（商務印書館、二〇〇三年）
田中茂範ほか（編）『Eゲイト英和辞典』（ベネッセコーポレーション、二〇〇四年）

趙誠『甲骨文簡明詞典—卜辞分類読本』（中華書局、一九八八年）
藤堂明保『漢字語源辞典』（学燈社、一九九三年）
藤堂明保（編）『学研漢和大字典』（学研、一九八八年）
藤堂明保『漢字と文化』（徳間書店、一九七六年）
馬如森『殷墟甲骨文実用字典』（上海大学出版社、二〇〇八年）
羅竹風（編）『漢語大詞典（縮印本）』（上海辞書出版社、一九九七年）
李孝定『甲骨文字集釈』（中央研究院歴史語言研究所、一九五五年）
李圃（編）『古文字詁林1～12』（上海世紀出版集団・上海教育出版社、二〇〇四年）

# 【索引】

●数関連の漢字（見出しの項目）を音の五十音順（同音は画数順）に配列した。
●括弧内に漢数字、序数漢字、数漢字、助数漢字、単位漢字、順位漢字、時間漢字の別を示した。

［著者略歴］　**加納　喜光**（かのう・よしみつ）

1940年　大阪府生
1971年　東京大学大学院人文科学研究科修士課程
（中国哲学専攻）修了
1979年　茨城大学人文学部助教授
1985年　同　教授
2006年　同　定年退職　現在　同・名誉教授

主な著書
『詩経 上・下』（学習研究社、1982）
『中国医学の誕生』（東京大学出版会、1987）
『漢字の博物誌』（大修館書店、1992）
『漢字の成立ち辞典』（東京堂出版、1998）
『学研新漢和大字典』（共編著、2005）
『動物の漢字語源辞典』（東京堂出版、2007）
『植物の漢字語源辞典』（東京堂出版、2009）
『人名の漢字語源辞典』（東京堂出版、2009）
『常用漢字コアイメージ辞典』（中央公論新社、2012）
『漢字語源語義辞典』（東京堂出版、2014）



**数の漢字の起源辞典**

2016年7月20日　初版印刷
2016年7月30日　初版発行


Printed in Japan
ISBN978-4-490-10876-7 C3581

著　者　加納喜光
発行者　大橋信夫
印刷製本　東京リスマチック株式会社
発行所　**株式会社東京堂出版**
http://www.tokyodoshuppan.com/
〒101-0051　東京都千代田区神田神保町1-17
電話03-3233-3741　振替00130-7-270

# 東京堂出版の書籍

## 漢字語源語義辞典

加納喜光［著］

従来の字源のみの漢和辞典の解説を圧倒する、充実した語源・語義の解説。

漢字が本来持っていた音にこそ語源（由来）や語義（意味）を解くカギがある。日中先学の諸説を比較検討し、英語語源も駆使しながら、漢字の本義を徹底的に解明する。

部首、音訓、画数検索はもとより英語でも引ける至便な索引付き。

A5判・一五〇四頁・一五〇〇〇円

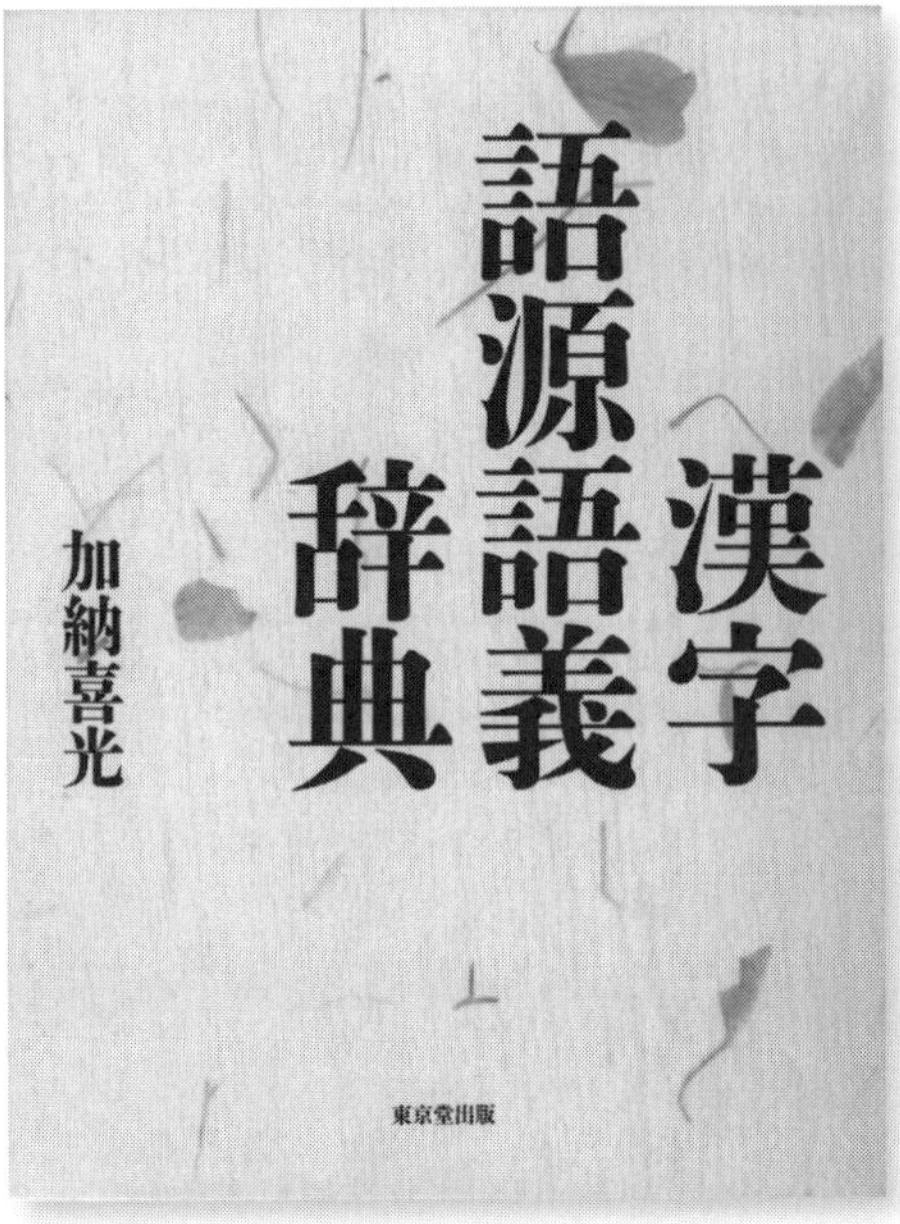


## 漢字の成立ち辞典［新装版］

加納喜光［著］

四六判・四二四頁・二八〇〇円

## 動物の漢字語源辞典

加納喜光［著］

四六判・四二四頁・三八〇〇円

## 植物の漢字語源辞典

加納喜光［著］

四六判・四六四頁・三八〇〇円

## 人名の漢字語源辞典

加納喜光［著］

四六判・四六八頁・三五〇〇円

## 似て非なる漢字の辞典

加納喜光［著］

四六判・三七二頁・二八〇〇円

記載の価格は本体価格です。別途消費税が加算されます。改定することがありますので、あらかじめご了承ください。